Prof. Dr. Heinrich Greving, Prof. Dr. Petr Ondracek

Handbuch Heilpädagogik

3. Auflage

Bestellnummer 34000

service@bv-1.de
www.bildungsverlag1.de

Bildungsverlag EINS
Ettore-Bugatti-Straße 6-14, 51149 Köln

ISBN 978-3-427-**34000**-3

Inhaltsverzeichnis

Vorwort

Im Vorwort eines Buches erwartet der Leser bzw. die Leserin mit Recht eine Antwort auf die Frage, was das denn für ein Buch ist, welches er oder sie gerade in Händen hält. In Bezug auf dieses Buch ist zuerst einmal festzustellen, was es nicht ist: Es ist nicht die Art von Handbuch, in welchem der Leser alphabetisch sortiert und angeordnet die wichtigsten Inhalte eines Fachgebiets prägnant beschrieben findet. Gleichwohl beinhaltet das vorliegende Buch auch ein sortiertes Glossar, in dem Worte und Begriffe kurz erörtert sind, die nicht jedem Leser bekannt bzw. geläufig sind. Diese werden im Text *kursiv* geschrieben und sind bei Bedarf im Anhang zu finden.

Dieses einführende Handbuch nimmt den Begriff der Hand bzw. des Handelns sehr ernst: Die Inhalte, Strukturen und Ausrichtungen der Heilpädagogik sind jeweils so dargelegt, dass der Leser die möglichen Ansätze zum eigenen Handeln wiederfindet bzw. entdecken kann. Alle Kapitel und Punkte sind somit von einer intensiven Auseinandersetzung mit dem Handeln in der Heilpädagogik bestimmt – ohne hierbei jedoch das Denken bzw. die theoretischen Begründungen zu vernachlässigen. So finden sich in jedem Kapitel mannigfache Aufgaben zur theoretischen (Überlegungen) und praktischen (Versuche) Umsetzung. Von diesem Blickwinkel her ist das Handbuch Heilpädagogik auch ein Arbeitsbuch. Zudem werden in jedem Punkt kurze und ausführlichere Zusammenfassungen des vorgestellten Inhaltes wiedergegeben, wodurch den Orientierungsfunktionen der Textgestaltung eines Handbuches Rechnung getragen wird.

Inhaltlich gliedert sich der Text in zwei Teile:

Der erste Teil beschäftigt sich in drei Kapiteln mit der Geschichte (historischer Hintergrund der Entwicklung heilpädagogischer Sichtweise), den Grundkonzepten (wegweisende und aktuelle Auffassungen der Theorie) und den institutionell-organisatorischen Aspekten der heilpädagogischen Praxis.

Der zweite Teil widmet sich der Didaktik und Methodik der Heilpädagogik. Das vierte Kapitel leitet in die Professionsdiskussion der Heilpädagogik ein. Das fünfte Kapitel beschäftigt sich mit den Aspekten, die für eine effektive Handlungsstrategie von grundlegender Bedeutung sind. Hierzu gehören das heilpädagogische Selbstverständnis, das Selbstverständnis des Handelns sowie heilpädagogisch relevante methodische Ansätze. Das sechste Kapitel stellt Aspekte der heilpädagogischen Arbeit auf der Ebene der Durchführung von „strategischen" Entscheidungen dar. Es ist somit auf das konkrete Tun ausgerichtet. Im siebten Kapitel sind kurz ausgewählte Methoden der Heilpädagogik beschrieben.

Das Handbuch schließt ab mit dem Literatur- und Stichwortverzeichnis sowie dem oben erwähnten Glossar im Anhang.

Mit den unter www.bildungsverlag1.de/buchplus zur Verfügung gestellten Downloads können die Inhalte des Buches noch vertieft werden. Hier findet der Leser Arbeitsaufgaben zu den im Buch dargestellten Schaubildern, eine Anwendungsaufgabe zur Checkliste heilpädagogischer Relevanz sowie zwei heilpädagogische Entwicklungsberichte, welche mit Aufgaben zur Bearbeitung versehen sind. Auf diese Downloads wird mit nebenstehendem Symbol verwiesen.

Aufgrund der besseren Lesbarkeit werden im Text abwechselnd männliche und weibliche Bezeichnungen verwendet.

Die Autoren

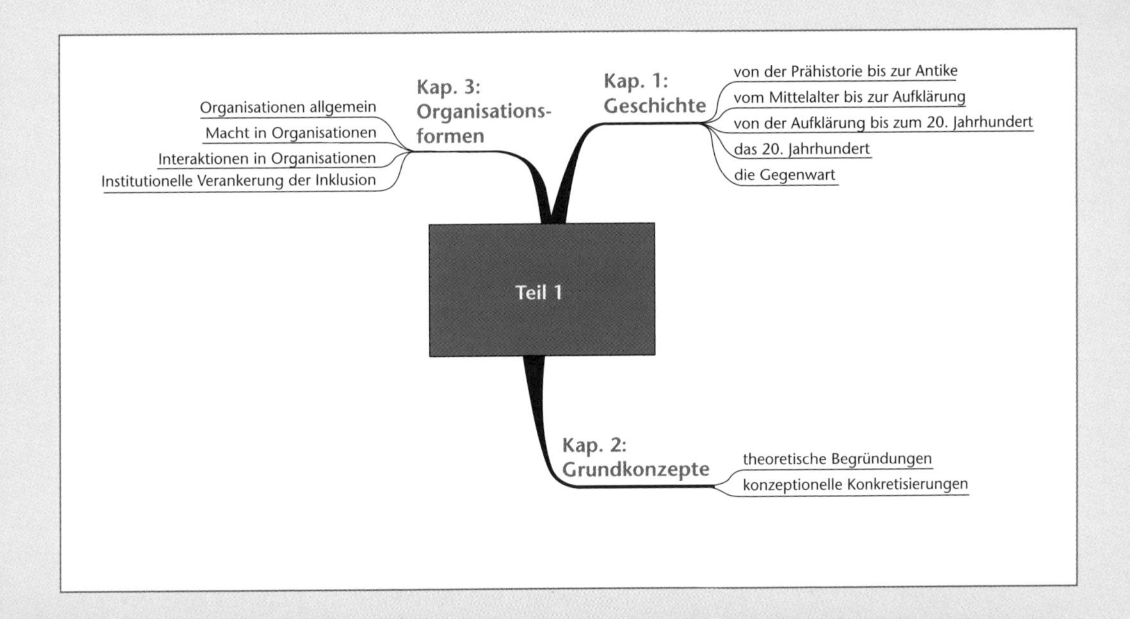

Teil I: Geschichte, Grundkonzepte und Organisationsformen der Heilpädagogik

1. **Wie hat sich die heilpädagogische Sichtweise im Kontext der gesellschaftlichen Stellung von Menschen mit Behinderung im Verlauf der Menschheitsgeschichte entwickelt?**

2. **Welche kulturellen und philosophischen Strömungen der neueren Geschichte haben sich an der Entwicklung des heilpädagogischen Gedankenguts beteiligt?**

3. **Welche Aspekte und Grundfragen der deutschsprachigen Gelehrten aus der zweiten Hälfte des 20. Jahrhunderts haben die heilpädagogische Theoriebildung beeinflusst?**

4. **Welche Konzepte von Menschenbildern und Anliegen haben die Entwicklungen von Theorie und Praxis der Heilpädagogik in den letzten Jahrzehnten geprägt?**

5. **Mit welchen Anforderungen wird die Heilpädagogik in Zukunft konfrontiert?**

6. **Was charakterisiert den institutionellen Rahmen heilpädagogischer Tätigkeit?**

7. **Was beeinflusst und prägt den Interaktionsprozess in Organisationen?**

Um das Gegenwärtige verstehen zu können, ist es hilfreich, das Vergangene zu betrachten. Dieses Grundprinzip steht im Hintergrund der Tatsache, dass die angehenden Heilpädagogen sich neben den Theorien und Methoden immer auch mit der Geschichte der Heilpädagogik befassen müssen. Diese Geschichte ist weniger auf spezielle Vorgehensweisen ausgerichtet, die in der Vergangenheit zur Behandlung von bestimmten Krankheiten, Schädigungen oder Behinderungen verwendet wurden. Vielmehr geht es um die Stellung von kranken, geschädigten, behinderten bzw. generell schwachen und benachteiligten Menschen in der Gesellschaft. Diese Stellung spiegelt ihren Stellenwert wider und bestimmt die Art des Umgangs mit ihnen. Das Menschenbild, die Lebensbedingungen und die Alltagsphilosophie der jeweiligen Epoche spielen dabei die entscheidende Rolle. Weil sie sich im Zusammenhang mit dem gesellschaftlichen Wandel entwickelt haben, haben sich auch der Zugang zu und der Umgang mit Personen, die von der gesellschaftlichen Norm abweichen, gewandelt. Wer also die heutigen Ansichten und Anliegen von Theorie und Praxis der Heilpädagogik begreifen will (um das eigene Selbstverständnis herauszubilden), muss sich in den vorherigen Entwicklungen – dem „Nährboden" ihres aktuellen Ist-Zustandes – gut orientieren. Das erste Kapitel kann und soll diesbezüglich als Orientierungshilfe betrachtet werden. Es wird dort die Entwicklung heilpädagogisch relevanter Aspekte in Kurzform, d.h. anhand ausgewählter Quellen, Personen und Beispiele, dargestellt. Erfasst werden die wichtigsten Perioden der Menschheitsexistenz – mit der Prähistorie und Antike beginnend, über das Mittelalter, die sogenannte Aufklärungszeit, das 19. und 20. Jahrhundert bis hin zu der aktuellen Lage zu Beginn des 21. Jahrhunderts.

Soll Tun und Verhalten dem zu betreuenden Menschen gegenüber dem Anspruch der Professionalität entsprechen, dann muss es einen bestimmten Zweck verfolgen. Die Zweckgebundenheit ist charakteristisch für das kompetente heilpädagogische Handeln. Wer also nicht weiß, welchem Anliegen sein Verhalten bzw. die eine oder andere von ihm verwendete Methode dient, muss sich die Frage nach seiner Professionalität gefallen lassen. Um das eigene Tun heilpädagogisch auszurichten, ist es hilfreich, vor allem die von der Theorie erarbeiteten und in der Praxis verifizierten Konzepte umzusetzen. Kennt man diese, dann hat man nicht nur den „roten Faden" bei der eigenen Tätigkeit, sondern man gewinnt zudem einen Einblick in die Entwicklung moderner Heilpädagogik: Das Anliegen jedes Grundkonzeptes entspricht dem Selbstverständnis der Heilpädagogik in Konfrontation mit dem jeweils gesellschaftlich üblichen Zugang zu und Umgang mit den beeinträchtigten Menschen. In der Konzeptgestaltung übt sich die Heilpädagogik einerseits in kritisch-konstruktiver Einflussnahme auf beeinträchtigende Gegebenheiten und Prozesse. Zugleich formuliert sie ein übergeordnetes Anliegen für die Aufgabenstellung von Organisationen und das Handeln von Heilpädagogen. Im zweiten Kapitel sind die handlungsleitenden Grundkonzepte der gegenwärtigen Heilpädagogik beschrieben.

Um als qualifizierter Heilpädagoge zu arbeiten, ist es erforderlich, sich ein Aufgabengebiet in einer heilpädagogischen Einrichtung zu suchen. Ohne einen strukturierten Rahmen der mannigfaltigen strukturierten Organisationsformen geht es heute nicht, denn der Zugang zu und Umgang mit Personen in beeinträchtigten Lebenslagen ist gesetzlich geregelt und reglementiert. Deshalb ist es für die angehenden Heilpädagogen wichtig, sich auch bezüglich der unterschiedlichen Organisationsformen zu orientieren, in denen sie später als ausgebildete Fachleute professionell tätig sein können. Das dritte Kapitel kann und soll hierfür als eine Orientierungshilfe dienen. Im Einzelnen werden allgemeine Informationen zu Organisationen vermittelt, das Phänomen der Macht in heilpädagogischen Einrichtungen thematisiert und abschließend die Interaktion in Institutionen vom Blickwinkel unterschiedlicher Aspekte betrachtet. (Hinweis: Im Teil II, Kapitel 6, sind weitere Informationen zu den heilpädagogischen Handlungsfeldern zu finden.)

1 Geschichte der Heilpädagogik

Der Mensch ist ein Wesen, welches imstande ist, bewusst zu denken und sein Handeln zu steuern, in Systemen sozialer Beziehungen zu leben und die Umwelt kreativ zu verändern. Vor ca. 2,5 Millionen Jahren hat er bereits Werkzeuge hergestellt. Zu dieser Zeit könnte auch eine sprachliche Verständigung bestanden haben. Die archäologischen Ausgrabungen belegen, dass vor rund 300.000 Jahren geplante Jagd, das Anzünden von Feuer und das Tragen von Kleidung üblich waren. Religion, ritualisierte Bestattung von Toten, Kunst und die Aufzeichnung von Ereignissen sind seit 30.000 bis 40.000 Jahren bekannt. Dies wäre ohne hoch entwickelte Sprache und Ethik, die das soziale Verhalten regeln, nicht möglich. Von ungefähr dieser Zeit an begann sich in der Gattung Homo die Art Homo sapiens durchzusetzen (vgl. Microsoft, 2004).

Die in diesem Kapitel nach den Spuren von Menschen mit Behinderungen und dem gesellschaftlichen Umgang mit ihnen abgesuchten Epochen der (europäischen) Menschheitsgeschichte haben folgende zeitliche Dimensionen:

Periode	Zeit
Prähistorie (Vorgeschichte)	ca. 2,5 Millionen bis ca. 2000 v. Chr.
Altertum (vorhellenische Völker)/Antike	ca. 2000 v. Chr. bis ca. 500 n. Chr.
Mittelalter	ca. 500 n. Chr. bis ca. 1600 n. Chr.
Neuzeit	ca. 16. Jh. bis heute

Fazit

Wer sich mit der Geschichte der Heilpädagogik befasst, hat zwangsläufig mit dem Thema Mensch mit Behinderung in der Gemeinschaft bzw. Gesellschaft zu tun. Und dies ist eine zwiespältige Angelegenheit:
Einerseits geht es immer mehr oder weniger um Ablehnung, Vertreibung, Einsperrung, Verhöhnung, Benachteiligung usw. von solchen Individuen und Gruppen, die aus dem Rahmen der jeweils üblichen Verhaltens-, Funktions- und Aussehensnorm fallen. Auf der anderen Seite sind immer auch ihnen gegenüber helfende Tendenzen im Sinne der Annahme, Unterstützung, Versorgung und Heilung feststellbar.
Die einzelnen Geschichtsperioden unterscheiden sich im Grunde genommen darin, welche von den beiden Tendenzen im alltäglichen Umgang mit den betroffenen Menschen bestimmend war. Insgesamt gesehen, zeichnet sich im Verlauf der Menschheitsgeschichte (vor allem ab dem 18. und 19. Jahrhundert bis heute) ein deutlicher Trend zum Nachlassen der ablehnenden Haltung zugunsten der Annahme und Hilfe ab.

1.1 Prähistorie und Antike

In den folgenden Ausführungen und Darstellungen wird vor allem auf die Veröffentlichung des tschechischen Wissenschaftlers Boris Titzl Bezug genommen (Titzl, 2000), der die bisher bekannten Fakten, Daten und Quellen aus der Prähistorie, Antike und dem Mittelalter zusammengetragen und diese nach Hinweisen auf die Bewertung, Position und den Umgang mit behinderten, geschädigten und beeinträchtigten Menschen in der Gesellschaft abgesucht hat. So dezidiert haben sich mit der fernen und mittleren Vergangenheit des europäischen Menschen vom Blickwinkel der Heilpädagogik her – soweit es dem Autor dieses Kapitels bekannt ist – nur wenige Autoren befasst. Eine ähnlich interessante, gleichwohl nicht so ergiebige Publikation haben anlässlich einer Ausstellung der Bundesarbeitsgemeinschaft Werkstätten für Behinderte e.V. über die Geschichte des Umgangs mit behinderten Menschen Mosen/Lohs u.a. verfasst (Mosen/Lohs u.a., 2001). Der von ihnen zusammengestellte und herausgegebene Katalog zu dieser Ausstellung beinhaltet Angaben und Informationen, auf die sich die Ausführungen dieses Kapitels ebenfalls stützen.

Als „Prähistorie“ wird die Zeitspanne der sogenannten Vorgeschichte bezeichnet – die Epoche der menschlichen Geschichte, aus der keine schriftlichen Überlieferungen bekannt sind. Kenntnisse über diese Zeit können nur durch die Erforschung und die Interpretation von Überresten, wie Waffen, Geräte, Grabbeigaben, Siedlungsplätze und manchmal auch mumifizierte Leichname aus Mooren, gewonnen werden (das Aufgabengebiet der Archäologie). In Europa wird die vorgeschichtliche Zeitspanne in Perioden der Steinzeit (ca. 2,5 Millionen Jahre bis ca. 2000 v. Chr.), Bronzezeit (ca. 2000 bis 1000 v. Chr.) und Eisenzeit (ca. 1000 v. Chr. bis 1. Jh. n. Chr.) unterteilt (vgl. Microsoft, 2004).

Krankheit, Schädigung, Schwäche und Gebrechlichkeit sind nicht nur ein Gegenteil von Gesundheit, Nichtschädigung, Stärke und Stabilität. Sie sind *komplementär* und sind ein Bestandteil der menschlichen Existenz (genauso wie Leben und Tod). Jeder Mensch erfährt während seines Lebens wiederholt beide Pole in situationsbedingter und persönlicher Intensität (z.B. Verletzung, Grippe, Müdigkeit, Alterung usw.). Die meisten Individuen „pulsieren“ zwischen ihnen erfolgreich und fallen dabei nicht dauerhaft aus dem Rahmen der – in ihrer Gesellschaft üblichen – bio-psycho-sozialen Normalität. Sie sind Mitglieder der *Majorität*, die der Norm entspricht und „dazugehört“.

Einigen gelingt das jedoch nicht: Die Schädigung ist unumkehrbar, die Krankheit chronisch, die Schwäche nicht regenerierbar, die Gebrechlichkeit dauerhaft. Damit fallen diese Menschen aus dem Rahmen. Sie sind nicht imstande, den Alltag eigenständig zu bewältigen, verhalten sich auffällig, sehen anders aus usw. und bekommen bewertende und ablehnende Reaktionen ihrer sozialen Umgebung zu spüren. Sie sind Mitglieder einer andersseienden *Minorität*, die am Rande leben muss, weil sie „nicht dazugehört“.

Einschränkend wirkende Krankheiten, Schädigungen u.Ä. begleiten die Menschheit vom Anfang ihrer Existenz an. Sie entstehen immer wieder und lassen sich wohl – trotz der Bemühung von Gentechnik und Medizin – nicht gänzlich beseitigen. Das hängt mit der naturgemäßen Unvollkommenheit des menschlichen Wesens zusammen. Deshalb war, ist und wird auch weiterhin jede Gesellschaft zwangsläufig mit dem Phänomen solcher Menschen, die „aus dem Rahmen fallen“, konfrontiert. Diese Konfrontation lässt ein Kontakt- und Beziehungsfeld entstehen, auf dem die *Majorität* der Nichtgeschädigten mit wesentlich mehr Macht ausgestattet ist als die *Minorität* der Andersseienden.

Die Gestaltung dieser Beziehung und die Lösung der Probleme zwischen den beiden Gruppen gehören zu den grundlegenden Aufgaben jeder Gesellschaft. Historische Erfahrungen belegen, dass, auch wenn die Minorität von der Majorität an den Rand des Gemeinschafts- bzw. Gesellschaftslebens verdrängt wurde, sie trotzdem ein Bestandteil des Ganzen blieb – egal, um welches Entwicklungsstadium der Menschheit es ging. Die „aus dem Rahmen Fallenden“ waren also trotz aller Vertreibungsbemühungen weiter existent und ihre Umgebung musste auf sie zu- und mit ihnen umgehen. Diese Tatsache ist für die Heilpädagogik wichtig, denn sie ermöglicht es, das gegenwärtige Selbstverständnis vor dem Hintergrund geschichtlicher Erfahrungen und Erkenntnisse zu betrachten. Es lohnt sich also, so tief wie möglich in die Historie der gesellschaftlichen Position von Menschen mit Behinderung und des Umgangs mit ihnen zu schauen.

Die Suche nach prähistorischen Quellen gestaltet sich schwierig – es gibt weder schriftliche Darstellungen noch mündliche Überlieferungen. Das einzig Greifbare sind die Analyse und Deutung archäologischer Funde. Hierbei leisten die *Paläontologie* und in ihrem Rahmen insbesondere *Paläopathologie* und *Paläodemografie* gute Hilfe. Einige der verfügbaren Erkenntnisse dieser Disziplinen werden im Folgenden genutzt, um die Umgangsweise der prähistorischen Lebensgemeinschaft mit den geschädigten, kranken und schwachen Mitgliedern einzuschätzen.

Über die *vorhellenische* sowie antike (griechische und römische) Welt stehen zum Glück mehrere Informationsquellen zur Verfügung, aus denen der gesellschaftliche Stellenwert und Umgang mit den Andersseienden eingeschätzt werden können: Mythen, Sagen, Lehren, Berichte sowie Gesetze und Vorschriften, die zu analysieren und nach relevanten Hinweisen abzusuchen sind.

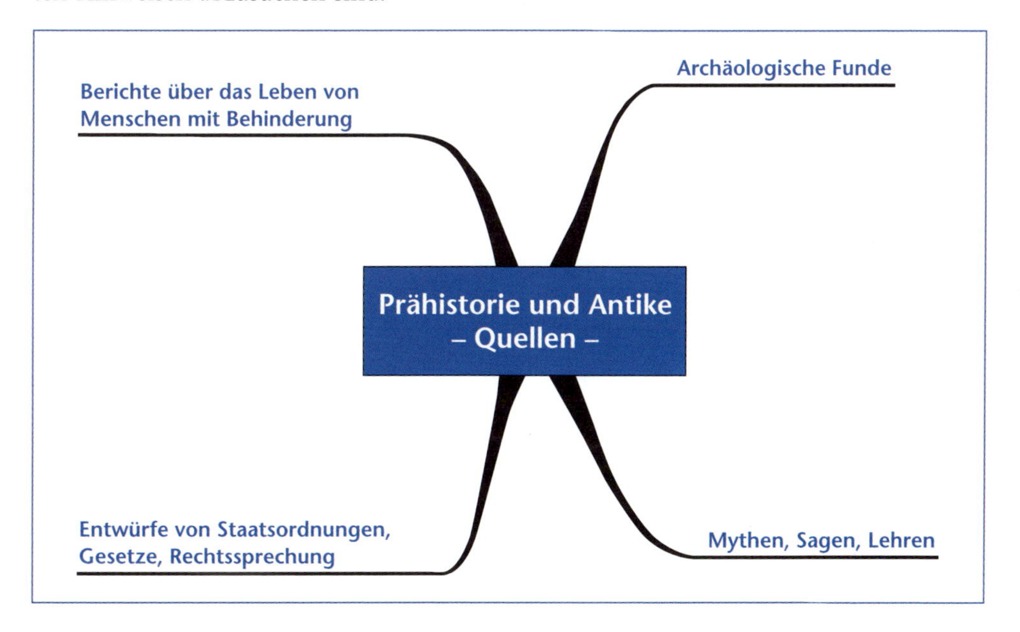

1.1.1 Prähistorie

Die ganzen 2,5 Millionen Jahre der Entwicklung des menschlichen Wesens lassen sich hier weder überschauen noch vom heilpädagogischen Blickwinkel analysieren. Deshalb wird die Aufmerksamkeit auf die Zeit ausgerichtet, die mit der Besiedlung Europas durch den modernen Menschen (der als *Homo sapiens* bezeichnet wird) vor ca. 40.000 Jahren v. Chr. begann.

Wie bereits erwähnt, gibt es weder überlieferte Aussagen noch Beschreibungen des Gemeinschaftslebens aus dieser Periode. Wir sind also auf die Ergebnisse pathologischer Analyse von ausgegrabenen Knochen und Skeletten aus dieser Zeit angewiesen. Sie ermöglichen wertvolle Erkenntnisse über den Gesundheitszustand, das Alter und die

Todesursachen damaliger Menschen. Die demografische Analyse der prähistorischen Siedlungen und Begräbnisstätten liefert ebenfalls interessante Hinweise auf die Formen des Zusammenlebens in der damaligen Zeit.

Archäologische Funde

Die Ergebnisse der paläontologischen Untersuchung berichtigen die lange Zeit vorherrschende Annahme, dass vor 40.000 Jahren die Lebensbedingungen so ungünstig gewesen seien, dass ein kranker, verletzter oder behinderter Mensch keine Chance auf das Überleben oder eine längere Lebensdauer gehabt habe. Die Archäologen haben aufgrund der Funde festgestellt, dass die damals lebenden Gruppen des Homo sapiens offensichtlich mit den harten klimatischen Bedingungen im Europa der Eiszeit gut umgehen konnten. Zudem begannen sie in dieser Phase zum ersten Mal im Lauf der menschlichen Evolution, ihre Toten zu bestatten und ihnen ins Grab Kulturgegenstände, wie Steinwerkzeuge oder Schmuck, beizugeben (vgl. Microsoft, 2004). Die pathologische Analyse einiger Skelette beweist, dass der gestorbene Mensch durchaus mit ziemlich beeinträchtigenden gesundheitlichen Problemen bzw. invalidisierenden Verletzungen oder Schädigungen überlebt und weitergelebt hat.

Hinzu kommt noch eine Tatsache, die es zu berücksichtigen gilt: Schwach zu sein, den Anforderungen des Alltags nicht gewachsen zu sein und folglich auf die Unterstützung anderer angewiesen zu sein, stellt ein grundlegendes Merkmal der menschlichen Existenz dar. Jeder Mensch stand in dieser Situation als neugeborenes Kind am Anfang seines Lebens. Davon ausgehend ist gut vorstellbar, dass die prähistorische Jäger- und Sammlergruppe ihre länger bzw. schwer kranken oder verletzten Mitglieder nicht verlassen, verstoßen oder gar getötet hat, sondern sie auch über längere Zeit versorgte. Vorsichtig lässt sich also schlussfolgern, dass die Sorge für schwache, beeinträchtigte und hilfsbedürftige Menschen nicht erst auf einem bestimmten Gesellschafts- und Kulturniveau der Menschheitsentwicklung angefangen hat, sondern – in Ähnlichkeit zur natürlichen Versorgung von Kindern durch die Eltern – schon vom Anfang der Existenz des Homo sapiens an praktiziert wurde (vgl. Titzl, 2000, 12 ff.).

Beispiel
In Südmähren (Tschechische Republik) bei der Ortschaft Dolní Věstonice haben Archäologen im Jahre 1986 ein prähistorisches Grab entdeckt, in dem ein weibliches und zwei männliche Skelette lagen. Auf diesen Fund beziehen sich bei den Überlegungen über die Fürsorge vor 30.000 Jahren Mosen/Lohs u. a. (vgl. Mosen/Lohs u. a., 2001, 14 f.).

Was ist an diesen Skeletten für die Geschichte der Heilpädagogik interessant? Die pathologische Untersuchung hat folgende Gegebenheiten festgestellt:

- *Die Frau war ca. 20 Jahre alt und um die 160 cm groß, der Mann rechts neben ihr war ca. 18 Jahre alt und 170 cm groß und der Mann links neben ihr war ca. 17 Jahre alt und 175 cm groß.*
- *Die genetische Analyse weist darauf hin, dass alle drei miteinander verwandt sind.*
- *Die Skelette weisen pathologische Veränderungen des Bewegungsapparats auf, welche mit dem heutigen Begriff „Körperbehinderung“ durchaus zutreffend bezeichnet werden können; sie müssen bei den drei Menschen ein schmerzhaftes Leiden verursacht haben.*

Im Einzelnen geht es darum, dass die linke Körperhälfte der Frau deformiert ist (kürzere Gliedmaßen, Skoliose) und dem Zustand der Zähne nach muss sie häufig unter fiebrigen Erkrankungen gelitten haben. Bei allen dreien sind die Schulterblätter missgebildet, sodass sie höher stehen, als es bei Menschen üblich ist. Mit heutiger Terminologie würde man vom „Sprengel-Syndrom" sprechen, das bei den Betroffenen erhebliche Bewegungseinschränkungen zur Folge hat.

Kommentar:
Abgesehen von den spekulativen Versuchen, das Verhältnis dieser drei Menschen und die Umstände ihres Todes zu deuten (sie starben eines gewaltsamen Todes), steht anhand der Messungen und pathologischen Untersuchungen fest, dass es ihnen trotz der relativ schweren körperlichen Beeinträchtigung möglich war, zu überleben und – gemessen an geschätzter Lebensdauer in damaliger Zeit – so lange zu leben, dass sie das Erwachsenenalter erreicht haben. Dies war unter den schwierigen Lebensbedingungen der Eiszeit nur möglich, wenn sie von anderen Mitgliedern ihrer Jäger- und Sammlergruppe die dafür erforderliche Rücksicht, Unterstützung und Pflege erhalten haben.

Es gibt noch weitere Funde, die eine gute Überlebenschance für sichtbar geschädigte (körperbehinderte) Menschen belegen. So wurde z.B. in der gleichen südmährischen Lokalität ein weiteres Grab entdeckt, in dem ein Frauenskelett lag. Der Schädel wies Deformationen der linken Gesichtshälfte auf, die auf krankhafte Missbildung des Ober- und auch des Unterkiefers zurückzuführen sind. Die Frau konnte beim Essen kaum kauen und ihr Gesicht war sichtbar entstellt. Da sie zum Zeitpunkt des Todes (laut Knochenanalyse) fast 40 Jahre alt war, muss sie jahrelang nicht nur von ihrer sozialen Umwelt toleriert, sondern auch regelmäßig beim Essen unterstützt worden sein (vgl. Titzl, 2000, 14).

Bei den organischen Schädigungen geht es nicht nur darum, dass die Funktionalität des Körpers eingeschränkt wird. Das abweichende Aussehen (Körperproportionen, Gesicht, Gliedmaßen) wirkt sich immer auch auf die Bewertung und soziale Position des betroffenen Menschen aus. Dass auch sichtbar gekennzeichnete Menschen längere Zeit in ihrer Gemeinschaft gelebt haben, belegen Funde von Skeletten, die disproportionierte Maße von Rumpf, Kopf und Gliedmaßen – also Merkmale von Kleinwuchs – aufweisen (vgl. Titzl, 2000, 26).

Den Ausgrabungen lassen sich auch weitere interessante Erkenntnisse entnehmen. Konkret geht es um die Wirkung der sozialen Position auf Gesundheit und organische Funktionalität: Bei der Analyse des Gesundheitszustandes von Menschen aus der prähistorischen Zeit wird der soziale Kontext deutlich. Es gab offensichtlich zwei soziale Schichten, die obere und die untere, welche sich materiell und hierarchisch unterschieden haben. Dies geht aus der Tatsache hervor, dass Gräber mit reichen Beigaben (Waffen, Gefäße, Schmuck) und Gräber mit sehr bescheidenen oder ohne Beigaben gefunden wurden. Interessant ist die Feststellung, dass man an Skeletten aus den „reichen" Gräbern deutlich seltener Spuren von Krankheiten und organischen Schädigungen fand (untersucht wurden Zähne, Knochen, Wirbelsäule) als an Skeletten aus den „armen" Gräbern. Vermutlich konnten die Mitglieder der oberen Schicht sich besser ernähren und vor dem Einfluss der rauen Lebensbedingungen schützen als die Mitglieder der armen Schicht (vgl. Titzl, 2000, 19).

Fazit

Etwas über den Zugang zu Menschen mit Behinderungen in der Anfangszeit der Menschheitsgeschichte zu sagen, ist eine komplizierte Angelegenheit. Es gibt keine direkten Aussagen und deshalb kann man nur anhand einzelner archäologischen Funde etwas wie „Indizien“ suchen und von ihnen auf mögliche Umgehensweisen mit kranken bzw. geschädigten Personen schließen. Wir werden wohl nie erfahren, wie sich die Betroffenen damals gefühlt haben und auf welche Art und Weise andere sie unterstützt bzw. abgelehnt haben. Auch wenn wir die Erkenntnisse aus den Einzelfällen nicht automatisch als geltend für die gesamte damalige Gesellschaft betrachten dürfen, weisen sie doch unmissverständlich darauf hin, dass es neben der (vermuteten!) harten Regel „Der Schwache belastet die Gemeinschaft und deshalb wird er seinem Schicksal überlassen.“ auch – zumindest in einigen Fällen – eine (indirekt bewiesene!) Unterstützung und Fürsorge für die geschädigten Gemeinschaftsmitglieder gegeben haben muss.
Dies ermöglicht folgende Schlussfolgerung: Bereits in der ersten Entwicklungsperiode des heutigen Menschentypus gehörte eine helfende Unterstützung insbesondere von gesundheitlich und körperlich beeinträchtigten Menschen zu den praktizierten Formen des sozialen Umgangs.

Überlegungen und Versuche

1. *Wie könnte in der Prähistorie die Unterstützung eines körperbehinderten Menschen seitens seiner Lebensgemeinschaft/Sippe konkret ausgesehen haben (z. B. hat er sich bei der Jagd verletzt und sein Knie ist steif, sodass er humpelt und nicht laufen kann)?*
   - *Welche Aufgaben und Verrichtungen des alltäglichen Lebens eines Jägers und Sammlers kann er trotz der Behinderung erledigen und welche nicht?*
   - *Welche „Gegenleistungen“ kann er seiner Lebensgemeinschaft/Sippe anbieten, um sich nützlich zu machen?*
2. *Die oben angeregte Überlegung ist mit eigener Erfahrung zu begründen:*
   - *Werden Sie Jäger – laufen Sie z. B. einem Tier (Hund, Huhn ...) nach und biegen Sie dabei eines Ihrer Beine nicht.*
   - *Werden Sie Sammler – lesen Sie per Hand mit diesem „versteiften“ Bein Flusen und Krümel aus dem Teppich in Ihrem Wohnzimmer zu Hause auf.*
3. *Versuchen Sie sich nun vorzustellen, dass Ihr Leben davon abhängt, ob Sie das Huhn fangen bzw. genug Beeren oder Wurzeln einsammeln.*
   - *Wie fühlen Sie sich dabei?*
   - *Was würden Sie brauchen und tun, um dieses „täglich Brot“ zu bekommen?*
   - *Was würden Sie demjenigen anbieten, der bereit wäre, auch für Sie zu sammeln bzw. zu jagen (also zweimal mehr als er selbst braucht)?*

1.1.2 Antike

Die Bezeichnung „Antike“ stammt vom lateinischen Wort antiquus, das „alt“ bedeutet. Die Antike bezeichnet die Zeitspanne vom Beginn des griechischen Mittelalters (um 1100 v. Chr.) bis zum Untergang des Römischen Kaiserreichs (476 n. Chr.) bzw. der Schließung der platonischen Akademie in Athen durch Kaiser Justinian I. (529 n. Chr.). Oft wird mit dem Begriff der Antike die Vorstellung einer kulturell führenden Stellung des Abendlandes verbunden. Tatsächlich jedoch wurden im Vorderen Orient von den vorhellenischen Völkern kulturelle Höchstleistungen erbracht, lange bevor in Griechenland die Gesellschaft, Kunst, Kultur und Wissenschaft ihren Entwicklungslauf begannen (vgl. Microsoft, 2004).

Im Vergleich mit der Prähistorie ist es besser möglich, das Zeitalter des Altertums nach Hinweisen auf den Umgang mit Menschen in heilpädagogisch relevanten Lebenslagen (schwach, krank, geschädigt, verwirrt usw.) abzusuchen. Es gibt schriftliche Quellen (Mythen, Sagen, Weisheitslehren, Gesetze, Berichte), die als Quelle genutzt werden können.

Mythen, Sagen, Lehren

In den *Mythen* der Völker des Altertums sind die Erlebnisse, Erfahrungen und Praktiken vieler Generationen symbolisiert. Verwendet man Mythen, um Erkenntnisse über die Menschen der damaligen Zeit zu gewinnen, besteht das Problem in der Frage, wie diese Symbole zu interpretieren sind. Auf der anderen Seite begründet gerade die Tatsache, dass ein Mythos immer Mehrdeutigkeiten anbietet, seine unbestrittene faszinierende Wirkung. Die Leser bzw. Zuhörer können seine Botschaften unterschiedlich verstehen, ohne dass die Symbole und die Form geändert werden müssen. Mythen und Sagen begleiten die Menschheit von ihren Anfängen bis heute. Als Ausdruck der grundlegenden Erfahrung des Volkes sind sie nicht nur eine Informationsquelle für den Zuhörer bzw. Leser, sondern beeinflussen auch sein Erleben und Handeln. Sie sind deshalb in diesem Sinne so wirkungsvoll, weil sie über *archaische* Zeiten und Menschen bzw. Wesenheiten mit all ihren Stärken und Schwächen, ihrer Macht und Ohnmacht, ihren Krankheiten, Beziehungsproblemen, Eitelkeiten, aber auch ihren Mut, ihre Großzügigkeit, ihr Engagement usw. berichten. Damit kommen sie in greifbare Nähe des lebendigen Menschen, der sich in der Regel aus ihnen Trost, Rat und Handlungsanweisungen holt. In dieser Hinsicht sind Mythen und Sagen gut geeignet, um nach Hinweisen auf die Werte der Gesellschaft und den Umgang ihrer Mitglieder mit den alltäglichen Angelegenheiten zu suchen – auch in Bezug auf diejenigen, die „aus dem Rahmen der üblichen Norm fallen“.

Alle Völker haben ihre Gelehrten, die sich zu den wichtigen Fragen ihrer Zeit äußern. Diese geben ihren Zeitgenossen eine Orientierung in Bezug auf das Menschenbild, die Stellung des Menschen in der dinglichen und ideellen Welt, sein Verhältnis zu Natur und zu den Göttern sowie sein erwünschtes und unerwünschtes Verhalten. Solche Äußerungen und Meinungen wurden in der Form von Weisheitslehren verfasst und stellen heute eine wertvolle Quelle von Informationen über die individuellen, gemeinschaftlichen und religiösen Dimensionen des Alltagslebens in der jeweiligen Zeitperiode dar.

In solchen Quellen lassen sich folgende Hinweise auf die Existenz bzw. den Umgang mit Phänomenen des „Abnormen“ bei verschiedenen **Völkern der vorhellenischen Welt** finden (Slawen, Isländer, Finnen, Babylonier, Ägypter):

- Die skurrilen Wesenheiten und Dämonen aus den slawischen Mythen können als Sinnbild des körperlich und moralisch Abweichenden eingeordnet werden.

- Die Namen von Personen in der isländischen Odin-Saga spiegeln die charakteristischen Merkmale körperlich-organischer Abweichung (Thorolf der Krüppel, Önnud Holzbein, Svipdag der Blinde u. Ä.) wider.
- Im finnischen Epos Kalevala ist die Rede auch von einem Kind namens Kullerva, welches die Folgen falscher Erziehung zu tragen hat. Frei übersetzt wird dort festgestellt: „Schlecht aufgezogenes Kind, unvernünftig erzogen, erreicht weder die Vernunft noch den Verstand eines reifen Mannes, auch wenn es groß gewachsen und körperlich stark sein wird." (vgl. Titzl, 2000, 49; Übersetzung aus dem Tschechischen: Ondracek).
- Im babylonischen Mythos „Enki und Ninmach" müssen Götter Menschen in mehreren Anläufen kreieren, weil ihr Werk nicht auf Anhieb gelingt. So entstehen unvollkommene Menschen, für die allerdings Götter sorgen, indem sie sie zur Durchführung einer passenden Tätigkeit mit Gaben ausstatten. Zum Beispiel erhält der schlecht sehende Mensch die Gabe des Singens. Ein anderer, der ein steifes Bein hat, wird zum Schmied auserwählt (der bekanntlich seine Arbeit am Amboss stehend verrichtet). Die unfruchtbare Frau kann sich im Harem der Sexualität widmen. Für einen Menschen, der ständig nur urinierte, fanden die Götter zwar keine zu seinem Zustand passende Gabe, aber sie haben ihn akzeptiert und toleriert, sodass er am Leben bleiben durfte (vgl. Titzl, 2000, 52).
- Die ägyptischen Mythen bieten viele Hinweise auf Beeinträchtigungen. Auch existieren viele diesbezügliche Abbildungen auf Stelen und Beschreibungen in den Schriften. Um vor dem Osiris-Gericht nach dem Tod besser zu bestehen, sollte der altägyptische Mensch beweisen, dass er während des irdischen Lebens ein gutes Herz gegenüber seinen schwachen und beeinträchtigten Mitmenschen hatte.

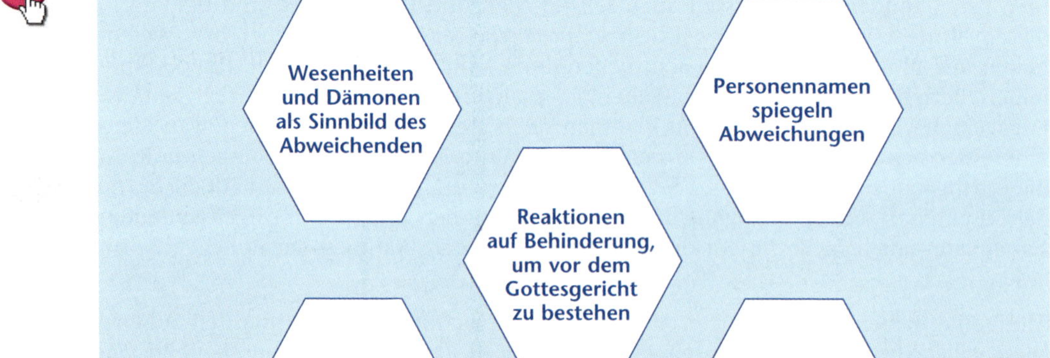

Behinderung in der vorhellenischen Welt

Beispiele
Im Grab des Fürsten Herchuf ist unter anderem eine Inschrift zu finden, in der wie folgt sein „gutes Herz“ beschrieben wird: „Ich habe keine Gewalt gegen arme Menschen ausgeübt [...] niemanden habe ich hungern lassen [...]. Gegeben habe ich Brot dem Hungernden, Wasser dem Durstenden, Kleidung dem Nackten und Schiff demjenigen, der keines hatte.“ (vgl. Titzl, 2000, 58; Übersetzung aus dem Tschechischen: Ondracek).

Kommentar:
Die altägyptische Hervorhebung der Bedeutung von guten Taten zugunsten von Unterstützungsbedürftigen hat eine große Ähnlichkeit mit diesbezüglichen biblischen Aussagen und Aufforderungen. Sowohl die vorchristlichen als auch die christlichen Handlungsanweisungen zielten auf die im täglichen Umgang der Menschen miteinander zu praktizierende Mitmenschlichkeit ab. Es ist wohl ein Grundthema der Gestaltung menschlicher Gemeinschaft. Die beiden Religionen haben sich offensichtlich nicht darauf verlassen, dass Menschen von sich aus im Sinne dieser Handlungsmaxime miteinander umgehen würden, sondern haben sie ihnen als einen wichtigen Wert dargestellt.

- *In den ägyptischen Schriften aus der Zeit um 1400 v. Chr. sind verschiedene Menschen mit Behinderung erwähnt: Zwerge, Buckelige, Lahme, Blinde, geistig Minderbemittelte, Besessene u.Ä. Mosen/Lohs u.a. zitieren eine Personenbeschreibung, die sich auf einen offensichtlich körperlich behinderten Schreiber (eine im alten Ägypten ziemlich wichtige gesellschaftliche Position!) bezieht: „Komm, dass ich dir das Aussehen des Schreibers Ray schildere [...]. Der konnte sich nicht bewegen noch rennen seit seiner Geburt, anstrengende Arbeit konnte er nicht ausüben, das konnte er nicht.“ (Mosen/Lohs u.a., 2001, 17).*
- *Der Ägypter Amenemope verlangt in seiner Weisheitslehre (um 1100 v. Chr.) nach einem respektvollen Umgang mit Menschen mit Behinderung: „Mache dich nicht lustig über einen Blinden, verhöhne nicht den Zwerg und erschwere nicht sein bitteres Schicksal. Lache nicht über den von Gott gezeichneten Menschen und sei nicht böse, wenn er etwas anstellt.“ Der Verfasser dieser heilpädagogisch relevanten Handlungsanweisungen verdeutlicht außerdem, dass dem Gott ein Mensch besser gefällt, der den Armen hilft, als derjenige, der dem Erhabenen huldigt (vgl. Titzl, 2000, 58f.; Übersetzung aus dem Tschechischen: Ondracek).*

Fazit

Menschen mit Behinderung und andere beeinträchtigte Personen sind in den Mythen, Sagen und Weisheitslehren der vorhellenischen Völker durchaus vertreten. Als zu unterstützende Personen galten z.B. im alten Ägypten Witwen und Waisenkinder, alte und gebrechliche Menschen, arme Personen, die hungrig, durstig, nackt und ohne Schiff waren (ein Spezifikum dieses auf den Fluss Nil angewiesenen Volkes), gelähmte und blinde Menschen sowie auch Rechtsbrecher. Im Umgang mit ihnen galt es, gutes Herz zu zeigen, d.h., sie tatkräftig zu unterstützen. Diese religiös positiv bewertete Aufgabe trug dazu bei, dass Menschen mit Behinderungen in altägyptischer Gesellschaft eine echte Chance auf Hilfe hatten. Sie bekamen nicht nur milde Gaben, sondern auch Aufgaben, deren Erledigung ihnen ein Einkommen und sozialen Status sicherte: Sie konnten sich nützlich machen als Schreiber, Musiker, Sänger, Tierwärter, Vorsteher einer Werkstatt u.Ä., aber auch als Hofnarren (vgl. Mosen/Lohs u.a., 2001, 17).

Auch das **antike Griechenland und Rom** hatten viele Mythen, Sagen und Lehren, die nach Hinweisen auf den Stellenwert und Umgang mit Menschen mit Behinderung abgesucht werden können.

Beispiele

Einen Menschen mit Behinderung stellt in der griechischen Mythologie Hephaistos dar, der Sohn von Hauptgott Zeus und seiner Gattin Hera. Er war der Gott des Feuers, der Schmiede und Handwerker. Da er lahm und unbeholfen zur Welt kam (seine Füße waren mit den Zehen nach hinten ausgerichtet und deshalb konnte er nicht richtig gehen), wurde er von der entsetzten Hera vom Olymp herabgeworfen. Hephaistos überlebte den Fall, wurde von Meeresgöttinnen gerettet, aufgezogen, lernte die unbändigen Kräfte des Feuers für kunstvolle Verarbeitung der Metalle zu nutzen und kehrte dann auf den Olymp zurück. Seine Lebensgeschichte zeugt allerdings auch weiterhin von Leiden, Missgunst und Kampf um eine Position in der Götterhierarchie.

Auch die Saga von der Gründung Roms beinhaltet den Brauch, unerwünschte Kinder zu verstoßen: Die Zwillinge Romulus und Remus waren Kinder der Rhea Silvia, einer vergewaltigten Priesterin der Göttin des Herdes Vesta, die unter dem Gelübde der Keuschheit zu einem dreißigjährigen Dienst verpflichtet war. Sie wollte (musste?) die Schande der Schwangerschaft wieder gutmachen: Beide Kinder sollten im Fluss Tiber getötet werden. Die Zwillinge überlebten jedoch den Tötungsversuch, wurden von einer Wölfin großgezogen und beschlossen später, auf der Stelle ihrer Rettung eine Stadt zu gründen. Dabei gerieten sie in Streit und Romulus brachte den Zwillingsbruder Remus im Kampf um. Die Stadt hat dann seinen Namen erhalten und heißt bis heute Rom.

Kommentar:

Die Reaktion von Hera symbolisiert ein Spezifikum der frühen hellenischen Kultur: Vor allem Kinder waren der ***utilitaristischen*** *Konfrontation mit Idealen (vollkommener Körper und Geist), Bedingungen (Anzahl der zu ernährenden Mitglieder der Familie) und dem Schicksal (prophezeite Gefahren, die von einem Kind für seine Eltern ausgehen) ausgesetzt. Wurden sie von ihrer sozialen Umwelt als missgebildet, überzählig oder Gefahr bringend bewertet, stellten die Erwachsenen ihre Versorgung ein, setzten sie aus und ließen sie verhungern oder töteten sie sogar. Dieses Verhalten wird heute als „Pedozid" bezeichnet (Kindermord: analog zu Genozid = Völkermord).*

Am meisten gefährdet waren die unerwünschten Kinder: Nicht nur die betrogenen Ehemänner bzw. Ehefrauen, sondern auch die Väter verführter Töchter rächten sich an den Kindern, die aus der beschämenden Verbindung hervorgingen.

Beispiele

Die antiken Mythen liefern hierfür einige Beispiele:

- *Laios verstößt seinen Sohn Ödipus, weil dieser ihn laut eines Orakels später töten sollte.*
- *Medea tötet ihre Kinder, um ihren Mann und Vater der Kinder Jason dafür zu bestrafen, dass er sie verließ.*

Aus den schriftlichen Darstellungen des antiken Alltags geht hervor, dass diejenigen, die dem Vollkommenheitsideal von Körper und Seele entsprachen, gerne über Menschen mit Behinderung lachten und sie verspotteten. Sie luden die Betroffenen zu Festen und Feierlichkeiten ein, um dadurch die Gäste bei guter Laune zu halten. Offensichtlich genossen die nicht geschädigten Menschen die Tatsache, dass sie selbst nicht betroffen waren.

Fazit

Im realen Alltag der antiken Griechen hatten Menschen mit Behinderung eine deutlich ausgegrenzte Stellung. Eine Körper- bzw. Geistesschädigung war ein negatives Stigma, weil sie als Ungnade bzw. Strafe der Götter betrachtet wurde, von der eine Gefahr für die Gemeinschaft ausgeht. Folglich hat man hässliche, lahme, verkrüppelte Menschen, aber auch Anfallsleiden-Kranke anlässlich religiöser Rituale zwecks Reinigung vom Bösen aus der Gemeinde vertrieben.

Entwürfe von Staatsordnungen, Gesetze, Rechtsprechung

Wechseln wir von den Mythen, Sagen und Lehren zu **Gesetzen der antiken Welt**, bekommen wir mehr Informationen darüber, wie damals der Umgang mit schwachen und beeinträchtigten Menschen geregelt wurde.

- Solon hat in Athen ein Gesetz formuliert (ca. 590 v. Chr.), nach dem verkrüppelte Kriegsinvaliden auf Staatskosten zu unterstützen sind. Auch stellte sein Entwurf die gegenseitige Hilfe und Unterstützung der Bürger als eine erforderliche Grundlage des Gemeinschaftslebens dar. Insgesamt gesehen, regten die solonschen Gesetze die Entwicklung Athens zu einer demokratischen Gesellschaft an, gleichwohl die damals vorherrschenden Grundsätze der Nützlichkeit nach wie vor den Umgang mit Menschen mit Behinderung bestimmt haben. Im Kontext der positiven Bewertung des Gegenseitigkeitsprinzips wurde der Stadtstaat zunehmend offener auch für das Andersseiende. So hat sich z. B. die Freundlichkeit im Umgang der Bürger miteinander auch auf den Umgang mit Fremden/Ausländern ausgeweitet und diese wurden in Athen nicht mehr (wie in Sparta) vertrieben. Inwieweit davon auch verwirrte und geistig behinderte Bürger Athens profitiert haben, ist schwer einschätzbar (vgl. Titzl, 2000, 76 f.).
- In ihren Entwürfen für die Gemeinde- und Staatsordnung stützen sich auch die bekanntesten Philosophen der Antike, Platon (428 bis 347 v. Chr.) und Aristoteles (384 bis 322 v. Chr.), auf eine strenge Auslegung der Nützlichkeitsregeln, die insbesondere in Sparta den Umgang mit Neugeborenen prägte: Kinder, die offensichtlich keine gute Voraussetzungen für Kampf und Arbeit mit auf die Welt gebracht hatten, blieben nicht am Leben. In diesem Sinne entwarf Aristoteles eine klare gesetzliche Regelung zum Umgang mit missgebildeten Säuglingen: „Was aber die Aussetzung oder Auferziehung von Neugeborenen betrifft, so sei es Gesetz, kein verkrüppeltes Kind aufzuziehen“ (Mosen/Lohs u. a., 2001, 19).
- Das römische Recht stellt bis heute eine der wichtigen Grundlagen moderner Gerichtsbarkeit und Justiz dar. In der Ausarbeitung aus der Zeit des Kaisers Justinian werden die Beeinträchtigten weniger unterstützt, als vielmehr daran gehindert, sich am gesellschaftlichen Geschehen zu beteiligen. Hierzu einige Beispiele: (A) Kastrierte Männer dürfen kein Kind adoptieren. (B) Ein geistig verwirrter Mensch darf nicht als Zeuge auftreten, genauso wie der Taube und Stumme. (C) Strafmündig ist ein Dieb ab dem Alter von elf Jahren, weil er bereits imstande ist, zu begreifen, dass er mit einem Diebstahl Böses tut und sündigt. (D) Homosexuelle Praktiken sind mit Enthauptung zu bestrafen.

Eine Ausnahme stellen die Waisenkinder dar: Das Prinzip ihrer Unterstützung und Beschützung hat einen höheren Stellenwert als das Prinzip des Nichtbetrügens beim Geschäftemachen (vgl. Titzl, 2000, 85 f.).

Fazit

Die Gesetze bestimmen nicht nur das Verhalten der Bürger, sondern spiegeln auch das jeweils vorherrschende Menschenbild und die Philosophie des Staates wider. Menschen mit Behinderungen, aber auch andere benachteiligte Personen (vor allem unerwünschte Kinder) hatten in der antiken Welt der Griechen und Römer einen schlechten Stand: Sie wurden stigmatisiert, ausgeschlossen, vertrieben oder sogar getötet. Die Ausnahmen, die die Gesetzgebung vorgesehen hat (Kriegsinvaliden, Waisenkinder), können das in dieser Zeit übliche erbarmungslose Handeln streng nach den Regeln der Nützlichkeit nicht wettmachen.

Berichte über Menschen mit Behinderung

Von Herodot und Plutarch stammen historische und biografische Berichte aus der Zeit um ca. 450 v. Chr. (Herodot) bzw. vom Anfang unserer Zeitrechnung um ca. 100 n. Chr. (Plutarch). In ihren Schilderungen kommen auch geschädigte, kranke, behinderte und aus anderen Gründen beeinträchtigte Menschen vor. Deren Lebensgeschichten zeigen nicht nur, dass sie von ihrer Umgebung missbraucht und ausgebeutet wurden, sondern beweisen teilweise auch, dass sie es trotz der negativen Bewertung und Gefahren der Vertreibung oder sogar Tötung schafften, sich zu beweisen und eine positive Stellung in der antiken Gesellschaft einzunehmen.

- In Rom fanden sogenannte „Verrückten-Märkte“ statt (Forum morionum). Dort wurden verwirrte, psychisch kranke und geistig behinderte Menschen zum Zwecke der Belustigung bei Feiern und Festen oder auch nur im Alltag den Bürgern Roms zum Kauf angeboten. An einer anderen Stelle berichtet Plutarch über bewusste Verkrüppelung von Sklaven durch ihre Besitzer. Die verunstalteten Menschen wurden dann zum Betteln geschickt. Die Verletzungen sollten bei den Bürgern Roms mehr Mitleid wecken und sie zu großzügigeren Almosen bewegen (vgl. Titzl, 2000, 93, 95).
- Auch wenn es unglaublich klingt – Sparta hatte einen körperbehinderten Herrscher. Der König Agesilaos II. (um 444 bis ca. 360 v. Chr.) humpelte! Dieses in seiner Zeit verheerende Problem löste er durch Herausstellen seiner Schönheit, Intelligenz, Ehrgeizigkeit und auch des Humors – er war imstande, sich selbst über seine körperliche Unzulänglichkeit lustig zu machen. Außerdem wich er keiner körperlichen Anstrengung in den zahlreichen Kriegen, die Sparta unter seiner Herrschaft führte, aus. Damit hat er seine Umgebung zur erforderlichen Akzeptanz seiner Person gebracht (vgl. Titzl, 2000, 92).
- Demosthenes (384 bis 322 v. Chr.), bedeutender Redner der griechischen Antike und Anführer der gegen Makedonien gerichteten Kräfte in Athen, hatte als junger Mann eine sehr schwache Stimme, kurzen Atem und war mit einem Sprachfehler behaftet (Lispeln). Diese organischen Unzulänglichkeiten überwand er mit selbst entwickelten Übungen: Den Atem hat er durch schnelles Bergaufgehen vertieft, die Aussprache mit Kieselsteinen unter der Zunge verbessert und seine Stimme durch lautes Sprechen

gekräftigt, mit dem er das Rauschen der Brandung zu übertönen versuchte (vgl. Titzl, 2000, 90f.).

- Kranke, geschädigte und schwache Neugeborene wurden sowohl bei den antiken Griechen als auch bei den Römern nicht versorgt, sondern ausgesetzt und ihrem Schicksal überlassen. War die Familie in wirtschaftlicher Not und konnte deshalb ein weiteres Kind nicht ernähren, wurde das Neugeborene – auch wenn es gesund und stark war – ebenfalls ausgesetzt. In dem Fall legte man einen Gegenstand zu dem Kind, der zu seiner Identifizierung dienen sollte, falls es doch überleben sollte. Später versuchte man das Problem der ausgesetzten Kinder in Rom mithilfe der Findelhäuser (Brephotropheum) zu lösen (vgl. Titzl, 2000, 96).
- Die Unterstützung von schwachen und hilfsbedürftigen Menschen im Römischen Reich fand in Form von Geld- und Kornverteilungen statt. In der Zeit des Kaisers Augustus gründete z. B. ein reicher Römer namens Helvius Basila eine mildtätige Stiftung, in die er ein Vermögen von 400.000 Sesterzen einzahlte. Die Stiftung verlieh das Geld und aus den Zinseinnahmen wurden arme Kinder und Findlinge unterstützt. Auf ähnlichen Prinzipien basierend organisierten später die Kaiser Nerva (herrschte 96 bis 98 n. Chr.) und sein Nachfolger Traianus (herrschte 98 bis 117 n. Chr.) Hilfe für arme Familien mit Kindern (vgl. Titzl, 2000, 100).

Zusammenfassende Betrachtung

Die vorhellenische und antike Gesellschaft legte viel Wert auf einen schönen, funktionierenden und leistungsfähigen Organismus. Folglich erfuhren alle diejenigen eine gesellschaftliche Stigmatisierung, die geschädigte Körper hatten, chronisch krank oder geistig behindert waren. Der nach Kalokagathis strebende Bürger von Athen (kalos ist schön, agathos bedeutet gut; Kalokagathis heißt also, „was schön ist, ist gut") hat zwangsläufig eine eher ablehnende Haltung gegenüber allem, was diesem Ideal nicht entspricht – also auch den verunstalteten, kranken, verwirrten usw. Menschen. Lediglich die Behinderung von Kriegsinvaliden wurde als ehrenvoll angesehen. Dieser Tatsache lässt sich entnehmen, dass es in dieser Zeit vermutlich nur wenige behinderte Menschen geschafft haben, sich der Stigmatisierung zu entziehen und eine Position in der Gesellschaft einzunehmen, die ihnen eine einigermaßen zufriedenstellende Teilnahme am Geschehen und ein normales Alltagsleben ermöglicht hat.

Sowohl griechische als auch römische Philosophen haben die Abtreibung von unerwünschten Kindern befürwortet. Aber auch die Tötung und Aussetzung nach der Geburt waren in der Antike üblich, wenn die Kinder sehr schwach oder „missgestaltet" waren. Somit kann festgehalten werden, dass sowohl in Sparta als auch in Athen bewusste Rassenzüchtung auf Kosten der Schwachen, Kranken und Geschädigten betrieben wurde. Nur die tüchtigsten und kräftigsten Kinder wurden aufgezogen, die schwachen warf man einen Abgrund hinab oder ließ sie verhungern. Im alten Rom war es gesetzlich erlaubt, die verkrüppelten Kinder zu töten.

Bemerkung: In der Zeit des Nationalsozialismus haben deutsche Historiker und Ethnologen Anregungen und Beispiele für den Umgang mit kranken und behinderten Menschen in der Antike gesucht, was letztendlich zur Euthanasie geführt hat.

Überlegungen und Versuche

1. ***Welches Schicksal würde höchstwahrscheinlich ein Kind mit Contergan-Schädigung erleiden, falls es vor ca. 3.000 Jahren im Stadtstaat Sparta auf die Welt gekommen wäre?***
2. ***Wäre es vorstellbar, dass nach den Sportwettbewerben in der Tempelanlage Olympia im Jahre 1560 v. Chr. noch etwas wie „antike Paralympics" stattfänden? Begründen Sie Ihre Einschätzung.***
3. ***Versuchen Sie eine Unterstützung für einen zwar körperlich schwachen, jedoch sehr intelligenten jungen Menschen im Alter von ca. 15 Jahre zu entwerfen, der schielt und in Athen kurz vor dem Anfang unserer Zeitrechnung lebt:***
   - ***Was müsste in Betracht gezogen werden vom Blickwinkel der gesellschaftlichen Normen und Erwartungen her?***
   - ***Womit müsste der Betroffene in Bezug auf Reaktionen seiner sozialen Umwelt sein ganzes Leben lang rechnen?***

   Begründen Sie Ihren Unterstützungsentwurf.

1.2 Mittelalter

Als „Mittelalter" wird in der europäischen Geschichte die Epoche zwischen Antike und Neuzeit bezeichnet. Sie beginnt mit der Krise des Römischen Reiches (ca. 3. bis 4. Jh. n. Chr.) und der Völkerwanderung (ca. 4. bis 6. Jh. n. Chr.) und endet unter dem Einfluss der Reformation ca. im 16. Jahrhundert. Mit der darauf folgenden Renaissance (französisch: „Wiedergeburt" des Interesses an der Kunst und Kultur der Antike) beginnt die Periode der Neuzeit, in der wir bis heute leben.

Bemerkung: Der negative Beiklang des Begriffs „Mittelalter" basiert auf der Tatsache, dass es sich von der kulturellen Blütezeit der Antike deutlich absetzte. Diese Bewertung verstärkte sich ab dem 17. Jahrhundert, vor allem aber während der *Aufklärung* (vgl. Microsoft, 2004). Mehr hierzu im Kapitel 1.3.

Bei der Suche nach dem Stellenwert von Menschen mit Behinderungen in der mittelalterlichen Gesellschaft und nach den Umgangsformen mit ihnen werden folgende Quellen benutzt: christliche Glaubensaspekte (biblische Aussagen, Legenden aus dem Leben der Heiligen), zeitgenössische Berichte und Chroniken, gesetzliche Bestimmungen und Rechtsprechung. Interessante Informationen lassen sich auch den Darstellungen entnehmen, die die Bewertung, den Zugang zu und den Umgang mit unterschiedlich beeinträchtigten Menschen in der damaligen Zeit beschreiben. Anschließend wird betrachtet, welche Hilfeformen sich im Mittelalter entwickelt haben.

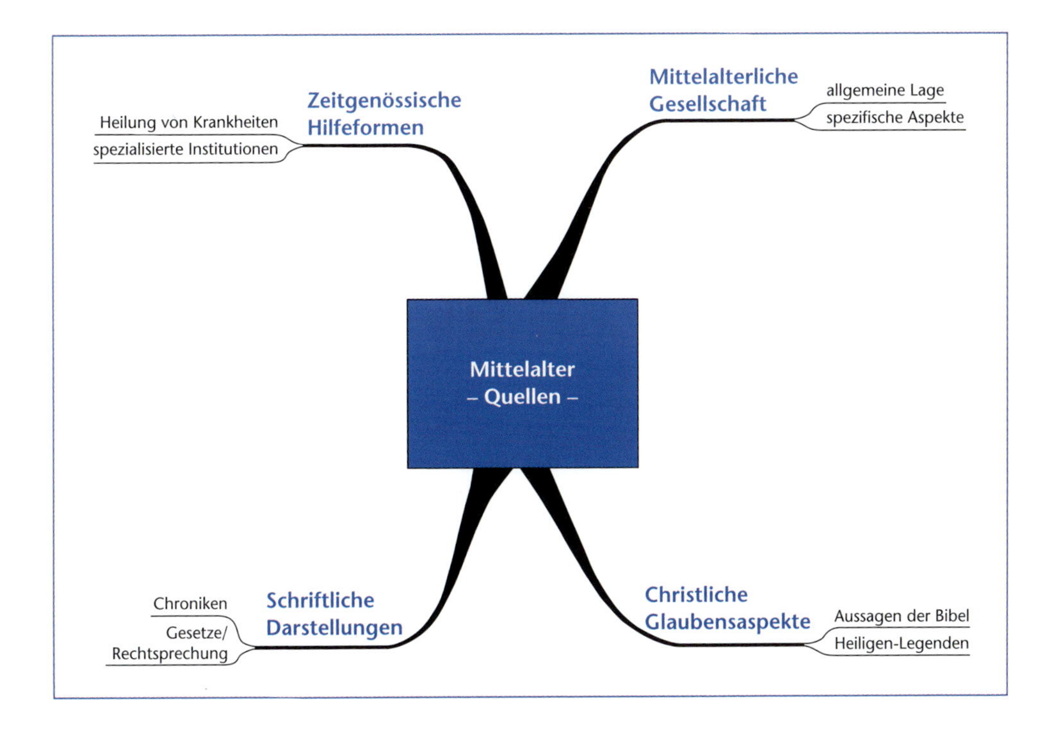

1.2.1 Mittelalterliche Gesellschaft

Allgemeine Lage

Das Mittelalter in Europa fängt mit der Verbreitung des Christentums an. Die „barbarischen“ Bräuche der Antike, wie z. B. das Abhacken von Daumen bei Kriegsgefangenen oder das Ablegen bzw. Töten von unerwünschten Kindern u. Ä., werden zwar abgeschafft, nur treten an deren Stelle die drastisch (da massenhaft) wirkenden Geißeln der damaligen Gesellschaft: Epidemien, Kriegsinvalidität, Armut. Die christliche Welt hat sich von dem anfänglichen System der überschaubaren und bescheidenen bürgerlichen Kommunitäten der Glaubensbrüder und -schwestern bis zum 10. bis 12. Jahrhundert zu einer Gesellschaft entwickelt, die in drei Schichten aufgeteilt war, die deutlich voneinander getrennt lebten:

- eine verhältnismäßig kleine Herrscherschicht, die Eigentum und Macht besaß und zwecks deren Erweiterung bzw. Sicherung Kämpfe und Kriege organisierte,
- ein zahlenmäßig ebenfalls nicht allzu großer Klerus, der dem Gott diente und die ideologische sowie wirtschaftliche Vormachtstellung der Institution Kirche sicherte,
- die meisten Menschen gehörten zu den Untertanen, die zu beten und zu arbeiten hatten.

Ein wichtiger Unterschied zu den antiken Verhältnissen bestand unter anderem darin, dass die Arbeitsleistung der Untertanen kaum deren Stellenwert und Position verbessert hat.

Beispiel
Der mittelalterliche Schmied war ein spezialisierter Handwerker, der mit seinem Know-how und Arbeitseinsatz Tag für Tag wahre Kunstschätze produzierte. Mit dem antiken Hephaistos, der seine Körperbehinderung durch kunstfertige Beherrschung von Feuer und Metall ausgleichen und seine Position in der Göttergemeinschaft sichern konnte, ist die Situation dieses Schmieds nicht vergleichbar. In der mittelalterlichen Gesellschaft bleibt er trotz seines Könnens „lebenslänglich" in der Untertanenschicht und somit in einer Dienerstellung. Von einer Verbesserung der Lebenslage oder gar Privilegierung durch Kenntnisse, Können und Arbeitsleistung kann also im Mittelalter kaum die Rede sein.

Spezifische Aspekte

Neben den Angehörigen der drei Schichten war die Welt des Mittelalters noch von Personen bevölkert, die am Rande bzw. außerhalb der unterprivilegierten Untertanen-Gruppe positioniert waren: diejenigen, die vor allem durch mildtätige Hilfe anderer überlebten (zum Beispiel Kranke, Bettler, Obdachlose), bzw. diejenigen, die gesellschaftlich diskriminierende Arbeiten verrichteten (Kadaversammler, Henker, Totengräber). Interessant ist auch die Tatsache, dass Frauen in dieser Zeit auch eine Art von Randstellung innehatten. Bedingt durch die überragende Bedeutung des Sündenfalls gerieten sie als „Überträgerinnen" der Sündhaftigkeit in Verruf. Kinder hat die mittelalterliche Gesellschaft kaum beachtet – als ob sie nicht existierten (vgl. Titzl, 2000, 119).

Als Angehöriger der unterprivilegierten Masse im Mittelalter zu leben, war vermutlich kein Vergnügen. Es überrascht deshalb nicht, dass das Heil jenseits dieser Welt gesucht wurde: im Kampf zwischen Körper und Geist mit dem Ziel, die Seele für die Aufnahme in den Himmel vorzubereiten. Vermutlich ging auch deshalb der antike Kult des schönen, gesunden und funktionierenden Körpers – des Hauses des Verstands – fast verloren. Es dauerte lange Zeit, bis das mittelalterliche Europa die vergessenen medizinischen und hygienischen Kenntnisse der antiken Welt wiederentdeckte und sie durch Wissen aus dem arabischen Einflussbereich erweiterte. Nur so war es möglich, im späten Mittelalter spezialisierte ärztliche und pflegerische Hilfemöglichkeiten für Kranke und organisch beeinträchtigte Menschen zu entwickeln. Ebenfalls war es ein langer Weg, von der Erziehung und Bildung privilegierter Kinder zu einem Schulsystem für alle zu kommen, oder von der individuell geleisteten Wohltätigkeit zu institutionalisierten Formen der sozialen und materiellen Unterstützung aller, die sich selbst nicht helfen können, zu gelangen. Diese Entwicklungen setzten erst ein, nachdem das Mittelalter vorbei war – mit der Epoche der Erneuerung (Renaissance) (vgl. Titzl, 2000, 120).

Im weiteren Text werden die Aspekte und Gegebenheiten beschrieben, die für die mittelalterlichen Ansichten und Umgehensweisen mit behinderten und beeinträchtigten Menschen ausschlaggebend sind. Bei der deutlichen Verankerung dieser Zeitperiode in der christlichen Religion ist es nicht verwunderlich, dass gerade die Säulen des Glaubens die ergiebigste Quelle der diesbezüglichen Hinweise darstellen.

1.2.2 Christliche Glaubensaspekte

Aussagen der Bibel

Die Aussage, dass der Mensch ein Ebenbild Gottes sei, bedeutet für die christliche Gemeinschaft des Mittelalters, dass ihre Mitglieder sich in allen Belangen, Gefühlen, Gedanken und Bemühungen an Gott wenden und die Prinzipien der moralisch-ethischen

Reinheit, Gerechtigkeit und Barmherzigkeit in ihrem Denken und Handeln beachten. Durch den Sündenfall bedingt, sind Menschen zum Leben in Arbeit und zum letztendlichen Sterben bestimmt. Bis es so weit ist, muss also jeder in körperlicher und seelischer Anstrengung leben, die als Ursache von Krankheiten, Störungen und Leiden gilt. Das irdische Leben dient der Vorbereitung auf die Existenz in Gottes Nähe nach dem Tod.

Der Stellenwert von kranken, geschädigten, verwirrten oder anders belasteten Menschen wird *ambivalent* dargestellt:

- Einerseits dürfen körperlich geschädigte/verunstaltete Menschen den Ritualen zu Ehren Gottes nicht beiwohnen und dürfen das Priesteramt nicht bekleiden. Krankheit und Schädigung werden als Strafe für Nichteinhaltung der Bestimmungen und Gebote Gottes bewertet. Deshalb werden die Betroffenen als Träger einer Bedrohung durch das Böse betrachtet und folglich verpönt und aus der Glaubensgemeinschaft ausgeschlossen (vgl. Titzl, 2000, 122).
  Aber auch eine andere Tatsache neben der Bedrohung durch Böses kann hier eine Rolle gespielt haben. Bei den Ritualen sind nämlich liturgisch vorgeschriebene Körperhaltungen einzunehmen, was bei manchen körperlichen Beeinträchtigungen schier unmöglich ist. Psychische Verwirrtheit im Kontext psychischer Krankheit verhindert die vorschriftsmäßige Durchführung der Rituale und steht auch dem Zwiegespräch mit Gott im Wege.
  Abgesehen von diesen nachvollziehbaren Gründen für den Ausschluss der Menschen mit Behinderung von den Ritualen, ist Folgendes erwähnenswert: Der Gründer der judäischen Dynastie, König David, hat einen Preis jedem versprochen, der blinde und gelähmte Menschen erschlägt, weil sie ihm verhasst seien. Auch verfügte er, dass keine Blinden und Lahme sein Haus betreten dürfen (vgl. Mosen/Lohs u.a., 2001, 21).
- Andererseits haben kranke und geschädigte Menschen im Rahmen des Glaubens eine wichtige Position: Ihre Existenz stellt andere, nicht kranke und nicht behinderte Menschen auf eine Probe – diese sollten barmherzig und mildtätig sein. Menschen mit Behinderung werden mehrere Male explizit genannt als Beispiel für diejenigen, die selig sind und denen Reich Gottes sicher ist. Unheilbar Kranke dienen als Personen, an denen die Wunderwirkung des Erlösers „demonstriert“ wird (vgl. Titzl, 2000, 124ff.).
- Als benachteiligte, schwache und unterprivilegierte Personen werden an vielen Stellen Witwen und Waisenkinder genannt. Ihr Schicksal ist von Verlassensein, Einsamkeit und Wehrlosigkeit derart belastet, dass sie ohne Schutz und Hilfe nicht überleben. In beeinträchtigten Lebenslagen befinden sich auch mittellose Menschen ohne Obdach, Menschen, die hungern und dürsten, sowie kranke und körperbehinderte Personen. Wichtig ist, dass die Unterstützung sich nicht nur auf aktuelle materielle und organisatorische Hilfe konzentriert, sondern die Aufgabe hat, den sitten-ethischen Verfall der Betroffenen zu verhindern. Denn ohne die geleistete Hilfe würden sie durch Not gezwungen, auf Kosten anderer und mit gesetzwidrigen Mitteln (Diebstahl, Raub, Betrug, Mord) ihre Versorgung zu sichern. Außer dieser individuellen Unversehrtheit trägt also der Helfende indirekt auch zum sozialen Frieden in der Gemeinschaft bei. Ein weiterer Hinweis sagt, dass die Wohltaten auf eine bescheidene Art gemacht werden sollen, d.h. unauffällig und ohne viel Aufmerksamkeit zu wecken. Durch die Art, wie Hilfe geleistet wird, soll die Würde des zu unterstützenden Menschen nicht verletzt werden. Schenken darf der Helfer nur sein persönliches Eigentum, und seine Wohltätigkeit darf nicht dazu dienen, sein Ansehen zu verbessern (vgl. Titzl, 2000, 129f.).

- Während im Alten Testament noch Kindesopfer als ein Bestandteil der Rituale dargestellt werden (Abraham soll seinen Sohn Isaak opfern), hat das Neue Testament den „Paradigmenwechsel“ in Bezug auf den Stellenwert von Kindern vollzogen: Ihre Unschuld, Würde und Schutzbedürftigkeit werden dort eindeutig hervorgehoben (vgl. Titzl, 2000, 130).

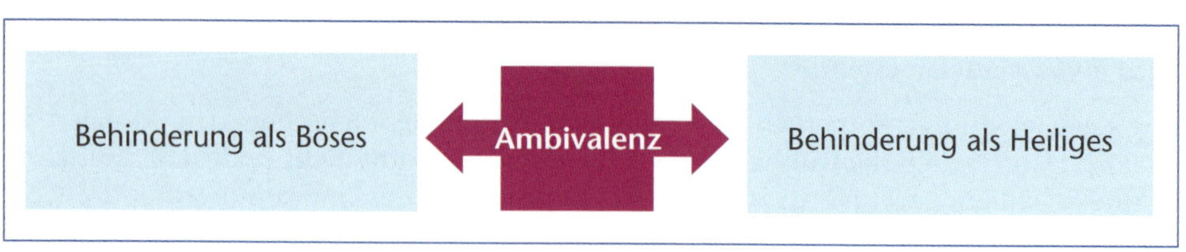

Ambivalenz von Behinderung in der Religion

Fazit

Die Bibel stellt mit ihren Darstellungen, Aussagen, Symbolen und Regeln für den gläubigen Menschen und die Gesellschaft, die auf den Prinzipien christlicher Religion aufgebaut ist, eine Orientierungshilfe in Bezug auf die Grenze zwischen Gut und Böse dar. In der Realität des mittelalterlichen Alltags diente sie allen als Leitlinie bei der Bemühung, das Gebiet des Guten zu erreichen und dort zu bleiben.
Dies konnte nur gelingen, wenn der mittelalterliche Mensch gute Gedanken hatte, gute Worte sprach und gute Taten vollzog. Ein wichtiger Zusammenhang: In der Summe der Individuen, die diese Hinweise befolgen, könnte auch das Potenzial der Gemeinschaft wachsen, den Hilfsbedürftigen gegenüber Gutes zu leisten.
Allerdings handelt es sich in der Regel um einen sehr langsamen Prozess. Im Mittelalter ist er nicht so weit vollzogen worden, dass sich aus ihm ein gesamtgesellschaftlich verankertes Hilfesystem entwickeln konnte.

Heiligen-Legenden

Eine Legende, die über das Leben eines Heiligen erzählt (lat.: Hagiografie), basiert nicht ausschließlich auf stattgefundenen und überprüfbaren Tatsachen, Daten oder Fakten. Diese sind zwar zum Teil in der Erzählung eingebaut, jedoch besteht der eigentliche Sinn jeder Legende in folgenden Anliegen:

- Unterstützung des Religionskults bei seiner Etablierung in der breiten Öffentlichkeit,
- Modell des erwünschten Verhaltens für jedes einzelne Mitglied der christlichen Gemeinschaft,
- Bildung einer kollektiven Identität gläubiger Menschen.

In dem zweiten Anliegen lassen sich in den Heiligen-Legenden Hinweise auf den Umgang mit hilfsbedürftigen Menschen finden. Die akzeptierende, demütige und zuvorkommende Haltung der Heiligen sowie ihr Tun stellen ein echtes Beispiel zur Nachahmung dar. Die meisten guten Taten lassen sich allerdings in ihrer unerschütterlichen Konsequenz von einem Normalsterblichen kaum so durchführen, wie das der bzw. die bestimmte Heilige gemacht hat. Insoweit konnten sich die mittelalterlichen Menschen nur um die Annäherung an das Verhaltensmodell bemühen – wohl wissend, dass sie diese Vollkommenheit in Glauben und Güte nie erreichen würden.

Aus der unüberschaubaren Menge der Heiligen-Legenden werden hier – stellvertretend – Hinweise auf den Umgang mit behinderten und beeinträchtigten Menschen aus zwei Erzählungen kurz dargestellt: über den heiligen Kyrill und den heiligen Method sowie über den heiligen Wenzel. Diese Auswahl basiert einfach auf der Tatsache, dass sie dem Autor (der aus Tschechien stammt) besser bekannt sind als andere Heilige.

- Die Erzählung vom Leben der heiligen Apostel der Slawen, Kyrillos und Methodios, wurde ca. im 10. Jahrhundert, d.h. 100 Jahre nach ihrem Tod, verfasst. Die Heiligsprechung erfolgte im 19. Jahrhundert. In der Legende sind sie als diejenigen bezeichnet, die (indem sie die Verkündigung in slawischer Sprache ermöglicht haben) als Nahrung für Hungrige, Wasser für Durstige und Kleider für Nackte gewirkt haben. In der Tat machten sich Kyrillos und Methodios durch die Übersetzung einiger Teile des Neuen Testaments ins Altkirchenslawische, durch die Kreation vereinfachter Schriftweise und durch die Schaffung slawischer Liturgie bei den slawischen Völkern unsterblich, weil dadurch der breiten Bevölkerung die Bibelbotschaft und -inhalte in verständlicher Sprache vermittelt werden konnten. In anderen Stellen der Legende wird weiterhin berichtet, dass sie Verwaisten geholfen, Wandernde begleitet, Kranke besucht, Trauernde getröstet, Schutzlose geschützt und Witwen unterstützt haben. Also Menschen in schwieriger Lebenslage, die auch in der Bibel als hilfsbedürftige Personen erwähnt werden (vgl. Titzl, 2000, 135).
- Die Legende vom Leben des heiligen Wenzel stammt aus dem 11. Jahrhundert. Er selbst lebte von 903 bis 935. Als Herzog von Böhmen hat er die Christianisierung seines Landes energisch vorangetrieben und wurde 935 ermordet. Seit seinem Tod wird Wenzel als Märtyrer und Nationalheiliger Böhmens verehrt, im 18. Jahrhundert (1729) wurde er heiliggesprochen (vgl. Microsoft, 2004). In der Legende sind folgende Taten des heiligen Wenzel zugunsten von beeinträchtigten und benachteiligten Menschen beschrieben: Er ließ Gefängnisse abreißen und Galgen fällen, hatte Mitleid mit Waisenkindern, unterstützte Witwen und Verletzte, gab Hungrigen zu essen und Durstenden zu trinken, besuchte Kranke, beerdigte Tote und hieß Fremde in seinem Haus willkommen. Auch sah er oft von einer Bestrafung bei Verbrechern ab und verteilte häufig Almosen an Bettler (vgl. Titzl, 2000, 136 ff.).

Fazit

Die Humanität und Fürsorglichkeit, die sich in der Annahme und im Umgang mit Menschen, die in der Gesellschaft des frühen Mittelalters als Hilfsbedürftige in eine Randposition gedrängt und benachteiligt waren, äußerten, sind sowohl bei Kyrillos und Methodios als auch bei Wenzel gut erkennbar. Ihre Demut und Hilfsbereitschaft sind für den Leser beeindruckend.

Diesbezüglich ähneln sich die meisten Heiligen-Legenden und dienen somit als das Muster erwünschten Verhaltens. Ob allerdings diese Musterhaftigkeit der Legenden von den Menschen im mittelalterlichen Alltag befolgt wurde, ist unklar. In Einzelfällen sicherlich ja, aber als ein Grundton des gesellschaftlichen Umgangs mit behinderten und anderen beeinträchtigten Personen wohl nicht.

Der konsequenten Selbstlosigkeit der Heiligen konnten die „Normalsterblichen" nicht gerecht werden.

1.2.3 Schriftliche Darstellungen

Chroniken

Chroniken sind Berichte über das alltägliche Leben und Ereignisse aus einer Periode der Volks- und Staatsgeschichte. Als Quellen zu dem Zeitraum der Berichterstattung sind sie mit Vorsicht zu genießen: Zwischen den Ereignissen und deren schriftlicher Aufarbeitung liegt in der Regel eine längere Zeit, sodass die Chronisten von mündlichen Überlieferungen und Schilderungen (die immer eine gewisse Verzerrung durch Wunschdenken der Erzähler aufweisen) ausgehen müssen.

Das Thema „Stellenwert von und Umgang mit Menschen mit Behinderung" besaß außerdem in den Chroniken nie eine größere Bedeutung. Die Aufmerksamkeit der Autoren war auf die Beschreibung von politischen Aktivitäten der Herrscher im Zusammenhang mit Geburten, Hochzeiten, Kriegen, Todesfällen u. Ä. gerichtet. Menschen aus der Unterschicht interessierten nicht. Ihre Erlebnisse, das Denken und Handeln, die Illusionen, Hoffnungen, Enttäuschungen usw. wurden nirgendwo beschrieben. Deshalb findet man in den Chroniken des Mittelalters nur dort Hinweise auf die Existenz von Menschen mit Behinderungen und den Umgang mit ihnen, wo zwecks Huldigung von Herrschern und Adeligen deren sozial-mildtätige Handlungen erwähnt sind. Wenn schon eine solche Tat beschrieben wird, dann mit der unmissverständlichen Verdeutlichung der Tatsache, dass der Wohltäter im Sinne des christlich-ethischen Verhaltenskodexes gehandelt hat.

Als Quelle für die Suche nach heilpädagogisch relevanten Hinweisen dienten hier die „Böhmische Chronik von Kosmas" (schildert die Periode der ersten böhmischen Herzöge bis zum Ende des 11. Jahrhunderts), die „Chronik von Dalimil" (schildert die Ereignisse bis zum Anfang des 14. Jahrhunderts) und die „Alten böhmischen Chroniken" (schildern die Zeit von der Mitte des 14. bis ca. zur Hälfte des 16. Jahrhunderts). Da Böhmen in der Zeit des Mittelalters ein Bestandteil des Heiligen Römischen Reiches war und Prag unter dem Kaiser Karl IV. im 14. Jahrhundert auch den Status als „Hauptstadt" dieses Reiches innehatte, können diese Chroniken durchaus stellvertretend für Schilderungen und Berichte aus anderen Gebieten des mittelalterlichen Europas stehen. Aus ihnen lassen sich folgende Ausrichtungen und Schwerpunkte der von den Hoheiten und Herrschern praktizierten Wohltätigkeit herausfiltern (vgl. Titzl, 2000, 148–171):

- Schutz von Witwen, Waisenkindern, Armen und Obdachlosen; Alimentierung von Mittellosen, Verteilung von Almosen; Errichtung von Asylen für Säuglinge und Kleinkinder sowie Spitälern für Kranke und Invalide; Abriss von Bordellen und Lusthäusern.
  Kommentar: Trotz der beispielhaften Taten wichtiger Einzelpersonen war die mittelalterliche Gesellschaft von einer umfangreicheren und institutionalisierten Unterstützung von Menschen mit Behinderungen noch sehr weit entfernt.
- Im Zusammenhang mit der religiös-kirchlichen Auslegung von Erscheinungsbildern und Verhaltensweisen, die von der Norm abweichen, gehörte zum mittelalterlichen Umgang mit Menschen mit Behinderung die Tendenz, ihnen entweder durch Rituale und Eingriffe die bösen Geister bzw. Dämonen auszutreiben oder sie zum Schutz der Gemeinschaft zu vertreiben. Im Einzelnen wurden zum Zwecke der Austreibung benutzt (unter anderem): Trepanation (Öffnen der Schädeldecke), Brennen der Kopfhaut mit glühenden Eisen, Einflößen von Abführ- bzw. Brechmitteln, Aderlass, Herausschneiden von „Steinen des Wahnsinns" aus dem Kopf (vgl. Mosen/Lohs u.a., 2001, 23).

Kommentar: Die Behandelnden haben das Anliegen des Heilens und des Heils verfolgt. Sie waren durchaus – im Rahmen des damaligen Wissens – bemüht, den Wahn, die Krankheiten, die Verwirrung usw. zu beseitigen. Es ist allerdings eine traurige Tatsache, dass in der Regel nur Torturen zustande kamen und das angestrebte Ziel unerreicht blieb.

Gesetze/Rechtsprechung

Sucht man nach Aspekten des gesellschaftlichen Umgangs mit behinderten und beeinträchtigten Personen, dann bieten mittelalterliche Gesetzestexte und Rechtsprechung eine deutlich zuverlässigere Quelle als Chroniken und Berichte. Sie wurden erlassen, schriftlich verfasst und im alltäglichen Leben angewandt. Insoweit braucht man bei ihnen nicht zu spekulieren – sie stellen einen festen Rahmen des Zusammenlebens von Menschen in der damaligen Zeit dar.

Die mittelalterliche Rechtsordnung diente als ein verbindlicher Handlungsrahmen, der aus den (vom Blickwinkel der christlichen Grundsätze erforderlichen) Regeln und Normen zusammengestellt wurde. Die Nichtbeachtung der Gesetze zog oft ziemlich derbe Folgen nach sich (Folter, Bestrafung durch Körperverstümmelung, Hinrichtung), sodass die Menschen gezwungen waren, einen sozial verträglichen Umgang miteinander zu lernen und zu praktizieren. In diesem Sinne hat die Gesetzgebung und -sprechung mehr Stabilität und Eindeutigkeit in das Gemeinschaftsleben gebracht: Die von der Kirche hervorgehobenen Werte und Verhaltensnormen konnten die Einzelnen subjektiv auslegen und individuell unterschiedlich umsetzen, das Gesetz dagegen war nicht beliebig auslegbar. Somit entstand ein Ganzes, welches im Laufe der Zeit auf das Sozialverhalten der Gesellschaftsmitglieder kultivierend wirkte. In diesem Kontext besaßen Menschen mit Behinderungen und anderen Beeinträchtigungen eine große Wichtigkeit – der Umgang mit ihnen trug zur Herausbildung sozial ausgerichteten Verhaltens bei (vgl. Titzl, 2000, 157).

In den Rechtsverordnungen mitteleuropäischer Fürsten, Herzöge und Könige lassen sich folgende – sowohl einschränkende als auch unterstützende – Regeln für den Umgang mit schwachen, kranken, geschädigten und gestörten Menschen finden:

Verwirrte und Irre dürfen keine Erklärung an Eides statt abgeben; eine Lepra-Erkrankung darf als Grund für Ehescheidung geltend gemacht werden; an Bischof Edigius müssen Steuern gezahlt werden, aus denen er unter anderem die Unterstützung von armen und kranken Menschen zu finanzieren hat; ein verwaistes Kind darf für die Schulden seines Vaters nicht materiell belangt werden, wenn es unter Eid erklärt, dass es von den Schulden keine Kenntnis hatte; Kaiser Karl IV. verbot den Fürsten in Böhmen unter Androhung der Enteignung, den Untertanen zur Strafe die Hände, Arme oder Beine abhacken, die Augen ausstechen sowie Nase und Ohren abschneiden zu lassen; ein verkrüppelter Mensch muss vor Gericht nicht wie alle anderen den Eid kniend sprechen, sondern darf es auch sitzend oder liegend tun; armen und mittellosen Menschen muss das Gericht unentgeltlich einen sachkundigen Berater zur Seite stellen (vgl. Titzl, 2000, 157–166).

Fazit

Aus den Chroniken und der Gesetzgebung des Mittelalters geht hervor, dass in der damaligen Zeit die Unterstützung von Bedürftigen in zweifacher Zuständigkeit geregelt wurde:

(A) Neben der einen oder anderen Wohltat in Form der direkten Hilfeleistung in Einzelfällen sorgte die Herrscherschicht vor allem für den gesetzlichen Rahmen und die Gerichtsbarkeit.
(B) Bischöfe und organisatorische Einheiten auf den einzelnen Ebenen der kirchlichen Hierarchie (insbesondere Gemeinden, Klöster) waren für materielle und seelsorgerische Versorgung im Alltag zuständig. Dies geschah allerdings im Rahmen der bescheidenen Bedingungen und nach subjektivem Ermessen.
Insgesamt lassen die Chroniken und Gesetze kein gesellschaftliches Hilfesystem für Menschen mit Behinderungen erkennen.

Gesamt gesehen lässt sich den mittelalterlichen Chroniken und Gesetzen entnehmen, dass als Menschen in beeinträchtigter Lebenslage im heutigen Sinn vor allem Waisenkinder, Witwen, Arme und Kranke sowie auch Verwirrte, Irre und Wahnsinnige, deren Denken und Handeln weder verstanden noch eingeordnet werden konnte, galten. Auch die körpergeschädigten Personen gehörten zu der Gruppe der Hilfsbedürftigen, auf die sich mildtätige Hilfe richtete.

1.2.4 Zeitgenössische Hilfeformen des späten Mittelalters

Während des europäischen Mittelalters waren es die Araber, die in einer institutionalisierten Form Hilfe für psychisch kranke bzw. geistig behinderte Menschen organisierten: Im 7. Jahrhundert n. Chr. wurde in der Stadt Fez (Marokko) ein Hospital für sie eingerichtet. Ähnliche Einrichtungen wurden dann auch in anderen Städten der arabischen Welt gegründet, z.B. in Bagdad, Damaskus und Kairo.

In Europa wurden die ersten Spitäler und Asyle für psychisch kranke und geistig behinderte Menschen in Spanien gegründet (nach arabischen Vorbildern). Dies passierte erst in der letzten Phase des Mittelalters am Anfang des 15. Jahrhunderts. Engagierte Priester und Bürger haben diese spezialisierten Einrichtungen in Valencia, Barcelona, Saragossa, Sevilla und Toledo aufgebaut. Es dauerte noch weitere ca. 100 Jahre, bis auch in anderen europäischen Ländern eine solche Hilfeform zustande kam (vgl. Mosen/Lohs u.a., 2001, 27).

Bis es so weit war, hatte die Unterstützung bzw. der Umgang mit verwirrten, psychisch kranken und geistig behinderten Menschen zwei Grundformen:

- religiös verankerte Behandlung (Fürbitte/Gebet zu Heiligen, die als „zuständig“ für bestimmte Problembereiche galten),
- medizinisch begründete Behandlung, die von heilkundig tätigen Personen (insbesondere Ärzte, Wurzelgräber u.Ä.) durchgeführt wurde, die vorwiegend mit Heilkräutern, Diät, Aderlass und operativen Eingriffen gearbeitet haben.

In Deutschland hatte Landgraf Philipp I. in der zweiten Hälfte des 16. Jahrhunderts mehrere Häuser für alte, arme, gebrechliche und geisteskranke Menschen gegründet. Zu diesem Zwecke wurden einige Klöster umfunktioniert (z.B. in Haina, Merxhausen, Gronau). Der Landgraf sicherte damit eine breit angelegte Unterstützung für Bedürftige (vgl. Mosen/Lohs u.a., 2001, 27).

Diese Aktivitäten des Landgrafen, der den Beinamen „der Großmütige" trug, waren allerdings für die Verhältnisse damaliger Zeit ziemlich einmalig. Statt ihnen Hilfe zu sichern, war es auch am Ende des Mittelalters üblich, Menschen mit Behinderungen aus den Städten zu vertreiben oder sie einzusperren. Es wurden „Bettelordnungen" verfasst und verabschiedet, nach denen es z. B. in der Reichsstadt Nürnberg den Krüppeln verboten war, vor den Kirchen zu betteln. Zudem mussten sie eine Bettlerplakette tragen.

Die meisten Bettler waren infolge von Kriegen, Unfällen oder Krankheiten körperbehindert. Deshalb bewegten sie sich „am Stock", was zu einem Stigma führte. Nahm die Anzahl von „am Stock" gehenden Menschen in einer Stadt zu bzw. bettelten sie zu aufdringlich, mussten sie mit harten Reaktionen der Stadtherren rechnen: Vertreibung oder Gefängnis. Den geistesgestörten bzw. psychisch kranken Menschen erging es nicht anders. Aufgrund dieser Tatsachen lässt sich schlussfolgern, dass die Lebensbedingungen für Menschen mit Behinderung im mittelalterlichen Europa meisten sehr schlecht waren (vgl. Mosen/Lohs u. a., 2001, 29).

Das mittelalterliche Staatswesen überließ die Unterstützung von hilfsbedürftigen Menschen den karitativen Aktivitäten von Privatleuten, statt sie aus Steuermitteln zu finanzieren und vom staatlichen Verwaltungsapparat organisieren zu lassen. Wenn schon auf diesem Gebiet ein Engagement zu verzeichnen wäre, dann war es die Kirche (die sich allerdings der praktischen Umsetzung ihres eigenen Grundprinzips der Barmherzigkeit nicht gänzlich entziehen konnte).

- Die Priester und Träger kirchlicher Würden (z. B. der Bischof) waren Ansprechpartner für die Hilfsbedürftigen und organisierten auch die Unterstützung. Die konkrete Arbeit führten in der Regel verwitwete Frauen durch, die in den Pfarreien und Kirchengemeinden als Helferinnen tätig waren. Dort gab es Verzeichnisse der zu unterstützenden Armen (vor allem Waisenkinder, Witwen und Mittellose). Es galt das (auch heute noch wichtige) Prinzip der „Hilfe zur Selbsthilfe" – für die arbeitsfähigen Menschen wurde zuerst eine Beschäftigung gesucht, die ihnen Mittel zum Leben sichern sollte. Erst wenn dies nicht möglich war, wurden materielle Hilfen in Form von Essen, Trinken, Kleidung u. Ä. verteilt. Waisenkinder hat man in (Pflege-)Familien vermittelt und sie gingen im entsprechenden Alter zu einem Handwerker aus der Gemeinde in die Lehre. Finanziert wurden all diese unterstützenden Maßnahmen durch Sach- und Geldspenden von den Gemeindemitgliedern (vgl. Titzl, 2000, 225).
- Einige jüdische Gemeinden überließen die Unterstützung für behinderte und beeinträchtigte Menschen nicht dem Zufall und der Freiwilligkeit. Dort führten die Gemeindeältesten eine Verpflichtung für jedes Mitglied ein, in eine Kasse einzuzahlen, die man heute als „humanitär-sozialen Fond" bezeichnen würde. Der Beitrag wurde nach den Einnahmen des Mitglieds ausgerechnet und die Zahlung konnte gerichtlich erzwungen werden: wer dieser Verpflichtung nicht nachkam, musste mit Bestrafung rechnen (vgl. Titzl, 2000, 226).

Im späten Mittelalter übernahmen vor allem die Klöster die Unterstützung von bedürftigen Menschen. Auf diesem Gebiet tat sich besonders der Benediktinerorden hervor. Das Anliegen, anderen zu helfen, spiegelte sich sogar in der baulichen Gestaltung der Klöster wider (fast alle sind nach dem gleichen Muster aufgebaut):

- In der Nähe des Haupteingangs ist ein Gesprächsraum für Hilfesuchende und ein Obdach für Wanderer.
- An drei Stellen innerhalb des Klosters sind Reinigungsbäder.

- Neben den Wirtschaftsgebäuden und Unterkünften für die Mönche hat jedes Kloster auch eine „Ambulanz“, in der Wunden versorgt, Aderlass gemacht und sonstige medizinisch-pflegerische Aufgaben wahrgenommen werden.
- Eine Apotheke samt Garten zum Anbau von Heilpflanzen sowie ein Spital für kranke Menschen ergänzen die Grundausstattung des Klosters.

(vgl. Titzl, 2000, 226)

In diesem Sinne waren die mittelalterlichen Klöster nicht nur der Ort der Religiosität und geistig-seelischer Besinnung, sondern zunehmend auch sozial und medizinisch engagierte Institutionen. Sie mussten – um die notwendigen Mittel für diese Aufgabe zu sichern – ihre wirtschaftliche Tätigkeit sehr intensiv vorantreiben. Nicht nur die Empfänger der Hilfe, sondern auch diejenigen, die sie leisteten, mussten versorgt werden.

Die Anzahl der Klöster ist im Verlauf des 13. bis 15. Jahrhunderts sehr gewachsen und die dort angebotene Unterstützung wurde häufig und umfangreich in Anspruch genommen. Das ging manchmal so weit, dass einige Klöster einschränkende Bestimmungen treffen mussten, z. B. dass ein Wanderer nicht länger als drei Tage verweilen darf (vgl. Titzl, 2000, 228).

Fazit

Im mittelalterlichen Europa gab es für die armen, kranken, verunstalteten und anderweitig beeinträchtigten Menschen nur wenig gesellschaftliche Unterstützung. Wenn es sie gab, wurde sie von denjenigen geleistet, die dafür die Macht und die notwendigen Mittel hatten. Häufiger und intensiver als diese Personen hat sich die Kirche gekümmert. Anfänglich war es eine Art „Hilfe vor Ort“ in den einzelnen Kirchengemeinden und Bistümern, später dann die „Gebietszentrum-Hilfe“ in den Klöstern.

Klöster können als Vorreiter bzw. Anfang der Entwicklung von spezialisierten Einrichtungen späterer Perioden betrachtet werden:

(A) Klöster, in denen man sich besonders den armen, alten, obdachlosen usw. Menschen annahm, sind Vorgänger zukünftiger Versorgungsanstalten und sozialer Institutionen, die noch heute auf dem Gebiet der sozialen Arbeit tätig sind (also auch der heilpädagogischen Einrichtungen).

(B) Klöster, in denen man kranke, verletzte, organisch geschädigte usw. Menschen medizinisch-pflegerisch versorgte, sind Vorgänger zukünftiger Kranken- bzw. Heilanstalten, die sich später zu den heutigen Krankenhäusern und Kliniken weiterentwickelt haben.

Überlegungen und Versuche

1. ***Was wäre mit dem körperlich und geistig behinderten Quasimodo aus dem Roman von Victor Hugo „Der Glöckner von Notre Dame“ höchstwahrscheinlich passiert, wenn sich der Dompfarrer seiner nicht angenommen hätte?***
2. ***Versuchen Sie, in dem oben genannten Roman – abgesehen von den rührseligen Passagen – Ausdrücke, Äußerungen und Szenen zu finden, in denen die Menschen***
   - ***Quasimodo negativ bewerteten und ihn ablehnten,***
   - ***Quasimodo ihre Solidarität bekundeten und ihn unterstützten.***

Zusammenfassende Betrachtung

Betrachtet man die Periode des Mittelalters vom Blickwinkel des gesellschaftlichen Umgangs mit behinderten und beeinträchtigten Menschen, so wird deutlich, dass diese negativ bewertet, ausgestoßen, weggesperrt, stigmatisiert, vernachlässigt und sogar gequält wurden und ihr Leben am Rande bzw. außerhalb der Gemeinschaft fristen mussten. Es lassen sich zwar gute Taten Einzelner und rechtliche Verordnungen finden, die dem Schutz der Schwachen dienten, nur konnten sie sich als allgemeine Verhaltensnorm nicht etablieren.

Gut, dass die Kirche ihren Beitrag geleistet hat. Allerdings ist ihr Wirken zwiespältig. Einerseits praktizierte sie das Prinzip der Barmherzigkeit, indem sie im Alltag viele hilfsbedürftige Personen unterstützte und schützte. Auf der anderen Seite blieb sie in den damaligen Vorstellungen über die Ursachen von Gut und Böse verhaftet, was z. B. zum grausamen Umgang mit psychisch kranken und verwirrten Menschen während der Inquisitionszeit führte. Einen besonderen Anstoß zur Entwicklung von Systemen sozialer und gesundheitlicher Unterstützung von hilfsbedürftigen Menschen gaben die Klöster des späten Mittelalters.

Und wie ging es weiter?

Abgelöst wurde das Mittelalter von der Renaissance, dem Humanismus und der *Aufklärung*. Zu diesem Wechsel kam es durch die wachsende Armut und Unterdrückung der Landbevölkerung (die zum Bauernkrieg im 16. Jahrhundert führte) und durch die voranschreitende Reformation (die zum Dreißigjährigen Krieg im 17. Jahrhundert führte). Das unermessliche Kriegsleiden der Menschen in Europa machte die ideelle und gesellschaftliche Veränderung unumgänglich. So wurde das mittelalterliche Menschenbild unter dem Einfluss einiger wiederentdeckter Sichtweisen der Antike einer positiven Umgestaltung unterzogen. Im Zusammenhang damit haben sich zwangsläufig auch die Ansichten über den Umgang mit Schwachen und Beeinträchtigten verändert.

Als „Aufklärung" ist nicht nur eine geistige Strömung in Europa zu verstehen, sondern eine kritische, kämpferische und ablehnende Grundhaltung gegenüber dem Bestehenden. Sie weist zwei Tendenzen auf:
- Die Tendenz, die Vergangenheit zu kritisieren.
- Die Tendenz, die Zukunft neu zu gestalten.

Die berühmteste Beschreibung der aufklärerischen Haltung stammt von Immanuel Kant aus dem Jahre 1784. In seiner Schrift „Was ist Aufklärung?" definiert er Aufklärung als „Ausstieg des Menschen aus seiner selbstverschuldeten Unmündigkeit".

Der Ausstieg aus dieser Unmündigkeit und eine neu gestaltete Zukunft sind laut führender Denker damaliger Zeit nur durch Bildung und Erziehung möglich. Deshalb ist die Aufklärung auch eine pädagogische Bewegung.

Besonders verdient gemacht haben sich in diesem Prozess Philosophen des 16. und 17. Jahrhunderts, die den Weg zur gesellschaftlichen Erneuerung in der Erziehung und Bildung neuer Generationen gesehen haben (Erasmus von Rotterdam 1483–1536, Johann Amos Comenius 1592–1670, John Locke 1632–1704). Auch wenn sie unterschiedliche Schwerpunkte gesetzt haben, einig waren sie sich darin, dass (vgl. Hebenstreit, 1997, 17–67):

- der Mensch unverdorben und offen auf diese Welt kommt (Locke), zart, nackt und wehrlos ist und sich alles durch einen bewussten Erziehungsprozess aneignen muss (Erasmus),

- jeder Mensch zum verantwortlichen Leben in der Gemeinschaft erzogen werden muss und in diesem Sinne auch erziehungsfähig ist (Erasmus),
- es erforderlich und möglich ist, allen alles auf leichte und gründliche Art zu lehren (Comenius),
- es jedem Menschen von Natur aus eigen ist, das Gute zu wollen, das Wahre zu denken und das Richtige zu tun (Comenius),
- es in der Erziehung und Bildung um nichts anderes geht, als der Natur beim Gebären dieser Anlagen zu helfen (Comenius),
- die Vernunft der letztendliche Richter und Führer in allen Gelegenheiten sein muss (Locke).

Für die Heilpädagogik ist von den vielen Ansichten vor allem folgende Überzeugung von Comenius relevant: Alle Menschen (d. h. auch die geschädigten, behinderten und beeinträchtigten) sind von menschlicher Beschaffenheit und derart ausgestattet, dass sie Menschen sind (vgl. Hebenstreit, 1997, 42).

Im 17. Jahrhundert begann auch der Siegeszug des neuzeitlichen Rationalismus. Die Naturwissenschaften gewannen an Bedeutung, wichtige Entdeckungen und Erfindungen veränderten die Weltsicht grundlegend. Auch für die Pädagogik brach eine neue Epoche an. In dieser Zeit wurde die pädagogisch bahnbrechende Idee formuliert (siehe oben), dass alle Kinder, auch die behinderten, erziehungs- und bildungsberechtigt und -befähigt sind. Der Gedanke der Bildungsbedürftigkeit und der Bildbarkeit aller Menschen machte die Entstehung der heilpädagogischen Sichtweise erst möglich. In methodischer Konsequenz wurde der Grundsatz formuliert, dass für jeden Menschen die geeigneten Erziehungs- und Bildungsmethoden zu suchen und zu finden sind. Denn Misserfolge im Lernen sind nicht auf die fehlende Begabung des Kindes zurückzuführen, sondern auf eventuell für das Kind unangemessene Erziehungs- und Lehrmethoden. Deshalb lautet die pädagogische Forderung aus dieser Zeit: „Die Erziehungs- und Lernmethoden müssen der natürlichen Entwicklung des Kindes angepasst werden."

Diese Ansichten haben in der Pädagogik den Begriff der „Naturgemäßheit" hervorgebracht, der für die weitere Entwicklung der Theorie und Praxis der Erziehung und Bildung eine große Bedeutung hatte. Einmal ist damit gemeint, dass im einzelnen Menschen von Natur aus Gesetzmäßigkeiten des Erkennens, des Denkens und Lernens angelegt sind. Auf der anderen Seite ist damit der Bezug auf die in der äußeren Natur ablaufenden Prozesse und Gesetzmäßigkeiten gemeint (z. B. der Tages- und Jahresrhythmus). Für den Umgang mit Kindern und Heranwachsenden (aber auch mit Erwachsenen) bedeutet dies, dass man von den Gesetzmäßigkeiten der äußeren Natur auf die Gesetzmäßigkeiten im einzelnen Menschen schließen kann. Diese Parallelität von innerer und äußerer Natur wird auch als die These von der Übereinstimmung von Mikrokosmos und Makrokosmos betrachtet. Bezogen auf die heilpädagogische Praxis lassen sich im 17. Jahrhundert erste Versuche der Lautspracherziehung gehörloser Kinder nachweisen. In Spanien, England und den Niederlanden gab es bereits bedeutende Gehörlosenlehrer. Die Gehörlosenpädagogik gilt als die älteste Disziplin der spezialisierten Heilpädagogik. Ebenfalls liegen einzelne Berichte über die erfolgreiche Unterrichtung von Blinden vor: Wohlhabende Eltern ließen ihre blinden Kinder durch Hauslehrer unterrichten (vgl. Haeberlin, 1996).

Fazit

Die Denker und Philosophen des 17. Jahrhunderts mit ihren pädagogischen Ideen und Entwürfen zur „Umerziehung“ der Gesellschaft legten den Grundstein zur Entstehung heilpädagogischer Sichtweisen. Auch wenn die Solidarität mit behinderten Menschen in dieser Zeit noch nicht *explizit* thematisiert wurde (geschweige denn praktiziert), lassen sich die damals formulierten allgemeinpädagogischen Grundsätze durchaus als Vorläufer einer späteren Heilpädagogik betrachten.

Näheres zum Zeitalter der Aufklärung und darauf folgenden Entwicklungsepochen der europäischen Kultur und Gesellschaft wird in weiteren Unterkapiteln dargestellt.

1.3 Die Aufklärung

Im Folgenden werden das Zeitalter der Aufklärung und die Bedeutung, welche es für die Entwicklung der Heilpädagogik hatte und noch immer hat, erläutert. Hierzu wird zuerst die gesellschaftliche und politische Situation im Deutschland des 18. Jahrhunderts skizziert. Im Anschluss hieran werden die grundlegenden Aussagen der Aufklärung wiedergegeben. Im Mittelpunkt dieses Kapitels stehen die Vernetzungen zwischen aufklärerischen Positionen und der Heilpädagogik. In diesem Kontext wird auch die Bedeutung von Johann Heinrich Pestalozzi dargelegt. Es wird auf erste Einrichtungen mit heilpädagogischer Relevanz eingegangen und zum Abschluss werden die Übergänge vom 19. zum 20. Jahrhundert beschrieben.

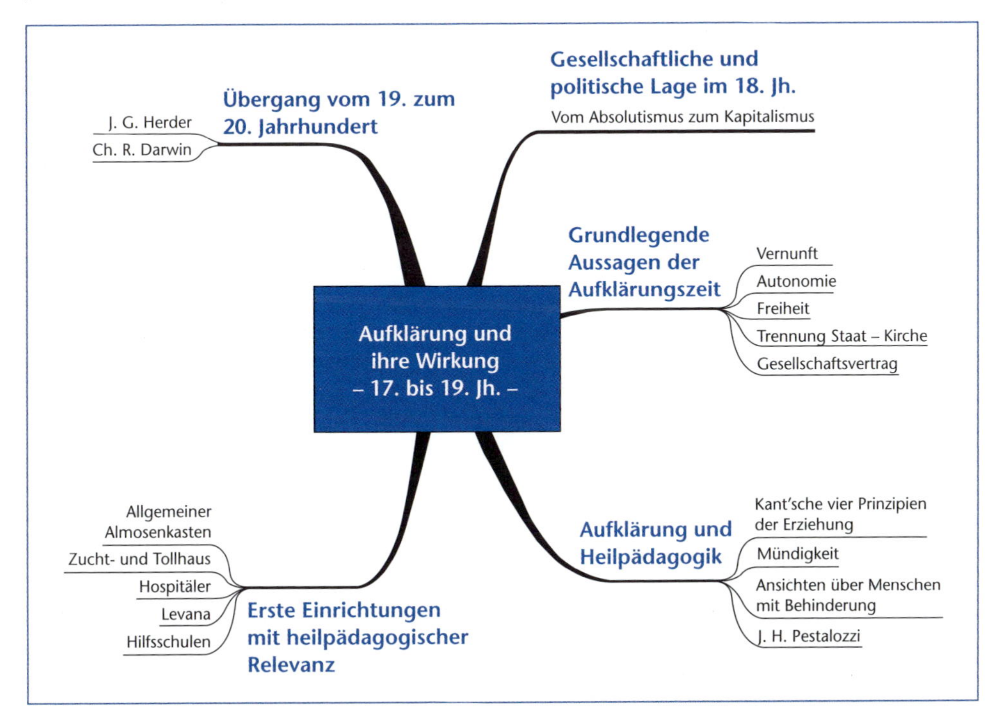

> „Unsere Tage füllten den glücklichsten Zeitraum des 18. Jahrhunderts. Kaiser, Könige, Fürsten steigen von ihrer gefürchteten Höhe menschenfreundlich herab, verachten Pracht und Schimmer, werden Väter, Freunde und Vertraute des Volkes. Die Religion zerreißt das Pfaffengewand und tritt in ihrer Göttlichkeit hervor. Aufklärung geht mit Riesenschritten. Tausende unserer Brüder und Schwestern, die in geheiligter Untätigkeit lebten, werden dem Staate geschenkt. Glaubenshass und Gewissenszwang sinken dahin; Menschenliebe und Freiheit im Denken gewinnen die Oberhand. Künste und Wissenschaften blühen, und tief dringen unsere Blicke in die Werkstatt der Natur. Handwerker nähern sich gleich Künstlern ihrer Vollkommenheit, nützliche Kenntnisse keimen in allen Ständen. Hier habt ihr eine getreue Schilderung unserer Zeit. Blickt nicht stolz auf uns herab, wenn ihr höher steht und weiter seht als wir; erkennt vielmehr aus dem gegebenen Gemälde, wie sehr wir mit Mut und Kraft euren Standort emporhoben und stützten. Tut für eure Nachkommen ein Gleiches und seid glücklich."
> *(Anonymus, zitiert nach Merker, 1982, 7)*

Ein glücklicher Zeitraum – so stellt ein unbekannter Autor den Beginn der Aufklärung dar. Es handelt sich ausdrücklich um den Beginn, denn: „Wenn denn nun gefragt wird: Leben wir jetzt in einem aufgeklärten Zeitalter? so ist die Antwort: Nein, aber wohl in einem Zeitalter der Aufklärung" (Kant, 1983, 59). Kant formuliert somit die Aufklärung als eine Aufgabe dieser Zeit, des 18. Jahrhunderts, eine Aufgabe, welche – auf dieses deutet schon das oben wiedergegebene Zitat hin – auf einen glücklichen, befreiten Menschen im Licht und Kontext der Vernunft hinzielt. Der Prozess der Aufklärung vollziehe sich hierbei beinahe wie von selbst, da der Mensch ein umfassendes Vertrauen in die Vernunft setze, welches wiederum das Vertrauen in die Autoritäten (wie Kaiser, Könige und Kirche) ersetzen könne (vgl. Moser, 1995, 15).

Wie war die gesellschaftliche und politische Situation in Deutschland im 18. Jahrhundert beschaffen? Was waren die grundlegenden Aussagen der Aufklärung und welche pädagogischen und heilpädagogischen Positionen sind in dieser Zeit entstanden oder können in ihr verortet werden?

Bei der Beantwortung dieser Fragen soll Moser (1995, 16ff.) gefolgt werden, welche eine umfassende Begründung hierzu vorgelegt hat.

1.3.1 Gesellschaftliche und politische Situation in Deutschland im 18. Jahrhundert

Im 18. Jahrhundert befand sich Deutschland aufgrund der politischen und wirtschaftlichen Verteilungsprozesse nach dem Dreißigjährigen Krieg in einem äußerst zersplitterten Zustand: mehr als 300 Staaten mit ca. 1.800 souveränen Territorien prägten das Gesicht dieses Landes. Durch den Ausgang des Dreißigjährigen Krieges war der „jahrhundertealte Kampf zwischen Kaisern und Fürsten entschieden und eine Zentralgewalt bedeutungslos geworden" (Moser, 1995, 16). Moser fasst die Situation wie folgt zusammen:

> „Mehr als zwei Drittel der Bevölkerung waren Bauern, wobei die Bevölkerungszahl für das Ende des 18. Jahrhunderts in Deutschland auf ca. 23 Mio. geschätzt wird. Die Stadtbevölkerung setzte sich aus den drei Ständen Klerus, Adel und Bürgern sowie dem Volk zusammen [...]. Politisch bedeutsam wurden nach dem Dreißigjährigen Krieg Hof, Beamtentum und das Heer. Misswirtschaft, **feudalistische** Ausbeutung in

> Form von Leibeigenschaften und Lehnwesen, Marktverschiebungen aufgrund von neuem überseeischen Handel [...] und außergewöhnliche Kälteperioden [...] führten zu einer **Pauperisierung**, insbesondere der Landbevölkerung. Dies hatte einerseits eine starke Abwanderung der ländlichen Bevölkerung und andererseits die Entwicklung kleinster handwerklicher Produktionseinheiten in den bäuerlichen Familien zu Folge. Damit verloren auch die Bauern ihre [...] Autarkie und begaben sich in die Abhängigkeit vom Marktgeschehen."
> *(Moser, 1995, 16)*

Ein grundlegender Prozess der deutschen Aufklärung war somit die Wandlung und Verwandlung des *absolutistischen* Staates in einen kapitalistischen Staat. Hiermit einher ging eine *Liberalisierung* der Lebensprozesse, da eine solche in einem feudalistisch und klerikal geprägten Kontext nicht in dieser Form möglich gewesen wäre. In diesem gesamtgesellschaftlichen Vollzug entwickelte sich eine neue soziale Schicht: der Bürger. Die Bürger hatten nun zum ersten Mal die Möglichkeit, einen privaten, intimen Raum zu bestimmen, in welchem sie über sich selbst nachdenken, sich selbst besinnen konnten.

> „Diese Weise der Entdeckung des Subjekts, der Betrachtung des Besonderen gegenüber dem Allgemeinen, ist gleichzeitig als die Wurzel von moderner Psychologie und Pädagogik zu betrachten."
> *(Moser, 1995, 19f.)*

1.3.2 Grundlegende Aussagen der Aufklärung

Die Vernunft kann als die grundlegende Leitidee der Aufklärung bezeichnet werden: Sie sollte dem Menschen seine Autonomie zurückgeben und ihn aus seiner Unmündigkeit befreien. Der Mensch des christlichen Abendlandes befand sich durch den Glauben an die Erbsünde und durch die erhoffte Gnade und Erlösung Gottes in eben dieser Abhängigkeit. Diese sollte nun durch die eigene Vernunft auf- und abgelöst werden: „Das ethische Problem von ‚Gut' und ‚Böse' war nicht mehr (allein) von Gott, sondern von der vernünftigen Selbsterkenntnis definiert. Moral [...] wurde an Vernunft geknüpft. Diese Durchsetzung *rationalistischer* Prinzipien ist die strukturelle Textur der Aufklärung" (Moser, 1995, 25). Die grundlegenden Annahmen hierzu gehen schon auf philosophische Begründungen des 17. Jahrhunderts zurück. So z.B. bei Leibniz (1646–1716), welcher sich unter anderem mit der sogenannten Theodizee beschäftigte. Mit diesem Begriff wird eine Rechtfertigungslehre bezeichnet, welche die Existenz Gottes trotz des Übels in der Welt vernunftmäßig zu begründen versucht. Leibniz postulierte hierbei eine mögliche Vereinbarkeit des freien Willens des Menschen mit der Existenz eines allmächtigen und allwissenden Gottes. Seinen Gottesbeweis begründet er mit den von ihm angenommenen obersten Vernunftgesetzen: das Prinzip des Widerspruchs und das Prinzip vom zureichenden Grunde. Diese Prinzipien „besagen, dass einerseits nichts existent sei, was nicht ohne Widerspruch gedacht werden kann, und andererseits nicht ohne zureichenden Grund geschehe. Das Prinzip vom Widerspruch wurde von Leibniz zentral auf die Frage von Glauben und Vernunft angewandt. Er folgerte, dass nichts wahr sein kann, was entweder nur dem Glauben oder nur der Freiheit entspräche. Damit war zwar dem Menschen ein Stück Freiheit zuerkannt, jedoch blieb Gott innerhalb dieses Modells weiterhin unverzichtbar" (Moser, 1995, 27).

Ein anderes, dem leibnizschen *diametral* entgegengesetztes Modell stammt von Baruch de Spinoza (1632–1677), welcher eine materielle und politisch ausgerichtete Philosophie entwickelte. Er empfahl hierbei und hierdurch „einen idealen Staat, dessen besondere

Kennzeichen sind: Redefreiheit [...], Trennung von Staat und Kirche und ein großzügiger Gesellschaftsvertrag, der das Wohl der Bürger und die Harmonie der Regierung fördert" (Damasio, 2004, 25).

Im Kontext dieser und weiterer Grundlegungen zur Aufklärung, zudem weit über diese hinausgehend, entwickelt Immanuel Kant (1724–1804) gegen Ende des 18. Jahrhunderts seine „Kritik der reinen Vernunft". In dieser und in weiteren Schriften definiert er einen Vernunftbegriff, welchen er gleichermaßen kritisch betrachtet und reflektiert. Hierzu ausführlich Moser:

> „Die zentrale Wendung des Vernunftbegriffs vollzieht sich bei Kant in der Weise, dass zwar in der Tradition der rationalistischen Aufklärung Vernunfttätigkeit und -erkenntnis als höchste Erkenntnisprinzipien betrachtet, aber gleichzeitig die Grenzen dieser Erkenntnis aufgezeigt werden auf den Gebieten, wo Vernunft sich sozusagen selbst denkt und damit jeglichen empirischen Rahmen verlässt und dem Dogmatismus verfällt [...]. Die Grenzen der Vernunft liegen [...] einmal im erkennenden Subjekt, das ursprünglich als **synthetische** Einheit der **Apperzeption** vorgestellt wurde und welches unabdingbar zur Synthetisierung der mannigfachen Anschauung, d.h. zur Erkenntnis vorausgesetzt ist [...]. Zweitens kann Kant [...] zeigen, dass Bedingungsketten, die sich auf den unbedingten Ursprung beziehen [...], in sich widersprüchlich sind [...]. Im dritten Teil der Untersuchung [...] führt Kant die Gültigkeit von Gottesbeweisen ad absurdum."
> *(Moser, 1995, 57f.)*

Vernunft und Aufklärung – so könnte man vor diesem Hintergrund bilanzieren – sind nicht als absolut zu setzen, sondern immer wieder von ihren Grenzen her neu zu bestimmen. Hierzu dient dann auch die Pädagogik und – auch wenn dieses von Kant nicht positiv thematisiert wird – die Heilpädagogik.

Überlegungen und Versuche

1. ***Wie könnte die Stellung von Menschen mit Behinderung im Deutschland des 18. Jahrhunderts beschrieben werden?***
2. ***Versuchen Sie, pädagogische Positionen und Handlungsansätze aus den Prinzipien der Aufklärungszeit abzuleiten:***
   - ***der Mensch ist ...***
   - ***der Staat soll ...***
   - ***Erziehung und Bildung müssen ...***

1.3.3 Aufklärung und Heilpädagogik

Grundsätzlich ist festzustellen, dass Kants Aussagen zur Pädagogik mit Vorsicht zu betrachten sind: einerseits, weil sie von Kant explizit nicht sonderlich stark gewichtet wurden, andererseits, weil sie gegebenenfalls in dieser Form gar nicht von ihm stammen, sondern von einem seiner Schüler, welcher Vortragsnachschriften zu seinen Vorlesungen angefertigt hat. Des Weiteren hat Kant keine Aussagen zur Pädagogik mit Menschen mit Behinderungen hinterlassen, im Gegenteil: Es ist eher problematisch, eine Heilpädagogik auf den philosophischen Grundlagen der kantschen Philosophie allein aufzubauen. Trotz dieser kritischen Vorbemerkungen bleibt festzuhalten, dass Kants kritische Sichtweise der Aufklärung zu einer fundamentalen Veränderung pädagogischer Prozesse beigetragen hat. Zu Beginn der Darstellung seiner Pädagogik hat er vier Prinzipien der Erziehung skizziert:

> „1. Disziplinierung, 2. Kultivierung, 3. Zivilisierung und 4. Moralisierung. Disziplinierung meint die ‚Bezähmung der Wildheit', Kultivierung die Ausbildung von Geschicklichkeit, Zivilisierung das Erlernen von Manieren, sowie die Ausbildung einer praktischen Klugheit und Moralisierung die Orientierung auf das ‚höchste Gut' hin unter der Anwendung von Maximen mit dem Charakter eines kategorischen Imperativs."
> *(Moser, 1995, 66)*

Weiterhin steht für Kant die Mündigkeit im Mittelpunkt seiner pädagogischen Überlegungen. Die Mündigkeit sollte zur Selbstverantwortlichkeit des Einzelnen beitragen und hierdurch eine Opposition zur absolutistischen Beherrschung einnehmen. Dennoch kann eine solchermaßen geforderte *intrapersonale* Freiheit nicht unabhängig von einer strukturellen Freiheit betrachtet werden. So bleibt auch die Position von Kant zur Pädagogik zeitgeistverhaftet: „Pädagogik ist in ihrer Fundierung im ausgehenden 18. Jahrhundert nicht konfliktorientierte Wissenschaft, sondern Instrument zur Etablierung des Allgemeinen. Sie muss, wo Vernunft nicht ausreicht, durchaus Zwang gebrauchen, denn wo die Frage nach der Mündigkeit auf die Ebene des Wollens (selbstverschuldete Unmündigkeit) verlagert wird, legitimiert sich dieser sozusagen fast von selbst" (Moser, 1995, 69). Wie und in welcher Form mag diese Pädagogik dazu angetan sein, eine Heilpädagogik zu begründen?

Dieser Widerspruch kann grafisch wie folgt dargestellt werden:

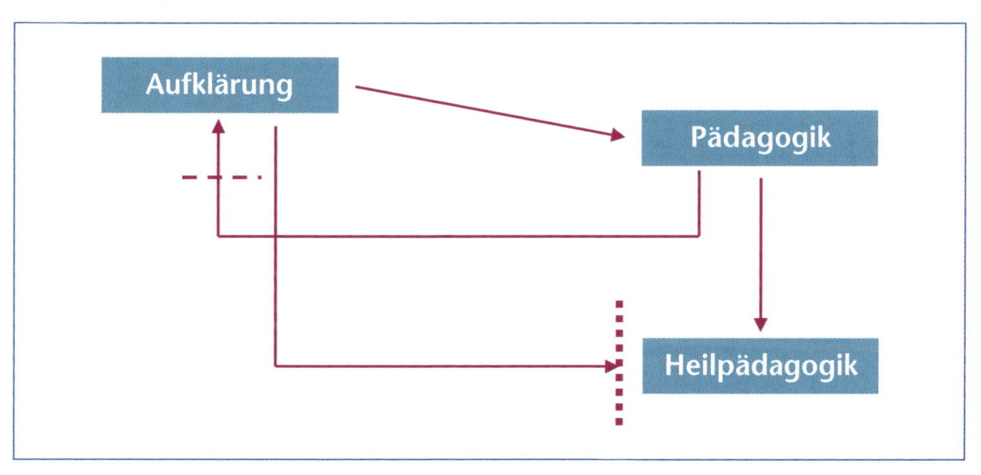

Heilpädagogik und Aufklärung

Zusammenfassend bleibt somit festzuhalten, dass die Aufklärung mit ihrer epochalen Kritik gegenüber weltlichen und kirchlichen Autoritäten sowie ihrer Orientierung an der Vernunft und ihrer Betonung der allgemeinen Menschenwürde rechtstaatlichen Einstellungen den Weg bereitet hat. Die hierin und hierdurch realisierte Verankerung der Menschenrechte eines jeden Bürgers sowie „der freie Wettbewerb als Handelsprinzip begünstigten den Aufstieg des Bürgertums, dem der Gedanke der allgemeinen

Volksbildung nahelag [...]. Der optimistisch-aufklärerischen Dynamik, die Menschen durch Erziehung zur rationalen Selbstgestaltung und sittlichen Selbstständigkeit führen zu wollen, verdankt die Behindertenpädagogik ihren Beginn" (Merkens, 1988, 78). Auf diesem Hintergrund entwickelten sich die ersten Einrichtungen und – hiermit eng vernetzt – theoretischen Begründungen der Heilpädagogik. Dennoch bleibt festzuhalten, dass die Heilpädagogik zwar im Kontext der Aufklärung entstand und ohne sie in dieser Form auch kaum denkbar ist, dennoch aber schien sie quer zu den vorherrschenden paradigmatischen Orientierungen der Aufklärung zu stehen (vgl. Greving, 2000, 36ff.).

1.3.4 Ansichten über Menschen mit Behinderung

Das philosophische und pädagogische Umfeld, in welchem erste heilpädagogische Tendenzen erwachsen und gedeihen sollten, erschien im 17. und 18. Jahrhundert noch nicht so recht vorbereitet, um sich mit den Thematiken behinderter Menschen zu befassen. So spricht sich Comenius (1627) dafür aus, behinderten Menschen die Gottebenbildlichkeit abzuerkennen und sie „liegen zu lassen" (Comenius, 1627, in: Thesing/Vogt, 1996, 139).

Jean-Jacques Rousseau scheint auch kein rechtes Verständnis und Interesse für chronisch kranke und behinderte Kinder aufzubringen und fordert in seinem Werk „Émile oder über die Erziehung": „Ich würde mich niemals mit einem kränklichen und siechen Kind befassen, sollte es auch achtzig Jahre leben. Ich mag keinen Zögling, der doch niemals sich und andern nützen kann, der nur immer an sich und seine Gesundheit denken muss, und dessen Leib so die Erziehung der Seele beeinträchtigt. Was erreichte ich anderes, wenn ich an ihn meine Sorgen verschwende, als den Schaden der Gemeinschaft zu verdoppeln, indem ich ihr zwei Menschen statt des einen vorenthielte? [...] Ich kann nicht jemanden das Leben lehren, der nur darauf bedacht sei, sein Sterben zu verhindern" (Rousseau, 1762, in: Kobi, 2004, 262).

Selbst für Immanuel Kant erschienen behinderte Menschen als seelenlose Geschöpfe. Er charakterisiert sie als Wesen von „gänzlicher Gemütsschwäche, die entweder selbst nicht zum tierischen Gebrauch der Lebenskraft [...], oder auch nur eben zur bloß mechanischen Nachahmung äußerer durch Tiere möglicher Handlungen (Sägen, Graben etc.) zureichen" (Kant, 1798, in: Speck, 1993, 15).

Erst Johann Heinrich Pestalozzi verwies im Kontext des deutschen *Idealismus* auf die Erziehbarkeit behinderter Menschen. Er war der Meinung, und hat diese auch in den pädagogischen Programmen auf dem Neuhof (einer seiner pädagogischen Einrichtungen) realisiert, „[...] dass auch Kinder von äußerstem Blödsinn, [...] durch liebreiche Leitung zu einem ihrer Schwachheit angemessenen, einfachen Verdienst vom Elend eines eingesperrten Lebens errettet und zur Gewinnung ihres Unterhalts und zum Genuss eines freien und ungehemmten Lebens geführt werden können" (Pestalozzi, 1927, 188). Pestalozzi setzte sich hierdurch deutlich von den Annahmen der Aufklärungsepoche ab, welche zwar pädagogisches Handeln neu begründete, jedoch weithin kein Verständnis für benachteiligte Menschen aufbrachte. Er bereitete hierdurch aber auch die weitere Entwicklung heilpädagogischer Ansätze vor.

So kam es in Deutschland durch Johann Heinrich Wichern (1808–1881) zur Errichtung sogenannter Rettungshäuser für verwahrloste und verhaltensgestörte Kinder, in München begründete 1833 Johann Nepumuk Edler von Kurz eine erste Institution für körperbehinderte Jugendliche, der Schweizer Arzt Jakob Guggenbühl begründete 1841 bei Interlaken eine „Heilanstalt für *Kretinen* und blödsinnige Kinder". Zudem kam es zur

Errichtung der ersten sogenannten Hilfsschulen durch Heinrich Ernst Stötzner (1832–1910) und Heinrich Kielhorn (1847–1934).

Auf dem Hintergrund dieser gesellschaftlichen und pädagogischen Entwicklungen gründeten Johann Daniel Georgens (1823–1886) und Heinrich Marianus Deinhardt (1821–1880) 1856 in der Nähe von Wien eine „Heilpflege- und Erziehungsanstalt". Die Erfahrungen, welche sie im Auf- und Ausbau dieser Institution gemacht hatten, veröffentlichten sie 1861 in ihrem Werk „Die Heilpädagogik mit besonderer Berücksichtigung der Idiotie und der Idiotenanstalten". Mit diesem Titel benannten sie ihr Arbeitsgebiet zum ersten Mal als ein „heilpädagogisches" und deuteten des Weiteren an, dass „[...] die erste Verwendung des Wortes ‚Heilpädagogik' zugespitzt auf den Bereich der Erziehung von Geistigbehinderten war [...]. (Hierdurch entstand unter anderem das Problem), dass der Begriff ‚Heilpädagogik' [...] teilweise sehr wörtlich genommen wurde: Man glaubte an eine echte Heilung von Geistigbehinderten durch ein geeignetes Training des Hirn- und Nervensystems. Dies führte dazu, dass der Begriff ‚Heilpädagogik' eine ausgesprochen medizinische Auslegung erfuhr [...]. Bereits [...] Georgens und Deinhardt hatten von einem ‚Zwischengebiet zwischen Medizin und Pädagogik' gesprochen" (Haeberlin, 1985, 53 f.).

Überlegungen und Versuche

1. ***Mit welchen Widerständen haben es die ersten Menschen zu tun gehabt, welche sich im Zeitalter der Aufklärung für Menschen mit Behinderung eingesetzt haben?***
2. ***Wie mögen die Menschen mit Behinderung sich selbst, andere und die Welt im Kontext der Aufklärungszeit erlebt haben?***
3. ***Versuchen Sie, einige Grundsätze aus der Zeit der Aufklärung zu finden, die noch heute in der Theorie und Praxis der Erziehung und Bildung allgemein sowie der Heilpädagogik speziell eine Rolle spielen.***

Johann Heinrich Pestalozzi

Ein wichtiger Vertreter, welcher aus der Aufklärung hervorging, dann jedoch die Pädagogik des deutschen Idealismus stark beeinflusste, soll im weiteren Verlauf exemplarisch und ausführlicher dargestellt werden. Es handelt sich um den schon oben erwähnten Johann Heinrich Pestalozzi.

Pestalozzi erkannte schon früh die familien- und individuenbeschädigenden und -zerstörenden Folgen der Industrialisierung und versuchte, Gegenmaßnahmen zu ergreifen. Auf dem Hintergrund seiner Analyse des Untergangs der sozialen Ordnungen im 19. Jahrhundert schuf er eine neue Form der Hausgemeinschaft, um verwahrlosten Kindern wieder eine stabile und sichere Zukunft im Hinblick auf Beruf und Familiengründung zu verschaffen. Eines der Mittel, durch welches er dieses zu erreichen suchte, war die Volksaufklärung – im Unterschied zur eher individualistisch ausgerichteten Aufklärung des einzelnen Subjekts (siehe oben). Diese eher *pragmatische* Seite der Aufklärung diente Pestalozzi dazu, die Besserung der niedergegangenen und niedergehenden Gesellschaft mithilfe der Besserung des einzelnen Individuums anzustreben (vgl. Möckel, 1988, 72; Moser, 1995, 78).

Neben diesen eher sozialpolitischen Motiven und Gedanken lehnte sich Pestalozzi aber auch an die aufklärungsphilosophischen Gedanken an – jedoch ohne hierbei die

Menschen mit Behinderung auszuschließen. Auf dem Hintergrund der Ansätze von unter anderem Leibniz, Kant und Rousseau und in der Auseinandersetzung mit der Französischen Revolution formuliert er *anthropologisch*-psychologische Theorien, welche er z.B. in seinen Roman „Lienhard und Gertrud“ einfließen lässt. „Hier wird exemplarisch das Programm der Volksaufklärung realisiert: über Literatur kann das Erziehungsprogramm auch den Erwachsenen erreichen“ (Moser, 1995, 79). Einen grundlegenden Ansatz in der Pädagogik Pestalozzis stellt die Auseinandersetzung mit der Armut dar. Er betrachtet diese sowohl philosophisch als auch gesellschaftspolitisch. Im Mittelpunkt seiner Überlegungen steht hierbei das *Phänomen* der Gerechtigkeit. Diese erscheint „nicht als Problem gerechter Verteilung, sondern als individuell-moralisches“ (Moser, 1995, 80).

Auch in der Umsetzung seiner Vorstellungen steht die Errichtung von Armenanstalten oft im Vordergrund: so 1774 bis 1779 in Neuhof, 1799 bis 1804 in Burgdorf und 1804 bis 1825 in Iferten. Das pädagogische Programm dieser Einrichtungen bestand aus landwirtschaftlicher Arbeit und Selbsttätigkeit. Als didaktische Prinzipien setzte Pestalozzi hierbei auf die Erfahrung und die Anschauung. Aus den Erfahrungen, welche Pestalozzi mit den Erziehungsexperimenten seiner Einrichtungen gemacht hat, lassen sich einige Grundgedanken seines pädagogischen Programms ableiten (vgl. Möckel, 1988, 73):

- Erziehung soll Menschenbildung und nicht allein Berufsbildung bewirken.
- Erziehung im Hinblick auf einen nützlichen Bürger ist wichtig, aber nicht allein ausreichend.
- Erziehung soll die Heranwachsenden zu einem selbstständigen Leben und somit immer auch zu einem Beruf befähigen.
- Erziehung muss immer beim einzelnen Menschen, seiner individuell-subjektiven Lebenslage ansetzen, ihn in die Gesellschaft einführen und für deren vielfältige Aufgaben vorbereiten und spezialisieren.
- Zudem muss Erziehung den Einzelnen aber auch zu einem gerechten und Gerechtigkeit anstrebenden sowie kritischen Bürger werden lassen.

Auf diesem Hintergrund lassen sich die Ansätze von Pestalozzi zur Pädagogik als ein großes Programm einer totalen Erziehung (mit Kopf, Herz und Hand) bezeichnen – einer Erziehung, die er selber auch so gelebt hat.

Web

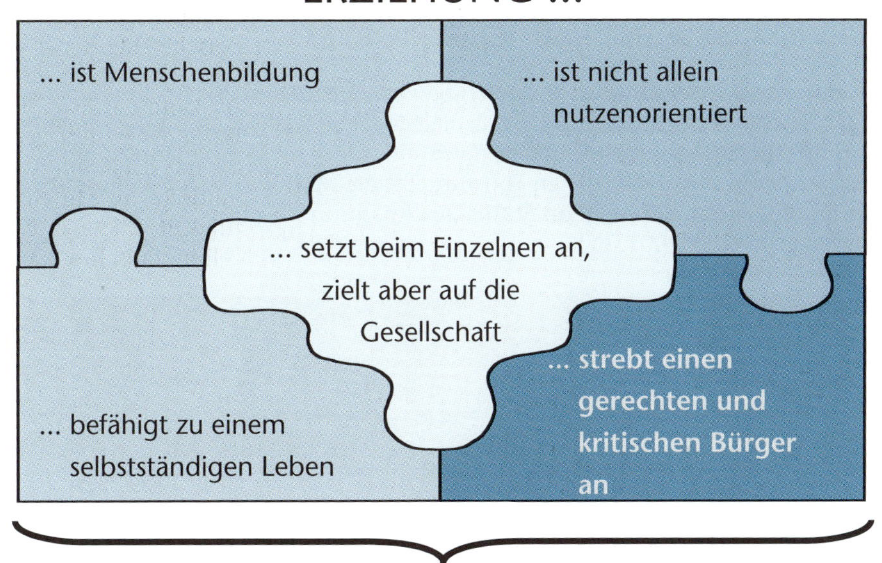

Programm einer „totalen Erziehung" mit Kopf, Herz und Hand

Erziehung nach Pestalozzi (Zusammenfassung)

Überlegungen und Versuche

1. ***Welche heilpädagogischen Grundannahmen könnten aus den Überlegungen Pestalozzis hervorgegangen sein?***
2. ***Welche Kritik lässt sich an den Annahmen von Pestalozzi üben? Begründen Sie Ihre Meinung.***

1.3.5 Aufklärung und erste heilpädagogische Einrichtungen

Parallel zu den philosophischen und sozialpolitischen Strömungen der Aufklärung entwickelten sich auch Einrichtungen für Menschen mit Behinderung. Die ersten kommunalen Einrichtungen entstanden zu Beginn des 17. Jahrhunderts. Wie muss man sich das Leben und Arbeiten in diesen Einrichtungen vorstellen?

Eine der ersten kommunalen Einrichtungen für behinderte (und psychisch kranke) Menschen finanzierte der „Allgemeine Almosenkasten" des Rates der Stadt Frankfurt am Main. Dieser war auch für die sogenannten Geisteskranken, welche auch als „Tolle" oder „Unglückliche" bezeichnet wurden, zuständig. „Diese waren spätestens seit 1606 in einer besonderen Anstalt, dem ‚Tollhaus' untergebracht" (Braum, 2001, 16). Diese Einrichtung kann als recht vorbildlich bezeichnet werden und wurde bereits seit 1700 von einem „Hauß- und Pfleg-Vater" und seit 1776 von einer „Dollhauß-Mutter" geleitet. Im Hinblick auf die Verpflegung der in diesem Hause lebenden Menschen gab es recht deutliche Vorschriften, welche unter anderem darin bestanden „[...] zu rechter ordentlicher Mittags- und Abends-Zeit ihr Essen und Trincken nach Nothdurfft, und zwar so viel reichen, dass sie damit vergnügt seyn können, und nicht darüber zu klagen haben mögen“ (Braum, 2001, 38).

Trotz der in der Zeit der Aufklärung erreichten Fortschritte und Erkenntnisse über Behinderungen und psychische Erkrankungen bleiben diese Menschen häufig eingesperrt – „[...] wenn auch nicht mehr in Gefängnissen, sondern in Tollhäusern, Irren- und Epilepsieanstalten. Mit technischen Hilfsmitteln, die Marterwerkzeugen ähnelten, wurden sie an die Betten gefesselt, auf Stühle geschnallt, in Zwangsjacken fixiert“ (Mosen/Lohs/Hagemeier u.a., 2001, 67).

Gepolsterte Isolationszelle und Zwangsjacke, 19. Jahrhundert

Seit 1776 entwickelte sich das „Zucht- und Tollhaus“ zu einer bleibenden Stätte für die sogenannten Wahnsinnigen und Maniaci. Konzeptionell trennte man die unterschiedlichen Gruppen der behinderten Menschen voneinander, sodass es schließlich drei Gruppen gab: „die Blödsinnigen, häufig auch Ruhige genannt, die Rasenden und die Unruhigen. Verschärfte Verwahrung fand bei den Rasenden statt.“ (Braum, 2001, 22ff.). Diese ersten Schritte deuten auf so etwas hin wie die Unterbringung der sogenannten geisteskranken Menschen in Facheinrichtungen. Es fand eine erste Differenzierung statt, also eine erste Wahrnehmung der Individualität der einzelnen Personen – eine Maßnahme, welche dem Denken der Aufklärung und des deutschen *Idealismus* geschuldet ist und sich auch in den grundlegenden Annahmen von Pestalozzi wiederfinden lässt. Diese differenzierte Unterbringung ...

„[...] war eine entscheidende Voraussetzung für die Herausbildung von Experten und die Entwicklung von Pädagogik, Psychologie und Psychiatrie [...]. Anfang des 19. Jahrhunderts begann [...] in Deutschland eine rasante Entwicklung der Irrenanstalten: 1785 führte das Frankfurter Kastenhospital fortschrittliche Prinzipien der medizinischen Behandlung, der Arbeit als therapeutisches Mittel und das Beschwerderecht für die Insassen ein. Es wurden planmäßig Arbeiten auf Bestellung, zum Verkauf und für den Eigenbedarf geleistet [...]. 1799 brannte das Berliner Irrenhaus ab. Den Großteil der Geisteskranken nahm die Berliner Charité auf. Die Irrenanstalt der Charité blieb lange Zeit die größte und wichtigste im Lande [...]. 1811 wurde die Anstalt ‚Sonnenstein' bei Pirna, nahe Dresden, gegründet. Der verantwortliche Facharzt, Ernst Gottlieb Pienitz [...] praktizierte [...] das Konzept ‚traitement moral' – die Anstalt als große Familie. ‚Sonnenstein' wurde wegen seines humanistischen Konzepts über Deutschland hinaus bekannt."

(Mosen/Lohs/Hagemeier u. a., 2001, 39 f.)

Überlegungen und Versuche

1. ***Wo gibt es Gemeinsamkeiten und Unterschiede im Vergleich der Entwicklung im 18. und 19. Jahrhundert mit den aktuellen Themen der Heilpädagogik?***
2. ***Versuchen Sie, Kontakt zu einer Einrichtung herzustellen, welche ihre Wurzeln in der Zeit der Aufklärung bzw. des Idealismus hat. Erarbeiten Sie, wie diese Tradition gegebenenfalls auch heute noch das Leben in der Einrichtung bestimmt.***

1.3.6 Wendepunkte: vom 19. zum 20. Jahrhundert

Die erste Hälfte des 20. Jahrhunderts war in Deutschland gekennzeichnet von der Vernichtung der Menschen mit Behinderung (siehe unten). Die Grundlagen für diese Vernichtung, die philosophischen, weltanschaulichen und politischen Ausgangspunkte hierzu wurden jedoch schon im 18. und 19. Jahrhundert gelegt. Einige Zitate aus dieser Zeit sollen hierauf hinweisen:

Johann Gottfried Herder (1744–1803):
„Man gehe in die Häuser der Wahnsinnigen und höre ihr Geschwätz, man hört die Rede mancher Missgebornen, und äußerst Einfältigen, und man wird sich selbst die Ursache sagen. [...] Man hat Beispiele dafür, dass ein Taub- und Stummgeborner seinen Bruder mordete, da er ein Schwein morden sah, und wühlte bloß der Nachahmung wegen mit kalter Freude in den Eingeweiden desselben" (Mürner, 1996, 216).

Charles R. Darwin (1809–1882):
„Wir erbauen Heime für Idioten, Krüppel und Kranke. Wir erlassen Armengesetze, und unsere Ärzte bieten alle Geschicklichkeit auf, um das Leben der Kranken so lange als möglich zu erhalten. Niemand, der etwas von der Zucht von Haustieren kennt, wird daran zweifeln, dass dies äußerst nachteilig für die Rasse ist. Ausgenommen im Fall des Menschen selbst wird auch niemand so töricht sein, seinen schlechtesten Tieren die Fortpflanzung zu gestatten" (Mürner, 1996, 274).

Überlegungen und Versuche

1. ***Welche Bilder von Menschen mit Behinderung werden in diesen Zitaten weitergegeben?***
2. ***Wie wirken sich diese Bilder auf den Umgang mit Menschen mit Behinderung aus?***
3. ***Gibt es auch heute noch ähnliche Beschreibungen? Wo sind diese gegebenenfalls zu finden und welche Wirkung sollen sie heute eventuell zeitigen?***
4. ***Versuchen Sie, den oben genannten Auffassungen von Herder und Darwin Argumente entgegenzusetzen, die das Recht von Menschen mit Behinderungen auf Leben und Dazugehörigkeit begründen. Diskutieren Sie über Ihre Bilder von Menschen mit Behinderung.***

1.4 Das 20. Jahrhundert

Das 20. Jahrhundert stellt im Hinblick auf die Entwicklung der Heilpädagogik eine höchst ambivalente und beinahe widersprüchliche Epoche dar: Auf der einen Seite ist es durch die Vernichtung der Menschen mit Behinderung gekennzeichnet, auf der anderen Seite zeichnen sich erste wichtige Hinweise zu einer präzisen Theoriebildung ab. Zudem ist dieses Jahrhundert in Deutschland durch eine Trennung der heilpädagogischen Bestrebungen in der BRD und der DDR geprägt. Nach der Vereinigung beider deutscher Staaten kam es auch in der Heilpädagogik zu einer Ausbildung weiterer Themen. Diese werden zum Abschluss dieses Punktes dargelegt.

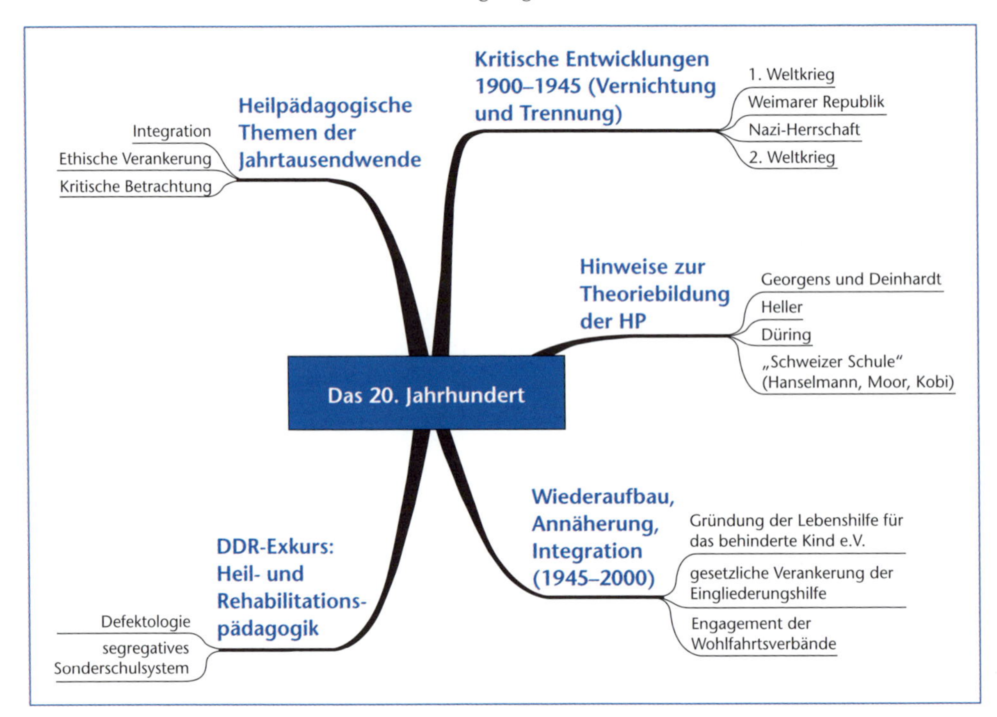

Die Geschichte der Heilpädagogik im 20. Jahrhundert ist, zumindest für die deutschsprachige Heilpädagogik, eine Geschichte der Zerrissenheit und der Teilung. So kann die erste Hälfte des 20. Jahrhunderts nahezu als Geschichte der Vernichtung und Trennung, die zweite Hälfte demgegenüber als Wiederaufbau, Annäherung und Integration verstanden werden. Beide Zeitfenster sollen im weiteren Verlauf kurz dargestellt werden.

1.4.1 Vernichtung und Trennung: 1900 bis 1945

> „Das Scheitern der Weimarer Republik, hohe Arbeitslosigkeit und die allgemeine Notlage während der Weltwirtschaftskrise ermöglichten der nationalsozialistischen Machtpolitik 1933 die Machtergreifung. Hitlers Vorstellungen von der deutschen Jugend, die hart, herrisch, gewalttätig und unerschrocken sein sollte [...], waren Ausdruck der darwinistischen Rassenideologie des Dritten Reiches, die allein dem Starken das Recht auf Leben und Überleben zubilligte. Dem Einzelnen sprach der Nationalsozialismus jegliche Mündigkeit und Urteilsfähigkeit ab [...]."
> *(Merkens, 1988, 89)*

In der Zeit des sogenannten Dritten Reiches dienten die Erziehung und die Bildung dazu, im Sinne eines Zucht- und Ausleseverfahrens den „Herrenmenschen" nach nationalsozialistischen Vorstellungen hervorzubringen. Der Glaube an die Überlegenheit der sogenannten germanischen Rasse sowie der blinde Gehorsam gegenüber der politischen Führung bildeten die Grundlagen dafür, dass die Kinder und Jugendlichen mittels *pseudoreligiöser* Veranstaltungen und der ständigen Betonung und Überbetonung der körperlichen Fitness für die militärischen Zwecke ausgebildet werden konnten. Dieses geschah in eigens hierfür gegründeten Einrichtungen.

> „Diese [...] als Nationalpolitische Erziehungsanstalten [...] bezeichneten Einrichtungen dienten der Vorbereitung auf Gehorsam, Disziplin und Kameradschaft; vor allem zielten sie auf Erziehung zur Härte und Wehrtauglichkeit. Die Familienerziehung galt nur noch dem Hervorbringen erbgesunden Nachwuchses."
> *(Merkens, 1988, 89)*

Dass vor diesem Hintergrund der Menschen mit Behinderung sowie die mit ihm arbeitenden Menschen als minderwertig betrachtet wurden, erscheint in einer perversen und mörderischen Logik beinahe zwangsläufig. Diese Menschen wurden verfolgt und vernichtet und der Einsatz für sie brachte diejenigen in Gefahr, welche sich öffentlich für sie engagierten. „Mit der Aberkennung der Menschenwürde schwächerer Bevölkerungsgruppen erwies sich das Dritte Reich als Vollstrecker extremster Enthumanisierung der abendländischen Geschichte" (Merkens, 1988, 89). Diese Verbrechen können somit zudem als Versuch gewertet werden, die ersten wissenschaftlichen und pragmatischen Erfolge der Heilpädagogik rückgängig zu machen sowie ihre christlich-religiösen, aufklärerischen und sozialpolitischen Grundlagen zu widerlegen.

In Deutschland hatte bis 1914 eine intensive Entwicklung der Heilpädagogik stattgefunden – auch wenn das biologische und philosophische Klima jener Jahre schon erste Ansätze einer sozialdarwinistischen Orientierung zeigte (vgl. Möckel, 1988, 226ff.; Petzoldt, 2001, 86ff.): Schon im 19. Jahrhundert bzw. am Übergang zwischen dem 19. und dem 20. Jahrhundert kam es zu ersten Versuchen, die bis hierhin erarbeiteten medizinischen, sozialen und pädagogischen Ansätze mittels ökonomischer Tendenzen und rassistischer Motivationen und Handlungen zu widerlegen. Die Zunahme des Wissens auf vielen Gebieten hielt die Menschen nicht davon ab, dieses Wissens zu missbrauchen, im Gegenteil: Mit dieser Zunahme und Rationalisierung nahm die Gefährdung der Menschen mit Behinderung in hohem Maße zu. Diese Gefahren sollten schon ziemlich rasch in die Praxis umgesetzt werden: „[...] der Psychiater Forel ließ (1892) in der Schweiz zum ersten

Mal aus eugenischen Gründen eine Frau sterilisieren. Noch bedeutete dies keinen Durchbruch zur Massensterilisation aus rassenhygienischen Gründen – aber es war das Signal für eine Entwicklung, die bis 1945 nicht mehr abriss" (Petzoldt, 2001, 91). Also ca. vierzig Jahre vor der Verkündung der Nürnberger Rassegesetze war die Grundlage hierfür schon gelegt. 1895 lobte der britische Physiologe Haykraft auftretende Infektionskrankheiten als nützliche Vorkommnisse zur Realisierung von Selektionen. Im selben Jahr verband der Jurist Jost die Sterbehilfe für sogenannte unheilbar Kranke mit der Tötung geistig behinderter Menschen. Aber auch das politische und wirtschaftliche Umfeld im ausgehenden 19. Jahrhundert sorgte dafür, dass sich rassistische Gedanken verbreiten konnten und sie umgesetzt wurden. Hierzu Petzoldt ausführlich:

> „1880 bis 1895 bestand in Deutschland eine wirtschaftliche und gesellschaftliche Krise, welche wegen ihres Umfangs auch als die ‚Große Depression' bezeichnet wird. Nach den glorreichen Gründerjahren des Deutschen Kaiserreichs kam ein tiefer Fall – was blieb, war der gewonnene Nationalstolz, vielleicht das einzige, woran sich die deutsche Bevölkerung klammern konnte. Politisch gesehen war dieser Stolz vielleicht auch gerade das, was Deutschland zusammenhielt – aber im sozialen Bereich wurde jeder ins Abseits gedrängt, der dem Bild des Deutschen nicht gerecht werden wollte oder konnte. Zur Zeit der ‚Großen Depression' in Deutschland formulierte ein Direktor der Anstalt Zwiefalten seine Lehre von den ‚Psychopathischen Minderwertigen', in der er eine Kasernierung dieser forderte und ihre Sterilisierung nicht ausschloss."
> *(Petzoldt, 2001, 92)*

Nach der Wiederentdeckung der von Mendel begründeten Vererbungsgesetze durch de Vries im Jahre 1900 kam es zu einem beachtlichen Aufschwung innerhalb dieser Wissenschaft. Diese führte unter anderem 1906 zur Gründung des Mittgartbundes, in welchem sich einige Rassenideologen zur Züchtung des Germanentums zusammenschlossen. „Was auch immer der Begriff Germanentum für die Gründungsmitglieder des Mittgartbundes vereinte – er stellte die Verbindung zwischen den Faktoren Rasse und Behinderung her. Damit war eine wichtige Voraussetzung für die Durchführung der NS-*Euthanasie* geschaffen worden" (Petzoldt, 2001, 92). In den folgenden Jahren beherrschten der Erste Weltkrieg und seine Folgen die politische und gesellschaftliche Szene, sodass *eugenische* Untersuchungen und Theorien ein wenig zurückstanden – auch wenn sie weiterhin wissenschaftlich, wenn auch in kleinerem Rahmen, verfolgt wurden. Im Jahre 1920 kam es dann in Deutschland zu einem ersten Festigen des Sozialdarwinismus: Der Rechtsanwalt Karl Binding und der Arzt Alfred Hoche veröffentlichten ihr Werk „Die Freigabe der Vernichtung lebensunwerten Lebens". Sie brachten den Gedanken der Arbeitsfähigkeit in die *Eugenik*diskussion ein. Dieser Glaube, also die Vorstellung, dass man einige Menschen zum Nutzen der anderen (scheinbar wertvolleren) Menschen opfern und töten dürfe, ermöglichte in seiner Inhumanität die Überzeugung der Nationalsozialisten, es gebe „Herrenmenschen". Bindung und Hoche postulierten, dass es nicht einmal der Einwilligung eines Kranken bedürfe, um ihn zu töten. Eine Kommission aus zwei Ärzten und einem Juristen könne einstimmig darüber entscheiden und wenn ein betroffener Mensch gegen diese Entscheidung keinen Widerspruch einlegen könne, sollte dieses Todesurteil vollstreckt werden. Auf dem Hintergrund dieser rechtlichen Grundlage hätten entmündigte oder bewusstlose Menschen keine Chance, gegen ihre Ermordung Widerspruch einzulegen (vgl. Petzoldt, 2001, 97 f.). Um die Gedanken von Bindung und Hoche zu verdeutlichen, soll an dieser Stelle ein längeres Zitat aus ihrem oben genannten Werk folgen:

> „Die Frage, ob der für diese Kategorien von Ballastexistenzen notwendige Aufwand nach allen Richtungen hin gerechtfertigt sei, war in den verflossenen Zeiten des

> Wohlstandes nicht dringend; jetzt ist es anders geworden, und wir müssen uns ernstlich mit ihr beschäftigen. Unsere Lage ist wie die der Teilnehmer an einer schwierigen Expedition, bei welcher die größtmögliche Leistungsfähigkeit aller die unersätzliche Voraussetzung für das Gelingen der Unternehmung bedeutet, und bei der kein Platz ist für halbe, Viertels- und Achtels-Kräfte [...]. Der Erfüllung dieser Aufgabe steht das moderne Bestreben entgegen, möglichst auch die Schwächlinge aller Sorten zur erhalten, allen, auch den zwar nicht geistig toten, aber doch ihrer Organisation nach minderwertigen Elementen Pflege und Schutz angedeihen zu lassen – Bemühungen, die dadurch ihre besondere Tragweite erhalten, dass es bisher nicht möglich gewesen, auch nicht im Ernste versucht worden ist, diese Defektmenschen von der Fortpflanzung auszuschließen."
> *(Binding/Hoche, 1920, 55)*

Überlegungen und Versuche

1. Welche Inhalte der oben genannten Tendenzen sind heute noch – oder wieder – in der deutschen Gesellschaft wahrzunehmen?

2. Versuchen Sie, die Ausdrucksweise in aktuellen medizinischen, biologischen, psychologischen und pädagogischen Veröffentlichungen nach dem Thema der Eugenik zu untersuchen. Wie wird dort mit dieser Thematik umgegangen?

Knapp sieben Monate nach der Ernennung von Adolf Hitler zum Reichskanzler trat 1933 das „Gesetz zur Verhütung erbkranken Nachwuchses" in Kraft. In der Umsetzung dieses Gesetzes wurden bei 300.000 Menschen Eingriffe durchgeführt, ca. 1.000 Menschen sind hierbei gestorben. Mit dem Beginn des Zweiten Weltkrieges wurde 1939 diese massenhafte Sterilisierung beendet und von einer industriell organisierten Massenvernichtung behinderter Menschen abgelöst. Diese Menschen wurden in eigens hierfür geschaffene Anstalten und Lager verschleppt (nämlich Bernburg, Brandenburg, Grafeneck, Hadamar, Hartheim und Sonnenstein), wo man sie verhungern ließ, vergiftete oder vergaste. Bis zum 1. September 1941 wurden auf diese Weise 70.273 Menschen ermordet (vgl. Mosen u.a., 2001, 59). Diese Vernichtung von Menschen mit Behinderung geschah auf persönliche Anordnung Hitlers. Sie wurde als „Gnadentod" bezeichnet und man versuchte, sie geheimdienstlich zu verschleiern:

> „Geschwister durften nicht gemeinsam auf dem gleichen Transport in die Vernichtungsanstalten verlegt werden, die Ärzte trugen Decknamen, bei den standardisierten schriftlichen Benachrichtigungen an die Angehörigen wurde darauf geachtet, dass Todesart und Todesdatum unterschiedlich waren. Bei der Auswahl und dem Verfahren bis hin zur Tötung ging es ‚geordnet' zu. Der ‚Aktengang' bis zum Tod des behinderten Menschen sah so aus:
> 1. Meldebogen musste ausgefüllt werden,
> 2. der Meldebogen ging an die Dienststelle ‚T 4' nach Berlin,
> 3. die Dienststelle fertigte dann 3 Kopien an,
> 4. jede Kopie ging an drei unabhängig voneinander arbeitende ‚Untergutachter',
> 5. die drei ‚Gutachten' wurden einem ‚Obergutachter' vorgelegt,
> 6. der machte seine Eintragungen auf einem vierten Blatt,
> 7. wenige Wochen später erhielt die Anstalt eine Nachricht über Verlegungsvorhaben,

8. der Mitteilung war eine Liste mit den Namen der zur Tötung Vorgesehenen beigelegt,
9. Datum des Transports und Maßnahmen seitens der Anstalt waren genau geregelt,
10. zunächst in Bussen der Deutschen Reichspost, dann durch Busse der ‚Gemeinnützigen Krankentransportgesellschaft' wurde die Verlegung aus der Anstalt vorgenommen,
11. Nachfragen der Angehörigen wurden in der Regel mit dem Hinweis beantwortet, dass der behinderte Angehörige weiterverlegt worden und sein derzeitiger Aufenthaltsort nicht bekannt sei,
12. bei energischen Nachfragen wurde mitgeteilt, dass der Angehörige kurz nach der letzten Verlegung unerwartet an einer behinderungsbedingten Erkrankung gestorben wäre ...,
13. schließlich erhielten die Angehörigen eine förmliche, standardisierte Mitteilung [...], dass die Leiche des behinderten Menschen aus seuchenpolizeilichen Gründen eingeäschert werden musste und die Urne zur Verfügung stehe."

(Mosen/Lohs/Hagemeier u. a., 2001, 63)

1.4.2 Hinweise zur Theoriebildung der Heilpädagogik

Die Geschichte der Heilpädagogik und der heilpädagogischen Einrichtungen in dieser Zeit kann an dieser Stelle nicht umfassend wiedergegeben werden. Nur so viel: Auch die heilpädagogischen Einrichtungen waren in mehr oder weniger großem Maße an dieser Vernichtung beteiligt. Sei es, dass sie offensiv diese Vernichtung mit betrieben haben, sei es, dass sie sich nur halbherzig oder gar nicht vor die Menschen mit Behinderung gestellt haben, um sie vor der Deportation zu schützen. Lange Zeit wurde dieser Zeitraum in der Heilpädagogik nicht oder nur sehr spärlich erforscht. Erst in den 80er-Jahren des 20. Jahrhunderts kam es zu einer intensiveren Auseinandersetzung hiermit. Auch die theoretischen Begründungen und Auseinandersetzungen fanden in dieser Zeit in Deutschland kaum noch statt. Die heilpädagogische Theoriebildung vollzog sich in der Schweiz. Von dort aus sollte sie erst viele Jahre nach dem Ende des Zweiten Weltkrieges nach Deutschland zurückkehren. Die Theoriebildung in der Heilpädagogik verlief zu Beginn des 20. Jahrhunderts zwischen einer medizinischen und einer pädagogischen Orientierung.

Der schon in den Personen von Georgens (welcher Lehrer und medizinisch orientiert war) und Deinhardt (welcher Philosoph und Lehrer war) begründete Zwiespalt der Heilpädagogik zog sich lange Zeit durch die Begründung und den Aufbau dieser Handlungswissenschaft. So kennzeichnet sie der österreichische Psychologe und Pädagoge Heller in seinem „Grundriss der Heilpädagogik" (siehe Heller, 1904) als „Grenzgebiet zwischen Pädagogik und Psychiatrie" (Heller, 1904, 15 in Kobi, 2004, 129). Der Heilpädagoge habe sich seiner Meinung nach mit den medizinisch-biologisch geprägten Abnormitäten des Kindes zu befassen. Er stand hierbei in der Tradition eines medizinischen Paradigmas, welches zu Beginn dieses Jahrhunderts begründet wurde und Abnormitäten, Verhaltensstörungen und Behinderungen als sich im Menschen ereignende begriff. Im Anschluss hieran, und ebenfalls einem therapeutischen Weltbild verbunden, kennzeichnen Düring (Arzt und Psychiater) sowie Homburger (Kinderpsychiater) 1925 bzw. 1926 die Heilpädagogik als Teil der Erziehungslehre, welche Abweichungen zu erkennen, Maßnahmen für Unterricht und Bildung sowie Heilung schädlicher Abweichungen und Missbildungen herbeizuführen habe.

1930 kam es dann zu einer ersten bedeutsamen Schwerpunktsetzung der Heilpädagogik. Der schweizerische Heilpädagoge Heinrich Hanselmann publizierte seine „Einführung in die Heilpädagogik". Dieses Werk hatte er durch seine Habilitationsschrift „Die psychologischen Grundlagen der Heilpädagogik" (1924) vorbereitet und er erweiterte es 1941 mit dem Buch „Grundlinien zu einer Theorie der Sondererziehung". In allen drei Werken versuchte er sowohl eine Systematisierung der differenziellen Heilpädagogik als auch eine Begründung didaktisch-methodischer Inhalte. Obwohl er hierbei die medizinische Orientierung der Heilpädagogik kritisiert, neigt er immer wieder dazu, medizinisch-biologische Orientierungen durchschimmern zu lassen. Dieses beginnt in der Wortwahl bei der Aufteilung der Differenzierung der Behinderungsarten und endet bei dem Vorschlag „[...] der Definition unseres Faches eine biologische Wendung zu geben und zu sagen: Heilpädagogik ist die Lehre von der Erfassung entwicklungsgehemmter Kinder und Jugendlicher und ihrer unterrichtlichen, erzieherischen und fürsorgerischen Behandlung" (Hanselmann, 1932, 18).

Eine weitere Intensivierung der Heilpädagogik erfuhr diese durch Paul Moor, den Schüler und Nachfolger Heinrich Hanselmanns. Die Frage nach dem Wesen der Heilpädagogik lässt sich bei Moor nicht so leicht beantworten, wie dieses häufig mit dem Verweis auf das Bonmot, „es sei Pädagogik und nichts anderes", versucht wird. Mit Verweis auf Blackert (Blackert, 1983, 205 ff.) lassen sich verschiedenartige Antworten im Werke Paul Moors wiederfinden, je nach dem, welche Stufe seiner Entwicklung hierbei fokussiert wird. Moor schreibt in seiner Dissertation 1936, dass Heilpädagogik Sonderpädagogik, also Grenzfallpädagogik zur allgemeinen Pädagogik hin, sei. Angesichts erschwerter Bedingungen müsse es sich hierbei um eine vertiefte Pädagogik handeln (vgl. Blackert, 1983, 206). In der „Heilpädagogischen Psychologie Bd. I" unterscheidet Moor noch differenzierender, indem er Heilpädagogik als die „Lehre" der Erziehung bezeichnet, welche angesichts schwieriger Entwicklungsbedingungen praktiziert werden müsse bzw. eine eher allgemein gehaltene Pädagogik vorschlägt, welche als „Erziehung im Ganzen", „erzieherische Einwirkung" oder „erzieherisches Helfen" gekennzeichnet werden kann (vgl. Blackert, 1983, 208).

Fasst man die Aussagen der beiden „Gründerväter" der modernen Heilpädagogik zusammen, so kommt man zu dem Ergebnis, dass Heilpädagogik sich immer ihres medizinischen Bezuges bewusst werden muss, allein schon um nicht in die Fesseln und Fänge einer von Pathologien geprägten Verbalisation, Diagnostik und Therapie zu geraten. Genau dieses ist in der ersten Hälfte des 20. Jahrhunderts in Deutschland jedoch geschehen: Die Verheerung der Sprache im sogenannten Dritten Reich ging einher mit der Vernichtung der Menschen mit Behinderung. Mehr noch: „Die eigentümliche Verkehrung des Rechtsempfindens begann mit der Verkehrung der Sprache" (Möckel, 1988, 228). Begriffe wie „lebensunwertes Leben", „Ballastexistenzen", „Erbkranke", „Gemeinschafts- bzw. Bildungsunfähige" prägen nicht nur den Sprachgebrauch, sondern auch die Bilder, welche von Menschen mit Behinderung weitergegeben werden. Eine stark abstrahierende biologistisch-medizinische Sprachwahl sorgte also in erheblichem Ausmaße dafür, dass die Vernichtung der Menschen mit Behinderung durchgeführt werden konnte. Zudem hatte sie einen hohen Anteil an der stagnierenden Entwicklung in der Theoriebildung der Heilpädagogik.

Überlegungen und Versuche

1. ***Wie wird heute sprachlich mit dem Phänomen der Behinderung bzw. mit Menschen mit Behinderung umgegangen?***
2. ***Worin könnten die Unterschiede zwischen der Umgangs- bzw. Alltagssprache einerseits und der wissenschaftlichen Sprache andererseits begründet sein?***
3. ***Versuchen Sie, so etwas wie ein Wörterbuch der Ausdrücke zusammenzustellen, die sich auf Menschen mit Behinderung beziehen. Kennzeichnen Sie darin, welche der Begriffe und Wörter Sie selbst benutzen.***

1.4.3 Wiederaufbau, Annäherung und Integration: 1945 bis 2000

Die zweite Hälfte des 20. Jahrhunderts stand in Bezug auf die Heilpädagogik und Behindertenhilfe ganz im Zeichen des Wiederaufbaus und der Annäherung. Es kann hierbei Merkens gefolgt werden, wenn sie feststellt, dass „das Entsetzen über das Ausmaß der nationalsozialistischen Barbarei und die extreme Notlage nach Beendigung des Zweiten Weltkriegs [...] bis etwa 1950 lediglich das Bemühen um Überleben und Neuorientierung zu(ließen)" (Merkens, 1988, 90). So wurde nach der Niederlage der nationalsozialistischen Diktatur 1946 eine Kommission unter der Leitung von Alexander Mitscherlich damit beauftragt, den Prozess vor dem Nürnberger Militärgericht gegen Ärzte zu beobachten, welche an den Massentötungen teilgenommen oder „Menschenversuche" durchgeführt hatten. Die professionell Tätigen in der Sozialarbeit und Heilpädagogik blieben jedoch lange im Hintergrund, sprachlos und bezogen keine Stellung zu den Vorkommnissen im sogenannten Dritten Reich.

> „Nur wenige Anstalten hatten nach 1949 eine Mitverantwortung und Mitschuld eingestanden. In der 80er-Jahren wurde die Auseinandersetzung mit diesem Teil unserer deutschen Geschichte nachdrücklicher und öffentlich. Inzwischen haben sich fast alle deutschen Einrichtungen für Menschen mit Behinderungen, die in die unmenschlichen Geschehnisse der Nazi-Zeit verwickelt gewesen sind, öffentlich bekannt und mit der Aufarbeitung ihrer Geschichte begonnen."
> *(Mosen/Lohs/Hagemeier u. a., 2001, 67)*

Vor diesem Hintergrund ist es mehr als verständlich, dass die ersten zwanzig Jahre der neuen Bundesrepublik Deutschland für die dort lebenden Menschen mit Behinderung und ihre Familien äußerst schwierig waren. Der Personenkreis der geistig, psychisch oder körperlich schwer- und mehrfachbehinderten Menschen wurde 1953 nicht in das neue Schwerbeschädigtengesetz aufgenommen. Dieses wurde von der damaligen Bundesregierung unter anderem mit einer „unerträglichen Belastung der Wirtschaft" begründet (vgl. Mosen u. a., 2001, 69). Erst am 1. Mai 1974 erweiterte der Bundestag mit dem Schwerbehindertengesetz den geschützten Personenkreis um schwerbehinderte erwachsene Menschen. Dreizehn Jahre vorher, im Jahre 1961, machte das neue Bundessozialhilfegesetz Leistungen für schwerbehinderte Erwachsene auch in Werkstätten möglich. Wie an diesen wenigen Jahreszahlen abzulesen ist, war der Weg aus den Anstalten (wo das Leitprinzip der Defektorientierung auch nach dem Zweiten Weltkrieg noch für viele Jahre system- und handlungsbestimmend war) in die Normalität der Gemeinde (wo das Paradigma der Ressourcenorientierung mehr und mehr Realität wurde) ein äußerst langwieriger und steiniger.

Am 26. November 1958 kam es zu einem wichtigen Ereignis in der Behindertenhilfe und Heilpädagogik: In Marburg gründete sich die Bundesvereinigung „Lebenshilfe für das geistig behinderte Kind“. Von Anbeginn ihrer Arbeit stand diese Elternvereinigung vor einem scheinbar kaum zu bewältigendem Berg an Aufgaben und Zielen:

- die Reform der schulischen Pädagogik für Kinder mit einer geistigen Behinderung,
- die Schaffung von sogenannten Beschützenden Werkstätten für erwachsene Menschen mit Behinderung,
- die Planung und Gestaltung von heilpädagogischen Kindergärten und Kindertagesstätten,
- die Entwicklung und Durchführung einer intensiven und effektiven Öffentlichkeitsarbeit,
- die Gründung, Konzeptionalisierung und Begleitung möglichst vieler Orts- und Kreisvereinigungen,
- die sozialpolitische Einflussnahme auf möglichst viele Ebenen,
- die Ersetzung des Begriffes „Schwachsinnige“ durch den Begriff „geistig Behinderte“.

(vgl. Greving/Niehoff, 2009b, 210)

Alle diese Aufgaben konnten von der Lebenshilfe in den darauffolgenden Jahren Schritt für Schritt realisiert werden. Zählte man z. B. bei der Gründung gerade einmal 15 Mitglieder, so waren es wenige Jahre später bereits 30.000 Personen. Im Jahre 2000 engagierten sich mehr als 130.000 Menschen in 532 Ortsvereinigungen. Zurzeit stehen ca. 25.000 hauptamtliche und ca. 20.000 nebenamtliche Mitarbeiter für die Begleitung und Assistenz von ca. 150.000 Menschen mit geistiger Behinderung zur Verfügung.

Durch diesen Einsatz der Lebenshilfe, aber auch durch den Ausbau der Behinderten- und Jugendhilfe der anderen Wohlfahrtsverbände, wie Caritas und Diakonie, nahm das Verständnis für die Menschen mit Behinderung in der Öffentlichkeit zu (wie sich der Weg über die Leitideen der Normalisierung und der *Integration* hin zu mehr Selbstbestimmung und *Inklusion* entwickelte, soll im nächsten Kapitel ausführlich beschrieben werden).

Überlegungen und Versuche

1. ***Gibt es Unterschiede in der Einstellung zu Menschen mit Behinderung bei den professionellen Mitarbeitern der Behindertenhilfe und den „Otto-Normalverbrauchern“, die kaum bzw. gar keinen Bezug zum Thema „Behinderung“ haben? Welche Differenzen könnten es sein?***
2. ***Versuchen Sie, nicht bei Ihrer Meinung zu bleiben, sondern zu forschen:***
   - ***Befragen Sie die Mitarbeiter einer Einrichtung der Lebenshilfe über ihre persönliche Meinung zum Thema „Behinderung“.***
   - ***Sprechen Sie über dieses Thema ebenfalls mit Menschen, die außerhalb der sozialen Arbeit tätig sind.***
   - ***Vergleichen Sie anschließend die Meinungen und Äußerungen miteinander.***

1.4.4 Exkurs: Heil- und Rehabilitationspädagogik in der DDR

Relativ rasch nach Beendigung des Zweiten Weltkrieges kam es in der sowjetischen Besatzungszone und der späteren DDR dazu, die schulische Ausbildung von Kindern und Jugendlichen zu reformieren: „Die historisch katastrophale Last aus dem Umgang mit behinderten Menschen in der Zeit des Nationalsozialismus sollte, was das Sonderschulwesen betraf, durch eine humanistische Gesellschaft überwunden werden und einte antifaschistische Sonderschullehrer wie Dahlmann, Prautzsch und Staubesand in dem Bemühen um Neuaufbau eines funktionsfähigen Sonderschulwesens" (Hübner, 2000, 64f.). Um die Lage des Sonderschulwesens zu klären, welche aufgrund der sogenannten Entnazifizierung und des Fehlens an Lehrkräften ähnlich desolat war wie in den anderen Besatzungszonen, wurde 1946 von der Deutschen Zentralverwaltung eine erste zentrale Sonderschulkonferenz einberufen. Diese stellte als die wichtigsten Aufgaben die Wiederinstandsetzung der Schulen, die Erstellung von Lehrplänen und die Beschaffung von Lehrmitteln, die Ausbildung des pädagogischen Personals und die Ausarbeitung gesetzlicher Grundlagen heraus. In § 6 des „Gesetzes zur Demokratisierung der deutschen Schule", welches 1946 in Kraft trat, sowie in den 1947 erlassenen Ausführungsbestimmungen hierzu wurde festgeschrieben, welche Sonderschularten es einzurichten galt und von welchen Kindern und Jugendlichen diese Schulen besucht werden sollten. Im Dezember 1947 wurde die Aufteilung der einzelnen Sonderschularten noch einmal konkretisiert in:

„a) Mindersinnige, Blinde und Taube (Gehörlose), Ertaubte und Hörstumme;
b) Sinnesschwache, d.h. für Sehschwache und Schwerhörige, die infolge ihrer Sinnesschwäche dem normalen Unterricht nicht zu folgen vermögen;
c) Sprachgestörte, Stotterer, Stammler, Polterer u.a., für deren Leiden im Rahmen der Normalschule keine Besserung möglich ist;
d) körperlich Gebrechliche (Krüppel);
e) schulbildungsfähige, schwachsinnige Schüler (früher Hilfsschüler);
f) Schwererziehbare."

(Hübner, 2000, 66)

In dieser Phase des Neuaufbaus der Pädagogik für Menschen mit Behinderung kam es in der DDR kaum zu – neuen – wissenschaftlichen Orientierungen, sodass sowohl die Begrifflichkeiten als auch die Schulstruktur der Weimarer Republik beinahe unverändert übernommen wurden. Hierzu Hübner ausführlich:

> „Damit wurde ein segregatives Sonderschulsystem, das vordergründig die allgemeine Schule entlasten, andererseits bessere Lernbedingungen für die zu fördernden Schüler schaffen sollte [...], installiert, das bis zum historischen Ende der DDR in einer noch weiter ausdifferenzierten Form erhalten bleiben sollte. Das Sonderschulsystem der DDR insgesamt [...] litt an der Starrheit einmal geschaffener Strukturen und erlassener Gesetze, und ‚Sonderbeschulung' als solche wurde in der DDR kaum in Frage gestellt. Die Rolle des Staates in der Bildung und Erziehung, vor allem bestimmt durch das spätere Ministerium für Volksbildung, ließ kaum Spielraum für alternative Modelle."
> *(Hübner, 2000, 67)*

Die Rehabilitationspädagogik in der DDR war somit in hohem Maße schulorientiert. Der Begriff und das Faktum der Heilpädagogik existierten in der ehemaligen DDR zwar auch, diese war jedoch vielmehr dem psychiatrisch-medizinischen System zu- und untergeordnet. Die Rehabilitationspädagogik duldete die Heilpädagogik zwar, wies ihr jedoch auch einen ganz eindeutigen Platz im pädagogischen System zu. So schreibt z.B. Becker in seinem Lehrbuch: „In der Deutschen Demokratischen Republik hat der Begriff der Heilpädagogik angesichts seiner missverständlichen Vieldeutigkeit keine nennenswerte Rolle mehr gespielt. Das schließt nicht aus, dass er im medizinischen Schrifttum bezogen auf die Pädagogik schulbildungsunfähiger [...] förderungsfähiger Schwachsinniger teilweise noch anzutreffen ist ..." (Becker, 1984, 2).

Nach diesem kurzen Exkurs zur Heil- und Rehabilitationspädagogik in der DDR kann abschließend festgestellt werden, dass sich das System der sogenannten „sonderpädagogischen Förderung" der neuen Bundesländer im Verlauf der letzten 15 Jahre relativ unproblematisch demjenigen der alten Bundesländer angeglichen hat. Dennoch wird eine „Verschlechterung der Situation der Sonderschüler [...] darin gesehen, dass seit ‚der Wende' die außerschulische Betreuung in Horten, Schul-Tagesstätten und Internaten drastisch abgebaut worden ist. Eltern beklagen sich, dass sie sich nach Schulabschluss ihres behinderten Kindes allein gelassen fühlen, und dass zu wenig Chancen einer beruflichen Bildung und Beschäftigung bestünden" (Speck, 2003, 57).

Überlegungen und Versuche

1. ***Welche grundlegenden Übereinstimmungen und/oder Unterschiede existieren noch heute in den unterschiedlichen Einrichtungen der Heilpädagogik im Osten und im Westen Deutschlands?***
2. ***Diskutieren Sie folgende Aussage: „Es ist doch egal, ob die Profession Heil- oder Rehabilitationspädagogik heißt. Wichtig ist doch der Umgang mit den Menschen!"***

1.4.5 Heilpädagogische Tendenzen um die Jahrtausendwende

Parallel zur politischen und organisatorischen Entwicklung in Deutschland entfaltete sich auch die Heilpädagogik in Theorie und Praxis weiter. Von welchen grundlegenden Momenten und Bezugspunkten kann gegen Ende des 20. Jahrhunderts somit ausgegangen werden?

Grundsätzlich ist festzustellen, dass sich die Heilpädagogik in der zweiten Hälfte des 20. Jahrhunderts mehr und mehr im Hinblick auf eine pädagogische Orientierung entwickelt hat.

Als wichtigste Vertreter sind hierbei vor allem Kobi, Bleidick, Gerspach, Gröschke, Jakobs und Haeberlin zu nennen. Sie begründeten, wenn auch aus höchst unterschiedlichen wissenschaftstheoretischen Positionen, mit höchst unterschiedlichen Zielen die moderne Variante der Handlungswissenschaft „Heilpädagogik" (vgl. Greving, 2000, 41 ff.). Es lassen sich hierbei drei grundlegende Orientierungen feststellen:

- Heilpädagogik lässt sich als „integrative Wissenschaft" (Kobi, 1988, 9) sowie als „wertgeleitete Wissenschaft" (Haeberlin, 1996) bezeichnen,
- Heilpädagogik kann als ethischer Begriff definiert werden,
- Heilpädagogik wird zur kritischen Heilpädagogik, welche in der Lage ist, Kontingenzen zu thematisieren.

Heilpädagogik als integrative und wertgeleitete Wissenschaft

Da Heilpädagogik in und mit den Tätigkeitsfeldern des Menschlichen agiert, ist sie immer auf alle Fragestellungen zu beziehen, welche menschliches Dasein ausmachen, umfasst somit auch alle Teilbereiche oder Systeme der Gesellschaft und ihrer Umwelten.

Kobi (vgl. hierzu auch Kapitel 2.1) bestimmt folgende Kriterien einer integrativen Heilpädagogik:

Sie habe Antworten zu geben auf die Frage ihres Gegenstandsbereiches, also
- auf ihre **Phänomenologie**,
- auf ihre Voraussetzungen, also ihre **Axiomatik**,
- ihre empirische Bedeutsamkeit, also ihre **Numerik**,
- den Ort ihres Tuns und Handelns, also ihre **Topologie**,
- ihre Zielsetzungen, also ihre **Teleologie**,
- ihre Arbeitsweise und **Methodik**; sowie auf das **Beziehungsgefüge**, in und mit welchem sie agiert, und
- auf ihre Zeichensysteme, also ihre **Semiotik**.

(vgl. Kobi, 2004)

Die Heilpädagogik hat alle diese Fragen möglichst offen zu beantworten, um ihr Arbeitsfeld zu bestimmen (vgl. Kobi, 1988, 11ff.). Kobi gelingt dieses, indem er das Feld der Heilpädagogik in alle oben genannten Teilbereiche oder Subsysteme aufteilt, um dann deren Entwicklung sowie deren Bedeutung für das Tun des heilpädagogisch Tätigen zu klären. Dieses geschieht aber nicht im luftleeren Raum, sondern bedarf eines ethisch-moralischen Fundaments. Dieses hat Haeberlin für die Heilpädagogik erarbeitet (vgl. Haeberlin, 1996). Für ihn stellt sich Heilpädagogik als „parteinehmende Pädagogik" (Haeberlin, 1996, 13) gegen die „entsolidarisierenden Anthropologien" (Haeberlin, 1996, 147) dar, welche menschliches Dasein verkürzen und beschneiden. Der Begriff der Behinderung stellt für ihn eine Gefahr dar, welche eher dazu angetan zu sein scheint, Stigmen und Typisierungen auszuprägen, welche dann den hiermit gekennzeichneten Menschen in der Rolle des von Institutionen und Organisationen Abhängigen belassen (vgl. Haeberlin, 1996, 69–82). Hierzu Haeberlin präziser:

> „Die Wertgeleitete Heilpädagogik muss eine Diagnostik anstreben, die jede pauschale Typisierung vermeidet, jede Klassifikation als vorläufig und relativ erkennt und die in ihrer Differenziertheit der Einmaligkeit eines Kindes optimal gerecht wird [...]. Obschon sie sehr viel entwicklungspsychologische, sozialpsychologische und pädagogisch-evaluative Kompetenz erfordert, erschöpft sie sich nie in der Fachkompetenz, sondern findet ihren emotionalen und ethischen Rückhalt in der Sinnfindung in der Vision eines heilpädagogischen Menschenbildes."
> *(Haeberlin, 1996, 82)*

Dieses Zitat leitet über zum zweiten Punkt:

Heilpädagogik als ethischer Begriff

Heilpädagogisches Handeln und Forschen ist an bestimmten Zielsetzungen und Normen orientiert und verortet. Somit ist es ohne einen Rekurs auf die Grundlagen dieser Normierungen eigentlich nicht vorstellbar. Die heilpädagogische Theoriebildung entwickelte im Verlauf wissenschaftstheoretischer Praxisreflektionen ein Gegenmodell zur Pflichtethik von Kant (siehe oben) und definierte ein ethisches Modell, welches auf der Basis intersubjektiv überprüfbarer Werte gestaltet werden muss (vgl. Gröschke, 1993; Mürner, 1991). Dieses soll gerade auch hinsichtlich der „Brennpunkte ethischer Reflexionen" (Gröschke, 1993, 16) heilpädagogischen Denkens der Fall sein: die Diskussion um das Lebensrecht sogenannter schwerbehinderter Menschen, die Integration behinderter Menschen im Kontext des Normalisierungsprinzips sowie der Spagat zwischen Regeln, Pflichten und Tugenden im alltäglichen Zusammenleben. Die und der heilpädagogisch

Tätige hat also immer wieder das sowohl un- oder teilbewusste wie auch das explizite Weltbild zu hinterfragen und in ein erweitertes und erweiterbares Menschenbild umzuformulieren und zu leben. Eine heilpädagogische Ethik stellt sich somit als „Berufsethik der Heilpädagogen" (Gröschke, 1993, 127) oder „Berufsethik für die Heilpädagogik" (Haeberlin, 1996, 321) dar. Der heilpädagogisch Handelnde befindet sich hierbei im Spannungsfeld von Zuständigkeit und Verantwortung inner- und außersystemischer Bedingtheiten:

> „Die Aufgaben und die ihnen korrespondierenden Pflichten ergeben sich einmal funktionell aus dem Strukturprinzip der gesellschaftlichen Arbeitsteilung (Wofür ist dieser Beruf zuständig?), zum anderen aber auch substantiell aus dem Prinzip der sittlichen Verantwortung im Vollzug der Berufstätigkeit (Wie arbeitet ein guter Arzt, Richter usw.?)."
> *(Gröschke, 1993, 127)*

Die heilpädagogisch Tätige hat also eine Ethik zu erarbeiten, welche in einer Haltung begründet liegt und eine ebensolche begründet. Zudem umfasst sie hierbei auch sogenannte pädagogische Tugenden, wie die sachbestimmte Autorität, den pädagogischen Eros, die pädagogische Gerechtigkeit, den pädagogischen Takt sowie den pädagogischen Humor (vgl. Gröschke, 1993, 143 ff.). So wurde der Begriff der Ethik gegen Ende des 20. Jahrhunderts auch im Kontext der „Neuen Euthanasie" umgesetzt. Er wurde hierbei als Begriff der skeptischen Ethik definiert. „Die Position der Skepsis in der Ethik [...] meint nicht, dass es keine festen Verbindlichkeiten im Bereich der praktischen Moral gibt oder geben kann, sondern regt einen anthropologischen Skeptizismus an, der stets darauf gefasst bleibt, dass Menschen – trotz ihrer Vernunftmöglichkeiten – moralisch versagen können, bzw. dass einmal erreichte sittliche Haltungen [...] zerfallen" (Gröschke, 1993, 170).

Dieser Gedankengang führt zum dritten Definitionsmerkmal einer Heilpädagogik am Ende des letzten Jahrhunderts:

Heilpädagogik als kritische, Kontingenzen thematisierende Pädagogik

In den vergangenen 15 Jahren haben sich unterschiedliche Richtungen der Heilpädagogik einer kritischen Sichtweise angenähert. Die eher geisteswissenschaftlich-christlich orientierten Autoren der Freiburger Schule (Haeberlin, Jakobs) ebenso wie psychoanalytisch-materialistisch geprägte Theoretiker (wie Mattner, Gerspach) und „Klassiker" der Heil- und Behindertenpädagogik (wie Bleidick, Thalhammer) bemühten sich um eine Sichtweise, welche offen ist für die Anforderungen der sogenannten Postmoderne.

Jakobs plädiert in diesem Kontext für die Konkretisierung einer „kritisch-normativen Heilpädagogik" (Jakobs, 1997, 249), welche die Mikroebene menschlicher Beziehungen in den Blick nimmt. Von ihr geht die ethische und pragmatisch-methodologische Fundierung heilpädagogischen Denkens und Handelns aus. In ihr soll sie sich letztlich realisieren. Diese kritische Heilpädagogik verwirklicht, oder verwirkt, sich nun nicht in theoretischen Verlautbarungen, sondern ereignet sich im praktischen Vollzug der gemeinsamen Gestaltung des Lebens. Es gilt hierin weitestgehend Fremdbestimmungen abzubauen und Systemzwänge aufzulösen. Jakobs bestimmt die Ziele einer lebensweltlich orientierten kritischen Heilpädagogik in folgenden Punkten:

- im Auf- und Ausbau möglichst kleiner und partnerschaftlich begleiteter Lebensräume,
- in der Wahrnehmung der Innenperspektive der dort lebenden, beschulten und spielenden Menschen,

- in der Konkretisierung nicht nur kognitiv-individueller, sondern vor allem emotional-systemischer Lern- und Lebensprozesse.

(vgl. Jakobs, 1997, 254)

> „Kritische Heilpädagogik als Praxis meint also nichts unbedingt Neues, bezeichnet aber einen bestimmten Blickwinkel. Solche Praxis wäre im Sinne einer heilpädagogischen Mikrologie erst noch und beständig neu zu entfalten. Sie setzt an beim Individuellen, beim kleinen alltäglichen Detail und der kritischen (Mikro-)Analyse der Lebensumstände behinderter Menschen und ihrer familiären und/oder professionellen Bezugspersonen."
> *(Jakobs, 1997, 255)*

Eine zweite Begründung hierzu legte 1997 Manfred Gerspach vor. Er kennzeichnet eine Behinderung als eine „über Sozialisation hergestellte Beschädigung am Subjekt" (Gerspach, 1997, 159). Ihm ist es darum getan, den Entstehungs- und Konstruktionsprozess dieser Beschädigung nachzuzeichnen. In kritischer Anlehnung an Jantzen und Adorno kommt er zu dem Ergebnis, dass eine Behinderung „nicht als verdinglichte Reaktion auf eine objektiv einschränkende Realität zu begreifen, sondern als psychodynamisch überbautes Ergebnis überwiegend gelingender bzw. misslingender Sozialisationsprozesse, welche in einen bestimmten, unumkehrbaren geschichtlichen Hergang eingebunden sind, zu diskutieren (ist) [...]. Der Heilpädagoge als diagnostizierender Interpret hat sich [...] grundsätzlich an denselben Geltungsansprüchen zu orientieren, an denen sich auch die von ihm als behindert Begutachteten orientieren. Indem er sich reflexiv, wie selbstreflexiv auf seine Aufgabe einlässt, stellt er sich nicht mehr außerhalb des untersuchten Kommunikationszusammenhangs, sondern erkennt seine Teilhabe daran als erkenntnisleitende wie womöglich erkenntnisverfälschende Maxime an" (Gerspach, 1997, 160f.). Der heilpädagogisch Tätige, wie auch der sogenannte behinderte Mensch befinden sich somit im gleichen Beziehungs- und Bezogenheitsraum, ihnen sind die gleichen Aufgaben wechselseitiger Beziehungsdefinitionen aufgegeben, allfällige Herrschaftsansprüche müssten somit eigentlich obsolet werden, da es allen um einen gelingenden Prozess von Sinn und Sinnverstehen geht: „Heilpädagogik wird als Ganzes zur sinnverstehenden Wissenschaft" (Gerspach, 1997, 175). In und mit ihr soll eine Rückbesinnung auf das Subjekthaftige beider Beziehungspartner gelingen. Ihre „Subjektivität wächst im Prozess der Sozialisation, und dieser Prozess beinhaltet tendenziell immer gesellschaftlich vermittelte Beschädigung wie die Fähigkeit zum aktiven Umgang mit den eingeforderten Anpassungsleistungen [...]. Die Herstellung von Subjektivität erfolgt [...] stets über die Einbindung in je spezifische Interaktionserfahrungen, und Heilpädagogik, als Angebot professioneller Beziehung, kann ihre Interventionen am Erleben und Phantasieren ihrer Klienten dergestalt ausrichten, dass korrigierende Erfahrungen im Sinne einer ‚Befreiungsbewegung' möglich werden [...]" (Gerspach, 1997, 175f.).

Ein Letztes: Alles kann auch ganz anders sein, auch und gerade hierauf hat sich die Heilpädagogik, auch mit Blick auf die eigene Geschichte im 20. Jahrhundert, einzurichten. Manfred Thalhammers Feststellung hierzu mutet beinahe wie eine vorweggenommene Antwort auf die Analysen von Gerspach an: „‚Intersubjektiver Sinn' als ‚Grundlage einer modernen Heilpädagogik' ist und bleibt ein uneinlösbares *Dilemma*, ein nicht erreichbarer Traum, eine *ambivalente* und *polyvalent* zu nennende Utopie von hoher Nachfolgeproblematik, wenn sie zu konkretisieren gesucht wird" (Thalhammer, 1996, 78). Mit Bezug auf Levinas, auf seine Konkretisierung des anderen als ganz anderen und somit gerade so subjektiv sinnvollen und bedeutsamen Menschen, sowie im Sinne der Luhmann'schen Definition von Sinn als Grundbegriff der Soziologie kann er Folgendes postulieren:

> „Was auch immer für den Einzelnen subjektiv gemäß, adäquat, richtig, gültig, unverzichtbar ist, auch wenn es sich im Wandel [...] befindet [...] und bedeutsam erscheint, es ist ausschließlich sein Thema, sein ‚Fall', seine Interpretation der jeweiligen Situation, das Ergebnis seines Sinnens und Trachtens."
> *(Thalhammer, 1996, 80)*

Der andere ist für mich derjenige, der mein heilpädagogisches Denken in Zweifel zieht, mein Tun modifiziert oder nicht, meine Person in Frage stellt und somit vielleicht erst fragwürdig macht – und ich bin es immer wieder für ihn. Die von Bleidick behauptete Kontingenz für die Theoriebildung in der Heil-, Sonder- und Behindertenpädagogik (Bleidick, 1997, 140–162) lässt sich somit auch auf den konkreten Vollzug einzelner heilpädagogischer Handlungen übertragen. In der Realisation eines „mikropädagogischen Kontingenzbewusstseins" (vgl. Bleidick, 1997, 145) kann für den und die heilpädagogisch Tätigen die Chance liegen, mehr über den anderen, mehr über sich und mehr über die Verflochtenheiten beider im Netz gesellschaftssystemischer Interdependenzen zu erfahren.

Heilpädagogik stellt sich somit an der Jahrtausendwende als integrativ-ganzheitliches, ethisch-wertorientiertes, kritisch-mikrologisches Geschehen dar, welches sich zwischen heilpädagogisch Tätigen und sogenannten behinderten Menschen vollzieht.

Dieses kann abschließend grafisch folgendermaßen dargestellt werden:

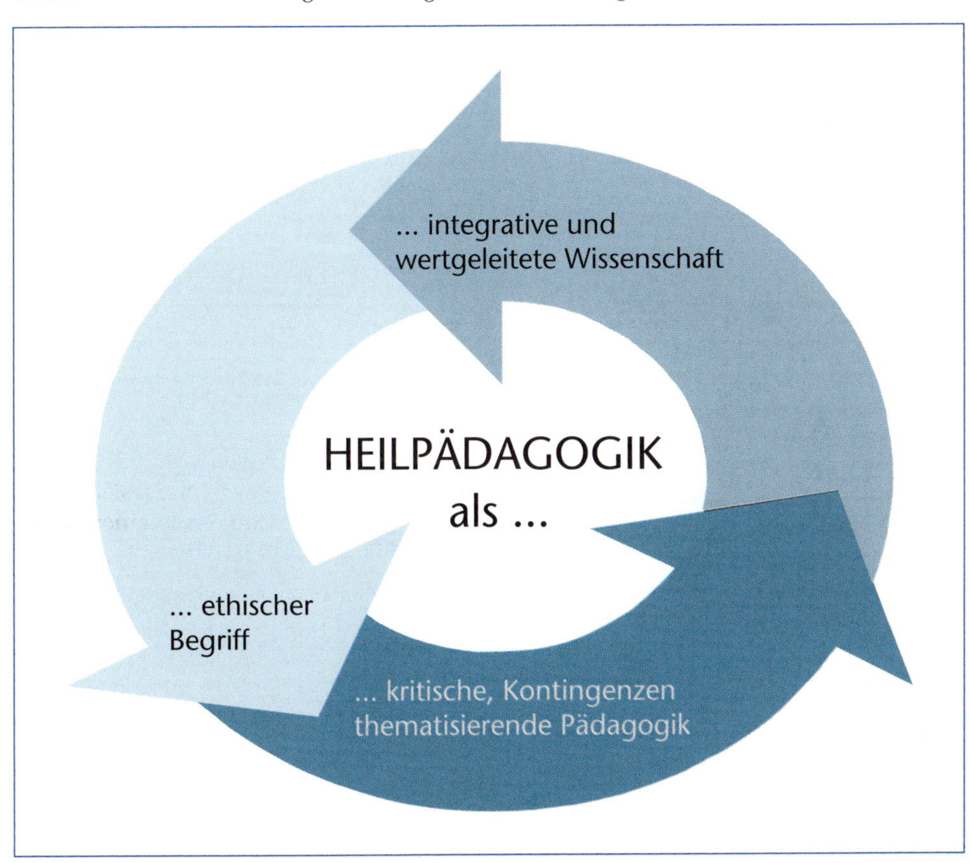

Aktuelle Tendenzen der Heilpädagogik am Ende des 20. Jahrhunderts

Überlegungen und Versuche

1. ***Wie sind diese drei Leitideen im heilpädagogischen Alltag praktisch umzusetzen?***
2. ***Wo stoßen diese Tendenzen gegebenenfalls an ihre Grenzen?***
3. ***Versuchen Sie, Kritikpunkte zu den oben genannten Tendenzen zu formulieren. Begründen Sie Ihre Meinung möglichst ausführlich.***

1.5 Aktuelle Entwicklungen zu Beginn des 21. Jahrhunderts

Im weiteren Verlauf dieses Kapitels werden zuerst grundlegende Hinweise zum Inklusionsbegriff bzw. zum Inklusionsdiskurs folgen, da diese Leitidee aktuell die theoretischen Begründungen und konzeptionellen Konkretisierungen in der Heilpädagogik maßgeblich beeinflusst. Im Anschluss hieran werden die sich abzeichnenden Entwicklungen skizziert, die als mögliche Problemquellen für die Heilpädagogik betrachtet werden können. Hierbei wird den Ausführungen von Speck gefolgt, welcher die Aufgaben und Schwierigkeiten der Heilpädagogik im 21. Jahrhundert benennt (vgl. Speck, 2001, 30ff.). Anschließend werden dann kurz einige Themen dargestellt, mit denen sich die Heilpädagogik in der Zukunft befassen muss.

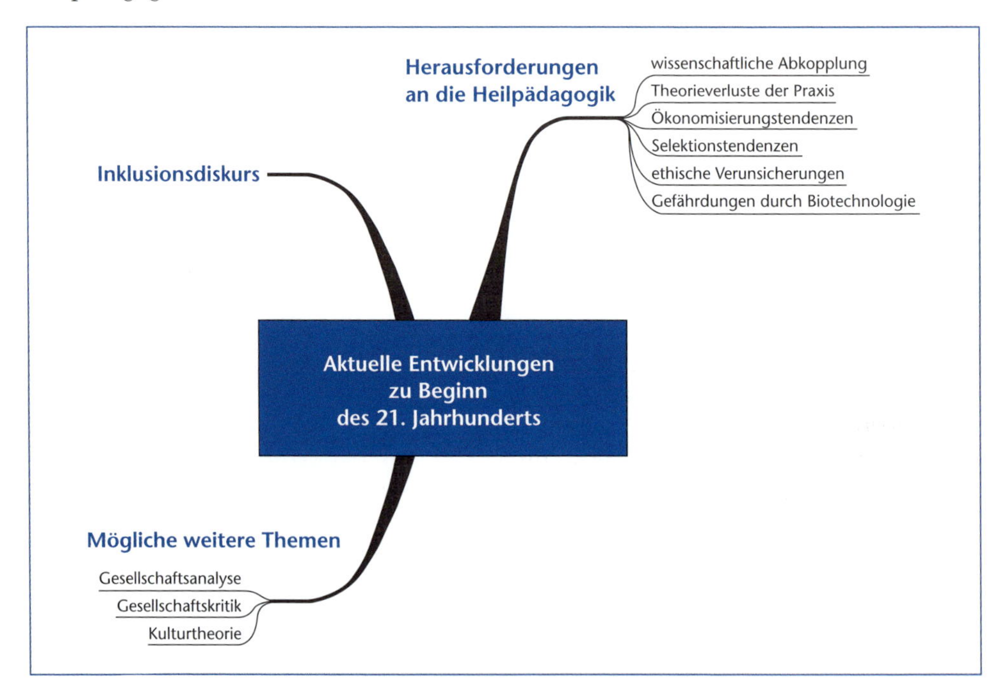

Die Heilpädagogik hat sich in den nächsten Jahren mannigfachen Herausforderungen zu stellen, deren Relevanz schon heute deutlich wird. Diese schließen sich an die kritischen Themen des letzten Jahrhunderts an und können als ökonomische, informationstechnologische und biogenetische Entwicklungen skizziert werden. Sie werden mit hoher Wahrscheinlichkeit einen Wandel hinsichtlich der gesellschaftlichen Normen, Werte und Einstellungen hervorrufen. Zudem stellen sie sich als neue Risiken für die Klientel der Heilpädagogik, also für den schwächeren Teil der menschlichen Gesellschaft dar. Sogar die Heilpädagogik selbst könnte abermals in die Randbezirke des sozialen und politischen Interesses gedrängt werden (vgl. Speck, 2001, 30).

Wohin führt der Weg der Heilpädagogik?

1.5.1 Zum Inklusionsdiskurs in der Heilpädagogik

In diesem Kapitel soll das Thema der Inklusion im Hinblick auf folgende Spezifizierungen beschrieben und auf die Praxis des Studiums und der Ausbildung in der Heilpädagogik übertragen werden (vgl. Greving, 2012, 6–10): In einem ersten Schritt werden grundlegende Bedeutungen und Begrifflichkeiten skizziert. Diese etymologische Basis legt somit den Grundstein für die weiteren Erörterungen. Im nächsten Schritt werden einige geschichtliche Hinweise zu dieser Begrifflichkeit folgen mit dem Ziel, eine erste Arbeitsdefinition des Begriffs Inklusion zu formulieren. Anschließend wird das Prinzip der Inklusion operationalisiert und im Hinblick auf seine Handlungsrelevanz dargestellt. Hierbei wird eine systemtheoretische Positionierung zu diesem Begriff vorgenommen. Zum Abschluss folgen Hinweise zu einer inklusiven Didaktik.

Bedeutungen und Begrifflichkeiten: die etymologische Basis

Der Begriff der Inklusion stellt sich zurzeit im metatheoretischen Diskurs als ein „vager und umstrittener Begriff" (Speck, 2010, 60) dar. Sowohl die Inhalte als auch die Realisations- und Konkretisierungsmechanismen der Inklusion sind problematisch. Sprachwissenschaftlich und etymologisch meint der Begriff Inklusion im eigentlichen Wortsinne „includere", was „einschließen" bedeutet. Dieses Eingeschlossensein kann im Hinblick auf die Inklusion Unterschiedliches bedeuten: Grundlegend bezog sich dieser Begriff auf das Eingeschlossen- und Abgeschlossensein bestimmter Menschen von der Welt (so zum Beispiel Eremiten), also folglich Personen, welche nicht an einer Kommunikation mit der sie umgebenden Wirklichkeit interessiert waren bzw. diese von vornherein ausschlossen. Aktuell wird eine gegenteilige Bedeutung von Inklusion wahrgenommen – und dieses im doppelten Sinne dieses Wortes –, da hierunter im Sinne eines sozialen Dabei- und Eingeschlossenseins „ein Zugehörigsein [zu] einer Gemeinschaft oder ein Einbezogensein in lebensrelevante Kommunikationszusammenhänge verstanden[wird]" (Speck, 2010, 61).

Geschichtliche Verortung

Otto Speck verweist in einer aktuellen Veröffentlichung darauf, dass in den Geburtsjahren der Begrifflichkeiten der Integration und der Inklusion (also in den 70er-Jahren des vergangenen Jahrhunderts) primär und zuerst der Begriff der „Exklusion" realisiert worden ist. In soziologischer Hinsicht entwickelte sich ein Verständnis vom Ausgeschlossensein ganz bestimmter Gruppen bzw. (im damaligen Sprachgebrauch) „Schichten". Um ein soziologisches Gegenstück zu diesen Exklusionstendenzen zu beschreiben, wurde der Begriff der Inklusion benutzt – und dieser konkretisierte sich parallel zur Entwicklung und Ausdifferenzierung eines Integrationsbegriffes (auf mögliche Widersprüche und Unschärfen sowie rhetorische Themen und Probleme verweist aktuell Sina Farzin, 2011). In den letzten 40 Jahren ist diese Mehrdeutigkeit der Begrifflichkeit der Inklusion beibehalten, ja sogar in vielfacher Hinsicht weiter differenziert worden. Diese begriffliche Mehrdeutigkeit, aber auch die unterschiedlichen sozialethischen und sozialpolitischen Begründungen, die diese Begrifflichkeit mit sich bringt, führen zu einer methodologischen Problemsituation, von welcher es kaum möglich zu sein scheint, konsistente und kohärente Konzeptionalisierungen (für heilpädagogische und andere Handlungsfelder) abzuleiten. Durch diese Begriffsmehrdeutigkeit entstehen Konnotationen, welche auf uneinheitliche Konkretisierungen hindeuten: Verweist z. B. Otto Speck darauf, dass dieser Begriff grundlegend aus der soziologischen Literatur stamme (welcher schon 1971 von T. Parsons entwickelt worden ist, er hatte hiermit jeweils eine Konkretisierung des Integrationsbegriffes gemeint) (vgl. Speck, 2010, 63 ff.), so gehen andere Autoren wie z. B. Georg Theunissen davon aus, dass der Begriff der Inklusion im Rahmen der Übertragung auf die Arbeit mit Menschen mit Behinderung ebenfalls aus dem angloamerikanischen Sprachraum stamme, hierbei aber vor allem die Nichtaussonderung bzw. unmittelbare Zugehörigkeit dieser Menschen meine. In dieser Auslegung lässt sich eine enge Verknüpfung mit dem Begriff des Empowerment erkennen (vgl. Theunissen, 2006, 13 f.). Die Ideen von Selbstbestimmung, Empowerment und Inklusion haben im angloamerikanischen Bereich (genauer gesagt in einigen US-Bundesstaaten) die Eltern von Kindern mit Behinderung dazu ermutigt, in den 70er-Jahren des vergangenen Jahrhunderts mit sogenannten Empowerment-Aktionen eine kostenlose Beschulung aller Kinder mit Behinderung sowie ein ausgeprägtes Mitspracherecht der Eltern in Bezug auf die Begleitung und pädagogische Förderung dieser Kinder durchzusetzen (vgl. Theunissen, 2006, 14 f.).

Ein weiteres Begründungsmuster entstammt der Soziologie. Die soziologische Begründung von Inklusion/Exklusion nimmt hierbei grundsätzliche Themen der Sozialtheorie auf (vgl. Stichweh, 2009, 29 ff.), z. B.:

- die Mitgliedschaft, also die kommunikative Berücksichtigung von Personen im Sozialsystem, wie „citizenship" oder Organisationszugehörigkeit,
- die Solidarität, also die Exklusion als Bruch der Solidarität,
- sowie die Disziplinierung/Sozialdisziplinierung, welche ein Spezifikum der Moderne darstellt und mit Ordnungen, Regeln, Gesittung, aber auch mit Organisationsformen und Erziehung in Verbindung gebracht werden kann.

Diese Disziplinierung trägt zur Unterscheidung von Inklusion und Exklusion bei, indem sie diese produziert – auch im Hinblick auf heil-pädagogische Organisationen! Weitere hiermit zusammenhängende Themen können hier nur benannt, aber nicht weiter ausgeführt werden: z. B. Macht, Ohnmacht, Abhängigkeit, Hierarchien und Hierarchisierungen etc. Ergänzend muss an dieser Stelle dennoch erwähnt werden, dass Inklusion und Exklusion immer auch die Sozialdimension der Kommunikation betreffen. Hierzu ausführlich Stichweh:

> „Es geht immer um die Frage, wer [...] die Anderen sind, die für kommunikative Adressierung in Frage kommen, und von welchen Bedingungen Andersheit und die Adressierung von Andersheit abhängig ist [...]. Die elementarste Form der Relevanz von Inklusion und Exklusion bezieht sich auf einzelne Situationen der Kommunikation."
> *(Stichweh, 2009, 30)*

Der Diskurs um den Begriff der Inklusion beinhaltet folglich schon von Anfang an eine relative Unschärfe im Hinblick auf die begleitenden bzw. diesen Begriff festlegenden Begrifflichkeiten wie z. B. der Selbstbestimmung, der Teilhabe, des Empowerment und der Integration. Bilanzierend zu den bisherigen Ausführungen lässt sich festhalten, dass Inklusion nicht nur aus unterschiedlichen fachwissenschaftlichen Perspektiven betrachtet wird, sondern ebenfalls im Rahmen der Abgrenzung zu unterschiedlichen Begrifflichkeiten diskutiert werden muss. Dieser Diskurs geht sogar so weit, dass einige Fachwissenschaftler (hierbei vor allem Vertreter der Förder- und Sonderschulpädagogik) der Auffassung sind, dass die Begrifflichkeiten der Inklusion und der Integration deckungsgleich seien und somit der Begriff der Inklusion letztlich verzichtbar sei (vgl. Stichweh, 2009, 21 f.). Theunissen (2006, 21 ff.) spricht sich deutlich dafür aus, Inklusion als Leitbegriff in der Behindertenhilfe beizubehalten. Er begründet diese Forderung wie folgt:

- Inklusion wird als ein international bekannter Begriff wahrgenommen, welcher die Tendenz habe, integrative Maßnahmen im Hinblick auf inklusive Maßnahmen zu verändern.
- Inklusion konkretisiert eine gemeinsame Erziehung von behinderten und nicht behinderten Kindern in Bezug auf die Kindertagesstättentätigkeit sowie auf das Leben in einer Schule.
- Durch die Konkretisierung des Begriffes der Inklusion lassen sich qualitative Aspekte der Tätigkeit im Rahmen der Förderschulpädagogik benennen und in den Fokus nehmen, welche in den Jahren davor (im Rahmen einer allgemeinpädagogischen oder integrationspädagogischen Debatte) eher aus dem Blickfeld gerieten. Es geht vor allem um die Überwindung der Zuschreibungsprozesse im Rahmen der Kategorisierung von Behinderungsarten (wie z. B. lernbehindert, geistig behindert etc.).
- Die Idee der Inklusion erfordert laut Theunissen auch konkrete Veränderungen auf institutioneller und organisatorischer Ebene, um die unumgänglichen Planungs- und Gestaltungsmöglichkeiten (auch im Rahmen des sogenannten Indexes für Inklusion) zu realisieren.

In den vergangenen 25 Jahren wurde die Leitidee der Inklusion auch auf die pädagogischen Tätigkeiten mit erwachsenen Menschen mit Behinderung übertragen bzw. auf weitere Lebensbereiche übersetzt, in welchen pädagogisches Handeln stattfindet. Im Kontext der demografischen Entwicklung unserer Gesellschaft stellt sich zwangsläufig die Frage nach Bedeutung und Umsetzbarkeit von Inklusion auch im Rahmen der Arbeit mit alten Menschen mit Behinderung. Wacker sieht diesen Bereich heute noch als „Zukunftsmusik" (Wacker, 2011, 235).

Eine wichtige Kontextebene für den Begriff der Inklusion stellt die UN-Konvention über die Rechte von Menschen mit Behinderungen dar. Insbesondere die Professionalisierung der Heilpädagogik ist hier von besonderer Relevanz:

Die Entwicklung der Heilpädagogik als Profession ist eingebettet in den Gesamtzusammenhang der Entwicklung aller Berufe im Sozial- und Gesundheitswesen. Die Themen und Probleme, die sich dort stellen und ergeben haben bzw. nach wie vor präsent sind, können auch für die Handlungswissenschaft der Heilpädagogik benannt werden. Nach den Forderungen einer Professionalisierung in der Allgemeinen Pädagogik (vgl. Combe/Helsper, 1996, 12–40) kam es auch in den Fachwissenschaften der Sozialarbeit und Sozialpädagogik, aktuell somit auch in der Sozialen Arbeit, zu einer Fokussierung professionstheoretischer Themen (vgl. hierzu ausführlich Wendt, 2008, 1–9, 259–347). In diesen Professionsdebatten herrscht zwar eine deutliche inhaltliche und thematische Heterogenität, eine gewisse verbindende Struktur lässt sich trotzdem erkennen (vgl. Horster/Hoyningen-Süess/Liesen, 2005, 16 ff.). Folgende vier Themenbereiche stellen verbindende Bereiche für die Professionalisierungsdebatte dar:

- die allgemeinpädagogischen Fragen; hier weisen vor allem die Aspekte der Einheitlichkeit und des eigentlich pädagogisch Wesenhaften im Kontext einer sich immer weiter differenzierenden beruflichen Wirklichkeit eine besondere Professionsrelevanz auf.
- die institutionellen Aspekte; die Selbstbeschreibung bzw. die Selbsterklärung des Erziehungssystems (samt aller hierin eingebetteten einzelnen Teilsysteme wie Kindertagesstätten, Schulen, Hochschulen etc.) müsste das gesamte System der institutionalisierten und organisierten Pädagogik überschreiten. „Das Generalthema dieses Diskussionsstranges ist die Konstitution der Disziplin Erziehungswissenschaft [...]" (Horster/Hoyningen-Süess/Liesen, 2005, 17). Dies erfordert interdependente Entwicklung und Verselbstständigung einer pädagogischen Profession einerseits und einer erziehungswissenschaftlichen Disziplin andererseits.
- die Entwicklung und Bedeutung der Organisationen und Institutionen für das gesamte System der Erziehung und Pädagogik; hier ist u. a. die Komplexität dieses Systems von Bedeutung.
- die subjektiven und personalen Anteile und Möglichkeiten in den Interaktionen von Pädagogen und Kind bzw. Jugendlichen oder Erwachsenem, die sich in der Passung bzw. Viabilität von Person und Rolle offenbaren. Hier ist insbesondere die Frage wichtig, „in welchem Verhältnis die Interaktionen zum übergeordneten Gesamt der sozialen Struktur und Ordnung gesehen werden müssen." (Horster/Hoyningen-Süess/Liesen, 2005, 17).

Auf diese grundlegenden Annahmen zur Professionsdiskussion und -entwicklung lassen sich die ersten Artikel der UN-Konvention über die Rechte von Menschen mit Behinderungen (häufig auch kurz als UN-BRK bezeichnet) beziehen. Allein die Verpflichtung, „den vollen und berichtigten Genuss aller Menschenrechte und Grundfreiheiten durch alle Menschen mit Behinderungen zu fördern, zu schützen und zu gewährleisten und die Achtung der ihnen innewohnenden Würde zu fördern" (UN-BRK, 2010, 8), korrespondiert mit dem Selbstverständnis der Heilpädagogik. Zudem gehen der zweite und der dritte Artikel der Konvention darauf ein, die Diskriminierung von Menschen mit Behinderung abzulehnen und alles Notwendige zu tun, damit es nicht zu diskriminierenden und ausschließenden Prozessen in der Gesellschaft kommt. Menschen mit Behinderung muss folglich „die volle und wirksame Teilhabe an der Gesellschaft und [die] Einbeziehung in die Gesellschaft" (UN-BRK, 2010, 9) ermöglicht werden. In diesem Kontext werden Chancengleichheit, Zugänglichkeit und Gleichberechtigung (auch diejenige der Geschlechter) sowie auch die Bewusstseinsbildung hinsichtlich der Situation von Menschen mit Behinderung in der Gesellschaft und – last but not least – das Recht Betroffener auf die Schulung im Hinblick auf ihre Rechte (vgl. UN-BRK, 2010, 10) hervorgehoben.

Vor allem in diesen Bereichen agiert eine professionelle Heilpädagogik, denn sie sieht Behinderung relational – diese entsteht an und in den Beziehungen und Bezügen zwischen Mensch und Gesellschaft. Diesbezüglich geht die heilpädagogische Theoriebildung auf Itard und Seguin zurück bis hin zu gegenwärtigen kritisch-materialistischen und systemisch-konstruktivistischen Begründungen des Phänomens Behinderung (vgl. Kobi, 2004, 31–43; Dederich, 2009, 15–39; Jantzen, 2009, 50–56; Jantzen, 2007, 15–75). Sowohl die Entstehung von Behinderung als sozialer Kategorie und „sozialem Tatbestand" (Jantzen, 2007, 46) als auch die heilpädagogischen Konzepte, Methoden und konkreten Maßnahmen entstehen an den Schnittpunkten zwischen Person und Gesellschaft (vgl. Kobi, 2004, 31 f.). Eine heilpädagogische Profession agiert folglich immer in der Wahrnehmung dieser relationalen Bezüge „mit dem Gesicht zur Gesellschaft" (Gröschke, 2002b, 9).

Hiervon ausgehend muss der Diskurs in der Heilpädagogik um die sogenannten Leitideen zur Professionsentwicklung und Professionsforschung fortgesetzt werden, denn er ist „noch nicht sehr weit vorangeschritten [...]" (Moser, 2003, 87). Das Handeln in den Feldern der Heil-, Sonder- und Behindertenpädagogik in ihrer jeweiligen Strukturlogik muss begründet und beschrieben werden, damit es beobachtbar wird und somit wissenschaftlich überprüft werden kann. Nur so kann es zu einer Präzisierung der heilpädagogischen Handlungen und ihrer Einordnung bzw. Positionierung gegenüber dem allgemein-pädagogischen Handeln kommen (vgl. Moser, 2005, 87). Dies erfordert eine Beschreibung sowie kritische Analyse der bisherigen Basisvariablen der Heilpädagogik aus der Perspektive und mit der Relevanz der Inklusionsdebatte und der Umsetzung der UN-BRK. Vor allem ist der Prozess der Klärung der Rollen, der Kompetenzen und der Zuständigkeiten der Heilpädagogik zu fokussieren: Was und wie nimmt sie professionell wahr, wofür ist sie zuständig und welche Kompetenzen benötigt sie grundlegend zur Umsetzung der Postulate der UN-BRK? Die konkreten Fähigkeiten und Fertigkeiten (also die zu realisierenden und schon umgesetzten Kompetenzen) sind hierbei in den Kontext der Zuständigkeiten in den jeweiligen gesellschaftlichen Themenfeldern und der heilpädagogischen Handlungsfeldern zu setzen.

Bei der Herausarbeitung der Bezüge auf die UN-BRK sind folgende Aspekte besonders wichtig: Erstens muss die Heilpädagogik als ein gesellschaftlich anerkannter Beruf angesehen und zweitens muss das konkrete heilpädagogische Handeln als berufliche Tätigkeit mit einem meta-theoretischen und konzeptionell-methodischen Hintergrund betrachtet werden.

Hinsichtlich der Heilpädagogik als bereits gesellschaftlich anerkannter Beruf bzw. anerkannte Profession steht fest, dass

- das heilpädagogische Handeln mit einem klar definierten Anliegen im Auftrag der Gesellschaft geschieht und gegen Bezahlung im Rahmen institutionalisierter einschlägiger Tätigkeitsfelder und Organisationen durchgeführt wird, und zwar bei Personen, deren Lebenslage eine heilpädagogische Relevanz aufweist.
- es ein strukturiertes System der Berufsqualifizierung sowie der Fort- und Weiterbildung in der Heilpädagogik gibt.
- es traditionell und vom Anfang der heilpädagogischen Professionsentwicklung an einen starken handlungsleitenden Bezug zur Ethik gibt, der auch die Berufsethik der Heilpädagogik bestimmt.
- es einen Berufs- und Fachverband gibt, der die heilpädagogisch Tätigen berufspolitisch vertritt, Tätigkeitsprofile und -standards erstellt und zunehmend an Bedeutung gewinnt.

Es gilt, insbesondere folgende Aspekte unter Berücksichtigung der UN-BRK zu präzisieren:

- die Benennung und Definition der grundlegenden Bedingungen und Strukturmomente auf dem Hintergrund der allgemeinen, aber auch speziellen Professionalitätsaspekte in der Heilpädagogik,
- die Entwicklung und Überprpüfung der Zusammenhänge zwischen Berufsbiografie und professionellem Handeln,
- die konkreten Interaktionen zwischen professionell Handelnden und ihrer Klientel,
- die Darstellung möglicher Widersprüchlichkeiten, Paradoxien, und professioneller Dilemmata.

Zweifelsohne muss der Professionsdiskurs in der Heilpädagogik möglichst viele Fragen ihrer Theorie und Wissenschaft, ihrer Erkenntnisbegründungen und ihrer Repräsentationsbildungen (die Art und Weise, wie die Heilpädagogik sich immer wieder aktuell in der Gesellschaft ausbildet und ereignet, d. h., wie sie wirksam wird) im Rahmen aktueller sozialpolitischer Ansprüche beantworten. Als Handlungsdisziplin muss die Heilpädagogik die Antworten selbstverständlich auch handlungsrelevant aufbereiten. In Anlehnung an die einzelnen Artikel der UN-BRK lassen sich hierzu folgende Punkte konkret benennen:

- die Würde von Menschen mit Behinderung,
- das Recht auf Leben,
- die Nichtdiskriminierung,
- eine unabhängige Lebensführung,
- eine volle Teilhabe,
- die Achtung vor Unterschiedlichkeit,
- Chancengleichheit und Zugänglichkeit,
- die Gleichberechtigung von Mann und Frau,
- das Bereitstellen von Gütern/Dienstleistungen/Geräten/Einrichtungen/Informationen usw.,

- die persönliche Mobilität,
- die Achtung der Privatsphäre,
- die Wahrnehmung und Konkretisierung folgender Themen und Handlungsfelder – Erziehung, Bildung, Arbeit, kulturelles Leben, Freizeit.

In der Umsetzung dieser Punkte kann es zuerst um eine Bestandsaufnahme dessen gehen, welche Inhalte und Forderungen die Heilpädagogik als Beruf und Profession bereits vertritt und in ihrem Selbstverständnis verinnerlicht hat. Folgende Themen sind hierbei bedeutsam:

- Historisch gesehen haben alle, die sich um Ausgestoßene, Kranke, Behinderte und psychisch Kranke gekümmert und eingesetzt haben, das Ziel eines würdigen Menschenlebens verfolgt.
- Relevant war die Gründung von Organisationen, die aus der Perspektive der Selbsthilfe die Heilpädagogik beeinflusst haben. Stellvertretend für alle sind hier zu nennen:
  - die Lebenshilfe – ihre Gründung ist als Akt der Durchsetzung des Rechts auf Bildung für Kinder mit geistiger Behinderung zu betrachten;
  - die Werkstätten für Menschen mit Behinderung – ihre Gründung ist als Akt der Durchsetzung des Rechts von erwachsenen Menschen mit Behinderung auf Arbeit zu sehen;
  - die Entwicklung der Jugend-/Erziehungshilfe in Form von SGB VIII (KJHG) lässt sich durchaus als Ergebnis einer langjährigen Bemühung um Unterstützung des Rechtes von Kindern/Jugendlichen und deren Familien auf ein inklusives familiäres Leben verstehen.

Alle diese Entwicklungen wurden untermauert durch die heilpädagogische Theorienbildung, in der im Laufe der Zeit einige, gegenwärtig auch in der UN-BRK konkretisierte Konzepte eine wichtige Rolle gespielt haben und auch weiterhin spielen (insbesondere sind es die Prinzipien und Leitideen der Normalisierung, der Selbstbestimmung sowie der Integration, der Inklusion und der Teilhabe).

Bezüglich der heilpädagogischen Professionsentwicklung ist die Tatsache kritisch zu sehen, dass die genannten Entwicklungen nicht zu einer Integration von Menschen mit Behinderungen und deren inklusiver Daseinsform geführt haben, sondern dass häufig das Gegenteil geschehen ist: spezialisierte Unterstützung in einer abgesonderten organisierten Welt. Diese Situation dauert aktuell, trotz UN-BRK, immer noch an. Vor allem an dieser Stelle müsste die Heilpädagogik als Beruf und Profession ansetzen (auch im Hinblick auf die konkreten curricularen Ziele und Maßnahmen). Es gilt, sowohl in der Theorie als auch in der Praxis, aber auch in Form von Empfehlungen für diese Praxis theoretische, methodische sowie auch institutionelle und organisatorische Aspekte der Förderung von Teilhabe und Partizipation konkret auszuarbeiten. Hierbei sind folgende Themen und Ebenen relevant:

- das Menschenbild (der Mensch als Rechtsperson),
- die Vorgehensstrategie (Schritte und Prozesse zur Wahrung der Rechte von Personen in ihrer sozialen Umwelt),
- die Formen und Methoden der persönlichen Unterstützung von Menschen mit beeinträchtigter Teilhabe bzw. der von einer Teilhabebeeinträchtigung bedrohten Menschen, die den Betroffenen eine Wahrung ihrer Rechte ermöglichen.

Da die heilpädagogische Theorie und Methodik bereits über ausgearbeitete Sicht-, Denk- und Handlungsweisen zur Förderung und Wahrung der Teilhabe verfügen, geht es nicht darum, ganz neue „Berufsfundamente“ zu konstruieren. Vielmehr muss es zu einem Reframing kommen, d.h. zu einer theoretischen, aber auch konzeptionell-methodischen Umdeutung: Das theoretisch und methodisch vorhandene Wissen und Handeln muss zum Zwecke der Wahrung der Rechte angepasst und präzisiert werden. Hierzu gehört auch die Aufgabe, das Angepasste und Präzisierte um diejenigen Aspekte zu ergänzen, die sich aus der Betrachtung des Menschen mit Behinderung als Träger dieser Rechte ergeben.

Ein weiteres (und noch wichtigeres) Themenfeld stellt die konkrete heilpädagogische Praxis dar. Hier müssen die umfangreichsten Veränderungen vorgenommen werden. Allein die im Kontext der Umsetzung der UN-BRK zu realisierende Dezentralisierung, Deinstitutionalisierung und die „Ambulantisierung“ der bisherigen Strukturen der Behinderten- und Erziehungshilfe ist noch lange nicht vollständig umgesetzt, geschweige denn abgeschlossen. Hierfür ist unseres Erachtens eine Veränderung des Selbstverständnisses von Institutionen, Organisationen und Fachpersonen, aber auch der Betroffenen selbst und ihrer Angehörigen erforderlich.

Eine Arbeitsdefinition zum Begriff der Inklusion

Im Hinblick auf die bisher skizzierten aktuellen metatheoretischen Diskurse zum Inklusionsbegriff bleibt dennoch Folgendes festzuhalten:

- Auf der Ebene der pädagogischen Disziplinen entstammt der Begriff der Inklusion der Schulpädagogik und ist im Grunde im Verlauf der gesamten Diskussionsdebatten nicht weiter konkretisiert worden.
- Der Begriff der Inklusion wurde relativ nahtlos von der Schulpädagogik auf die allgemeine Bildung und pädagogische Arbeit mit Menschen übertragen.
- Von Anfang an kam es zu einer relativ undifferenzierten Wahrnehmung der methodologischen (d.h. die Lehre der Methodik betreffend) und methodischen Vernetzungen und Konzeptionalisierungen, welche auf dem Hintergrund einer Inklusionsdebatte entwickelt worden sind, so zum Beispiel im Hinblick auf die Begriffe der Teilhabe, der Selbstbestimmung, der Autonomie, des Empowerment etc.
- Der Begriff der Inklusion fungiert sowohl als Leitbegriff als auch als konzeptionelle Markierung, die sich zum Beispiel in den Konkretisierungen dieser Begrifflichkeiten im Hinblick auf den sogenannten Index für Inklusion, auf die individuelle Planung und auf die Planung von gemeindespezifischen Dienstleistungen etc. bezieht.
- Die Begrifflichkeit der Inklusion kann metatheoretisch durch unterschiedliche referenzwissenschaftliche Annahmen abgeleitet und gefüllt werden, so zum Beispiel im Rahmen einer soziologischen Perspektive, in welcher der Begriff der Inklusion intensiv mit demjenigen der Exklusion verbunden ist und auf systemische und systemtheoretische Annahmen und Forderungen zurückgeführt werden kann (vgl. Speck, 2010, 63 ff.; Kulik, 2006, 49 ff.; Dederich, 2006, 11 ff.). Des Weiteren kann Inklusion aber auch als gleichberechtigte Teilhabe aller Menschen verstanden werden. Der Begriff ist somit gesellschaftspolitisch verfasst und prägt nicht nur die Förderschulpädagogik (Bloemers, 2009, 148 ff.). Gerade diese pädagogischen und erwachsenenbildungsbezogenen Aspekte von Inklusion stellen auf dem Hintergrund der Definition der UNESCO im Rahmen einer Bildung für alle wichtige Leitideen dar, die in den letzten Jahren von der Förderschulpädagogik auf allgemeinpädagogische Aspekte und Felder übertragen worden sind.

- Inklusion erweist sich somit auch als Messlatte für sozialpolitische, bildungspolitische und gesetzgeberische Reformprogramme, die nicht nur den Schulbereich, sondern darüber hinaus den Erwachsenenbildungsbereich und auch die Felder der Sozialpolitik betreffen.
- Gerade die Entwicklung der Bürgerrechte von Menschen mit Behinderungen und Lernschwierigkeiten gerät somit immer mehr in den Rahmen einer dann erneut politisch verstandenen Inklusionsdebatte (vgl. Schädler, 2011, 15 ff.).

Zusammenfassend lässt sich festhalten, dass der Begriff der Inklusion in Abgrenzung zu weiteren Begrifflichkeiten, der methodologischen Präzisierung und auch in der konzeptionellen Ausdifferenzierung in der Tat ein vager und unscharfer Begriff ist. Dennoch ist er als Leitidee nutzbar – auch wenn dies paradox erscheinen mag – und wird als solche auch genutzt.

Auf diesem zugegebener Maßen relativ undifferenzierten methodologischen und metatheoretischem Hintergrund kann dennoch folgende erste **Arbeitsdefinition des Inklusionsbegriffes** formuliert werden:

Inklusion meint die Einbeziehung von Menschen mit Behinderungen in alle verfügbaren Lebensfelder, die auch allen anderen Menschen zur Verfügung stehen. Die Behinderung wird hierbei als ein gegebener und nicht weiter zu stigmatisierender Teil der Verschiedenheit aller Menschen verstanden, auf welche sich alle Bürger einer Gesellschaft sowie auch die Dienste und Angebote, welche die Gemeinwesenorientierung darstellen und konkretisieren, einzustellen haben. Menschen mit und ohne Behinderung bestimmen hierbei die gesellschaftlichen Prozesse und es ist folglich das Ziel, allen Personen und Individuen durch die Teilhabe an der Gemeinschaft die Ausbildung einer eigenen Identität (welche nicht von der Rolle des „Behinderten" definiert ist) zu ermöglichen. Es kann somit im Rahmen einer Inklusionsdebatte nicht darum gehen, separierende und ausgrenzende Sonderwelten zu konzipieren. Vielmehr soll allen Menschen mithilfe einer sinnvollen Unterstützung durch ihre Bezugspersonen sowie durch eine professionelle Begleitung die Möglichkeit gegeben werden, im Rahmen der Individualisierung der Hilfen in der Gesellschaft zu leben. Dieses Leben bezieht sich auf eine grundlegende Wahlfreiheit, wie sie allen anderen Gesellschaftsmitgliedern ebenfalls zukommt (vgl. Dieckmann, 2009, 49 f.).

Weiterführende Handlungsrelevanzen, Konkretisierungen und systemtheoretische Perspektiven

Im Hinblick auf die Operationalisierung (Messbarmachung) des Begriffs der Inklusion kann festgestellt werden, dass hierbei vor allem die Barrierefreiheit, d. h. die Wahrnehmung ausgrenzender Mechanismen, in den Fokus gerät, damit diese verändert werden kann. Darauf geht vor allem der sogenannte Index für Inklusion ein, welcher für den deutschsprachigen Bereich von Hinz und Boban differenziert dargestellt worden ist (vgl. Boban/Hinz, 2009, 12 ff.). Auf diesem Hintergrund können Organisationen der Heilpädagogik und Behindertenhilfe (aber auch der Allgemeinen Pädagogik) feststellen, ob und wie weit sie den Grundgedanken der Inklusion realisieren. Weitere Handlungskonzepte, die sich mit dem Begriff der Inklusion in Verbindung setzen lassen, sind z. B. die Ansätze des Community Care, die von der evangelischen Stiftung Alsterdorf seit Anfang der 2000er-Jahre des letzten Jahrhunderts realisiert werden (vgl. Maas, 2006, 141 ff.).

Gerade die Ausdifferenzierung von Wohnformen im Rahmen der gesellschaftlichen Teilhabe stellt eine wichtige Maxime des Inklusionsgedankens dar. Es ist hierbei Monika Seifert zu folgen, wenn diese fordert, dass Inklusion mehr sei, als „Wohnen in der

Gemeinde" (Seifert, 2006a, 98). Vielmehr müsste es in allen Feldern der Inklusion (nicht nur theoretisch, sondern vor allem handlungsbezogen) darum gehen, die individuellen Ressourcen der Menschen (mit Behinderung) zu stärken, soziale Netzwerke anzubahnen und zu knüpfen, um hieraus Ressourcen im konkreten Umfeld aller Menschen zu erschließen und weiter zu differenzieren (vgl. Seifert, 2006a, 101 ff.). Selbstverständlich muss hierbei auch der Bereich der Arbeit miteinbezogen werden, sodass auch diese sich im Rahmen einer Ausdifferenzierung der Werkstätten von Menschen mit Behinderung mehr und mehr dem Gedanken der Inklusion zuwendet (vgl. Vieweg, 2006, 114 ff.).

Eine weitere Basis zur Umsetzung inklusiver Prämissen stellt die Sozialraumorientierung dar, welche Hilfearrangements entlang der vier Handlungsebenen der Sozialstruktur („S"), der Organisation („O"), des sozialen Netzwerkes („N") und des Individuums („I") als analytisches Modell beschreibt und zugleich Hinweise für die Gestaltung der Praxis liefert (vgl. Früchtel/Budde, 2010, 54 ff.).

Ausgehend von den genannten Umsetzungsbereichen muss die Heilpädagogik folgenden grundlegenden Fragen nachgehen: Ist Inklusion als Konzept nutzbar? Was kann als (heil- und/oder behindertenpädagogisches oder allgemeinpädagogisches) Inklusionskonzept gekennzeichnet werden? Und: Wie kann ein solches gelehrt und gelernt (evtl. erforscht) werden?

Grundsätzlich verlangt ein Konzept nach Begründungen, die durch persönliche Motivationen und Stellungnahmen angeregt und durch Fachwissen gesichert sind (siehe Gröschke, 1997, 2008). Eine mögliche Definition von Inklusion im Rahmen der aktuellen Debatte bezieht sich auf die Systemtheorie. Inklusion ist hierbei wie folgt zu verstehen und zu konkretisieren: Relevant ist das Modell der „funktionalen Differenzierung" nach Niklas Luhmann. Dieses beruht auf der Ungleichheit der Funktionssysteme der Gesellschaft (Politik, Recht, Religion, Wirtschaft etc.) sowie auf dem Sachverhalt, dass sie „in dieser Ungleichheit gleich" (Luhmann, 1997, 75) sind. Es kommt zur Herausbildung von autonomen, auf die Wahrnehmung von gesellschaftlichen Funktionen spezialisierten Teilsystemen (hierbei sind die Systeme gleichrangig).

> „Die Unterscheidung Inklusion/Exklusion beschreibt, wie in funktional differenzierten Gesellschaften Menschen als Personen an den Leistungskreisläufen der Funktionssysteme mittels symbolisch generalisierten Kommunikationsmedien (z. B. Geld, Macht, Recht ...) teilnehmen können."
> *(Kleve, 1997, 415)*

Inklusion als Innenseite der Unterscheidung meint hierbei die Teilnahme an der funktionssystemischen Kommunikation; Exklusion als Außenseite der Unterscheidung bezeichnet die personelle Nichtteilnahme an dieser Kommunikation. Inklusion und Exklusion verweisen folglich jeweils aufeinander. Inklusion ist somit nicht gleich Integration, da diese (die Integration) auf die Zugehörigkeit zu sozialen Gruppen verweist und zudem über normative Verbundenheiten (normative Verbundenheiten bedeutet hier, dass die Gesellschaft, oder Teile derselben, es für gut und richtig halten, dass bestimmte Personen oder Gruppen in bestimmte gesellschaftliche Teilsysteme integriert werden) und den intentionalen Charakter sozialer Beziehungen vermittelt ist (somit Eingliederung in bestehende Strukturen will), jene (die Inklusion) jedoch eine funktionale System-Umwelt-Beziehung von Menschen zur Gesellschaft darlegt, welche über die Teilnahme an Funktionssystemen kommunikativ erreichbar erscheint (somit die Unterschiedlichkeit als Norm und „normal" definiert).

Mehr noch: Menschen dürfen nie so fest integriert sein, dass ihre Freiheit für wechselnde Inklusionen verloren geht (vgl. Kleve, 1997, 420 ff.)!

Zusammenfassend lässt sich feststellen:

- Inklusion ist zur Zeit eher das Konzept einer gesellschaftsdifferenzierenden Diagnostik (und das auch nur im Sinne der luhmannschen Lesart) bzw. das Modell der Wahrnehmung unterschiedlicher gesellschafts- und organisationskultureller Mechanismen (wie Bezugsformen, Abhängigkeiten, Macht etc.).
- Außerdem ist Inklusion auch charakterisiert durch eine kommunikative Kontingenz – wenn über Inklusion gesprochen wird, wird zwangsläufig auch die Exklusion tangiert (s. o.).
- Als solche stellt Inklusion das Modell einer kontingenten Kommunikation dar – sie agiert an Schnittstellen (auch zur Exklusion), ohne diese jedoch aufzulösen. Die Beteiligten bleiben (trotz „inklusiver“ Bemühungen der Fachwelt) in einer gesellschaftlichen Zone der Unsicherheit.
- Inklusion als „gesellschaftsdifferenzierendes Diagnoseverfahren“ verleiht den durchführenden Organisationen/Gremien/Personen auch Macht, da sie es ihnen ermöglicht, gesellschaftliche Prozesse besser zu durchschauen und gegebenenfalls zu verändern und zu optimieren. In diesem Kontext kann und soll sie zur (auch gesellschaftspolitischen) Aufklärung beitragen.
- Als solche ist die Inklusion im Kontext heilpädagogischer Konzepte als Prozess der Ver-Mittlung zu verstehen – nicht mehr und nicht weniger, weil sie die gesellschaftssystemischen Spannungen nicht im Geringsten auflösen kann.
- Oder: „Willst du inklusiv handeln, lerne [...] konstruktivistisch zu erkennen.“ Und: „Willst du [...] konstruktivistisch erkennen, lerne inklusiv zu handeln.“ (Anken, 2010, 165 f.).

Anmerkungen zu einer inklusiven Didaktik

Die grundlegende didaktische Frage hinsichtlich der Inklusion ist wie folgt zu formulieren: „Kann man Inklusion lehren und lernen?“ Eine mögliche Antwort darauf lautet: „Will man Inklusion lehren und lernen, muss eine Brücke zwischen theoriegeleiteten Begründungen und Handlungswissen gebaut werden.“ In der Differenzierung dieser Antwort sind vier Optionen möglich (vgl. Greving, 2006, 74–84):

1. die Benennung und Differenzierung einer metatheoretischen Begründung von Inklusion (wie z. B. derjenigen der Systemtheorie).
2. die Wahrnehmung sozialpolitischer, sozialrechtlicher und verwaltungsrechtlicher Implikationen (wie z. B. Inklusions- und Exklusionsmechanismen bzw. der Inklusions- und Exklusionsdrift); Exklusionsdrift bedeutet eine Zunahme der Exklusion im Sinne einer Multiexklusion, also des Ausschlusses von immer mehr Personen und Personengruppen.
3. die Gestaltung von Projekten, in denen unterschiedliche Ebenen miteinander didaktisch und methodisch zu verdrahten sind (diese gehören naturgemäß zu unterschiedlichen Kommunikationsprozessen einer funktional differenzierten Gesellschaftsform); folgende Projektebenen sind dabei relevant:
   - die individuelle Ebene, zwischen Menschen mit Behinderung, dem jeweils heilpädagogisch Handelnden und der übrigen Gesellschaft,
   - die gesellschaftliche Ebene, durch welche unterschiedliche Institutionen und Organisationen mit der erstgenannten Ebene vernetzt sind,

- die philosophische Ebene, welche eine Begründung für die unterschiedlichen Formen der Projektarbeit, des (Zusammen-)Lebens, der Kommunikation bzw. des Umgangs mit Kontingenzen liefert,
- die methodische Ebene, in welcher und durch welche konkrete Projektformen realisiert werden.

Durch die und in der Zusammenstellung bzw. -wirkung dieser Projektebenen können die Lernenden gut einen Kompetenzzuwachs hinsichtlich der kommunikativen, fachlichen, planerischen und organisatorischen Fähigkeiten bzw. Fertigkeiten erfahren.

Ein weiterer und letzter Punkt bezieht sich

4. auf die lernende(n) Organisation(en) als inklusives Lernfeld. Projekte wirken sich hierbei auf unterschiedlichste Ebenen des Wissens einer Organisation aus:
   - auf das konkrete Handlungswissen,
   - auf das fallbezogene Erfahrungswissen,
   - auf das systematisierte Konzeptwissen und
   - auf das verhaltensanleitende Planungswissen.

Überlegungen und Versuche

1. ***Stellen Sie den geschichtlichen Entwicklungsverlauf der Inklusion an konkreten Beispielen (Organisationen, Personen etc.) dar. Vergleichen Sie Ihre Ergebnisse miteinander.***
2. ***Elisabeth Wacker bezeichnet den Begriff der Inklusion im Kontext der demografischen Entwicklung, vor allem im Rahmen der pädagogischen und/oder erwachsenbildnerischen Tätigkeiten mit alten Menschen mit Behinderung, als „Zukunftsmusik" (Wacker, 2011, 235). Was spricht für, was gegen diese Bewertung? Was müsste sich strukturell, konzeptionell und methodisch ändern, damit sich diese Bewertung in ihr Gegenteil verkehrt?***
3. ***Konkretisieren Sie die Inhalte und Forderungen der UN-Konvention über die Rechte von Menschen mit Behinderungen in Bezug auf die Lebenslauforientierung der Heilpädagogik. Was müsste sich somit bezüglich der Umsetzung der Inklusion in der Frühförderung, in den Kindertagesstätten, den Schulen, den Arbeitsplätzen, den Wohnformen, in der Freizeitgestaltung etc. ändern?***
4. ***Beziehen Sie möglichst umfassend Stellung zu folgender These: „Die Heilpädagogik wird zur Inklusionspädagogik werden – oder sie wird sich auflösen!" Was spricht für, was gegen diese These?***
5. ***Stellen Sie die Inhalte der Arbeitsdefinition zur Inklusion an Beispielen dar.***
6. ***Die Inklusion wird aus unterschiedlichen fachwissenschaftlichen Positionen heraus definiert (wie z. B. aus der Systemtheorie). Stellen Sie diese Positionen einander gegenüber und arbeiten Sie Gemeinsamkeiten und Unterschiede heraus.***
7. ***Welche Strukturen und Inhalte müsste eine heilpädagogische Konzeption aufweisen, die grundlegend inklusiv orientiert ist?***
8. ***Kann eine inklusive Didaktik auch in den Lehr- und Lernformen der Fachschul- und Fachhochschulausbildung der Heilpädagogik realisiert werden? Wie könnte dies gegebenenfalls konkret umgesetzt werden?***

Zusammenfassung

Der Begriff der Inklusion kann als einer der jüngsten, gleichzeitig aber auch wirkmächtigsten in der aktuellen Heilpädagogik gelten. Dennoch lassen sich hierzu recht unterschiedliche grundlegende Bedeutungen und Begrifflichkeiten feststellen. Um Inklusion zu verorten und zu verstehen, ist in einem ersten Schritt die etymologische Basis relevant. Auf diesem Hintergrund sowie in Bezug auf die geschichtlichen Verortungen und Verläufe der Inklusion kann dann eine mögliche Arbeitsdefinition formuliert werden. Inklusion wurde und wird hierdurch in der konkreten heilpädagogischen Praxis operationalisiert und in Bezug auf ihre Handlungsrelevanz differenziert – dieser Prozess ist aktuell noch längst nicht abgeschlossen und durch viele Widersprüche, Brüche und Grenzerfahrungen gekennzeichnet. Gerade auch die unterschiedlichen fachwissenschaftlichen Begründungen und Positionierungen führen dazu, dass ein sehr uneinheitliches Bild von Inklusion vorherrscht und kommuniziert wird. Dennoch stellt die Inklusion, vor allem auch auf dem Hintergrund der UN-Konvention über die Rechte von Menschen mit Behinderungen, eine unumgängliche Forderung für die Veränderung heilpädagogischer Begründungen, Sicht- und Handlungsweisen dar.

1.5.2 Mögliche Herausforderungen an die Heilpädagogik

Abkoppelungen in wissenschaftlicher Hinsicht

Aufgrund der hohen Informationsdichte und -flut steht die Heilpädagogik vor der beinahe unlösbaren Aufgabe, diese in ihr Fachgebiet zu integrieren. Im Unterschied zu den Gründer- und Emanzipationsjahren der Heilpädagogik, in welchen es darum ging, ein eigenständiges wissenschaftliches und berufliches Profil zu entwickeln, ist sie heute dazu genötigt, ihre Entwicklung mit den Fortschritten in anderen Wissenschaftszweigen zu vernetzen. So ist sie besonders auf die Soziologie, die Biologie, die Genetik und die Neurologie angewiesen. Eine besondere Problematik stellt sich im Hinblick auf die Allgemeine Pädagogik. Diese erscheint mit ihren eigenen Problemen mehr als ausgelastet zu sein, sodass sie sich kaum auf die Fragestellungen behinderter oder eingeschränkter Lern- und Bildungsprozesse einlassen kann. Doch gerade die Kommunikation und die wechselseitige Vernetzung beider Wissenschaften wären im Hinblick auf eine Verbesserung der Lebens- und Lernsituationen der Zielgruppen und Klientel von hoher erkenntnistheoretischer und praktischer Relevanz.

Theorieverluste der Praxis

Die Praxisfelder der Heilpädagogik scheinen im Verlauf der letzten Jahre immer mehr auf Distanz zur Wissenschaft zu gehen. Diese scheint für die Praxis nicht mehr relevant zu sein, bestenfalls dient sie noch dazu, die eigene ideologische Position zu stützen und gegen fremde (gegebenenfalls ökonomische) Interessen durchzusetzen. Hierdurch besteht in der Praxis die Gefahr einer ungeplanten und unreflektierten Konzept- und Methodenvielfalt, welche auf subjektive Theoriebildungen, nicht jedoch auf erkenntnis- und wissenschaftstheoretische Begründungen zurückgeführt werden. Subjektive Ansätze und scheinbar pragmatische Handlungsmuster und Konzeptideen „vermischen sich mit den verschiedensten normativen Strömungen und reichen von mythischen und esoterischen Heilslehren [...] bis zu pragmatischen Reduktionen eines blanken Therapismus oder einer bloßen Förderungsideologie" (Speck, 2001, 31). Obwohl einer Praxisbezogenheit in der Heilpädagogik zugestimmt werden kann, darf nicht auf eine wissenschaftliche Überprüfung und Evaluation dieser Praxis verzichtet werden. Wenn alle Praxis gleich gültig ist (im wörtlichen Sinne), dann ist es gleichgültig, was der oder die einzelne heilpädagogisch Tätige zu tun in der Lage ist. Speck kann somit erneut gefolgt werden, wenn er behauptet, dass die „Heilpädagogik [...] drauf und dran (ist), sich wissenschaftlich zu diskreditieren, und den Forschungsanschluss an andere wissenschaftliche Fächer und Disziplinen zu verlieren" (Speck, 2001, 31). Hier schließt sich ein erster Argumentationskreis zur Anforderung der Abkoppelung in wissenschaftlicher Hinsicht. Will sich die Heilpädagogik also weiterhin als praxisrelevante Handlungswissenschaft verstehen, so muss sie eine intensivere Vernetzung mit der Praxis anstreben und sich gerade in den drängenden Fragen eben dieser nicht weiter von ihr entfernen. Eine Theoriebildung am grünen Tisch nutzt somit weder der Praxis noch langfristig der Heilpädagogik selber. Ein wechselseitiges Hinhören muss angestrebt werden, wenn nicht die Praxis ihrer theoretischen Impulse und die Theorie nicht ihrer handlungsrelevanten Verortung verlustig gehen soll.

Ökonomisierungstendenzen

In den 90er-Jahren des 20. Jahrhunderts deutete sich schon eine Entwicklung an, welche für alle sozialen und bildungsrelevanten Arbeitsfelder auf eine zunehmende Bevorzugung der wirtschaftlichen Wertorientierungen hindeutete. Dieser als „Ökonomisierung" zu bezeichnende Vorgang ist unter der Flagge einer allgemeinen Finanzierungsschwäche und -problematik des Staates und mit dem Ziel einer Verbesserung der Qualität in der sozialen Arbeit und Heilpädagogik realisiert worden. Mit dieser vielleicht gut gemeinten Absicht unterwirft er aber „alle sozialen Dienstleistungen einem dominanten Prüfanspruch wirtschaftlicher Wertsysteme. Dieser etabliert sich offiziell unter dem Aspekt von ‚Qualitätssicherung', wird aber zugleich begleitet von neo-sozialdarwinistischen und *utilitaristischen* Tendenzen, die allen Aufwand für Nicht-Produktives in Frage und auf den Prüfstand der Rentabilität stellen, letztlich auch den Lebenswert von Menschen, die als ‚Kostenfaktor' zu Buche schlagen. Soziale Ausgaben sind aus wirtschaftlichen Gründen tunlichst zu reduzieren, wobei vor allem auf den Druck des Marktwettbewerbs gesetzt wird" (Speck, 2001, 31 f.). Die Chance einer Professionalisierung in der Heilpädagogik durch eine Überprüfung der heilpädagogischen Qualität birgt die nicht gering zu schätzenden Gefahren der Kommerzialisierung und letztlich Nichtung der Klientel und der Subjektivität der persönlichen Beziehungen in sich. Qualitätssicherungs- und Managementsysteme in und für die Heilpädagogik müssen also auf ihre heilpädagogische Basis und Ausrichtung überprüft werden. Eine kritiklose und unhinterfragte Übertragung der Steuerungsinstrumente aus der Wirtschaft auf die Pädagogik verbietet sich somit.

Selektionstendenzen in der Gesellschaft

Aufgrund der Ökonomisierungstendenzen kommt es zu einer Intensivierung und Verschärfung des Marktwettbewerbs. Dieser zieht neue und zum Teil drastische Selektionstendenzen der Gesellschaft nach sich: „Um die spätere berufliche Karriere besorgte Eltern bevorzugen für ihre Kinder Schulen, in denen sie in ihren individuellen Lernfortschritten nicht behindert werden, z. B. von behinderten Kindern, die mehr pädagogischen Aufwand erforderlich machen" (Speck, 2001, 32). Die Bildungspolitik, nicht nur in Deutschland, wie z. B. Studien aus Schweden zeigen, konzentriert sich mehr und mehr auf die Höherqualifizierbaren und erzeugt somit immer intensivere *Segregations*tendenzen. Diese führen im weiteren Lebenslauf der Menschen mit Behinderungen zu immer schlechteren Ausbildungs- und Berufschancen. Die immer wieder postulierte Integration oder gar Inklusion (siehe Kapitel 2) gerät hierbei unter die Räder eines unhinterfragten, aber gesellschaftlich gewollten Ökonomisierungsprimats.

Ethische Verunsicherungen

Vor dem Hintergrund des bislang Dargestellten muss sich die Heilpädagogik noch stärker als das bislang der Fall war mit ethischen Fragen auseinandersetzen. Sozialethische Verbindlichkeiten scheinen zugunsten eines schrankenlosen Individualismus zu zerfallen. Dieser führt des Weiteren dazu, dass der einzelne Mensch durch die immens hohe Inanspruchnahme seiner Individualität in und durch die postmoderne Risikogesellschaft überfordert ist. Auch die Erziehung ist hiervon betroffen, da sie auf dem Feld der vielfältigen Möglichkeiten nicht mehr ausschließlich eindeutige und deutbare Antworten zu geben in der Lage ist. Eine intensivere Verortung an der Ethik ist somit für die Heilpädagogik überlebensnotwendig, wenn sie sich den aktuellen gesellschaftlichen Themen stellen will. Hiermit eng verbunden ist der nächste Punkt, nämlich der Verlust des Erzieherischen.

Verlust des Erzieherischen

Aufgrund der Verunsicherung hinsichtlich der existenziellen Orientierungen kommt es zu einem Verlust an Erziehungsmöglichkeiten und Erziehungskräften. „Die Allgemeinverbindlichkeit von Erziehungsnormen hat abgenommen. Heilpädagogische ‚Maßnahmen‘ bleiben wirkungslos, wenn sie als bloße Techniken eingesetzt werden“ (Speck, 2001, 34). In der Verbindung einer stetig zunehmenden normativen Pluralität mit einem Anwachsen verhaltensbezogener Probleme der Kinder und Jugendlichen werden die Handlungsalternativen der Pädagogen immer weniger. Ihr Spielraum bezieht sich vielfach nur noch ausschließlich auf die Wahrnehmung eines dissozialen Zustandes. Die Diskussion um die geschlossene Heimunterbringung betroffener Kinder zeugt von dieser Verunsicherung (vgl. Lehmann, 2004, 3ff.). Die Heilpädagogik muss sich somit mehr und mehr ihres pädagogischen Anteils bewusst werden und diesen in die aktuelle Diskussion um Ökonomie und Ethik einbringen. Wichtig erscheint hierbei vor allem eine innovative pädagogische Ausrichtung und nicht so sehr das beständige Klammern an wirtschaftliche Scheinwahrheiten.

Gefährdungen durch die Gentechnologie

Der Mensch strebt zu Beginn dieses Jahrhunderts die Optimierung und Perfektionierung seiner selbst an. Die intensive Verflechtung von Biowissenschaften, Gentechniklabors und Kommerzialisierung führt zu einer sich ständig potenzierenden Geschwindigkeit und Zunahme auf diesem Feld.

> „Die Pränataldiagnostik und der Zwang, sich ihr zu unterwerfen, stürzen die Eltern in ein moralisches Dilemma. Der soziale Druck zur ‚genetischen Verantwortung‘ wird zunehmen. Eltern, die ein ungeborenes Kind nicht [...] in utero korrigieren lassen, müssen mit dem stigmatisierenden Vorwurf eines ‚verabscheuungswürdigen Vergehens‘ rechnen [...]. In den USA sind bereits über 300 Schadensersatzprozesse durch alle Instanzen hindurch geführt worden. Klagegrund: wrongful life oder wrongful birth. Auch Ärzte werden im Fall der Geburt schwerstbehinderter Kinder verklagt [...]. Behinderung wird zum [...] vermeidbaren Irrtum, zu einem Leben also, das es zu verhindern gilt.“
> *(Speck, 2001, 35)*

Auch vor diesem Hintergrund muss sich die Heilpädagogik mit biologischen und ethischen Wissensentwürfen vernetzen und sich auf sie beziehen. Sie sollte hierbei nicht nur reagieren, sondern in der Parteinahme für und mit ihrer Klientel agieren. Sie hat hierbei eine wesentlich gefestigtere Position als in den hundert Jahren davor. Sie kann diese Position auch ausfüllen, wenn sie es vermeidet, „sich [...] zum Komplizen ideologisierender Vereinseitigungen (zu machen), sondern sich offen der Wirklichkeit in ihrer Widersprüchlichkeit stellt, ohne ihr Leitprinzip der Wahrung der Menschenwürde durch Bildung für alle zu vernachlässigen" (Speck, 2001, 36).

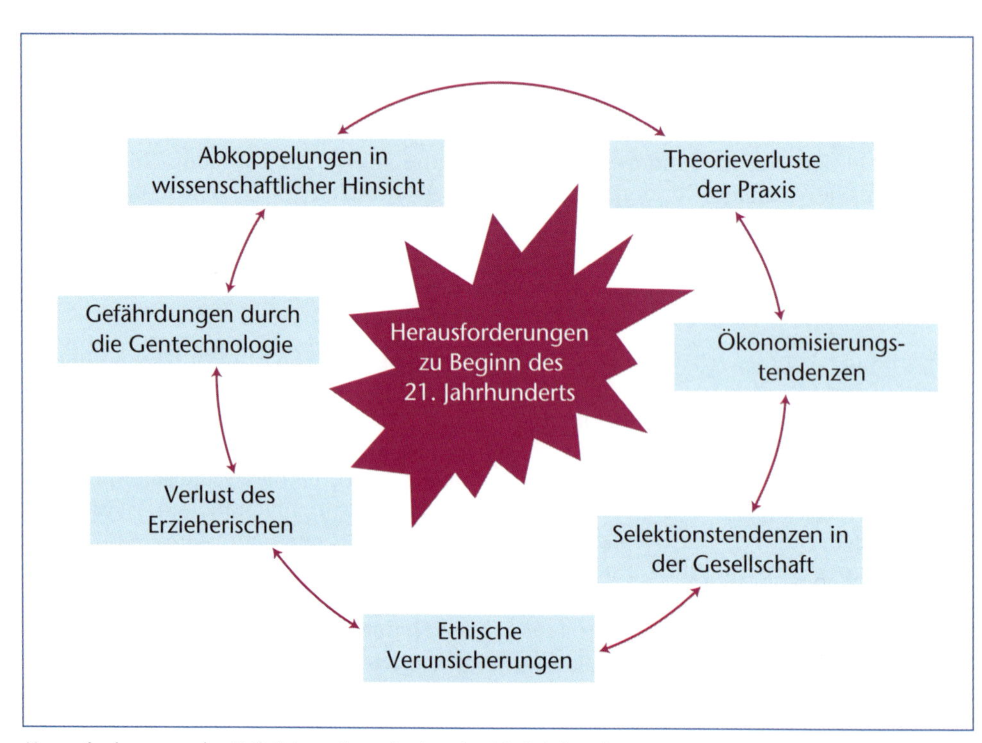

Herausforderungen der Heilpädagogik zu Beginn des 21. Jahrhunderts

Überlegungen und Versuche

1. ***Wie wirken sich diese Herausforderungen schon jetzt auf die Theoriebildung der Heilpädagogik aus? Belegen Sie Ihre Aussagen mit Textpassagen aus der heilpädagogischen Literatur.***
2. ***Wie beeinflussen diese Herausforderungen das heilpädagogische Handeln bzw. die heilpädagogische Konzeptentwicklung?***
3. ***Welche berufspolitischen Möglichkeiten sehen Sie, um diesen Gefährdungen zu begegnen?***
4. ***Machen Sie einen Entwurf berufspolitischer Maßnahmen, mit denen man den oben genannten Gefährdungen entgegenwirken könnte (Berufsausbildung, Berufsselbstverständnis, Berufspraxis o. Ä.).***

1.5.3 Mögliche weitere Themen für die Zukunft der Heilpädagogik

Neben den schon oben skizzierten Auseinandersetzungen der Heilpädagogik mit biologischen und ethischen Themen scheinen zwei weitere Felder Ansätze zu bieten, um den Anforderungen und Fragen des 21. Jahrhunderts zu begegnen:
- gesellschaftsanalytische und gesellschaftskritische Fragestellungen,
- kulturtheoretische Ansätze.

Gesellschaftsanalytische und gesellschaftskritische Fragestellungen

Soll die Heilpädagogik in den nächsten Jahren sozial- und bildungspolitische Impulse realisieren, erscheint es sinnvoll, dass sie sich als „Heilpädagogik mit dem Gesicht zur Gesellschaft" (Gröschke, 2002b, 9) versteht. Dieses bedeutet, dass sie die Anforderungen der jeweiligen gesellschaftlichen Situation aufnimmt, sich nicht als ausschließlich individuumszentrierte Pädagogik versteht und agierend in die sozial-, bildungs- und berufspolitischen Themen eingreift. Ihr kommt somit in einem ersten Schritt die Aufgabe zu, „Gesellschaftsdiagnostik" (Gröschke, 2002b, 13) zu betreiben. Diese Diagnostik müsste von soziologischen Gesellschaftskonzeptionen ausgehen, „die die Gesellschaft ‚von unten her', sogar von den ‚Letzten', den Erniedrigten, Beleidigten und Ausgegrenzten her in den kritischen Blick nehmen" (Gröschke, 2002b, 17). Gröschke skizziert folgende Themen und Konzepte, welche dazu dienlich seien, eine heilpädagogische Gesellschaftsanalyse voranzubringen (vgl. Gröschke, 2002b, 17 ff.):

- Der Abbau des Wohlfahrtsstaates; dieser zieht gesellschaftliche Exklusionen (also Ausschlüsse) nach sich. Eine Konzeption, welche auf Pierre Bourdieu zurückgeht.
- Der Weg der Gesellschaft von der Konsens- zur Konfliktgesellschaft; dieser Prozess führt zu einer desintegrierenden Gesellschaft, wie sie von Wilhelm Heitmeyer beschrieben worden ist.
- Der Prozess der wechselseitigen emotionalen, moralischen und rechtlichen Anerkennung der Gesellschaftsmitglieder, wie dieser von Axel Honneth dargelegt worden ist.
- Die Herrschaft von Biopolitik und Biomacht, wie sie schon von Michel Foucault beschrieben worden ist.
- Die systemische und sozial-normative Integrierbarkeit hochgradig differenzierter und pluralistischer Gesellschaften, wie sie von Jürgen Habermas untersucht wurde.
- Die Beobachtung und Analyse der Folgeprobleme funktionaler Differenzierung, wie sie Niklas Luhmann versucht hat.
- Das Leben in der sogenannten Risikogesellschaft nach Ulrich Beck.

Diese – und sicherlich noch weitere – soziologische Konzepte sind von der Heilpädagogik zu überprüfen und umzusetzen, um eine eigene gesellschaftskritische Sichtweise hervorzubringen. Erste Schritte und Themen hierzu wurden von Greving/Gröschke (2002) sowie von Forster (2004) zusammengestellt und herausgegeben. Es handelt sich hierbei unter anderem um:

- eine Analyse der sogenannten Postmoderne (durch Markus Dederich),
- die Darstellung methodologischer Aspekte einer postmodernen Ethik (von Wolfgang Jantzen),

- ideologiekritische Aspekte der Normalisierung (von Dieter Gröschke),
- Überlegungen zu einer heilpädagogischen Berufsethik vom einzelnen Menschen her (von Michael Häußler),
- die Diskussion des Symbolischen Interaktionismus als Reflexionsfeld für die Heilpädagogik (von Jürgen Moosecker),
- die gesellschaftlichen Dimensionen der Integrationspädagogik (von Helga Deppe-Wolfinger) sowie
- die Heil- und Sonderpädagogik als Profession (von Vera Moser).

Kulturtheoretische Ansätze

Auch die Kulturtheorie wird mehr und mehr dazu herangezogen, heilpädagogisch relevante Phänomene zu beschreiben und zu analysieren. In diesem Zusammenhang nehmen in jüngster Zeit vor allem die Disability Studies eine wichtige Position ein. In dieser Forschungsrichtung

> „wird ein breites Spektrum von Fragen auf höchst unterschiedliche wissenschaftliche Weise bearbeitet. Dabei gibt es jedoch einen zentralen gemeinsamen Nenner: Die historische, politische, sozial-, kultur- und geisteswissenschaftliche Analyse und Kritik von Prozessen, die Vorstellungen, Theorien, Paradigmen und kulturelle Sinndeutungen menschlichen Behindertseins hervorgebracht und Behinderung weitestgehend als Negativ- und Defizitkategorie [...] konstruiert haben. Die Disability Studies betrachten ‚Behinderung' als kulturelles Repräsentationssystem, das diese auf spezifische Weise hervorbringt und sichtbar macht."
> *(Dederich, 2004, 179)*

Auf diesem kulturtheoretischen Hintergrund ist die Heilpädagogik dazu aufgefordert, dieses Repräsentationssystem intensiver zu beschreiben und zu analysieren. In jüngster Zeit hat sie hierzu damit begonnen, die Zeichen und Gesten zu deuten, welche in der Heilpädagogik und Behindertenhilfe vorhanden sind, aufrechterhalten werden und diese prägen (vgl. Greving/Mürner/Rödler, 2004).

Überlegungen und Versuche

1. ***Versuchen Sie, in heilpädagogischen Texten Ansätze zur Gesellschaftsanalyse bzw. zu den Disability Studies zu finden. Fassen Sie diese Texte zusammen und stellen Sie sie in ihren Grundaussagen vor.***
2. ***Versuchen Sie, einige problematische und kritische Punkte zu diesen beiden Themenbereichen zu formulieren. Begründen Sie Ihre Meinung ausführlich.***

2 Theoretische und konzeptionelle Grundausrichtungen heilpädagogischen Handelns

In diesem Kapitel werden die theoretischen und konzeptionellen Grundlagen heilpädagogischen Handelns erläutert. Nach einer Darstellung der *essentiellen* theoretischen Begründungen und Leitideen, so wie diese in den vergangen en vier Jahrzehnten erarbeitet worden sind, werden anschließend die konzeptionellen und methodischen *Paradigmen* und Orientierungen skizziert. Beide Ebenen dieses Kapitels werden in einer ähnlichen Art und Weise vorgestellt: Entlang einer *chronologischen* Vorgehensweise, hierbei mit dem jeweils historisch frühesten Aussagekomplex beginnend, wird zuerst der theoretische Hintergrund des einzelnen Ansatzes oder Modells beschrieben. Danach werden die Grundaussagen dieses Entwurfes dargelegt und mit Hinweisen zu möglichen Vernetzungen und praktischen *Relevanzen* ergänzt. Die Beschreibung einer Fallgeschichte begleitet jeweils diese Erörterungen. Die einleitend vorgestellte Geschichte eines Menschen in den Beschreibungen der einzelnen Modelle wird also immer wieder aufgenommen und die Modelle werden auf dem Hintergrund dieser möglichen Praxis reflektiert. Jedes Unterkapitel schließt mit einem Fazit und weiterführenden Fragen und Anregungen.

2.1 Theoretische Begründungen heilpädagogischen Handelns

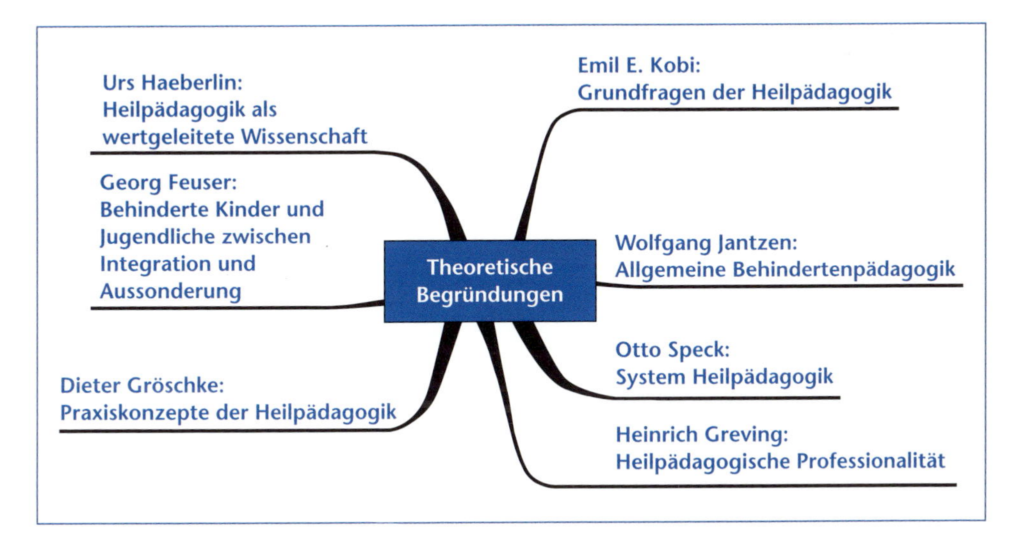

Lebensgeschichte (Teil 1)

Frank wird als erstes von drei Kindern geboren. Seine beiden Schwestern sind zwei bzw. vier Jahre jünger als er. Seine Eltern bemerken in den ersten Jahren seines Lebens keine nennenswerten Auffälligkeiten oder Besonderheiten, im Gegenteil: Frank beginnt schon sehr früh zu sprechen und seine Eltern sind stolz darauf, dass er schon im Alter von anderthalb Jahren einen Siebenwortsatz („Ich möchte jetzt sofort zum Spielplatz gehen!") formulieren kann. Als er jedoch drei Jahre alt ist, scheint sich eine Veränderung abzuzeichnen: Frank spricht zwar immer noch sehr intensiv und in einer stilistisch sehr ausgeprägten Art und Weise, seine Sprache scheint aber nicht mehr immer auf die Kommunikation mit anderen ausgerichtet zu sein. So wiederholt er Satzteile, welche seine Eltern äußern (Mutter: „Hallo Frank. Wie geht es dir?" – Frank: „[...] geht es dir... geht es dir."), oder er spricht scheinbar mit sich selber. Auch beschäftigt er sich immer öfter und intensiver mit leblosen Gegenständen. Zuerst vermuten seine Eltern, dass Franks Verhalten eine Reaktion auf die Geburt seiner Schwester sei, doch als sich dieses Verhalten immer mehr verstärkt, suchen sie eine Erziehungsberatungsstelle auf. Sie beschreiben dieses Spielverhalten in einem Gespräch mit einer Heilpädagogin später wie folgt:

Franks Mutter: „Ja der Frank hat schon gespielt, aber, wissen Sie – so seltsam – so für sich zumeist nur. Er hat dann oft einen Holzklotz genommen und den auf einen anderen geschlagen – richtig rhythmisch – er ist dann immer wütend geworden, wenn ich gesagt habe, dass er mal was anderes spielen soll."

Franks Vater: „Am schlimmsten war dann immer, dass er dann auch angefangen hat, seine Finger aneinander zu reiben. Meist hatte er dann einen Faden oder eine Kordel zwischen Daumen und Zeigefinger, den hatte er sich aus einer Jacke herausgerissen. Man konnte dann nicht mit ihm reden oder ihn unterbrechen – stundenlang ist das so gegangen."

Franks Mutter: „Ja, das war wirklich schwierig – und wenn Vera (seine Schwester) ihm dann das Fädchen wegnehmen wollte, hat er sie gekratzt oder gebissen. Wir wissen einfach nicht mehr, was wir mit ihm machen sollen!"

Als Frank im Alter von vier Jahren einen Kindergarten besucht, gestalten sich die Tage der ersten Wochen dort nach einem immer gleichen Muster: Nachdem er von seiner Mutter in die Gruppe gebracht worden ist und diese den Kindergarten wieder verlassen hat, rennt er in die Pausenhalle, setzt sich auf den Boden und schaukelt mit seinem Oberkörper hin und her. Nach ca. einer halben Stunde geht er in den Gruppenraum zurück, fasst eine dort tätige Erzieherin an die Hand und zieht diese zu sich auf den Boden. Dann riecht er an den Haaren der Erzieherin, schubst sie jedoch nach einigen Augenblicken wieder weg, nimmt sich zwei Holzklötzchen und schlägt diese gegeneinander.

In den Jahren des Aufenthaltes im Kindergarten verändert sich Franks Sprache zusehends: Er spricht nur noch selten und wenn, dann in einem melodischen Singsang. Wenige Ausnahmen stellen nur die Situationen dar, in welchen er sehr gereizt erscheint, so z. B. wenn er in seinen Verhaltensweisen von einem anderen Kind oder einer Erzieherin unterbrochen wird. In diesen Momenten formuliert er sehr deutliche Sätze, wie „Gib mir das zurück!" oder „Ich will das nicht!". Als Frank im Alter von sechs Jahren die Grundschule besuchen soll – so wünschen es sich seine Eltern, wird er auf Antrag der Schule von einem Psychologen untersucht, welcher (erst jetzt) feststellt, dass Franks Verhalten als autistisch zu diagnostizieren sei und er wahrscheinlich mit dem frühkindlichen Autismus, dem sogenannten Kanner-Syndrom leben würde. Seine Eltern wehren sich zuerst sehr gegen diese Diagnose und stellen ihren Sohn bei einem anderen Psychologen vor. Dieser bestätigt grundsätzlich die Aussage seines Kollegen, dass Frank als Autist bezeichnet werden könne, er nimmt aber eine andere Ausrichtung vor und charakterisiert ihn als Vertreter des Asperger-Syndroms – einer weiteren Form des Autismus.

Aufgrund dieser Diagnosen und einer weiter zunehmenden Problematik in Franks Verhaltensweisen (so schlägt er sich, scheinbar ohne erkennbaren äußeren Anlass, gegen seine rechte Gesichtshälfte, bis das Ohr blutig geschlagen ist) besucht er eine Schule für Kinder mit einer geistigen Behinderung. Hier wird er in einer kleinen Klasse sehr intensiv begleitet. Dort, aber auch zu Hause verändern sich seine Verhaltensweisen scheinbar kaum: Er ist sowohl von den Lehrern als auch von seinen Eltern und seinen beiden Schwestern in seinem Verhalten kaum einzuschätzen. Die beiden jüngeren Schwestern haben regelrecht Angst vor seinen nicht vorhersehbaren aggressiven Attacken und ziehen sich mehr und mehr von ihrem Bruder zurück. Diese Aggressivität nimmt in den Jahren der Pubertät noch zu, sodass sich Franks Eltern zu einem Schul- und Lebensortwechsel für ihren Sohn entschließen: Mit siebzehn Jahren wird er in eine Wohneinrichtung für Menschen mit schweren Behinderungen aufgenommen und er besucht die dieser Einrichtung angeschlossene Schule. Nach Beendigung der Schulzeit, mit vierundzwanzig Jahren, wird Frank in eine Werkstatt für Menschen mit Behinderungen aufgenommen. Auch diese ist dem Wohnheim angeschlossen. Er besucht seit dieser Zeit nur noch sehr selten seine Eltern. Auch diese nehmen immer weniger Kontakt zu ihm auf. Die Beziehung zu seinen Schwestern ist vollständig abgerissen. In der Wohneinrichtung beginnt Frank nach einigen Monaten wieder regelmäßig zu sprechen – was die dort tätigen Pädagogen sehr erstaunt.

Die Lebensgeschichte von Frank soll, zuerst einmal bis zu diesem Moment seines Lebens, als Hintergrund für die folgenden theoretischen Begründungen heilpädagogischen Handelns dienen. Es stellt sich somit die Frage, ob und was diese Modelle zur Erklärung der Verhaltensweisen von Frank beitragen bzw. welche methodischen Hinweise sie zum pädagogischen Tätigsein in den verschiedenen Einrichtungen bereithalten.

Im Folgenden werden die sechs grundlegenden theoretischen Modelle skizziert, welche heilpädagogisches Handeln in den letzten vier Jahrzehnten geprägt und bedingt haben. Alle Modelle gehen hierbei auf die jeweiligen Veröffentlichungen zurück, welche als grundlegende Lehrwerke der Heilpädagogik betrachtet werden können. Die Vorgehensweise orientiert sich hierbei an der chronologischen Entstehung und Veröffentlichung der einzelnen Ansätze: Mit Bezug auf die jeweilige Erstveröffentlichung werden diese vorgestellt, wobei sich die inhaltliche Gestaltung an der jeweils aktuellsten Fassung orientiert. So wird z. B. mit den Aussagen von Emil E. Kobi („Grundfragen der Heilpädagogik") begonnen, da dieses Werk zum ersten Mal 1972 erschienen ist. Die dargelegten und zitierten Inhalte stammen jedoch aus der aktuellen Auflage dieses Werkes aus dem Jahre 2004.

Folgende theoretischen Begründungen und Werke werden somit im Folgenden vorgestellt und erörtert:

- Emil E. Kobi: „Grundfragen der Heilpädagogik" (1. Auflage 1972 bzw. 6. Auflage 2004)
- Wolfgang Jantzen: „Allgemeine Behindertenpädagogik" (Band 1: 1987, Band 2: 1990 bzw. Neuauflage beider Bände in einem Band, 2007)
- Otto Speck: „System Heilpädagogik" (1. Auflage 1988 bzw. 6. Auflage 2008)
- Dieter Gröschke „Praxiskonzepte der Heilpädagogik" (1. Auflage 1989 bzw. 2. Auflage 1997)
- Georg Feuser „Behinderte Kinder und Jugendliche zwischen Integration und Aussonderung" (1. Auflage 1995)
- Urs Haeberlin „Heilpädagogik als wertgeleitete Wissenschaft" (1. Auflage 1996)
- Heinrich Greving „Heilpädagogische Professionalität" (1. Auflage 2011)

2.1.1 Emil E. Kobi: „Grundfragen der Heilpädagogik“[1]

Emil E. Kobi (1935–2011) lehrte bis zu einer Emeritierung am Institut für Spezielle Pädagogik und Psychologie der Universität Basel. Er kann hinsichtlich seiner wissenschaftstheoretischen Orientierung der geisteswissenschaftlichen Richtung der Heilpädagogik zugeordnet werden. In seinem Grundlagenwerk, welches er als eine „Einführung in heilpädagogisches Denken“ bezeichnet, geht er von folgender Prämisse aus:

> „Ausgangspunkt eines (erzieherischen) Handelns und (pädagogischen) Denkens ist [...] stets ein Subjekt, welches eine personale Befindlichkeit als irritierend, eine Situation als frag-würdig erlebt, diese in der Folge als Problem definiert, hierauf einen ihm zugänglichen und erfolgversprechenden Lösungsweg einschlägt und schließlich die bewirkten Veränderungen auf der Deutungs- und Handlungsebene als befriedigender, angemessener oder aber nach neuen Lösungen verlangend interpretiert. Es gibt in diesem Sinne keine gegenstands- oder situationsimmanente Frag-Würdigkeit (Problematik, Rätselhaftigkeit, Interessantheit) ‚an sich‘, sondern je nur in Relation zu betroffenen Subjekten.“
> *(Kobi, 2004, 17)*

Überlegungen und Versuche

1. ***Was meint Kobi, wenn er von der „Fragwürdigkeit“ einer Situation spricht?***
2. ***Welche Deutungs- und Handlungsebenen erkennen Sie in dem Beispiel des Jungen Frank wieder?***
3. ***Wie würden Sie die Relationen in diesem Beispiel darstellen? Wer ist an diesen beteiligt? Wer verändert diese und warum? Begründen Sie Ihre Aussagen konkret anhand des skizzierten Beispiels.***

Vor dem Hintergrund dieser ersten Definition formuliert Kobi acht Fragestellungen, welche sich mit der grundlegenden Thematik der Heilpädagogik befassen. Eine erste Definition dieser Themenstruktur skizziert Kobi, wenn er davon spricht, dass die Heilpädagogik „sich mit Problemen der Erziehung und Bildung in menschlichen Beziehungs- und Lernverhältnissen (befasst), welche durch Behinderungen eine Beeinträchtigung erfahren, die nach Art und Ausmaß als so schwerwiegend gilt, dass sie den konventionellen Erziehungs- und Bildungsrahmen sprengt“ (Kobi, 2004, 18).

Anhand der folgenden acht Fragen erläutert er sein Modell einer Einführung in die Grundlagen der Heilpädagogik. Die erste und die letzte Frage stellen hierbei die Klammer dar, „durch die alle Zwischen-Fragen erst ihre Wertigkeit und Bedeutung erhalten“ (Kobi, 2004, 18):

- „Die Existentielle Frage (wer?), welche sich auf die Existenzbedingungen des Erzieherischen bezieht, auf dessen Ausgangs- und Zielpunkt der menschlichen Subjekthaftigkeit.
- Die Phänomenologische Frage (was?), welche sich auf die Bestimmungen, Beschreibungen und Interpretationen dessen richtet, was als Erziehung und Pädagogik bzw. Heilerziehung und Heilpädagogik bezeichnet und ausgegrenzt wird. Von qua-

---

[1] *1. Auflage 1972 bzw. 6. Auflage 2004*

litativen (eigenschaftlichen) Bestimmungen und Definitionen sind quantitative Ergebnisse ([...] Frequenzen, Häufigkeiten) unmittelbar abhängig, sodass im selben Zusammenhang auch auf die Numerische Frage (wie viel? wie oft?), die sich auf Vorkommenshäufigkeiten (z. B. von Behinderungen) richtet, einzugehen ist.

- Die Topologische Frage (wo?), welche sich auf die situativen Bedingungen, das Umfeld der Heilerziehung und Heilpädagogik bezieht.
- Die Chronologische Frage (wann?), welche sich auf das prozessuale Geschehen, den Zeitfaktor bezieht und den historischen Aspekt umfasst.
- Die Aetiologische Frage (warum? wozu?), welche sich retrospektiv auf Ursachen, Kausalzusammenhänge und Urheberschaften [...] und Zweckursachen [...] richtet und sich prospektiv mit Motiven beschäftigt.
- Die Teleologische Frage (wozu? wohin?), welche sich prospektiv mit Sinn- und Wertprämissen, mit Normen und Geltungsansprüchen, Perspektiven und Zielsetzungen befasst.
- Die Methodische Frage (wie?), welche sich auf ziel- und zweckgerichtete Durchführungstechniken, Mittel und Wege, Instrumente und Institutionen bezieht.
- Die Dialogische Frage (wer?), die sich stellt in Bezug auf die personalen Vermittler und deren individuelle Möglichkeiten, eine konkrete Erziehungsaufgabe mitzutragen und mitzuverantworten."

(Kobi, 2004, 18 ff.)

Kobi fasst diese Fragen in folgendem Schema zusammen:

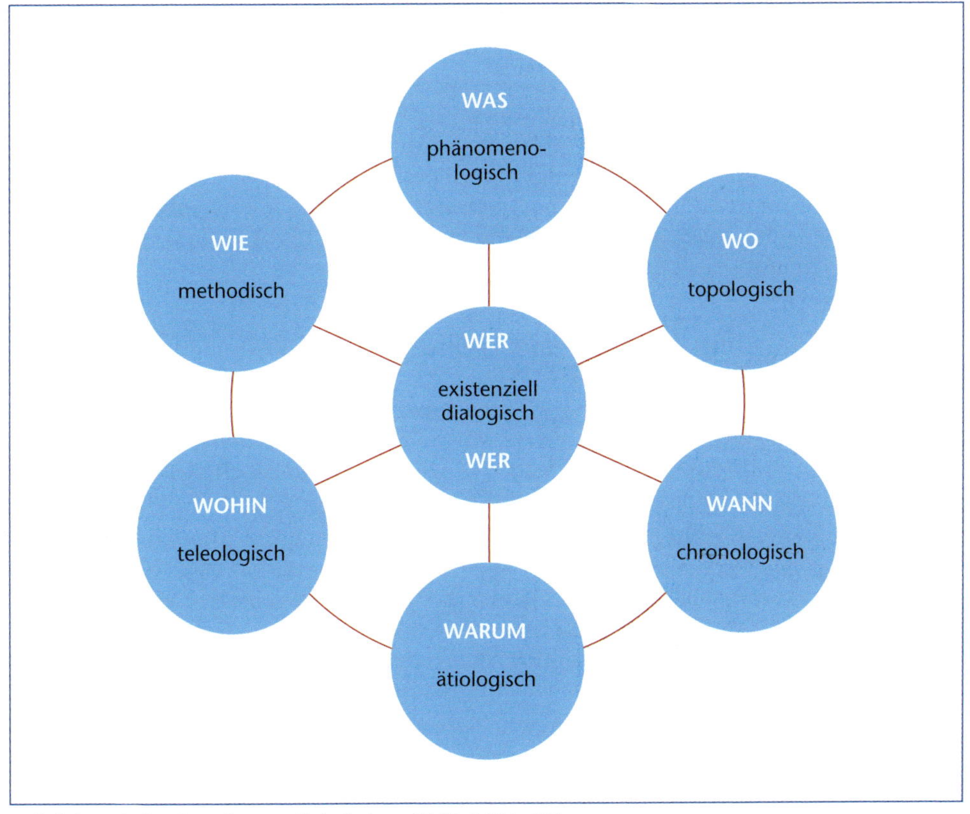

Heilpädagogische Grundfragen: Verknüpfung (Kobi, 2004, 19)

Überlegungen und Versuche

1. ***Beantworten Sie die von Kobi gestellten Fragen anhand des oben vorgestellten Beispiels.***
2. ***Welche Fragen lassen sich recht schnell und einfach, welche wesentlich schwieriger beantworten? Stellen Sie Vermutungen über die Hintergründe zu diesen Unterschieden an (orientieren Sie sich hierbei auch an dem Beispiel, welches im Zusatzmaterial zum Download hierzu aufgeführt ist).***

Die Existenz des Menschen stellt somit den grundlegenden Ausgangspunkt alles heilpädagogischen Denkens und Handelns dar. Auf diese Existenz läuft, im Sinne einer dialogischen Bezugnahme zwischen den Handlungspartnern im heilpädagogischen Prozess, aber auch alles wieder zurück. Dieses heilpädagogische Tun, aufgeteilt in die „Erziehung“ als die konkrete Handlung und die „Pädagogik“ als die wissenschaftliche Betrachtung und Analyse dieser Handlung, ist nicht von vornherein gegeben – vielmehr ist es aufgegeben und wird erst in einem wechselseitigen Prozess erzeugt und differenziert. Was somit als heilpädagogisches Handeln realisiert wird, stellt sich nach Kobi als eine „Deutung menschlicher Beziehungsverhältnisse (dar) [...], die durch Subjekte gestiftet und unterhalten werden. Pädagogik thematisiert als erzieherisch bedeutete Beziehungsformen zwischen Subjekten“ (Kobi, 2004, 25). Heilpädagogik ist somit, wie alle Pädagogik, nicht schon von Anbeginn vorhanden oder notwendig, vielmehr wird ihre Notwendigkeit von den an diesem Prozess beteiligten Personen festgestellt und festgelegt. Die Wirklichkeit, in der dieses geschieht, ist zudem nach Kobi als „rahmenabhängiges Konstrukt“ (Kobi, 2004, 26) zu begreifen. Diese, unsere, Wirklichkeit

> „ist dynamisch, relational und konstruktiv; wirklich ist, was wirkt und als subjekthaftes Betroffensein und Betreffnis in Erscheinung tritt. Das kann auch ein Traum, eine Illusion, ein Irrtum [...] sein. – Unsere Frage lautet demnach nicht: Wie ist eine an sich seiende Realität (z.B. eine Behinderung) beschaffen, der wir uns entgegenzustellen haben? – Sondern: Woraus bestehen unsere Subjektwelten, was sind deren Inhalte und wie verlaufen die Sinnbänder, welche diese bündeln? Worin zeigen sich inhaltliche und strukturelle Differenzen?“
> *(Kobi, 2004, 28)*

Kobi gestaltet in seinen Grundaussagen somit die Position eines subjektzentrierten, sozialphänomenologischen Konstruktivismus, welcher wie folgt zusammenzufassen ist:

- Das Subjekt, das Individuum, die einzelne Person gestaltet und ordnet das Chaos und die Unstrukturiertheit des Lebens. Diese, vom einzelnen Menschen geschaffene Struktur erscheint ihm als seine Wirklichkeit. So wie er sie, gegebenenfalls immer wieder neu, erschafft, erscheint sie ihm sinnvoll zu sein.
- Diese ständige Selbstschöpfung des Individuums ist nur möglich, wenn und da es sich in einem größeren Zusammenhang befindet: In der Koevolution, also in der gemeinsamen Entwicklung aller in einem System, kommt es zu wechselseitigen Austauschprozessen zwischen dem Einzelnen und dem Ganzen. Diese Vollzüge tragen dazu bei, dass sich alle Elemente eines Gesamtsystems (einer Gruppe, eines Teams, einer Familie, einer Stadt, eines Landes usw.) weiterentwickeln.
- Hierdurch wird eine straffe Trennung von Subjekt und Objekt, von Person und Gegenstand, von Ich und Du, von Entweder-oder überwunden.
- Auf diesem Hintergrund bestimmt das Sein (des Einzelnen in einem System) das Bewusstsein in der Perspektive dieses individuellen Subjekts (vgl. Kobi, 2004, 30).

Kobi bilanziert diese Sichtweise für heilpädagogisches Tun folgendermaßen:

> „Erziehung und Pädagogik präsentieren gerahmte Wirklichkeiten. Sowohl Erziehung, welche in einer gerahmten Haltung und in interessegeleitetem Handeln innerhalb und gegenüber einer reflektierten Lebenssituation zum Ausdruck kommt, wie auch Pädagogik als Erfassungsmuster, Ordnungssystem und gerahmte Aussicht innerhalb und gegenüber einem als erzieherisch bedeutungsvoll erklärten Lebensbereich, stehen in unmittelbarer Abhängigkeit zu Perspektiven und Erwartungen [...].
> Erziehung ist weder etwas zu Verabsolutierendes, sich selbst gleich bleibendes, noch etwas Beziehungsloses, ‚an sich' Fassbares:
> Erziehung ist relativ, d. h. abhängig von Entscheidungen darüber, was sie soll; sie wird erzeugt durch das, was sie soll [...].
> Erziehung ist ferner relational und nicht etwas beziehungslos ‚an sich' Seiendes. Erziehung ist ein Beziehungsmodus menschlicher Subjekte, welcher als existentielle Klammer deren Gegenwart (als gedeutetes So-Sein) und Zukunft (als erhofftes Werden-Können) umfasst."
> *(Kobi, 2004, 30 f.)*

Beispiele zur gerahmten Wirklichkeit:
Der Lehrer nimmt den Schüler, welcher ihm einmal widersprochen hat, ständig als Querulanten wahr und formuliert auf diesem Hintergrund seine pädagogischen Ansprüche für ihn.

In einer Wohneinrichtung für Menschen mit Behinderung wird der einzelne Mensch nicht so sehr über seine individuelle Lebensgeschichte als über seine Behinderung wahrgenommen.

Jeder pädagogisch Tätige in dieser Einrichtung nimmt den individuellen Bewohner jedoch noch einmal vor dem Hintergrund seiner Ausbildung und Geschichte wahr. So agieren die Krankenpfleger anders als die Heilerziehungspfleger, die Heilpädagoginnen anders als die Sozialarbeiterinnen usw.

Überlegungen und Versuche

1. **Welche gerahmten Wirklichkeiten erkennen Sie in der Lebensgeschichte von Frank? Wie und wodurch könnten diese entstanden sein?**
2. **Lassen sich andere als die von Ihnen erkannten und beschriebenen Wirklichkeiten denken?**
3. **Konkretisieren Sie im Sinne Kobis die Perspektiven und Erwartungen, mit welchen die unterschiedlichen Personen und Systeme in der Lebensgeschichte von Frank konfrontiert sind.**
4. **Welche Aufgaben hätte eine Erziehung im Sinne der Definition nach Kobi zu erfüllen bzw. welchen Forderungen hätte sie sich zu stellen? Begründen Sie Ihre Meinung auch anhand der Lebensgeschichte von Frank.**

Auf dem Hintergrund dieser konstruktivistischen Sichtweise gelangt Kobi zu einem Verständnis von Behinderung (als einem möglichen Grundbegriff heilpädagogischen Denkens und Handelns), welches schon in seiner Struktur und Gestaltung eine erhebliche Bedeutsamkeit für heilpädagogische Vollzüge aufweist:

> „Behindert [...] ist ein Mensch,
> - der als auffällig gilt und sich als abgehoben erlebt,
> - der als nonkonform gilt und sich als unpassend erlebt,
> - dessen Entwicklungsgang als unzeitig gilt und der sich als nicht zeitgemäß erlebt,

- der als abhängig gilt und sich als ausgeliefert erlebt,
- der in einem als negativ erachteten Sinne als abnorm gilt und sich als minderwertig erlebt,
- dessen Gestaltbarkeit reduziert erscheint und der sich in seinen Handlungsmöglichkeiten als beschränkt erlebt,
- der im partnerschaftlichen Bezug Distanzphänomene auslöst und sich als isoliert erlebt."

(Kobi, 2004, 68f.)

Dieses Zerrissensein des Menschen zwischen eigener Wahrnehmung und fremder Zuschreibung, zwischen selbst- und fremdkonstruierter Erfassung und Erfahrung ist es, welches eine der grundlegenden Aufgaben der Heilpädagogik andeutet: den permanenten Perspektivenwechsel zwischen Ich und Nicht-Ich, zwischen Gesellschaft und Individuum, zwischen System und Person zu antizipieren, zu bearbeiten und gegebenenfalls auszuhalten. Diese Inaugenschein- und Anspruchnahme einer ständigen Kommunikation zwischen beinahe sich wechselseitig ausschließenden Polen und Spannungsfeldern ist es auch, welche Kobi fortwährend in seinen „Grundfragen der Heilpädagogik" versucht. Die Denk- und Suchbewegung des heilpädagogisch Tätigen wird hierbei immer wieder aufs Neue herausgefordert: den eigenen Standort – und denjenigen der Heilpädagogik als Ganzes – zwischen den unterschiedlichen Eckpunkten auszuloten und immer wieder neu zu bestimmen.

Kobi geht dieser Argumentationslinie folgend auch nicht davon aus, dass die Verursachung oder Bestimmung einer Behinderung ein monokausales Geschehen sei, welches sich auf bestimmte Schädigungen reduzieren lasse. Vielmehr interessieren ihn – und somit auch den heilpädagogisch Handelnden – die Geschehnisse, welche sich auf und im psychosozialen Feld (zwischen Gesellschaftssystem und einzelnem Menschen mit Behinderung) ergeben. Er spricht somit auch nicht von der alleinigen Verursachung oder vom Auftreten einer Behinderung. Für ihn stellt sich die Behinderung vielmehr als ein Behinderungszustand dar, welchen er als ein psychosoziales Feld skizziert, das sich aufbaut und ausspannt zwischen

- „dem Fremdbild, in welchem bestimmte Merkmale als behinderungsspezifisch definiert werden,
- dem Selbstbild und der Eigenbefindlichkeit der als behindert definierten Person,
- den Normen und Anforderungsprofilen in einer bestimmten gesellschaftshistorischen Situation,
- sowie den Erleichterungsbemühungen und Hilfen, die dem Behinderten als adäquat erscheinend angeboten werden.
  Dieser Behinderungszustand ist nicht nur durch die objektiv feststellbaren Materialien (Fakten, Daten, Symptome, Merkmale) bedingt, sondern durch deren Verbindung. ‚Gegenstand' der heilpädagogischen Bemühungen ist daher nicht der die Behinderung (kausal) bedingende Defekt (z.B. eine Hirnschädigung ...), nicht die Behinderung als solche (z.B. die Summe der eine Lernbehinderung kennzeichnenden Merkmale), nicht die als behindert bezeichnete, sich von einer bestimmten Norm abhebende Person (z.B. des lernbehinderten Kindes), sondern ein Beziehungsfeld, welches sich ausspannt zwischen:
- Merkmalen (bezüglich Verhalten, Leistung, Produktivität, Präsentation usw.), die in ihrer Gesamtheit als Charakteristikum einer Behinderung gelten,
- dem subjektiven Erleben einer Person, die sich aufgrund bestimmter Einschränkungen und Versagungen als behindert einschätzt und erfährt,

- den Instanzen, welche nach Maßgabe ihrer Maßstäbe (Normen, Erwartungen, Anforderungsprofile usw.) bestimmte Entäußerungen einer Person als nicht Norm gemäß herausgreifen […].
- den Aussichten und Erfolgen der Normalisierungsbemühungen unter bestimmten zeitlichen und situativen Gegebenheiten […].“

(Kobi, 2004, 115 ff.)

Kobi stellt diese Definition des Behinderungszustandes sowie mögliche Vernetzungen der unterschiedlichen Ebenen grafisch wie folgt dar:

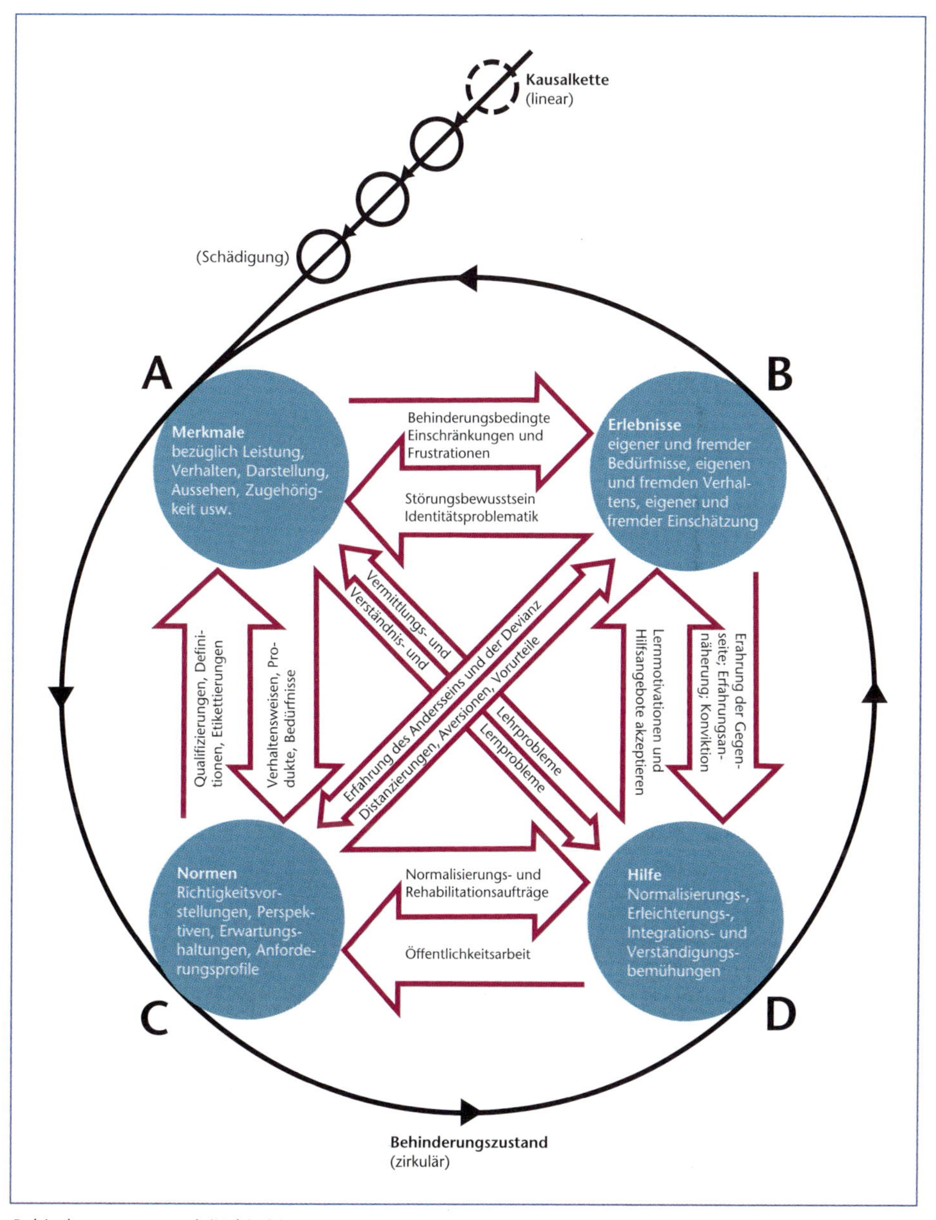

Behinderungszustand (Kobi, 2004, 116)

Wo befinden sich nun aber die konkreten Orte, von welchen heilpädagogisches Handeln ausgeht bzw. auf welche es sich bezieht? Kobi bezieht hierzu unter der topologischen Frage *dezidiert* Stellung. Ihn interessiert hierbei, wo Behinderungen, vor dem Hintergrund der gesamten Persönlichkeit eines Menschen originär und ausdrücklich in Erscheinung treten bzw. welche „institutionsspezifischen Strukturverzerrungen und Kommunikationskonflikte [...] sich in der *Topographie* der kindlichen Lebens- und Erlebnisräume (ergeben), welche durch die [...] Behinderung eine Erschütterung ihrer psycho-sozialen *Homöostase* erfahren" (Kobi, 2004, 169). Kobi beantwortet diese Fragen, indem er zwei Teilbereiche dieser Verortungen vornimmt:

1. Die **intrapersonalen Fähigkeitsbereiche**, mit welchen er die Prozesse der Veränderung, Erschwerung oder Verunmöglichung der Fähigkeiten, Fertigkeiten und Aufführungsweisen vor dem Hintergrund einer Behinderung darstellt. Kobi unterscheidet und differenziert sechs intrapersonale Fähigkeitsbereiche, in welchen „heilpädagogisch bedeutsame Behinderungen primär und dominant oder sekundär und subdominant in Erscheinung treten können: *Psychomotorik, Perzeption, Kognition,* Sprache, *Affektivität, Soziabilität* (Kobi, 2004, 170).

Diese Bereiche sind nicht voneinander getrennt zu betrachten, im Gegenteil: Die verweisen aufeinander, wie dieses in Bezug auf die Tabelle auf Seite 77 verdeutlicht werden soll.

Überlegungen und Versuche

1. ***Wo und wie könnten sich vor dem Hintergrund der Lebensgeschichte von Frank mögliche Verbindungen zwischen den einzelnen Feldern und Prozessen ergeben?***
2. ***Wo fiel Ihnen das Erarbeiten dieser Verbindungen leicht? An welchen Stellen hatten Sie hierbei Probleme und wie sind diese entstanden?***

2. Die **interpersonellen Sozialbereiche**, welche durch das Auftreten und Vorhandensein einer Behinderung eine Veränderung ihres Gleichgewichtes erfahren. Zu diesen Bereichen zählt Kobi (vgl. Kobi, 2004, 215–236) die Familie, das Gesundheits- und Versicherungswesen, die Altersgenossengruppe, die Bildungsstätten sowie die Berufs- und Arbeitswelt. Mit den Tabellen auf S. 92/93 bietet er eine Übersicht darüber an, wie die momentane Gesellschaft als Gesamtsystem bzw. einige ihrer (pädagogischen/erzieherisch wirksamen) Teilsysteme auf Behinderungen und Menschen mit Behinderungen reagieren. Hierbei bezieht er auch heilpädagogisch relevante Einrichtungen mit ein.

zur / von der	Psychomotorik	Perzeption	Sprache	Kognition	Soziabilität
Psychomotorik	*Psychomotorisches Training* Koordination (einschließlich Rhythmus, Flexibilität, Geschwindigkeit, Geschicklichkeit, Kraft, Gleichgewicht, Ausdauer).	Durch Bewegung Geräusche erzeugen, Figuren laufen, mimen, malen. Durch Bewegung Raum- und Zeitdimensionen erschließen.	Bewegungsabfolgen in Sprache fassen, beschreiben (v. a. auch am eigenen Körper). Von Bewegungs- zu Sprachrhythmen (z. B.) bei Zählakt und arithmetischen Operationen), Handlungsbegleitendes (lautes) Sprechen.	Bewegungen „verinnerlichen", sich vorstellen. Bewegungsprobleme lösen. Bewegungsplanung in wechselnden Raum- und Zeitverhältnissen. Bedeutung von Handlungsabfolgen erschließen.	Koordination von Bewegungsabläufen zwischen Partnern. Gemeinsame, aufeinander abgestimmte Bewegungen (Tanz z. B.). Einander in die Körpersphäre aufnehmen. Bewegungen des Partners nachahmen, weiterführen.
Perzeption visuell auditiv taktil/kinästhisch (gustatorisch) (olfaktorisch)	Bewegungen steuern gemäß akustischen (Rhythmen, Melodien, Signale), optischen (Gesten, Symbole), taktil-kinästhetischen (Berührungen, Vibrations-Temperaturempfindungen) Leitzeichen.	*Perzeptions-Training* optische (Form-, Farb-, Größen-, Weiten- usw. Differenzierungen), akustische (Höhen-, Stärken-, Klang- usw. -differenzierungen) taktil-kinästhetische (Druck-, Temperatur-, Bewegungs- usw. Differenzierung).	Verbalisierung auditiver visueller, taktil-kinästhetischer Empfindungen (Gegenstände, Bilder, Zeichen oder eigene, proprio-rezeptive Körpergefühle betreffend).	Bedeutungszuordnung, Klassifizierung, Assoziation von Perzeptions-Daten (beim Lesen beispielsweise).	Sozial bedeutsame Signale beachten und sinngemäß deuten (Mimik, Hinweisgesten, Sprachdynamik, Tonfall); Erfahrung der Gegenseite machen auch im Sinne der vorgesehenen Handlung. Selbstwahrnehmung.
Sprache Artikulation Redefluss, -rhythmus Stimmklang Phonation Syntax, Grammatikalisierung	Bewegungsanweisungen ausführen in diversen raumzeitlichen Zuordnungen; Lautsprache in Gebärden umsetzen; Lautgebärden, Phonomimik, Pantomime, Scharaden, gebärendes Rezitieren, mimetische Spiele.	Expressive Sprachgestaltung: artikulatorisch, phonatorisch, mimisch, gestisch, bildhaft, malerisch; melodisch, rhythmisch, schriftsymbolisch.	*Sprach-/Sprechtraining* Sprach-, Sprech-, Rede-, Stimm-, Sprachaufbau- und Sprachgebrauch-Übungen.	Kognitiver Nachvollzug sprachlich (mündlich/ schriftlich) vermittelter Sachverhalte und Denkinhalte, Sprachkritische Überprüfung z. B. auf Objektivität.	Aussprache (sich dem anderen mitteilen/dem andern zuhören) – Dialog (aufeinander eingehen). Diskussion (sich gemeinsam auf einen Sachverhalt beziehen). Sich sprachlich adäquat (d. h. unmissverständlich) ausdrücken.
Kognition Abstraktion Begriffsbildung Kombination Vergleich Logik, Konsequenz Symbolik	Handelndes Experimentieren (auch mit Bewegungsideen und -vorstellungen); Durchprobieren von Handlungsentwürfen, Probleme (Rechenaufgaben z. B.) in Handlung (Sketch) umsetzen, nachvollziehen.	Probleme, Ideen, Pläne, via Zeichnung, Skizze, Modell, Symbol versinnlichen, zum Ausdruck und zur Darstellung bringen, einsichtig, *einfühlbar* machen, Ideen in sinnliche Erfahrung überführen.	Verbalisierung von Überlegungen, Denkprozessen („lautes Denken"). Brainstorming. Der Gedanken habhaft werden durch sprachliche Fixierung (v. a. im Hinblick auf das konvergente, „logische" Denken).	*Denk-Training* Methodologische und methodenkritische Überlegungen (heuristischer, logistischer Art) das „Know-how" und das Problemlösungsverhalten betreffend.	Ergründung, Begründung sozialer Beziehungen, Zusammenhänge und Konflikte. – Aufstellen sozialer Regeln und Konventionen.
Soziabilität Eigenbezug Personenbezug Gegenstandsbezüge Konfliktbearbeitung	Stimmungen, Affekte, soziale Bedürfnisse in Bewegung („Körpersprache") zum Ausdruck bringen.	Soziale Signale nonverbaler Art setzen, Aufmerksamkeit erwecken und Eindruck machen in sozial integrativer weiterführender Form.	Bedürfnisse, Meinungen, Wünsche usw. dem Partner in sprachlogischer und situationsgemäßer (unmissverständlicher) Art kundtun.	Wirkungen der eigenen Person und deren Verhalten auf andere abschätzen und „bedenken".	*Sozial-Training* Sich unter wechselnde Systembedingungen in verschiedenen Sozialräumen (Familie; Schule; Altersgenossengruppe) bei Spiel, Arbeit, gemeinsamer Aktion usw. bewegen.

Zur Förderung von Lernprozesse innerhalb und zwischen intrapersonalen Fähigkeitsbereichen (Kobi, 2004, 206 f.)

traditionelle Gruppierungen / traditionelle öffentliche Institutionen	Gesunde; Unversehrte; Normal Leistungsfähige Verhaltensunauffällige	Kranke: – Langzeit kranke – chronisch – süchtige – ansteckende – letaler Prozess	Körperbehinderte; motorisch Behinderte; Missgebildete	Sehgeschädigte Blinde; Sehbehinderte; Erblindete	Hörgeschädigte Taube; Schwerhörige	Geistig Behinderte; praktisch bildungsfähige Abhängige	Lernbehinderte; Leistungsgestörte	Sprach-/Sprechgestörte	Verhaltensgestörte
Kleinkind-/Vorschulinstitutionen	– aufgrund sozialer Indikation: Säuglingsheime; Krippen, Tagesstätten (Pflegefamilien) – Kindergärten – Spielgruppen u. Ä.	Einzel-/Kleingruppenbetreuung in Spitälern/Sanatorien („Spitalkindergarten")	Vereinzelt in den üblichen Kleinkind-Institutionen Zum Teil in speziellen Heilpädogogischen Gruppen/Kindergärten	– (ambulante) Früherziehung und -beratung – Normal-/Sonderkindergarten	– Pädaulogische Früherziehung/-beratung (meist als Haus-Sprach-Erziehung) – Normal-/Sonder-Kindergarten	– (ambul.) Frühförderung/-beratung – Heilpäd. Gruppen-/Sonderkindergarten – (Teil-)Integration im Normalkindergarten	vereinzelt ambulante Frühförderung. Meist keine spezifizierte Strukturen.	– logopädische Beratung/Therapie – evtl. Sprachheilkindergarten	– evtl. Kleinkindergarten – oder integrierte heilpädagogische Betreuung
Regelschulen Normalklassen	– nach Jahrgangssystem – nach schultypengemäßer Leistungswilligkeit und -fähigkeit	– Schonungsbedürftige, Teildispensierte – unter Dauermedikamentation stehende Schüler (z. B. Epileptiker, Diabetiker) – Nachhilfeunterricht nach Absenzen – evtl. Klassenrepetition – Kontakte zu hospitalisierten Schülern	– technisch überwindbare Behinderung – keine gravierenden Lernstörungen	– technisch überwindbare Formen – keine gravierenden Lernstörungen – in Verbindung mit Ambulanzen und Beratung – oft erst nach dem Erwerb bestimmter „Techniken"	– techn. überwindbare Formen – keine gravierenden Lernstörungen (v. a. sprachlich) – in Verbindung mit Ambulanzen und Beratung – gelegentl. erst nach Erwerb einer ausreichenden Kommunikationsfähigkeit	– im öffentlichen Schulwesen selten – nur bei entsprechender Binnendifferenzierung	– als schwache Regelschüler und Repetenten – in Verbindung mit heilpäd. Stützunterricht (integriert/ambulant)	– in Verbindung mit ambulanter Therapie meist normalschulfähig	– in Verbindung mit spez. therapeutischen und heilpädagogischen Maßnahmen – in integrativen Schulformen
Ambulatorien: – Frühberatung – Erziehungs-/Schulberatung – spez. Therapien – Heilpädagogische Spezialangebote – Sozialberatung	punktuell; situativ; temporär	hauptsächlich medizinisch; später auch rehabilitationspsychologisch und sozialberaterisch	– Frühberatung/-förderung – div. Therapien – Physiotherapie – Ergotherapie – evtl. Logopädie – Reiten; Schwimmen – evtl. Psychomotorische Therapie – Sozial-/Berufsberatung	– Frühberatung/-förderung – evtl. Physio-/Ergotherapie – Psychomotorische Therapie – Orientierungs-/Mobilitätstraining – Low-vision-Training – Sozial-/Berufsberatung	– Frühberatung/-förderung – Sprachanbahnung/Logopädie – Akusto-technische Beratung – Hörtraining – Ablesekurse – Sozial-/Berufsberatung – Dolmetscherdienste	– Frühberatung/-förderung – evtl. unterstützende Therapien – Sozial-/Berufsberatung – Fortbildung/Freizeitgestaltung	vereinzelt Frühberatung/-förderung unspezifisch	– Frühberatung/-förderung – logopädische Behandlung	– Frühberatung/-therapie – spezielle Therapien (medikamentöser bis psychopädagogischer Art)
Sonder-/Spezialklassen	evtl. für Speziell-/Hochbegabte	Einzel-/Kleingruppen-Unterricht in Spitälern („Bettenschule")	(evtl. innerhalb eines Regelschulkomplexes)	(evtl. innerhalb eines Regelschulkomplexes)	(evtl. innerhalb eines Regelschulkomplexes)	zum Teil innerhalb eines Regelschulkomplexes	meist innerhalb eines Regelschulkomplexes	– schwere umfängliche Sprachgebrechen – integrierte Therapien (hauptsächl. Logopädie) – spez. Unterrichtsgestaltung; Kleingruppen	– umfängliche Leistungs-; Motivations- und Verhaltensprobleme – innerhalb eines Regelschulkomplexes – evtl. in Verbindung mit Heim

Heilpädagogische und angegliederte Institutionen in ihren Bezügen zu den traditionellerweise unterschiedlichen Behinderungsformen (Kobi, 2004, 232 ff.)

traditionelle Gruppierungen / traditionelle öffentliche Institutionen	Gesunde; Unversehrte; Normal Leistungsfähige Verhaltensunauffällige	Kranke: – Langzeit kranke – chronisch – süchtige – ansteckende – letaler Prozess	Körperbehinderte; motorisch Behinderte; Missgebildete	Sehgeschädigte Blinde; Sehbehinderte; Erblindete	Hörgeschädigte Taube; Schwerhörige	Geistig-Behinderte; praktisch bildungsfähige Abhängige	Lernbehinderte; Leistungsgestörte	Sprach-/Sprechgestörte	Verhaltensgestörte
Sonderschulen (intern; extern)	in Form des so genannten Höheren Schulwesens	zum Teil in Spitälern und Sanatorien (Krankenhausschulen)	– integrierte Therapien – Teilleistungsschwächen – technisches Equipment	– technisches Equipment – spez. Unterrichtsmethoden	– technisches Equipment – spez. Unterrichtsmethoden – integrierte (v. a. logopäd.) Therap.	– spez. Unterrichtsmethoden und Einrichtungen – Kleingruppen	– (topografische Gründe) – Ballungszentren – Schonraum (?)	– schwere umfängliche Sprachgebrechen – soziale Indikation (Sprachmilieu)	– individuale Indikation (umfassende Leistungs- und Verhaltensstörungen)
Hospital; Krankenhaus; Sanatorium	□	Therapie; Pflege; Verwahrung; Medikamentation; z. T. soziale Indikation	für therapeutische Eingriffe z. T. auch Verwahrung aus sozialer Indikation	für therapeutische Eingriffe; Korrektur funktioneller Anomalien	für therapeutische Eingriffe und Abklärungen	als sog. „Pflegefälle" z. B. in Oligophrenen-Stationen	□	evtl. operative Eingriffe bei funktionellen Anomalien (Spaltbildungen; Nasen-/Rachenwucherungen u. a.)	als „Psychisch Kranke" in Psychiatrischen Stationen
Asyl; Anstalt; Heim; Wohnheime; Internate; Siedlungen	– soziale Indikation Verwaisung; soz. schwaches Milieu; Gefährdung – Flüchtlinge	– soziale Indikation – Rekonvaleszenz – Chronizität – Suchtproblematik	– soziale Indikation – topografische Gründe – Schwerbehinderte – Erwachsene	– soziale Indikation – topografische Gründe – evtl. Erwachsene	– Soziale Indikation – topografische Gründe – „methodisch geschlossenes" Milieu (heute kaum mehr aktuell)	– Schwerstbehinderte zs. mit soz. Indikation – topografische Gründe – v. a. Erwachsene – „Eigenwelt" als Schutzraum-/Schonraum	– soziale Indikation – (topografische Gründe)	– soziale Indikation – (topografische Gründe)	– individuelle Indikation (gemeinschaftsbedrängend, nacherziehungsbedürftig – soziale Indikation – heilpädagogisches/therapeutisches Milieu
Geschützte Werkstätten; Eingliederungsstätten	□	(evtl.) zur Auftragssicherung; individuelle Arbeitsgestaltung als Eingliederungshilfe; zur Umschulung	– Auftragssicherung – optimale Arbeitsplatzgestaltung für Schwerstbehinderte – z. T. soziale Indikation – Eingliederungshilfe – Umschulung – in Verbindung mit Mehrfachbehinderung	– Auftragssicherung – blindenspezifische Tätigkeiten – z. T. soziale Indikation – in Verbindung mit Mehrfachbehinderung Sinnesbeeinträchtigungen als solche sind heute keine ausreichende Indikation für in sich abgeschlossene Arbeitsstätten.	– Auftragssicherung – soziale Indikation – in Verbindung mit Mehrfachbehinderung Sinnesbeeinträchtigungen als solche sind heute keine ausreichende Indikation für in sich abgeschlossene Arbeitsstätten.	– Auftragssicherung – optimale Prozessstrukturierung – Organisationshilfen – für aus individualen oder sozialen Gründen nicht in die offene Wirtschaft vermittelbare Personen – als Eingliederungshilfe	allenfalls Grenzfälle zu geistiger Behinderung oder in Verbindung mit psycho-sozialen Problemen	□	– z. B. im Rahmen psychiatrischer Kliniken – desgleichen im Rahmen von Vollzugsanstalten/Gefängnissen
(Gefängnis)	strafrechtlich bedingt („Kriminalität") Verstoß gegen Strafgesetz Behinderung!	zum Teil Verbindungen mit Suchtproblematik	□	□	□	fällt wegen Unzurechnungsfähigkeit außer Betracht	zum Teil erhöhtes Kriminalitätsrisiko. In Abhängigkeit von krimineller Handlungsweise; Strafmündigkeit; Kausal-Attribuierung	□	zum Teil erhöhtes Kriminalitätsrisiko. In Abhängigkeit von krimineller Handlungsweise; Strafmündigkeit. Madness/Badness-Einstufung
Selbsthilfe-Organisationen	Supporter-Gruppen für bestimmte Behinderungen	meist krankheitsspezifisch ausgerichtet	– z. T. nach Behinderungsart – z. T. aber auch nach sozialpolitischen, freizeitlichen u. a. Interessen ausgerichtet	– z. T. nach Behinderungsart und -grad – z. T. sozialpolitisch, fortbildungsmäßig, freizeitlich etc.	– zum Teil nach Behinderungsgrad – zum Teil sozialpolitisch, fortbildungsmäßig, freizeitorganisatorisch etc.	– in Verbindung mit Nichtbehinderten in Freizeit-Clubs u. Ä.	– Figur-Grund-Auflösungseffekte im Erwachsenenalter – kaum verbindend-einheitliche Problematik	– meist behinderungsspezifisch (z. B. Stottern)	– zum Teil in Selbsterfahrungs-/Selbsthilfegruppierungen (unter fachlicher Leitung)

Heilpädagogische und angegliederte Institutionen in ihren Bezügen zu den traditionellerweise unterschiedlichen Behinderungsformen (Kobi, 2004, 232 ff., Forts.)

Überlegungen und Versuche

1. ***Stellen Sie anhand von konkreten Beispielen Vernetzungen und Verflechtungen zwischen den einzelnen Feldern dar.***
2. ***Welche Probleme stellen sich den heilpädagogisch Tätigen in den jeweiligen Einrichtungen? Wie kann diesen Schwierigkeiten begegnet werden?***
3. ***Welche Konsequenzen ergeben sich aus Ihren Antworten zu den ersten beiden Fragen für eine Konkretisierung des heilpädagogischen Handelns und des heilpädagogischen Berufsbildes?***

Im Hinblick auf das konkrete heilpädagogische Handeln schlägt Kobi eine differenzierte Wahrnehmung (und Beantwortung) der methodischen Frage vor. Vor dem Hintergrund einer konkreten Beschreibung und Analyse der Organisationsformen, Institutionen, Handlungsweisen und (heilpädagogischen) Mittel und Wege versucht er, die Frage nach der Sicherstellung der Daseinsgestaltung behinderter Menschen bzw. der dialogischen Tätigkeit mit ihnen zu beantworten. Er unterteilt hierbei die infrage kommenden Methoden in zwei Bereiche.
(Kobi, 2004, 341 ff.)

- Methoden des Umgangs; diese beschreiben im weitesten Sinne Handlungsweisen im konkreten Feld der gemeinsamen Daseinsgestaltung von und mit Menschen mit Behinderungen.
- Methoden des Erkundens; diese erörtern mögliche Betrachtungsweisen und beziehen sich auf die Erfassungsweisen von Behinderungszuständen.

Die Methoden des Umgangs lassen sich in vier Ausrichtungen differenzieren:

- Die Methoden der Behandlung, welche darauf ausgerichtet sind, Merkmale des Behinderungszustandes auszugleichen oder aufzuheben.
- Die Methoden der Organisation, welche die Umweltverhältnisse an die funktionelle Beeinträchtigung anpassen sollen, „sodass die störende Diskrepanz zwischen Anforderungen und Bedürfen einerseits und Kompetenz und Befriedigungsmöglichkeiten andererseits aufgehoben oder [...] abgeschwächt wird“ (Kobi, 2004, 349).
- Die Methoden der Schulung, welche den betroffenen Personen die für das Leben notwendigen Kompetenzen vermitteln sollen.
- Die Methoden der Erfahrungsannäherung, in und mit welchen es zu echten Begegnungen zwischen Menschen kommen kann. Diese sind folglich darauf ausgerichtet, dass sich die beteiligten Personen in ihren Verhaltensweisen durch das jeweilige Erleben des Andern bestimmen lassen sollen (an dieser Stelle ist vor allem das Erleben des Menschen mit Behinderungen durch den heilpädagogisch Handelnden gemeint). Durch diese Form der Annäherung können eventuell die Kommunikationsverzerrungen, welche durch die unterschiedlichen Erfahrungen mit dem jeweiligen Behinderungszustand ausgelöst und bedingt worden sind, aufgehoben oder gemildert werden. Dieser Prozess vermag im weiteren Verlauf dann die Basis für eine gemeinsame Daseinsanalyse und Daseinsgestaltung zu legen.

Kobi stellt diese methodischen Formen in einem Schema dar, in welchem er sie auf die sie jeweils bestimmenden Beziehungen zur *Akkomodation* und *Assimilation* bzw. zur Objekt- und zu Subjekt-Ebene bezieht:

	Akkomodation Behinderter an die vorgegebene Person- und Sachwelt durch – Merkmalsveränderung und/oder – Kompetenzerweiterung	**Assimilation** der Sach- und Personenwelt durch – Umgebungsanpassung und/oder – Einstellungs- und Verhaltensänderung an die Bedürfnisse und Möglichkeiten Behinderter
Objekt-Sach-Ebene Objektivierter Merkmalsbestand **Adaptive Methoden:** zielen auf Kongruenz	störende Merkmale beseitigen oder positiv verändern durch **Behandlung/Therapie** A	Behinderungsspezifische Umgebungsgestaltung durch **Organisation** B
Subjekt-Person-Ebene Subjektivierte Erfahrungsweisen **Diskursive Methoden:** Zielen auf Konkordanz	C Funktionelle und sozio-dynamische Beeinträchtigungen überwinden oder mildern durch **Schulung/Unterricht**	D Interpersonale Einstellungs- und Verhaltensänderung durch **Erfahrungsannäherung**

Methodische Ausrichtungen (Kobi, 2004, 343)

Überlegungen und Versuche

1. ***Welche Methoden könnte Frank in seinem Leben bislang erfahren haben? Begründen Sie Ihre Erläuterungen anhand seiner Lebensgeschichte.***
2. ***Welche Methoden würden Sie in den einzelnen Einrichtungen, in welchen er pädagogisch begleitet worden ist, realisieren?***

Die Methoden des Erkundens werden von Kobi in sechs Kategorien unterteilt:

- Phänomenologische Methoden, welche das Gegebene und Vorfindbare zur Darstellung bringen wollen. In diesem Fall handelt es sich um das Phänomen der Erziehung, welches phänomenologisch betrachtet werden soll.
- Hermeneutische Methoden, welche eine Interpretation und Sinnerfassung versuchen. Ihnen geht es darum, das, was phänomenologisch dargestellt ist, zu deuten.
- Deduktive Methoden, in welchen sowohl deduktives Vorgehen (also der Erkundungsprozess vom Allgemeinen zum Besonderen) als auch induktive Methoden (somit der Prozess der Erkundens vom Besonderen zum Allgemeinen) aufeinander bezogen und realisiert werden.
- Dialektische Methoden, in welchen der Denk- und Handlungsschritt sich von der These über die Antithese zur Synthese fortbewegt.
- Empirische Methoden, welchen es um die Erforschung der als selbstverständlich gegebenen Objektwelt zu tun ist.

- Methoden der personalen Anteilnahme, in welchen vor dem Hintergrund einer teilnehmenden Beobachtung oder einer Feldforschung der Lebenshintergrund der beteiligten Person erhoben werden soll.

Kobi stellt in diesem Aussagekomplex abschließend fest, dass die Erkundungsverfahren immer aufeinander bezogen sind und voneinander abhängen. Die handelnde Heilpädagogin ist somit immer wieder aufgefordert, die für ihren Bereich relevanten Verfahren miteinander zu verknüpfen – freilich sollte sie hierbei stets die Anforderungen und Bedingtheiten der einzelnen Methode im Auge behalten.

Überlegungen und Versuche

1. **Welche konkreten heilpädagogischen Methoden kennen Sie? Ordnen Sie diese den Erkundungsverfahren zu.**
2. **Welche dieser Verfahren würden Sie im Hinblick auf die Lebensgeschichte von Frank anwenden? Begründen Sie Ihre Antworten möglichst ausführlich.**

Mit der dialogischen Frage endet diese Einführung in heilpädagogisches Denken. Sie führt in ihrer Konkretisierung der „Daseins- und Sinnvergewisserung des einzelnen Subjekts in der Ansprache und Rücksprache mit einem anderen Subjekt im Hier und Jetzt" (Kobi, 2004, 414) auf den Ausgangspunkt der Erläuterungen von Kobi zurück. Er stellt hierzu selber fest:

> „Mit der dialogischen Frage springen alle Fragestellungen wieder auf den Fragesteller zurück; er selbst wird in die Frage gestellt: Als Auctor (Urheber) des Fragwürdigen, Definitor des Seienden und als Handlungsplaner. Die dialogische Frage weist damit aber auch in einen nach- oder überwissenschaftlichen Bereich hinein. Ihre Antwort findet sie nicht mehr in einem gehorteten, abrufbaren Wissen, sondern in einer Gewissheit. Gewissheit ist ein unbedingter, weder beweisbarer noch eines Beweises bedürftiger Seinszustand, der in der vollzogenen Daseinsgestaltung immer wieder neu realisiert wird."
> *(Kobi, 2004, 414)*

Überlegungen und Versuche

1. **Was könnte Kobi konkret meinen, wenn er von „Gewissheit" spricht?**
2. **Wie könnte sich diese Begründung heilpädagogischen Tätigseins im Alltag auswirken?**
3. **Welche Vor- und Nachteile hat eine Handlung, wenn sie das dialogische Moment so stark in den Mittelpunkt rückt?**

Fazit

Emil E. Kobi stellt in seinem einführenden Lehrwerk der Heilpädagogik die Inhalte und Orientierungspunkte heilpädagogischen Denkens und Handelns anhand von neun Fragen dar. Die existenzielle Frage bildet den Anfang und die dialogische Frage den Schluss seiner Argumentation. Diese beiden Fragen bilden die Klammer, welche die weiteren

Aussagen zur phänomenologischen Frage, zur numerischen Frage, zur topologischen Frage, zur chronologischen Frage, zur aetiologischen Frage, zur teleologischen Frage und zur methodischen Frage begründen und umfassen. Kobi geht in den Beschreibungen und Analysen geisteswissenschaftlich vor. Zudem wird seine Darstellung von konstruktivistischen, philosophischen und pädagogischen Annahmen und Hinweisen durchzogen, sodass diese eine umfassende und handlungsrelevante Begründung heilpädagogischen Denkens und Tätigseins leistet.

2.1.2 Wolfgang Jantzen: „Allgemeine Behindertenpädagogik"[1]

Lebensgeschichte (Teil 2)

Nachdem Frank in der Wohneinrichtung wieder zu sprechen begonnen hat, versuchen die dort tätigen Pädagoginnen und Pädagogen, ihn intensiver am Alltag der Einrichtung zu beteiligen. So bieten sie ihm Aufgaben an, welche sich auf die Strukturierung des Alltags beziehen (Betten machen, Zimmer aufräumen, Tisch decken u. Ä.), bzw. versuchen herauszufinden, ob er einer Freizeitbeschäftigung nachgehen kann. Beides stellt sich als äußerst problematisch heraus, da Frank zuerst voller Euphorie die Tätigkeiten beginnt, dann aber sehr schnell wieder in *stereotype* Verhaltensmuster verfällt. Als ein Mitbewohner ihm beim Ausräumen der Geschirrspülmaschine helfen will, schlägt er diesen zu Boden und beginnt daraufhin, sich selber zu schlagen. In einer anderen Situation, als die Gruppe, in welcher er lebt, einen Spaziergang macht und von einem freilaufenden Rottweiler attackiert wird, bleibt er jedoch ruhig und geht sogar lächelnd auf den zähnefletschenden Hund zu. Erst im letzten Moment kann eine Heilpädagogin ihn davon überzeugen, sich dem Tier nicht weiter zu nähern. Wenige Tage später schneidet sich der Leiter der Gruppe bei der Zubereitung des Mittagessens in den Finger. Frank, welcher neben ihm steht, beobachtet das Geschehen und beginnt schallend zu lachen. Frank wird daraufhin von den Pädagogen einem Arzt mit der Bitte um eine Überweisung zu einem Neurologen vorgestellt. Dieser meint zuerst, dass eine weiterführende Diagnostik nicht notwendig sei, da „Autisten eben so sind". Dennoch lässt er sich davon überzeugen, eine Überweisung vorzunehmen, sodass Frank wenig später bei einem Neurologen vorgestellt wird. Dieser untersucht ihn eingehend und stellt fest, dass die Amygdala bei ihm nicht durchblutet sind. Diese beiden als Mandelkerne bezeichneten neurologischen Komponenten befinden sich im Großhirn und gehören dort zum limbischen System. Man nimmt an, dass sie für die Wahrnehmung und Regulation der Gefühle zuständig sind. Auf dem Hintergrund dieses Wissens stellen sich jetzt für alle Beteiligten Franks Verhaltensweisen anders dar.

Wolfgang Jantzen, welcher an der Universität Bremen forschte und lehrte, hat sein Grundsatzwerk der „Allgemeinen Behindertenpädagogik" in zwei Bände aufgeteilt: Der erste Band beschäftigt sich mit den sozialwissenschaftlichen und psychologischen Grundlagen, der zweite erläutert die neurowissenschaftlichen Grundlagen und enthält grundlegende Aussagen zur Diagnostik, zur Pädagogik und zur Therapie. Jantzen gilt gemeinsam mit Georg Feuser als der Begründer der sogenannten kritisch-materialistischen Behindertenpädagogik und er ist einer ihrer einflussreichsten Vertreter. Obwohl diese wissenschaftstheoretische Orientierung zum Teil Position gegen eine heilpädagogische Ausrichtung bezieht, soll sie an dieser Stelle skizziert werden (Gleiches gilt auch für

[1] *Band 1 und 2: 2007*

die weiter unter dargelegten Ansätze von Georg Feuser), da sie einen intensiven Einfluss auf heilpädagogisches Denken hatte und noch immer hat. Zudem scheint es nicht mehr möglich zu sein, zwischen den einzelnen wissenschaftlichen Schulen (geisteswissenschaftliche, empirische und kritisch-materialistische Ausrichtung) strenge Abgrenzungen vorzunehmen, da diese mehr und mehr miteinander vernetzt werden und Inhalte der einen Richtung auch in den anderen wiederzufinden sind.

Grundlegend gründet die kritisch-materialistische Behindertenpädagogik in den Aussagen von Karl Marx, die den Materialismus begründen. Sie überträgt diese auf die Situation und die Tätigkeit der Menschen mit Behinderung. Mit Haeberlin (vgl. Haeberlin, 1996, 188f.) ist zu argumentieren, dass der Materialismus davon ausgeht, dass die materielle Welt und Wirklichkeit das Denken des Menschen bestimmen, dieses somit von diesen materiellen Gegebenheiten abhängig ist. Psychische Momente und Bewusstseinsstrukturen gehören demnach nicht einer anderen – eventuell transzendenten – Welt an und sind nicht der Ausdruck einer absolut zu setzenden Idee. Vielmehr sind sie selbst als Ergebnis eines geschichtlichen Vorgangs der Ausdifferenzierung dieser materiellen Welt zu verstehen (vgl. Jantzen, 2007, 82). Menschliches Handeln findet also immer in einem gesellschaftlich-materiellen Kontext statt und ist aus dieser Perspektive nicht a priori frei. Vor diesem Hintergrund versuchen die Vertreter dieser Richtung eine Veränderung der Welt (und somit der Situation der Menschen mit Behinderung) durch eine radikale Umgestaltung eben dieser. Diese Umgestaltung beginnt schon mit einer Veränderung der Wahrnehmung und des Bildes des Menschen mit Behinderung. Folgerichtig beginnt Jantzen seine Ausführungen zur „Allgemeinen Behindertenpädagogik“ mit einer Auseinandersetzung zur Vernetzung von Behinderung und Gesellschaftsstruktur. Hierin zeigt er die Perspektiven einer Soziologie der Behinderung auf, welche von der Solidarität aller Beteiligten ausgeht und wieder auf diese zurückführt:

> „Ich möchte [...] betonen, dass ich eine Pädagogik und Therapie anstrebe und darzustellen versuche, die im solidarischen Miteinander mit den Betroffenen und ihren Familien das Ändern der Umstände beginnt. In einer derartigen pädagogischen Arbeit kann zwar nicht unmittelbar das gesellschaftliche Ganze geändert werden; ohne sie kann ich mir als Pädagoge jedoch auch eine Änderung des Ganzen nicht vorstellen.“
> *(Jantzen, 2007, 16)*

Mit dem Fokus der gesellschaftlichen Verhältnisse als Ausgangspunkt und Zielperspektive beginnt Jantzen folglich seine Erläuterungen zur Allgemeinen Behindertenpädagogik. Vor dem Hintergrund dieser Verhältnisse definiert er den grundlegenden Begriff dieser Pädagogik: den der Behinderung. Dieser kann seiner Meinung nach als sozialer Tatbestand gekennzeichnet werden. Ein Tatbestand, welcher sich geschichtlich bedingt herausgebildet hat. Jantzen geht in seinen Erläuterungen davon aus, dass „die Geschichte der Behinderung und der Behindertenpädagogik als Teil einer Geschichte von Klassenkämpfen (betrachtet werden muss) [...]. (Diese) Geschichte kann nur im Zusammenhang der widersprüchlichen Entwicklung von Produktivkräften und Produktionsverhältnissen erfasst werden“ (Jantzen, 2007, 46). In diesem Kontext stellt er fest, dass Behinderung aus der Sicht der sogenannten kapitalistischen Produktion folgendermaßen zu kennzeichnen ist:

> „Behinderung [...] ist [...]
> 1. Arbeitskraft minderer Güte.
> 2. Aus der Sicht der Zirkulationsphase, also der Zirkulation von Waren und Menschen zwischen Produktion und Konsumtion, ist Behinderung reduzierte Geschäftsfähigkeit. Der ‚Behinderte‘ ist nicht in der Lage, seine Arbeitskraft selbstständig und in üblicher Weise zu Markte zu tragen [...].

3. Aus der Sicht der Konsumsphäre, also des Verbrauchs von Gütern zu Zwecken der Reproduktion der Arbeitskraft, fallen Behinderte aus der Norm der sozialen Konsumfähigkeit [...] Behinderung ist unter diesem Aspekt reduzierte soziale Konsumfähigkeit [...].
4. Aus der Sicht der Distributionsverhältnisse, die das kapitalistische System vermittelt über den Staat aufrechterhalten, ist Behinderung reduzierte Ausbeutungsbereitschaft [...].
5. Aus Sicht der sekundären Ausbildung in der Konsumsphäre ist Behinderung reduziertes Gebrauchswertversprechen, Ästhetik des Hässlichen [...].
6. Aus Sicht der antagonistischen Gegensätze zwischen den Klassen einer Klassengesellschaft ist Behinderung in besonderer Weise Anormalität und Minderwertigkeit, weil sie die Aneignung des gesellschaftlichen Reichtums durch die herrschende Klasse stört [...].
7. Als gesellschaftliche Form des Umgangs mit den Betroffenen entwickelt sich der gesellschaftliche Ausschluss [...]".

(Jantzen, 1987, 40 ff.).

Überlegungen und Versuche

1. ***Stellen Sie diesen Definitionsverlauf an der Lebensgeschichte von Frank dar.***
2. ***An welchen Stellen fehlen Ihnen notwendige Informationen, um diesen Verlauf abschließen zu können? Woher könnten Sie diese bekommen?***
3. ***Welche Rolle nehmen die heilpädagogischen Einrichtungen vor dem Argumentationshintergrund von Jantzen in der Lebensgeschichte von Frank ein?***

Jantzen setzt sich in dem dritten Kapitel des ersten Bandes der „Allgemeinen Behindertenpädagogik" ausführlich mit den methodologischen Grundfragen einer kritisch-materialistischen Pädagogik auseinander. Diese können als einen möglichen Einflussfaktor in der Ausprägung der hiervon abhängenden heilpädagogischen Handlungen verstanden werden. Worum geht es ihm hierbei aber genau?

Die Tätigkeit des einzelnen Menschen, sein Handeln in den Kontexten des individuellen Lebens und den Strukturen der Gesellschaft stellen sich bei Jantzen als „Vermittlung von Subjekt und Objekt [...] (dar). (Diese) kann nur begriffen werden, wenn untersucht wird, auf welche Gegebenheiten sich das Subjekt bezieht und welches die gattungsnotwendigen wie realen Bedingungen sind, auf die es sich beziehen kann" (Jantzen, 2007, 76). Jantzen fordert in diesem Zusammenhang eine intensive Zusammenschau und Vernetzung der einzelnen an und in diesem Kontext beteiligten Ebenen: Es sind dieses die Felder des Biologischen, des Psychischen und des Sozialen. Ihm ist bewusst, dass eine Einzelwissenschaft, wie die Heil- oder Behindertenpädagogik, eine solche fundamentale Verknüpfung nicht allein zu leisten in der Lage ist. Demzufolge fordert er die methodologische Reflektion einer einheitlichen Wissenschaftsentwicklung. Diese solle sich in ihrer Umsetzung auf philosophische, erkenntnistheoretische und wissenschaftstheoretische Verknüpfungen beziehen – eben diese legt er in ersten Ausprägungen in seiner „Allgemeinen Behindertenpädagogik" dar. Die Praxis, als mögliches Bewährungsfeld einer solchen Vorgehensweise, wird von Jantzen nicht als „die jeweils individuelle Tätigkeit des Wissenschaftlers oder Praktikers, sondern [...] (als) Prozess der gesellschaftlichen Praxis der Menschheit, zu dem Wissenschaft und ihre Ergebnisse in einem bestimmten

Verhältnis stehen, (verstanden)“ (Jantzen, 2007, 97). Er fordert im Vollzug dieser Aussage die Praxis-Wissenschaft der Pädagogik auf, Kriterien für ihre Haltung im Kontext der gesellschaftlichen Wirklichkeit zu finden und zu benennen. Dieses erscheint ihm auch im Umkehrschluss notwendig zu sein, da die Wissenschaft von den ökonomischen Strukturen der Gesellschaft bestimmt werde.

Diese Annahmen können grafisch wie folgt dargestellt werden:

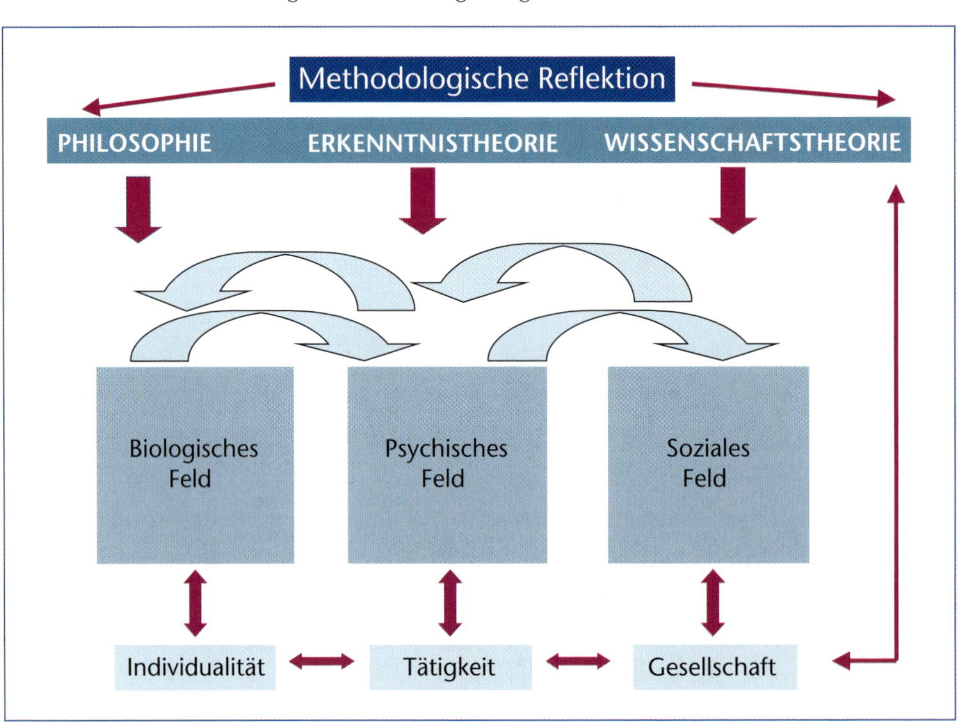

„Allgemeine Behindertenpädagogik, Band I“: Zusammenfassung der Grundannahmen von Jantzen

Überlegungen und Versuche

1. ***Benennen Sie aus der Lebensgeschichte von Frank Beispiele für die drei von Jantzen skizzierten Felder.***
2. ***Wie wirkte sich die Tätigkeit von Frank auf seine Lebensgeschichte aus bzw. wie wurde seine Tätigkeit von der Gesellschaft wahrgenommen?***
3. ***Welche anderen Theorien kennen Sie, welche Ihnen das Verstehen der Lebensgeschichte von Frank erleichtern könnten? Stellen Sie mögliche Konkretisierungen dar.***

Im weiteren Verlauf seiner Darstellung erläutert Jantzen ausführlich die Vernetzungen zwischen Psyche und Tätigkeit. In einem ersten Schritt erörtert er die Entwicklung des Psychischen in der Tätigkeit und in einem zweiten diskutiert er mögliche psychopathologische Prozesse. Er bezieht sich in seinen Beschreibungen primär auf die Aussagen der Psychologen Leontjew und Piaget. Hierzu Jantzen konkreter:

„Zusammen mit Wygotski und Luria hatte Leontjew bis zu Beginn der 30er-Jahre die Grundlagen der Theorie der kulturhistorischen Schule geschaffen. Die höheren psychischen Funktionen waren als historisch, kulturell und instrumentell begriffen worden. Sie entstehen als Resultat des historischen Prozesses der Menschheit, dessen Basis die materielle Produktion ist. Das in den Resultaten der Gattungsgeschichte vorliegende Erbe, das zugleich die vergegenständlichte Psychologie dieser Prozesse enthält, präsentiert sich in der jeweiligen Kultur als für das Individuum anzueignendes. Von der Strukturiertheit dieses Zusammenhangs, also Produktion, Distribution, ökonomische Basis und politischer, rechtlicher, infrastruktureller, ideologischer Überbau [...] hängt es ab, in welcher Position Menschen sich das Gattungserbe aneignen und anzueignen vermögen. Der Aneignungsprozess selbst, der nur in der Tätigkeit und durch die Tätigkeit erfolgen kann, macht soziale Werkzeuge und Mittel zu individuellen Werkzeugen und Mitteln. Indem diese Mittel erworben werden, werden interpsychische Prozesse zu intrapsychischen. Wygotski beschreibt dies in elementarer Form am Aufbau der Geste beim kleinen Kind: Das Kind greift nach etwas; dies ist die ‚Geste an sich'. Andere Menschen begreifen die Intention dieses Greifens. Die Geste wird zur ‚Geste für andere'. Indem die anderen in der gemeinsamen Tätigkeit dem Kind dazu verhelfen, den Gegenstand seiner Geste zu erreichen, wird diese nunmehr für es selbst zur Geste (‚Geste für es')."

(Jantzen, 2007, 123 f.)

Überlegungen und Versuche

1. ***Wie könnte der dargestellte Prozess bei Frank verlaufen sein und welche Rolle haben hierbei gegebenenfalls die neurologischen Veränderungen und Probleme eingenommen?***
2. ***Welche Konsequenzen leiten Sie hieraus für heilpädagogisches Handeln ab?***
3. ***Stellen Sie diesen Prozess an weiteren Beispielen der menschlichen Entwicklung dar.***

Neben einer ausführlichen Darstellung der neurowissenschaftlichen Grundlagen skizziert Jantzen im zweiten Band der „Allgemeinen Behindertenpädagogik" (1990) Ansätze pädagogischen Handelns. Im Kontext dieses einführenden Textes in das heilpädagogische Handeln interessieren hierbei vor allem seine Ausführungen zu den *basalen* pädagogischen Prozessen bzw. zum humanen Lernen. Jantzen bestimmt diese Prozesse deshalb als „basal", weil sie als Basiselemente eines pädagogischen Prozesses für alle Menschen gelten und somit auch eine intensive Auswirkung auf eine integrative Pädagogik besitzen. Jantzen macht deutlich, dass es sich bei diesen Annahmen und Erläuterungen um Grundbedingungen einer Allgemeinen Pädagogik handelt, da diese die wesentlichen Kategorien des pädagogischen Handelns als Voraussetzung und Basis für die Prozesse eines *humanen* Lernens beschreibt (vgl. Jantzen, 2007, 210). Welche Annahmen können hierzu weiter konkretisiert werden?

Ein grundlegendes Element dieser basalen Verortungen pädagogischen Handelns besteht im Dialog der Handlungspartner. Jantzen erörtert die unterschiedlichen Begründungen und Ausprägungen des dialogischen Denkens (so z. B. bei Descartes, Marx und Spitz), um sich dann den Beschreibungen Martin Bubers hierzu zu nähern. Jantzen geht davon aus, dass Buber philosophisch in der Darlegung seiner Gedanken zum Dialog bei Feuerbach ansetzt und somit also eine intensive Nähe zum *Materialismus* aufweist (ob und wie weit dieses wissenschaftstheoretisch haltbar ist, kann an dieser Stelle nicht weiter diskutiert werden). Folgende Thesen können hierzu zusammengefasst und für heilpädagogisches Handeln präzisiert werden (vgl. Jantzen, 2007, 16–220):

Im Mittelpunkt der Auseinandersetzung steht sowohl bei Buber wie auch bei Jantzen die Beziehung. Diese ist gekennzeichnet durch die Merkmale der

- **Authentizität**, in welcher der sich in einem Dialog befindliche Mensch dem anderen Partner eine Teilnahme an seinem Sein und Dasein zugesteht.
- **Gegenwärtigkeit**, in und durch welche die Wirklichkeit des anderen ausschließlich im Moment der Beziehung erfahrbar wird.
- **Gegenseitigkeit**, welche darlegt, dass beide Handlungspartner im Dialog an der jeweils anderen Person wirksam werden. Dieses kann sich erst dann realisieren, wenn das voraussetzungslose Anderssein des jeweils anderen umfänglich anerkannt wird. Diese Urdistanz des jeweils anderen stellt nach Martin Buber den dialektischen Gegenpol der Beziehung dar.
- **Ausschließlichkeit**, durch welche Buber beschreibt, dass es im Moment der Begegnung, im konkreten Vollzug des Dialoges für die Handelnden nur das andere jeweilige Du gibt, mit welchem dieser Moment der Gegenwart – im Kontext einer gesellschaftshistorischen Umfassung – geteilt wird.
- **Vergegenwärtigung**, in welcher genau die Bestimmung einer Beziehung durch die vorausgegangenen Elemente und Wirklichkeiten deutlich wird. „Dies würde bedeuten, auch wenn ich den anderen nicht konkret historisch kenne, ihn mir aber als Mensch schlechthin vergegenwärtigen zu können. Erst dies schafft die Voraussetzung zur Beziehung und zum Dialog" (Jantzen, 2007, 216).

Im Innenwerden des anderen realisiert sich das Gewahrwerden der Partner in einer Begegnung. Beide sind und werden sich somit wechselseitig Helfende im Vollzug der Hilfe zum Selbstwerden. In und durch diesen Prozess erfolgt die dialogische Verantwortung als Verantwortung für diese Handlungs- und Beziehungssituation. In dieser aufeinander bezogenen Wahrnehmung, in der Erfahrung der gemeinsamen Situation aus der Perspektive des je anderen ergibt sich, nach Buber, das Erleben der Umfassung (diese Erfahrung der Gegenseite ist auch bei Kobi in seiner Schematisierung des Behinderungszustandes wiederzufinden). Jantzen hierzu bilanzierend:

> „Psychologisch können wir den Dialog damit als wechselseitige Sinnverschränkung kennzeichnen [...]. Bin ich zum Dialog fähig im Sinne der Vergegenständlichung jener Situation, die ich zu erreichen wünsche (Liebe, Vertrauen usw.), so schaffe ich, indem ich die Bedeutungen für eine(n) andere(n) so organisiere, dass sie (er) darin Sinn finden vermag, gleichzeitig die Voraussetzungen, dass sie (er) meinen realisierten Bedeutungsstrukturen durch ihre (seine) Antwort Sinn verleiht.
> Gehe ich als Erzieher aber nicht nur von einer Vergegenwärtigung der Erfahrungen mit diesem Menschen als konkretem Menschen aus, sondern habe mir Menschsein generell als sinnhaften und systemhaften Aufbau der psychischen Prozesse angeeignet, so bin ich auch dann handlungsfähig, wenn der Dialog zunächst nicht erwidert wird. Ich bin dann in der Lage, indem ich dem anderen dieses Menschsein unter allen Umständen zugestehe, mich unter allen Umständen um humanes Handeln zu bemühen."
> *(Jantzen, 2007, 218 f.)*

Hier schlösse sich bis auf Weiteres der Argumentationskreis von Wolfgang Jantzen, welcher durch eine kulturhistorische Betrachtung über eine Auseinandersetzung und Beschreibung neurowissenschaftlicher Grundlagen seinen Weg hin zu konkreten Aussagen zu einer methodischen Orientierung heilpädagogischen Handelns gefunden hat.

Überlegungen und Versuche

1. ***Wie könnten Sie die Dialoge und Beziehungen, welche Frank in seinem Leben erfahren durfte bzw. musste, beschreiben?***
2. ***Welche Dialogformen wären mit ihm zu realisieren?***
3. ***Sind auf dem Hintergrund der Lebensgeschichte mit Frank auch Dialogabbrüche im Sinne einer Überforderung der pädagogisch Handelnden denk- und tolerierbar? Begründen Sie Ihre Meinung.***

Fazit

Wolfgang Jantzen stellt seine zweibändige Einführung in die „Allgemeine Behindertenpädagogik" in den Kontext kritisch-materialistischen Denkens vor dem Hintergrund der Analysen und Begründungen der kulturhistorischen Schule. Er geht hierbei von einer aufeinander bezogenen Verschränkung von Biologischem, Psychischem und Sozialem aus. Auf diesem Hintergrund nimmt er an, dass sich der soziale Tatbestand „Behinderung" historisch herausgebildet habe. Im Anschluss hieran konkretisiert er methodologische Grundfragen einer materialistischen Behindertenpädagogik, welche er in logisch folgenden Analysen zu den Verbindungen zwischen Psychischem und Tätigkeit fortsetzt. Diese fokussieren und konkretisieren vor allem die Prozesse einer basalen Pädagogik und eines humanen Lernens.

2.1.3 Otto Speck: „System Heilpädagogik"[1]

Lebensgeschichte (Teil 3)

Frank ist nach seinem Aufenthalt in der neurologischen Klinik noch verschlossener als sonst. Er reagiert kaum auf Ansprachen und Aufforderungen der Pädagoginnen. Auch scheinen ihm Berührungen, welche er sonst strikt ablehnte, nichts mehr auszumachen. Als die Gruppenleiterin des Teams Franks Eltern zu einem Gespräch einlädt, um mit ihnen die neue Situation zu erörtern, erzählen diese, dass Frank in ähnlichen Situationen schon vergleichbar reagiert habe. Es habe z. B. einen Wechsel in der Gruppenleitung im Kindergarten gegeben, welcher dazu geführt habe, dass er sich sehr in sich zurückgezogen habe. Zudem habe er in dieser Zeit auch starke Autoaggressionen gezeigt. Sie, als Eltern, seien aber erst spät – nach ca. drei Wochen – von den Erzieherinnen hierauf angesprochen worden. Die ersten Wochen in der Schule seien auch ähnlich verlaufen: Frank habe sich ständig zwischen einem sehr verschlossenen Wesen einerseits und intensiven Aggressionen andererseits bewegt. Ruhe sei erst wieder eingekehrt, als er mehrere Monate ohne größere – organisatorische oder personelle – Störungen in der Schule sein konnte. Nach

[1] *1. Auflage 1988, 5. Auflage 2003 bzw. 6. Auflage 2008*

dem Gespräch telefoniert der Gruppenleiter mit seiner Kollegin der Werkstatt für Menschen mit Behinderung. Auch diese bestätigt, dass sich Frank bei Veränderungen der Abläufe, der personellen Situation oder der Rahmenbedingungen in einer ähnlichen Art und Weise verhalte, wie er dieses jetzt – nach dem Klinikaufenthalt – realisiere. Zudem stelle sie im Arbeitsalltag immer wieder fest, dass Frank in Momenten der Ruhe und Ausgeglichenheit mit anderen Werkstattmitarbeitern rede, ihnen von seiner Schulzeit erzähle und einigen sogar schon aus Zeitschriften vorgelesen habe. Nachdem der Gruppenleiter den Hörer aufgelegt hat, kommen ihm immer mehr Fragen zur Person von Frank. Er wird unsicher, ob er ihn als Menschen mit Behinderung bezeichnen soll. Ja selbst die Diagnose Autismus erscheint ihm immer weniger angemessen zu sein. Er beschließt, noch einmal bei den Ärzten der Neurologie vorstellig zu werden. Diese schlagen in dem Gespräch zudem den Kontakt zu einem Psychotherapeuten vor. Außerdem strebt er eine intensive Beratung mit den Eltern von Frank an.

Otto Specks Grundlagenwerk „System Heilpädagogik“ stellte 1988 bei der Erstveröffentlichung einen Einschnitt in heilpädagogisches Denken dar, da dieses Buch zum ersten Mal bündig die Grundannahmen der Systemtheorie auf die Heilpädagogik übertrug. Der Autor hat diese Publikation in den folgenden Jahren mehrfach überarbeitet und ergänzt, sodass sie im Jahr 2008 in einer aktualisierten 6. Auflage erschienen ist. Otto Speck war bis zu seiner Emeritierung Professor am Institut für Sonderpädagogik der Ludwigs-Maximilians-Universität in München. Er kann hinsichtlich seiner wissenschaftstheoretischen Orientierung der geisteswissenschaftlichen Heilpädagogik zugeordnet werden. Was sind die Grundannahmen dieses Werkes und welchen Einfluss haben sie auf die Handlungsprozesse in der Heilpädagogik?

Otto Speck geht zuerst einmal davon aus, dass sich die Heilpädagogik in einem Wandlungsprozess befindet: Vor dem Hintergrund und im Kontext eines allgemeinen Epochenumbruchs (welcher sich z. B. durch Wandlungsprozesse in der Weltwirtschaft, der Kultur und der Wissenschaft bemerkbar macht) ist auch die Heilpädagogik dazu aufgefordert, sich zu verändern. Speck benennt folgende Themen und kritische Entwicklungen, zu welchen sich die Heilpädagogik neu positionieren muss:

- Die Integrationsbewegung, welche die Legitimation der Heil- und Sonderpädagogik (vor allem in den Schulen) infrage stellt.
- Die Aufspaltung in getrennte Sonderpädagogiken, welche in ihrer Spezifikation und Differenzierung in Teildisziplinen (so z. B. der Blinden-, Körperbehinderten- und Sprachheilpädagogik) zwar die wissenschaftstheoretische Orientierung in technologischer Hinsicht vorangebracht, aber die pädagogische Wirklichkeit (welche aus einer Zusammenschau all dieser einzelnen Elemente bestehe) vernachlässigt habe.
- Das wissenschaftstheoretische *Dilemma*, welches in einer starken Zweiteilung von empirisch-analytischen Forschungsansätzen einerseits und wertbezogenen Annahmen und Forderungen anderseits bestehe: Beide Positionen seien für die Entwicklung der Heilpädagogik relevant. Eine Reduktion auf nur einen Aspekt habe somit fatale Folgen für die wissenschaftliche und professionelle Orientierung der Heilpädagogik.
- Der Theorie-Praxis-Bezug befinde sich in einer Krise, da wissenschaftliche Begründungen und Modelle das Praxishandeln nicht unterstützt, sondern eher behindert hätten.
- Die Loslösung vom medizinischen Ansatz, welcher zwar einerseits die pädagogische Orientierung der Heilpädagogik vorangebracht, sie aber andererseits auch in ihren Möglichkeiten eingeschränkt habe. Die konstruktive interdisziplinäre Zusammenarbeit

zwischen diesen Feldern und Professionen sei hierdurch beinahe unmöglich gemacht worden.

- Der Trend der Verselbstständigung der Sonderpädagogik als Sonderschulpädagogik, welche durch die Ausweitung der außerschulischen Heilpädagogik noch verstärkt worden sei.
- Eine unklare fachliche Effektivität der Sonder- und Heilpädagogik, welche auf ein intensives wissenschaftliches und methodisches Defizit verweise.
- Der Wandel des Verhältnisses zwischen Eltern und Experten, in welchem die Erstgenannten wieder mehr Verantwortung für ihre Kinder übernehmen und hierdurch zu einer Rollen*diffusion* der Pädagogen beitragen. Diese müssen sich – vor allem in der Frühförderung – auf eine andere Form der Zusammenarbeit einstellen.
- Die Polarisierung zwischen Fachleuten und Klienten, welche durch eine fortschreitende *Emanzipation* der Menschen mit Behinderung von den Pädagogen beschrieben werden könne. Die „Autonom-Leben-“ und „People-First-Bewegung“ trug (und trägt) dazu bei, dass die Selbstbestimmungstendenzen der Menschen mit Behinderung zunehmen und dass die professionell tätigen Heilpädagogen eine neue Berufsrollendefinition (eventuell als Assistent) vornehmen müssen.
- Die Qualität der heilpädagogischen Organisationen ist und wird durch einen intensiven Personalmangel und einen *Ressourcen*abbau gefährdet.

(vgl. Speck, 2008, 30 ff.)

Überlegungen und Versuche

1. ***Wie könnten sich diese Entwicklungen auf die Lebensgeschichte von Frank ausgewirkt haben?***
2. ***Schreiben Sie Teile dieser Lebensgeschichte unter der Berücksichtigung dieser Entwicklungen neu. Wie könnten Sie in diesem Kontext heilpädagogisch agieren?***

Vor dem Hintergrund dieser Entwicklungslinien erarbeitet Speck einen modifizierten wissenschaftlichen Zugang zu dieser hochkomplexen Wirklichkeit. Er beginnt seine Argumentation damit, dass er die offenen Fragen einer heilpädagogischen Theoriebildung erörtert, um danach einen systemtheoretischen Zugang zu eben dieser Wirklichkeit zu begründen. In einem ersten Schritt skizziert er das Verhältnis von Erziehungswissenschaft und Wertorientierung (vgl. Speck, 2008, 80 ff.). Er stellt hierzu fest, dass Werte und Wissenschaft zwar methodologisch auseinanderzuhalten, jedoch nicht voneinander zu trennen seien:

> „Die Frage ‚Was kann ich wissen?‘ ist gerade in der Pädagogik unablösbar mit der Frage ‚Was soll ich tun?‘ verknüpft [...]. Diese Kopplung hat in der wissenschaftlichen Theoriebildung immer wieder zu Problemen geführt. Selbst bei einer strengen Trennung, wie sie die Naturwissenschaft anstrebt, spielen die persönlichen Überzeugungen des beobachtenden und urteilenden Wissenschaftlers stets auch [...] in seine wissenschaftliche Argumentation hinein (z. B. bei der ‚Interpretation‘ seiner empirisch-statistischen Befunde). Es ist deshalb immer wieder zu Vermischungen der wissenschaftlichen Aussagegültigkeit gekommen. Es lassen sich vereinfachend drei Typen von Kopplungsversuchen in der Vergangenheit ausmachen.“
>
> *(Speck, 2008, 84)*

- Heilpädagogik ohne ausdrückliche Reflexion der Wert- und Zielfrage, so wie sie zu Beginn der Wissenschafts- und Professionsgeschichte der Heilpädagogik noch dargelegt werden konnte. Die Begründung hierzu sieht Speck in der relativen Sicherheit der heilpädagogisch Forschenden und Handelnden in Bezug auf ihren Wertehintergrund: Die Übernahme medizinischer und psychologischer Theorien stand im Vordergrund des Handlungs- und Forschungsinteresses, sodass Fragen nach der Wertorientierung in den Hintergrund traten. Als Beispiele nennt Speck hierzu z. B. Theodor Heller und Hans Asperger.
- Heilpädagogik als ausdrückliche und erklärte Einheit von Wissenschaft und Normativität, so wie sie in der von christlichen Werten bestimmten Heilpädagogik und der marxistisch-materialistischen Behindertenpädagogik zum Ausdruck kommt. Für die erstgenannte Gruppe benennt Speck die Autoren Linus Bopp, Eduard Montalta, Paul Moor und Urs Haeberlin. Speck resümiert, dass eine explizite Wertorientierung (wie sie vor allem bei Urs Haeberlin postuliert wird, siehe unten) für die Heilpädagogik zu einer „nicht unaufhebbare(n) Spannung zwischen den Anforderungen an eine ‚objektive' Wissenschaft einerseits und der ethischen Gebundenheit und Werthaltung andererseits (führt). Der Spannungsbogen in der Realität reicht von einem ausgeprägten wertdistanten und *deskriptiven* Rationalismus bis zu einem ethischen *Normativismus*" (Speck, 2003, 86). Für die zweite Gruppe skizziert Speck die Position der materialistischen Behindertenpädagogik nach Jantzen, in welcher Behinderungen als durch die Gesellschaft vermittelt betrachtet werden und somit die Optimierung der sozialen Lebenssituation der betroffenen Menschen die primäre gesellschaftliche und politische Aufgabe darstelle. Hierbei galten „die Überwindung der sozialen Isolation, die Sicherung der Aneignung des gesellschaftlichen Erbes und die volle Integration des behinderten Menschen [...] als zentrale Aufgaben und Ziele" (Speck, 2003, 86).
- Die kategorische Ausklammerung der Wert- und Zielfrage so wie diese von den Autoren der analytisch-empirischen Richtung gefordert wurde. Unter dem Einfluss der lern- und verhaltenspsychologischen Theoriebildungen kam es hierbei, beginnend in den 70er-Jahren des zwanzigsten Jahrhunderts, zu einer intensiven Erforschung und Analyse der realen Lern- und Lebensbedingungen, so wie unter anderem von Bleidick gefordert und realisiert wurde. Diese realistische Wende in der Heil- und Sonderpädagogik „sollte [...] dem Wissenschaftsanspruch der Pädagogik durch ‚Tatsachenforschung', durch eine ‚empirische Pädagogik' Nachdruck verleihen. Dazu galt es, sich als ‚wertfreie Wissenschaft' zu verstehen, ausschließlich deskriptiv analytisch Erziehungsbedingungen und Erziehungsprozesse zu belegen und zu begründen" (Speck, 2003, 87).

In der 6. Auflage 2008 revidiert Speck diese Aufteilung und differenziert sie in eine:
- pragmatisch orientierte Heilpädagogik,
- empiristische Heilpädagogik,
- sozialethisch begründete Heilpädagogik.

(vgl. Speck, 2008, 81 f.)

Im Anschluss hieran nimmt Speck Stellung zur Vernetzung von Theorie und Praxis. Die Wissenschaft habe hierbei die Wirklichkeit zu erklären und der Praxis dienlich zu sein. Wissenschaft habe sich als in Begriffe und Theorien gefasste Wirklichkeit zu verstehen. Dieses führe jedoch immer wieder zu Problemen, da die Realität „nur so weit fassbar ist, als die Erfahrung und die vermittelnde Sprache reicht, (deshalb) bleibt aber auch das wissenschaftliche Bild von der Wirklichkeit unzulänglich. Dies hebt aber die Notwendigkeit einer theoretisierenden Annäherung an die Praxis nicht auf. Die Folge ist freilich ein permanentes Ungenügen an der Theorie und auf der anderen Seite eine theoretisch ungenügend geleitete Praxis" (Speck, 2008, 89).

Überlegungen und Versuche

1. ***Zu welchen Arbeitsweisen würden Vertreter der oben genannten drei theoretischen Ansätze in Bezug auf Franks Leben gelangen? Begründen Sie Ihre Meinung möglichst ausführlich.***
2. ***Welchen Einfluss hat die Aussage von Speck zur Erfassung der Realität durch Sprache im Hinblick auf die Diagnose und Analyse der Lebenswelt von Frank?***
3. ***Welche Vorschläge für eine mögliche Lösung der problematischen Vernetzung von Theorie und Praxis haben Sie? Entwickeln Sie auf dem Hintergrund Ihres Kenntnisstandes mögliche Ansätze hierzu.***

Um die skizzierte wissenschaftliche Vielfalt erfassen und für die Aufgaben der Heilpädagogik nutzbar zu machen, schlägt Speck den systemtheoretischen Zugang hierzu vor. Seine grundlegenden Annahmen sollen im Folgenden durch ein ausführliches Zitat dargelegt werden:

> „In einer hoch differenzierten Gesellschaft kann sich ein System nicht mehr ohne weiteres selber bestimmen. Es ist auf einen intensiveren Austausch mit seiner Umwelt angewiesen. Dadurch, dass auch die Umwelt das eigene System in sein Visier nimmt, werden die bisherigen ‚blinden Flecken' des eigenen Systems erkennbar [...]. Es ist also ein Beobachter von außen nötig, wenn es um eine wirkliche Abklärung eines gemeinsam interessierenden Sachverhaltes gehen soll [...].
> Eine systemtheoretische Sicht der Heilpädagogik entspricht einem von der hoch differenzierten und vernetzten Wirklichkeit her bedingten Erfordernis, das Aufeinander-Einwirken der verschiedenen Teile in bedeutsamen Zusammenhängen zu sehen, und damit sinnvolle Kommunikation und Kooperation zu ermöglichen. Der damit bedingte Perspektivenwechsel läuft auf eine Ergänzung bisheriger Theorien hinaus, bedeutet also keinen Absolutheitsanspruch der Systemtheorie gegenüber anderen Theoriemodellen. Es gibt auch nicht ‚die Systemtheorie', sondern nur verschiedene systemtheoretische Ansätze, und diese verstehen sich nicht als abgeschlossene, sondern offene Systeme [...].
> Eine [...] zentrale und provokative Frage [...] lautet: Ist die Heilpädagogik als ein eigenes System anzusehen, oder ist diese Eigenheit nur als eine historisch bedingte Degeneration der allgemeinen Pädagogik anzusehen, in die sie eigentlich zu integrieren wäre? Die Systemtheorie bietet ein Schema an, eine solche Frage zu beantworten [...]. Es besteht in der Unterscheidung von System und Umwelt. Mit System ist ein geordnetes Ganzes als eine Einheit im Mannigfaltigen gemeint [...]. Als Systeme sind alle Einheiten auszumachen, die für sich oder von außen her als solche angesehen und benannt werden können. Zu denken ist z.B. an das einzelne Individuum ebenso wie an die Familie, an eine Schulklasse ebenso wie an das Schulsystem als Ganzes, aber auch an konzeptionelle Systeme (z.B. Heimerziehung) oder an wissenschaftliche Systeme (z.B. Behaviorismus). Konstituiert wird ein System durch die Notwendigkeit, eine gegebene Komplexität, z.B. die der ‚Erziehung' zu reduzieren und eine bestimmte Einheit auszudifferenzieren, z.B. die pädagogische Förderung lernbeeinträchtigter Kinder.

Die Heilpädagogik ist zu einem eigenen System dadurch geworden, dass sich selber aus dem allgemeinen Rahmen der Pädagogik herausdifferenzierte, weil sie eine eigene Aufgabe erkannte, die ohne diese Differenzierung nicht effektiv hätte angegangen werden können [...].
Die systemtheoretische Denkweise bezieht sich also vornehmlich auf Differenzen (Unterscheidungen), die von einem Teilbereich (System) gegenüber der eigenen Umwelt gesehen und als wichtig erkannt werden. Zugleich aber bilden System und Umwelt, z.B. Schule und Familien, auch eine Einheit [...]. Das Erkennen und Reflektieren der damit auch gegebenen Differenzen dient der eigenen und der gegenseitigen Klärung, wobei zu beachten ist, dass man als Selbst oder mit seiner eigenen sozialen Gruppe immer nur System, nicht aber Umwelt darstellt [...].
Der systemtheoretische Ansatz kann nur einen Teil dessen erklären, was pädagogisch relevant ist. Er kann faktische Zusammenhänge und Differenzen aufdecken, soweit sie für ein bestimmtes System von dessen je eigener Umwelt her bedeutsam sind. Er lässt aber viele andere Fragen, z.B. ethische, offen."
(Speck, 2003, 95 ff.)

Im Rahmen dieser systemtheoretischen Betrachtung der heilpädagogischen Wissenschaft und Praxis erläutert Speck unter anderem die folgenden Begrifflichkeiten, mit welchen die Wirklichkeit betrachtet, beschrieben und gegebenenfalls verändert werden kann. Diese Prinzipien und Definitionen stellen die im heilpädagogischen Kontext relevantesten systemtheoretischen Annahmen dar:

- **Komplexität:** Lebensprozesse werden als unendlich verflochtene Netzwerke verstanden, welche trotz festgelegter Ausgangsbedingungen nicht vorhersagbare oder chaotische Lösungen anstreben.

- **Kontingenz:** Beobachtungen und Bewertungen eines Beobachters haben immer nur eine eingeschränkte Gültigkeit, wenn er von seinem Teilsystem ausgeht und sich selber nicht in die Bewertungen einbezieht. Zudem sind die Wechselwirkungen zwischen den personalen und sozialen Systemen in hohem Maße unberechenbar.

- **System und Umwelt/doppelte Kontingenz:** Diese doppelte Kontingenz geht darauf zurück, dass die aufeinander bezogenen Systeme in sich hochkomplex und füreinander nicht vollständig kalkulierbar sind. Zwei Systeme, zwei Menschen begegnen sich somit mit völlig offenem Ausgang.

- **Autopoiese – Autonomie:** Jedes System, jedes Individuum ist ein auf sich selbst bezogenes System, sodass es sich als lebender Organismus selbst organisiert und selbst reguliert. Hierdurch bildet dieser im Kontakt mit seiner Umwelt seine Individualität aus. Nach Speck kommt der Selbstbezogenheit im pädagogischen Kontext eine wichtige Bedeutung zu, da die Erfahrungen eines psychischen oder eines sozialen Systems durch den Bezug auf und zu sich selbst entstehen. Diese grundlegende Selbstbezüglichkeit des Menschen bedeutet, dass er an sich und für sich selber handelt und wertet. Die eigenen normativen Interessen sind hierbei der Ausgangspunkt und stehen im Mittelpunkt seines Handelns.

- **Konstruktion und Ko-Konstruktion der Wirklichkeit(en):** Die erlebte, erfahrene, beschriebene und analysierte Wirklichkeit wird von den Beteiligten gemeinsam hervorgebracht. Diese Wirklichkeit ist hierbei immer eine – im Kontext gesellschaftlicher Abhängigkeiten und Normierungen – geschaffene Wirklichkeit. Ihre Prozesse werden nicht vom einzelnen System, vom individuellen Menschen abgebildet, sondern im Vollzug der Aneignung von Wirklichkeit selber hervorgebracht.

(vgl. Speck, 2008, 99 ff.)

Diese Annahmen stehen nicht unverbunden nebeneinander, sondern sind in ihren Auswirkungen aufeinander bezogen:

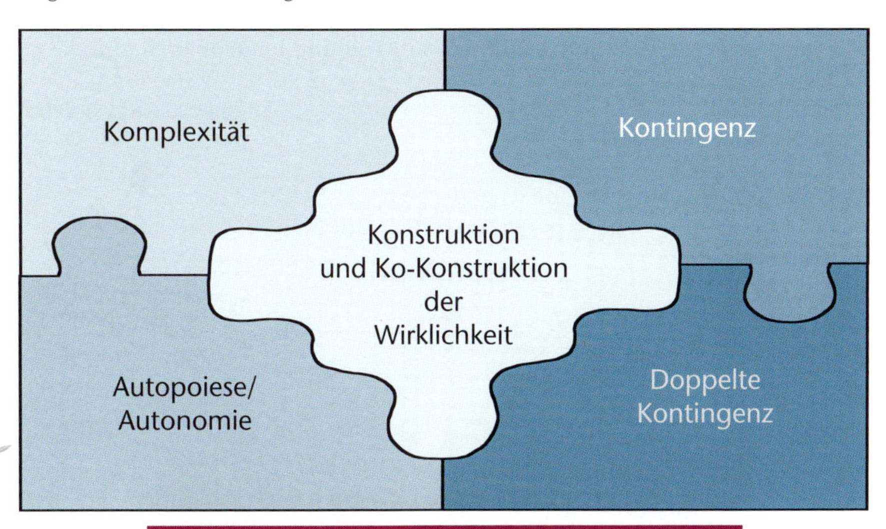

Grundbegriffe der Systemtheorie

Überlegungen und Versuche

1. ***Beschreiben Sie vor dem Hintergrund der Definition von Otto Speck zur Systemtheorie die Systeme und Umwelten des Lebens von Frank.***
2. ***Wie lassen sich die Erfahrungen und Verhaltensweisen von Frank auf dem Hintergrund der fünf grundlegenden Begriffe der Systemtheorie darstellen? Versuchen Sie eine Ich-Erzählung aus der Sicht von Frank zu verfassen, in welcher Sie die Autonomie und Selbstreferenz in den Mittelpunkt stellen.***
3. ***Welche Unterschiede und/oder Gemeinsamkeiten zu den Modellen von Kobi und Jantzen fallen Ihnen auf? Begründen Sie Ihre Meinung möglichst ausführlich.***

Vor dem Hintergrund der bis hierin dargestellten systemtheoretischen Begründungen entwickelt Otto Speck einen Orientierungs- und Handlungsansatz für die Heilpädagogik (vgl. Speck, 2008, 263 ff.). Im Folgenden werden hierzu zuerst die theoretischen Grundlegungen skizziert. Im Anschluss hieran werden praktische Aspekte dieses Modells vorgestellt.

Grundlegend versteht Speck seinen Handlungsansatz als systemisch-ökologisch begründet. Obwohl diese beiden Termini Ähnlichkeiten aufweisen, unterscheidet er sie:

- Der Begriff „**systemisch**" bezeichnet die Binnenbeziehungen eines individuellen oder sozialen Systems, welches seine Organisationsform autonom und auf sich selbst bezogen bestimmt, gleichzeitig aber auch in der Differenzierung zur Umwelt zu sehen ist.

- Der Begriff **„ökologisch"** bezeichnet demgegenüber mit einer eher normativen Ausrichtung die Bezogenheiten in ganzheitlichen Zusammenhängen. Da Erziehung und Pädagogik ebenfalls normativ ausgerichtet sind, erscheint er Speck für sein Vorhaben der Begründung eines Handlungsansatzes sinnvoll und brauchbar zu sein.

Beide Begrifflichkeiten stehen jedoch in wechselseitiger Abhängigkeit und verweisen auf eine je andere Vorgehensweise:

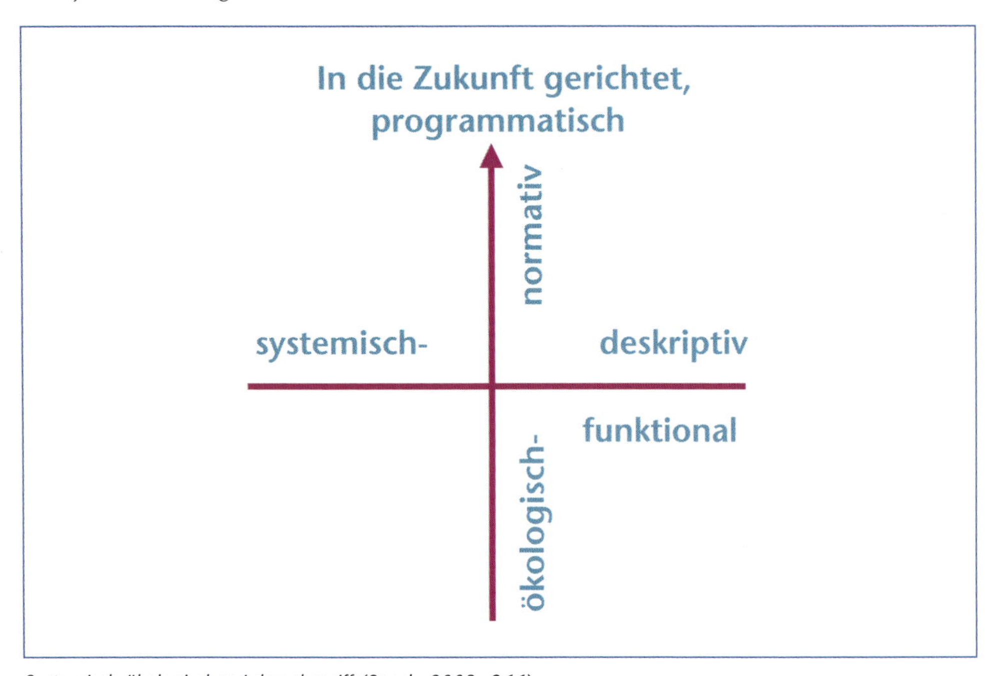

Systemisch-ökologischer Achsenbegriff (Speck, 2003, 266)

Vor dem Hintergrund dieser Vernetzung von systemischen und ökologischen Bezügen ist ein heilpädagogischer Handlungsansatz, so wie Speck ihn definiert, als eine Sichtweise zu begreifen, welche das Ganze des Lebens und des Lebendigen, des Seins und des Sozialen in den Blick nimmt (vergleiche hierzu auch Kapitel 4 in diesem Buch, wo der systemische Ansatz ebenfalls erörtert wird). Die Entwicklung aller Menschen (aller Systeme) findet hierbei im ökologischen Kontext statt. Speck bezieht sich hierbei auf den amerikanischen Psychologen Uri Bronfenbrenner, wenn er feststellt, dass sich die unterschiedlichen Umwelten intensiv auf den Verlauf der menschlichen Entwicklung auswirken. Er richtet hierbei seine Perspektive auf das Wie dieser Entwicklung:

> „Es soll damit betont werden, dass die Entwicklung eines Kindes nicht einfach von den gegebenen internen (ererbten, organischen) und externen Faktoren bewirkt wird, sondern aus einer ganz individuellen Auseinandersetzung mit der Umwelt hervorgeht. Das Kind eignet sich nicht einfach die Welt als ‚objektive' Realität an, sondern es schafft sich [...] seine eigene Welt [...]. Man kann sagen, es entwickelt sich selbst (in einem transitiven Sinne)."
> *(Speck, 2008, 272)*

Ein nächster Bestandteil dieser ökologischen Entwicklungstheorie nach Bronfenbrenner besteht in der Differenzierung unterschiedlicher Systeme, an welchen das Kind einen

Anteil hat bzw. haben könnte. Für die Entwicklung eines Kindes – eines Menschen generell – sind nicht die isolierbaren monokausalen Wirkungen und Wirkweisen zwischen diesem Kind und bestimmten Personen oder Dingen bestimmend. Vielmehr wirkt sich die Komplexität der Vernetzungen und Interaktionen zwischen den einzelnen Personen und Dingen innerhalb eines Systems auf dessen Entwicklung aus. Dieses bezeichnet Speck, mit Bronfenbrenner, als zirkuläre Kausalität (siehe Abbildung).

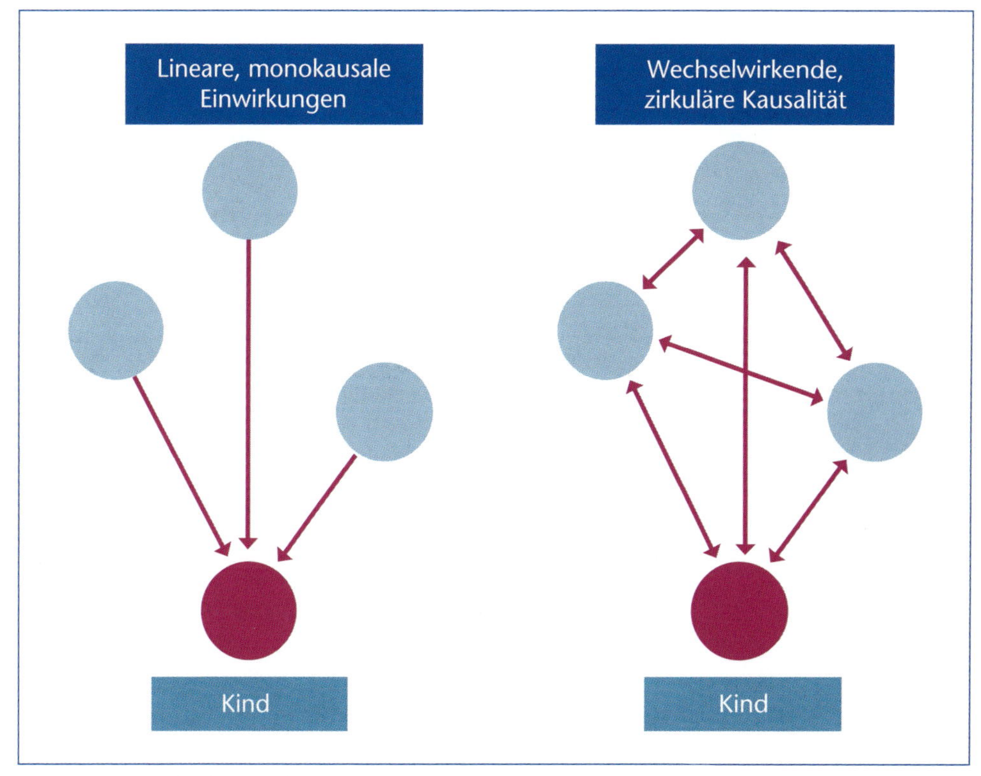

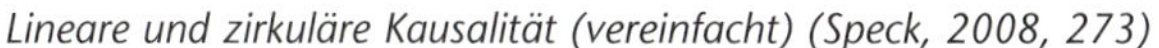
Lineare und zirkuläre Kausalität (vereinfacht) (Speck, 2008, 273)

Bronfenbrenner unterscheidet zwischen direkt und indirekt wirkenden Systemen:

- **Mikrosysteme**, in welchen der Mensch alltäglich und direkt in Interaktionen mit anderen steht (wie z. B. die Familie, die Freundesgruppe, die Schule).
- **Mesosysteme**, welche ein System von Mikrosystemen bezeichnen, an welchen der jeweilige Mensch aktiv beteiligt ist (so z. B. in dem Systemverbund von „Familie und Schule").
- **Exosysteme** sind Systeme, an welchen ein Mensch nicht selber beteiligt ist, von welchen jedoch bestimmte Einflüsse auf den engeren Lebensbereich dieses Menschen ausgehen (wie das Berufsfeld des Vaters für das Kind, die Schulklassen älterer oder jüngerer Geschwister).
- **Makrosysteme** bezeichnen übergreifende soziale, politische oder kulturelle Beziehungen und Zusammenhänge, welche sich auf die anderen Systeme indirekt auswirken (wie z. B. ethnische oder religiöse Systeme).

Speck merkt kritisch an, dass in diesem Modell von Bronfenbrenner die Wirkung der Umwelt dominiert, während genetische Aspekte und solche der Autonomie des jeweiligen Menschen weniger Beachtung finden.

Vor diesem Hintergrund der Kopplungen und Vernetzungen unterschiedlicher Systemebenen sowie unter der Beachtung und Betrachtung des Autonomieprinzips der menschlichen Entwicklung gestaltet sich auch das pädagogische Verhältnis als ein systemisch gefasstes. Speck geht davon aus, dass es sich hierbei nicht um eine bloße Beziehung handele. Eingedenk der Gefahren und einseitigen Betrachtungsweisen, welche von der Systemtheorie ausgehen, wenn sie die pädagogischen Prozesse und Vollzüge als herzustellende und als zu manipulierende darstellt, müssen diese in weiteren Kontexten verstanden werden. Systemtheoretische Aspekte müssen vor diesem Hintergrund mit phänomenologischen Haltungen verbunden werden. Speck hierzu ausführlich:

> „Für das pädagogische Wirksamwerden des erzieherischen Verhältnisses lassen sich phänomenologisch einige Grundhaltungen als Voraussetzungen ableiten: Achtsamkeit und Verantwortlichkeit, Fairness und Gerechtigkeit, Verlässlichkeit und Halt [...], Vertrauen sowie Lebenszuversicht und Glauben. Es ist offensichtlich, dass diese sich nicht ‚machen' lassen. Sie gehen aus der pädagogischen Grundhaltung hervor, für die jeder Erzieher und jede Erzieherin Verantwortung trägt. Sie zeigen sich in bestimmten Situationen bzw. werden nur gelegentlich wirksam."
> *(Speck, 2008, 283)*

Speck fasst diese Erläuterungen grafisch wie folgt zusammen:

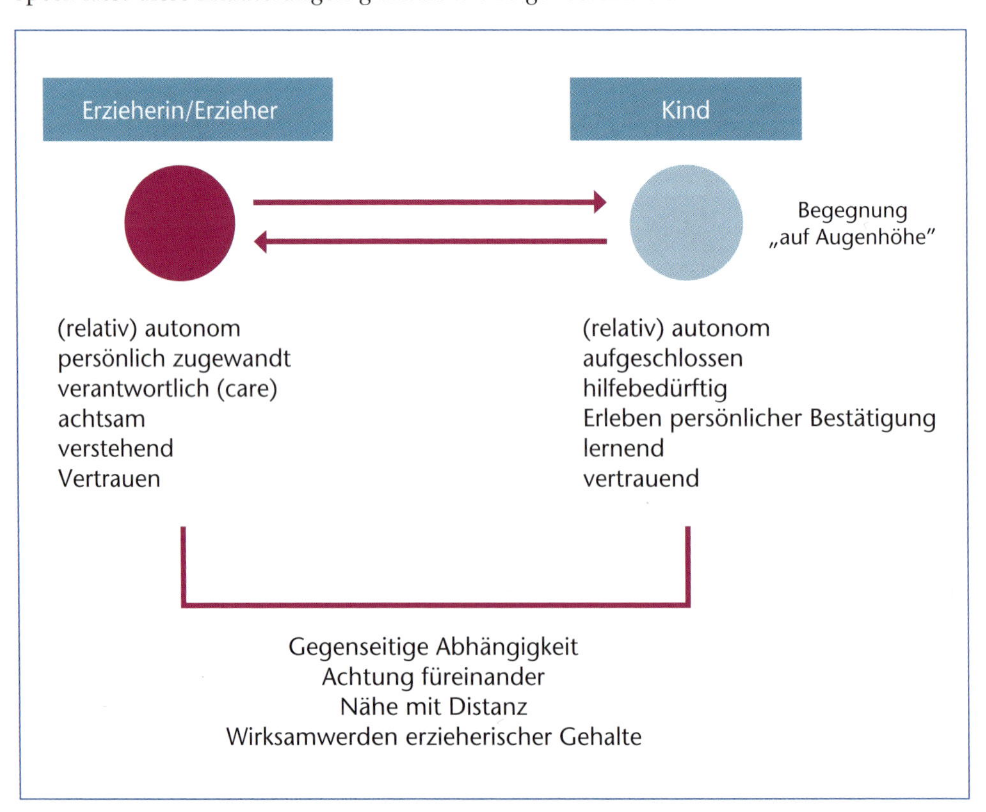

Das erzieherische Verhältnis aus heilpädagogischer Sicht (Speck, 2008, 284)

Auf dem Feld der vielen Lebenslagen, also der unterschiedlichen Systeme und Teilsysteme, welche an der Entwicklung des einzelnen Menschen beteiligt sind, ist es den heilpädagogisch Tätigen aufgegeben, Lebenssinn und Lebensglück zu thematisieren. Dieses kann selbstverständlich nicht geschaffen, nicht hergestellt werden. Dennoch sind diese beiden Parameter unverzichtbare Elemente heilpädagogischen Tuns:

> „Heilpädagogisches Handeln war in seinem Wesen nie nur auf die funktionelle Beseitigung oder Kompensierung psycho-physischer Beeinträchtigungen beschränkt. Heilpädagogik hatte es vielmehr immer wieder mit der herausfordernden Frage zu tun, was denn das alles, ein ‚behindertes Leben' [...] ‚der ganze Förderaufwand', für einen Sinn habe. Andererseits kann sie von der Erfahrung ausgehen, dass in einem Leben mit psycho-physischen Beeinträchtigungen wirklicher Sinn gefunden und verwirklicht werden kann [...]."
> *(Speck, 2008, 291)*

In diesem Kontext thematisiert und hält Otto Speck auch ein heilpädagogisches Ethos für unverzichtbar, also eine ethische und moralische Ausrichtung, in welcher Tugenden wie Gerechtigkeit, Wahrhaftigkeit und Freundlichkeit ein hoher Stellenwert zukommt. Im Vollzug der theoretischen Begründungen dieses systemisch-ökologischen Ansatzes vernetzt Otto Speck somit systemtheoretische Annahmen mit phänomenologischen. Hierdurch schafft er die Grundlagen für die methodischen Differenzierungen seines Ansatzes.

Überlegungen und Versuche

1. ***Stellen Sie das Leben von Frank im Hinblick auf sein Erleben und seine Einbindung in die unterschiedlichen Systemebenen dar.***
2. ***Welche Forderungen ergeben sich vor dem Hintergrund der Aussagen von Otto Speck für das erzieherische Verhältnis zu und mit Frank?***
3. ***Welche Aufgaben ergeben sich für die Arbeit mit den Eltern von Frank?***
4. ***Stellen Sie Kritikpunkte zu diesen Begründungen von Otto Speck zusammen und diskutieren Sie diese.***

Speck unterteilt seine Ausführungen zu den praktischen Aspekten des systemisch-ökologischen Ansatzes in vier Bereiche:
- Erziehung und Förderung
- Heilpädagogische Institutionen
- Heilpädagogische Zielsetzungen und Aufgaben
- Heilpädagogisch-psychologische Diagnostik und Beratung

(vgl. Speck, 2003, 319 ff.).

Erziehung und Förderung

Speck geht davon aus, dass sich alle Handlungen und Maßnahmen im Bereich der Pädagogik als Teilelemente einer allgemeinen Erziehung verstehen lassen. Auch diejenigen erzieherischen Vollzüge, welche als „spezielle oder spezialisierte" Erziehung beschrieben werden, gehören in den Kanon der allgemeinen Pädagogik. Auch diese spezielle Erziehung „[...] folgt den Erkenntnissen, Prinzipien, Intentionen und Methoden, die für jegliche Erziehung gelten. Das Spezielle an ihr ist lediglich ein besonderer Aspekt, unter den

Erziehung tritt, wenn auf Grund einer Funktionseinschränkung oder einer Entwicklungsstörung, d.h. wegen bestimmter Erziehungs- und Lernprobleme, spezielle Erziehungserfordernisse gegeben oder angezeigt sind [...]. Spezielle Erziehung ist [...] auch als Erziehung unter erschwerten Bedingungen (P. Moor) zu verstehen" (Speck, 2003, 324). Alle Akzentsetzungen und inhaltlich-methodischen Orientierungen, welche sich auf Erziehung beziehen (wie z.B. die Erziehung zur Selbstständigkeit und das Erlangen sozialer Kompetenzen), werden somit nicht als isolierte und isolierende Sondermaßnahmen betrachtet. Vielmehr legitimieren sie sich, laut Speck, vor dem Hintergrund der individuellen Erziehungsbedürftigkeit des einzelnen Menschen. Er fasst diese Aussagen grafisch wie folgt zusammen:

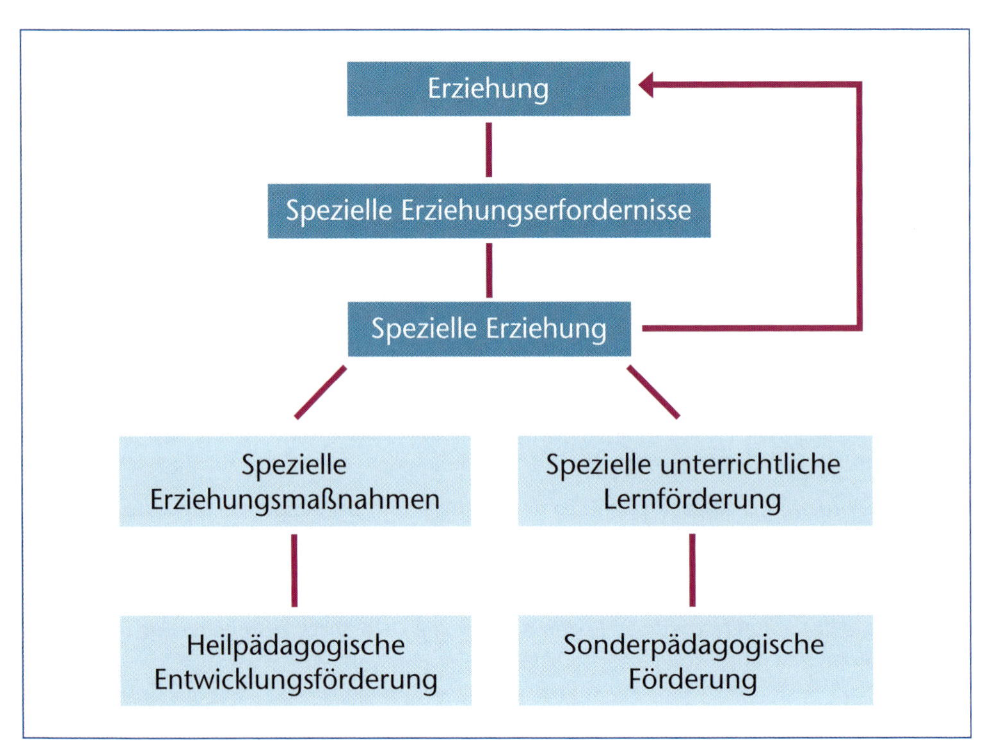

Bereiche spezieller Erziehung (Speck, 2003, 327)

Heilpädagogische Institutionen

Grundlegend geht Speck davon aus, dass Institutionen dem Bedürfnis des Menschen nach Ordnung entgegenkommen. Zudem reduzieren sie Spannungen zwischen dem Individuum und der Welt. Da aber alle Institutionen daran interessiert sind, ihr einmal geschaffenes Eigenleben und ihre Dynamik aufrechtzuerhalten, kommt es regelmäßig zu Spannungsverhältnissen zwischen den Autonomiebestrebungen der Mitglieder und den Selbsterhaltungstendenzen der Einrichtungen. Hieraus resultieren nach Speck mindestens zwei Gefahren – welche von den heilpädagogisch Handelnden gesehen und mit welchen gegebenenfalls gearbeitet werden muss:

- „eine Überforderung der Einzelnen durch Machtanmaßung seitens der Institution, z.B. durch ‚totale Institutionen', die den Handlungsspielraum des Einzelnen verengen, nivellieren oder aufheben oder durch Indoktrination bedrängen, und

- eine Unterforderung oder ein Versagen der Institution durch Relativierung der Leitprinzipien, durch [...] Handlungsbeliebigkeit, durch Kompetenzverfall und übersteigerte persönliche Ansprüche."

(Speck, 2003, 335)

Mit Bezug auf die systemische Ausrichtung seines Ansatzes postuliert Speck eine Erweiterung und Veränderung der Institutionslandschaft: Heilpädagogische Einrichtungen sollten sich nicht mehr nur ausschließlich an dem Lebenslauf und den Entwicklungsaufgaben der betroffenen Menschen orientieren, vielmehr müssten auch integrative und gemeindenahe Einrichtungen sowie Selbsthilfegruppen intensiver wahrgenommen werden. Unter dieser Perspektive wären auch soziale Netzwerke in die methodische heilpädagogische Tätigkeit einzubinden. Hierdurch könne einer Zentralisierung der Hilfen und einer Isolierung der von diesen Hilfen betroffenen Personen entgegengewirkt werden. Speck hierzu abschließend:

> „Längst werden Verbundsysteme dezentralisierter Einrichtungen angestrebt [...]. In eine stadtteilbezogene, gemeindenahe oder regionale Vernetzung der Erziehungshilfen werden vor allem auch die Heime einbezogen [...]. Durch sie kann auch einem gegenseitigen Ausspielen der ambulanten und der stationären Erziehungshilfe vorgebeugt werden. Wünschenswert wäre vor allem auch eine engere Zusammenarbeit zwischen [...] Schule und Heim."
>
> *(Speck, 2003, 342)*

Heilpädagogische Zielsetzungen und Aufgaben

Speck geht von folgenden Richtzielen einer speziellen Erziehung aus:

- **Selbstbestimmt leben können – Personale Integration**; hierunter ist primär das Ermöglichen der Selbstbestimmung zu verstehen. Der Anteil des „Personalen" im Prozess der Integration bezieht sich hierbei auf die individuelle Persönlichkeit und ihren strukturellen Zusammenhalt – welcher bei Menschen mit einer Behinderung gegebenenfalls bedroht sein kann. Die Umsetzung der personalen Integration „ist dann als Ganzwerden der Person, als Selbstakzeptanz, als Finden und Behaupten von relativer Autonomie und Authentizität, als Selbstverwirklichung und volles Menschwerden zu verstehen, was zugleich nach außen hin als Realisierung voller Menschlichkeit erfahrbar wird" (Speck, 2003, 364).

- **Sozio-kulturell teilhaben können – Soziale Integration**; hiermit beschreibt Speck die Kehrseite der oben skizzierten personalen Integration: Eine innere Integration ist nur im Hinblick auf ein soziales Eingebundensein möglich. Diese soziale Partizipation kann „sowohl als Ziel für den einzelnen Menschen mit einer Behinderung als auch für die anderen [...] (verstanden werden). Sie ist ein Ziel, das [...] von zwei Seiten aus erreicht werden muss. Sie kann auf den verschiedenen Ebenen realisiert werden, angefangen von der Primärgruppe (Familie), über die Spielgruppe, die Schulklasse, über den Arbeitsplatz bis zur Wohngruppe und Gemeinde" (Speck, 2003, 365).

- **Kompetent sein können – Tüchtigkeit**; hierunter versteht Otto Speck den Erwerb lebensbedeutsamer Kompetenzen und Fähigkeiten. Er unterscheidet hierbei drei Kompetenzbereiche: die Sachkompetenzen, welche sich auf das Kennenlernen und die Auseinandersetzung mit der Sachwelt beziehen; die Sozialkompetenzen, welche auf die Fähigkeiten im Umgang und Zusammenleben mit Anderen hindeuten; die moralischen Kompetenzen, als Einstellungen und Überzeugungen „im Sinne von sittlicher

Autonomie, Verpflichtung und Verantwortlichkeit gegenüber sich selbst und Anderen (Tugenden) [...]. Die Einbindung der moralischen oder sittlichen Kompetenz ist zwar weniger geläufig, aber deshalb nicht weniger wichtig. Durch sie erhalten die mehr funktionellen, aber auch die sozialen Kompetenzen ihren fundierten Wertmaßstab" (Speck, 2003, 366).

Im weiteren Verlauf erläutert Otto Speck mögliche heilpädagogische Aufgabenbereiche. Es handelt sich hierbei um folgende Elemente und Dimensionen:

- **Behinderungsbezogene Aufgaben**, welche sich an den konkreten Formen der jeweiligen Behinderung orientieren. Dieses führt im positiven Falle zu einer konkreten Arbeit mit den jeweils betroffenen Menschen. Kritisch kann hierzu jedoch auch eine mögliche Verengung der Perspektive im Hinblick auf das Behinderungsspezifische angemerkt werden.
- **Lebenslaufbezogene Aufgaben**, welche sich an der Entwicklungsabfolge des Menschen und den hierbei notwendigen Akzentuierungen orientieren. Eine heilpädagogische Aufgabenstellung erstreckt sich somit über die gesamte Lebensspanne eines Menschen.
- **Methodenbezogene Aufgaben**, hierbei stellen sich einer Heilpädagogik die Aufgaben der Erziehung (im Hinblick auf die Persönlichkeitsbildung und Sozialerziehung), des Unterrichts, der Beurteilung, der Therapie, der Beratung und der Pflege – obwohl es sicherlich immer wieder zu unterschiedlichen Schwerpunktsetzungen hierbei kommen wird.
- **Zielbezogene Aufgaben**, welche im Hinblick auf eine normativ-programmatische Ausrichtung den Sinn heilpädagogischen Handelns formulieren. Die Schwerpunkte dieser Aufgabenstellungen spiegeln nach Speck häufig die aktuellen gesellschaftlichen Tendenzen wider. Hierdurch kommt es auch zu einer permanenten Veränderung dieser Aufgaben und Muster. Für die gegenwärtige Situation nennt er folgende Aufgaben: die Prävention (als Erziehung und Förderung von Kindern, welche von einer Behinderung bedroht sind); die Rehabilitation (als die die Einzeldisziplinen überschreitende Aufgabe der Optimierung der psychischen, physischen und gesellschaftlichen Entwicklungs- und Lebensbedingungen); die Integration (also die soziale Eingliederung); die Normalisierung (also den Abbau von Sonderregelungen für Menschen mit Behinderung, sodass diese ein Leben so normal wie möglich führen können).
- **Sozialökologische Aufgaben**, welche sich auf die Stabilisierung und Funktionalität ganzer Lebensbereiche, welche für einen Menschen mit Behinderung relevant sind, beziehen. Die sich hieraus ergebenden konkreten Aufgaben beziehen sich nach Speck auf die je konkreten Adressaten heilpädagogischen Handelns. Er benennt hierzu im Besonderen die Kooperation mit den Eltern, die interdisziplinäre Kooperation, die Einflussnahme auf die Exosysteme (wie z.B. das Rechtssystem und die Verwaltung) sowie die permanente Reflexion der eigenen Professionalität.

(vgl. Speck, 2003, 367 ff.)

Abschließend postuliert Otto Speck mögliche Rahmenkriterien für ein professionelles heilpädagogisches Handeln. Diese ergeben sich aus seinen grundsätzlichen Überlegungen und sind jeweils aufeinander bezogen:

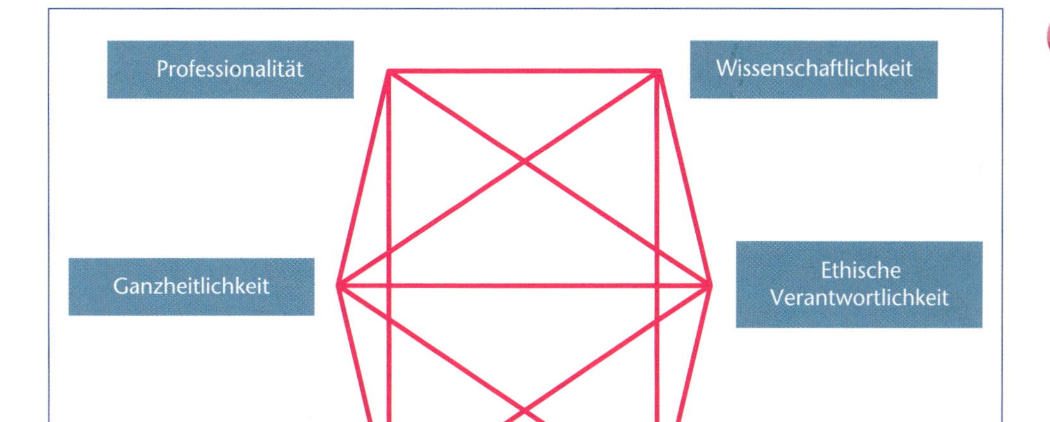

Rahmenkriterien für professionelles Handeln (Speck, 2003, 378)

Heilpädagogisch-psychologische Diagnostik und Beratung

Unter einer systemisch-ökologischen Prämisse sollten drei Konsequenzen für die Umsetzung psychologischer Erkenntnisse in heilpädagogisches Handeln bedacht werden:

- Die Umwelt des jeweiligen Menschen ist in das pädagogische Tätigwerden einzubeziehen.
- Die Eigeninitiative des jeweiligen Menschen ist in hohem Maße zu beachten.
- Die Beachtung der bio-physischen Voraussetzungen für interaktives und selbst organisierendes Verhalten (wie z. B. Sinnes- oder Bewegungsbeeinträchtigungen).

Auf der Grundlage dieser drei Voraussetzungen sollte es in der heilpädagogischen Diagnostik und Beratung primär darum gehen, „Bedingungen dafür ausfindig zu machen, die geeignet sind, dass sich [...] (der Mensch) auf der Basis seiner psycho-physischen Gegebenheiten selber umorganisiert. Gefragt ist Hilfe zur Selbsthilfe, kein Machen, kein Dirigieren, aber auch keine Diagnostik als Selbstzweck" (Speck, 2003, 381). Diagnostische und beratende Prozesse verstehen sich somit als Vorgänge der Rückkopplungen und der selbstorganisierten und -organisierenden Lern- und Lebensprozesse. Speck schließt seine Begründungen zu den methodischen Ansätzen eines systemisch-ökologischen Ansatzes mit einigen kritischen Bemerkungen ab:

> „So kann systemisches Denken mit der intendierten Komplexitätsfülle leicht zu Überforderungen und damit zu unverbindlichen allgemeinen Aussagen führen. Viele Systemkomponenten können nicht exakt beschrieben und erfasst werden. Es kommt leicht zu allzu subjektiven und nicht kontrollierbaren Aussagen. Schließlich besteht die Gefahr, dass die Einsicht von der begrenzten Planbarkeit und Prognostizierbarkeit zu einem systemischen Pessimismus führt, wenn diese Aspekte überbetont werden."
> *(Speck, 2003, 385)*

In der 6. Auflage teilt Speck diese Bereiche in fünf Teilbereiche auf (vgl. Speck, 2008, 320 ff.).

Er differenziert hierbei vor allem professionelle Funktionen und Institutionen.

Überlegungen und Versuche

1. ***Übertragen Sie diese vier Aufgaben auf den Lebenslauf von Frank. Welche Konsequenzen für heilpädagogisches Handeln ergeben sich konkret hieraus?***
2. ***Was müsste sich hinsichtlich der Arbeiten in den Einrichtungen, in welchen Frank gelebt hat, verändern?***
3. ***Wie könnte sich ein mögliches interdisziplinäres Arbeiten auf dem Hintergrund der Aussagen von Speck zu diesen vier Aufgabenbereichen gestalten?***

Fazit

Otto Speck analysiert die Situation der Heilpädagogik in einer gesellschafts-historischen Phase des Umbruchs. Er bilanziert diese Situation als Wahrnehmung und Äußerung einer hochkomplexen und komplizierten Wirklichkeit. In eben dieser Wirklichkeit und mit ihr könne die Heilpädagogik einen systemtheoretischen Zugang zur Beschreibung ihrer Wissenschaft und ihres Handelns wählen. Speck präzisiert die Systemtheorie hierbei und überträgt sie auf heilpädagogische Denkmodelle und Handlungsfelder, wobei er von anthropologischen und ethischen Grundannahmen ausgeht, auf deren Hintergrund er den Begriff der Behinderung systemisch deutet und im Anschluss hieran den systemisch-ökologischen Ansatz mit pädagogischen Aufgaben und Notwendigkeiten verbindet. Abschließend konkretisiert er seine Aussagen, indem er sie mit ausgewählten heilpädagogischen Arbeitsfeldern korreliert.

2.1.4 Dieter Gröschke: „Praxiskonzepte der Heilpädagogik"[1]

Lebensgeschichte (Teil 4)

Nachdem in einer intensiven diagnostischen Phase weitere Informationen zu Franks psycho-physischen Zustand erhoben worden sind, schlägt der Leiter der Wohngruppe eine multi- und interdisziplinäre Arbeitsweise vor: Mit Frank solle auf den unterschiedlichsten Ebenen und mit möglichst vielen Bereichen seiner Persönlichkeit gearbeitet werden. Anhand der inzwischen vorliegenden Diagnose solle somit körperlich mit Frank gearbeitet werden, da er offensichtlich im Bereich der Körperwahrnehmung intensive Störungen aufweise. Hierin sei auch die Bewegung einbezogen, da er sich – so der Pädagoge – viel zu wenig bewege. Im Hinblick auf seine gesamte Entwicklung kommt man in den Teamgesprächen zu der Erkenntnis, dass sich die Meinung, bei Frank handele es sich um einen Menschen mit einer geistigen Behinderung, so nicht mehr halten lasse. Wie seine Entwicklung jedoch auf der Basis der neuen Erkenntnisse eingeschätzt werden könne, müsse noch weiter eruiert werden. Deutlich wird jedoch allen Beteiligten, dass Frank noch eine Menge lernen könne. Dieses solle mit ihm gemeinsam, durch hand-

[1] *1. Auflage 1989 bzw. 2. Auflage 1997*

lungs-, aber möglicherweise auch durch sprachbezogene Handlungen verfolgt und konkretisiert werden.

Eine neu in die Wohngruppe kommende Praktikantin der Heilpädagogik liest den Protokoll- und Planungsbogen zu diesen Vereinbarungen und kommt zunächst sehr ins Nachdenken. Sie geht zum Gruppenleiter und bespricht ihre Zweifel mit ihm, da sie glaubt, dass die Umsetzung dieses Arbeitskatalogs für Frank eine absolute Überforderung bedeute. Zudem könne sie keine theoretische und methodische Grundlegung zu diesem Vorgehen erkennen. Der Gruppenleiter schlägt ihr daraufhin vor, dass sie doch die konkrete Arbeit mit Frank übernehmen und zu einem Ziel ihres Praktikums machen solle. Die Praktikantin willigt ein und auch Frank ist von der Zusammenarbeit mit dieser Frau scheinbar sehr angetan, da er immer wieder ihre Nähe aufsucht. Auch gehen seine Aggressionen mehr und mehr zurück.

Dieter Gröschke ist an der Katholischen Hochschule Nordrhein-Westfalen, Abteilung Münster, im Studiengang Heilpädagogik tätig. Er lehrt dort die Grundlagen der Allgemeinen und Speziellen Heilpädagogik sowie Elemente der Psychologie und der Heilpädagogischen Berufsethik. Diese Themenbereiche bilden auch die Schwerpunkte seiner Forschungs- und Publikationstätigkeit, wobei seine Veröffentlichung zu den Praxiskonzepten der Heilpädagogik als das Standardwerk in diesem Kontext bezeichnet werden kann. Wie ist dieses Werk aufgebaut und welche grundlegenden Themen werden dort behandelt?

Gröschke setzt sich in einem ersten Schritt für den Begriff der Heilpädagogik ein und bezeichnet ihn als den Leitbegriff für die Tätigkeiten in der Arbeit mit behinderten oder von Behinderung bedrohten Menschen. Er grenzt ihn hierbei von der Bezeichnung der „Sonderpädagogik“ ab und deutet an, dass die Bezeichnung „Heilpädagogik“ eher die konkrete Praxis, diejenige der Sonderpädagogik eher die Wissenschaft bezeichne. Dennoch scheint es für ihn hierbei keine deutliche Trennung zu geben:

> „Die Abgrenzung von Heil- **versus** Sonderpädagogik deckt sich allerdings nicht exakt mit den Grenzen zwischen Wissenschaft und Praxis. Es gibt viele Praktiker, auch im außerschulischen Bereich, die Probleme haben, sich als Heilpädagogen zu verstehen; andererseits gibt es auch im wissenschaftlichen Bereich Fachvertreter und ganze Fachbereiche, die – bewusst oder auch nicht – am Begriff der Heilpädagogik festhalten. Die Scheidung in Heil- versus Sonder- und Behindertenpädagogik verläuft sowohl parallel wie auch quer zur Grenzlinie von Wissenschaft und Praxis. Alles in allem ist der Name Heilpädagogik jedoch stärker im eigentlichen Praxisbereich vertreten, während die Bezeichnung Sonderpädagogik bzw. Behindertenpädagogik Ergebnis wissenschaftsinterner Differenzierungsprozesse innerhalb des Fachgebietes ist.“
> *(Gröschke, 1997, 21)*

In einem weiteren Schritt differenziert er den Begriff der Heilpädagogik und teilt ihn in zwei grundlegende Kategorien auf:

- **Heilpädagogik als ethisch-normativer Begriff**; mit Bezug auf Kobi, Speck u.a. stellt Gröschke hierzu fest, dass die heilpädagogisch Tätigen zu wertbezogenen Stellungnahmen und Vorgehensweisen herausgefordert sind. Die Praxis postuliert somit nahezu die Berücksichtigung der Wert- und Zielfragen in der Bearbeitung und Reflektion heilpädagogischen Handelns. Gröschke bezieht sich in seiner Argumentation hierbei auch auf die Berufspraxis der Heilpädagogen und bezeichnet die Arbeit mit geistig schwerstbehinderten und mehrfach behinderten Personen als eine mögliche Schlüsselsituation für diese Handlungsvollzüge, in welche die dort Tätigen in Grenzsituationen geraten könnten: „[...] angesichts von medizinisch-biologisch Unheilbarem brauchen wir den Begriff von Heilpädagogik, der diese existentielle Spannung angesichts von Unabänderlichkeit antithetisch auffängt, selbst wenn er sie nicht auflösen kann. Heilpädagogik als Antithese ist dort ein ethisch stabilisierendes Element, wo in einer von technologischem Denken beherrschten Welt Unheilbares latent der Gefahr ausgesetzt ist, nihilistisch zum Zweck- und damit Sinnlosen erklärt zu werden" (Gröschke, 1997, 27).

- **Heilpädagogik als synthetisierender Begriff;** vor dem Hintergrund der Differenzierung von analytischem und synthetischem Denken postuliert Gröschke, dass es sich bei der Heilpädagogik um eine synthetisierende, also Gestalt gebende, Wissenschaft und Praxis handele. Er nimmt in diesem Kontext auch die Differenzierung zwischen Sonder- und Heilpädagogik wieder auf: „So verstanden, bestünde zwischen empirisch-analytisch verfahrender Sonderpädagogik und synthetisierender Heilpädagogik arbeitsteilig und komplementär ein ideelles Verhältnis nach dem Muster von Elementen und Gestalt. Heilpädagogik wäre ein synthetisierender Begriff, der das Bestreben ausdrückt, in Wissenschaft und Praxis, in Theorie und alltäglicher Lebenswelt, das ‚Ganze' und seinen ‚Sinn' nicht aus den Augen zu verlieren, zwischen problembezogenem und kausalanalytischem Zweck-Mittel-Denken und finalem Sinndenken dialektisch zu vermitteln [...]" (Gröschke, 1997, 32). In diesem Kontext ist auch der Begriff der Ganzheitlichkeit kritisch zu hinterfragen. Gröschke stellt hierzu fest, dass das Konstrukt der Ganzheitlichkeit bestenfalls eine Orientierung stiftende Handlungsmaxime, keinesfalls jedoch ein klar umrissenes Praxiskonzept sein kann.

(vgl. Gröschke, 1997, 29 ff.)

Der Heilpädagogik komme somit die Aufgabe zu, die Einheit in der Arbeit mit Menschen mit Behinderung zu wahren. Gröschke hierzu abschließend:

> „Es wäre auf die Dauer nicht gut, wenn das Fachgebiet der pädagogischen Behindertenhilfe rein additiv zu einem losen Verbund von rund einem Dutzend einzelner sonderpädagogischer Fachrichtungen werden würde. Im Gegenzug zum analytisch-zergliederten Denken ist heute eine konzeptionelle Synthese notwendig, die bei aller behinderungsspezifischen Differenzierung das Humane und **edukative** Gemeinsame und Verbindende aller pädagogisch-therapeutischen Bemühungen im Felde der Behindertenhilfe sicherstellt. Dem Leitbegriff Heilpädagogik kommt dabei eine identitätsverbürgende Funktion zu. Diese letztlich normativ begründete Ausdeutung des Begriffs Heilpädagogik deckt sich im Übrigen gut mit den anthropologisch-pädagogischen und sozialethischen Intentionen der Integrationsbewegung und des Normalisierungskonzepts, bei denen es ja auch um die Überwindung und Aufhebung des Absondernden, Trennenden und Isolierenden im Zusammenleben mit behinderten Menschen [...] geht."
> *(Gröschke, 1997, 40)*

Überlegungen und Versuche

1. ***An welchen Stellen erkennen Sie in der Lebensgeschichte von Frank eher analysierende oder eher synthetische Elemente? Worauf führen Sie diese jeweils zurück?***
2. ***Wie müsste eine heilpädagogische Tätigkeit mit Frank geplant und durchgeführt werden, wenn die Grundannahmen von Gröschke zur Heilpädagogik (als ethisch-normative und synthetisierende Handlungswissenschaft) zugrunde gelegt werden? Stellen Sie Ihre Ausführungen hierzu an Beispielen dar.***

3. ***Diskutieren Sie in einem Rollenspiel den möglichen Widerspruch zwischen theoretisch-orientierter Sonder- und praxisbezogener Heilpädagogik. Fassen Sie Ihre Ergebnisse hierzu thesenartig zusammen.***

4. ***Welche Kritik wäre an dieser geisteswissenschaftlichen Ausrichtung der Ableitungen und Definitionen von Gröschke zu formulieren? Stellen Sie auch diese Ergebnisse Ihrer Diskussion thesenartig zusammen.***

Wodurch gelingt nun aber die konkrete Orientierung der Heilpädagogik an der Praxis? Wie kann diese wiederum wissenschaftlich begründet und ausgeführt werden? Gröschke bezieht sich in der Beantwortung dieser Fragen auf praxeologische und hermeneutisch-pragmatische Konzepte. Was ist hierunter konkret zu verstehen?

Das praxeologische Modell geht davon aus, dass sich das gesellschaftliche und menschliche Leben in unterschiedliche Teilbereiche oder Teilpraxen aufteilen lässt. Um das Pädagogische oder Heilpädagogische als eine charakteristische humane Praxis zu definieren, solle diese mit anderen gesellschaftlichen Teilbereichen kontrastiert werden. „Dieses Modell gesellschaftlicher Ausdifferenzierung in Teilpraxen erhebt nicht den Anspruch, eine Gesellschaftstheorie zu sein [...]. (Es) ist ein Strukturmodell, das den Ort und die Bedeutung der Pädagogik im Gesellschaftsganzen aufklären soll" (Gröschke, 1997, 99). Mit Benner (Benner, 1987, 20 ff.) geht Gröschke davon aus, dass sechs Teilpraxen benannt werden können:

- Die Arbeit, durch welche der Mensch seine Lebensgrundlagen schafft und erhält.
- Die Ethik, mit und durch welche der Mensch die Normen und Regeln der Verständigung anerkennt und weiterentwickelt.
- Die Politik, mit welcher der Mensch die gesellschaftliche Zukunft entwirft und gestaltet.
- Die Kunst, mit welcher der Mensch die Gegenwart in ästhetischen Darstellungen *transzendiert*.
- Die Religion, in welcher eine Konfrontation des Menschen mit seiner Endlichkeit und seinem Tod stattfindet.
- Die Pädagogik, in und mit welcher das Generationenverhältnis des Menschen dargelegt wird: Er wird von der vorausgehenden Generation erzogen, erzieht wiederum die ihm nachfolgende.

Diese Gesamtpraxis, wie aber auch die einzelnen Teilstrukturen, sind des Weiteren durch die Prinzipien der Freiheit, der Geschichtlichkeit und der Sprachlichkeit gekennzeichnet:

> „In seiner ‚unbestimmten Bestimmtheit' muss sich der Mensch in seinem praktischen Handeln erst selbst finden und bestimmen (Freiheit). Praxis ist eine Einheit von Vergangenheit, Gegenwart und Zukunft, von Wirkungsgeschichte, Dasein und Entwurf in die Zukunft (Geschichtlichkeit). Praxis als mit- und zwischenmenschliches Zusammenleben ist vor allem kommunikative Praxis (Sprachlichkeit)."
> *(Gröschke, 1997, 101)*

Diese neun Teilbereiche stehen in einem wechselseitigen Verhältnis zueinander, welches Benner wie folgt darstellt:

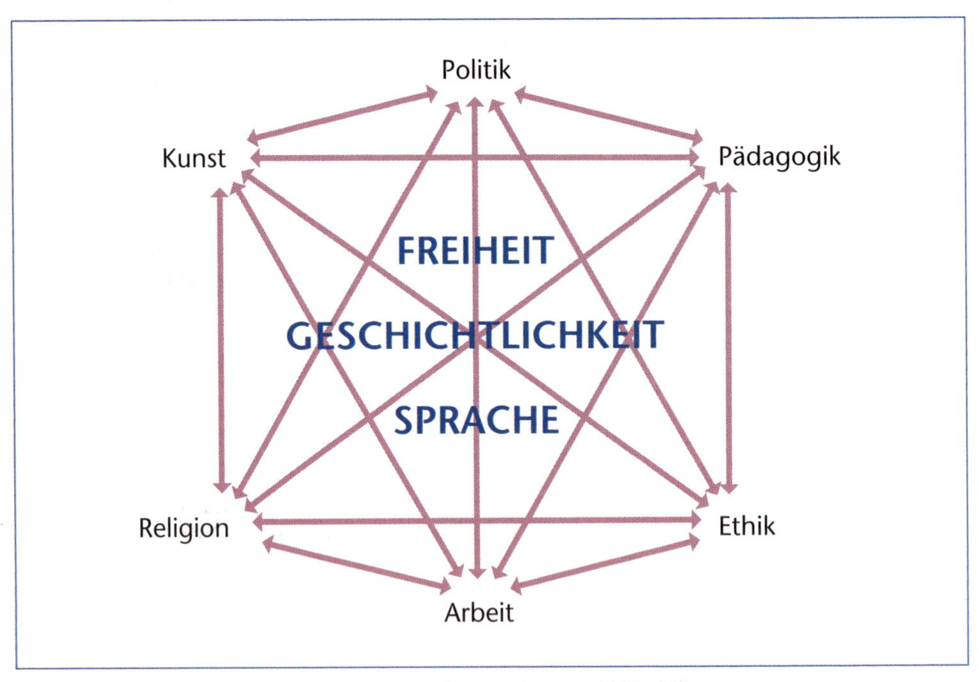

Schema menschlicher Gesamtpraxis und ihrer Teilpraxen (Benner, 1987, 34)

Das **hermeneutisch-pragmatische Konzept** stellt die Verstehensprozesse zwischen Menschen in den Mittelpunkt. Gröschke bezieht sich hierbei auf Wilhelm Flitner, wenn er feststellt, dass alle pädagogischen Bemühungen um die Erziehungswirklichkeit kreisen. Diese wird bestimmt „als Teil der sie umfassenden Lebenswirklichkeit, wie sie sich aktuell zeigt und wie man sie als geschichtlich gewordene verstehen muss, um sich zukünftig in ihr orientieren zu können" (Gröschke, 1997, 105). In dieser Lebenswelt ist der heilpädagogisch Handelnde immer wieder dazu herausgefordert, sich in die Prozesse des Verstehens hineinzugeben, mehr noch: Das Verstehen selbst ist die alltagspraktische Basismethode, aus der heraus sich erst andere methodische Elemente und Momente ergeben: „Man kann die Bedingung der Möglichkeit des Verstehens des Anderen als das hermeneutische Grundproblem bezeichnen, wobei ‚das Andere' ein anderer Mensch sein kann [...], eine Sprache oder Schrift oder sonst eine kulturelle Objektivation, wie z.B. Kunstwerke [...]" (Gröschke, 1997, 106). Die prinzipielle Vorgehensweise dieses Verstehens geschieht durch die Prozesse der sprachlichen Kommunikation. Diese sind jedoch immer eingebettet in die Vollzüge vorsprachlicher und körpersprachlicher Ausdrucksformen. Alle diese Prozesse beziehen sich in diesem Kontext auf die konkrete Erziehungssituation, in welcher der oder die heilpädagogisch Handelnde sich in den Vollzug oder Nachvollzug der Verstehensvorgänge mit einem anderen (behinderten) Menschen zu begeben hat. Diese Sichtweise vereint somit in ihrer Begründung wie in ihrer Umsetzung ein Menschenbild, in welchem anthropologische, ethische und pragmatische Dimensionen aufeinander bezogen und miteinander verwoben sind (vgl. Gröschke, 1997, 109).

Diese vier Grundparameter der Überlegungen von Gröschke können wie folgt zusammengefasst werden:

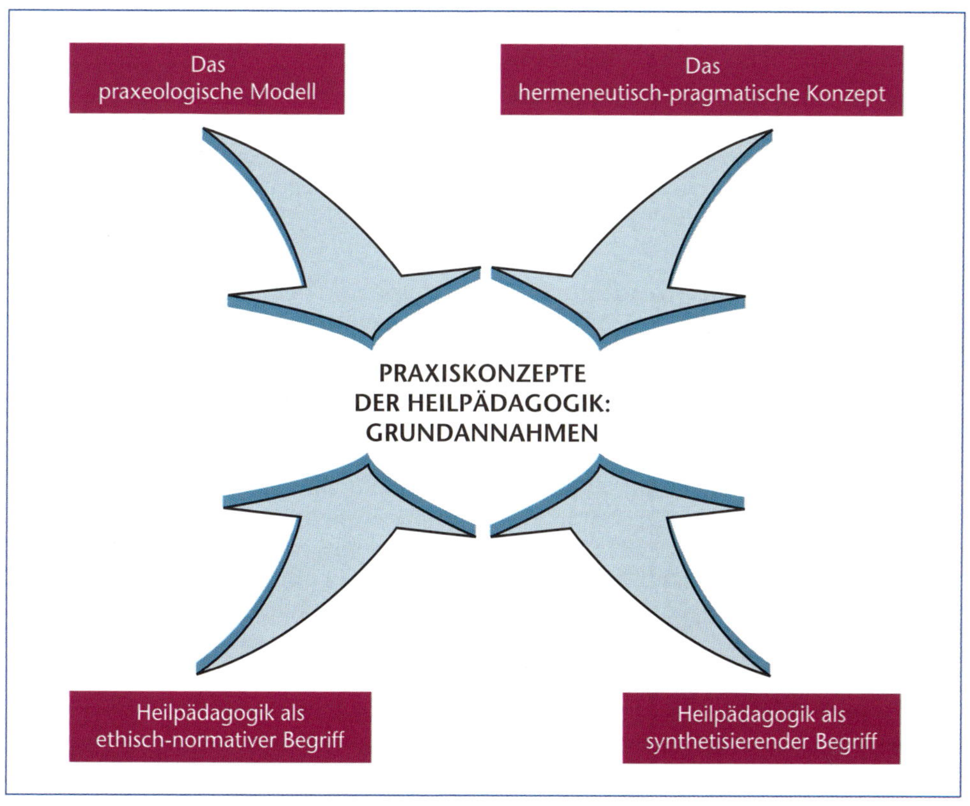

Grundannahmen des Modells von Gröschke

Überlegungen und Versuche

1. ***Welche Teilpraxen haben das Leben von Frank bislang bestimmt? Wie und wodurch können ihre wechselseitigen Abhängigkeiten gekennzeichnet werden?***
2. ***Stellen Sie in einem Rollenspiel mögliche Verstehensprozesse (oder Missverstehensprozesse) in Franks Leben dar. Tauschen Sie anschließend die Rollen und verständigen Sie sich über Ihre jeweiligen Erlebnisse.***
3. ***Stellen Sie an weiteren möglichen Lebensgeschichten die Vernetzung der vier Grundannahmen des Modells von Gröschke dar. Welche Anforderungen ergeben sich aus Ihren Arbeitsergebnissen für professionelles heilpädagogisches Handeln?***

Nach diesen grundlegenden Bestimmungen erarbeitet Gröschke einen Ansatz für mögliche Konzepte in der Heilpädagogik. Der **Begriff des Konzepts** steht hierbei im Mittelpunkt seiner Ausführungen. Dieser stellt eine Brücke zwischen den Bereichen der Theorie und der Praxis dar. Hierbei sollen zwei Prämissen gelten:

„a) Da es in der heilpädagogischen Praxis um personale Beziehungsverhältnisse geht, ist der Vermittlungsschritt an die Möglichkeiten und Voraussetzungen der handelnden Personen gebunden (Personbezug).

b) Da heilpädagogisches Praxishandeln ziel- und wertgeleitet sein muss, darf der gesuchte Zwischenschritt nicht wertabstinent erfolgen, sondern muss im hermeneutischen Sinne die konkrete Lebenssituation der beteiligten Handlungspartner erfassen (Lebensbezug).

Ein Konzept ist also zunächst einmal die gedankliche Konstruktion oder Rekonstruktion eines Handlungsentwurfs inklusive seiner zugrunde liegenden Problemauffassung und Leitideen."
(Gröschke, 1997, 114)

Diese Brückenfunktion der Konzepte realisiert sich somit in der Einheit von an den Personen gebundenen Kognitionen (welche durch ihr Fachwissen deutlich werden), durch wertbezogene und wertende Stellungnahmen (welche auf das Gewissen der jeweils Handelnden verweisen), auf die konkreten Motive, Absichten und Ziele und auf die Interaktionsbeziehungen (zwischen mindestens zwei handelnden Personen) (siehe Abbildung).

„Diese beiden Personen sind nicht beliebig austauschbar; vielmehr ist das Handlungsergebnis (Zielkomponente des Konzepts) wesentlich von der ‚Stimmigkeit' des Passungsverhältnisses zwischen Person und Konzept (‚Authentizität') abhängig. Konzepte haben von daher einen anderen Stellenwert als (sozial-)technologische Regeln. Im Begriff von ‚Konzept' geht es in erster Linie um die Klärung der personenbezogenen Ziele und Inhalte heilpädagogischen Handelns unter den konkreten Bedingungen der Alltagspraxis, dann erst um die methodisch-didaktischen Einzelschritte ihrer Anwendung in einer einzelnen Handlungssituation."
(Gröschke, 1997, 115)

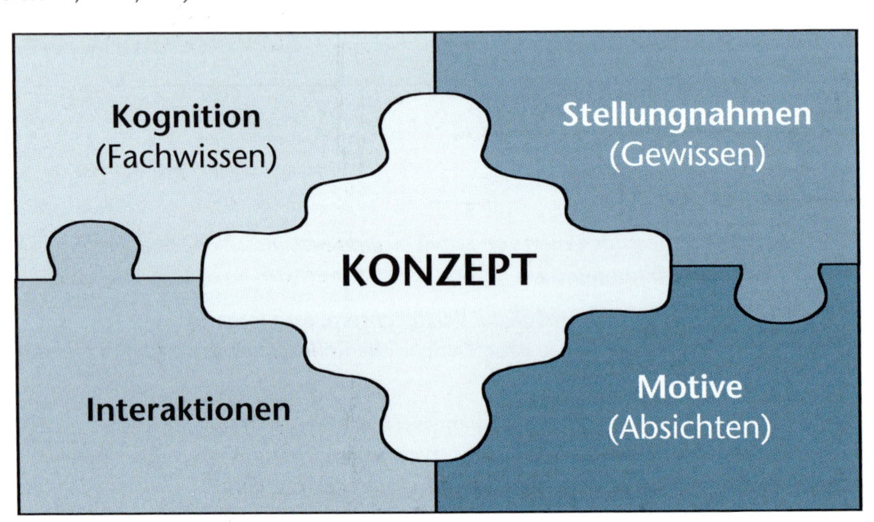

Konzept als Einheit unterschiedlicher Bausteine

Die handelnde Person sollte des Weiteren über drei Kompetenzen verfügen, welche ihrerseits wiederum miteinander vernetzt sind:

- Die **instrumentelle Kompetenz:** Die handelnde Person beherrscht berufliche Fähigkeiten, Methoden, Techniken und verfügt über Fachwissen.
- Die **soziale Kompetenz:** Die handelnde Person ist in der Lage, sich verstehend auf die Situation und Bedürfnisse des je anderen Handlungspartners einzulassen. Hierunter ist aber auch die Rollendistanz zu verstehen, um sich von der Situation und ihrer Dynamik nicht vereinnahmen zu lassen.

- Die **reflexive Kompetenz:** Die handelnde Person verfügt über das Bewusstsein der Intersubjektivität in den Beziehungen zu anderen Menschen. Hierunter fallen auch das Verstehen und der konstruktive Umgang mit eigenen biografischen Personanteilen.

Gröschke macht abschließend den Zusammenhang von Handlungskonzepten in dem Spannungsfeld zwischen Theorie und Praxis an folgendem Schaubild deutlich:

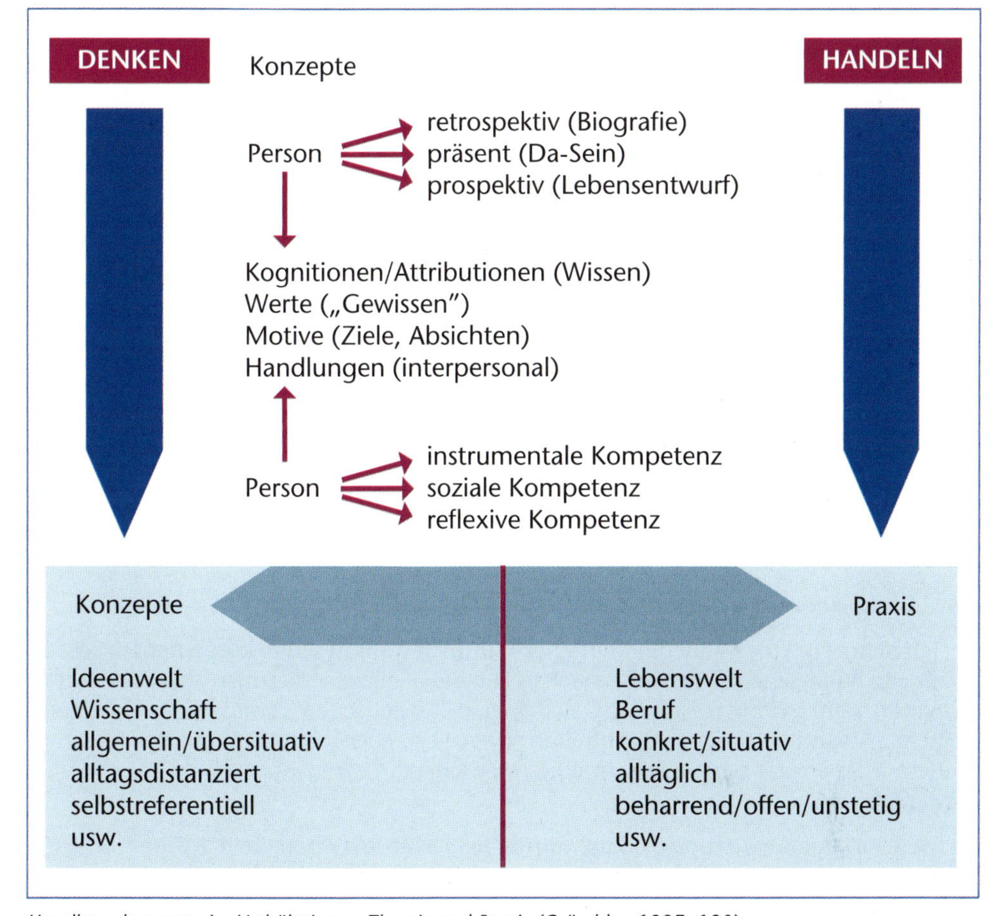

Handlungskonzepte im Verhältnis von Theorie und Praxis (Gröschke, 1997, 120)

Überlegungen und Versuche

1. ***Skizzieren Sie vor dem Hintergrund der Grundannahmen von Gröschke zum Konzept mögliche Konzeptideen für das heilpädagogische Handeln mit Frank.***
2. ***An welche Grenzen stoßen Sie hierbei gegebenenfalls?***
3. ***Erarbeiten Sie eine Konzeption für die Wohngruppe, in der Frank lebt. Was haben Sie hierbei zu beachten?***

Auf dem Hintergrund folgender fünf Elemente definiert Gröschke des Weiteren die Praxis als den Ursprung und das Bewährungsfeld der heilpädagogischen Konzepte:

- Die **Wertkomponente**, in welcher und durch welche das Berufsbild des heilpädagogisch Handelnden zutage tritt. In diesem Kontext benötigt der Heilpädagoge ein gesichertes anthropologisch-philosophisch reflektiertes Fundament für sein Handeln.
- Die **Zielkategorien**, durch welche die Leitvorstellungen heilpädagogischer Arbeit deutlich werden. Diese reichen von allgemeinen Globalzielen (wie das der Selbstverwirklichung oder das der Normalisierung) bis hin zu situations- und funktionsbezogenen didaktisch-methodischen Feinzielen für die einzelne Person.
- Die **Legitimation**, welche sich auf das Eingebundensein des heilpädagogisch Tätigen in gesellschaftliche und rechtliche Kontexte bezieht. Hier handelt er immer im Auftrag staatlicher oder nichtstaatlicher Instanzen und kommt hierbei einem doppelten Mandat nach: Er handelt für seine Klientel, aber gleichzeitig auch im Auftrag seines Dienstgebers.

- Das **Wissen** der heilpädagogisch Handelnden, welches sich aus wissenschaftlich begründetem Bedingungs-, Erklärungs- und Veränderungswissen zusammensetzt.
- Die **Methoden und Interventionen**, welche im je konkreten Einzelfall zu realisieren sind.

(vgl. Gröschke, 1997, 122 ff.)

Vor dem Hintergrund der Berufspraxis der heilpädagogisch Handelnden entwickelt Gröschke dann das Fundament heilpädagogischer Konzepte. Hierzu analysiert er mögliche Grundphänomene personaler Existenz und leitet von ihnen eine Systematik heilpädagogischer Handlungskonzepte ab (vgl. Gröschke, 1997, 185 ff.). Um welche Phänomene handelt es sich hierbei konkret? Welche Konzepte werden jeweils von ihnen abgeleitet?

Als Grundphänomen benennt Gröschke die **Leiblichkeit**:

> „Ich nehme [...] (den anderen Menschen) sinnlich wahr in seiner körperlichen Gestalt. Ich bin unangenehm berührt, erschreckt oder vielleicht fasziniert von der Deformation seiner Körpergestalt, die sich meiner ästhetischen Erwartungshaltung und meinen Wahrnehmungsgewohnheiten verweigert; aber ich erkenne in der Faktizität dieses Körpers das schiere Dasein eines Menschen."
> *(Gröschke, 1997, 194)*

Im weiteren Argumentationsverlauf unterscheidet er zwischen dem **Körper** und der **Leiblichkeit**. Der Körper ist hierbei der raumzeitlich ausgedehnte physikalisch erfassbare Leib in seiner materiellen Substanz; er kann somit als Objekt definiert werden. Der Leib ist die Erlebnisseite der Körperlichkeit, das Erlebnisphänomen kann als Leiblichkeit beschrieben werden; diese umfasst somit das Subjekt bzw. das Subjekthafte.

Im Leib herrscht also ein Zusammentreffen von Subjekt und Objekt: „Der Körper existiert im Raum, der Leib befindet sich in der Welt. Die Person in ihrer Leiblichkeit wahrzunehmen heißt also auch, ihre Beziehungsbedürftigkeit anerkennen. Die Ansprüche des Leibes fordern nicht nur Versorgung, sondern dialogische Antwortbereitschaft" (Gröschke, 1997, 204). In diesem Kontext spricht Gröschke von einem heilpädagogischen Leib*apriori*: Der Leib eines Menschen, einer Person, ist das Fundament seines Daseins und seiner gesamten Existenz. Er ist allem anderen vorausgesetzt, da der Mensch immer leiblich anwesend ist. Nicht nur sein Körper nimmt einen speziellen, physikalisch ausgedehnten Raum ein. Vielmehr sind alle Phänomene des menschlichen Seins (wie Bewegung, Entwicklung, Spielen, Lernen, Tätigkeit und Sprachlichkeit) leibhaftig gebundene Erscheinungen:

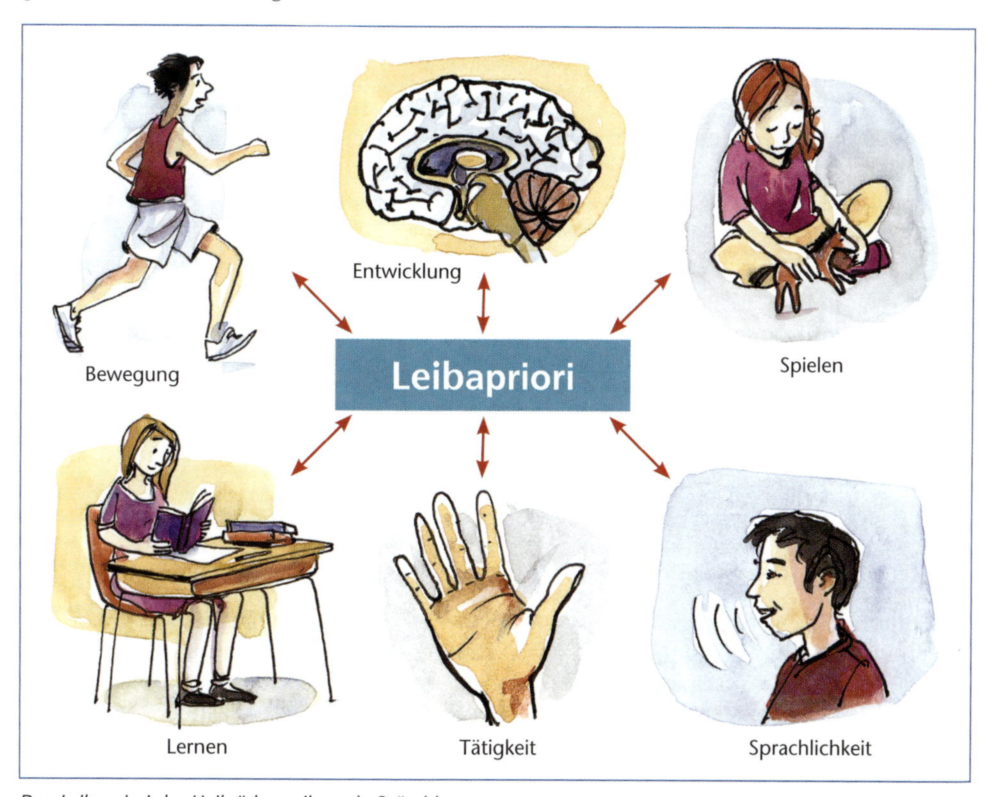

Das Leibapriori der Heilpädagogik nach Gröschke

Im Kontext dieser Leiblichkeit lassen sich zwei konzeptionelle Entwürfe benennen, welche sich primär hierauf beziehen: die Förderpflege und die basale Aktivierung. Bei beiden Konzepten führt „der Weg von der Stimulation zur Kommunikation, von der basalen Anregung der Sinne zum interpersonellen Austausch“ (Gröschke, 1997, 283) – dieses umso mehr, da es sich grundsätzlich um ein Spannungsverhältnis zwischen Körper und Leib handelt, in welchem der Körper als materielle Substanz und kreatürlicher Grenzwert beschrieben werden kann. Dieses erscheint Gröschke vor allem bei und mit Menschen mit schwersten Behinderungen relevant zu sein, da hier recht häufig eine intensive Bindung an und ein Verwiesen-Sein auf den Körper (welcher krank, schmerzend, gebrechlich usw. erscheint und ist) gegeben und somit vielfach eine lebenslange Pflege und Abhängigkeit zu konstatieren sind.

Als Zweites skizziert Gröschke das Phänomen der **Bewegung** (vgl. Gröschke, 1997, 207 ff.). Grundsätzlich ist hierzu festzustellen, dass der menschliche Leib immer ein bewegter Leib ist. Die Bewegung ist Ausdruck von Lebendigkeit in allen menschlichen Bereichen (also von der Grobmotorik bis hin zu scheinbar kaum noch wahrnehmbaren Bewegungen im Mikrobereich menschlichen Verhaltens). Der Leib ist hierbei das *vestibulär-kinästhetisch-taktile* Fundament der Sinnestätigkeit. Dieses bedeutet, dass er die Grundlage und die Realisationsmechanismen für die Gleichgewichts-, die Bewegungs- und die Berührungsempfindungen bildet. In seiner körperlichen Dimension ist der Leib somit der Träger der Sinnesorgane. In der phänomenologischen Dimension ist er in seiner Offenheit ein einziges großes Organ, ein „totales Sensorium" (Gröschke, 1997, 208). Zu diesem Phänomen benennt Gröschke die Konzeption der psychomotorischen Entwicklungsförderung. Diese kennzeichnet grundlegend die funktionelle Einheit psychischer und motorischer Vorgänge, die enge Verknüpfung des Körperlich-Motorischen mit dem Geistig-Seelischen. Sie verfolgt hierbei folgende Ziele:

- Über Bewegungserlebnisse soll eine Stabilisierung der Persönlichkeit erfolgen,
- es soll zum Aufbau eines positiven Selbstkonzepts kommen,
- die Motivation soll gefördert werden,
- es wird eine erlebnisorientierte Bewegungsförderung angestrebt,
- zudem stehen die Wahrnehmungsförderung, die Förderung des Körpererlebens, der Körpererfahrung und des sozialen Lernens im Mittelpunkt des Interesses.

(vgl. Möllers, 2009, 10 ff.)

Die **Entwicklung** stellt das dritte von Gröschke erörterte Phänomen dar. Er betont hierbei, dass es sich um ein eher theoretisches Konstrukt handele, in welches die unterschiedlichsten Annahmen zum Menschenbild sowie zur Beschreibung und zur Erklärung der menschlichen Ontogenese eingeflossen seien. Grundsätzlich stelle Entwicklung jedoch einen lebenslangen Prozess der Persönlichkeitsänderung durch Handeln, Erfahrungsverarbeitung und Lernen dar. „Zentrum und Initiator dieses Prozesses ist das Selbst (die Person), das bestrebt ist, bei allem inneren und äußeren Wandel die Vorgänge als sinn- und bedeutungshaltig zu erleben, um so seine Identität zu entwickeln und zu wahren [...]" (Gröschke, 1997, 221). Gröschke hierzu abschließend:

> „Für eine den Aufgabenstellungen angemessene Konzeption von Erziehung und Förderung in der heilpädagogischen Praxis brauchen wir ein Entwicklungsmodell, wie es in letzter Zeit als transaktionales, ökobehaviorales Modell in der Entwicklungspsychologie erarbeitet wurde: Entwicklung und Handlung im sozialen Kontext. Die charakteristischen Elemente dieses Modells sind folgende:
>
> a) Entwicklung wird verstanden als Ergebnis der selbstaktiven, intentionalen und zielgerichteten Handlungen der Person, sich mit ihren individuellen Zielen und Möglichkeiten an kontextuelle Anforderungen und Gelegenheiten anzupassen und diese zu bewältigen.
>
> b) Solche Handlungen führen nicht nur zur Veränderungen in der Person, sondern auch zu Veränderungen im Kontext der Entwicklung. Die auf diese Weise induzierten Umweltänderungen bieten so ständig die Gelegenheiten für neue entwicklungsanregende Handlungen, sodass sich Entwicklung in kreisprozessualen Bewegungsmustern zwischen Person und Umwelt vollzieht."
>
> *(Gröschke, 1997, 225)*

Als weiteres Phänomen stellt Gröschke das **Spiel** vor und bezeichnet es als eine „Lebensform, die als Grundmerkmal zum menschlichen Leben schlechthin gehört" (Gröschke, 1997, 227). Das Spiel ist somit ein weiteres A-priori-Element des Lebens. Es ist da, gegeben und muss doch immer wieder neu weitergeführt und gelernt werden. Es stellt sich als gestaltete Zeit und als individuell-subjektives Projektionsfeld ebenso dar, wie es eine Infragestellung des Alltäglichen ist. Eine mögliche Konzeption hierzu ist die heilpädagogische Spielförderung. Gröschke erläutert hierzu die sogenannte heilpädagogische Übungsbehandlung und erweitert sie, indem er feststellt, dass sie nicht ein einziger, fest definierter und standardisierter Ansatz sei, sondern sich auf ein ganzes Programm heilpädagogischer Entwicklungsförderung beziehe. Hierbei kann das Spiel als das Medium einer kindgemäßen Vermittlungsform verstanden und eingesetzt werden.

Das nächste Phänomen ist dasjenige des **Lernens**. Dieses meint grundsätzlich eine Veränderung im Verhalten oder im Verhaltenspotenzial eines Subjekts in einer bestimmten Situation, die durch wiederholte Erfahrungen des Subjekts in dieser Situation hervorgerufen wurde und die nicht durch zeitweilige organismische Zustände (z. B. Ermüdung, Drogeneinfluss usw.) erklärt werden kann. Gröschke unterscheidet folgende Möglichkeiten von Veränderung:

- Addition neuer Elemente zu den bereits vorhandenen (z. B. der Zuwachs des Wortschatzes),
- Substitution als das Ersetzen einer früheren Funktion durch eine gereiftere (so krabbeln Kinder z. B. nicht mehr, sobald sie frei laufen können),
- Modifikation als eine qualitative Optimierung einer Verhaltensweise nach bestimmten Wertkriterien,
- Differenzierung, also eine Verfeinerung von Strukturen und Elementen (z. B. eine Differenzierung der Begrifflichkeit „Tier“ nach den Merkmalen „Säugetier, Raubtier, Wolf“; oder aber auch eine Differenzierung der Gefühle: aus diffusen Lust-Unlust-Gefühlen werden nach und nach einzelne bestimmbare Emotionen),
- hierarchische Integration als die sinnvolle und funktionale Verknüpfung einzelner Elemente und Formen zu immer komplexeren Ganzheiten (wie z. B. die sensorische Integration im Aufbau sinnvoller Wahrnehmungsakte oder der Erwerb von Problemlösungskompetenzen).

(vgl. Gröschke, 1997, 240 ff.)

Des Weiteren erläutert Gröschke mit Bezug auf Gagne (1980) eine Ordnung von acht Lerntypen. Diese bauen aufeinander auf und können folgendermaßen dargestellt werden:

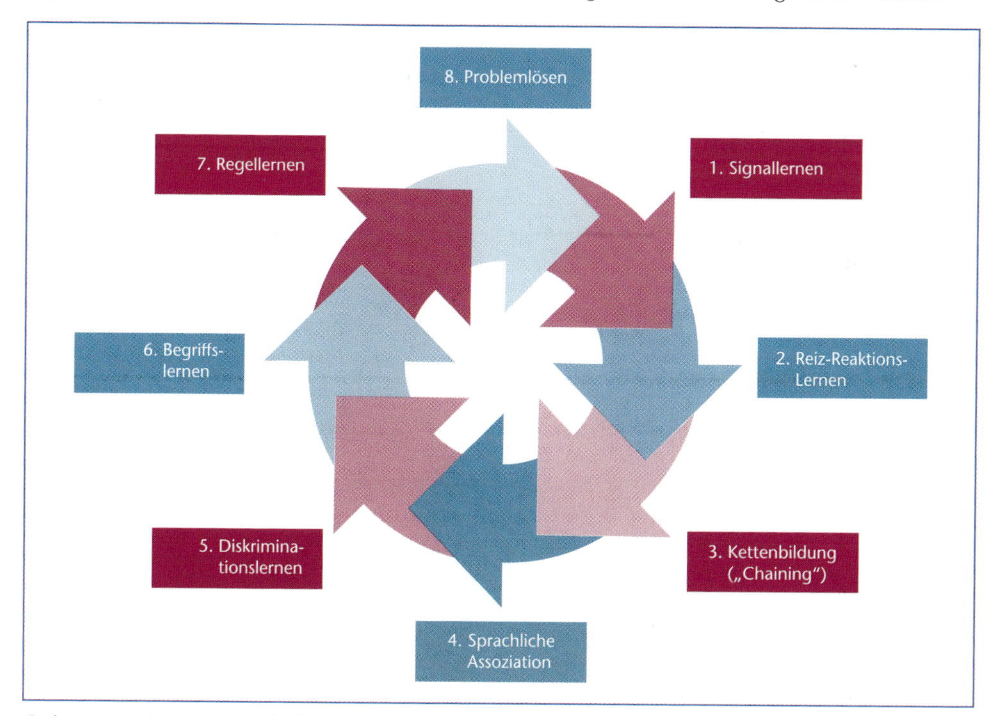

Ordnung von Lerntypen nach Gagne und Gröschke

Zu diesem Phänomen menschlichen Daseins können mehrere funktionelle Übungsprogramme benannt werden, so z. B.

- Sensomotorik (Physiotherapie, sensomotorische Übungsbehandlung, sensorische Integrationsbehandlung),
- Wahrnehmungstraining, Aufmerksamkeitstraining,
- Sprache (psycholinguistisches Training),
- Kognition (Lese-Schreib-Rechen-Training, Denktraining),
- Sozialverhalten (Angst- oder Aggressionsbewältigungstraining).

(vgl. Gröschke, 1997, 300 f.)

Kurz skizziert Gröschke die letzten beiden Phänomene: die **Tätigkeit** und die **Sprachlichkeit**. Der Tätigkeit gliedert er die Kompetenzförderung, der Sprachlichkeit die Kommunikationsförderung an.

Alle diese dargelegten Phänomene und Konzepte werden von Gröschke auf dem Hintergrund des **Leitkonzepts der Entwicklungsförderung** betrachtet. Die Aufgabenschwerpunkte und Dimensionen dieses Konzepts sind die folgenden:

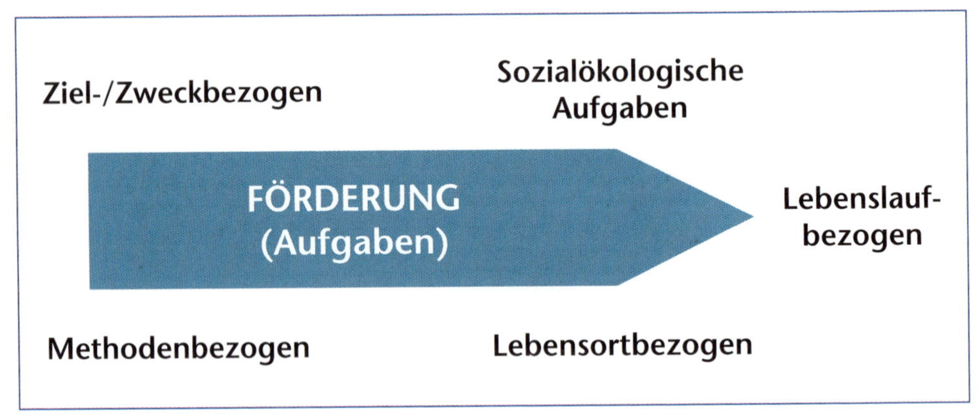

Dimensionen des Leitkonzepts Förderung nach Gröschke (vgl. Gröschke, 1997, 277)

Gröschke fasst in diesem Kontext die einzelnen Phänomene sowie die konzeptionellen Elemente zu einer Systematik heilpädagogischer Förderkonzepte zusammen. Diese wird grafisch wie folgt dargestellt:

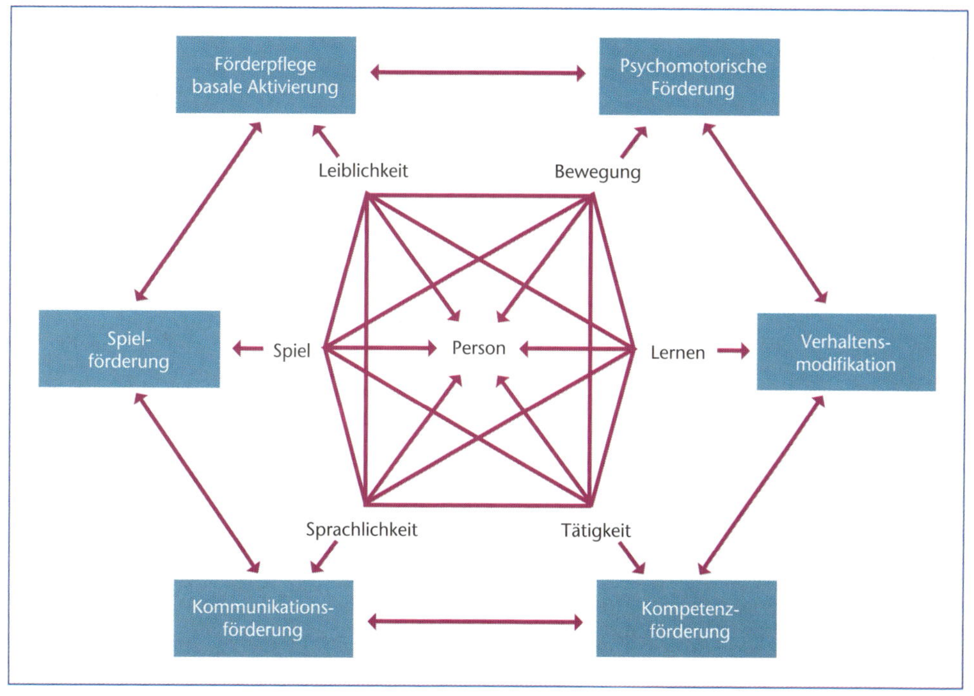

Systematik heilpädagogischer Förderkonzepte (Gröschke, 1997, 278)

Überlegungen und Versuche

1. ***Erarbeiten sie für Frank eine Zusammenstellung möglicher heilpädagogischer Förderkonzepte. Welche sind Ihnen hierbei dienlich? Welche eher nicht? Begründen Sie Ihre Meinung möglichst ausführlich.***
2. ***Stellen Sie die einzelnen Förderkonzepte an anderen Lebensgeschichten von Menschen mit Behinderungen dar. Vergleichen Sie Ihre Ergebnisse miteinander.***
3. ***Diskutieren Sie das Modell von Gröschke und arbeiten Sie hierbei Vor- und Nachteile heraus.***
4. ***Mit welchen anderen pädagogischen und/oder psychologischen Modellen lassen sich einzelne Aussagen von Gröschke vernetzen? Begründen Sie Ihre Thesen möglichst ausführlich.***

Fazit

Dieter Gröschke beschreibt auf geisteswissenschaftlicher Grundlage mögliche Praxiskonzepte der Heilpädagogik. Diese – die Heilpädagogik – dient hierbei als Leitbegriff eines pädagogischen Wissenschafts- und Tätigkeitsfeldes. Vor diesem Hintergrund stellt Gröschke Konzepte als Brücke zwischen theoretischen Begründungen und praktischen Vollzügen dar. Die Systematik heilpädagogischer Handlungskonzepte beruht hierbei auf den Grundphänomenen der personalen Existenz des Menschen. Auf Basis der Leiblichkeit werden von Gröschke hierzu die Bewegung, die Entwicklung, das Spielen, das Lernen sowie die Sprachlichkeit und die Tätigkeit dargelegt.

2.1.5 Georg Feuser: „Behinderte Kinder und Jugendliche zwischen Integration und Aussonderung"[1]

Lebensgeschichte (Teil 5)

Nachdem die Praktikantin mit den unterschiedlichsten Konzepten und Methoden mit Frank gearbeitet hat, verfasst sie zum Abschluss einen Bericht, welchen sie für ihr Studium anfertigen muss. Dieser gelangt auch auf den Schreibtisch eines gerade neu in der Einrichtung eingestellten Psychologen, welcher für die Gruppe, in der Frank lebt, begleitende und beratende Funktionen übernommen hat. Nachdem er den Bericht mehrmals gelesen und sich auch mit der Praktikantin unterhalten und Frank in seinem Wohn- und Lebensfeld beobachtet hat, kommt er zu einem für alle Beteiligten überraschenden Ergebnis. Dieses teilt er den Teammitgliedern in einem ausführlichen Gespräch mit. Er beginnt hierbei mit folgender Feststellung: „Frank ist keinesfalls geistig behindert, denn geistig Behinderte gibt es nicht." Die Konsequenz aus dieser Erkenntnis müsse eine Integration von Frank in das Gemeindeleben, aus dem er stamme, sein. Eine weitere Unterbringung in einem Wohnheim sei keinesfalls länger zulässig. Als der Gruppenleiter dieses mit den Eltern besprechen will, reagieren diese zuerst äußerst skeptisch, ja sogar ablehnend: „Wir sind doch viel zu alt. Was ist, wenn Frank wieder aggressiv wird?" – „Was werden wohl die Nachbarn von uns sagen: Zuerst geben wir den Jungen in ein Heim und jetzt ist er plötzlich wieder da." Nach mehreren Gesprächen einigt sich der Leiter der Wohneinrichtung mit den Eltern darauf, dass Frank mit einem weiteren Bewohner des Heims aus diesem ausziehen und eine Apartmentwohnung in der Nachbarschaft der Eltern beziehen wird. Dieser Wechsel wird von den Heilpädagogen der Wohngruppe, vor allem von der ehemaligen Praktikantin, die dort inzwischen eine Festanstellung bekommen hat, vorbereitet. Frank, welcher zuerst sehr unsicher auf diese neue Lebensperspektive reagiert, zieht schließlich nach einem halben Jahr der Vorbereitungszeit in seine neue Wohnung ein. Wie bisher geht er jedoch zum Arbeiten in die Werkstatt für behinderte Menschen, welche seinem ehemaligen Wohnheim angegliedert ist.

Georg Feuser arbeitete seit 1987 als Professor für Behindertenpädagogik an der Universität Bremen. Seine Schwerpunkte beziehen sich in Forschung und Lehre auf die „Behindertenpädagogik, Didaktik, Therapie und Integration bei geistiger Behinderung und schweren Entwicklungsstörungen". Besonders beschäftigt er sich hierbei mit der „Pädagogik und Therapie bei Menschen mit Autismus-Syndrom" sowie mit der „Integrativen Pädagogik und der entwicklungslogischen Didaktik". Im Laufe seiner Lehr- und Forschungstätigkeit hat er eine „Allgemeine Pädagogik" vorgelegt, welche theoretische, konzeptionelle und methodische Grundlagen und Elemente für ein pädagogisches Handeln für alle Menschen umfasst. In diesem Zusammenhang hat er auch eine Basistherapie zur Krisenintervention und Integration von Menschen entwickelt, welche häufig als „austherapiert" gelten (etwa Personen im Koma oder Menschen mit schwersten Ausprägungen des Autismus-Syndroms). Diese Therapieform hat er als „Substituierend-Dialogisch-Kooperative-Handlungs-Therapie (SDKHT)" bezeichnet (vgl. Erzmann, 2003, 190). In der Darstellung seiner Arbeit werden im Folgenden neben dem oben genannten Grundlagenwerk auch die Vorarbeiten hierzu herangezogen und vorgestellt.

Die Integration in all ihren Facetten und Ausprägungen steht im Mittelpunkt der Arbeiten von Feuser. Er verfolgt hierbei im Hinblick auf das Erziehungs-, Unterrichts- und Bildungswesen das Ziel einer sogenannten inneren Reform dieser Institutionen,

---

[1] *1. Auflage 1995*

> „[...] und damit [...] (die) Überwindung des gegliederten Schulsystems durch die Grundlegung einer ‚allgemeinen Pädagogik und entwicklungslogischen Didaktik' [...], die es leistet, allen Schülern im grundsätzlich gemeinsamen Unterricht ein zieldifferentes Unterrichts- und Lernangebot zu machen, das mittels Innerer Differenzierung durch eine den unterschiedlichen Entwicklungsniveaus der Schüler Rechnung tragende Individualisierung eines gemeinsamen Curriculums über alle [...] Schulstufen hinweg zieldifferentes und kooperatives Lernen aller miteinander ermöglicht, und zwar institutionell in einem Kindergarten und in einer Schule für alle."
> *(Feuser, 1995, 7)*

Feuser benennt drei zentrale Kategorien, welche eine Verständigung über Integration bedingen:

- **Anerkennung des Vorranges des Sozialen**, also des kooperativ-kommunikativ-dialogischen Miteinanders für die Entwicklung der menschlichen Persönlichkeit,
- **konsequente Subjektorientierung** in der Pädagogik,
- **Entinstitutionalisierung** des Erziehungs-, Bildungs- und Schulwesens zugunsten einer inhaltlichen Kooperation.

(vgl. Feuser, 1995, 8)

In seiner Schrift zur Integration bzw. Aussonderung behinderter Menschen bezieht er somit sehr deutlich Stellung für eine Integration und deutet an, dass die bisher dazu skizzierten Modelle dieses Ziel nicht umfänglich verfolgt hätten. Mehr noch: Sie hätten versucht, durch eine Form der Segregation, also der Aufteilung von Menschen mit und Menschen ohne Behinderung, die Prozesse der Integration voranzubringen. Aber: „Integration durch Segregation ist ein Widerspruch in sich selbst. Integration ist unteilbar!" (Feuser, 1995, 17). Vor diesem Hintergrund diskutiert er zuerst den Widerspruch bzw. Mythos zwischen Segregation und Sonderpädagogik. Im Anschluss hieran stellt er seine Ansätze zu einem Weltbild dar, welches intensive Relevanzen für das Menschenbild in der Pädagogik und für diese selbst habe. Welches Welt- und Menschenbild liegt hierbei Feusers Annahmen zugrunde?

Feuser geht von den Gedanken- und Handlungsansätzen der sogenannten Neuen Euthanasie aus und grenzt sich vehement hiervon ab. Er definiert Aspekte eines neuen Verständnisses von Behinderung. Hierdurch erarbeitet er die Grundlagen einer Heil- oder Sonderpädagogik, welche nicht mehr im manifestierend-medizinisch-psychiatrischen Bild des sogenannten behinderten Menschen verhaftet ist, welche nicht mehr nur eklektisch phänomenologische und ontologische Zusammenhänge subsumiert und addiert (vgl. Feuser, 1995, 84ff.), welche zudem „[...] keine Grundlagenforschung auf der Basis postrelativistischer Erkenntnistheorien geleistet (hat), mittels derer sie im Sinne, des Verständnisses der ‚Selbstorganisation' von Materie und des Lebendigen und der Notwendigkeit des Verständnisses von Evolution und Ontogenese als ‚Koevolution und Koontogenese den Gegenstand ihrer Theorie und Praxis [...] hätte neu bestimmen können" (Feuser, 1994, 96). Feuser geht in seiner Argumentation somit über die Begrifflichkeiten und Ansätze geisteswissenschaftlichen Argumentierens hinaus und versucht eine Begründung sonderpädagogisch-ethischen Fragens und Lebens aus dem Bereich der Naturwissenschaften heraus. Er konzipiert hierdurch einen Theorieansatz, welcher Menschenbild und Weltbild zueinander in neue Bezüge und Bezogenheiten setzt.

Er differenziert hierbei zwischen einem „vorrelativistischen" und einem „postrelativistischen" Denken. Um diese Gedanken zu konkretisieren, geht er zuerst vom newtonschen Weltbild aus, in welchem „Raum und Zeit absolut und alle Ereignisse reversibel (seien)" (Feuser, 1994, 154). Erst durch die Forschungen zur Relativitätstheorie und zur Quantenmechanik wurde dieses Weltbild modifiziert und überwunden. Dieses bedeutet, dass „[...] nicht nur ein Prozess regiert, der für Veränderungen nur eine Quelle für bedingend hält, nämlich die der Zeit produzierenden Bewegung im Sinne der Ortsveränderung der Materie im Raum und [...] die Prozesse im Komplexen ihrer Struktur und Funktion nach irreversibel sind und damit eine ‚neue Zeit' bedingen, man könnte sagen eine ‚biographische System-Eigen-Zeit [...]', die dem Werden des Systems selbst geschuldet ist" (Feuser, 1994, 104). Jedes Objekt, besser: jedes Subjekt, jedes System, jeder Mensch hat somit relativ zu einem anderen eine „[...] extrinsische Eigen-Zeit; eine Gleichzeitigkeit von Ereignissen gibt es nicht" (Feuser, 1994, 155). Feuser setzt also diesen relativistischen Grundpostulaten seine „postrelativistisch" bezeichneten Annahmen entgegen bzw. baut sie auf den erstgenannten auf. Die oben genannte Eigen-Zeit, welche darauf beruht, dass der Zeit die Funktion aufgegeben ist, innere Abläufe und Entwicklungen eines Systems in einem äußeren Rahmen des Ungleichgewichts zu messen und zu bestimmen, generiert und strukturiert einen „Möglichkeitsraum" (Feuser, 1994, 116), in welchem autonom-autopoetische Systeme mittels ihres (System-)Gedächtnisses um sich selbst und um ihren Ursprung, mithin um ihre Biografie und Historie, wissen. Sie „[...] sind auf das ausgerichtet, was sie ihrer [...] Möglichkeit nach werden können [...], und haben folglich (im Sinne ihrer irreversibel-biographischen Weltlinie) eine Vergangenheit und zu jedem Zeitpunkt ihrer Entwicklung einen Raum möglicher Fort- und Weiterentwicklung" (Feuser, 1994, 156).

In diesem Kontext verweist Feuser darauf, dass der Mensch grundsätzlich nur als Einheit aus Biologischem, Psychischem und Sozialem gedacht und bestimmt werden kann (vgl. hierzu auch die Aussagen von Wolfgang Jantzen, 1987/1990):

> „Wir haben einen Körper, wir können wahrnehmen, empfinden, denken und handeln, das entspricht der Psyche, und wir können dadurch zueinander in Beziehung treten, uns sozial verhalten. Die biologische und die psycho-soziale Ebene charakterisieren die Bereiche, die unsere menschliche Existenz absichern. Sie stellen in der genannten Reihenfolge eine Hierarchie dar, deren Beziehungen untereinander darin bestehen, dass die jeweils höhere Ebene stets die führende bleibt, sie sich aber nur mithilfe der tiefer liegenden Ebene, die sie in der Evolution hervorgebracht hat, realisieren kann. Zwar hat jede Ebene ihre eigenen Systemgesetzmäßigkeiten, eine eigene Entwicklungslogik, die aber jeweils nur unter Berücksichtigung des Ganzen sinnvoll betrachtet und nie aus dem Gesamt isoliert werden kann, ohne dass der Zusammenbruch des Systems, der Tod die Folge wäre."
> *(Feuser, 1995, 89f.)*

Feuser stellt diese Zusammenhänge in folgendem Schema dar.

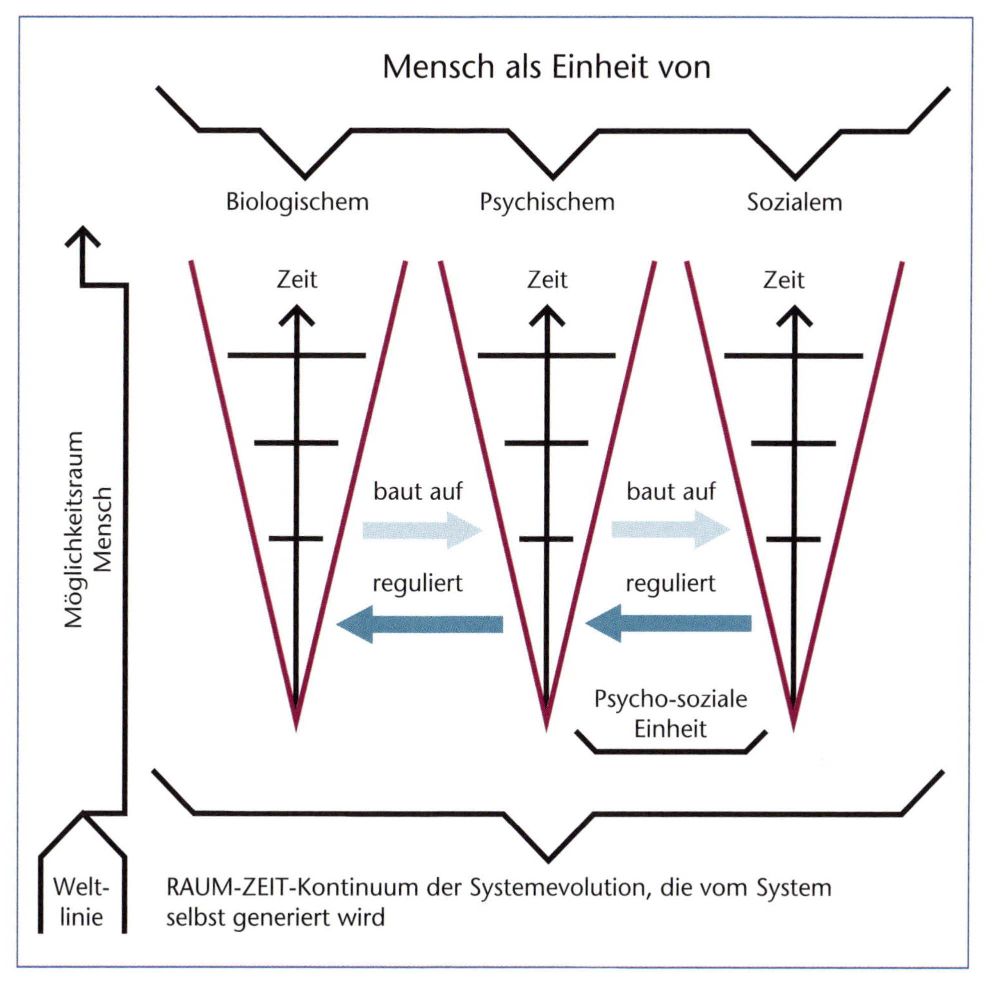

Bio-psycho-soziale Einheit Mensch (Feuser, 1995, 91)

Überlegungen und Versuche

1. ***Beschreiben Sie die Einheit von Biologischem, Psychischem und Sozialem vor dem Hintergrund der Lebensgeschichte von Frank.***
2. ***Stellen Sie Mutmaßungen darüber an, wie er vor dem Hintergrund seiner Eigenzeit seine Geschichte empfunden habe könnte.***
3. ***Erarbeiten Sie Unterschiede zwischen den Modellen von Kobi, Speck und Feuser. Diskutieren Sie diese.***

Diese Prozesse ereignen sich also nicht losgelöst von sozialpsychologischen und -ökologischen Faktoren, kurz: von den Menschen, welche diese Entwicklung wahrnehmen und begleiten. Im Ausleben der sogenannten intrinsischen System-Eigen-Zeit, im Hinblick auf die Zeit, die ein Mensch relativ zum anderen Menschen als extrinsische Eigen-Zeit wahrnimmt, gestaltet sich die „[...] Verhältnis-Zeit [...] zwischen beiden Systemen, die deren Dialog und Austausch ermöglicht“ (Feuser, 1994, 118). In diesem Austauschprozess werden nicht nur Informationen weitervermittelt, „sondern stets im Sinne der Aktivierung potentieller Eigenschaften der eigenen Systemdynamik neu organisiert [...]“ (Feuser, 1994, 156). Veränderungen im System, z. B. Bereitschaften, Dinge zu formulieren, zu reflektieren, Interaktionen zu modifizieren u. Ä., beruhen hierbei nicht auf der Einspeisung von außen in eben dieses System, sondern auf dem Einsatz von Prozessen, die diesem System selbst eigen sind. Es kann also in der Realisierung heilpädagogischen Handelns nach Feuser nicht darum gehen, die Autonomie eines Menschen mit Behinderung zu fördern, da dieser a priori autonom ist. Feuser verneint die Bezeichnung „behindert“ auf dieser Ebene seiner Argumentation, da sie so, wie sie definiert ist, potenzielle Entwicklungsmöglichkeiten negiert, besser noch: behindert.

Weiterhin geht es ihm in seinem Entwurf darum, dass „der Austausch des Menschen mit dem gattungsspezifisch Anderen [...] im Sinne dessen, was wir ‚Ich‘ nennen, strukturbildend (wirkt), wie in gleicher Weise der Austausch und die Strukturbildung zeitorganisierend sind“ (Feuser, 1994, 121). Die Existenz des Menschen lässt sich somit nicht als ein statischer Zustand, sondern als ein permanent dynamischer Entwicklungsprozess beschreiben, welcher über die eigenen Tätigkeiten und Handlungen realisiert und konkretisiert wird. Jeder Mensch ist somit zu jedem Zeitpunkt seiner Entwicklung zum vollständigen Erfassen und Begreifen seiner Welt in der Lage, d. h. zur emotionalen und erlebnismäßigen Bewertung seiner Bedürfnisse in der Beziehung zum vorweggenommenen Handlungsresultat unter den für ihn gegebenen Bedingungen. Hieraus resultieren eine individuelle Sinnbildung und eine bedeutungsmäßige Bewertung der Verhältnisse, in und unter denen dieser Mensch existiert.

Was geschieht aber, wenn das System „Mensch“ aus der historisch gewachsenen Stabilität hinaus ins – scheinbare – Chaos einer „Behinderung“ oder einer „psychischen Erkrankung“ katapultiert wird? Ab einer bestimmten, systemimmanenten Grenze wird ein System instabil, die Effekte, welche sich durch Störungen und Veränderungen ergeben, können nicht mehr gedämpft oder auf eben dieser Systemebene aufgehoben und stabilisiert werden. Nach Feuser geht das System hierbei aus seinem Ursprungszustand heraus und entwickelt sich aktiv in eine neue Lebens- und Existenzform hinein, „indem es eine kritische Auswahl trifft und darüber entscheidet, ob es [...] eine rechts- oder linksdrehende Zelle ausbildet (eine katatone oder paranoide oder depressive Psychose [...] oder eine geistige Behinderung [...] einen Autismus oder anderes“ (Feuser, 1994, 134). Bestimmte Veränderungen oder Fluktuationen werden in diesem Prozess nach und nach zu den bestimmenden werden und den Charakter dieses – selbstmodifizierten – Systems prägen. „Das kennzeichnet das Phänomen der ‚Bifurkation‘ (der Systemgabelung). Jeder neue Zweig, der eingeschlagen wird, ist eine dem System entsprechend seinen Bedingungen eigene Möglichkeit, sich zu stabilisieren, und für das System ‚so normal‘ wie ein anderer, der möglich ist, aber nicht eingeschlagen wurde (das ‚Irresein‘ ist so ‚normal‘ wie die ‚Vernunft‘)“ (Feuser, 1994, 134). Hierdurch stellt sich der Mensch erneut als „integrierte Einheit von Biologischem, Psychologischem und Sozialem (dar und) repräsentiert [...] sein Sosein in jeder Ebene, wie er aus jeder Ebene unter den jeweils gegebenen Bedingungen den seiner Lebensperspektive Richtung verleihenden Sinn generieren kann“ (Feuser, 1994, 158). Hierbei kann es dann auch keine qualifizierenden oder quantifizierenden Prozesse hinsichtlich des sogenannten Geistigen geben. Feuser geht davon aus, dass „[...] ‚Geist‘ insofern in die Welt kommt, als dieser nicht gegensätzlich zur Materie ist, sondern eine Funktion repräsentiert, die die Richtung der Kausalität (Vergangenheit – Gegenwart – Zukunft) umzukehren vermag und die Qualität der dynamischen Selbstorganisationsprozesse, die im System ablaufen, und dessen

Beziehungen zur Umwelt koordiniert [...]. Diese Zusammenhänge werden auch mit dem Begriff der ‚Synchronizität' [...] beschrieben [...]" (Feuser, 1994, 140). Dieser Analyse folgend kann Feuser behaupten, dass es so etwas wie die Behinderung des Geistes nicht gebe, da der Begriff der Behinderung nicht dazu imstande sei, die genannten Selbstorganisationsphänomene des Menschen und des Menschlichen abzubilden und zu präzisieren, im Gegenteil: Sie erfahren hierdurch „nur" eine negative Auszeichnung, welche zur Stigmatisierung der ganzen Person führt. Zudem ist das Phänomen des Geistes auf dem Hintergrund dieses Argumentationsverlaufs als das eines ständig wirkenden, autonomen Komplexes zu beschreiben, welcher hinsichtlich aller Interaktionsmodi kreativ-gestaltend zugegen ist. Gleiches kann auf diesem Hintergrund auch von sogenannten Verhaltensstörungen gesagt werden. Hierzu Feuser ausführlich:

> „Das heißt: das System hat die Störung integriert und das resultiert in neuen Verhaltensweisen. Das System hat so zu neuer Stabilität fern von einem Gleichgewicht gefunden und eröffnet sich nun auf diesem Zweig einen neuen evolutionären ‚Möglichkeitsraum'. Für die weitere Betrachtung schlage ich nun die Orientierung an der Abb. [...] vor (siehe unten). Verorten wir das bisher Gesagte erst einmal in dieser [...] Skizze. Das Bifurkationsdiagramm ist in den gattungsspezifischen individuellen Möglichkeitsraum (c/c') der Entwicklung eben dieses lebendigen Systems eingebettet. Entsprechend der bisherigen Biographie hat das System seinen Lebensplan (durchgezogene Kurv zu c hin) realisiert. Ein gravierendes Ereignis (-//-) zwingt das System, dieses zu integrieren, um auf einem anderen, ihm ebenso möglichen Zweig, auf dem es seine Biographie bisher (gestrichelte Kurve nach c' hin) nicht realisiert hat [...], zu neuer Stabilität zu finden.
> Eine Entwicklung auf dem ‚alten' Zweig, die wie mittels gestrichelter Bifurkationen angedeutet hätte verlaufen können, ist ihm unter den neuen Randbedingungen nicht mehr möglich. Der gelungene Prozess der (verhaltensändernden) Integration der Störung in das System (Pfeil zum Möglichkeitsraum c'/c") eröffnet eine neue Lebensperspektive und mit dieser, entsprechend der folgenden Bifurkationsdiagramme des neuen Zweiges, einen neuen Möglichkeitsraum (c'/c") seiner weiteren Entwicklung, der, kann dieser Zweig stabilisiert werden, zum neuen Lebensplan werden kann. Und dieser neue Möglichkeitsraum führt [...] bis in solche Bereiche hinein, die auch auf dem alten Zweig, je nach Verlauf der Entwicklung, erreichbar gewesen wären – oder: der Möglichkeit nach sogar noch weiter! Keine noch so schwere Störung des Systems, nach der es durch Integration der Störung zu einer neuen Stabilität findet (also nicht stirbt), schließt prinzipiell [...] auf den neuen Zweigen im Ergebnis der weiteren Entwicklung alle solche Entwicklungsergebnisse aus, die bei Fortsetzung der Entwicklung auf den alten Zweigen zu erreichen möglich gewesen wären. Auf der Basis seiner Ausgangs- und Anfangsbedingungen können wir für ein System zwar endliche, aber in Abhängigkeit von seinen Randbedingungen im Ergebnis eine nicht bestimmbare Anzahl von Entwicklungsmöglichkeiten annehmen. Ich bezeichne das als n Möglichkeiten der Entwicklung (E^n). Zwingt nun ein entsprechendes Ereignis auf einen anderen Zweig, in einen neuen Möglichkeitsraum, so hat das System in diesem nur die biographisch schon gelebte Entwicklungsmöglichkeit weniger als n Möglichkeiten, also $E^{(n-1)}$ Möglichkeiten – keine weniger!"
> *(Feuser, 1995, 191 f.)*

Diese Zusammenhänge stellt Feuser in der folgenden Abbildung dar, in welcher er den beschriebenen Zusammenhang von „Lebensplan" und „Lebensperspektive" aufzeigt. Hierin werden noch einmal die Möglichkeiten lebender Systeme deutlich, einen Möglichkeitsraum aufzuspannen und zu realisieren und diesen Prozess selbst dann umzusetzen, wenn es sich – von außen betrachtet – scheinbar um ein behindertes, komatöses oder anderweitig eingeschränktes Leben zu handeln scheint:

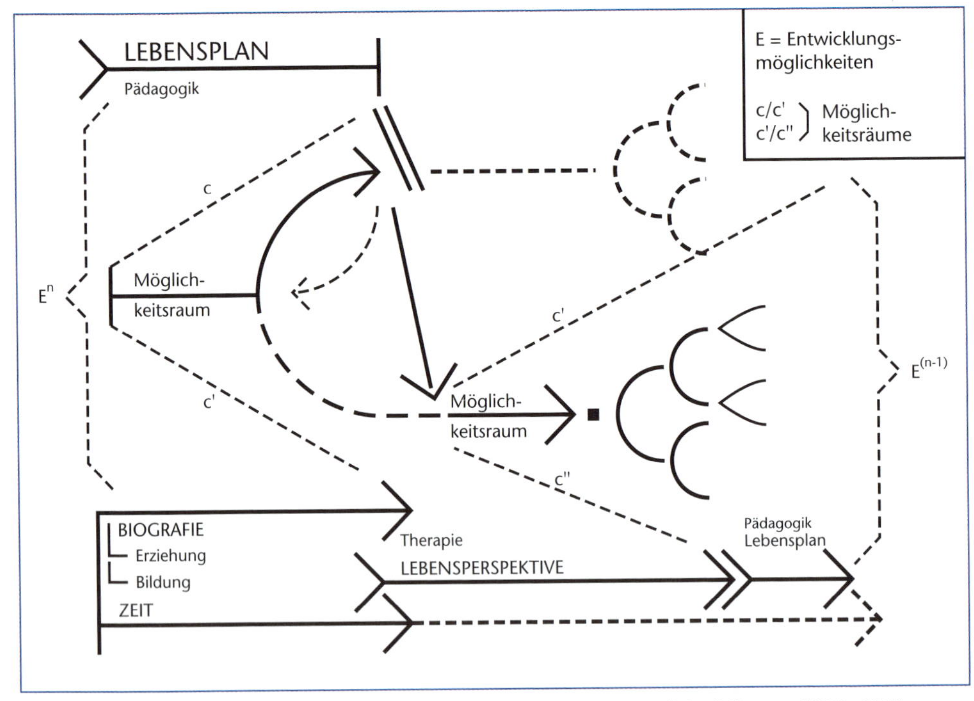

Zum biografischen Zusammenhang von „Lebensplan" und „Lebensperspektive" (Feuser, 1995, 119)

Überlegungen und Versuche

1. **Stellen Sie anhand der von Feuser dargelegten Zusammenhänge von Lebensplan und Lebensperspektive mögliche Verläufe der Lebensgeschichte von Frank dar.**
2. **Erweitern Sie Ihre Darlegungen um weitere, möglicherweise reale Lebensgeschichten Ihnen bekannter Menschen mit Behinderung.**
3. **Nehmen Sie Stellung zu der Aussage von Feuser, dass es vor diesem Hintergrund eine geistige Behinderung nicht geben kann. Diskutieren Sie Ihre Ergebnisse und Schlussfolgerungen.**

Diese Begründungen abschließend nimmt Feuser auch Stellung zur Arbeitsform der Therapie bzw. zum pädagogischen Handeln an sich. Er postuliert hierbei, dass der unterbrochene oder neu zu gestaltende Lebensplan eines Menschen (z. B. nach einer möglichen Traumatisierung oder aber auch vor dem Hintergrund eines manifesten Syndroms, wie das einer Trisomie 21) eine neue Lebensperspektive erfordert. Diese solle durch kooperative Hilfemaßnahmen (aus Behindertenpädagogik, Psychologie und Medizin) erarbeitet und angestrebt werden.

> „Die ‚üblichen' Mittel der Pädagogik bleiben (hierbei) zumindest unzulänglich. Sie sind oft auch ungeeignet. Deshalb verorte ich hier ‚Therapie' als Hilfe zur Gewinnung einer neuen Lebensperspektive und Begleitung auf diesem Weg – bis er, sind die neuen Randbedingungen in das System integriert, wieder zum Lebensplan und weiterhin

pädagogisch begleitet werden kann. Für die Frage der Integration wird nun überdeutlich, dass es nicht um die Abschaffung behindertenpädagogischer und therapeutischer Förderung [...] geht, sondern um die Überwindung der Orte der Ausgrenzung [...], die Entwicklung begrenzen und verhindern [...]. Sonder- wie Regelpädagogik werden in einer zu schaffenden allgemeinen, basalen und subjektorientierten Pädagogik aufzuheben sein."
(Feuser, 1995, 125)

Heilpädagogische Handlungsprozesse vollziehen sich in diesem Begründungszusammenhang als synergetische und koevolutionäre Austauschprozesse. In diesem Kontext können, nach Feuser, auch die Begriffe der Entwicklung und der Behinderung modifiziert werden:

„Entwicklung ist
- für den einen wie für den anderen Menschen jeweils primär abhängig vom Komplexitätsgrad des jeweils anderen und erst in zweiter Linie von den Mitteln und Fähigkeiten des eigenen Systems und
- primär geht es dabei um das, was aus einem System durch vorgenannte Zusammenhänge der Möglichkeit nach werden kann und wiederum erst in zweiter Linie um das, was es im Moment gerade ist.

Be-Hinderung ist letztlich Ausdruck dessen,
- was ein Mensch mangels angemessener Möglichkeiten und Hilfen und
- durch vorurteilsbelastete Vorenthaltung an sozialen Bezügen und Inhalten nicht lernen durfte, und
- Ausdruck unserer Art und Weise, mit ihm umzugehen."

(Feuser, 1995, 129ff.)

Zusammengefasst lassen sich die einzelnen Bausteine des Modells von Feuser wie folgt skizzieren:

1. Auf dem Hintergrund des postrelativistischen Weltbildes nach Albert Einstein u.a. kann das Universum als Raum-Zeit-Kontinuum verstanden werden.
2. Die Zeit ist nicht absolut, sondern relativ.
3. Jedes Objekt und jedes Subjekt hat relativ zu einem je anderen im Raum eine Eigen-Zeit. Eine Gleichzeitigkeit von Ereignissen ist somit ausgeschlossen.
4. Offene Systeme tauschen sich mit ihrer Umwelt aus und bringen nach einem Bruch ihrer Symmetrie oder ihrer Geschichte Strukturen hervor, welche in Phasenräumen bestimmten physikalischen, chemischen und biologischen Prozessen entsprechen.
5. Diese dissipativen Strukturen organisieren sich fern vom Gleichgewicht selbst und halten sich stabil, indem sie sich durch Erfahrungsbildung beständig neu hervorbringen.
6. Diese Selbstorganisationsprozesse stehen in einem permanenten Austausch mit der Umwelt. Diese Austauschprozesse vollziehen sich in einem koevolutiven Prozess.
7. Auf diesem Hintergrund dominiert das Werden das Sein.
8. Kommt es nun zu pathogenen Vorgängen, dann springen diese Systeme in eine dem System potenziell mögliche neue Lebensperspektive.
9. Heilpädagogisch relevant sind hierbei das Handeln mit dem Anderen und die Arbeit am Lebensplan.

(vgl. Feuser, 1994, 154 ff.)

Grafisch können die einzelnen Bausteine der Konzeption von Feuser wie folgt zusammengefasst werden:

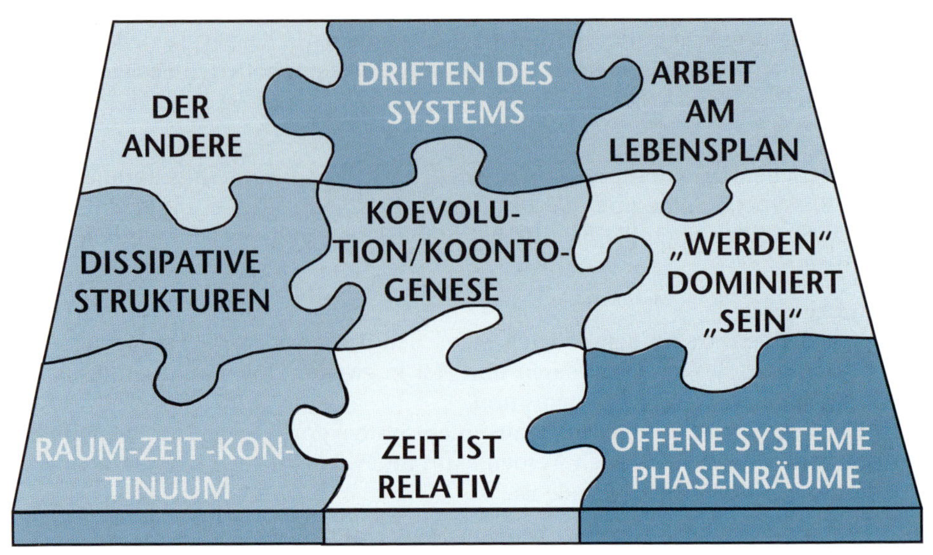

Zusammenfassung der Annahmen von Georg Feuser

Überlegungen und Versuche

1. ***Stellen Sie die einzelnen Bausteine an Beispielen aus der Lebensgeschichte von Frank dar.***
2. ***Was halten Sie davon, dass Feuser in seinem Modell naturwissenschaftliche und geisteswissenschaftliche Theorien miteinander verbindet? Welche weitere Kritik wäre an diesem Modell zu äußern? Begründen Sie Ihre Meinung ausführlich.***

Auf der Basis dieser theoretischen Begründungszusammenhänge stellt Feuser sein Modell einer Integration dar (vgl. Feuser, 1995, 168 ff.). Diese bezieht sich zwar primär auf die pädagogische Tätigkeit in Schulen, kann aber sehr wohl auch auf andere heilpädagogische Handlungsfelder übertragen werden. Er skizziert dieses Modell bipolar, d.h., er bezieht sich zuerst auf die seiner Ansicht nach gegebene Situation, um von dieser aus seine Konzeptelemente vorzustellen. Im Einzelnen handelt es sich um folgende Aussagekomplexe:

- Gegen das Prinzip der Selektion in und durch pädagogische Einrichtungen setzt Feuser dasjenige der Kooperation der Kinder und Schüler untereinander. Dieses soll dazu dienen, die Sozialität und Dialogfähigkeit des Menschen als Grundlage seiner Lern- und Entwicklungsprozesse zum Ausdruck zu bringen.
- Gegen das Prinzip der Segregation, welche sich in einer äußeren Differenzierung der Lern- und Lebensfelder zeigt, setzt er dasjenige der inneren Differenzierung.
- Gegen das Prinzip eines mit der äußeren Differenzierung verknüpften Unterrichts, welcher ausschließlich auf schulform- und sonderschultypbezogene, individuelle Curriculae ausgerichtet ist, setzt er das Prinzip einer entwicklungsadäquaten Individualisierung. Diese müsse folgerichtig mit der inneren Differenzierung verknüpft sein und sich auf diese beziehen.

- Gegen das Prinzip der *Homogenität* setzt er dasjenige der größtmöglichen Heterogenität. Dieses bedeutet in diesem Zusammenhang, dass kein Kind oder Schüler aufgrund der Schwere oder der Art seiner Behinderung aus dem gemeinsamen Lernprozess ausgeschlossen wird.
- Gegen das Prinzip der abweichungsbezogenen Atomisierung von Schülern mit Behinderung setzt er dasjenige Menschenbild, welches den Menschen als integrierte Einheit von Biologischem, Psychischem und Sozialem versteht.
- Gegen das Prinzip der reduktionistischen Pädagogik, welche ausschließlich eine Aufteilung der Erziehungs- und Bildungsangebote vorsehe, setzt er das Prinzip der Kooperation am gemeinsamen Gegenstand. Dieses könne im Rahmen von Projekten und in Formen des offenen Unterrichts realisiert werden, in dem alle Kinder das gemeinsame Thema bearbeiten.

(vgl. Feuser, 1994, 170 f.)

Zum zuletzt genannten Punkt nimmt Feuser wie folgt Stellung:

> „Integrative Pädagogik, deren zentrale Kategorie die ‚Kooperation am Gemeinsamen Gegenstand' ist, bedarf in ihrem ‚didaktischen Feld' einer ‚didaktischen Struktur', die im Sinne eines bildhaften Vergleichs als Baum betrachtet werden kann [...]. Sein Stamm stellt die äußere thematische Struktur eines Projektes dar, an dem alle Schüler (möglichst auch jahrgangsübergreifend) arbeiten."
> *(Feuser, 1995, 178)*

Die folgende Abbildung macht diesen Gedankengang noch einmal deutlich:

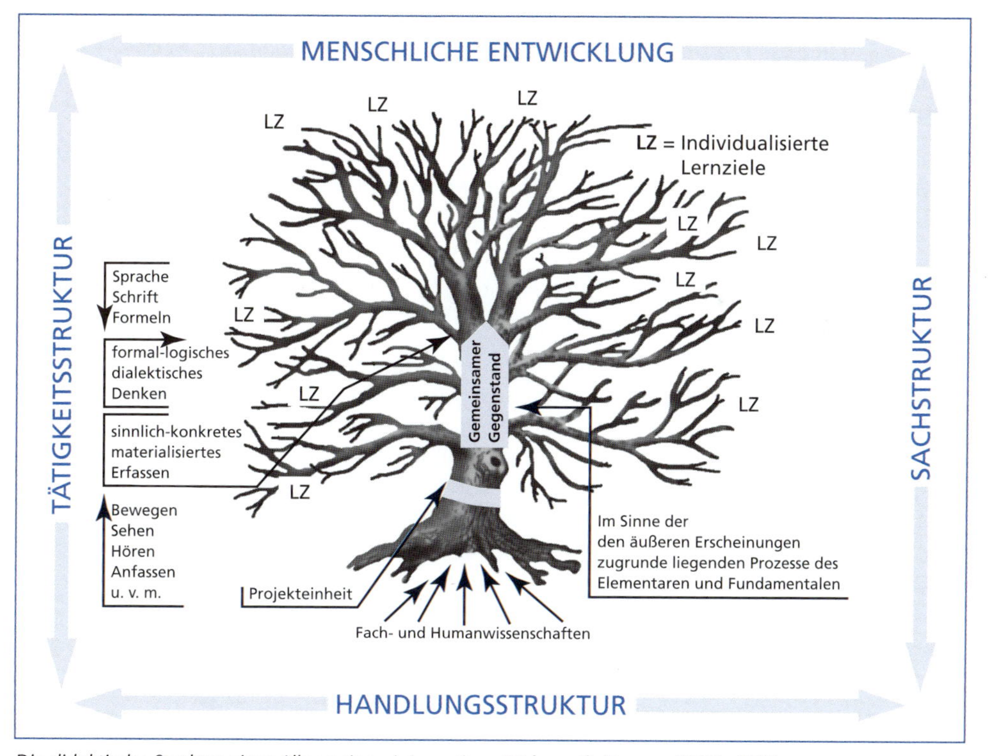

Die didaktische Struktur einer Allgemeinen integrativen Pädagogik (Feuser, 1995, 179)

Diesen grundlegenden Prinzipien stellt Georg Feuser abschließend vier organisations- und planungsbezogene Elemente zur Seite:

- Das **Prinzip der Regionalisierung;** dieses bezieht sich auf eine wohnortnahe Integration der beteiligten Personen.
- Das **Prinzip der Dezentralisierung;** dieses bezieht sich auf die Veränderung der zurzeit noch vielfach zentralistisch angebotenen und vorgehaltenen personellen und sächlichen Ressourcen und Hilfsmittel (wie z. B. Therapien, Beratungsangebote u. Ä.). Hierzu schlägt er die Einrichtung eines Pools vor, von welchem aus die beteiligten pädagogischen Fachkräfte tätig werden können.
- Das **Prinzip des Kompetenztransfers;** dieses bezieht sich auf die prinzipiell gleichberechtigte Kooperation aller am pädagogischen Prozess beteiligten Fachkräfte.
- Das **Prinzip der integrierten Therapie;** dieses bezieht sich auf die Gewährung aller spezifischen therapeutischen Maßnahmen in der Erziehungs- und Bildungsarbeit, ohne dass das betroffene Kind hierzu aus dem jeweiligen Lernfeld (Klasse, Kindergartengruppe usw.) herausgenommen werden muss.

(vgl. Feuser, 1995, 190 ff.)

Überlegungen und Versuche

1. ***Überprüfen Sie die Ihnen bekannten Einrichtungen anhand der Prinzipien von Feuser. Welche sind jeweils umgesetzt? Welche nicht? Versuchen Sie mögliche Begründungen hierfür zu finden und diskutieren Sie Ihre Ergebnisse miteinander.***
2. ***Wie müssten diese Prinzipien angewandt oder gegebenenfalls modifiziert werden, wenn sie auf das Lebensfeld des Wohnens übertragen werden sollen? Stellen Sie Ihre Ergebnisse an Beispielen dar und greifen Sie hierbei auch auf die Lebensgeschichte von Frank zurück.***
3. ***Bewerten Sie das Gesamtmodell von Feuser im Hinblick auf seine sachlogische Begründung und seine Anwendbarkeit. Begründen Sie Ihre Meinung ausführlich.***

Fazit

Georg Feuser begründet seine Annahmen zum Menschenbild und zu den Handlungsansätzen in der Heil- und Behindertenpädagogik mit postrelativistischen Aussagen. Hierbei stehen die Selbstorganisation sowie die Koevolution des Menschen im Mittelpunkt seiner Überlegungen. Auf dem Hintergrund naturwissenschaftlicher Begründungsmomente verbindet er Ausführungen zum Weltbild und zum Menschenbild mit denjenigen zur Pädagogik. Das letztendliche Vollzugsmoment stellt hierbei eine konsequent begründete und realisierte Integration im Sinne einer „Allgemeinen Pädagogik“ und einer „entwicklungslogischen Didaktik“ dar.

2.1.6 Urs Haeberlin: „Heilpädagogik als wertgeleitete Wissenschaft“[1]

Lebensgeschichte (Teil 6)

Frank lebt seit dem Umzug in dem Apartment und scheint sich hierbei sehr wohl zu fühlen. Sein begleitender Betreuer – ein ehemaliger Erzieher der Gruppe, in welcher Frank vorher gewohnt hatte – stellt fest, dass seine Verhaltensstörungen mehr und mehr zurückgehen. Frank spricht auch wesentlich mehr und hat damit begonnen, seine Lebensgeschichte aufzuschreiben. Hierzu benutzt er einen Computer, welchen er zum dreißigsten Geburtstag von seinen Eltern geschenkt bekommen hat. Auch seine Tätigkeit in der Werkstatt für behinderte Menschen hat sich verändert: Er ist nun zuständig für die Buchhaltung der verarbeitenden Materialien, zudem steht er in intensivem Kontakt mit den jeweiligen Auftraggebern und Händlern. Hierdurch hat er auch gelernt, das Internet zu nutzen, in welchem er auf die Homepage einer Selbsthilfegruppe für Menschen mit autistischen Verhaltensweisen aufmerksam wird. Mithilfe seines Betreuers nimmt er Kontakt zu dieser Gruppe auf und wird schließlich als neues Mitglied von dieser aufgenommen. Der Betreuer kann sich im Verlauf der weiteren Entwicklung von Frank mehr und mehr aus der pädagogischen Arbeit zurückziehen, sodass nach drei Jahren nur noch zwei Kontakte pro Woche ausreichen, um ihn bei seinem selbstständigen Leben zu unterstützen.

Urs Haeberlin lehrte als Professor an der Universität Freiburg in der Schweiz Heilpädagogik. Zudem war er Direktor des Heilpädagogischen Instituts dieser Hochschule. Er hat sich in seiner Lehr- und Forschungstätigkeit besonders mit den Fragen zur Allgemeinen Heilpädagogik beschäftigt. Zudem hat er zu Themen der wissenschaftstheoretischen und ethischen Fundierung der Heilpädagogik sowie zur Integration von behinderten Kindern gearbeitet.

Sein einführendes Lehrbuch in die Heilpädagogik als wertgeleitete Wissenschaft versteht er als Grundlegung in eine Pädagogik für Benachteiligte und Ausgegrenzte. So setzt er sich in einem ersten Schritt sehr ausführlich mit eben dieser Wertorientierung auseinander (vgl. Haeberlin, 1996, 13–68). Da es sich bei diesem Werk um eine Einführung handelt, beschreibt Haeberlin sehr prägnant die Geschichte der Heilpädagogik. Zudem stellt er den pädagogischen Charakter dieser Handlungswissenschaft – im Unterschied zu therapeutischen Vorgehensweisen – heraus. In einem ersten Schritt erläutert der Autor auch schon die Grundannahmen einer wertgeleiteten Heilpädagogik „als Parteinahme für die Würde behinderter Menschen“ (Haeberlin, 1996, 28). Ausgangspunkt seiner Überlegungen sind die neuen Bedrohungen der Würde und des Lebensrechts von Menschen mit Behinderung. Er geht hierbei vor allem auf die philosophischen Überlegungen von Peter Singer ein, welcher die Ansicht vertritt, „dass ein Mensch nur dann Anspruch auf Lebenserhaltung hat, wenn ein Minimum an Intelligenz, Explorationsdrang, Selbstbewusstsein, Zeitgefühl (und) Kommunikationsfähigkeit vorhanden ist [...]. Damit ist die Entwertung und Entwürdigung von Behinderten durch eine moderne philosophische Strömung wieder an jenem Punkt angelangt, an dem sie tödlich wird“ (Haeberlin, 1996, 30f.). Gegen diese Menschen bedrohenden Orientierungen setzt er mögliche Aussagen und Forderungen einer Heilpädagogik als humaner Grundhaltung. Er diskutiert hierbei eine rationalistische Wissenschaftlichkeit der Heilpädagogik und fordert eine intensivere Auseinandersetzung mit heilpädagogischen Haltungen. In diesem Kontext verweist er auf das dialogische

---

[1] *1. Auflage 1996*

Moment in der Heilpädagogik, so wie es von Martin Buber in seinen philosophischen Überlegungen zum „dialogischen Prinzip" konkretisiert worden ist. Die Annahme des Partners, das Vertrauen in sein Potenzial und seine Fähigkeiten und die Echtheit im Moment der Kommunikation stehen hierbei im Mittelpunkt (vgl. Haeberlin, 1996, 37 ff.). Dennoch kann eine ausschließlich personalistische Positionierung der Heilpädagogik auch kritisiert werden, wenn sie nicht in eine Gesellschaftstheorie eingebunden ist:

> „Ein personalistisches Menschenbild, das nicht auf einer Auseinandersetzung mit den gesellschaftlichen Bedingungen, unter denen alle Menschen leben, basiert, kann außerordentlich gefährlich werden. Denn es bleibt beim privaten idealistischen Glauben an das Gute im Menschen, der nicht erkennen kann, dass gesellschaftliche Automatismen Menschen zu ganz anderen Denk- und Verhaltensweisen veranlassen können als zu personalistischen. Personalismus hat häufig die Tendenz, a-politisch zu werden, weil Politik eine schmutzige Sache ist. Wenn er a-politisch wird, kann er zum Spielball anderer Denkweisen werden. Programmatisch heißt dies, dass in Überlegungen zum Menschenbild für die Heilpädagogik auch Überlegungen zur Gesellschaft, in der sich Heilpädagogik ereignet, mitaufgenommen werden müssen."
> *(Haeberlin, 1996, 47)*

Haeberlin fordert vor diesem Hintergrund eine Solidarität mit den Betroffenen. Zudem formuliert er hierzu das Ziel der Normalisierung (vgl. hierzu auch Kapitel 2.2.1). Grundlegend kann es seiner Ansicht nach somit nur darum gehen, eine intensive Auseinandersetzung mit dem Menschenbild in der Heilpädagogik und für diese zu führen. Hierbei solle behindertenspezifischen Menschenbildern eine deutliche Absage erteilt werden (vgl. Haeberlin, 1996, 68).

Überlegungen und Versuche

1. ***Wie mag Frank die grundlegenden Orientierungen zum Menschenbild (in seiner Familie, in den unterschiedlichen Organisationen der Behindertenhilfe, in der Begleitung in seinem Apartment) erlebt haben? Stellen Sie Mutmaßungen über die jeweiligen Ausrichtungen dieser Einrichtungen an und belegen Sie diese mit Beispielen.***
2. ***Besuchen Sie Ihnen bekannte Einrichtungen und erheben Sie deren Aussagen zum Menschenbild. Vergleichen und diskutieren Sie Ihre Ergebnisse miteinander.***
3. ***Lesen Sie die grundlegenden Aussagen von Martin Buber. Greifen Sie hierbei auf seine Veröffentlichungen zum dialogischen Prinzip zurück. In welchen theoretischen oder konzeptionellen Ansätzen finden Sie diese Aussagen noch wieder?***

In einem weiteren intensiven Aussagekomplex setzt sich Haeberlin mit wissenschaftstheoretischen Positionen und ihrer Relevanz für die Heilpädagogik auseinander (vgl. Haeberlin, 1996, 165–232). Da diese Überlegungen einen intensiven Bezug zum konkreten heilpädagogischen Handeln aufweisen, sollen sie im Folgenden kurz wiedergegeben werden.

Haeberlin geht grundsätzlich davon aus, dass die „polarisierende Gegenüberstellung von Praxis und Theorie bzw. Wissenschaft [...] eine Vereinfachung (ist), welche dem Verhältnis zwischen praktischem Tun und theoretischem Reflektieren nicht gerecht werden kann. Einerseits ist praktisches Tun nie frei von alltagstheoretischen Voraussetzungen, über welche man sich allerdings häufig nicht bewusst ist. Andererseits hat theoretisches Reflektieren über Fragen der Erziehung immer auch einen Bezug zum praktischen Tun, über den man sich allerdings vor lauter Abstraktheit häufig nicht im Klaren ist" (Haeberlin, 1996, 165). Um diese Diskussion zu präzisieren, unterteilt Haeberlin im Folgenden die möglichen Inhalte in die Elemente

- der Praxis,
- der Objekttheorie,
- der Metatheorie.

Die **Praxis** befasst sich im heilpädagogischen Kontext mit erzieherischem, unterrichtlichem und therapeutischem Handeln in organisierten und institutionalisierten Berufsfeldern. Hinzu kommen auch noch vor- und nebenberufliche Felder, so z. B. die Familie oder mögliche Peergruppen. Häufig, so Haeberlin (vgl. Haeberlin, 1996, 166f.), gehen diese Handlungsprozesse von einem pädagogischen Vorverständnis aus. Die Handelnden konkretisieren ihr Tun in Alltagssituationen, sie scheinen intuitiv zu wissen, was in diesen Momenten richtig ist, und berufen sich hierbei auf den sogenannten gesunden Menschenverstand.

> „Dieses nicht-bewusste Vorverständnis enthält fast immer starre Meinungen darüber, was in der Erziehung richtig oder falsch ist, was ein Kind tun darf und nicht tun darf, was man als Erzieher tun soll und nicht usw. [...]. Die verallgemeinerten, nicht-bewussten Meinungen haben in der Alltagserziehung die Funktion, welche auch wissenschaftliche Theorien haben können: Sie steuern das unmittelbare, ‚spontane' Handeln in pädagogischen Alltagssituationen [...]. Die Vorstellung vom ‚gesunden Menschenverstand' als spontanes Handeln im Alltag erweist sich demnach als unzulänglich, weil die Spontanität durch nicht-bewusste leitende Vorstellungen erkauft ist."
> *(Haeberlin, 1996, 167f.)*

Wozu dient nun jedoch die wissenschaftliche Theoriebildung? Haeberlin stellt fest, dass diese sich darum bemühe – oder darum bemühen solle, die handlungsleitenden Vorstellungen und Vorurteile bewusst zu machen und sie möglichst präzise sprachlich zu formulieren, sodass diese kritisiert und überprüft werden können. Hierbei solle es dann aber auch nicht zu einer Vereinseitigung der Wissenschaft kommen, da auch diese ihre Grenzen habe: „Wissenschaftliches Denken hat sich nämlich in der Wissenschaftsgeschichte ebenfalls als anfällig für gesellschaftlich verankerte Meinungen für Dogmatismus erwiesen" (Haeberlin, 1996, 168).

Die **Objekttheorie** bezeichnet laut Haeberlin die Problembereiche, mit welchen sich eine Theorie auseinandersetzt. Im Falle der Heilpädagogik kann hierunter die erzieherische und therapeutische Hilfe für alle diejenigen Menschen benannt werden, „welche als Folge einer Schädigung und/oder einer problematischen Sozial- und Beziehungssituation in der Entwicklung der Selbstbestimmung und zur Gesellschaftsfähigkeit beeinträchtigt sind" (Haeberlin, 1996, 171).

Die **Metatheorie** bezeichnet das Konglomerat der Einigung der Wissenschaftsgesellschaft zu einem ganz bestimmten Wissensfeld. Dieses muss durch für alle Beteiligten gültige Regelungen für den präzisen Gebrauch der Sprache, für das Denken und das Forschen grundsätzlich festgelegt und überprüft werden. Diese theoretischen Sätze über einen Problem- oder Wissensbereich müssen somit für alle hierin tätigen Wissenschaftler Gültigkeit besitzen.

Diese Ambivalenzen können grafisch folgendermaßen dargestellt werden:

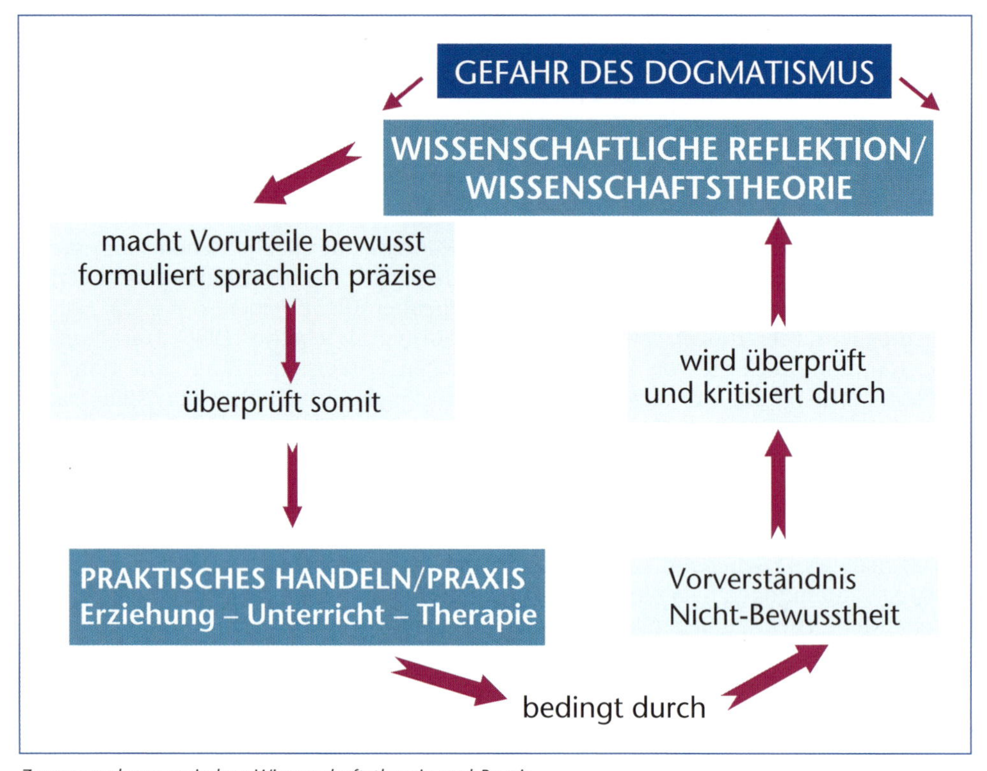

Zusammenhang zwischen Wissenschaftstheorie und Praxis

Haeberlin stellt im weiteren Verlauf seiner Argumentation fest, dass der **Begriff der Wissenschaftstheorie** recht unterschiedlich verwendet werde:

> „Bedeutung A: Wissenschaftstheorie wird in einem sehr umfassenden Sinne als Theorie einer Wissenschaft verstanden. Er werden bei der Rechtfertigung von Erkenntnismethoden und bei der Bewertung von wissenschaftlichen Erkenntnissen erkenntnisphilosophische, ethische und gesellschaftsphilosophische Fragestellungen miteinbezogen, beispielsweise: Welchen Interessen dienen wissenschaftliche Erkenntnisse? Welches Menschen- und Gesellschaftsbild wird von bestimmten wissenschaftlichen Methoden vorausgesetzt? [...]
> Bedeutung B: Wissenschaftstheorie wird als Lehre von der Logik wissenschaftlicher Verfahren und Aussagen verstanden. In diesem Fall beschränkt sie sich darauf, die Erkenntnisse und Verfahren einer Wissenschaft an den Gesetzmäßigkeiten der Logik zu messen. Es geht beispielsweise um die Frage: Können Erkenntnisse eher durch Deduktion aus obersten Sätzen [...] oder unmittelbar durch Induktion aus der Beobachtung der Wirklichkeit gewonnen werden? [...]
> Bedeutung C: Wissenschaftstheorie wird als Lehre von den Methoden empirischer Forschung im engen Sinne verstanden. Es geht nur um Fragen der richtigen Anwendung von empirischer Methodik wie z. B. experimentelle Versuchsanordnungen, Beobachtungsverfahren, statistische Verfahren u. a. m."
> *(Haeberlin, 1996, 173)*

Überlegungen und Versuche

1. ***Wenden Sie die Begriffe der Praxis, der Objekttheorie und der Metatheorie auf die Lebensgeschichte von Frank an. Zu welchen Ergebnissen gelangen Sie hierbei hinsichtlich der reflektierten Praxis und der Anwendung von objekt- und metatheoretischen Inhalten?***
2. ***Wozu dient Ihnen in der Erörterung der Lebensgeschichte eines Menschen mit Behinderung eine wissenschaftstheoretische Vorgehensweise? An welchen Stellen ist eine solche Art des Handelns gegebenenfalls problematisch? Begründen Sie Ihre Meinung ausführlich.***

Welche wissenschaftstheoretische Position schlägt Haeberlin für die Heilpädagogik vor? Nachdem er sehr ausführlich die geisteswissenschaftliche Orientierung sowie diejenige der kritischen Theorie und diejenige des kritischen Rationalismus und des empirischen Konstruktivismus erläutert hat, setzt er sich für einen wertgeleiteten Methodenpluralismus als wissenschaftstheoretische Position für die Heilpädagogik ein. Dieser könne und solle als wertgeleiteter Rationalismus verstanden werden. Haeberlin bezeichnet hiermit das Faktum und den Anspruch, dass die Heilpädagogik

> „als Wissenschaft die Verantwortung für die Verbreitung der praxisbezogenen Werte tragen (muss). Es bleibt lediglich die Frage, ob der Heilpädagogik als Wissenschaft darüber hinaus eine spezifische Art von Verantwortung zugeschrieben werden soll. Meines Erachtens muss sich diese zusätzliche Verantwortung auf die Erhaltung und Weiterentwicklung der Wirksamkeit von Rationalismus und Aufklärung auf die Befreiung des Denkens von Dogmatismus und ideologieanfälligem Antirationalismus beziehen. Als Wissenschaft muss die Wertgeleitete Heilpädagogik sowohl die Verantwortung für die Verbreitung und Durchsetzung der Grundwerte praktischer Heilpädagogik als auch des Wertes rationaler Argumentation und intersubjektiver Nachvollziehbarkeit wissenschaftlicher Erkenntnisgewinnung wahrnehmen. Durch diese doppelte Wertgebundenheit kann sie sich von den entsolidarisierenden Tendenzen im rationalistischen und aufklärerischen Weltbild befreien."
> *(Haeberlin, 1996, 215)*

Haeberlin löst diesen Anspruch an die Wissenschaftlichkeit der Heilpädagogik ein, indem er eine Forschungstypologie und -methodik entwickelt, welche den Widerspruch zwischen Wissenschaft und Praxis wahrnimmt, aushält und als Teil dieses Prozesses versteht. In dieser Konzeption bestimmt er die distanzierte und objektivierte Erkenntnis als den einen Pol, das subjektiv-spontane Handeln als den anderen eines permanenten Kontinuums: „Je mehr man sich in der wissenschaftlichen Forschung vom Pol der distanzierten, objektivierten Erkenntnis entfernt, umso stärker nimmt der Druck zum unmittelbaren, praktischen Handeln zu. Und umgekehrt: Je mehr man sich vom praktischen Handlungsdruck entfernen kann, umso eher wird Hinwendung zur objektivierenden Forschung und zur generalisierenden Theoriebildung möglich" (Haeberlin, 1996, 218). Vor diesem Hintergrund skizziert Haeberlin eine Forschungsmethodik, welche sowohl wertgeleitet und -orientiert ist, gleichzeitig aber auch empirisch-analytisch verfährt.

Zum Abschluss seines einführenden Werkes in die Grundfragen einer Pädagogik für Benachteiligte erarbeitet Haeberlin mögliche Ansätze einer Berufsethik für die Heilpädagogik (vgl. Haeberlin, 1996, 321–350). Er beschäftigt sich hierbei mit der Frage, welches die ethischen Kriterien für die Bewertung des heilpädagogischen Handelns als moralisch gut oder schlecht sein können. Nachdem er die Grundtypen ethischer Argumentation skizziert hat, schlägt er fünf ethische Prinzipien und Tugenden für eine wertgeleitete Heilpädagogik vor:

- **Ideologische Offenheit;** diese bedeutet, dass der heilpädagogisch Handelnde sich um eine möglichst große Distanz zu ideologischen Festschreibungen bemühen soll und „als höchste Tugend die Offenheit gegenüber den konkreten Bedürfnissen und Nöten der hilfsbedürftigen Kinder, Jugendlichen und Erwachsenen anstreben (soll)" (Haeberlin, 1996, 341).

- **Verantworteter Speziesismus und Lebensrecht;** dieser Speziesismus bezieht sich sowohl auf die Verantwortung für das absolute Lebensrecht aller Menschen als auch auf die Achtung vor der gesamten Natur. „Selbstverständlich darf die Aufrechterhaltung des Speziesismus nicht die Aufrechterhaltung einer anthropozentrischen und technologisch-instrumentellen Herrschaft über die Natur bedeuten. Es soll ein Speziesismus sein, der die Verflechtung des menschlichen Seins mit dem Ganzen der Natur anerkennt und der sich als Einheit mit dem Ganzen der Welt versteht" (Haeberlin, 1996, 342).

- **Bildbarkeit und Bildungsrecht;** dieses bezieht sich auf das absolut zu setzende Bildungsrecht aller Menschen, von diesem kann niemand ausgeschlossen sein. „Ein Kind wird nur durch Erziehung und Bildung zum (über)lebensfähigen Menschen; deshalb ist Recht auf Leben ohne Recht auf Erziehung und Bildung nicht denkbar" (Haeberlin, 1996, 344). Durch ein so verstandenes und realisiertes Bildungsverständnis wird nicht nur das Leben des einzelnen Menschen begründet und gesichert. Ebenso kommt es hierdurch zu einer Aufrechterhaltung und Weiterentwicklung der gesamten Kultur einer Gesellschaft. Die Hilfe zur Teilnahme an den solchermaßen gestalteten Bildungsprozessen ist somit der berufsethische Fokus der heilpädagogisch Tätigen.

- **Selbstständigkeit und Lebensqualität;** die Selbstbestimmung des Menschen stellt einen intensiven Aspekt und begründenden Faktor für das individuelle Wohlbefinden und Glück eines Menschen dar. Die Realisation bzw. das Vorhalten einer intensiven Ausprägung von Möglichkeiten der Selbstständigkeit stellt eine Grundvariable zum Empfinden von positiver Lebensqualität dar. In der jeweiligen Konkretisierung kann sich der pädagogisch Handelnde hierbei – auf dem Hintergrund des Grundgesetzes der praktischen Vernunft nach Kant – folgende Frage stellen: „Wenn ich unsicher bin, ob dieser Mensch in seiner derzeitigen Unselbstständigkeit und sozialen Abhängigkeit sein soll, so muss ich mich fragen, ob ich selbst wollen kann, dass alle Menschen die festgestellte Unselbständigkeit und soziale Abhängigkeit zu ihrem Prinzip machen. Ebenso kann mit der Frage nach der Lebensqualität verfahren werden" (Haeberlin, 1996, 347).

- **Pädagogische Effizienzkontrolle und Selbstkritik;** dieses letzte Element bezieht sich auf die ständige Überprüfung der heilpädagogischen Theorien und Handlungsansätze. Diese Kontrolle „verbindet sich mit Tugenden wie Bereitschaft zur Selbstkritik, zur empirisch-rationalen Überprüfung des eigenen Tuns und zur Ehrlichkeit gegenüber eigenen Fehlern. Selbstverständlich gehört dazu auch die Tugend, Wissen und Kompetenzen laufend verbessern zu wollen" (Haeberlin, 1996, 348).

Diese Elemente sind wechselseitig aufeinander zu beziehen und im konkreten Handlungsfeld immer wieder neu zu realisieren:

Ethische Prinzipien und Tugenden einer wertgeleiteten Heilpädagogik nach Haeberlin

Überlegungen und Versuche

1. ***Welche Forschungsprozesse können vor dem Hintergrund der wissenschaftstheoretischen Orientierung von Haeberlin in Bezug auf das Leben von Frank realisiert werden?***
2. ***Inwieweit sind die ethischen Prinzipien und Tugenden in der Arbeit mit Frank bereits berücksichtigt? Welche dieser Maximen sind leichter, welche schwieriger umzusetzen? Begründen Sie jeweils Ihre Meinung.***
3. ***Stellen Sie einen Vergleich zwischen den wissenschaftstheoretischen Positionen von Kobi, Jantzen, Gröschke und Haeberlin an. An welchen Stellen gibt es in den Aussagen Überschneidungen oder Ähnlichkeiten? Wo stellen Sie Unterschiede und Differenzen fest?***
4. ***Wie wirken sich die einzelnen wissenschaftstheoretischen Orientierungen auf das konkrete heilpädagogische Handeln aus? Erläutern Sie Ihre Ergebnisse mithilfe der Darstellung unterschiedlicher Lebensgeschichten.***

Fazit

Urs Haeberlin begründet in seinem einführenden Lehrwerk Heilpädagogik als wertgeleitete Wissenschaft, welche sich für Benachteiligte und Ausgegrenzte einsetzen müsse. Er postuliert hierzu, dass Heilpädagogik sich als parteinehmende Pädagogik zu verstehen und den Behinderungsbegriff als mögliche Gefahr zu betrachten habe. Vor dem Hintergrund der Erörterung unterschiedlicher wissenschaftstheoretischer Positionen und ihrer jeweiligen Bedeutung für heilpädagogisches Denken und Handeln stellt er die Traditionslinien einer wertgeleiteten Heilpädagogik bei Pestalozzi, Hanselmann und Moor vor, um abschließend die Grundlagen einer Berufsethik für die Heilpädagogik zu begründen und auszuführen.

2.1.7 Heinrich Greving: „Heilpädagogische Professionalität"

Lebensgeschichte (Teil 7)

Frank lebt inzwischen seit fünf Jahren in seiner eigenen Wohnung. Er hat vor wenigen Monaten seinen Arbeitsplatz gewechselt: Von einer Werkstatt für Menschen mit Behinderung wechselte er in eine Integrationsfirma. Er übernimmt für ein Hotel, welches hauptsächlich von Menschen mit sogenannten Lernschwierigkeiten geführt wird, die Buchhaltung und kümmert sich um die Belegung der Zimmer. Im Rahmen dieser Arbeit hat er Kontakte zu einer Fachschule für Heilpädagogik geknüpft. Eine Klasse dieser Schule hatte im Rahmen einer Exkursion eine Woche in diesem Hotel gewohnt. Die Klassenlehrerin ist von seiner Entwicklung sehr beeindruckt, sodass sie ihn fragt, ob er nicht Lust habe, regelmäßig mit den Studierenden dieser Schule in Kontakt zu kommen und seine Geschichte darzustellen. Frank sagt zu und teilt der Lehrerin mit, dass er damit begonnen habe, seine Lebensgeschichte aufzuschreiben. Vielleicht wolle sie diese ja einmal lesen. Die Lehrerin ist von der autobiografischen Darstellung des Lebens von Frank so beeindruckt, dass sie ihn fragt, ob sie das Manuskript an einen Verlag weiterleiten dürfe. Hiermit ist Frank einverstanden. Die erste Auflage seiner Lebensgeschichte ist nach wenigen Monaten bereits ausverkauft. Frank beschreibt dort sehr detailliert, aber auch kritisch die von ihm erlebten heilpädagogisch Tätigen, ihre Handlungen, ihre Sprache, ihre Konzepte und Methoden.

Heinrich Greving lehrt an der Katholischen Hochschule Nordrhein-Westfalen, Abteilung Münster, Allgemeine und Spezielle Heilpädagogik; zudem ist er an der Universität Hamburg als Privatdozent für Behindertenpädagogik tätig. Er beschäftigt sich in Forschung und Lehre mit Theorien und Konzepten heilpädagogischer Organisationen, mit heilpädagogischer Systematik und Theoriebildung, mit der Begründung und Entwicklung der Didaktik und Methodik der Heilpädagogik sowie mit der Professionalisierung der Heilpädagogik. Seine erkenntnistheoretische Position bezieht sich hierbei auf grundlegende Annahmen des sozialen Konstruktivismus.

Sein grundlegender Band zur Professionsentwicklung in der Heilpädagogik versucht Antworten auf folgende drei Fragenkomplexe (welche in dieser Form auch die professionelle Begleitung von Frank bedingen) zu geben:

- Ist es möglich, eine heilpädagogische Professionalität zu beschreiben, da noch nicht einmal sicher zu sein scheint, ob es eine solche überhaupt gibt? Wie können hierbei und hierzu die aktuellen Suchbewegungen der Heilpädagogik beschrieben und analysiert werden?

- Wodurch kann eine (meta-)theoretisch begründete Orientierung über ein soziales Berufsfeld wie das des Fachgebietes der Heilpädagogik realisiert werden und gelingen?
- Und schließlich: Wie kann eine Orientierung einer Profession (im Hinblick auf ihre Stabilisation und Verfestigung) stattfinden, wenn diese immer wieder einmal infrage gestellt wird, ja infrage gestellt werden muss?

Die Publikation von Greving beschreibt den aktuellen Stand der theoretischen und methodologischen Begründungen und Differenzierungen der Heilpädagogik und führt somit in die Fach- und Handlungswissenschaft der Heilpädagogik ein. Hier lassen sich Antworten zu den drei Fragenkomplexen finden. Auf der anderen Seite, und das ist das eigentliche Ziel dieser Publikation, begründet sie, als fachliche Positionierung, einen multidimensionalen Ansatz zur Charakterisierung und Entwicklung der Professionalität der Heilpädagogik. Einleitend werden im ersten Kapitel die Themen und Strukturen des Professionsdiskurses in der Heilpädagogik erörtert, so wie diese sich in der Vergangenheit dargestellt haben. Hierauf aufbauend werden dann grundlegend die Begriffe der Profession, der Professionalität und der Professionalisierung geklärt und für die Fachwissenschaft der Heilpädagogik aufbereitet. Abschließend wird im Rahmen einer kurzen Skizze die eigentliche Idee der Dimensionen der Professionalisierung in der Heilpädagogik begründet. In den nächsten Kapiteln werden diese einzelnen Dimensionen, welche eine Professionalisierung der Heilpädagogik bedingen und eine Professionalität dieser Handlungswissenschaft etablieren können, ausführlich erörtert. Der Weg führt hierbei über die erkenntnistheoretische Basis und Etablierung einer Profession, über ihre zeichentheoretischen Bezugnahmen und Verortungen hin zu ausbildungsspezifischen Aussagen. Die einzelnen Dimensionen sind hierbei als Verfahren und Wege gekennzeichnet, mit welchen eine systematische und systematisierende Begründung und Differenzierung erfolgen kann. Es handelt sich um folgende Dimensionen:

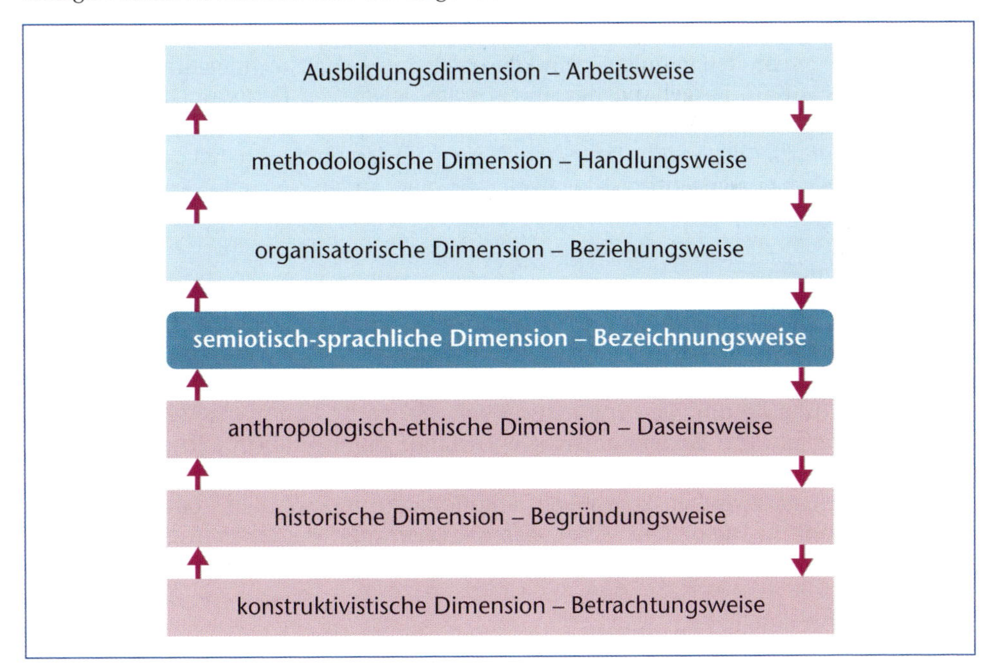

Dimensionen einer professionellen Heilpädagogik (Greving, 2011, 23)

Die einzelnen Dimensionen können wie folgt beschrieben werden (vgl. Greving, 2011, 22-29):

Die konstruktivistische Dimension – Betrachtungsweise

Die Begründung einer Profession ist immer an eine erkenntnistheoretische Grundorientierung gebunden. Greving entscheidet sich hierbei für die Begründung im Rahmen des Konstruktivismus: Dieser wird bei ihm als Erkenntnistheorie verstanden, die versucht, den Prozess der Erzeugung der Vorstellungen von Welt und „Wirklichkeit" zu begründen (vgl. Palmowski, 2007, 55). Im Konstruktivismus wird grundlegend nicht die Wirklichkeit vorgefunden und entdeckt, sondern sie wird durch den Betrachter und Handelnden selbst geschaffen – also konstruiert. Es werden z. B. nie Wirklichkeiten, sondern immer nur Wahrnehmungen, Erfahrungen und Erinnerungen von „Wirklichkeit" wieder- und weitergegeben. Greving erläutert im Weiteren grundlegende Hinweise zum Konstruktivismus im Rahmen der Heilpädagogik: Jede Sprache und jegliches Zeichen wird als Konstrukt verstanden und bezeichnet. In diesem Sinne können auch heilpädagogische Kategorien als Konstrukte verstanden werden: Geistige Behinderung, kognitive Beeinträchtigung, Lernschwierigkeit, Körperbehinderung, Verhaltensstörungen oder Verhaltensbesonderheiten sind verbale und mentale Konstrukte, mit welchen versucht wird, eine vielfach unbekannte Wirklichkeit zu beschreiben. Greving merkt kritisch an, dass die Wirklichkeit in jedem Fall (der Wahrnehmung und der Kommunikation in und mit derselben) schon vorerfahren ist. Diese Vorerfahrung ist und wird schon immer der Interpretation der wahrnehmenden und handelnden Subjekte unterworfen, sodass diese als Realitäten erfahrbar werden. Dies deutet die Position des sozialen Konstruktivismus bzw. Konstruktionismus an, auf welchen sich Greving (im Unterschied zum radikalen Konstruktivismus) bezieht (siehe Gergen, 2002; Palmowski/Heuwinkel, 2002).

Eine weiteres Thema im ersten Kapitel dieses Bandes ist die Vernetzung von Konstruktivismus und Ethik in der Heilpädagogik: Grundlegende konstruktivistische Begriffe wie Autopoiese bzw. Selbstbestimmung, aber auch Ko-Konstruktion und Viabilität (Passung) deuten darauf hin, dass der Mensch im eigentlichen Sinne eine hohe Verantwortung für sich und den anderen hat und der andere wiederum genauso. Im Rahmen selbstbestimmter, gemeinsam ausgehandelter und für den jeweiligen Kommunikationsprozess stimmiger und passender Verhaltensmuster muss der eine sich am anderen orientieren – er muss nachvollziehen, welche Anteile für eine gemeinsam zu schaffende oder gerade gemeinsam nutzbar gemachte Wirklichkeit mit dem anderen geteilt werden können. Abhängigkeiten und Selbstbestimmungsprozesse des einzelnen Menschen sind somit nie von diesem allein zu leisten, sie stehen immer im Kontext des wechselseitigen Aufeinanderverwiesenseins.

Des Weiteren geht Greving auf die Relevanz des Konstruktivismus in Bezug auf die Didaktik und Methodik der Heilpädagogik ein, z. B. im Hinblick auf die Beobachtung und die Kommunikation. Ein weiterer Aussagekomplex bezieht sich auf die Konstruktion, Re-Konstruktion und De-Konstruktion von Lernen und Lernprozessen. Diese werden im Regelfall am gemeinsamen Gegenstand durchgeführt. Lernen geschieht gemeinsam in der Entwicklung von Interessenslagen, Abstimmungsprozessen und Wechselwirkungen zwischen kognitiven, emotionalen und sozialen Wahrnehmungen und Ausrichtungen. Dialogischer Sinn, also die Erfahrung, mit anderen gemeinsam in kommunikativen Prozessen Sinn zu entwickeln, gelingt immer nur in ko-konstruktiven Prozessen.

Die historische Dimension – Begründungsweise

In dieser Dimension finden sich die historischen Begründungen der Heilpädagogik wieder, wobei Greving die Geschichte der Heilpädagogik ebenfalls mit den Prozessen des Konstruktivismus erläutert. Sie wird als zeitverhaftete und entworfene Historie zwischen allgemeiner Pädagogik und Medizin, zwischen Therapie und Erziehung, zwischen Gesellschaft und Person verstanden.

Die anthropologisch-ethische Dimension – Daseinsweise

Die Anthropologie stellt die Frage nach dem Menschen und die Ethik diejenige nach dem guten Leben aller Menschen. Es geht also darum, die Frage nach der Art und Weise des Menschseins im Kontext einer Theorie der Moral zu beantworten. Greving bezieht sich auf Gröschke, der folgende drei Bereiche und Fragen als bedeutsam für die anthroposophisch-ethische Dimension erachtet:

- Was ist das höchste Gut?
- Welches ist das richtige Handeln?
- Wie ist die Freiheit des Willens möglich?

(vgl. Gröschke, 1993, 80)

Auf diese Bereiche ausgerichtet sucht die (heilpädagogische) Ethik Antworten auf folgende Fragen:

- Welches Ziel steht im Mittelpunkt des praktischen Handelns in der Heilpädagogik, d.h., wonach hat sich das Handeln strikt auszurichten?
- Wie lässt sich der Weg dieses Prozesses gestalten?
- Was ist möglich und realistisch hinsichtlich der Freiheit des heilpädagogischen Handelns und seiner Begründung? Laut Greving ist es auf diesem argumentativen Hintergrund erforderlich, nicht nur eine reine Pflichtethik, sondern auch eine „Moral der Selbstverwirklichung" (Gröschke, 1993, S. 81) zu leben. Es müssen hierzu ethisch begründete, moralische Momente verwirklicht werden, welche auf Kommunikation, Kooperation und Konsens ausgerichtet sind.

Die semiotisch-sprachliche Dimension – Bezeichnungsweise

Die semiotisch-sprachliche Dimension stellt bei Greving den Spiegel bzw. die engste argumentative (Naht-)Stelle einer professionellen Heilpädagogik zum heilpädagogischen Denken und Handeln dar: In und durch sie wird deutlich, wodurch professionelles Handeln in der Heilpädagogik geschieht und was die Handelnden (eigentlich) wollen. Die Heilpädagogik benutzt und entwickelt Zeichen – sie befasst sich also zeichensetzend mit ihrer Klientel und ihrem Feld. Sie spricht an und aus, benennt und konstruiert und trägt hierbei ihr wissenschafts- und erkenntnistheoretisches Herz auf der Zunge! Laut Greving geht es insbesondere um folgende Themen:

- Erstens ist die historische Begründung der Ausdrucksweise zu nennen. Wie und in welchen Kontexten sind Begriffe und Inhalte wie „Behinderung", „heilpädagogische Übungsbehandlung", „freie Praxis" u. v. m. entstanden? Wie und wodurch bildet sich die Zeit in diesen jeweiligen Begriffen ab? Sind die Begriffe im wahrsten Sinne des Wortes noch stimmig, oder bedeuten sie etwas völlig anderes? Wandelt sich die Sprache im historischen Kontext oder verändern sich auch die Botschaften bzw. die Inhalte?

- Zweitens muss auch der philosophisch-anthropologische Hintergrund der heilpädagogischen Ausdrucksweise untersucht werden. Es ist wichtig, entlang einer historischen Entwicklungslinie der Heilpädagogik die Veränderungsmuster heilpädagogischer Grundbegriffe und Grundideen zu erforschen. Diese müssen in den Kontext der aktuellen Nutzung gestellt werden, um daraus mögliche Konsequenzen für die Entwicklung der Professionalisierung der Heilpädagogik abzuleiten.
- Drittens müsste auch die Sprache in Institutionen und Organisationen untersucht werden. Unterscheidet sich diese von der Sprache in Nicht-Organisationen? Unterscheiden sich unterschiedliche Organisationen in ihrer Ausdrucksweise? Auch bei dieser Frage spielt der Zeitverlauf eine wichtige Rolle. Und in welchem Zusammenhang steht die institutionelle Ausdrucksweise mit dem Vorgang der Professionalisierung in der Heil- und Behindertenpädagogik?

Die organisatorische Dimension – Beziehungsweise

Die organisatorische Dimension gibt laut Greving den Rahmen vor, in welchem Beziehung und Begegnung stattfindet. Die Historie der Organisation prägt die Gegenwart der potenziellen und aktuellen Beziehungen zwischen Menschen in allen Formen der Organisation, also auch in heilpädagogischen Organisationen. Hinsichtlich der Professionalisierung in der Heilpädagogik spielen vor allem die Veränderungen und Modifikationen der Organisationen eine wichtige Rolle. Aktuell haben Organisationen z. B. folgende Veränderungen zu bewältigen: von stationär zu ambulant, vom einheitlichen Pflegesatz zum persönlichen Budget, von der Klientel im überwiegenden Kindes- und Jugendalter zum stark ansteigenden Anteil von erwachsenen und alten Menschen mit Behinderungen, vom exkludierenden spezifisch-sonderbehandelnden Setting zu Integration und Inklusion etc. Diese Modifikationen verändern zwangsläufig auch die professionellen Rollen und die Beziehungsmöglichkeiten in allen heilpädagogischen Feldern.

Die methodologische Dimension – Handlungsweise

Die Methodologie als Lehre der Methoden versucht darzustellen und auszulegen, in welchem Kontext das heilpädagogische Handeln geschieht, wie es erkenntnistheoretisch begründet werden kann und wo es hinführt. Die Methoden in der Heilpädagogik lassen sich durchaus als Wege zum Menschen hin bezeichnen. Sie dienen aber auch als Bausteine von Konzepten. Konzepte stellen also den größeren Rahmen bzw. die sachlogischen Umfassungen der Methoden dar. Als konkrete Elemente der Methoden sind wiederum verschiedene Techniken zu betrachten. Von dieser Verwobenheit der Methoden, Konzepte und Techniken ausgehend, formuliert Greving für diese Dimension folgende Fragen:

- Wie, wodurch bzw. von wem und in welchem Kontext werden heilpädagogische Methoden konstruiert?
- Welches Handeln sollen sie begründen?
- Wodurch ist heilpädagogisches Handeln generell zu bestimmen?

Dem Autor geht es um eine Erörterung der Bezüge zwischen Gesellschaft, Praxis und Methodologie. Er geht davon aus, dass dies in einer Realisierung und Reflexion dieser Bezogenheiten durch heilpädagogische Konzepte auf dem Hintergrund eines heilpädagogisch relevanten Begriffes von Praxis umgesetzt werden kann. Die Erörterungen zu dieser Dimension sollen sowohl das Praxisfeld der Heilpädagogik als auch heilpädagogische Konzepte, Methoden und Reflexionsprozesse analysieren, begründen und konkretisieren.

Die Ausbildungsdimension – Arbeitsweise

Diese Dimension bezieht sich auf die Ausbildung und das Studium der Heilpädagogik. Als solche betrifft sie alle anderen Dimensionen, erforscht und reflektiert diese. Greving macht hier auf ein spezifisch heilpädagogisches bzw. spezifisch deutsches heilpädagogisches Problem aufmerksam: nämlich die Uneinheitlichkeit auf allen in Deutschland vorhandenen Ausbildungsebenen – der Fachschulen/Fachakademien, der Fachhochschulen und der Universitäten. Alle führen zum Abschluss einer staatlich anerkannten Heilpädagogin bzw. eines staatlich anerkannten Heilpädagogen, dennoch sind die einzelnen Ausbildungsebenen hinsichtlich ihres Umfangs, ihrer Länge, ihrer Intensität und ihrer methodischen Ausrichtung sehr unterschiedlich.

Zusammenfassend lässt sich das von Greving erarbeitete Modell der sieben **Dimensionen der Professionalisierung der Heilpädagogik** wie folgt darlegen:

- Die konstruktivistische Dimension, die historische Dimension und die anthropologisch-ethische Dimension bilden gemeinsam mit der semiotisch-sprachlichen Dimension die Grundlagen, welche dafür genutzt werden können, heilpädagogische Erkenntnisse theoretisch zu verorten.
- Die semiotisch-sprachliche Dimension, die organisatorische Dimension, die methodologische Dimension und die Ausbildungsdimension können dabei helfen, Konzepte im Rahmen der Heilpädagogik zu entwickeln, aus welchen wiederum Methoden und Techniken für das heilpädagogische Handeln erwachsen können.
- Alle sieben Dimensionen sind wesentlich, um heilpädagogische Kompetenzen zu realisieren, damit auch im 21. Jahrhundert und darüber hinaus Heilpädagogik als theoretisch fundierte Handlungswissenschaft gesellschaftliche Veränderungsprozesse ebenso zu initiieren in der Lage ist, wie sie Persönlichkeitsbegleitung individuell kompetent wahrnehmen kann.

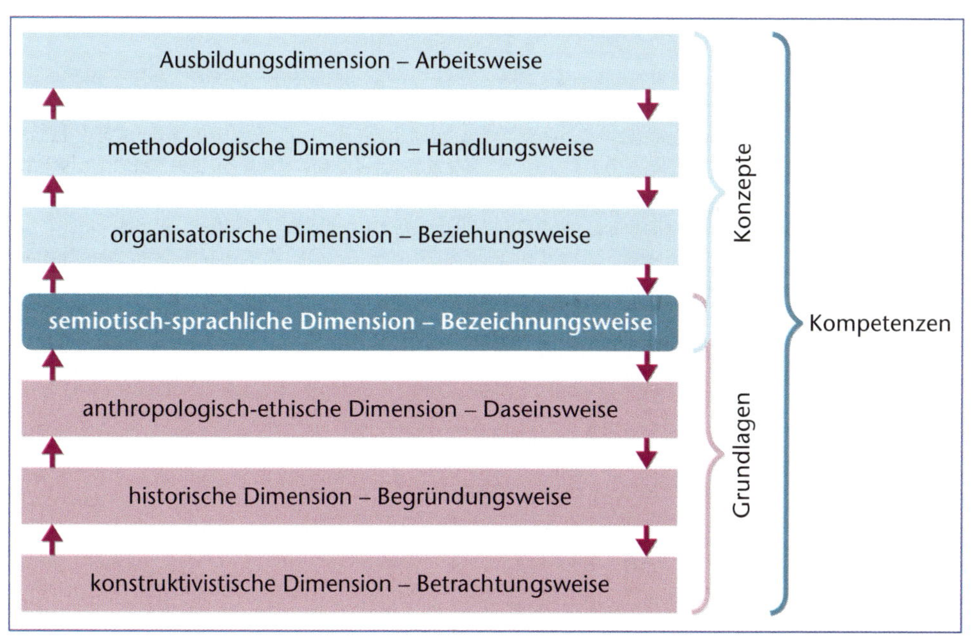

Grundlagen, Konzepte und Kompetenzen: Dimensionen einer professionellen Heilpädagogik (Greving, 2011, 29)

Außerdem sind diese Dimensionen gut geeignet, die Begriffe der „Disziplin", der „Profession" und der „Professionsentwicklung" in der Heilpädagogik zu begründen, zu realisieren und zu evaluieren:

- Die ersten vier Dimensionen in Bezug auf Heilpädagogik als Disziplin,
- die Dimensionen vier bis sieben in Bezug auf die Heilpädagogik als Beruf bzw. Profession

und alle sieben Dimensionen in Bezug auf die Professionalisierungsprozesse in der Heilpädagogik.

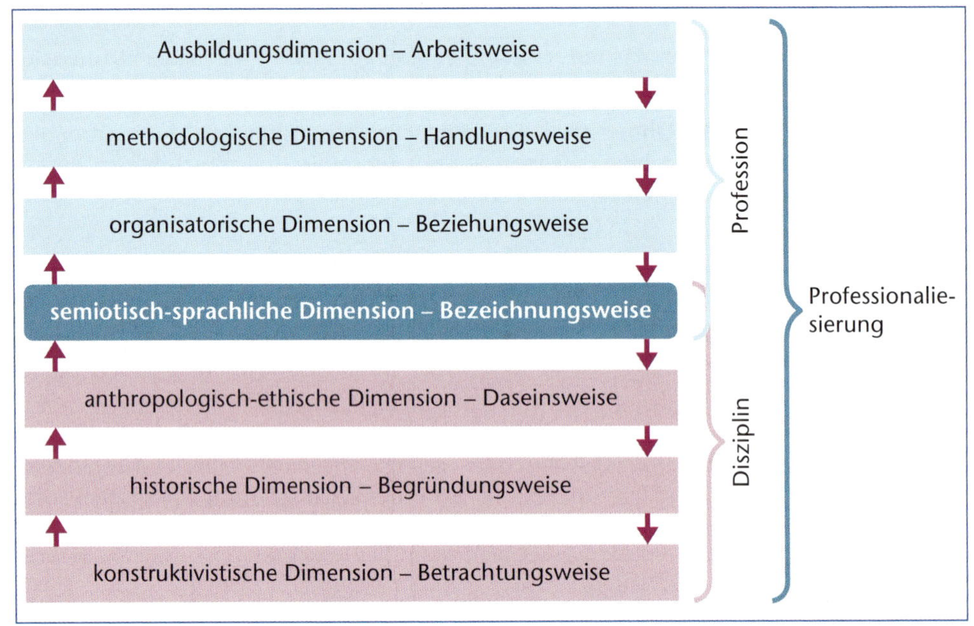

Dimensionen einer professionellen Heilpädagogik in Bezug zur Disziplin, zur Profession und zur Professionalisierung (Greving, 2011, 30)

Fazit

Vom sozialen Konstruktivismus ausgehend (aber auch unterschiedliche Impulse aus der geisteswissenschaftlichen und der kritisch-materialistischen Heil- und Behindertenpädagogik aufnehmend) zeichnet Heinrich Greving ein Bild heilpädagogischer Professionalität, die sich ihrer metatheoretischen, theoretischen und methodologischen Begründungen bewusst ist und diese auch für die Entwicklung und Ausgestaltung eigenständiger Konzepte nutzen kann. Die von ihm erarbeiteten professionsrelevanten Dimensionen ermöglichen der Heilpädagogik eine solche Professionsgestaltung, welche in der Lage ist, sich ihrer disziplinären Basis bewusst zu werden und entsprechende professionelle Handlungsmuster aufzubauen, zu realisieren und zu evaluieren.

Überlegungen und Versuche

1. ***Welche Ansätze zur Professionsdiskussion kennen Sie? Vergleichen Sie diese mit den professionstheoretischen Ansätzen in der Heil- und Behindertenpädagogik der vergangenen zehn Jahre. Welche Unterschiede und welche Gemeinsamkeiten stellen Sie hierbei fest? Wodurch könnten diese jeweils entstanden sein?***
2. ***Suchen Sie in Ihnen bekannten heilpädagogischen Lehrwerken nach grundlegenden Aussagen zu den sieben Dimensionen von Greving. Fassen Sie diese jeweils zusammen und vergleichen Sie diese im Hinblick auf ihre erkenntnistheoretischen Begründungen.***
3. ***Welche Dimensionen würden Sie diesem Modell noch beifügen und warum? Begründen Sie Ihre Meinung ausführlich.***
4. ***Stellen Sie alle Dimensionen an konkreten Beispielen dar. Vergleichen Sie Ihre Beispiele miteinander: Was fällt Ihnen hierbei auf?***
5. ***Welche weiteren Benennungen (als Alternativen zu „Betrachtungsweise", „Begründungsweise" etc.) lassen sich noch finden?***
6. ***Welche konkreten Kompetenzen lassen sich von diesen sieben Dimensionen ableiten? Wie und wodurch können diese Kompetenzen zu einem interdisziplinären Handeln in der Heilpädagogik beitragen? Gehen Sie hierbei auch auf die (gesamte) Lebensgeschichte von Frank ein.***
7. ***Welche Schritte zur Professionalisierung kann und muss die Heilpädagogik in der nächsten Zeit gehen? Begründen Sie Ihre Meinung, indem Sie auch auf die aktuellen Debatten zur Inklusion Bezug nehmen.***
8. ***Bewerten Sie das Modell von Greving in seiner Gesamtheit auf seine erkenntnistheoretische und konzeptionelle Sachlogik und Stringenz. Begründen Sie Ihre Meinung möglichst ausführlich.***

Zusammenfassung

Im Verlauf der letzten vier Jahrzehnte hat sich die Heilpädagogik als eigenständige Handlungswissenschaft etabliert. In diesem Kontext sind mehrere Lehrwerke erarbeitet worden, von welchen die dargestellten sechs als die wichtigsten bezeichnet werden können. Hierbei sind drei unterschiedliche wissenschaftstheoretische Positionen wahrzunehmen:

- die Position der geisteswissenschaftlich orientierten Heilpädagogik,
- die Position der kritisch-materialistischen Heil- und Behindertenpädagogik,
- die Position der konstruktivistischen Heilpädagogik.

Zur geisteswissenschaftlich orientierten Heilpädagogik können die Modelle von Emil E. Kobi, Otto Speck, Dieter Gröschke und Urs Haeberlin gezählt werden. Wolfgang Jantzen und Georg Feuser begründen demgegenüber ihre Ansätze aus der Position des kritischen Materialismus. Heinrich Greving skizziert eine konstruktivistische Begründung der Heilpädagogik.

Dennoch gibt es in diesen drei Orientierungen Unterschiede:

Die Positionen von Kobi und Speck umfassen eher konstruktivistische und systemtheoretische Begründungszusammenhänge. Diejenigen von Gröschke und Haeberlin sind eher pragmatisch und ethisch ausgerichtet – auch wenn es hierbei in bestimmten Aussagekomplexen zu Überschneidungen zwischen diesen vier Positionen kommt.

Aber auch die Annahmen von Jantzen und Feuser weisen Unterschiede auf: Jantzen rekurriert intensiv auf die historische Schule der sowjetischen Psychologie (Anfang bis Mitte des 20. Jahrhunderts), wohingegen Feuser zwar auch die Begründungsmomente dieser Richtung annimmt, sie jedoch mit weiteren Annahmen aus der Naturwissenschaft verbindet.

Die Position von Greving ist zwar grundlegend als konstruktivistische Begründung darzustellen, dennoch weist sie einige Annäherungen zu geisteswissenschaftlichen (und humanistischen) Begründungsmustern auf.

Eine Gesamtdarstellung der aktuellen Heilpädagogik, eine Begründung ihrer Theorien und Handlungsvollzüge kann also nur in einer Zusammenschau aller dieser Aussagenkomplexe und einer Überprüfung derselben auf dem Hintergrund der je aktuellen Praxisfragen und -notwendigkeiten bestehen.

2.2 Konzeptionelle Hintergründe heilpädagogischen Handelns

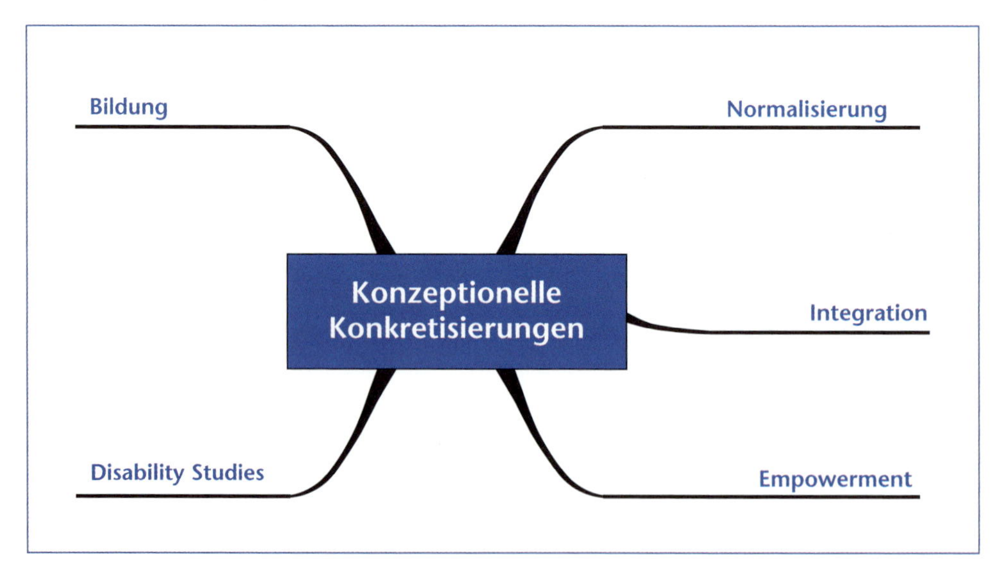

Parallel zur Entwicklung der theoretischen Grundausrichtungen heilpädagogischer Handlungsfelder entwickelten sich – zum Teil mit den erstgenannnten vernetzte und auf diese bezogene, zum Teil mit diesen nur locker verkoppelte – Konzepte und Methoden.

Eine Auswahl der wichtigsten und relevantesten wird auf den folgenden Seiten beschrieben. Es handelt sich hierbei um

- die Normalisierung,
- das Empowerment,
- die Integration,
- die Disability Studies,
- die Bildung und
- die Inklusion.

Die Abfolge der Darstellung orientiert sich grob an der Chronologie, in der die einzelnen Elemente in der Fachgeschichte der Heilpädagogik aufgetreten sind. Die Inklusion steht am Ende dieser Reihe, da sie unter den konzeptionellen Hintergründen eine besondere Stellung einnimmt. Insbesondere in den letzten ca. 20 Jahren hat sie sich in der heilpädagogischen Theorienbildung und auch in der Methodendiskussion immer stärker als ein Hauptanliegen des heilpädagogischen Wirkens etabliert. Somit ist sie momentan (und auch in der Zukunft) das bestimmende Grundelement der heilpädagogischen Theorie und Praxis. Diese Bedeutung der Inklusion ist Grund genug, dem inklusiven Denken und Handeln hier mehr Raum zu geben – deshalb wird sie in einem eigenen Kapitel (2.3) umfassender dargestellt. Das heißt allerdings nicht, dass die anderen hier beschriebenen konzeptionellen Hintergründe für das heilpädagogische Tun weniger wichtig wären! Sie behalten ihre Bedeutung nicht nur als Rahmen für die Ausgestaltung von konkreten Maßnahmen und Vorgehensweisen bei der Unterstützung von Menschen mit Behinderung, sondern auch, weil sie alle eine Inklusionsrelevanz besitzen.

2.2.1 Normalisierung

Aus dem Bericht einer Praktikantin

Leo wurde in Russland geboren, ist 31 Jahre alt und lebt seit zehn Monaten in Deutschland. Er wohnt bei seinen Eltern (der Vater ist 76, die Mutter 74 Jahre alt). Leo ist lernbehindert und hat in Russland acht Klassen in einem Sonderschulinternat absolviert. Bis zum heutigen Tag hat er nicht gearbeitet. Es war für ihn ganz normal und entsprach der Wirklichkeit, welche er kannte, dass er als Mensch mit einer Behinderung keiner Arbeit nachgehen musste. In Russland schien das den Beteiligten egal zu sein. Niemand hinterfragte diese Situation, es gab auch keine alternativen Möglichkeiten.

Leo hat seinen eigenen Lebensrhythmus: Er verwendet sehr viel Zeit auf einsame Spaziergänge durch seinen neuen Wohnort. An beinahe jedem Abend besucht er seine beiden älteren Geschwister, welche auch in diesem Ort leben. Wenn er zwischen 22.00 Uhr und 23.00 Uhr zu Hause ist, schaut er Fernsehen oder schreibt Freunden in Russland Briefe. Zumeist geht er gegen 3.00 Uhr schlafen. Der folgende Tag beginnt für ihn in der Regel gegen 11.30 Uhr.

Leos Mutter hatte den Leiter meiner Praxisstelle, einen familienunterstützenden Dienst, bereits vor sechs Monaten mit dem Wunsch aufgesucht, dass ihr Sohn eine Arbeit bekommen solle, um etwas Geld zu verdienen. Außerdem wolle sie nicht, dass er die Tage immer so unmotiviert und nur mit Freizeitbeschäftigungen verbringe. Der Leiter des familienunterstützenden Dienstes bot ihr daraufhin eine Unterstützung an. Er sagte, dass es sicherlich für unsere deutschen Vorstellungen nicht normal sei, dass ein einunddreißigjähriger Mann mit einer Lernbehinderung, welcher ansonsten zu den vielfältigsten Handlungen in der Lage ist, nur spazieren geht, seiner Mutter manchmal im Haushalt hilft und Briefe schreibt. Er meinte noch, dass jeder durchschnittliche Mensch mit Behinderung in Deutschland in eine Werkstatt für behinderte Menschen integriert und dort beschäftigt sei. Als er Leo dieses vorschlug, lehnte dieser das sofort ab. Er sei mit seinem Lebensablauf sehr zufrieden und könne sich eine Veränderung seiner Gewohnheiten nicht vorstellen. Das sei, so entgegnete er, nicht normal für ihn.

Dennoch einigten sich alle Beteiligten darauf, dass er zumindest die nahe gelegene Werkstatt für behinderte Menschen einmal besuchen und ich ihn hierbei begleiten solle. Bei diesen Besuchen ging er gelangweilt hinter mir und einem anderen Pädagogen her, zeigte keinerlei Interesse an den Tätigkeiten dort und hatte nur den Wunsch, möglichst schnell wieder nach Hause zu fahren und nie wieder hierher zurückzukommen. Bei seinen Eltern angekommen, weinte er lange und sagte mir danach, dass er als Arbeitsplatz nur putzen möchte, da er dann morgens weiterhin lange schlafen könne. Zu Hause putze er doch auch immer.

Die Werkstatt für behinderte Menschen bot ihm daraufhin einen Arbeitsplatz in der Putzgruppe an. Die Tätigkeiten dort langweilten Leo mehr und mehr, sodass er heute, nach einem Jahr, in einer der Werkstatt angegliederten Wäscherei arbeitet, dort Wäsche faltet und beim Aufräumen und Putzen hilft.

Reflektion meines Praktikums:

Dieser Prozess der Normalisierung hat ein gutes Jahr gedauert. War es aber eine echte Normalisierung? Ist es normal, in einer Werkstatt für behinderte Menschen und nicht auf dem freien Arbeitsmarkt tätig zu sein? Wäre es mit ein wenig mehr Flexibilität nicht möglich gewesen, für Leo in einer fremden Umgebung, mit fremden Menschen in einem fremden Land ein wenig mehr Vertrautheit zu schaffen? Vielleicht wäre dann sein Weg in dieser Zeit nicht so schmerzhaft und problematisch gewesen. Vielleicht hätten alle Beteiligten, also auch ich, seine Lebensweise nicht sogleich als „nicht normal“ definieren, sondern als seine Realität und Normalität akzeptieren sollen.

Menschen mit einer geistigen Behinderung sollen ein Leben so nahe wie möglich an der Normalität führen können – so die früheste Forderung des Normalisierungsprinzips, welches auf den dänischen Juristen Niels Bank-Mikkelsen zurückgeht. Er formulierte hiermit in der Mitte der 50er-Jahre des 20. Jahrhunderts eine sozialpolitische Leitidee, welche zum Ausgangspunkt dieses weltweit bedeutenden Reformkonzepts zur Hilfe und Unterstützung für Menschen mit Behinderung werden sollte. Hierdurch fasste er die Forderungen und Ziele des „Dänischen Gesetzes über die Fürsorge für geistig Behinderte und andere Schwachsinnige“ von 1959 zusammen.

> „Auf die kritikwürdigen Lebensbedingungen und Versorgungsstrukturen in den fünfziger und sechziger Jahren wirke das Normalisierungsprinzip als Antidogma [...], das eine unmittelbar einleuchtende und in den grundlegenden Ableitungen direkt nachvollziehbare Alternative zu den herrschenden Verhältnissen darstellte und eindrucksvolle systemverändernde Kraft entfaltete. Der dringende Reformbedarf resultierte aus dem dominanten **Dogma** des Ver- und Bewahrens mit den korrespondierenden Elementen der **Segregierung** und Diskriminierung, zentralisierter Anstaltsunterbringung, einer erheblichen Belastung und Randstellung der Eltern sowie einem biologistischen Menschenbild, was keine pädagogische Perspektive bot [...].“
> *(Beck, 2001, 82 f.)*

Wurde das Normalisierungsprinzip somit zu Beginn als Leitidee formuliert, erlangte es durch eine wissenschaftliche und konzeptionelle Weiterentwicklung in den 60er- und 70er-Jahren des 20. Jahrhunderts den Rang einer handlungsleitenden methodischen Orientierung. Diese Entwicklung geht vor allem auf die konzeptionellen Entfaltungen des Schweden Bengt Nirje und auf die wissenschaftlichen Untersuchungen und Fortführungen des US-Amerikaners Wolf Wolfensberger zurück. In Deutschland hat Walter Thimm das Normalisierungsprinzip mit Beginn der 70er-Jahre eingeführt und begleitet. Worin bestehen nun die Grundannahmen dieser Konzeption?

Der Prozess der Normalisierung ist im wörtlichen und beschreibenden Sinn der Vorgang einer einheitlichen Gestaltung. Diese geht zurück auf den Wortstamm „Norm", welcher auf bestimmte Bewertungen und Wertigkeiten verweist. Dieser Begriff geht zurück auf das lateinische „norma", welches einen Maßstab oder eine Regel beschreibt. In diesem Kontext sind somit zwei Möglichkeiten zu unterscheiden:

- Auf der Ebene der konkret-empirischen, also sinnlich fassbaren und feststellbaren Ebene der Lebensstandards soll ein Leben ermöglicht werden, welches den durchschnittlich vorfindbaren Lebensbedingungen der nicht behinderten Menschen entspricht. Der Bezug hierbei orientiert sich somit an einer statistischen Norm. Diese konkretisiert sich in den Postulaten nach der Teilhabe an eben dieser durchschnittlichen gesellschaftlichen Normalität, welche an den gleichen Lebensbedingungen, Rechten und Teilnahmemöglichkeiten realisiert und gemessen werden kann.
- Auf der Ebene einer eher implizierten Ausprägung lässt sich die Frage nach der Normalität aber auch als Auseinandersetzung mit den gesellschaftlichen Werten verstehen, welche die oben genannte Partizipation ermöglicht oder auch erschwert. Vor dem Hintergrund dieser Idealnorm sind dann auch Fragen nach der Modifikation der gesellschaftlichen Realität im Hinblick auf das Ziel und die Qualität der Normalität und Normalisierung zu stellen.

(vgl. Beck, 1996, 23 f.)

In einem ersten Schritt kann somit festgestellt werden, dass es vor diesem Hintergrund des Normalisierungsprinzips um Lebensstandards und Bedingungen geht, welche denen der nicht behinderten Bevölkerung entsprechen. Hierauf ist Bank-Mikkelsen in seiner ersten Beschreibung aber eher oberflächlich eingegangen, „indem er sich auf die Lebensbereiche Arbeit, Wohnen und Freizeit bezog und mit Blick auf die für westliche Gesellschaften typischen Bedingungen eine Trennung der Lebensbereiche, Möglichkeiten des gemeindeintegrierten und selbstständigen Wohnens, des Schulbesuchs, der Berufstätigkeit, von Freizeit und Ferien, Partnerschaft und sozialen Bindungen für behinderte Menschen forderte" (Beck, 2001, 83). Nirje differenzierte diese Grundannahmen, indem er sie durch entwicklungs- und bedürfnistheoretische Bezüge unterstützt in acht Bereiche aufteilte und entfaltete. Nirje hierzu konkret:

> „Um das Normalisierungsprinzip angemessen verwirklichen zu können, ist es unabdingbar, sich Klarheit zu verschaffen über die Beziehungen zwischen normalen Rhythmen, alltäglichen Gewohnheiten und Lebensmustern und der Entwicklung, der Reife und den Lebensweisen behinderter Menschen. Es ist notwendig, zu verstehen, wie sich diese Lebensweisen umsetzen lassen als Indikatoren für angemessene, menschenwürdige Programme, Versorgungsangebote und Gesetze im Dienste der geistig behinderten Menschen."
>
> *(Nirje, 1994, 13)*

Er unterscheidet hierzu acht Elemente der normalen Lebensmuster und -bedingungen, welche vor dem Hintergrund des Normalisierungsprinzips für Menschen mit Behinderungen reflektiert und modifiziert werden sollen:

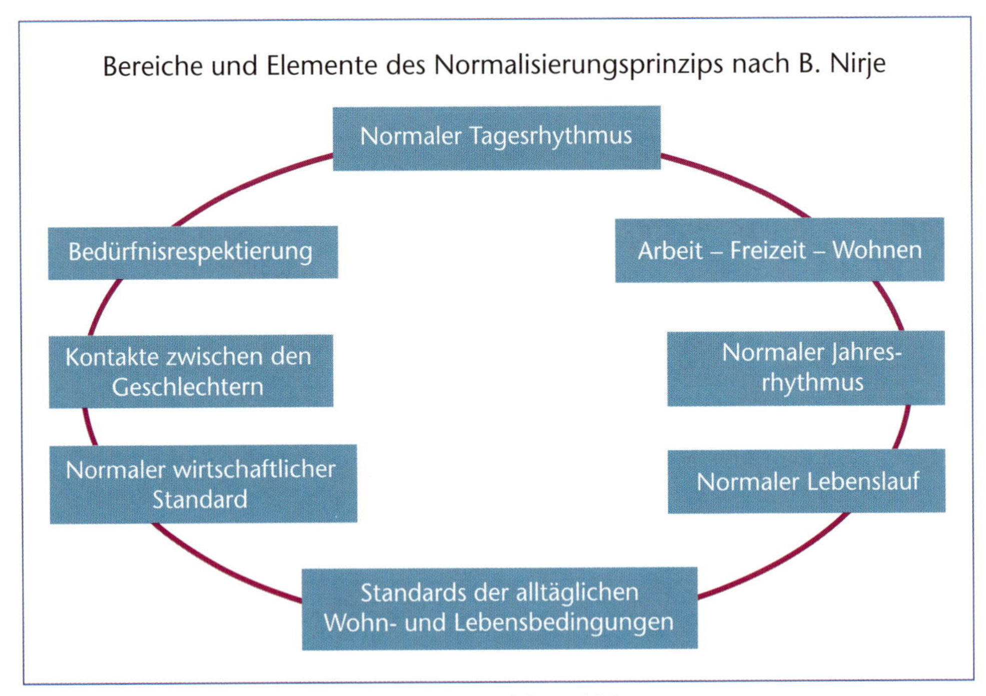

Bereiche und Elemente des Normalisierungsprinzips nach Bengt Nirje

Folgende Schritte zur Umsetzung des Normalisierungsprinzips können hierzu benannt werden:

- Abbau der großen stationären Einrichtungen,
- Aufbau halbstationärer und offener Einrichtungen,
- ortsnahe Betreuung der Menschen durch Regionalisierung,
- Modifikation des Bildes vom Menschen mit einer geistigen Behinderung.

Somit stellt sich die Normalisierung als ein Prozess dar, welcher sich mindestens auf drei Ebenen vollzieht: auf der politischen Ebene, auf der Ebene der Konzeptionen der pädagogischen Einrichtungen und auf dem Feld der heilpädagogischen Praxis im Sinne der Praxis der wechselseitigen Interaktionen. Nirje schlägt in diesem Kontext die Umsetzung des Normalisierungsprinzips als Instrument in Bezug auf vier Bereiche vor (vgl. Nirje, 1994, 27 f.):

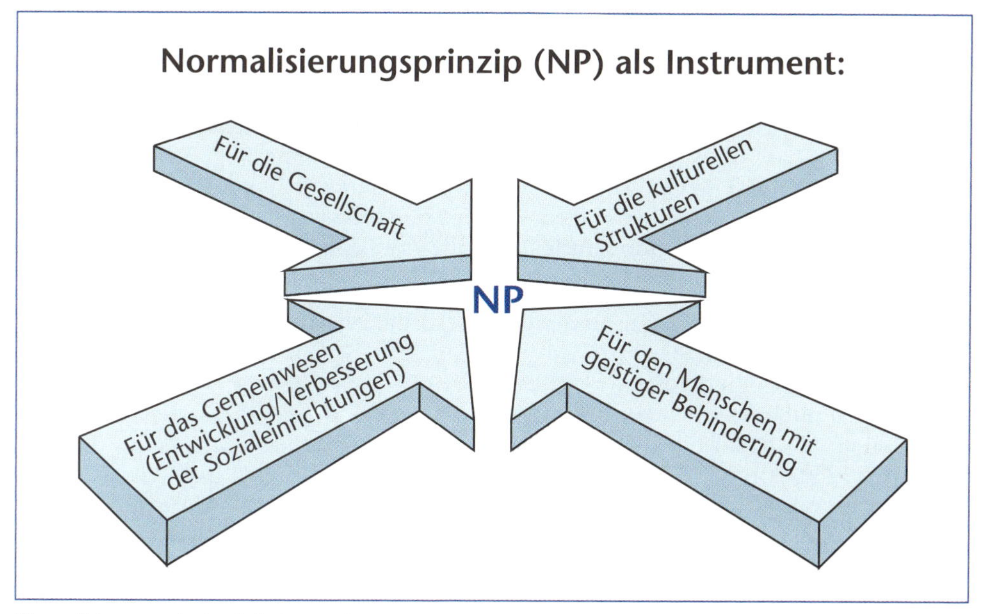

Normalisierungsprinzip als Instrument

Die Ausdifferenzierung in acht Bereiche sowie die Instrumentalisierung des Normalisierungsprinzips sorgten dafür, dass die soziale und pädagogische Relevanz der grundlegenden Entwicklungsbedingungen und Lebensrhythmen in einer verständlichen Art und Weise für alle Beteiligten weitergegeben werden konnte. Sie führte aber auch dazu, das Normalisierungsprinzip relativ unreflektiert zu einem Instrument und einer Technik werden zu lassen, welche den wissenschaftlichen Hintergrund hierbei nicht zu beachten schien. Es stellt sich mehr und mehr die Frage, ob das Normalisierungsprinzip ein Prinzip oder doch eher eine Technik oder beides sei:

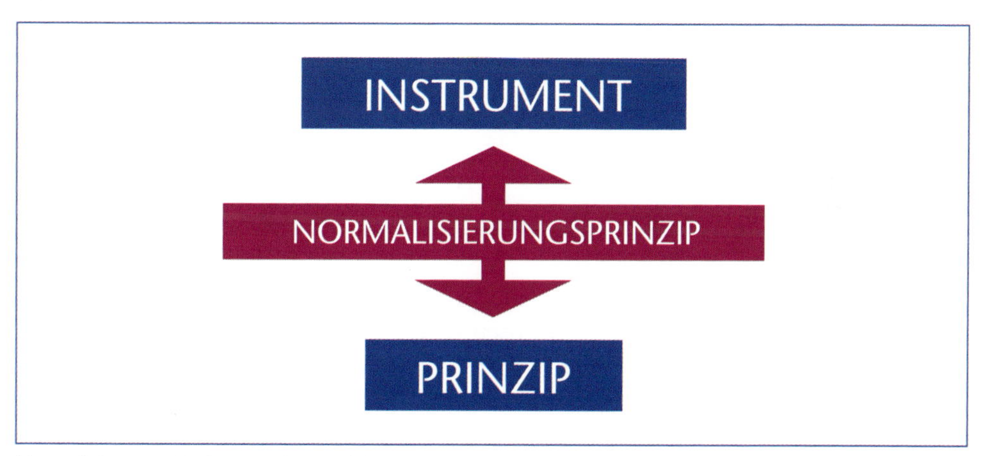

Normalisierungsprinzip im Widerspruch?

Mit Bezug auf diese kritische Wahrnehmung erweiterte Wolf Wolfensberger die theoretischen Begründungen zum Normalisierungsprinzip, indem er dieses in eine soziologische Rollen- und Stigmatheorie einband. Er ging hierbei davon aus, dass normative

„Erwartungen, die nur einseitig an der Schädigung ansetzen, [...] die Abwertung des behinderten Menschen zu Folge haben (können). Seine biografische Einmaligkeit tritt hinter die auf die Abweichung konzentrierte Perspektive zurück; solche diskreditierenden Prozesse sind gesellschaftlich, in den Handlungsroutinen von sozialen Diensten und im Alltag beobachtbar“ (Beck, 2001, 84). Wolfensberger setzte somit folgerichtig sein Konzept der Valorisation (also der Aufwertung) sozialer Rollen neben dasjenige der Normalisierung. Er stellte sich hierbei die Fragen, welche Menschen warum und wozu abgewertet werden, und versucht eine Optimierung ihres Zustandes durch die Postulate und Prozesse der Aufwertung.

Welche Menschen werden somit in der Gesellschaft abgewertet? Wolfensberger kommt zu folgenden Antworten:
- Menschen mit Behinderungen,
- Menschen mit abweichendem Verhalten,
- Menschen mit sozialen Schwierigkeiten,
- Menschen in Armut,
- Menschen mit wenigen oder unerwünschten Fähigkeiten,
- Menschen, die aus ethnischen, religiösen und anderen Gründen abgewertet werden.

Diese Menschen werden mit Begriffen belegt, welche auf der negativen Seite der Polarität von Wertvorstellungen liegen: Ihnen wird nichts zugetraut, sie sind von anderen abhängig, sind im Wege und anderes mehr. Hierdurch erfahren die betroffenen Menschen eine Zunahme von sozial und kommunikativ zugefügten Wunden. Gerade Menschen mit (schweren und/oder geistigen) Behinderungen sind hiervon intensiv betroffen, da sie von mehreren der oben genannten Kategorien betroffen zu sein scheinen: Sie werden über die Diagnose einer Behinderung definiert, zeigen scheinbar abweichendes Verhalten, machen sich und anderen offensichtlich soziale Schwierigkeiten, verfügen nur über recht geringe finanzielle Mittel und zeigen zudem noch Fähigkeiten, die in der Gesellschaft eben nicht gewünscht sind. Diese sozialen Rollen bzw. Stigmatisierungen werden über bestimmte Wege vermittelt. Sie sind auch für die Reflektion und Veränderung heilpädagogischen Handelns relevant:

- Räumlicher Standort des Wohn- und Lebensmittelpunktes der Person/Umfeld dieses Elementes: Lebt der/die Betroffene allein in einem Apartment in der Innenstadt oder mit vierhundert anderen Menschen in einem Wohnheim in der Nähe eines Gewerbegebietes?

- Sozialer Kontext und Sozialbeziehungen: Hat der/die Betroffene ausschließlich mit den pädagogischen Mitarbeitern Kontakt oder nimmt er/sie an normalisierten gesellschaftlichen Angeboten teil?

- Verhaltensweisen und Aktivitäten, welche gezeigt und/oder zugelassen werden: Partizipiert der/die Betroffene an therapeutischen und pädagogischen Programmen oder normalen Freizeit-Lebensgestaltungsprozessen?

- Sprache mit und/oder über den Menschen mit Behinderung: Ist der/die Betroffene für seine Umwelt das „Mongölchen“, das „Fritzchen“ oder Frau Müller und Herr Schulze?

- Persönliches Erscheinungsbild: Kleidet sich der/die Betroffene im Einheitsanstaltsdress oder in individuell ausgesuchter Bekleidung?

- Verschiedene Kommunikatoren sozialer Rollen: Wird ein sozialer oder pädagogischer Dienst durch einen überörtlichen Verband finanziert oder steht ein Budget für den betroffenen Menschen mit Behinderung zur Verfügung, welches er selber verwalten kann?

Wolfensberger schlägt zu Umsetzung und Veränderung der sozialen Rollen der Menschen mit Behinderung die Abfolge dieser Schritte vor:

1. Erkennen der Wunden, mit welchen ein Menschen mit Behinderung lebt,
2. Erkennen der Risikofaktoren, welche gegenwärtig vom sozialen Umfeld die Situation eventuell noch intensivieren könnten,
3. Bestandsaufnahme des gegenwärtigen sozialen Status,
4. Beschreibung des gegenwärtigen sozialen Status,
5. Identifikation der gegenwärtig eingenommenen oder gewünschten Rollen, die jemand valorisieren möchte.

Hierdurch übernimmt der heilpädagogisch Handelnde auch die Aufgaben eines gesellschaftspolitisch tätig werdenden Pädagogen.

Walter Thimm hat die recht prägnante Entwicklungsorientierung und die kommunikationstheoretische Prämisse zum Ausgangspunkt seiner Überlegungen zum Normalisierungsprinzip werden lassen. „Im Rahmen des ‚kommunikativen Paradigmas' wird der binäre Code von Norm und Abweichung selbst infrage gestellt und der Aufbau symmetrischer (gleichberechtigter) Kommunikationsstrukturen als Basis identitäts- und integrationsfördernder Prozesse gefordert. In den Mittelpunkt rücken Kommunikations- und Interaktionsprozesse behindernde oder fördernde Strukturen gegenüber einer primären Orientierung an der schädigenden Einschränkung“ (Beck, 2001, 84). Dennoch stellt Thimm 1992 fest, dass die Normalisierung als sozialpolitische Leitidee noch einer umfassenden Absicherung in der Rechtsstruktur bedürfe: „Ihre Legitimation steht noch aus“ (Thimm, 1992, 286). Um ein Reformkonzept, so wie das Normalisierungsprinzip eines ist, zu implementieren, schlägt Thimm ein sechsstufiges Modell vor.

> „In diesem Modell [...] werden zwei Phasen mit je drei Stufen unterschieden: die theoretische Phase der (1) Konzeptentwicklung, (2) der ersten Akzeptierung und (3) der gesetzlichen Legitimation; die praktische Phase der (4) Erprobung, (5) der flächendeckenden Ausdehnung und (6) der Institutionalisierung. Diese Stufen sind nicht als aufeinander abfolgend zu sehen in dem Sinne, dass zunächst alle Stufen der theoretischen **Implementation** einen hohen Grad der Akzeptanz erreicht haben müssen, bevor es zu praktischen Einfädelung kommt. Wir haben es vielmehr im Verlaufe des Prozesses mit höchst unterschiedlichen Niveaus der Akzeptanz zu tun, die Weiterentwicklung auf einer der Stufen kann grundsätzlich zu Korrekturen auf einer anderen bzw. aller anderen Stufen führen.“
> *(Thimm, 1992, 284 f.)*

Thimm macht diese Überlegungen an folgender Abbildung deutlich:

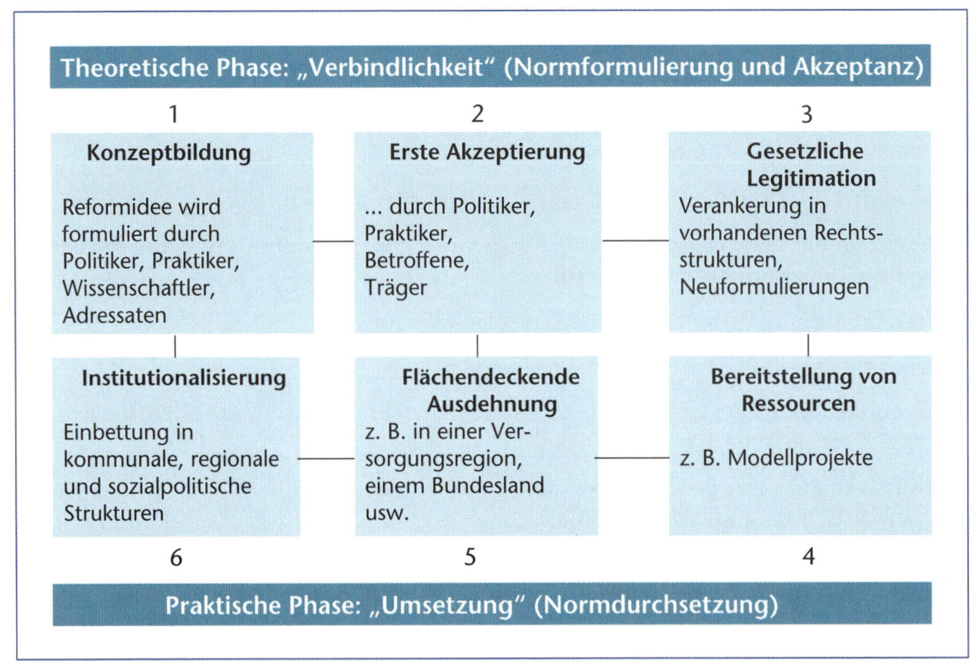

Modell der Implementation eines Reformkonzepts (vgl. Thimm, 1992, 285)

Überlegungen und Versuche

1. ***Verdeutlichen Sie diese drei Konzeptentwürfe (nach Nirje, nach Wolfensberger und nach Thimm) an der Geschichte von Leo. Welcher Entwurf erscheint Ihnen die meiste Handlungsrelevanz zu besitzen und warum ist das gegebenenfalls so?***
2. ***Betrachten Sie das Modell der Implementation eines Reformkonzeptes nach Walter Thimm. In welcher Phase oder in welchen Phasen befindet sich zurzeit das Normalisierungsprinzip in Deutschland? Begründen Sie Ihre Meinung ausführlich.***

Der Begriff der Normalisierung und die hiermit verbundene Leitidee des Normalisierungsprinzips befindet sich somit im Wandel. Mehr noch: In den letzten Jahren kam es mehr und mehr zu einer Kritik dieser Orientierung. Sie befasste sich damit, ob die Normalisierung ein „Projekt, Konzept, Prinzip oder Problem (sei)" (Gröschke, 2002a, 175). In einer Zeit, in welcher sich sicher geglaubte Wissensinhalte und Wertbestimmungen und -bedeutungen aufzulösen scheinen, kann auch die Normalität nicht länger als feststehende Größe betrachtet werden. Die von ihr abhängige Variable eines Normalisierungsbestrebens, auch im Sinne einer handlungsleitenden Idee, ereilt somit das gleiche Schicksal einer erstaunlichen und teilweise absurden Ausrichtung. Hierzu Gröschke ausführlich:

> „Die paradoxale Bestimmung von Normalität (Praxiskonzept **versus** Integrationsprinzip) gilt heute, unter den obwaltenden Bedingungen von Pluralisierung der Lebensstile und Individualisierung der Lebensläufe, umso mehr. Unter den heutigen

> Bedingungen hochindustrieller, post- oder spätmoderner Übergangsgesellschaften haben sich die bisher gewohnten und stabilisierenden Orientierungs- und Organisationsmuster der individuellen Biographie und der Sozialisation der Individuen weitgehend aufgelöst. ‚Normalarbeitsverhältnisse' als gesellschaftsintegrative Basismechanismen werden immer seltener; ‚Normalbiographien' als normative individuelle Strukturierungsmuster des Lebenslaufes sind unter den Bedingungen heutiger ‚Risiko'- und Transformationsgesellschaften nicht mehr langfristig berechenbar. ‚Normalität' ist unter heutigen Bedingungen nur noch als vieldeutig-**polyvalente** Kontingenzformel denkbar [...]. Man muss bedenken, dass das ‚Normalisierungsprinzip' ursprünglich aus den sechziger und siebziger Jahren stammt (Skandinavien und USA), bevor es in den achtziger Jahren in Deutschland rezipiert wurde. Seine reformerische Semantik (‚normaler Tages-, Wochen- und Jahresablauf, normaler Lebenslauf') ist dieser weitgehend vergangenen Zeit noch verhaftet. Die Verhältnisse sind andere geworden."
> *(Gröschke, 2002a, 178 f.)*

Gröschke schlägt zur Erweiterung dieser Thematik vor, dass sich die Heilpädagogik dem ideologiekritisch aufgeklärten Normalitätsdiskurs in den Sozialwissenschaften anschließen solle, damit sie nicht Gefahr laufe, „gesellschaftstheoretisch unaufgeklärten Tendenzen unkritisch zu folgen und so selber zu einem Stück Ideologie zu werden" (Gröschke, 2002a, 181). Dieser Diskurs soll im Folgenden kurz skizziert werden, um eine mögliche Fortführung und Differenzierung des Normalisierungsprinzips anzudeuten.

Die Grundlagen hierzu stammen vom Literaturwissenschaftler und Interdiskurstheoretiker Jürgen Link (vgl. Link, 1997). Er geht grundlegend davon aus, dass Normalität hergestellt werden kann. Ein solcher Diskurs um einen Begriff ist somit auch ein Instrument zur Herstellung von Normalität. Zudem werden die dem Gegenstand der Normalität entsprechenden Subjektivitäten ebenfalls in diesem Diskurs produziert. Vor dem Hintergrund dieser Annahme, dass ein Diskurs als Produktionsinstrument von Normalität gelten kann, stellt sich folgerichtig die Frage: Kann eine Kategorie, welche als Normalität bezeichnet wird, überhaupt definiert werden? Link geht davon aus, dass sich Normalität sehr wohl begrifflich eingrenzen lässt. In einem ersten Schritt geht er davon aus, dass Normalität nicht mit Normativität (also einer grundlegenden Bestimmung eines normierten oder normalen) gleichzusetzen ist (vgl. Link, 1998, 16; Lingenauber, 2003, 26). Im Unterschied hierzu ist der Begriff des Normalismus zu bestimmen. Dieser wird von Link als die Gesamtheit aller Diskurse, Institutionen und Verfahren verstanden, welche in den sogenannten modernen Gesellschaften Normalitäten produzieren. Diese rücken im Verlauf ihres Entstehungsprozesses mehr und mehr zu letztbegründenden Fakten auf (vgl. Gerhard/Link/Schulte-Holtey, 2001, 7).

> „Normalismus wird also als der gesamte Diskurskomplex bestimmt, der Normalitäten in modernen Gesellschaften produziert. Es ist zu betonen, dass dieser Diskurs auch die Spezialdiskurse umfasst. Nachdem die erste normalistische Grundannahme von Normalität als historisch-spezifische Kategorie dargestellt wurde, geht es nunmehr um die zweite Grundannahme: die Unterscheidung von unterschiedlichen Normalitäten [...]. In einer modernen Gesellschaft gibt es also nicht die Normalität, sondern eine Vielzahl von Normalitäten."
> *(Lingenauber, 2003, 27)*

Somit stellt sich also auch die Umsetzung eines sogenannten Normalisierungsprinzips als problematisch, wenn nicht sogar als unmöglich dar, da diese heilpädagogische Vorgehensweise eine sektorielle, also eine teilbereichliche und ausschnitthafte Normalität und somit gleichzeitig ein möglicher Spezialfall einer pädagogischen Normalität ist. Hierzu abschließend noch einmal Lingenauber:

> „An dieser Stelle sei noch einmal an die [...] Tendenz im integrationspädagogischen Diskurs erinnert, Behinderung als Normalität zu definieren [...]. Diese Normalitätsvorstellung wird – genau wie die im integrationspädagogischen Diskurs häufig anzutreffende These: ‚Es ist **normal**, verschieden zu sein' – nicht als allgemeinkulturelle Normalitätsvorstellung im Diskurs generiert. Der sonderpädagogische sowie der allgemeinpädagogische Diskurs generieren vielmehr die Normalitätsvorstellung, dass es **nicht normal** ist, behindert zu sein. Im integrationspädagogischen Diskurs wird folglich der Versuch unternommen, eine neue Normalität herzustellen."
> *(Lingenauber, 2003, 28)*

Vor diesem Hintergrund wird die Heilpädagogik in den nächsten Jahren ihr Verständnis von Normalität und Normalisierung zu reflektieren und zu modifizieren haben. Hierbei ist auch immer wieder die subjektive Perspektive der betroffenen Menschen mit Behinderung zu berücksichtigen. Diese erfahren sich „selbst als ‚behindert' nur im sozialen Vergleich mit nicht behinderten Mitmenschen. In diesem sozialen Vergleichsprozess kommen die Normen der Normalität der Nichtbehinderten ins Spiel: Je stärker, mächtiger, besser die anderen sind, desto geringer die Chancen, selbst etwas gut oder besser als andere zu können oder mit ihnen mithalten zu können [...]. ‚Warum bin ich behindert?' Diese existentielle Schlüsselfrage differenziert sich häufig aus einer Reihe lebenspraktischer Fragen: ‚Warum muss ich ins Heim, warum muss ich zur WfB, warum kann ich nicht heiraten, warum darf ich keine Kinder bekommen?'" (Gröschke, 2002a, 201). In diesen autobiografischen Frage- und Argumentationszusammenhängen bedeutet Normalität, so zu sein, wie es alle anderen auch sind (oder zumindest zu sein scheinen). Das Erleben, nicht so sein und leben zu können, führt zur bedrohlichen Erfahrung möglicherweise aus dem Kreis des Normalen und der Normalen herauszufallen bzw. hiervon ausgeschlossen zu werden. Hier schließt sich nun der Kreis, welcher mit der Beschreibung eines Lebensabschnittes von Leo begonnen hatte.

Überlegungen und Versuche

1. ***Übertragen Sie die Grundannahmen zum Normalismus auf den Erfahrungsbericht der Praktikantin in ihrer Arbeit mit Leo. Bearbeiten Sie hierzu folgende Fragen:***
   - ***Wie könnte sich Leo unter anderen als den erfahrenen Bestrebungen zur Normalisierung und Integration gefühlt haben?***
   - ***Wie müsste eine normalismustheoretisch begründete Arbeit mit ihm hinsichtlich der Strukturen und Handlungsweisen der Organisation geplant und durchgeführt werden?***
   - ***Welche anderen als die durchgeführten Handlungsweisen stehen der Praktikantin unter einer normalismustheoretisch verorteten Tätigkeit zur Verfügung?***
2. ***Suchen Sie in der heilpädagogischen Literatur sowohl nach Aussagen, welche die normalismustheoretischen Annahmen unterstützen, als auch nach solchen, die diesen zu widersprechen scheinen. Vergleichen Sie diese Ansätze miteinander und entscheiden Sie sich für eine eigene Position in diesem Diskurs. Begründen Sie diese Position möglichst ausführlich.***
3. ***Beziehen Sie Stellung zu der Aussagen: „Auf dem Hintergrund eines normalismustheoretischen Diskurses ist das Normalitätsprinzip nicht mehr als handlungsleitende Idee in der Heilpädagogik zu realisieren."***

Fazit

Das Normalisierungsprinzip stellte das erste Konzept in der Heilpädagogik und Behindertenhilfe dar, welches sich konsequent von der Leitidee der Fremdbestimmung abwandte. Es geht auf die Vorgaben von Bengt Nirje und Niels Bank-Mikkelsen aus den 50er- und 60er-Jahren zurück. Es wurde zu Beginn der 70er-Jahre von Walter Thimm auf deutsche Verhältnisse übertragen und von Wolf Wolfensberger im Hinblick auf eine soziologisch orientierte theoretische Begründung erweitert. In den letzten Jahren ist es in die Kritik geraten, da ein normalismustheoretisch begründeter Diskurs mögliche Schwachstellen und Nachteile des Normalisierungsprinzips angedeutet und aufgedeckt hat.

2.2.2 Integration

Aus dem Protokoll einer Teamsitzung

Leo arbeitet jetzt seit ca. zwei Jahren in der Wäscherei und erledigt seine Tätigkeiten sehr verantwortungsvoll und präzise. Was aber immer wieder auffällt, ist, dass er nach dem Wochenende an den ersten beiden Arbeitstagen der neuen Woche nicht so recht konzentriert ist und eher lustlos zu sein scheint. Auf die Frage des Gruppenleiters, ob er etwas für Leo tun könnte, antwortete er vor zwei Wochen, dass er gern in einer „richtigen“ Werkstatt arbeiten wolle. Zudem könne er sich vorstellen, bei seinen Eltern auszuziehen. Nach einer intensiven Diskussion mit allen Kolleginnen und Kollegen aus der Werkstatt für behinderte Menschen sowie nach einem intensiven Gespräch mit Leos Eltern werden wir nun nach einer Tätigkeit für Leo auf dem freien Arbeitsmarkt suchen. Ein weiterer Teil unserer Absprachen bezieht sich auf das Wohnumfeld von Leo. Da in einer ambulant betreuten Wohngruppe noch ein Platz frei ist, soll ein Probewohnen von Leo initiiert werden. Wenn dieses für alle Beteiligten zufriedenstellend verläuft, wird in weiteren Gesprächen abzuklären sein, wie der Umzug von Leo zu planen und durchzuführen ist.

für das Protokoll
Karen M., Mitarbeiterin im pädagogischen Dienst der WfbM

Um was handelt es sich bei der Integration konkret? Chronologisch ging der Integration die Normalisierung voraus. Dabei ist der Begriff der Normalisierung eher prozesshaft formuliert – da Normalisierung nicht auf einen Endzustand ausgerichtet ist. Dagegen kann derjenige, der Integration final fixiert, beschrieben werden (entweder man ist integriert oder man ist es nicht). Zudem operiert der Begriff der Normalisierung gesellschaftlich in einem weiteren Raum als der Begriff der Integration, der zu Beginn der Diskussion und auch heute zumeist noch schulisch orientiert ist (vgl. Speck, 2008, 402). So kann festgestellt werden, dass die Integrationsdiskussion in Deutschland im Vergleich zu anderen europäischen Staaten recht spät begonnen hat. Sie entstand aus dem Bestreben des Ausschusses „Sonderpädagogik“ des Deutschen Bildungsrates (1970–1973), eine integrative Neuorientierung im Schulwesen anzustreben. Dieses führte zu einer stattlichen Anzahl von Schulversuchen und zu einem sich langsam vollziehenden Prozess der Umstrukturierung der Schulen. Zudem kam es zu einer Übertragung integrativer Prinzipien auf den außerschulischen Bereich. Auch die Grundorientierungen zur Integration haben sich im Verlauf der Jahre verändert: Konnte Dybwad 1974 Integration noch als die Gesamtheit aller Maßnahmen definieren, welche eine möglichst unkomplizierte Teilhabe der Menschen mit Behinderung in der Gemeinschaft zum Ziel haben (vgl. Hähner, 2003, 34), so definiert Speck Integration in jüngster Zeit wie folgt:

> „Mit Integration ist [...] ein Prozess bzw. ein Vorhaben gemeint, durch den bzw. durch das bisher außenstehende Personen zugehörige Glieder einer sozialen Gruppe werden sollen. Es handelt sich um die Einfügung in ein (bereits bestehendes) soziales Ganzes unter Erhalt der eigenen Identität. Vermerkt sei noch, dass gelingende integrierende Prozesse die Stabilität der sozialen Ganzheit und damit die soziale Identität zu verstärken und zu bereichern vermögen."
> *(Speck, 2008, 392)*

Der Weg von der Verwahrung der behinderten Menschen über die Förderung (welche letztendlich in den Gedanken der Normalisierung und des Normalisierungsprinzips verankert ist) bis hin zur Begleitung (welche in den Erörterungen zur Inklusion dargelegt werden; siehe Kapitel 2.2.4) war somit ein Weg, auf welchem die Integration quer zu diesem Verlauf stattgefunden hat. Sie hat einerseits Anteile aus dem Normalisierungsgedanken aufgenommen, andererseits aber auch die Inklusion vorbereitet. Dieser Verlauf kann grafisch wie folgt dargestellt werden:

Begriffe	Verwahrung	Förderung	Begleitung
Zeitschiene	1946 bis 60er-Jahre/heute	60er- bis 90er-Jahre	ab ca. Mitte der 90er
Menschenbild	biologistisch-nihilistisch	pädagogisch-optimistisch	(voll) akzeptierend
Institutionen	Psychiatrien/etc.	Sondereinrichtungen	Offene Hilfen
Bezugsgruppen	Mediziner/etc.	Eltern/Pädagogen	Betroffene/Assistenten

Integration

Von der Verwahrung zur Förderung – Leitbildänderungen in der Arbeit mit Menschen mit einer geistigen Behinderung (vgl. Niehoff, 2001, 11)

Integration kann in diesem Kontext sowohl als Wert- als auch als Handlungsbegriff verstanden werden. Als Wertbegriff umfasst er „die unbedingte Bejahung des Lebenswertes behinderten Lebens, die Bejahung des menschlichen Grundbedürfnisses nach freier Teilhabe am sozialen Leben und deshalb auch die Aufhebung aller künstlichen Trennungen, und andererseits die Erziehung zur sozialen Akzeptanz und Solidarität. Eine Priorisierung solcher Wertsetzungen kann nicht mit zwingend logischer Ableitung bewiesen werden. Sie beansprucht vielmehr qua Person Gültigkeit, um realisiert werden zu können" (Speck, 2003, 394). Als Handlungsbegriff lässt sich Integration in unterschiedliche Felder und Ebenen einteilen:

- Die **räumliche Integration**, also das Wohnen, Arbeiten und Erleben von Freizeit an Orten wie alle nicht behinderten Menschen auch.
- Die **funktionelle Integration**, also das Erfüllen der normalen Lebensbedürfnisse. Vor diesem Hintergrund sollen allgemeine Dienstleistungen auch von Menschen mit Behinderung in Anspruch genommen werden können. Die hierfür notwendigen Gebäude, Verkehrsmittel etc. müssten ohne Probleme für alle zugänglich sein.

- Die **soziale Integration**, also die Möglichkeit, im allgemeinen Umfeld der Schule, der Nachbarschaft, des Arbeitsplatzes usw. zwischenmenschliche soziale Beziehungen zu schließen, welche auf gegenseitiger Akzeptanz sowie Achtung beruhen.
- Die **personale Integration**, also das Ermöglichen persönlicher Beziehungen entsprechend den jeweiligen Bedürfnissen. Hierbei sollen auch die dem Alter und Geschlecht zugesprochenen Rollen erfüllt werden können. Durch diesen Austausch und diese Gemeinschaft mit anderen Menschen soll ein befriedigendes Privatleben geführt werden können.
- Die **gesellschaftliche Integration**, also die Wahrnehmung rechtlicher Ansprüche, welche allen Menschen die Möglichkeit bieten, zu gleichberechtigten Mitbürgern zu werden und sich auch so zu erleben.
- Die **organisatorische Integration**, also die Schaffung und Etablierung von Diensten und Strukturen, welche die anderen Ebenen der Integration unterstützen.

(vgl. Metzler, 1999, 14 ff.)

Diese Konkretisierungen stehen in einem wechselseitigen Abhängigkeitsverhältnis zueinander, verweisen jedoch immer wieder auf den Wertkontext der Integration, sodass sich zudem Wertorientierung und Handlungsorientierung bedingen:

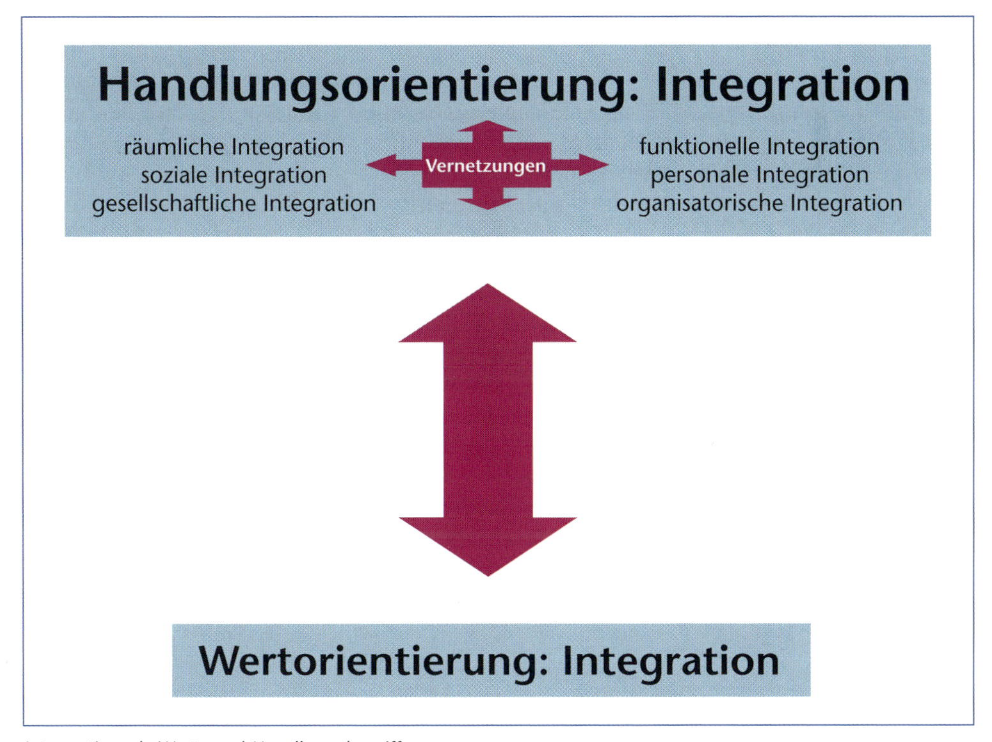

Integration als Wert- und Handlungsbegriff

Überlegungen und Versuche

1. ***Vergleichen Sie die Handlungselemente der Integration mit den Lebensalternativen von Leo. Wie und wodurch könnte welches dieser Elemente realisiert werden? Welches ist einfacher, welches problematischer umzusetzen?***
2. ***Formulieren Sie auf dem Hintergrund der Wertorientierung der Integration mögliche Handlungsaufträge für die mit Leo lebenden und arbeitenden pädagogischen Mitarbeiter.***

Um die Handlungsorientierung der Integration, also auch ihre Bedeutung für heilpädagogisches Handeln zu präzisieren, sollen die Teilelemente der personalen und der sozialen Integration im Folgenden näher umschrieben werden. Speck weist darauf hin, dass soziale Integration sich nicht von selber ereignet, sondern vielmehr pädagogisch unterstützt werden muss. Er bezeichnet die Erziehung behinderter Kinder und Jugendlicher deshalb auch als „Integrationshilfe". Hierbei sind sowohl die einzelnen Personen als auch die sozialen Gruppen betroffen, sodass der „Gesamtprozess der Eingliederung sowohl unter personalem als auch unter sozialem Aspekt zu betrachten (ist)" (Speck, 2008, 406). Als Teilinhalte der personalen Integration benennt Speck beispielhaft folgende:

„◆ relatives gesundheitliches Wohlbefinden
◆ eigene Tüchtigkeit als Lernfähigkeit und praktische Lebensfertigkeiten
◆ Sicherheit im Alltag
◆ Einsicht und Bezug zur Umwelt der Menschen und Dinge
◆ angereicherte und stabilisierende Emotionalität
◆ ein tragfähiges Selbstkonzept, personale Identität
◆ lebensbejahende Motivationen und Einstellungen."

(Speck, 2008, 406)

Folgende Inhalte der sozialen Integration zählt er auf:

„◆ Mit der gegebenen Umwelt, sei sie behindert oder nicht, kommunizieren und mit ihr handeln zu können
◆ das Ausüben sozialer Rollen
◆ soziale Teilhabe an Gruppen nach eigener Wahl: Spielgruppen, Lerngruppen, Arbeitsgruppen, Freizeitgruppen
◆ wohnhaftes Eingegliedertsein
◆ berufliches Eingegliedertsein
◆ kulturelle Partizipation."

(Speck, 2008, 406 f.)

Der heilpädagogisch Handelnde hat sich somit immer der Doppelaufgabe einer individuell-personorientierten und einer sozial-gesellschaftlichen Integration zu stellen. Hierdurch kann und muss die Heilpädagogik Ansprüche an die Gesellschaft stellen. Aus diesen resultieren mögliche Aufgaben einer integrationsbezogenen Heilpädagogik. Mit Speck können hierzu folgende Ansatzpunkte skizziert werden:

- Die heilpädagogisch Handelnden müssen integrative Kontakte und praktische Gemeinsamkeiten im Lernen, Spielen, Wohnen und Arbeiten zwischen Menschen mit und Menschen ohne Behinderung initiieren.
- Sie müssen die Teilhaberechte von Menschen mit Behinderung am gemeinsamen Leben gegen Ausschlusstendenzen verteidigen.

- Ihnen unterliegt die Tätigkeit der Öffentlichkeitsarbeit. Hierzu müssen sie Informationen über die Situation der Menschen mit Behinderung weitergeben und solidarische Aktionen anregen.
- Sie müssen auf die Planung und Entscheidungsprozesse im rechtlich-administrativen Bereich Einfluss nehmen, um die Rechte und Lebenserfordernisse der Menschen mit Behinderungen zu sichern.

(vgl. Speck, 2008, 407)

In das Aufgabenspektrum der Heilpädagogik fallen somit unter der Leitidee der Integration nicht nur die Menschen mit Behinderung. Zudem gehören auch die Gemeinden und Nachbarschaften, die sozialen Vereine und Verbände, regionale und überregionale öffentliche Instanzen, Finanzierungsträger und politische Vertreter und Gremien zu den Adressatengruppen heilpädagogischer Tätigkeiten. Speck hierzu abschließend:

> „Die Erziehung versteht sich als Integrationshilfe, und zwar wiederum in doppelter Hinsicht: Sie ist darauf gerichtet, dass sich das Selbstkonzept eines behinderten Kindes ausbilden kann, dass seine Lern- und Kommunikationsfähigkeit gefördert werden, dass sich Ich-Stärke, Ausgeglichenheit und Selbstständigkeit ausprägen können, und sie ist darum bemüht, dass diese Kinder und Jugendlichen möglichst in förderliche soziale Kontakte mit Menschen ihrer erfahrbaren Umwelt einbezogen werden. Dazu gehören selbstverständlich auch nicht-behinderte Partner. Das wiederum bedeutet, dass auch für diese das integrative Erziehungsziel gültig sein muss, und dass die Gemeinschaft im Lernen, Spielen und Arbeiten auch explizit Aufgabe jeglicher Erziehung sein muss."
> *(Speck, 2008, 407)*

Das, was Speck hier für die heilpädagogische Arbeit mit Kindern und Jugendlichen formuliert, gilt selbstverständlich auch für das heilpädagogische Handeln mit erwachsenen Menschen.

Gerade diese Vernetzung von personalen und sozialen Anteilen und Perspektiven der Integration hat in jüngster Zeit aber auch zur kritischen Betrachtung dieses Modells geführt. Der Soziologe und Systemtheoretiker Peter Fuchs betrachtet die Prämissen auf dem Hintergrund systemtheoretischer Annahmen und kommt hierbei zu folgenden Aussagen (vgl. Fuchs, 1995, 11 ff.):

Integration

- sei eine mehr oder weniger räumliche Vorstellung, welche die Zugehörigkeit zu einer Gruppe als In-Ihr-Sein, das Wegdriften aus einer Gruppe als Sturz in ein Außen, in die Isolation begreift;
- die Gesellschaft ist dann das Auffangbecken, aus welchem man ausgeschlossen, in welches man eingeschlossen werden kann;
- Integration ist – in Bezug auf Menschen mit Behinderungen – die Reduktion von Freiheitsgraden: „Immer dann, wenn soziale Systeme tolerieren sollen, dass in ihrer Umwelt Behinderungen auftauchen, immer dann reduzieren sich die Freiheitsgrade dessen, was in sozialen Systemen routiniert möglich ist" (Fuchs, 1995, 13). Fuchs verdeutlicht diese These an folgendem Beispiel:

> „Wenn ein schwer mehrfachbehindertes Kind in einem Normalkindergarten betreut wird [...], wird der Kindergarten es mit Wickel- und Fütterproblemen, mit Problemen zeitlicher, sachlicher und sozialer Ressourcen zu tun bekommen. Jede Familie, die ein behindertes Kind hat [...], wird von den Lasten berichten, denen sie ausgesetzt ist, wie

immer sie auch von den Glücksmöglichkeiten reden wird, die die Bewältigung solcher Lasten psychisch mit sich bringen."
(Fuchs, 1995, 13 f.)

Georg Feuser schließt aus einer kritisch-materialistischen Perspektive an diesen kritischen Gedanken an, wenn er den Begriff der Integration beinahe als Alibibegriff einer pädagogischen und sozialen Tendenz begreift, nur scheinbar integrativ tätig werden zu wollen, in Wirklichkeit aber dennoch eine weitere Separierung von Menschen mit und Menschen ohne Behinderung voranzutreiben. Er stellt hierzu Folgendes fest:

- Integration kann als Versuch gelten, eine äußere Reform der heilpädagogischen Organisationen in der Gesamtheit des hierarchisch gegliederten Bildungs-, Lern- und Lebenssystems umzusetzen.
- Es ereignet sich hierdurch jedoch nur ein selektiver Einbezug behinderter Menschen in ein Regelsystem ...
- ... unter Ausschluss bestimmter Gruppen oder Personen, für welche dieses System dann doch wieder nicht ausreicht.
- Somit besteht die Gefahr einer Segregation, welche sich den Anstrich einer sozial agierenden Integration gibt.

(vgl. Feuser, 2002, 224 ff.)

Um diesen Gefahren und kritischen Momenten zu begegnen, fordert Feuser unter anderem, dass

- „Politiker die Weiterentwicklung der Integration ohne Ausschluss schwerstbehinderter Menschen als Ganzes betrachten und zu verantworten haben und sie diesbezüglich daran zu messen sind, dass sie diese kulturelle Notwendigkeit nicht engen parteipolitischen und den auf die kurze Zeit einer Wahlperiode gerichteten vordergründigen Interessen unterordnen,
- die Vorstellungen überwunden werden müssen, dass Integrationsklassen mehrere behinderte Schüler zu umfassen hätten und diese nach gesonderten Lehrplänen zu unterrichten seien, was dem Gepräge teilstationärer Sondereinrichtungen näherkommt, denn dem Anliegen der Integration,
- die Begrenzung der Integration auf bestimmte Schulformen aufgegeben wird, zumal ein an der jeweiligen ‚nächsten Zone der Entwicklung' [...] der Schüler orientierter Unterricht – und nur ein solcher führt zu den heute allenthalben geforderten Kompetenzen und Qualifikationen – weder von Jahrgangs- und Schulstufen oder von Schulformen noch von Versetzungsregelungen oder Schuleintrittsbedingungen abhängig ist, wie sie mit dem antiquierten Begriff der ‚Schulreife' oft wiederbelebt werden, denn Ordnungsmittel, Verwaltungseinheiten und -regelungen sind keine Lernbedingungen und
- eine politisch wie fachlich halbherzig betriebene Integration nicht zu dem schlimmsten Ergebnis führt, das sie zeitigen kann, nämlich zur Etablierung von sogenannten ‚Restschulen' für schwerstbeeinträchtigte bzw. intensiv behinderte Schüler und für solche, deren Verhalten uns in besonderer Weise pädagogisch und therapeutisch fordert oder die als ‚hochbegabt' gelten. Die Integration eines Menschen kann nicht mit verschärfter Ausgrenzung eines anderen erkauft, noch dadurch bewältigt werden, ebenso wenig wie Jahrhunderte der Segregierung Behinderter in Sonderinstitutionen zu deren gesellschaftlichen Eingliederung geführt haben. Schließlich wäre

- eines der wirksamsten Vorurteile gegen Integration zu überwinden, das meint, dass sie eingedenk dessen, dass Kinder und Jugendliche heute besonders schwierig und auch Kinder ausländischer Mitbürger in den Klassen zu unterrichten sind, von Lehrern und Lehrerinnen ‚Unmögliches' verlange. Lehrern und Lehrerinnen ist – wie ich es schon angesprochen habe – ein fundierte Aus-, Fort- und Weiterbildung zu ermöglichen und ggf. auch abzuverlangen; das ist unbenommen. Kann der Unterricht gemäß einer ‚entwicklungslogischen Didaktik' [...] gestaltet und methodisch kompetent durchgeführt werden, addieren sich unterrichtliche Problemstellungen nicht, sondern werden im Kontext der Schüler wie Lehrer umfassenden kooperativen Prozesse in differenzieller Weise bewältigbar."

(Feuser, 2002, 235)

Überlegungen und Versuche

1. ***Welche Inhalte der personalen und der sozialen Integration sind bei Leo erreicht und welche noch nicht? Stellen Sie Vermutungen darüber an, worin die Gründe zum Erreichen oder Nichterreichen der jeweiligen Inhalte bestehen.***
2. ***Nehmen Sie zu folgender These Stellung: „Eine doppelte Tätigkeit der heilpädagogisch Handelnden, also sowohl personal als auch gesellschaftlich ausgerichtet zu agieren, überfordert die einzelne Heilpädagogin und den einzelnen Heilpädagogen. Eine solche doppelte Aufgabe ist somit nicht zu realisieren!"***
3. ***Diskutieren Sie die kritischen Thesen von Fuchs und Feuser im Hinblick auf eine Modifizierung der Integration. Wie hätten die Ihnen bekannten Einrichtungen der Behinderten- und Jugendhilfe zu agieren, um diesen Kritikpunkten gerecht zu werden?***
4. ***Welche Konsequenzen hätten die stringenten Realisierungen der kritischen Äußerungen von Fuchs und Feuser für die Professionalisierung der Heilpädagogik?***

Fazit

Die Integration stellt ein aktuelles Handlungsmodell der Heilpädagogik und Behindertenhilfe dar. Dieses ist aus der Diskussion des Normalisierungsprinzips entstanden. Integration kann sowohl als Wert- als auch als Handlungsbegriff verstanden werden. Zurzeit ist sie vielfach noch schulisch orientiert, obwohl auch erste Bestrebungen vorgenommen werden, sie auf weitere Felder zu übertragen. Auch der Begriff der Integration ist – ähnlich wie derjenige der Normalisierung – in den letzten Jahren in die Kritik geraten, da ein konsequenter Vollzug der Integration gegebenenfalls zu einer Stabilisierung der eigentlich ausschließenden und desintegrativen Gesellschaft führen könnte.

2.2.3 Empowerment

Ausschnitt aus einem Zeitungsartikel

... hat sich eine Gruppe von Studierenden der örtlichen Fachhochschule mit den Bewohnerinnen und Bewohnern des ambulant betreuten Wohnens unterhalten, um herauszufinden, wie sie ihre Wohn- und Lebensbedingungen beurteilen. Hierzu wurde ein Fragebogen entwickelt, welcher von allen Nutzern dieses Wohndienstes gemeinsam mit den Studierenden bearbeitet wurde. In der Abschlussveranstaltung am Wochenende stellten die Studierenden ihre Ergebnisse den Nutzern sowie der Leitung der Einrichtung vor. Nach der anschließenden Diskussion äußerte sich Leo N. – ein Nutzer, welcher erst seit ca. einem halben Jahr in einer Wohnung des ambulant betreuten Wohnens lebt – wie folgt: „Ich bin sehr froh, allein zu leben. Ich kann so ziemlich selber bestimmen, was ich tun kann. Natürlich ist das nicht immer leicht, so allein aufstehen und dann zur Arbeit gehen und so. Aber das geht schon. Am liebsten hätte ich noch nette Nachbarn. Solche, die nicht sofort an die Tür klopfen, wenn ich mal wieder ziemlich laut Musik höre. Aber leise macht das doch keinen Spaß.“ Die Leiterin des ambulant betreuten Wohnens betonte, dass die Ergebnisse der Befragung auch dazu führen werden, dass die einzelnen Nutzer demnächst noch schneller als bislang auf die Unterstützung eines Pädagogen zurückgreifen können. Dieses würde ihre Selbstständigkeit in den Bereichen des Wohnens und der Freizeitgestaltung wesentlich erhöhen.

Der Begriff des Empowerment, welcher wörtlich übersetzt „Selbst-Ermächtigung“ bzw. „Entwicklung von Selbstbestimmung“ bedeutet, bezeichnet ganz allgemein individuelle und kollektive Entwicklungsprozesse, in und durch welche Menschen die Kraft für ein nach individuellen Maßstäben gestaltetes, besseres Leben bekommen können. Dieser erste Definitionsversuch deutet allerdings schon auf mögliche Kontroversen und Problemfelder des Empowerment-Konzeptes hin, denn das, „was am (vorläufigen) Ende individueller und kollektiver Prozesse des Zugewinns von Macht und Lebensautonomie steht, das, was ein ‚Mehr an Lebenswert‘ konkret ausmacht, ist offen für widerstreitende Interpretationen und ideologische Rahmungen. Der Empowerment-Begriff ist so zunächst einmal eine offene normative Form. Er ist ein Begriffsregal, das mit unterschiedlichen Grundüberzeugungen, Werthaltungen und moralischen Positionen aufgefüllt werden kann“ (Herriger, 2002, 11). Herriger schlägt vier grundlegende Zugänge vor, nach welchen eine Definition des Empowerment-Begriffs vorgenommen werden kann (vgl. Herriger, 2002, 12 ff.):

Eine erste Möglichkeit besteht darin, diesen Begriff politisch zu deuten. Das zentrale Wortelement hierbei ist der Begriff „power“, welcher mit „politischer Macht“ übersetzt werden kann. Hierdurch beschreibt der Begriff des Empowerment die strukturell ungleiche Verteilung von Macht und Einflussnahme im politischen Feld. Hierdurch „bezeichnet Empowerment [...] einen konflikthaften Prozess der Umverteilung von politischer Macht, in dessen Verlauf Menschen oder Gruppen von Menschen aus einer Position relativer Machtunterlegenheit austreten und sich ein Mehr an demokratischem Partizipationsvermögen und politischer Entscheidungsmacht aneignen“ (Herriger, 2002, 12). Diese Form des Empowerment geht zurück auf die Ursprünge dieses Begriffes, welche sich in den amerikanischen Bürgerrechtsbewegungen finden lassen. Dort hatte die schwarze Minderheitsbevölkerung mit Aktionen des gewaltfreien Widerstands gegen die Diskriminierung und Segregation der ethnischen Minderheiten und für mehr politische und soziale Teilhabe gekämpft. Des Weiteren lassen sich hierzu Quellen in der feministischen Bewegung sowie in den Selbsthilfe-Bewegungen der 70er-Jahre des 20. Jahrhunderts finden.

In einer zweiten Deutungsmöglichkeit kann Empowerment abermals auf dem Hintergrund des Wortsegments „power" beschrieben werden. Dieses deutet des Weiteren hin auf die „Stärke", die „Kompetenz" und das „Alltagsvermögen" einer Person. Wenn Empowerment somit in diesem Umfeld beschrieben wird, meint dieser Begriff „das Vermögen von Menschen, die Unüberschaubarkeiten, Komplikationen und Belastungen ihres Alltags in eigener Kraft zu bewältigen, eine eigenbestimmte Lebensregie zu führen und ein nach eigenen Maßstäben gelingendes Lebensmanagement zu realisieren" (Herriger, 2002, 13). In dieser zweiten Definitionsmöglichkeit versteht sich Empowerment somit als realisierte und gelingende Form der Mikropolitik des Alltags – im Unterschied zur makropolitischen Sichtweise der Bürgerrechts- und Selbsthilfebewegungen. In dieser und durch diese mikropolitische Sichtweise werden die Kompetenzen der einzelnen Menschen hervorgehoben, auf dem Hintergrund ihrer Alltagsbeziehungen eine eigenständige Lebensform in Selbstorganisationsprozessen zu gestalten.

Der dritte Definitionsversuch deutet Empowerment reflexiv. Beschreibungen und Analysen in diesem „Wortsinn betonen die aktive Aneignung von Macht, Kraft und Gestaltungsvermögen durch die von Machtlosigkeit und Ohnmacht Betroffenen selbst. Reflexive Definitionen kennzeichnen Empowerment in diesem Sinne als einen Prozess der Selbst-Bemächtigung und der Selbst-Aneignung von Lebenskräften" (Herriger, 2002, 14). Durch diese reflexive Beschreibung wird der Charakter des Aufbruchs, der – eventuell radikalen – Veränderung deutlich: Betroffene Menschen begeben sich aus dem Käfig der Abhängigkeit und der Fremdbestimmung, sie befreien sich durch die eigene Kraft aus der Position der Ohnmacht und der Verohnmächtigung und entwickeln sich zu autonom handelnden Personen, welche sowohl für sich selber als auch für andere einen Zugewinn an Autonomie erstreiten. In diesem Sinne kennzeichnet Empowerment „einen selbstinitiierten und eigengesteuerten Prozess der (Wieder-)Herstellung von Lebenssouveränität auf der Ebene der Alltagsbeziehungen wie auch auf der Ebene der politischen Teilhabe. Diese Definition betont somit den Aspekt der Selbsthilfe und der aktiven Selbstorganisation der Betroffenen" (Herriger, 2002, 14).

Eine vierte Möglichkeit betont die *transitive* Anwendung des Begriffs des Empowerment. In diesem Kontext werden die Aspekte des Ermöglichens und des Förderns von Selbstbestimmung durch andere in den Blick genommen. Hierbei sind besonders die professionellen Helfer gemeint, welche in den unterschiedlichen Tätigkeitsfeldern des Sozialwesens den jeweiligen Adressaten Hilfestellungen im Hinblick auf die Entwicklung von Selbstbestimmung anbieten bzw. sie in der Erarbeitung dieser Autonomie begleiten. Diese transitive Fassung des Begriffs richtet den Fokus „somit auf den Leistungskatalog der Mitarbeiter psychosozialer Dienste und Einrichtungen, die Prozesse der (Wieder-)Aneignung von Selbstgestaltungskräften anregen, fördern und unterstützen und Ressourcen für Empowerment-Prozesse bereitstellen" (Herriger, 2002, 15). In diesem Beschreibungskontext stellt Empowerment eine programmatische Kurzformel für eine psychosoziale Praxis dar, welche den betroffenen Personen möglichst umfangreiche Ressourcen für ein gelingendes Management ihres Lebens zur Verfügung stellt. Diese Menschen können somit hierauf zurückgreifen, um Kompetenzen zur autonomen Gestaltung ihres Lebens zu erhalten.

Da diese vier definitorischen Zugänge nicht sehr trennscharf sind, sie also fließende Übergänge aufweisen, sollen noch zwei weitere Möglichkeiten vorgestellt werden, den Begriff des Empowerment zu präzisieren. Diese Möglichkeiten gehen darauf zurück, die geschichtlichen Entwicklungsmuster von Empowerment aufzuzeigen. Empowerment stellt sich historisch betrachtet somit folgendermaßen dar:

- Als kollektiver Prozess der Selbstaneignung von politischer Macht, so wie dieses durch die Bürgerrechtsbewegungen in den USA in den 60er-Jahren realisiert wurde. Zudem können hierzu die Friedensbewegung und die Frauenbewegung genannt werden. Vor diesem geschichtlichen Hintergrund kann Empowerment als gesellschaftliches Projekt der Erneuerung und Herstellung einer als politisch definierten Selbstbestimmung skizziert werden, welches die Umverteilung der Entscheidungsmacht und die Korrektur der sozialen Ungleichheit anstrebt.
- Als professionelles Konzept der Unterstützung von Selbstbestimmung, welches primär auf Julian Rappaport zurückgeht und Empowerment als berufliche Hilfeprozesse beschreibt. Der in diesem Kontext Tätige hat es sich zum Ziel gemacht bzw. zum Ziel zu machen, solche Lebenszusammenhänge zu eruieren, in welchen bislang abhängige und isolierte Menschen wieder einen Einfluss auf ihr Leben bekommen und dieses selber gestalten können. Das grundlegende Ziel einer solchen psychosozialen Praxis besteht somit darin, dort, wo Ressourcen ausgeschöpft zu sein scheinen, eine Form der Unterstützung vorzuhalten, welche es den jeweiligen Adressaten dieser Hilfe möglich macht, „sich ihrer ungenutzten, lebensgeschichtlich verschütteten Kompetenzen und Lebensstärken zu erinnern, sie zu festigen und zu erweitern“ (Herriger, 2002, 17).

Mit Herriger lässt sich Empowerment folgendermaßen definieren:

> „Der Begriff ‚Empowerment‘ bedeutet Selbstbefähigung und Selbstbemächtigung, Stärkung von Eigenmacht, Autonomie und Selbstverfügung. Empowerment beschreibt Mut machende Prozesse der Selbstbemächtigung, in denen Menschen in Situationen des Mangels, der Benachteiligung oder der gesellschaftlichen Ausgrenzung beginnen, ihre Angelegenheiten selbst in die Hand zu nehmen, in denen sie sich ihrer Fähigkeiten bewusst werden, eigene Kräfte entwickeln und ihre individuellen und kollektiven Ressourcen zu einer selbst bestimmten Lebensführung nutzen lernen. Empowerment [...] zielt auf die (Wieder-)Herstellung von Selbstbestimmung über die Umstände des eigenen Alltags [...]. (Hierzu gehören u.a.):
> - Die Fähigkeit, aus der bunten Vielzahl der angebotenen Lebensoptionen auswählen und eigenverantwortete Entscheidungen für die eigene Person treffen zu können;
> - Die Fähigkeit, für die eigenen Bedürfnisse, Interessen, Wünsche und Phantasien aktiv einzutreten und bevormundenden Übergriffen anderer in das eigene Leben entgegentreten zu können;
> - Die Erfahrung, als Subjekt die Umstände des eigenen Lebens (Selbst-, Sozial- und Umweltbeziehungen) produktiv gestalten und erwünschte Veränderungen ‚in eigener Regie‘ bewirken zu können (die Erfahrung von Selbstwirksamkeit und Gestaltungsvermögen);
> - Die Bereitschaft und die Fähigkeit, sich belastenden Lebensproblemen aktiv zu stellen (und nicht zu Mustern der Verleugnung und der Nicht-Wahrnehmung Zuflucht zu suchen), wünschenswerte Veränderungen zu buchstabieren und hilfreiche Ressourcen der Veränderung zu mobilisieren;
> - Das Vermögen, ein kritisches Denken zu lernen und das lähmende Gewicht von Alltagsroutinen, Handlungsgewohnheiten und Konditionierungen abzulegen;

- Die Fähigkeit, sich aktiv Zugang zu Informationen, Dienstleistungen und Unterstützungsressourcen zu eröffnen [...];
- Die Einsamkeit überwinden und die Bereitschaft, sich in solidarische Gemeinschaften einzubinden;
- Das Einfordern der eigenen Rechte auf Teilhabe und Mitwirkung und die stete Bereitschaft, offensiv gegen stille Muster der Entrechtung einzutreten."

(Herriger, 2002, 18)

Überlegungen und Versuche

1. ***Versuchen Sie anhand der vier Definitionsmöglichkeiten zum Empowerment zu analysieren, wodurch sich die Lebenssituation von Leo verändert hat. Wie kann sie möglicherweise weiter gestaltet werden? Welche Rolle übernimmt hierbei Leo? Wie werden gegebenenfalls die Vertreter der Einrichtung, in welcher er lebt bzw. welche ihn begleitet, hierin agieren?***
2. ***Welche Kritik könnten Sie aus heilpädagogischer Sicht an der Definition von Empowerment, so wie Herriger sie vorschlägt, üben? Stellen Sie Ihre Ergebnisse thesenartig zusammen.***

Warum ist Empowerment als Begriff oder Konzept in der Heilpädagogik relevant? Empowerment beschreibt grundsätzlich auf der Handlungsebene das Verständnis von individuellen und gemeinschaftlichen Prozessen hin zu einer gesellschaftlichen Konflikt- und Gestaltungsfähigkeit. Konkret bedeutet dies die Pflege und den Aufbau struktureller Rahmenbedingungen sowie die Entwicklung einer professionellen Haltung mit dem Ziel, für Menschen die Möglichkeiten zu erweitern, ihr Leben zu bestimmen. Dieses bedeutet eine Selbstorganisation des Alltags im Hinblick auf die Prozesse der Lebensbewältigung und -gestaltung. Hierdurch wird Empowerment zu einer professionellen Haltung. Sie fordert und fördert des Weiteren eine gesellschaftliche Konfliktfähigkeit. Hierdurch bezieht sie eindeutig Stellung zu den Problemfeldern und Leitmustern einer Heilpädagogik, welche noch stark defizitorientiert und symptomzentriert vorgeht. Menschen mit einer geistigen Behinderung wurden und werden hierbei häufig von ihren Inkompetenzen beschrieben und ihnen wird eine Behandlungsbedürftigkeit attestiert. Durch eine häufig unreflektierte Orientierung an einem traditionellen Therapiemodell kommt es im Alltag zu fremdbestimmten Aktivitäten, durch welche das individuelle Subjekt vergessen wird. In den konkreten Handlungen äußern sich diese Bestimmtheiten in einer hierarchischen Beziehungsgestaltung und in der Inszenierung einer – häufig lebenslangen – Förderbedürftigkeit und Therapeutisierung des Alltags. Hierdurch wird der kommunikative Bezug zwischen den Handelnden immer weiter eingeschränkt. Der Einzelne wird, in seinen Einstellungen und Handlungen, an eine von außen geforderte Norm angepasst und im Hinblick auf diese normiert (vgl. Theunissen, 2000, 114 ff.). Damit diese Abläufe und Problemfelder erkannt und modifiziert werden können, schlägt Theunissen eine Veränderung der Rolle der professionellen Helfer vor. Diese sind nicht mehr als Pädagogen zu bezeichnen, welche fördern oder therapieren. Vielmehr übernehmen sie die Rolle eines Assistenten. Da dieses Modell aus den Forderungen der Menschen mit einer Körperbehinderung entstanden ist, einen Wechsel vom Betreuungs- zum Assistenzparadigma zu vollziehen, dieser Assistenzansatz im Sinne einer persönlichen Assistenz als Dienstleistungsmodell bezeichnet werden kann, lässt es sich nicht ohne Weiteres auf andere heilpädagogische Handlungsfelder übertragen. Theunissen schlägt hierzu vor, zwischen acht Formen der Assistenz zu unterscheiden (vgl. Theunissen, 2000, 125 ff.):

1. Praktische Assistenz (als Durchführen von spezifischen Dienstleistungen im Alltag, wie Körper- und Krankenpflege)
2. Dialogische Assistenz (als Erfüllung der Grundbedürfnisse nach sozialer Kommunikation, Zuwendung, Anerkennung, Nähe usw.)
3. Advokatorische Assistenz (als stellvertretendes Handeln für den Menschen mit einer geistigen Behinderung)
4. Sozialintegrierende Assistenz (als Ermöglichung, dass sich der Mensch mit geistiger Behinderung als Teil eines größeren Ganzen erlebt)
5. Konsultative Assistenz (als Beratung in kritischen Lebenssituationen, aber auch in Bezug auf mögliche Lebenspläne und Zukunftsentwürfe)
6. Facilitatorische Assistenz (als Arrangement von Lernsituationen im Kontext und auf der Basis offener curricularer Möglichkeiten)
7. Lernzielorientierte Assistenz (als stärker strukturierte Lernhilfe)
8. Intervenierende Assistenz (als haltgebende Unterstützung in gefährdenden Situationen und bei möglichen Verhaltensbesonderheiten)

Diese Formen der Assistenz sind im Kontext einer lebensweltbezogenen Arbeit mit Menschen mit Behinderungen zu realisieren, sodass sich die Grundmomente einer Vorgehensweise auf dem Hintergrund und mit dem Ziel des Empowerment in der Heilpädagogik folgendermaßen darstellen lassen (vgl. Theunissen, 2000, 142 ff.):

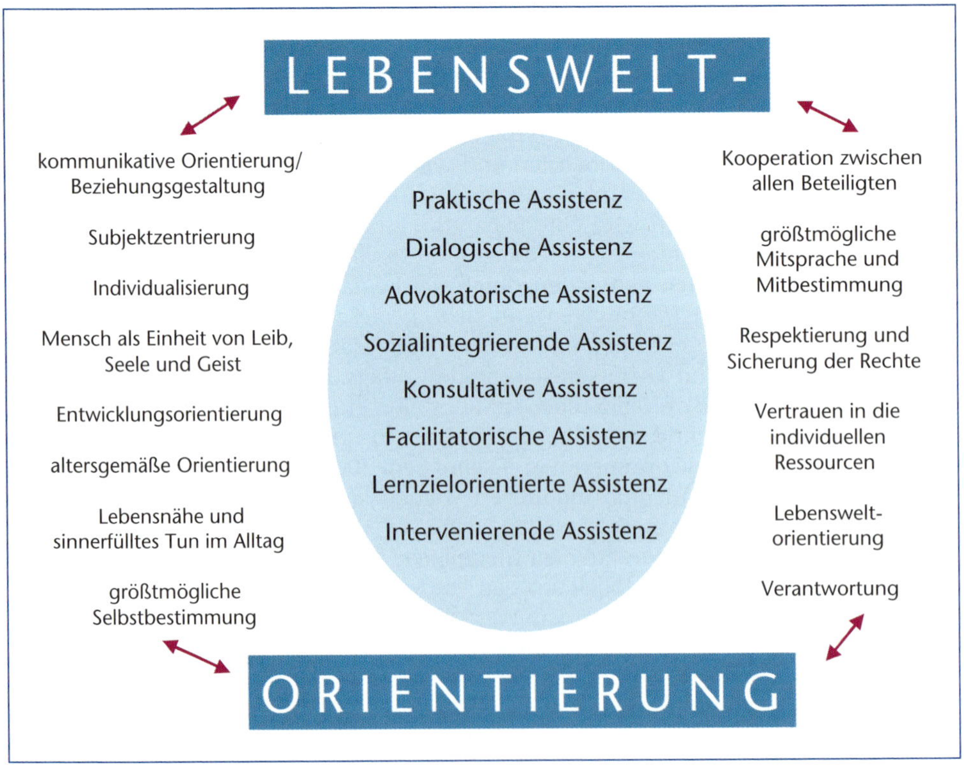

LEBENSWELT-

kommunikative Orientierung/ Beziehungsgestaltung
Subjektzentrierung
Individualisierung
Mensch als Einheit von Leib, Seele und Geist
Entwicklungsorientierung
altersgemäße Orientierung
Lebensnähe und sinnerfülltes Tun im Alltag
größtmögliche Selbstbestimmung

Praktische Assistenz
Dialogische Assistenz
Advokatorische Assistenz
Sozialintegrierende Assistenz
Konsultative Assistenz
Facilitatorische Assistenz
Lernzielorientierte Assistenz
Intervenierende Assistenz

Kooperation zwischen allen Beteiligten
größtmögliche Mitsprache und Mitbestimmung
Respektierung und Sicherung der Rechte
Vertrauen in die individuellen Ressourcen
Lebensweltorientierung
Verantwortung

ORIENTIERUNG

Lebensweltorientierung und Empowerment in der Heilpädagogik

Eine Möglichkeit, Empowerment in den heilpädagogischen Alltagsprozessen umzusetzen, besteht darin, die Stärken der Menschen mit Behinderung wahrzunehmen. Hierbei geht es darum, den Menschen mit Lern- oder Verhaltensbesonderheiten nicht als Konglomerat seiner Defizite und Inkompetenzen zu betrachten, sondern ihn vielmehr im Hinblick auf seine positiven Fähigkeiten zu beschreiben. Da es eine einschlägige Definition des Begriffs der „Stärke" im Kontext pädagogischer Arbeit bislang nicht zu geben scheint, erscheint es notwendig, sich diesem Begriff über bestimmte Grundüberzeugungen zum Menschsein zu nähern (vgl. Theunissen, 2003, 35 ff.): Als eine dieser Grundüberzeugungen kann das Vertrauen in die individuellen Ressourcen der Menschen beschrieben werden. Ihnen soll die Möglichkeit dargelegt werden, wie sie selber – aber auch andere Menschen – Probleme und Krisensituationen erfolgreich bearbeiten und bewältigen können. Zudem zählen zu diesen Grundüberzeugungen die persönlichen Qualitäten, Tugenden und Fähigkeiten, wie z. B. Humor, Kreativität oder auch Spiritualität. Da diese häufig durch Alltags- und Lebensprobleme überdeckt werden, erscheint es notwendig, sie den betroffenen Personen wieder bewusst zu machen, damit sie ihr Potenzial an Lebensenergie wiederentdecken. Aber auch die kulturellen und familiären Bräuche und Traditionen sind als Umfeldstärken in diesen Prozess einzubeziehen, da sie eine eventuell gesundheitsfördernde oder -erhaltende Kraft besitzen können. Die Stärken-Perspektive in der Heilpädagogik geht somit davon aus, dass der einzelne Mensch über einen intensiven Fundus an Kompetenzen, im Sinne der Zuständigkeit für sein eigenes Leben, verfügt. Hierbei haben es die handelnden Personen „mit einem Bündel an spezifischen Fähigkeiten zu tun, zum Beispiel mit einer (psychischen) Bewältigungskompetenz (coping), (lebenspraktischen) Alltagskompetenz, Appraisal-Kompetenz (Selbstvertrauen), sozialen Kompetenz oder auch kreativen Handlungskompetenz" (Theunissen, 2003, 36).

Diese Grundgedanken und -voraussetzungen müssen somit Eingang finden in die heilpädagogischen Organisationen, damit sich dort das Selbstverständnis im Hinblick auf die Stärken der dort lebenden Personen und die Lebensqualität verändert. Hierbei ist vor allem Folgendes zu berücksichtigen:

- Allen Beteiligten ist eine Entscheidungskompetenz und Verantwortung für Vollzüge und Handlungen zu übertragen, die für sie relevant sind.
- Es müssen vielfältige Wahlmöglichkeiten in Bezug auf die Prozesse der Lebensgestaltung geschaffen werden.
- Es geht darum, enthierarchisierte Beziehungen zu leben.
- In den Konzeptionalisierungen der Einrichtungen und in den Konkretisierungen zu den Methoden ist eine Analyse der Bedingungen struktureller Gewalt und Macht unabdingbar.
- Gesetzliche Vorgaben (wie z. B. das Sozialgesetzbuch IX im Hinblick auf Selbstbestimmung und Teilhabe, das Heimgesetz oder das Gleichstellungsgesetz) müssen umgesetzt werden.
- Ein Austausch mit anderen Einrichtungen zu diesen Themen ist sinnvoll und relevant.

Seifert schlägt in diesem Kontext vor, die einzelnen Faktoren zur Lebensqualität der Menschen zu analysieren, um sie dann gegebenenfalls verändern zu können. Sie bezieht sich hierbei auf die Indikatoren von Lebensqualität, so wie diese von Felce und Perry

(Felce/Perry, 1997, 56ff.) dargelegt wurden. Die möglichen objektiven Bedingungen „beziehen sich auf personale, strukturelle und institutionelle Aspekte. Objektive Bedingungen sind zwar eine notwendige Voraussetzung für eine gute Lebensqualität, sie sagen jedoch nichts über die subjektive Zufriedenheit aus. Zu beachten sind die subjektive Wahrnehmung und Bewertung der jeweils gegebenen Lebenssituation: Je nach Grad der Erfüllung der individuellen Bedürfnisse stellt sich Wohlbefinden ein" (Seifert, 2002, 203f.). Mit diesem Modell ist eine recht differenzierte und genaue Betrachtung des individuell-persönlichen Wohlbefindens möglich. Hierbei sind fünf miteinander verwobene und voneinander abhängige Bereiche zu beschreiben:

- das physische Wohlbefinden,
- das soziale Wohlbefinden,
- das materielle Wohlbefinden,
- das aktivitätsbezogene Wohlbefinden,
- das emotionale Wohlbefinden.

Zudem sind die Ausprägungen der persönlichen Werte und Ziele zu berücksichtigen, da auf deren Hintergrund der einzelne Mensch subjektiv die Bedeutsamkeit der jeweiligen Komponenten gewichtet. Diese Dimension der Wertorientierung ist bestimmt durch die biografischen, kulturellen, alters- und geschlechtsspezifischen und behinderungsbedingten Aspekte sowie durch die aktuelle Lebenssituation und die Persönlichkeitsmerkmale des einzelnen Menschen. Grafisch fasst Seifert diese Überlegungen wie folgt zusammen:

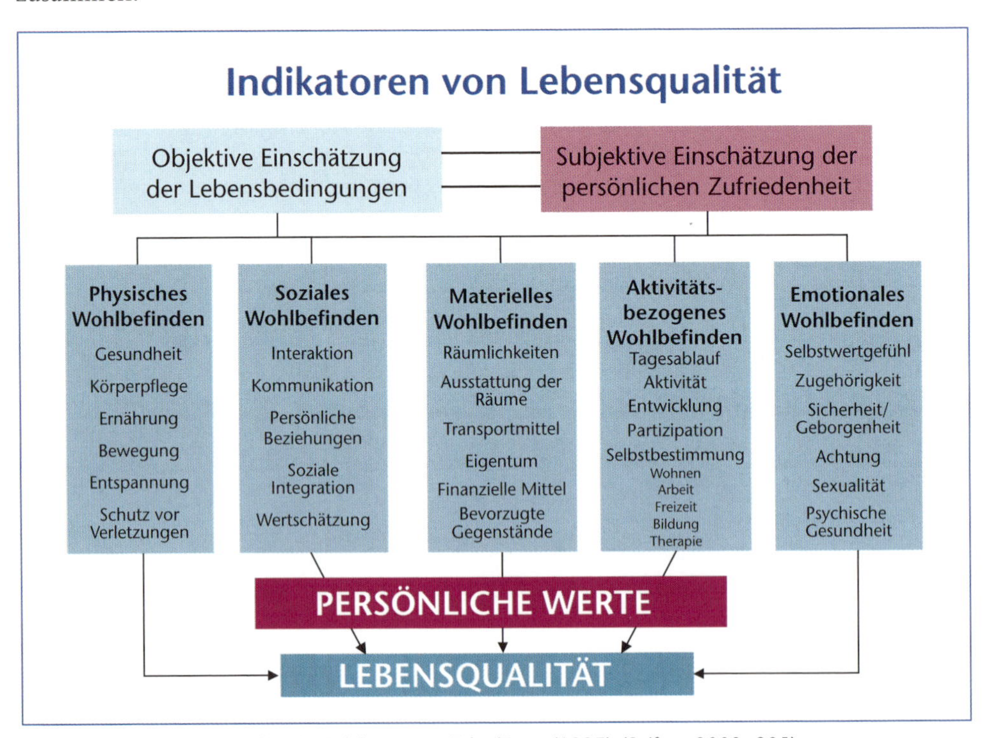

Indikatoren von Lebensqualität in Anlehnung an Felce/Perry (1997) (Seifert, 2002, 205)

Auch wenn dieses Modell der Stärken-Perspektive als sehr hilfreich für die Realisierung des Empowerment-Konzeptes gelten kann, lassen sich doch einige Kritikpunkte benennen. Mit Bezug auf Theunissen sind das vor allem:

- „Ignoranz klinischer Faktoren, Syndrome, Erkenntnisse und Sichtweisen (z. B. genetisch-metabolische, chromosomale Schädigungen);
- Vernachlässigung real existierender Lern- und Entwicklungsprobleme (z. B. Störungen sozialer Informationsverarbeitung; Wahrnehmungs- und Aufmerksamkeitsdefizite, Verlangsamung);
- Nicht-Beachtung psychosozialer Probleme, psychischer Belastungen und Verletzungen (z. B. Gewalterfahrung, sexuelle Misshandlung, psychische Vernachlässigung);
- Übergehen schwerer, real existierender Verhaltensstörungen (z. B. selbstverletzendes Verhalten; [...] Sucht);
- Überschätzung individueller Stärken, Fähigkeiten oder Kompetenzen (z. B. Aufrichtigkeit oder Vertrauen als Gefährdung missbraucht zu werden);
- Überforderung durch eine vom **Laissez-faire**-Gedanken geprägte pädagogische Priorisierung des Selbstbestimmungsgedankens (z. B. Verkennung gesundheitlicher Schäden durch selbstbestimmtes, übermäßiges Essen);
- Idealistisch-überhöhte Einschätzung der Resilienz (z. B. Ignoranz der Bedingungen ‚totaler Institution' [...], die zu ‚erlernter Hilflosigkeit' [...] und ‚erlernter Bedürfnislosigkeit' [...] führen);
- Überschätzung der Ressource ‚Gemeinwesen' und Überforderung der nichtbehinderten Bevölkerung (z. B. Ignoranz überlieferter [...] Vorurteile gegen Behinderte; Überschätzung eines sozialen Interesses und Engagement."

(Theunissen, 2003, 51)

Überlegungen und Versuche

1. ***Welche Formen des Empowerment sind vor dem Hintergrund der Lebensgeschichte von Leo relativ einfach zu realisieren? Welche erscheinen Ihnen problematisch? Begründen Sie Ihre Aussagen ausführlich.***
2. ***Gestalten Sie an weiteren Beispielen die Zusammenhänge von Lebensweltorientierung und Assistenzmodell.***
3. ***Welche Kritik ist an dem Modell von Theunissen zu den acht Formen der Assistenz gegebenenfalls zu formulieren?***
4. ***Benennen Sie mögliche Stärken und Hemmnisse der Organisation, in welcher Sie tätig sind oder tätig waren. Wie wirken sich diese jeweils auf die Indikatoren der Lebensqualität der Nutzer aus?***
5. ***Welche organisatorischen und/oder konzeptionellen Veränderungen müssten gegebenenfalls zur Verbesserung der Situation, welche Sie zur Frage 4 beschrieben haben, vorgenommen werden?***

Fazit

Das Modell des Empowerment entstammt den Selbsthilfebewegungen und wurde erst relativ spät auf heilpädagogische Themen- und Handlungsfelder übertragen. Es bezeichnet die Selbstbemächtigung der beteiligten Personen und soll in seiner Umsetzung zu einer Verbesserung der Lebensqualität beitragen. Dennoch birgt es auch einige Probleme, welche bei Nichtbeachtung und Modifizierung sowohl zu einer Überforderung der betroffenen Menschen mit Behinderung als auch zu einer Entprofessionalisierung der heilpädagogisch Tätigen führen können.

2.2.4 Disability Studies

Im Rahmen der „Disability Studies“ wird „Behinderung“ nicht nur als ein medizinischer, pädagogischer oder sozialrechtlicher Tatbestand betrachtet, sondern er umfasst noch weitere zusätzliche Ausprägungen (vgl. Waldschmidt, 2007, 161 ff.). „Behinderung“ ist auf diesem Hintergrund eine historische, kulturelle und soziale Kategorie, welche auch sozial- und geisteswissenschaftlich untersucht werden soll. Das Forschungsfeld der Disability Studies realisiert die hierzu notwendigen Studien somit aus einer sehr grundlagentheoretischen Perspektive. „Unter der englischen Bezeichnung, bei der man sich entschieden hat, sie auch im Deutschen zu benutzen, um den Anschluss an den internationalen Diskurs herzustellen, verbirgt sich ein gegenüber dem rehabilitationswissenschaftlichen Paradigma kritisches Forschungsprogramm. Den Disability Studies geht es nicht darum, einer neuen Art von ‚Behindertenforschung‘ oder ‚Behindertenwissenschaft‘ nachzugehen, auch wenn der Begriff manchmal so ins Deutsche übertragen wird. Besser ist an dieser Stelle die wortwörtliche Übersetzung: Es geht um ‚Studien über oder zu Behinderung‘. Mit anderen Worten, nicht ‚der Behinderte‘ ist Gegenstand der Disability Studies, sondern ‚Behinderung‘ als soziale Konstruktion“ (Waldschmidt, 2007, 161).

Die Disability Studies wollen vor allem drei Zielkomplexe verfolgen: In einem ersten Schritt soll es darum gehen den Begriff und das Faktum der „Behinderung“ in den Mittelpunkt eines theoretisch und methodologisch relevanten und anspruchsvollen Forschungsprogramms zu stellen. Behinderung wird somit als ein neues und interdisziplinäres Forschungsfeld darstellbar und sichtbar. Zweitens soll darauf verwiesen werden, „[...] dass Behinderung zur Vielfalt des menschlichen Lebens gehört, somit eine allgemeine Lebenserfahrung darstellt, deren Erforschung zu Kenntnissen führt, die für alle Menschen und die allgemeine Gesellschaft relevant sind. Aus diesem Grunde gehören neben den Sozialwissenschaften gerade auch die Geisteswissenschaften zu den Disability Studies“ (Waldschmidt, 2007, 161 f.).

Und drittens gehen in die Disability Studies auch die Erfahrungen von Menschen mit Behinderungen (den Behindertenbewegungen u. a.) ein. Der Ausgangspunkt der Disability Studies ist somit auch „[...] die konkrete Utopie, mit Hilfe von Wissenschaft individuelle und gesellschaftliche Sichtweisen und Praktiken verändern zu können, sodass behinderten Menschen ein voller Subjektstatus und uneingeschränkte gesellschaftliche Partizipation möglich wird“ (Waldschmidt, 2007, 162).

Dass sich die Disability Studies in den letzten Jahren deutlich etablieren und positionieren konnten, ging auf mindestens zwei Faktorengruppen zurück: auf den Wechsel der Leitideen bzw. der sog. Paradigmen (von der Fürsorge hin zur Inklusion, s. o.) sowie auf die Entwicklung der kritischen Sozialwissenschaften. „Als weitere Impulse sind der ‚cultural turn‘ und die poststrukturalistische Differenzdebatte zu erwähnen, die Entdeckung von Wissen, Subjekt, Körper und Identität als historische und kulturell geformte Phänomene“ (Waldschmidt, 2007, 163). Auch wenn sich für den deutschsprachigen Raum noch keine einheitliche Forschungslogik feststellen lässt, können dennoch einige Grundparameter zu den Disability Studies skizziert und differenziert werden (vgl. Waldschmidt, 2007, 163 f.):

- Alle Forschenden und Lehrenden zu den Disability Studies begreifen diese als den Versuch, Behinderung als Gesellschaftsprodukt und soziale Konstruktion zu beschreiben.
- „Behinderung“ wird hierbei „nicht als (natur-)gegeben verstanden, im Sinne einer vermeintlich objektiven, medizinisch-biologisch definierbaren Schädigung oder

Beeinträchtigung, sondern als ein historisches, kulturelles und gesellschaftliches Differenzierungsmerkmal (verstanden). Zentraler Ausgangspunkt ist die These, dass ‚Behinderung' nicht einfach ‚vorhanden' ist, sondern ‚hergestellt' wird, produziert und konstruiert in wissenschaftlichen und alltagsweltlichen Diskursen, politischen und bürokratischen Verfahren, subjektiven Sichtweisen und Identitäten" (Waldschmidt, 2007, 163).

- In den Disability Studies wird folglich von einem sozialen Modell von Behinderung ausgegangen. Auf der Grundlage einer präzisen Unterscheidung von Beeinträchtigung (impairment) und Behinderung (disability) kann somit der Grundgedanke des sozialen Modells in einem längeren Zitat von Waldschmidt dargestellt werden:

„Behinderung ist kein Ergebnis medizinischer Pathologie, sondern das Produkt sozialer Organisation. Sie entsteht durch systematische Ausgrenzung. Menschen werden nicht auf Grund gesundheitlicher Beeinträchtigungen behindert, sondern durch das soziale System, das Barrieren gegen ihre Partizipation errichtet. Während das individuelle Modell den Körperschaden oder die funktionale Beeinträchtigung als Ursachenfaktor ausmacht, geht das soziale Modell von der sozialen Benachteiligung als der allein entscheidenden Ebene aus. Entsprechend wird soziale Verantwortlichkeit postuliert und die Erwartung, dass nicht der einzelne, sondern die Gesellschaft sich ändern müsse. Das soziale Modell stellt Behinderung in den Kontext sozialer Unterdrückung und Diskriminierung und thematisiert sie als soziales Problem, das wohlfahrtsstaatlicher Unterstützung und gemeinschaftlicher Aktion bedarf. Im Unterschied zum individuellen Modell sollen die gesellschaftlichen Regulierungs- und Bearbeitungsweisen nicht am Expertenwissen, sondern an den Selbsthilfepotentialen und Erfahrungen der Betroffenen ansetzen. Aus der Sicht des sozialen Modells sind behinderte Menschen keine passiven Empfänger von Sozialleistungen, sondern mündige Bürgerinnen und Bürger, die zu Selbstbestimmung und demokratischer Partizipation fähig sind. Entsprechend erhält Behindertenpolitik den Rang von Bürgerrechts- und Menschenrechtspolitik; sie wird zur Aufgabe des Verfassungsstaates."

(Waldschmidt, 2007, 164)

Zusammenfassend kann somit zu den Disability Studies festgestellt werden, dass es aus kulturwissenschaftlicher Sicht nicht ausreichend ist, Behinderung als ein individuelles Schicksal oder als eine diskriminierte Randgruppenposition zu bezeichnen. Es ist vielmehr ein „kulturelles Modell" von Behinderung zielführend. „Diesem Modell zufolge geht es um ein vertieftes Verständnis der Kategorisierungsprozesse selbst, um die Dekonstruktion der ausgrenzenden Wissensordnungen und der mit ihr verbundenen Realität. Nicht nur Behinderung, sondern auch ihr Gegenteil, die zumeist nicht hinterfragte ‚Normalität' soll in den Blickpunkt der Analyse rücken. Denn behinderte und nichtbehinderte Menschen sind keine binären, strikt getrennten Gruppierungen, sondern einander bedingende, interaktiv hergestellte und strukturell verankerte Komplementaritäten. Die kulturwissenschaftliche Sichtweise unterstellt nicht – wie das soziale Modell – die Universalität des Behinderungsproblems, sondern lässt die Relativität und Historizität von Ausgrenzungs- und Stigmatisierungsprozessen zum Vorschein kommen. Sie führt vor Augen, dass die Identität (nicht-)behinderter Menschen kulturell geprägt ist und von Deutungsmustern des Eigenen und Fremden bestimmt wird" (Waldschmidt, 2007, 166). Hierbei geraten dann die Erfahrungen aller Gesellschaftsmitglieder in den Fokus der Betrachtung: Nicht die behinderten Menschen als Randgruppe, „sondern die Mehrheitsgesellschaft wird zum eigentlichen Untersuchungsgegenstand. Wagt man diesen Perspektivenwechsel, so kann man überraschend neue Einsichten gewinnen, zum Beispiel in die Art und Weise, wie Wissen über den Körper produziert wird, wie Normalitäten und Abweichungen konstruiert werden, wie exklusive und inklusive Praktiken gestaltet sind, wie Identitäten geformt und neue Subjektbegriffe geschaffen werden" (Waldschmidt, 2007, 166).

Fazit

Bei den Disability Studies handelt es sich um eine internationale und interdisziplinäre Forschungsrichtung, welche als Kritik des traditionellen „individuellen Modells" von Behinderung entstanden ist. Die Disability Studies haben zwei eigene Konzeptionen entworfen: ein „soziales Modell" und ein „kulturelles Modell" von Behinderung. Alle drei Ansätze werden jedoch gebraucht, um die Komplexität des Behinderungsgeschehens zu verdeutlichen und zu verstehen. Neben dem sozialen Behinderungsmodell und der kulturwissenschaftlichen Ausrichtung stehen die Disability Studies in einem sehr engen Kontakt zu den sozialen Bewegungen der behinderten Menschen selbst.

2.2.5 Bildung

Bildung wurde in der bisherigen Entwicklung der allgemeinen pädagogischen Theorie hinreichend oft als Hauptanliegen aller pädagogischen Bemühungen deklariert. In der praktischen Umsetzung wird jedoch – vor allem im Kontext der heutigen schulischen Bildung – viel mehr das Ziel verfolgt, in möglichst kurzer Zeit möglichst viel Wissen zu vermitteln. Es geht vor allem darum, die in den Lehrplänen festgelegten Bildungsziele zu erreichen und die mit ihnen einhergehenden Kompetenzen zu erwerben. Infolge der Ergebnisse der PISA-Untersuchung wird sogar die genuin bildungs-erzieherische Ausrichtung der Elementarpädagogik mit einem „Bildungsauftrag" im Sinne einer Vorbereitung auf spätere schulische Ansprüche durch Vermittlung von ausgewählten „Trivium-Elementen" angereichert. Auf diese Art und Weise wird die ursprünglich breit angelegte Bildungsauffassung (als ganzheitliche Entfaltung des Individuums) mehr oder weniger zu einer Schulbildung (als Wissens- und Kompetenzerwerb) umfunktioniert.

Die Heilpädagogik als spezielle Pädagogik konzentriert sich überwiegend auf spezifische Aspekte der Unterstützung von Menschen mit Behinderungen und entfernt sich somit von der allgemeinen Pädagogik: Bildung als ein Grundbegriff pädagogischen Handelns wird sowohl in der heilpädagogischen Theorie als auch in der heilpädagogischen Praxis kaum explizit thematisiert und als leitender Begriff des heilpädagogischen Handelns figuriert das offene und unpräzis definierte Konzept der Förderung. Der Begriff Förderung wird wiederum in der allgemeinen Pädagogik kaum diskutiert.

Vor dem Hintergrund dieser Tatsachen entsteht eine verwirrende Situation hinsichtlich des unmittelbaren Bezugs der Heilpädagogik zur allgemeinen Pädagogik, die (zumindest theoretisch) als eine „Mutterdisziplin" der Heilpädagogik betrachtet wird. In der heilpädagogischen Theoriebildung ist nicht klar, inwieweit die allgemeinen pädagogischen Vorstellungen, Orientierungen, Begrifflichkeiten und Perspektiven heilpädagogisch aufgegriffen und im heilpädagogisch spezifischen Bereich einer „pädagogischen Arbeit unter erschwerten Bedingungen" konkretisiert werden. Dies wirkt sich entsprechend aus – weder in der theoretischen Ausgestaltung noch in den praktisch-methodischen Umsetzungsgrundlagen des heilpädagogischen Grundkonzepts der Förderung wird explizit auf die Initiierung, Unterstützung und Absicherung von Bildungsprozessen von Menschen Bezug genommen.

Andererseits muss hier kritisch vermerkt werden, dass die allgemeine Pädagogik sich nicht unbedingt als zuständig für die heilpädagogisch relevanten Personengruppen versteht und die spezifischen heilpädagogischen Gesichtspunkte und Grundsätze nicht als allgemeinpädagogisch relevant wahrnimmt. Vielmehr hat sich eingebürgert, dass die allgemeine Pädagogik als eine „Pädagogik der Nichtbehinderten“ und die Heilpädagogik als eine „Pädagogik der Behinderten“ nebeneinander existieren, statt sich gegenseitig zu bereichern und ineinanderzufließen.

Diese Entfernung der allgemeinen Pädagogik und der Heilpädagogik voneinander kritisiert Norbert Störmer in seinen neueren Beiträgen (Störmer 2007, 2009), an denen sich die weiteren Ausführungen orientieren.

Allgemein gesehen kann Bildung als Erschließung der Welt für den Menschen und Erschließung des Menschen für seine Welt und somit als ein Prozess der Entfaltung und Prägung des Individuums als unteilbare bio-psycho-soziale Ganzheit betrachtet werden. Bildung als pädagogische Aufgabe besteht hauptsächlich darin, die Entfaltung von individuellen Potenzialen im pädagogischen Prozess von außen anzuregen, zu begleiten und zu unterstützen, aber auch hin zur Mündigkeit des Einzelnen als soziales Wesen zu leiten. Diese Auffassung ist zwar vage und unpräzise formuliert, macht jedoch durchaus deutlich, dass die Bildung in der Tat nicht auf die planmäßige Vermittlung von Wissen und Fertigkeiten reduziert werden kann. Analog kann man die Aufgabe der Heilpädagogik nicht überwiegend in der Förderung sehen. Pädagogik und folglich auch die Heilpädagogik sind breiter angelegt.

Geht man von der berühmten Aussage Paul Moors aus, dass Heilpädagogik Pädagogik sei und nichts anderes, müssten sich sowohl die heilpädagogische Theoriebildung als auch die heilpädagogische Praxis konsequenterweise auf die Sicherung der Teilhabe aller Menschen in beeinträchtigter Lebenslage an den für alle Menschen verfügbaren, allgemein-pädagogisch begründeten Bildungsprozessen ausrichten. In diesem Sinne müssten sie sich eigentlich als Verfechter und Hüter der Inklusiven Bildungsphilosophie verstehen und auch entsprechend agieren.

Dass sie es (noch) nicht tun, hängt teils mit der bereits oben erwähnten, nicht offen zugegebenen, jedoch real existenten Zweitrangigkeit der Bildungsaufgabe im pädagogischen Alltag zusammen. Hinzu kommt noch die Tatsache, dass die Heilpädagogik sich im Einklang mit den bisherigen gesellschaftlichen Bemühungen um spezifische Lösungen von speziellen Erziehungs-, Unterrichts-, Arbeits- und Alltagsbewältigungsproblemen bei Menschen mit Behinderung zu einer verselbstständigten spezialisierten Teildisziplin der Pädagogik entwickelt hat. Als solche ist sie mit ihrem Expertenstatus für Überwindung von erschwerenden Umständen für die Aufrechterhaltung von bestehenden spezialisierten Hilfesystemen unentbehrlich. Dieses sichere Existenzgebiet zu verlassen und eine andere Ausrichtung einzuschlagen fällt verständlicherweise schwer.

Nichtsdestotrotz kommt die Heilpädagogik an der Bildungsaufgabe nicht vorbei, denn die Zeichen der Zeit stehen auf Wechsel: Bildung wird heute in jeder politischen Zukunftsdebatte thematisiert und die Sicherung der Teilhabe aller Menschen am gesellschaftlichen Leben (d.h. auch an Bildungsprozessen) wird als ein wichtiges Merkmal von offener demokratischer Gesellschaft betrachtet und als solche zur wichtigen Aufgabe vieler Disziplinen der Sozialen Arbeit erklärt.

Zukünftige, primär nicht auf Förderung, sondern vielmehr auf Bildung ausgerichtete heilpädagogische Konzepte werden sich – im Einklang mit der humanistischen und konstruktivistischen Begründung heilpädagogischen Denkens und Handelns – an dem humanistischen Menschenbild orientieren, welches u.a. die Selbstverwirklichung des Menschen hervorhebt. Vor diesem Hintergrund ist Bildung als ein subjektiver Prozess von Selbstbildung in sozialen Bezügen zu verstehen, in dem der Mensch sich die Welt erschließen, die eigene Persönlichkeit entwickeln und seiner Selbstbestimmung Ausdruck verleihen kann. Dafür ist es erforderlich, dass er sich zu anderen Menschen, zur gegenständlichen und raum-zeitlich organisierten Welt, zum kulturellen Erbe, aber auch zu sich selbst in Beziehung setzen kann.

Wesentlich ist dabei, subjektiv wichtige Erfahrungen im Prozess des autonomen Handelns einer problem- und an Fragen orientierten Vorgehensweise zu gewinnen, die das Entstehen von persönlichen Erfahrungs- sowie Sinnstrukturen und die Entwicklung subjektiver Fähigkeiten bedingen. Dieses Erfahrungslernen führt zum Erkennen bzw. Herstellen von solchen Zusammenhängen, die für eine Erschließung der Welt und Entfaltung der Persönlichkeit unentbehrlich sind. Hierfür ist eine Unterstützung im jeweiligen gegebenen sozialen und kommunikativen Lebenszusammenhang erforderlich, welche erst die Eigenaktivität im o. g. Bildungsprozess ermöglicht (vgl. Störmer, 2009).

In dieser Auffassung der Bildung liegt die Chance auf eine Überwindung der bestehenden Segregation von behinderten und nicht behinderten Menschen: Wenn es nicht primär um Verfolgung von vorgegebenen Zielen geht, sondern um den subjektiven Prozess der Selbstbildung mittels vielfältiger Bezugs- und Beziehungserfahrung im gemeinsamen Tun, haben alle Menschen die Möglichkeit, „ihre" Bildungsprozesse zu vollziehen. Für die Heilpädagogik ergibt sich daraus die Aufgabe, diese Bildungsprozesse für alle Menschen mit beeinträchtigter Lebenslage sozial inklusiv, d.h. außerhalb von speziellen Einrichtungen, Strukturen und Förderungen zu ermöglichen (vgl. Störmer, 2007).

Dass dabei nach wie vor die „heilpädagogischen Variablen" – ein Mehr im quantitativen (Wissen, Methoden, Kompetenzen, ...) sowie im qualitativen (innere Stabilität, Ausdauer, Ergriffenheit, ...) Sinne – eine wichtige Rolle spielen werden, ist selbstverständlich.

In diesem sich andeutenden Prozess der Selbstverständnisentwicklung steht Heilpädagogik vor einer schwierigen, jedoch interessanten Aufgabe: Einerseits werden die heilpädagogisch Tätigen dafür bezahlt (und verpflichtet), im bestehenden System der heilpädagogischen Theorie und Praxis mit den bisherigen (vor allem auf Förderung ausgerichteten) Konzepten zu arbeiten. Andererseits sind sie von den zukunftsträchtigen Ausrichtungen auf Bildung und Inklusion dazu aufgefordert, diese Konzepte umzuändern bzw. neue Konzepte zu entwickeln, die weniger den auf Leistung und Wettbewerb abzielenden politischen Prestigevorgaben und mehr dem auf Entfaltung und Prägung des Individuums als unteilbare bio-psycho-soziale Ganzheit ausgerichteten Bildungsanliegen dienlich sind.

In diesem Sinne kann sich die heutige überwiegend auf Förderung spezialisierte Heilpädagogik – wie das Dieter Gröschke zutreffend formuliert – zu einer speziellen Bildungswissenschaft entwickeln (vgl. Gröschke, 2009, 245). Was sicherlich der schlichten Aussage von Paul Moor viel mehr als bisher entsprechen würde: „Heilpädagogik ist Pädagogik – und nichts anderes."

Fazit

Die Bildungsaufgabe ist allein deshalb genuine Aufgabe der Heilpädagogik, weil es immer wieder utilitaristische Tendenzen in der Gesellschaft gibt, die den Menschen mit Behinderung versuchen, die Bildsamkeit und Mündigkeit streitig zu machen und folglich auch ihr Recht auf Pflege, Erziehung und Bildung einzuschränken. Urs Haeberlin leitet die Erforderlichkeit der Fokussierung von Bildungsaufgabe in der Heilpädagogik aus folgender Reihe von aufeinander bezogenen Argumenten ab (vgl. Haeberlin, 2005, 342): Recht auf Leben → Recht auf Erziehung und Bildung → Recht auf Teilhabe an der Kultur. Daraus ergibt sich, dass die Unterstützung zur Teilhabe an Bildung für alle Menschen, also auch bzw. insbesondere für Menschen mit individuellen Erschwernissen, als ein grundlegendes Anliegen der Heilpädagogen zu betrachten ist.
Für die Umsetzung dieses berufsethischen Auftrags ist eine bewusste Aufnahme von Begriffen der allgemeinen Pädagogik in die heilpädagogischen Theorien und Handlungskonzepte dringend erforderlich. Ebenfalls müssen im Kontext der Fokussierung von Bildung und sozialer Inklusion die bisherigen Abgrenzungen der Heilpädagogik zu einzelnen Disziplinen der sozialen Arbeit, insbesondere der Sozialpädagogik, Sozialarbeit, Sonderpädagogik usw. aufgehoben werden. Dementsprechend wird sich die Heilpädagogik theoretisch sowie methodisch öffnen und ihr Selbstverständnis erweitern müssen.

Zusammenfassung

Die Modelle des Normalisierungsprinzips, und der Integration und des Empowerment stellen aktuelle Handlungsansätze für die Heilpädagogik dar. Alle diese Konzeptionsversuche wenden sich gegen die lange Zeit bestehende Leitidee der Verwahrung und Desintegration der Menschen mit Behinderung oder Verhaltensbesonderheiten. Sie bauen historisch und inhaltlich aufeinander auf, wobei sie in ihren Konkretisierungen zu unterschiedlichen Ergebnissen kommen. Die Rolle der handlungsleitenden Theorie, der Gesellschaft, der heilpädagogisch Handelnden und der Menschen mit Behinderungen wird in ihnen z. B. recht unterschiedlich und zum Teil recht widersprüchlich dargestellt und diskutiert. Der Abschluss des (Ver-)Wandlungsprozesses dieser Modelle ist nicht absehbar und wird in den nächsten Jahren sicherlich zu weiteren Diskussionen, Visionen und Modellen führen. Erste Ansätze hierzu sind schon in den Disability Studies bzw. in den Diskursen zu einem heilpädagogisch relevanten Bildungsbegriffes zu finden, welche in den letzten Jahren einen maßgeblichen Einfluss auf die theoretische und konzeptionelle Entwicklung der Heilpädagogik genommen haben. Eine noch intensivere Relevanz kommt jedoch der Inklusion zu. Aus diesem Grund wird sie im nächsten Kapitel ausführlich als konzeptionelle Grundausrichtung heilpädagogischen Handelns erläutert und diskutiert.

2.3 Inklusion

Im „Manifest der Kommunistischen Partei" aus dem Jahr 1848 weisen die Autoren Karl Marx und Friedrich Engels einleitend auf ein Gespenst hin, das in Europa herumgeht, das Inhaber wirtschaftspolitischer Macht in Angst versetzt und sie zur aktiven Bekämpfung aller Veränderungen der Machtverhältnisse veranlasst – sie meinten das Gespenst des Kommunismus (vgl. Engels/Marx, 2008, 18, www.ibiblio.org). Ein ähnliches Phänomen erleben wir heute bezüglich der Reaktionen mancher fachlicher Systeme und Personen auf das Thema „Inklusion“ – von Verunsicherung („Muss ich dann meine Arbeit in einem anderen Setting verrichten? Wie soll das gehen?!“) über Angst („Werde ich dann nicht mehr gebraucht? Verliere ich meine Arbeit?“) bis hin zum passiven oder aktiven Widerstand („Das lasse ich nicht zu! Alles muss so bleiben, wie es ist, denn so ist es gut – für die Menschen mit Behinderung, für ihre Angehörige und auch für mich!“).

Selbstverständlich ist ein solcher Vergleich übertrieben. Marx und Engels ging es um die Massen von ausgebeuteten Arbeitern, die Philosophie der Inklusion bezieht sich auf ein relativ überschaubares Zehntel der Bevölkerung in Deutschland: Es geht um insgesamt 8,7 Millionen Menschen mit einer anerkannten Behinderung, deren Teilhabe am gesellschaftlichen Geschehen mehr oder weniger beeinträchtigt ist. Mit einem Anteil von 64 Prozent überwiegen die körperlichen Behinderungen, gefolgt von geistiger oder seelischer Behinderung (10 Prozent), neurologischen Störungen (9 Prozent), Blindheit und Sehbehinderung (5 Prozent) und Sprach-, Gehör- oder Gleichgewichtstörungen (4 Prozent). Bei 17 Prozent der Betroffenen ist die Art der Behinderung nicht näher ausgewiesen (vgl. News aktuell GmbH, 2010, www.presseportal.de).

Beiden Konzepten ist die Tatsache gemeinsam, dass sie etwas verändern wollen, was eingespielt ist und zur Zufriedenheit der bestehenden (Macht-)Systeme und involvierten (Fach-)Personen gut funktioniert. Die Einführung der inklusiven Philosophie in das Leben der Gesellschaft erfordert in der Tat viele Veränderungen – politisch, finanziell, organisatorisch, theoretisch, methodisch usw., aber vor allem (was mitunter die schwierigste Veränderung ist) die persönliche Einstellung und Haltung jedes Einzelnen gegenüber Menschen mit Behinderung. Der wesentliche Unterschied besteht darin, dass die Inklusion innerhalb der heutigen institutionellen (Macht-)Systeme, in der Fachwelt, unter den Menschen mit Behinderung und ihren Angehörigen sowie auch in der Politik und Gesellschaft begeisterte Verfechter hat. Was man nicht unbedingt von den Inhabern der wirtschaftspolitischen Macht in Form von Produktionsmitteln in Bezug auf die Ideen des Kommunismus sagen kann – egal ob sie in der Mitte des 19. Jahrhunderts oder heute ihre Macht ausüben.

Gegenwärtig ist eine konsequent gelebte Inklusion für die breite Öffentlichkeit noch keine Selbstverständlichkeit. Deshalb ist es erforderlich, sie möglichst oft, verständlich und nachvollziehbar zu präsentieren. Folglich vergeht kein Tag, an dem in den Medien das Thema Inklusion nicht zu finden ist:

- Das Fernsehen zeigt Dokumentarfilme über Wege und Irrwege der Integration von Menschen mit Behinderung und Gespräche bzw. Erfahrungsberichte über gelungene wie auch behinderte Inklusion. Zudem werden Spielfilme über das Zusammenleben von Menschen mit und ohne Behinderung veröffentlicht.
- In den Printmedien kann man Informationen und Berichte über diverse Projekte aus dem Inklusionsbereich lesen. In der Fachliteratur erscheinen Monografien und Sammelbände sowie Aufsätze, in denen die (politisch verlangte) Implementierung der Inklusionsphilosophie im Schulwesen und in diversen Bereichen der sozialen Arbeit sowohl kritisch als auch befürwortend analysiert, erörtert und diskutiert wird.
- Last but not least finden Symposien und Tagungen statt, in denen sich die Beteiligten nicht nur mit der Theorie und Methodik, sondern vor allem mit der praktischen Umsetzung der Inklusionsphilosophie im gesellschaftlichen Alltag befassen.

Diese Präsenzoffensive stellt eine Art „mediale Infizierung“ der breiten Öffentlichkeit dar. Die „Ansteckungssubstanz“ namens Inklusion stammt von der Anthropologie und Ethik ab, wird juristisch gestärkt (vergleiche hierzu auch die UN-Konvention über die Rechte von Menschen mit Behinderungen) sowie von der Politik verlangt und geschützt. Diese Mannigfaltigkeit der Präsenzoffensive wird nun durch einige Beispiele belegt:

Das erste Beispiel weist auf eine kritisch zu betrachtende Art des Umgangs mit Inklusion hin. „Landesregierung spart an Inklusion“ lautet die Überschrift eines Kurzberichts von Löser (vgl. Löser, 2013, 17). Es geht um eine zehnprozentige Kürzung des Zuschusses für integrativ beschulte Kinder mit Behinderungen an integrativ arbeitenden Regelschulen (in diesem Fall ist es die Integrative Waldorfschule Emmendingen). Die staatlichen Sonderschulen in Baden-Württemberg werden anders behandelt – sie erhalten für die gleichen Schüler den vollen Betrag. Der Autor schlussfolgert, dass diese Strategie – finanziell gesehen – aus der Inklusion (die eine „Schule für alle“ zum Ziel hat) ein Sparmodell macht. Soweit der Kurzbericht.

In Anbetracht der Tatsache, dass die pädagogische Unterstützung von Schülern mit besonderem Förderbedarf im Regelschulsetting nicht weniger Arbeit und Ressourcen erfordert als die an den Sonderschulen, ist die Zuschusskürzung in der Tat nicht nachvollziehbar. Abgesehen davon, dass sie die Sonderschulen finanziell bevorzugt, was für die Verfolgung des Inklusionsziels (Transformation bzw. Reform des Schulwesens zugunsten einer „Schule für alle“) kontraproduktiv ist.

Das nächste Beispiel stammt ebenfalls aus dem Bereich der Schule. Es ist eine informative und Inklusion befürwortende Darstellung von mehreren Aspekten der inklusiven Beschulung von Kindern mit und ohne Behinderung (siehe Jacobs/Jansen, 2013). Die Autorinnen scheuen auch eine kritische Betrachtung nicht – was hervorzuheben ist. Genauso wichtig sind die Daten zu Inklusionsanteilen in einzelnen Bundesländern sowie im europäischen Vergleich. Die Hinweise auf gelungene Inklusion an Regelschulen, zusammen mit Angaben und Tipps zu Materialien, die nicht nur informieren, wirken auf die Leserinnen und Leser durchaus motivierend, die Philosophie der Inklusion an einer Regelschule zu implementieren:

- So erfährt der Leser, dass die Sonderschulen in Deutschland insgesamt 365.719 Kinder mit Förderbedarf unterstützen und dass weitere 121.999 Kinder mit attestiertem Förderbedarf an Regelschulen lernen. Dies macht lediglich ein Drittel aller betreffenden Schüler aus.
- Dass Inklusion in schulischer Praxis gut umsetzbar ist, belegt die Inklusionsrate im europäischen Vergleich – in Island beträgt sie 96 Prozent, in Malta 94 Prozent und in Norwegen 85 Prozent. In Deutschland sind die Spitzenreiter Bremen (55,5 Prozent), Schleswig-Holstein (54,1 Prozent) und Berlin (47,3 Prozent). Schlusslicht ist Hessen mit 17,3 Prozent.
- Das beschriebene inklusive Geschehen an einer Grundschule in Münster („Berg Fidel“) stellt die Wege und Unwegsamkeiten der gelebten „inklusiven Kultur“ anschaulich und nachvollziehbar dar (ein Begriff von Tony Booth, der den „Index für Inklusion“ erarbeitet hat). Es sind überzeugende Einblicke in das Wirken von Pädagogen, die ihre Überzeugung darüber, dass Kinder mit Behinderung das Recht haben, „unter uns zu sein und gemeinsam mit uns zu lernen“, praktisch leben.

Diese Daten offenbaren, dass bei der konkreten Umsetzung einer „inklusiven Schule“ noch viel zu tun ist. Das Beispiel „Berg Fidel“ belegt überzeugend die Machbarkeit einer

„Schule für alle“. Die Autorinnen sprechen von einer „Schul-Revolution“, auf die allerdings kaum jemand vorbereitet sei. In der Tat wird es schwierig sein, das bisherige Selbstverständnis von manchen Lehrerinnen und Lehrern (aber auch einigen Eltern behinderter Kinder) um die oben genannte pädagogische Haltung zu erweitern. Denn das Gewohnte und Funktionierende zu verlassen und sich auf ein neues, weniger vertrautes Gebiet zu begeben, fällt schwer ...

Das dritte Beispiel beschreibt Inklusion in der Arbeitswelt. In der WAZ („Westdeutsche Allgemeine Zeitung“) vom 05.10.2013 erscheint ein Bericht von Gernot Noelle: „Ein ganz besonderer Praktikant“. Im Büro von SAB (Abkürzung von „Selbstbestimmte Assistenz Behinderter“) in Bochum absolviert der 15-jährige „P.“ ein Praktikum. Er ist bereits der zweite Praktikant mit Autismus, der in diesem Büro Berufserfahrungen sammelt, das ihm eine auf seine Fähigkeiten und Ressourcen „maßgeschneiderte“ Bürotätigkeit ermöglicht. P. arbeitet nämlich sehr präzise, nimmt alle Details genau wahr, hat eine selbstständige Arbeitsweise und es entgeht ihm kein Fehler. Dies sind die besten Voraussetzungen dafür, eigenständig die elektronischen Karteien des Unternehmens zu prüfen und zu aktualisieren. Hinzu kommt noch, dass P. sehr schnell und fehlerfrei über die Tastatur die Daten in den Computer eingeben kann. Damit ist er den SAB-Mitarbeitern eine wirkliche Hilfe. Allerdings käme er ganz allein nicht so gut klar – auch hier (genauso wie in der Schule) steht ihm seine persönliche Schulassistentin zur Seite. Auch die Büroangestellten sind aufgefordert, ihre Denkweise und Kommunikation den Möglichkeiten und Grenzen von P. anzupassen. Weil er sich nicht orientieren kann, wer in welchem Büro arbeitet, hängen an den Türen neben den Namen auch die Bilder der Kolleginnen und Kollegen. Die SAB ist eine GmbH, die auf dem Integrations- und Inklusionsgebiet agiert. Sie engagiert sich bei Kindern und Jugendlichen mit ADHS, mit Autismus und mit Körperbehinderung. Im Nordrhein-Westfalen hat sie den betroffenen Kindern und Jugendlichen bereits 330 Schulbegleiter zur Verfügung gestellt, die sie auf dem Weg zur Selbständigkeit unterstützen. Es sind nur kleine Veränderungen, die man im Büro von SAB zur Unterstützung von P. vorgenommen hat. Sie haben aber eine inklusive Wirkung, weil sie P. eine aktive Beteiligung am Arbeitsprozess im sogenannten ersten Arbeitsmarkt ermöglichen. Man kann sagen, dass er Teilhabe am Geschehen in der Gesellschaft in diesem wichtigen Lebensbereich (trotz seiner Störung aus dem Autismusspektrum) hat – zumindest während seines Praktikums. Ob er nach Beendigung seiner Schulzeit eine Arbeit mit ähnlichen Bedingungen findet, ist leider (noch) nicht sicher (vgl. Noelle, Gernot, in: WAZ, 05.10.2013, 7).

Im vierten und letzten Beispiel geht es um die Auseinandersetzung mit den von der UN deklarierten und konkretisierten Rechten von Menschen mit Behinderung. In der Zeit vom 6. bis 8. Juni 2013 fand an der Evangelischen Fachhochschule RWL in Bochum eine internationale Fachtagung zum Thema „Menschen – Recht – Inklusion“ statt. Fachleute der Sozialen Arbeit aus mehreren Ländern sowie Vertreter der Politik, Fachverbände und Institutionen der Behindertenhilfe und die Menschen mit Behinderung selbst haben sich mit der Umsetzung der UN-Konvention über die Rechte von Menschen mit Behinderungen (UN-BRK) in der Praxis befasst. Im Widerspruch zu manchen Zweiflern, die eine gesamtgesellschaftliche Implementierung der Inklusionsphilosophie für illusorisch halten, hat der Rektor der EFH die Tagung mit der Feststellung eröffnet „Inklusion ist eine Vision, keine Illusion [...].“ Er fügte zutreffend hinzu, dass es „[...] auf dem Weg zur Inklusion eines langen Atems und des Muts zu vielen kleinen und größeren Schritten bedarf“ (Fernkorn, 2013, 4). In den Grundsatzreferaten und zahlreichen Workshops wurden mehrere relevante Themen durchgearbeitet. Dabei wurden Erforderlichkeiten und Möglichkeiten wie auch Grenzen, Stolpersteine und Widerstände in wichtigen Bereichen bewusst, in denen die Umsetzung der Rechte von Menschen mit Behinderung allen zuständigen Strukturen, Institutionen und Personen ein klares Bekenntnis zur Inklusion abverlangt. Konkret ging es um Selbstbestimmung, Wohnen, Arbeit, Politik und – last but not least – auch um eine inklusive Hochschule. Im abschließenden Fazit stellte die Initiatorin der Fachtagung, Prof. Dr. Degener, fest, dass es den Teilnehmerinnen und Teilnehmern gelungen sei, die relevanten Forschungserkenntnisse aufzudecken und Visionen für die Umsetzung der Behindertenrechtskonvention in der Praxis zu entwickeln. Somit stellen die Ergebnisse dieser internationalen Fachkonferenz eine gute Orientierungshilfe für die Implementierung der inklusiven Philosophie in den gesamtgesellschaftlichen Alltag dar.

Diese vier Beispiele der Auseinandersetzung mit dem Thema Inklusion belegen die Mannigfaltigkeit, Diskursivität und Uneinigkeit, die aktuell für Unsicherheit mancher Strukturen, Institutionen und (Fach-)Personen sorgen. Dies ist keineswegs negativ zu bewerten. Als Ergebnis dieser unterschiedlichen Zugänge zur Inklusion lässt sich eine bessere und präzisere Orientierung erhoffen, die für das Vorankommen erforderlich ist. Denn für diejenigen, von denen die praktische Umsetzung inklusiver Sichtweisen verlangt wird, war die Inklusion bisher häufig eine „tabula rasa". Und: Wenn sie sich auf den Weg zu einem Mehr an Inklusion machen sollen, brauchen sie eine gute Orientierung in dem, was möglich, was schwierig und was nicht möglich ist ...

Die Heilpädagogik engagiert und beteiligt sich nur mäßig an der medialen Präsentation der Inklusion. Sie agiert mehr auf einer anderen Ebene – sie arbeitet daran, in der Theorie, Methodik und Praxis das bisher eher latent vorhandene Anliegen der Teilhabeförderung deutlich in den Vordergrund zu stellen sowie die Inklusion zum Dreh- und Angelpunkt des heilpädagogischen Denkens und Handelns zu erheben. Deshalb wird im nächsten Abschnitt die heilpädagogische Relevanz des Inklusionskonzepts theoretisch erörtert und begründet.

Ausschnitt aus einem Entwicklungsbericht

Nachdem Leo N. drei Jahre im ambulant betreuten Wohnen von den dort tätigen Kolleginnen und Kollegen in den Planungen und Verrichtungen des alltäglichen Lebens unterstützt und assistiert worden war, äußerte er den Wunsch, auszuziehen, um alleine zu wohnen. Nach mehreren Gesprächen mit ihm und den in der Werkstatt tätigen Mitarbeitern konnte eine deutliche und realistische Motivation bei Herrn N. festgestellt werden, sodass sich die Leitung der Einrichtung dazu entschloss, ihn aus dem Wohnverbund zu entlassen. Die Suche nach einer eigenen Wohnung konnte vor wenigen Tagen erfolgreich abgeschlossen werden, sodass Herr N. mit Beginn des nächsten Monats eine eigene Wohnung im Stadtteil [...] beziehen wird. Zudem sind die ersten Kontakte zu Arbeitgebern auf dem freien Arbeitsmarkt geknüpft. Die geplanten Vorstellungsgespräche werden allerdings noch von Herrn N. und den Kollegen der Werkstatt gemeinsam vorbereitet. Zudem wird die Wohn- und Arbeitssituation auf ausdrücklichen Wunsch nach einem Jahr mit allen an diesem Prozess beteiligten Personen besprochen.

Die Konzeption der Inklusion stellt die Weiterführung und Differenzierung der Entwürfe der Normalisierung, der Integration und des Empowerment dar. Worum handelt es sich hierbei konkret?

Die Diskussion um den Begriff der „Inklusion", bzw. die Definition desselben, hat in den letzten Jahren intensive und zum Teil widersprüchliche Ausprägungen angenommen. Die Spannbreite reicht hierbei über die Beschreibung einer erweiterten Integration bis hin zu einer radikalen Auflösung dieses Begriffes. Aus der Vielzahl der unterschiedlichen Ansätze soll im Folgenden eine, unseres Erachtens kohärente, Möglichkeit herausgegriffen werden: die Fassung der Inklusion vor dem Hintergrund der Systemtheorie, so wie Niklas Luhmann sie begründet hat. Diese Definition erscheint als die zur Zeit stringenteste, auch wenn sie, wie auch die anderen Definitionsversuche hierzu, mit Problemen verbunden zu sein scheint: so z. B. mit dem Problem der Anschlussfähigkeit im Hinblick auf weitere Ansätze zur Integration/Inklusion bzw. im Hinblick auf mögliche didaktisch-methodische Realisationen.

Der Begriff der Inklusion, so wie ihn Niklas Luhmann versteht, geht zurück auf die Theorie der funktionalen Differenzierung der Gesellschaftsformen. Dieser systemtheoretische Ansatz ersetzt die eher übliche Annahme der Ausdifferenzierung von möglichen Teilsystemen der Gesellschaft durch die Differenzierung im Hinblick auf Systeme und Umwelten. Hierzu Luhmann konkret:

> „Danach besteht ein differenziertes System nicht nur einfach aus einer gewissen Zahl von Teilen und Beziehungen zwischen diesen Teilen; es besteht vielmehr aus einer mehr oder weniger großen Zahl von operativ verwendbaren System-/Umwelt-Differenzen, die jeweils an verschiedenen Schnittlinien das Gesamtsystem als Einheit von Teilsystem und Umwelt rekonstruieren."
> *(Luhmann, 1996, 22)*

Die Differenzierungen zwischen System und Umwelt bzw. die unterschiedlichen Schnittstellen, Brüche und Grenzziehungen lassen sich hierbei als relevante operative Schnittmengen im Hinblick auf Teilsysteme und Umwelt(en) bestimmen. Gerade diese Bestimmungen führen des Weiteren zu einer stärkeren Konkretisierung von Inklusionsmechanismen. Wie Merten (2001, 175 f.) feststellt, lassen sich diese Differenzierungen und Grenzen zwischen System und Umwelt zudem als Frage eines Verhältnisses von Identität – nämlich der Identität des Systems – und der Differenz zur Umwelt beschreiben. Hierbei wird die Frage der Identitätsbestimmung über den Operationsmodus des jeweiligen Systems konkretisiert: „[...] und diese Operation wird mittels eines binären Codes vollzogen, der allein trennscharf zwischen System und Umwelt zu differenzieren gestattet, und zwar ausschließlich nach Maßgabe des jeweiligen Systems selbst" (Merten, 2001, 175 f.). Diese binäre Codierung beinhaltet eine ständige Kontingenz aller hierin und hierdurch stattfindenden Prozesse, da alles zugleich möglich oder unmöglich ist, alle beteiligten Systeme selbsttätig handeln und somit ein Handeln der Gegenseite niemals komplett vorweggenommen werden kann. Selbst das eigene Tun ist hierbei nicht bis ins Letzte festzulegen. Diese binäre Codierung schließt die Systeme somit in sich ab, da sämtliche Vorgänge in diesen Systemen jeweils nur auf den ausgeprägten deutlich wahrnehmbaren Wert desselben Codes und nicht auf andere von außen kommende Kontexte verweisen. Mehr noch: „Erst die Schließung der Systeme durch binäre Codierung führt zu einer Autopoesis" (Merten, 2001, 176). Durch diese Prozesse entsteht eine funktionale Differenzierung der Gesellschaft in wiederum funktional unabhängige, aber dennoch miteinander verbundene Teilsysteme, wie z. B. der Wirtschaft, der Politik, der Familie, des Rechts, der Religion, der Erziehung u. a. Diese jeweiligen Teilsysteme produzieren und reflektieren materielle bzw. symbolisch kommunizierte Ressourcen. Wer somit an diesen Ressourcen teilhaben möchte, muss sich den Inklusionsbedingungen und Bedingtheiten der jeweiligen Systeme anpassen. Geschieht dies nicht, so riskiert der jeweilige einen Ausschluss, also eine Exklusion aus diesem System (vgl. Kleve, 1997, 414). Eine so verstandene Inklusion hat auch nichts mehr gemein mit der Integration, während diese, also die Integration, auf die Zugehörigkeit zu unterschiedlichen sozialen Gruppen wie

z. B. Familien oder Stände verweist und hierbei mit diesen über normative Verbundenheiten vermittelt ist, beschreibt Inklusion ausschließlich „eine funktionale System-Umwelt-Beziehung von Menschen zur Gesellschaft, die (nur noch) über die Teilnahme an Funktionssystemen kommunikativ erreichbar ist" (Kleve 1997, 415). Wollen Menschen somit ihre Inklusionsfähigkeit nicht gefährden, dürfen sie nie so fest integriert sein, „dass ihnen die Freiheit für wechselnde Inklusion verloren geht. Die primäre Differenzierungsform der modernen Gesellschaft liegt also quer zu den (traditionalen) Integrationen der Menschen" (Kleve, 1997, 415). Inklusionen beschreiben also, in welchen Formen Menschen an Sozialsystemen teilnehmen können bzw. durch welche Kommunikationsmechanismen eine Teilnahme an diesen Sozialsystemen möglich ist. Dieses Modell der Inklusion nach Niklas Luhmann stellt somit ein Kommunikationsmodell dar, in welchem sowohl Einschluss- als auch Ausschlussprozesse wahrnehmbar, diagnostizierbar und veränderbar sind. Es ist hierbei somit weder eine vollständige Exklusion noch eine völlige Inklusion möglich oder notwendig, da die unterschiedlichen Personen immer wieder zwischen unterschiedlichen Sozialsystemen wechseln und an den jeweiligen Kommunikationskreisläufen eben dieser Systeme teilnehmen bzw. auch nicht teilnehmen. Dieses kann an Beispielen deutlich werden:

Ob also im Teilsystem der Wirtschaft das Kommunikationsmedium des Geldes, im Teilsystem der Religion das Kommunikationsmedium des Glaubens, im Teilsystem der Politik das Kommunikationssystem der Macht realisiert werden können, ist immer wieder unterschiedlich wahrzunehmen bzw. umzusetzen.

Diese Aussagen können grafisch folgendermaßen zusammengefasst werden:

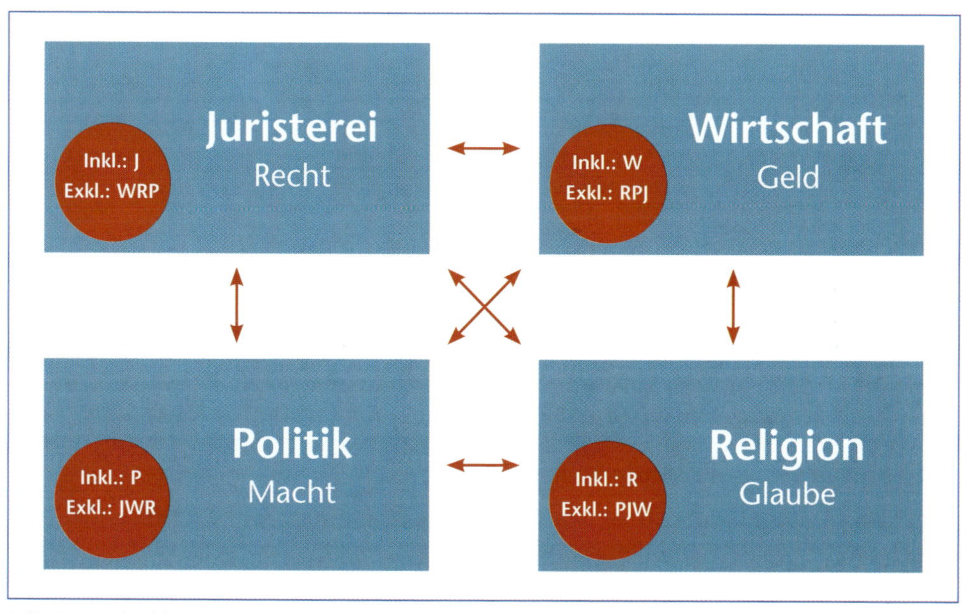

Inklusion und Exklusion in funktional differenzierten Gesellschaften

Inklusion ist also eine funktionssysteminterne Bestimmung, sie ordnet und differenziert die innersystemische Kommunikation (vgl. Merten, 2001, 176) und bietet somit Ansatzmöglichkeiten zur Veränderung eben dieser Kommunikationsprozesse. Dieser Begriff der Inklusion hebt somit konkret ab auf mögliche diagnostische Prozesse im Hinblick auf die Systembildung der Gesellschaft. Eine mögliche Relevanz für die Heilpädagogik besteht somit darin, dass die Inklusion in einem gesellschaftlichen System nicht zugleich eine Exklusion in anderen Systemen bedeutet: „Wer am Teilsystem Religion teilnimmt, wird deshalb nicht vom Politiksystem ausgeschlossen. Wer krank ist (und ins Medizinsystem inkludiert wird), verliert nicht seine Rechtsfähigkeit usw. [...]" (Merten, 2001, 177).

Im Hinblick auf die Ableitung des Inklusionsbegriffes aus der funktional differenzierten Gesellschaftsordnung bleibt also zu fragen, ob aus ihr handlungsleitende Folgerungen abgeleitet werden können, welche sie im Kontext der Heilpädagogik als konkret umsetzbar erscheinen lassen. Des Weiteren ist zu fragen, ob nicht nur die Erziehung als Teilsystem der Gesellschaftsstruktur fungiert, sondern ob auch das Sozialwesen bzw. Teile des Sozialwesens (wie z. B. die Heilpädagogik) als eigenständiges Gesellschaftssystem bzw. als Teilsystem der Gesellschaft verstanden werden können.

Im Bewusstsein dieser Inklusionsvorgänge sollen nun die weiteren Aussagen hierzu skizziert werden. Soll Inklusion als Maßnahme oder Ziel in der Heilpädagogik umgesetzt werden, erscheint eine mögliche Operationalisierung dieser Begrifflichkeit im Rahmen einer Handlungsorientierung als notwendig – auch wenn dieses von Luhmann sicherlich in Frage gestellt oder sogar strikt abgelehnt worden wäre. Hierzu sind folgende Kriterien als relevant zu bezeichnen:

- In einem ersten Punkt kann das **Ausmaß der Kommunikation** benannt werden. Das heißt, wer kommunizierte wann, wo, wie, mit wem und wie lange und wie ist hierbei die systeminterne Kommunikationsstruktur zu gewichten? Wie sieht z. B. die Wahrnehmung des Kommunikationsmediums Geld im Bereich der Wirtschaft konkret für den Menschen mit Behinderung, aber auch für seine Assistenten aus? Wie erlebt der Mensch mit Behinderung die Realisation seines Glaubens im Rahmen der Religion? Ist eine Bemächtigung der Menschen mit Behinderung im Rahmen politischer Prozesse (wie sie z. B. durch Werkstattbeiräte oder Heimbeiräte intendiert sind) möglich?
- Sind diese unterschiedlichen Kommunikationsmechanismen Ausprägungen unterschiedlicher **Teilsysteme** oder ergeben sie sich ausschließlich im Teilsystem heilpädagogisch relevanter Maßnahmen?
- Ein weiteres Kriterium ist die **Mächtigkeit der jeweiligen Kommunikationsmodi**: D. h., wie wirken Geld, Macht etc. in diesen unterschiedlichen Teilsystemen bzw. gibt es eine potenzielle Verschiebung in der Wahrnehmung der Mächtigkeit zwischen Menschen mit Behinderung auf der einen, ihrem jeweiligen pädagogischen Personal auf der anderen und den jeweiligen Vertretern der gesellschaftlich ausgeprägten Systeme auf der dritten Seite? Lässt somit die Ausprägung dieser Kommunikationsmodi eine Gleichberechtigung zu oder scheitert diese von vornherein an der unterschiedlichen Wahrnehmung dieser Modalitäten?
- Ein nächstes Kriterium ist die **autonome Wahrnehmung der Kommunikationsvorgänge**: Wie weit sind z. B. Prozesse der Macht, Prozesse des Geldes etc. selbsttätig steuerbar bzw. wie weit sind sie von systeminnerenten Kriterien abhängig? Inwieweit spielt hierbei die Organisation, welche als Teilsystem agiert, eine Rolle? Vollziehen sich diese Kommunikationsprozesse somit in einem autopoetischen Kontinuum oder sind sie jeweils durch nicht nur scheinbar mächtigere Partner angestoßen, sodass es nur zu einer Teilautopoesis der Menschen mit Behinderung kommt? Findet somit vielleicht nur eine scheinbare Inklusion im Rahmen einer eigentlich exkludierenden Maßnahme statt?

- Des Weiteren kann die **Beziehung zwischen den Nutzern und ihrem jeweiligen (professionellem) Personal** benannt werden. Auch hier finden Kommunikationsprozesse statt, welche allerdings häufig nicht auf einer systemtheoretisch begründeten, sondern eher auf einer handlungstheoretisch ausgerichteten Plattform realisiert werden. Die Dialoge führen hierbei ein Eigenleben, welches im Kontext der funktional differenzierten Gesellschaft (zwischen den Prozessen der Macht, des Glaubens usw.) generiert wird.

- Ein letzter Kriterienbereich skizziert die **Rolle der Organisation**: Stärken oder schwächen diese Inklusion- und Exklusionsprozesse, und wie kommunizieren sie jeweils ihre eigene Logik und ihre eigenen binären Codes? Weiterführend wäre auch die Kultur einer Organisation in den Blick zu nehmen, weil diese alle Prozesse der Kommunikation und der Kommunikationsbildung bezeichnet und umfasst.

Um somit die Wirksamkeit von Inklusionsphänomenen beschreiben zu können, lässt sich festhalten, dass Inklusion mehr ist als nur die Teilhabe oder Teilnahme am gesellschaftssystemischen Ganzen. Es müssen also nicht nur diejenigen Prozesse beschrieben und evaluiert werden, welche scheinbar die Teilnahmemöglichkeiten erlauben, generieren oder bestimmen, sondern es sind vielmehr diejenigen Kommunikationsstrukturen zu realisieren, welche an Grenzen verortet sind und welche über das Schicksal einer Profession bzw. über die dieser Profession zugeordneten Institutionen und Organisationen entscheiden.

Heilpädagogik stellt sich somit dar als Inklusionsvermittlung und Exklusionsvermeidung bzw. Exklusionsverwaltung. Sie will und kann hierdurch eine Vermeidung von Exlusionsdrift vornehmen, d. h. Menschen dazu befähigen, dass sie nicht aufgrund einer zugewiesenen oder zugeschriebenen Fähigkeit (wie der der Behinderung oder Verhaltensbesonderheit) aus dem gesamten gesellschaftlichen Gefüge herausfallen.

Aber: Ist dieses (mit Blick auf die Definition von Luhmann) überhaupt möglich, da alles jenseits eines bestimmten Systems Exklusion, also somit Gesellschaft ist?

Folgendes Fazit ist bis hierher somit zu ziehen: Außerhalb der Gesellschaft existiert nichts Gesellschaftliches, somit ist auch kein Ausschluss aus der Gesellschaft möglich. Personen können zwar aus dem Normalbereich „abdriften", aber nicht aus diesem „entfliehen" oder „entkommen". Folgerichtig ist also Exklusion in die Gesellschaft eingeschlossen. Hieraus ergibt sich die mögliche Relevanz für die Heilpädagogik: Ihr kann nicht alles überantwortet werden, was „nicht systemische Kommunikation", also Exklusion, ist. In einem vorläufigen Fazit kann also festgehalten werden, dass Heilpädagogik als sekundäres Funktionssystem sozialer Hilfe zu kennzeichnen ist, denn sie (und mit ihr die Prozesse in der Behindertenhilfe und Rehabilitation sowie die konkreten heilpädagogischen Handlungen) differenziert sich erst im Anschluss an diejenigen personellen Exklusionsmechanismen und -gefahren aus, welche von den primären Funktionssystemen (wie Politik, Wirtschaft usw.) produziert werden. Hierbei inkludiert sie (als dann sekundäres Funktionssystem) nur einen „klientären" Teil eines Menschen (also die Behinderung, die Störung usw.). Vor diesem Hintergrund bleiben zu einer endgültigen Beschreibung der Heilpädagogik als Inklusionswissenschaft noch einige Fragen offen. Dennoch können schon einige Ansätze der Realisation dieses Modells skizziert werden.

Ein praktikabler Ansatz besteht in der Umsetzung des „Community Care“-Gedankens (vgl. Niehoff, 2001, 10ff.). Dieser geht davon aus, dass Menschen mit einer (geistigen) Behinderung in der örtlichen Gemeinschaft, Gesellschaft oder Nachbarschaft leben, wohnen und arbeiten. Die Unterstützung in diesen Prozessen erfahren sie hierbei nicht durch ausschließlich professionelle Helfersysteme, sondern durch eben diese Gemeinschaft. Den Menschen mit einer Behinderung kommt hierbei der Status eines vollwertigen Bürgers mit den Rechten und Pflichten eines jeden Bürgers dieser Gesellschaft zu. Die Gemeinschaft, in welcher sie leben, kann dennoch durch Vertreter derjenigen Einrichtungen unterstützt werden, welche sich bislang mit den Belangen der Menschen mit Behinderung beschäftigt hat. Vor dem Hintergrund des Inklusionsmodells werden Menschen mit Behinderung somit nicht aus ihrer familiären Umgebung herausgenommen und in Sondereinrichtungen verbracht. Vielmehr sind und bleiben sie in ihr primäres soziales Netzwerk integriert, besser: inkludiert. Diesen Netzwerken muss so viel Unterstützung zuteil werden, dass sie den jeweiligen Bedarfen des Menschen mit Behinderung Genüge tun können. Hierdurch kommt es zu einer Ausrichtung der Hilfen am Einzelfall des jeweils Betroffenen.

Der Grundgedanke der Inklusion verweist zudem auf einige Konsequenzen für die Ausbildung der heilpädagogisch Tätigen. Mit Feuser können hierzu folgende Punkte skizziert werden:

- Studium und Ausbildung sind immer interdisziplinär zu konzipieren und zu realisieren.
- Ein wichtiges Ziel ist hierbei die Ausbildung von Kooperationsfähigkeit.
- Mögliche Wege hierzu: Dialog, Interaktion, Kommunikation und Sprache (in allen Ausprägungen auch im „konstruktiven Diskurs“ (Feuser) der Lehrenden).
- Hierzu notwendig sind Kompetenzen der Lehrenden auf den Feldern der Beratung, der Supervision, der Mediation, des Case Management und der Community Care.
- Also sollte auch die Ausbildung der Lehrenden kooperativ und integrativ sein.
- Dieses verweist auf ein Studium in Projekten, „das die Ganzheitlichkeit der [...] Inhalte zu bewahren vermag und dennoch die Bedingungsfaktoren im Einzelnen transparent werden lassen kann [...]“ (Feuser, 2002, 6f.).
- Hierzu notwendig ist die Ermöglichung biografisch- und erfahrungsbedingter Bedürfnis- und Motivationslagen, also individueller Zugänge zu den Inhalten sowie
- eine Förderung individueller Kompetenzen sowie
- eine Hineinnahme und Verortung (an) einer gesellschaftlichen Perspektive, sodass die heilpädagogisch Handelnden einen Beitrag zur Lösung der Schlüsselprobleme der jeweiligen Epoche bzw. gesellschaftlichen Situation leisten können.

(vgl. Feuser, 2002, 5 ff.)

Überlegungen und Versuche

1. ***Welche konkreten Kompetenzen benötigen die heilpädagogisch Handelnden, um Leo N. im Prozess des Umzugs zu begleiten?***
2. ***Wie sind diese Kompetenzen in der Arbeit mit der Gemeinde oder Nachbarschaft, in welcher Leo N. wohnt, zu vernetzen?***
3. ***Stellen Sie mögliche Unterschiede zwischen den Modellen der Integration und der Inklusion heraus und diskutieren Sie diese.***
4. ***Welche Kritik ist am Modell der Inklusion zu formulieren? Begründen Sie Ihre Meinung ausführlich.***

Fazit

Das Modell der Inklusion stellt die Weiterführung und Differenzierung der Entwürfe der Normalisierung, der Integration und des Empowerment dar. In seiner konsequenten Umsetzung löst es die Integration ab bzw. auf. Die Begründungen zum Modell der Inklusion stammen aus unterschiedlichen theoretischen Richtungen, wie unter anderem der Systemtheorie, der Theorie der sozialen Ungleichheit und der Theorie der sozialen Arbeit. Die Systemtheorie, insbesondere das Modell der „funktionalen Differenzierung" nach Niklas Luhmann, hat sich hierbei als besonders relevant herausgestellt. Ob und wie das System der Heilpädagogik jedoch als eigenständiges Funktionssystem der Gesellschaft verstanden werden kann und welche Konsequenzen sich hieraus ergeben, ist noch nicht abschließend geklärt – auch wenn schon erste Antworten hierauf versucht und erste Optionen zur Umsetzung angedacht und realisiert wurden. Die Inklusion kann sich als Konzept der Heilpädagogik zu einem „Zukunftsmodell" entwickeln – auch wenn sie zurzeit in ihren theoretischen und praktischen Begründungen und Ausführungen noch relativ undifferenziert gestaltet ist. Des Weiteren werden in Bezug auf eine mögliche Umsetzung nicht wenige Hindernisse auftauchen, die aber wahrscheinlich überwunden werden können. In letzter Konsequenz würde die Inklusion so zu einer deutlichen Verringerung der Anzahl von spezialisierten Organisationen und einer Verlagerung von Fachkräften in den Lebensalltag führen. Dieses würde zu einer Modifikation des Expertenstatus der Heil- und Sonderpädagogen führen.

3 Institutionelle und organisatorische Verankerung der Heilpädagogik

Heilpädagogisches Handeln vollzieht sich immer in bestimmten Formen organisierter und organisatorischer Praxis. Der und die heilpädagogisch Tätige ist immer eingebunden in institutionelle Kontexte, ist abhängig von Einrichtungen, Strukturen, Gruppen und Teams. In diesem Kapitel werden die wesentlichen Themen zu diesem Komplex vorgestellt und diskutiert. Es handelt sich hierbei um

- einführende Hinweise zu heilpädagogischen Organisationen im Allgemeinen,
- das erste Spezifikum: die Macht in heilpädagogischen Organisationen,
- ein zweites wichtiges Spezifikum: Interaktionen in Organisationen.

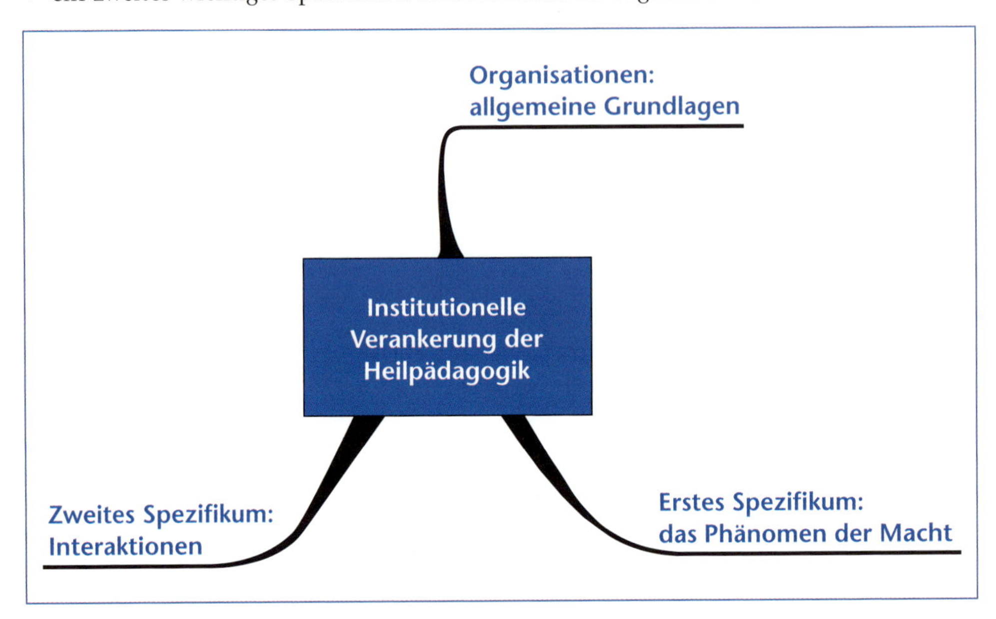

3.1 Organisationen: allgemeine Grundlagen

Aus der Chronik einer Wohneinrichtung für Menschen mit Behinderung (1. Teil)

Im Jahre 1878 spendete eine reiche adlige Familie dem Bischof eine nicht unerhebliche Summe und verband diese Spende mit der Gründung einer Einrichtung für Menschen mit sogenannter Fallsucht (heute bekannt als Epilepsie). Der Bischof nahm diese Spende dankend entgegen, gab es doch in seinem Bistum eine große Anzahl von Menschen, welche von dieser und anderen Krankheiten heimgesucht wurden. Menschen, welche von ihren Familien, so wusste er aus vielen Gesprächen, häufig genug versteckt wurden, bis sie, zumeist noch jung an Jahren, starben.

Der Bischof beauftragte seinen besten Architekten, auf einem Grundstück der adligen Familie, das sie ebenfalls dem Bischof vermacht hatten und das weit vor den Toren der Stadt lag, eine Einrichtung für diese Menschen zu bauen. Da aber der Architekt noch nie eine solche Einrichtung geplant oder errichtet hatte, wusste er zuerst nicht, wie dieses zu bewerkstelligen sei. Nach einigen Wochen des Überlegens kam ihm eine Idee: Es gab doch in dem Land schon seit vielen Jahren Einrichtungen für an Körper und Geist kranke Menschen, diese wollte er besuchen und sich die besten baulichen Lösungen für die neu zu gründende Institution abschauen.

Nachdem er einige Wochen durch die Lande gereist, sich hier und da Notizen und Pläne gemacht hatte, kam der Architekt zum Bischof zurück und präsentierte ihm stolz seine Bauskizze: Es sollte ein dreigeschossiges Haus werden, welches über zwei lange Flurbereiche verfügte. Diese stießen in einem rechten Winkel aneinander, sodass sie eine große L-Form bildeten, welche einen Innenhof einschloss. Dieser Hof sollte an den anderen beiden Seiten von einer zweieinhalb Meter hohen Mauer begrenzt werden, denn man wisse ja nie, wie die kranken Menschen auf die Unterbringung dort reagieren würden. Außerdem wolle er sie, so der Architekt, vor den neugierigen Blicken der anderen Menschen, welche vielleicht einmal an diesem Grundstück vorbeikämen, schützen. Von den Flurbereichen gingen mehrere große Räumlichkeiten ab, in welchen jeweils bis zu dreißig Menschen Platz finden konnten. Diese verfügten dort über ein Bett, die Bekleidung sollte vom Personal in großen Schränken, welche sich auf den Fluren befanden, verwahrt werden. Auch gab es für jeden Flur einen Aufenthaltsort für das Personal. Im Erdgeschoss am Ende eines Flures plante der Architekt noch eine große Küche sowie eine Wäscherei ein. Diese sollten das Personal von den unwichtigen hauswirtschaftlichen Aufgaben entlasten, sodass sie sich besser um die Patienten kümmern konnten. Da der Bischof mit der Bauplanung zufrieden war, wurde sogleich mit der Ausführung begonnen und im Sommer des Jahres 1879 wurde die Einweihung gefeiert.

Zuerst bezogen nur etwa fünfzig Männer diese Einrichtung. Sie wurden von Ordenspriestern, -brüdern und zwei Ärzten betreut. In den folgenden Jahren nahm die Belegung jedoch mehr und mehr zu, sodass schon 1885 ein Erweiterungsbau geplant und realisiert wurde: ein einzelnes zweigeschossiges Gebäude, welches sich in den Grenzen der Mauern befand und dazu dienen sollte, Menschen zu beherbergen, welche nicht nur an „Fallsucht“ litten, sondern aufgrund ihrer geistigen Erkrankung andere schlugen und bissen. Da auch dieses Gebäude wenige Jahre später ausgelastet war, wurde ein weiteres am anderen Ende der Einrichtung gebaut, sodass sich bis 1933 etwa 350 Männer in dieser Einrichtung befanden.

Was zwischen den Jahren 1933 und 1945 geschah, ist nicht mehr genau feststellbar, nur so viel lässt sich bei näherer Betrachtung der wenigen Hinweise deuten: Es müssen wohl einige Männer von Bussen abtransportiert und durch die Nationalsozialisten ermordet worden sein. Im Zweiten Weltkrieg dienten große Teile der Gebäude als Lazarett. Danach wurden wieder kranke und behinderte Männer aufgenommen.

1960 wurden die Außenmauern des Gebäudes eingerissen, damit vor den Toren ein weiteres Haus gebaut werden konnte. Die Anzahl der dort lebenden Menschen betrug inzwischen 450. Sie wurden nach wie vor von Ordensleuten und wenigen ausgebildeten Krankenpflegern betreut.

Diese erfundene Chronik deutet auf die Entstehungsgeschichte einer großen Anzahl heilpädagogischer Organisationen hin. Sie entstanden zumeist in der Trägerschaft einer der großen Kirchen und dienten der Begleitung kranker Menschen. Erst nach und nach kam es zu einer Ausweitung der Betreuung auch auf Menschen mit Behinderungen, sodass sich bis Mitte der 70er-Jahre des 20. Jahrhunderts vielfach sowohl (geistig) behinderte als auch psychisch kranke Menschen in diesen Einrichtungen befanden. Noch heute wohnen etwa drei Viertel aller Menschen mit Behinderung in diesen Einrichtungen – obwohl heilpädagogische Wohneinrichtungen mit bis zu 50 Plätzen gut 70 Prozent aller Heime ausmachen (vgl. Wacker/Metzler/Wetzler, 1997, 50f.). Parallel zur Entwicklung der Wohneinrichtungen, dieser jedoch zeitlich immer nachgeordnet, kam es zum Auf- und Ausbau weiterer heilpädagogischer Organisationen: der heilpädagogischen Kindergärten und Frühförderstellen, der Schulen und der Werkstätten.

Im Folgenden sollen nun grundlegende Muster skizziert werden, so wie sie in beinahe allen heilpädagogischen Organisationen wiederzufinden sind. Die Aufteilung erfolgt mehrperspektivisch aus unterschiedlichen Wissenschaftsbereichen. Zuerst werden der philosophische Hintergrund und daran anschließend soziologische sowie psychologische Aspekte des Themas erörtert. Darauf folgend werden die institutionellen Zusammenhänge der heilpädagogischen Praxis vom Blickwinkel der Pädagogik und insbesondere der Heilpädagogik betrachtet. Diese Aussagen erfolgen mit Bezug auf Greving, 2000, 81–135.

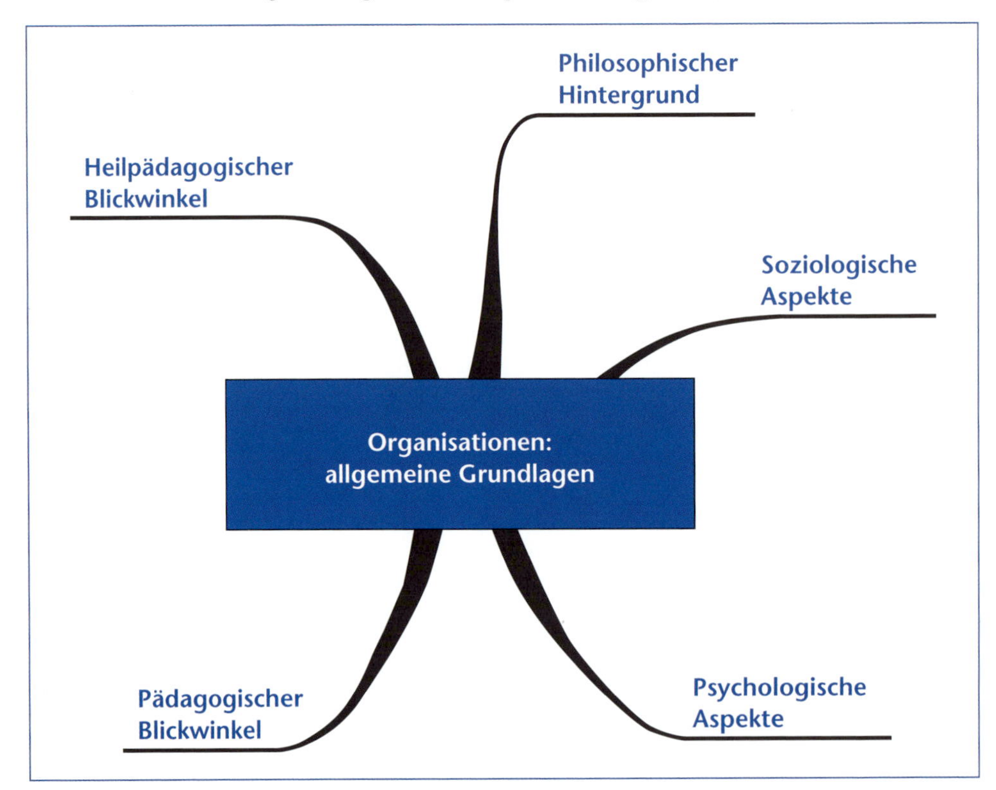

3.1.1 Philosophischer Hintergrund

Aussage 1:

Eine Organisation besteht deshalb, weil ihre Mitglieder, in bewusster oder unbewusster Abstimmung mit der Umwelt, diese als wirkliches Element der Realität definieren.

Die Wirklichkeiten der Organisationen sind eingebunden in eine umfassende Realität, welche – *existenzphilosophisch* gedeutet – **da** ist. „Wir lernen [...] (diese) Realität kennen im alltäglichen Verkehr, [...] im handwerklichen Können, im technischen Einrichten, [...] im geschulten Umgang mit Menschen, dem methodischen Ordnen und Verwalten" (Jaspers,

1997, 58). Diese Wirklichkeiten sind nicht als losgelöste einzelne Elemente oder Wesenheiten zu betrachten, sondern sie bewegen sich in einem Kosmos des Daseins, welcher durch die Pole der wissenschaftlichen Betrachtung und Analyse auf der einen und der Hervorhebung durch ein Weltbild auf der anderen Seite umfasst wird. „Weltbilder standen am Anfang des menschlichen Erkennens; und ein Weltbild will jederzeit der Erkennende, um des Ganzen in einem gewiss zu sein“ (Jaspers, 1997, 58). Dieses zu suchende Bild der Welt ist nie abgeschlossen, sondern immer abhängig von der persönlichen, kulturellen oder organisationellen Perspektive derjenigen, welche in und mit diesem Bild argumentieren und handeln. Da eine Organisation immer einen Teilaspekt der Welt darstellt, gilt für sie das, was Jaspers über die Welt als Ganzes ausgesagt hat: „Die Welt ist kein Gegenstand, wir sind immer in der Welt, haben Gegenstände in ihr, aber nie sie selbst zum Gegenstand“ (Jaspers, 1997, 59). Ein solcher Gegenstand kann eine Organisation bzw. die Frage nach der Wesenhaftigkeit einer solchen sein. Im Bewusstsein dieser Vorüberlegungen kann festgestellt werden, dass alle weiteren Aussagen zu organisationstheoretischen Fragekomplexen die Aspekthaftigkeit und Relativität des Blickwinkels bedenken müssen. Zudem kann schon einmal vorsichtig behauptet werden, dass die Erscheinung einer Organisation nur gerade eben deshalb als eine solche definiert wird, da die Organisationsmitglieder eine solche als Wirklichkeit annehmen und auslegen.

Aussage 2:
Organisationen entstehen aus dem Streben des Menschen, in Ordnungen zu existieren, beginnen dann aber ein Eigenleben, in welchem grundlegende Bedürfnisse nach Sinn und Selbstfindung gegebenenfalls verneint oder nicht zugelassen werden.
Ein weiterer existenzphilosophischer Gedankengang präzisiert die mögliche Verstehensweise von Organisationen: „Soll unser Leben nicht in Zerstreuung verloren gehen, so muss es in einer Ordnung sich finden. Es muss im Alltag von einem Umgreifenden getragen sein, Zusammenhang gewinnen im Aufbau von Arbeit, Erfüllung und hohen Augenblicken“ (Jaspers, 1997, 92). Was Jaspers hier recht allgemein für die Grundlegung einer philosophischen Lebensführung beschreibt, kann auch für das Sein in Organisationen gefasst werden: Einerseits geben sie dem Leben eine gewisse Struktur – denn wo wird nicht in Organisationen gelebt, gearbeitet, gelitten und geliebt? Andererseits streben sie ihrer Tendenz nach aber auch dazu, das Eigentliche des menschlichen Seins durch ihre Struktur ad absurdum zu führen und es auszugrenzen. Organisationen deuten durch ihre bloße Existenz somit auf die *Janusköpfigkeit* menschlichen Lebens im Allgemeinen hin.

Aussage 3:
Das gespaltene Sein des Menschen bildet sich in den formalen und informalen Organisationsmustern ab, wobei eine nicht stringente Wechselwirkung dieser Parameter festzustellen ist.
Eine isolierte Sichtweise wird auch und gerade aus philosophischer Sicht der Vielschichtigkeit von Organisationen nicht gerecht. Innere und äußere Bedingungsfaktoren bestimmen das Sein und Werden einer Organisation, ihr Eingebundensein in die oben genannte Realität, ihre Verwirklichung oder Verwirkung von menschlichen, gedanklichen, affektiven und strukturellen Potenzialen. Es erscheint somit „[...] unmöglich [...], innerorganisationelle Strukturen losgelöst von den dazugehörigen äußeren Bedingungen und Zusammenhängen zu untersuchen“ (Scott, 1986, 16). Eine philosophische Betrachtung hat somit immer die wechselseitigen Perspektiven organisatorischer Wirklichkeiten zu bedenken, hat den Ansprüchen einer modernen systemtheoretischen Sichtweise Rechnung zu tragen. Obwohl Luhmann (vgl. Luhmann, 1996, 551) die Organisationen aus der Sicht einer allgemeinen Theorie für soziale Systeme noch ausschließt, kommt er doch in den Anmerkungen immer wieder darauf zu sprechen, indem er sie zumindest

teilbereichlich einer systemtheoretischen Betrachtung unterzieht. Er unterscheidet zwischen formalen und informalen Organisationsbildungen, verweist auf die sachlogische und (inter-)aktionale Verknüpfung dieser beiden Formen: „Ein formal organisiertes Sozialsystem kann planmäßig formal differenziert werden; es bietet zwangsläufig aber auch Gelegenheiten zu informalen Systembildungen, die dann in ein *ambivalentes* Verhältnis zu den formalen Regeln geraten" (Luhmann, 1996, 259). Dieser systemtheoretische Gedankengang deutet erneut auf die oben genannten Kriterien einer philosophischen Betrachtung der Wirklichkeit hin. In und durch sie bildet sich die Zwiespältigkeit des menschlichen Daseins, bildet sie ab und realisiert sie auf jeder Stufe eines wie auch immer gearteten Daseinsvollzuges neu. Formale Organisationen (wie Wohneinrichtungen, Schulen, Kindergärten usw.) bilden in sich somit informale Organisationsmuster (wie Freundeskreise, Peer-groups usw.), welche nun wiederum auf das Bestehen eben dieser formalen Gruppierungen zurückwirken.

Aussage 4:
Formale Organisationen sind nicht dazu in der Lage, die existenziellen Bedürfnisse des Menschen zu befriedigen. Dieses gelingt häufig nur in informalen Organisationsmustern.
Durch das flüchtige Entstehen informaler Strukturkomponenten (wozu z. B. die Gespräche über das Wetter, die Bundesliga und die Politik zählen mögen) werden die Grenzen formaler Systeme nicht verändert, aber „[...] die informale Organisation kann [...] für die Arbeitsmotivation von Bedeutung sein, die durch die formale Organisation allein nicht ausreichend sichergestellt werden kann" (Luhmann, 1996, 269). Es kann also festgestellt werden, dass die formalen Organisationsmuster nicht immer in der Lage zu sein scheinen, grundlegende Bedürfnisse des Menschen zu befriedigen. Durch diese teilbereichliche Übereinstimmung kommt es dann zu Musterbildungen, welche versuchen, all das wieder in die Organisation einzubringen, was eigentlich zum Dasein dazugehört: Kommunikation, Sinn und Dialogik.

Aussage 5:
Die Fähigkeit des Menschen, nicht-dialogische Interaktionen durchzuführen, führt zur Bildung binnenorganisatorischer Strukturen, welche im Umkehrschluss eben die Bilder wiedergeben, welche die Organisationsmitglieder vom Leben im Allgemeinen und von sich und „ihrer" Organisation im Besonderen haben.
In den Organisationen entsteht und besteht eine wechselseitige Abhängigkeit von Prozessen der Macht und solchen der Ohnmacht, der Vollzüge der Freiheit und der Abhängigkeit. Dieses kann grundlegend für den gesamten Entwurf menschlichen Lebens angenommen, für sein Eingespanntsein zwischen Geburt und Tod behauptet werden. Es kann aber auch hinsichtlich der Entstehungen von Beziehungsmustern generell analysiert werden, in welchen sich Menschen als gebunden, bezogen, aber auch als benutzt und manipuliert erfahren. Hinsichtlich der Konkretisierung dieses Gedankens kann für formale Organisationen davon ausgegangen werden, dass „[...] auf den Managementebenen [...] ein Informationsdefizit dahingehend (besteht), ‚schwache Signale' [...] zu interpretieren, die von den im direkten Herstellungsprozess stehenden Mitarbeitern ausgesendet werden. Somit entsteht ein Paradoxon: die Arbeitnehmer schaffen sich den Freiraum, den sie benötigen, um ihren Arbeitsbereich zu organisieren, während die Managementebenen davon ausgehen, dass die Arbeitsergebnisse durch deren Weisungen (von oben nach unten) erzielt worden sind" (Ratzek, 1992, 160). Das Phänomen der strukturbildenden, nicht-kommunikativen Handlungen, welche eine Dialogik und Interaktion nur vorzutäuschen scheinen, wo sich in Wirklichkeit nur eine sehr exakte Form des Nicht-Verstehens realisiert, deutet somit auf die Entstehung binnenorganisationellen

Tuns hin. In diesem prägt sich noch einmal das oben schon mit Jaspers beschriebene Faktum des Entstehens von Weltbildern aus. Diese werden auf der Ebene des konkreten Vollzuges zu Menschenbildern, welche hierdurch das Bild der Organisationsstrukturen skizzieren und ausmalen.

Aussage 6:
Die Entstehung und der Erhalt von Organisationen deutet auf das schöpferische Potenzial menschlichen Seins hin.
Durch das Nicht-Vorhandensein einer zwingenden und eindeutigen Bezogenheit der Mitglieder und Ebenen einer Organisation kommt es zur Entstehung äußerst offener und dynamischer „System-(Um-)Welt-Konstellationen (in welchen) nur bestimmte fixierte Elemente, nämlich statische und periodische Attraktoren kontrolliert und gesteuert werden können [...]. Die Überzeugung, derartige komplexe Systeme beherrschen zu können, ist ein Faktor für Krisen, Konflikte, Katastrophen und Missmanagement" (Ratzek, 1992, 273). Dieses deutet auf das schöpferische Potenzial des Lebens im Allgemeinen und des Menschlichen im Besonderen hin: Der Mensch erschafft sich in und mit Organisationen immer wieder neu. Dieses gilt für alle Ebenen einer Organisation gleichermaßen, sodass diese als lebendige evolutionäre Systeme gekennzeichnet werden können. Die Fähigkeit des Menschen, sich und seine Umwelt immer wieder neu zu erschaffen, sie zu reflektieren und zum Gegenstand seiner Betrachtung zu machen, findet somit auch seine Konkretisierung in dem Aufbau und der Aufrechterhaltung von Organisationen.

Aussage 7:
Das schöpferische Potenzial organisatorischen Wandels liegt in den kommunikativen Fähigkeiten des Menschen bzw. in seiner Verpflichtung, zu kommunizieren, begründet.
Durch die Vielzahl von Wirklichkeitsentwürfen lässt sich auch die Bedingung der Möglichkeit organisatorischen Wandels philosophisch begründen: Durch die notwendigen Abstimmungsprozesse wird die Fähigkeit des Menschen zur Kommunikation immer wieder aufs Neue auf die Probe gestellt. Das Eingespanntsein des Menschen in die Pflicht, zu kommunizieren einerseits, hierbei aber andererseits Nähe und Distanz gleichzeitig zu schaffen und aushalten zu müssen, deutet auf die Doppeldeutigkeit menschlichen Seins und somit auch organisatorischen Erlebens hin (vgl. Buber, 1978, 9–37; 1982, 112ff.). Nichts ist in diesem Prozess festgelegt, alles ist in der Entwicklung begriffen, welche auf der Möglichkeit des Menschen zur Kommunikation basiert.

Aussage 8:
Beim Eintritt in eine Organisation verliert der Mensch einen Teil seines subjektiven Potenzials, da die Organisation diese Subjekthaftigkeit aus Gründen des Selbsterhalts häufig nicht zulassen kann.
Mit Bloch kann davon ausgegangen werden, dass sich der Mensch sowohl als Individuum als auch im Kollektiv (der Gruppe, der Organisation) erfährt (vgl. Bloch, 1985, 1134). Er stellt den Menschen als ein Wesen dar, welches seine Individualität in jeder Form zu leben in der Lage ist: „Keiner hört auf, ein Einzelner in diesem seinem Rahmen zu sein, sei das auch noch so schwach oder nebenbei. Der Wunsch, auf eigenen Füßen zu stehen, ist mit dem nach aufrechtem Gang nahe verwandt" (Bloch, 1985, 1134). Aus dieser ihm ureigenen Form der Individualität des Ich ist es dem Menschen erst möglich, in Beziehung zu treten und somit die Keimzelle einer Organisation zu begründen. Vermittels seiner Geschichte gelingt – oder misslingt – ihm der Bezug zu anderen.

> „Um jeden Einzelmenschen ist eine bunte Wolke von Gefühlen, Hoffnungen, die er an sich selber und nur selten an anderen fühlt, obwohl diese ebenfalls davon

> eingeschlossen sind [...]. Aber [...]: ein Stück von dem sehr menschlichen Lebenslicht ums Individuum geht [...] dort verloren, wo auch ein sozusagen organisch Kollektives einzig mit Herdencharakter auftritt [...]. So bedenklich Ich und wieder nur Ich ist, so armselig oder so entsetzlich kann auch ein bloß Allgemeines sein."
> *(Bloch, 1985, 1134f.)*

Was Bloch auf die privatkapitalistische Gesellschaftskultur und -unkultur bezieht, lässt sich auch auf andere Organisationsformen übertragen: Tritt der Mensch in sie ein oder muss er Teil von ihnen werden, so verliert er ein nicht unerhebliches Maß an Eigeninitiative – ja mehr noch: Die Organisation (ver-)nichtet Teilbereiche seiner Individualität. Was unter der oben genannten Perspektive als Bedingung der Möglichkeit einer Organisationsentstehung und -weiterführung erläutert wurde, stellt sich in diesem Zusammenhang als gegebenenfalls trügerisch und eine kreative Entwicklung zwischen menschlichem Subjekt und organisatorischem Objekt eher blockierend dar. Dennoch scheint es hierbei eine Lösung zu geben (siehe Aussage 9).

Aussage 9:
Organisatorischer Wandel vollzieht sich durch die gelebte Solidarität seiner Mitglieder, kann aber nie in vollem Umfange und endgültig erreicht werden.
Bloch fordert, dass in einer praktizierten, „personreichen, höchst vielstimmigen Solidarität" (Bloch, 1985, 1137) der Ausweg aus dem Dilemma eines subjektvernichtenden Kollektivs, mithin einer unmenschlichen Organisation, bestehe: „[...] so ist das Ideal-Kollektiv nie mehr eines der Herde, auch nicht der Masse, erst recht nicht des Betriebs, sondern eben, es geht als intersubjektive Solidarität an, als vielstimmige Richtungseinheit der Willen, die von gleichem human-konkretem Zielinhalt erfüllt sind" (Bloch, 1985, 1139). Praktizierte Humanität verhilft somit aus dem Eingeschlossensein in eine normierende Organisationsform hinaus in die Freiheit einer gelebten Menschlichkeit, in welcher dann auch die Utopie einer Organisation mit menschlichem Antlitz verwirklicht werden kann. An dieser Stelle kann es nun zu einem Zirkelschluss beider Perspektiven kommen. Systemtheoretisches und utopisch-marxistisches Denken lassen sich auf der Ebene der Vollzüge von Organisation und Ich, von organisatorischem Tun und subjektivem Leben zusammenführen (siehe Aussage 10).

Aussage 10:
Soll eine Organisation unter humanen Gesichtspunkten entwickelt und stabilisiert werden, kann dieses nur mit humanen Mitteln unter Beteiligung aller hieran teilnehmenden Personen geschehen.

> „Humanität zu entwickeln, das Prinzip Hoffnung zu entwickeln, den aufrechten Gang zu gehen heißt, diesen aufrechten Gang gemeinsam in der Gattung Menschheit und ohne Ausschluss zu gehen, unter Mitnehmen eines jeden und unter umfassender Realisierung der Bedingungen der Entwicklung seiner Persönlichkeit."
> *(Jantzen, 1993, 114)*

Diese Perspektive führt über die reine philosophische Gedankenführung hinaus in den Bereich der Konkretisierung dieser Ansätze in heilpädagogischen Organisationen. Soll dieser Ansatz ernst genommen werden, so kann das zum Ersten bedeuten, dass die sogenannte Klientel, also die Bewohner, Schüler und Kinder, mit in den Prozess der wechselseitigen Organisationsentwicklung einbezogen wird. Zum Zweiten wird hierdurch aber auch der Grundstein einer „antiinstitutionellen Ethik" (Jantzen, 1993, 185) gelegt, welche langfristig eine Organisationsstruktur ohne die Nachteile bisheriger Organisationsformen begründen könnte.

Fazit

Zusammengefasst können diese Annahmen folgendermaßen formuliert werden:

1. Organisationen als Teilelemente der Realität werden von Menschen geschaffen, um in Ordnungen zu existieren. Diese Ordnungen bilden nun das Dasein des Menschen, eingespannt zwischen formalen und nicht formalen Strukturen, ab.
2. Der Mensch erschafft in den Organisationen eben diejenigen Formen von Struktur, Kommunikation und Interaktion erneut, welche auch außerhalb der Organisation existieren.
3. Obwohl der Mensch mit Eintritt in eine Organisation einen Teil seines Selbst verliert, gelingt es ihm dennoch, mittels seines kommunikativ-kreativen Potenzials Organisationsmuster zu verändern.
4. Die Grundpfeiler einer selbstorganisierten Organisation bestehen in den Forderungen der Humanität und Solidarität.

Überlegungen und Versuche

1. ***Welche weiteren philosophischen Annahmen lassen sich gegebenenfalls im Hinblick auf eine Begründung heilpädagogischer Organisationen denken? Beziehen Sie sich bei der Beantwortung dieser Frage auch auf grundlegende heilpädagogische Literatur.***
2. ***Gibt es in den Konzeptionen bzw. Selbstdarstellungen und -beschreibungen von Ihnen bekannten heilpädagogischen Einrichtungen Aussagen oder Hinweise auf die philosophischen Begründungen?***

3.1.2 Soziologische Aspekte

Die Soziologie kann neben der Psychologie als die Grundlagenwissenschaft der Organisationstheorie und somit auch der Begründung heilpädagogischer Theoriebildung für organisatorische Kontexte verstanden werden. Im Folgenden werden vor allem diejenigen Ansätze erläutert, welche sich mit systemischen Begründungen und Kontexten im Sinne eines offenen Systems befassen.

Aussage 1:
Organisationen sind dann als solche zu kennzeichnen, wenn sie in einem permanenten offenen Prozess der Wechselwirkung Umweltvariablen assimilieren und somit zu einer Veränderung des eigenen Systems sowie zu einer Modifikation der Umwelt beitragen.
Die einzelnen systemtheoretischen Richtungen in der Soziologie übergreifend und diese zusammenfassend können folgende Definitionsmerkmale eines offenen Systems angenommen werden:

- So verstandene Organisationen zeichnen sich durch eine recht hohe Komplexität und Variabilität der einzelnen Komponenten und Teilorganisationen aus.
- Diese sind zu selbsttätigem Handeln fähig und mit weiteren Teilbereichen locker verkoppelt.
- Die Grenzen eines solchen organisatorischen Systems können als formlos und nicht gegliedert beschrieben werden, „die Zuordnung von Akteuren oder Aktionen zur

Organisation oder zur Umwelt scheint oft willkürlich, zudem wandelt sie sich je nachdem, welcher Aspekt der Funktionsfähigkeit des Systems untersucht wird" (Scott, 1986, 170).

- Zudem lässt sich die Organisation als ein in und mit der Zeit existentes System kennzeichnen.
- Die in ihr agierenden Rollen, Bezüge und Bezogenheiten verändern sich ständig nach Maßgabe des *interdependenten* Informationsflusses zwischen Organisation und Umwelt.
- Diese – die Umwelt – „wird wahrgenommen als die elementare Quelle der für den Fortbestand des Systems lebenswichtigen Rohstoffe, Energien und Informationen. Mehr noch, sie wird als die Quelle von Ordnung schlechthin begriffen" (Scott, 1986, 171).

(vgl. Scott, 1986, 170 ff.)

Aussage 2:
In Organisationen lassen sich differenziert-filigrane Vernetzungen zwischen Konzepten, Zielen und subjektiven Prozessen zur Erreichung eben dieser finden, wobei nicht zwangsläufig eine *stringente* Beziehung zwischen beiden Ebenen bestehen muss.
Organisationen verselbstständigen bestimmte Absichten, Zwecke und Ziele, entkoppeln sie von ganz konkreten individuellen Bedürfnissen (siehe oben) und schaffen hierdurch „institutionalisierte Bereiche des instrumentellen Handelns [...]. Die subjektive Vernunft [...] erhält in Organisationen einen Ort objektiver, instrumenteller Rationalität dadurch, dass die individuell-persönlichen Motivlagen (partiell) neutralisiert werden" (Türk, 1978, 125). Das einzelne, subjektiv bedeutsame Motiv einer bestimmten Handlung, eines Wunsches oder einer Interaktion wird somit vom Zweck des organisationellen Vollzuges getrennt, durch diesen gegebenenfalls überhöht, genichtet oder nur in kleinsten Teilbereichen als sinnvoll und realisierbar dargestellt. Da Individuen dennoch als Stabilisatoren der Organisation verstanden werden müssen, muss es auf einer anderen Ebene wieder zu einer Verknüpfung dieser beiden Elemente kommen. Dieses gelingt unter anderem dadurch,

> „[...] dass die organisationale Zweckerfüllung über den Umweg individueller Motivbefriedigung, die individuelle Motivbefriedigung über die organisationale Zweckerfüllung gewährleistet wird. [...] Die Identität von Zweck und Motiv wird substituiert durch sekundäre Motivation des Individuums, die entweder **intrinsisch** (über befriedigende Aktivitäten, Erfüllung des Organisationsleitzieles) oder **extrinsisch** (über Erzielung von Einkommen, Vermeidung von Bestrafung usw.) hergestellt werden kann. Im Fall **intrinsischer** Motivation wird die Folgenkopplung durch Empfindung von Erfolg bzw. Misserfolg bewertet, im Falle **extrinsischer** Motivation durch soziale Definition der Normgemäßheit bzw. des abweichenden Charakters von Handlungen und der damit verbundenen Sanktionen."
> *(Türk, 1978, 127)*

Wodurch verbleibt nun aber das einzelne Individuum in der Organisation, wodurch wird es an sie gebunden, um den Prozess der oben erläuterten Zweck-Mittel-Vernetzung durchzuführen und auszuhalten?

Aussage 3:
Die Einbindung des Individuums in die Organisation prägt seine Motivlagen in Bezug der sich hieran anschließenden Handlungsmuster und -folgen.

Türk versteht unter einer Einbindung ein relativ die Zeit überdauerndes, zumeist gedanklich *präformiertes* Verhältnis zwischen der Organisation und dem einzelnen Organisationsmitglied. Diese Grundbeziehung zwischen diesen beiden Polen organisationellen Daseins ist kein Persönlichkeitsmerkmal des einzelnen Subjekts, sondern eine immer wieder modifizierte Beziehung zwischen der Person und ihrer Umwelt in Bezug auf die Mitgliedschaft in einer bestimmten Organisation. Diese kann aber zu einem nicht unerheblichen „Bestimmungsfaktor für die Aktualisierung spezifischer überdauernder Motivationslagen sein; d.h., sie determiniert den jeweils relevanten Motivbereich“ (Türk, 1978, 133). Durch diese nicht immer bewusste Kopplung entsteht somit eine Grundlage für die Handlungsmuster des einzelnen Organisationsmitgliedes.

Türk unterscheidet vier verschiedene Arten der Einbindung:

- Die **instrumentalistische Einbindung**, in welcher das Verhältnis zwischen Organisation und Individuum über die organisationalen Belohnungs- und Bestrafungsmöglichkeiten geregelt wird. Das einzelne Mitglied pendelt seine Interaktion somit quasi zwischen den Bereichen der Strafvermeidung und der Machtgenerierung ein.
- Die **bürokratische Einbindung**, in welcher sich das Individuum aufgrund eines Einverständnisses mit den Vollzügen, Richtlinien, Hierarchien usw. eines Organisationsapparates identifiziert. Das Verfahren bzw. die Verfahrensweisen für die Organisation stehen im Mittelpunkt des Interesses des Subjektes, dieses entfremdet sich zumindest partiell von den eigentlichen Zielen der Organisation (wenn ihm diese überhaupt bewusst sind) und trägt somit zu einer bürokratisierten Verdinglichung organisatorischen Geschehens bei.
- Die **professionalistische Einbindung**, in welcher die Organisation dem einzelnen Mitglied das Recht und die Pflicht einräumt, ausgeprägte Berufsstandards zu entwickeln und zu realisieren. Das organisationell eingebundene Subjekt verfolgt somit auf der sozial-ökonomischen Folie der Organisation berufskulturelle, -qualifizierende und -politische Werte.
- Die **organisationspolitische Einbindung**, in welcher eine recht hohe Deckungsgleichheit zwischen den Zielen und Motiven einer Organisation und denjenigen seiner Mitglieder besteht, wobei es auch hier nicht zu einer völligen Überlagerung beider Komplexe kommen kann.

(vgl. Türk, 1978, 134 ff.)

Alle vier Formen der Einbindungen können in ihrer Intensität variieren, hinsichtlich ihrer Trennschärfe ineinander übergehen und in Bezug auf die unterschiedlichen Interaktionen zwischen den Subjekten der Organisation von eben diesen modifiziert werden. Hinsichtlich der Entstehung unterschiedlicher Einbindungsverläufe, -formen und -muster können außerorganisationale von innerorganisationalen Faktoren unterschieden werden (vgl. Türk, 1978, 141 ff.). Zu den erstgenannten gehören die Sozialisations- und Individuationsgeschichte des einzelnen Menschen, wobei hier seine berufliche Historie bzw. die diese begründenden motivationalen Aspekte relevant sind. Der zweite Bereich skizziert den Bereich der Internalisierung berufsspezifischer und -relevanter sowie organisationsinterner Standards und Forderungen.

Nach diesen eher dialogisch ausgerichteten Betrachtungen sollen jetzt einige Notizen zum Gesamtzusammenhang interaktionaler Prozesse unter einer mikrosoziologischen Perspektive ausgeführt werden (vgl. Türk, 1978, 149–166).

In einem ersten Schritt kann in Organisationen das Vorhandensein und die Wirkweise unterschiedlichster Interaktionssysteme genannt werden. Nicht nur Einzelindividuen interagieren, kommunizieren und bilden Teil-Organisationen, sondern vielfältige, in- und miteinander verwobene Netze von Interaktionen prägen das Bild organisationellen Entstehens und Vergehens. Diese werden gestaltet durch die Persönlichkeitsmuster der einzelnen Individuen, aber auch durch die aktuellen Rahmenbedingungen der Gesamtorganisation. Diese Interaktionssysteme bilden ein Bindeglied zwischen den eher formal-instrumentellen Organisationssystemen einerseits und den je individuell lokalisierten und aktualisierten Systemen der Mitglieder. Aufgrund dieser organisationsspezifischen und -internen Abstimmungsprozesse ist es den einzelnen Organisationsmitgliedern ab einem bestimmten Zeitpunkt organisatorischen Eingebundenseins nicht mehr möglich, völlig frei über Wahrnehmungs- und Handlungsmuster und -strategien zu verfügen, da diese standardisiert und objektiviert worden sind.

Aussage 4:
Soziale Gruppen prägen mittels eines speziellen Interaktionssystems das affektive Klima einer Gesamtorganisation.
Spezielle in der Geschichte der Organisation verankerte Interaktionssysteme verdichten sich zu sozialen Gruppen, welche sich durch eine besondere strukturelle und *affektive* Verdichtung und Vernetzung auszeichnen. Sie grenzen sich durch eine interne Rollenstruktur, bestimmte Verhaltensnormen und die starke Ausprägung eines Wir-Gefühls ab, Kennzeichen, welche sie nach außen hin als soziales System erscheinen lassen. Diese sozialen Systeme dienen dem einzelnen Organisationsmitglied dazu, Orientierung, Motivation, Schutz und Identifikation zu erlangen. In den engeren Sozialkontakten dieser Teilorganisationen können Problematiken der Gesamtorganisation kompensiert sowie Beziehungsmuster entformalisiert werden.

Aussage 5:
In heilpädagogischen Organisationen kommen verschiedene Formen der Einflussnahme und des Vertrauens als Ausprägungen der Handlungskoordinierung vor.
Als Form der Handlungskoordinierung erscheint die Einflussnahme nicht an formale Strukturierungen gebunden, sondern beruht auf dem Ansehen und der persönlichen Autorität von Personen. „Einfluss kommt in allen Situationen zur Geltung, in denen andere Personen dazu bereit sind oder dazu auffordern, belehrt zu werden“ (Zündorf, in: Seltz/Mill/Hildebrandt, 1986, 37). Somit also vor allem auch in pädagogischen Organisationen, wobei hierbei aber nicht die formal erworbene Autorität der Rolle (Lehrer, Erzieher, Heilpädagoge usw.) im Mittelpunkt steht, sondern die funktionale, erworbene Autorität der Einzelperson. Es können hierbei zwei Grundformen der Einflussnahme unterschieden werden:

> „(A) strategische und erfolgsorientierte Einflussnahme, die sich bezieht auf die Reduktion von Ungewissheit auf der Grundlage spezifischen Sachwissens [...],
> (B) konsensuelle und verständigungsorientierte Einflussnahme, die sich bezieht auf Förderung von Konsens auf der Grundlage von Überredungs- und Überzeugungsleistungen.“
> *(Zündorf, 1986, 37)*

Eine zweite Form der Handlungskoordinierung stellt das Vertrauen in, mit und zwischen den einzelnen Organisationsmitgliedern und -ebenen dar. Es können fünf Eigenschaften skizziert werden, welche konstitutiv für Vertrauensbeziehungen sind:

- ein einseitiger Vertrauensvorschuss des Vertrauenden im Hinblick auf die Vertrauensperson,

- eine Erwartungsreziprozität von Vor- und Gegenleistung; Vertrauen erscheint somit als vorweggenommener Tausch,
- das Nicht-Vorhandensein einer fixierten und *stringenten* Vereinbarung von Leistung und Gegenleistung,
- die zeitliche Verzögerung bzw. das temporäre Auseinanderklaffen von Vertrauensvorschuss und Gegenleistung,
- das Risiko ist auf der Seite des Vertrauenden, da er keine Sicherheit hat, ob und wann sein Vertrauen belohnt werden wird.

(vgl. Zündorf, 1986, 40 f.)

Zündorf führt weiter aus, dass es ebenfalls fünf Faktoren gebe, welche die Entwicklung eines Vertrauenssystems bedingen oder diesem Vorschub leisten würden, zumal Vertrauen als solches ein recht flüchtiges Phänomen darzustellen scheine. Soll es längerfristige Wirkungen in einer Organisation zeitigen, so müssen folgende Bedingungen erfüllt sein:

> „(A) Eine Vertrauensbeziehung wird umso eher initiiert, je seltener die [...] gewährten Vertrauensvorschüsse eines Akteurs bisher enttäuscht wurden [...].
> (B) Vertrauenssysteme benötigen einen großen Zeitbedarf, um ein ausbalanciertes Verhältnis wechselseitiger Vor- und Gegenleistungen zu finden [...].
> (C) Vertrauenssysteme können sich [...] nur in solchen Interaktionssystemen entwickeln, in denen die Interaktionsteilnehmer in hohem Maße wechselseitig voneinander abhängig sind [...].
> (D) Vertrauen (enthält) sowohl strategisch-erfolgsorientierte als auch kommunikativ-verständigungsorientierte Komponenten [...].
> (E) (Die) Entwicklung und Aufrechterhaltung von Vertrauenssystemen erscheint undenkbar ohne einen normativen Konsens in Fragen der Verteilungsgerechtigkeit und des fairen Interessenausgleiches."
> *(Zündorf, 1986, 41 f.)*

Fazit

1. Personen bilden durch einen ständigen Prozess der vernetzten Assimilation und Akkomodation die Strukturen und Muster einer Organisation, verändern sie hierdurch und entwickeln somit die Konzepte und Ziele einer solchen, wobei nicht eine sachlogische oder stringente Beziehung zwischen diesen Ebenen bestehen muss.
2. Die Prozesse der organisationellen Einbindung der Organisationsmitglieder prägen deren Motive und Interaktionen, wobei diese zwar immer noch in den historisch generierten Werthaltungen der einzelnen Individuen begründet sind, sich aber mehr und mehr hinsichtlich eines standardisierten, die Organisationsstrukturen hierdurch konstituierenden Einbindungs- und eines hierauf aufbauenden Handlungs- und Abstimmungsmodells verändern.
3. Organisationen bilden soziale Gruppen aus, welche das *affektive* Klima der Gesamtorganisation bestimmen.
4. Möglichkeiten, Handlungen in (heilpädagogischen) Organisationen zu koordinieren, bestehen in der wechselseitigen Einflussnahme und im Vertrauen.

Überlegungen und Versuche

1. ***Wie lassen sich die Aussagen zum Vertrauen in heilpädagogischen Organisationen umsetzen? Ziehen Sie zur Beantwortung dieser Frage auch die Beziehungen zu Menschen mit Behinderungen in Betracht.***
2. ***An welche Grenzen stößt ggf. dieses Vertrauensmodell?***
3. ***Finden Sie heraus (z.B. im Gespräch mit einem Mitarbeiter aus einer heilpädagogischen Einrichtung), inwieweit dieser in der Institution eingebunden ist. Fragen Sie ihn auch, ob er mit dieser Einbindung einverstanden ist oder ob er sie ändern möchte. Falls ja, schauen Sie gemeinsam mit ihm, ob die Organisation Veränderungen gutheißt und ermöglicht oder sie verhindert.***

3.1.3 Psychologische Aspekte

Aussage 1:
Organisationen verfügen über Vernetzungen in ihren Strukturen, welche einen Vergleich mit anderen und ähnlichen Organisationen zulassen.
Hinsichtlich psychologischer Begründungen zum Verhalten von (heilpädagogischen) Organisationen kann vor dem Hintergrund dieser Annahme festgestellt werden, dass „Probleme des individuellen Verhaltens, [...] Probleme der Gruppe, deren Teil das Individuum ist, oder [...] Fragen der Gesamtorganisation [...] stets [...] innerhalb eines Situationszusammenhanges und eines Kontextes der Interaktionen und der wechselseitigen Beeinflussungen gesehen und beurteilt werden (müssen) [...]“ (Weinert, 1992, 20). Eine grundlegende Aussage der Organisationspsychologie besteht somit darin, den Gesamtzusammenhang aller Organisationsvariablen in wechselseitigem Vollzug in den Blick zu nehmen, um so die Phänomene der Bedürfnisse, Motivationen, Attitüden, Kommunikationsprozesse und Interaktionen konkretisieren zu können. Hierzu Weinert konkret:

> „Mit anderen Worten, wenn es uns gelänge, die **relevanten** Charakteristika [...] (der) Organisationen [...] zu identifizieren, sie zu beschreiben und zu messen, um damit Unterschiede und Ähnlichkeiten zwischen den Organisationen auszumachen, so wären wir sehr wohl in der Lage, innerhalb gewisser Grenzen, Verallgemeinerungen vorzunehmen und Allgemeingültigkeit unserer Resultate zu beanspruchen.“
> *(Weinert, 1992, 24)*

Des Weiteren soll auf relevante Einzelfragen zu organisationspsychologischen Themen eingegangen werden:

Aussage 2:
Das Verhalten der Organisationsmitglieder ist in hohem Maße abhängig von Strukturvariablen der Organisation.
Der organisationspsychologischen Forschung ist es gelungen, eine nicht geringe Anzahl dieser Strukturvariablen zu isolieren und auf ihre wechselseitige Abhängigkeit zu überprüfen. Hierbei handelt es sich z.B. um „die Gesamtgröße einer Organisation, [...] (den) Grad der Zentralisiertheit von Autorität und Entscheidung, die Konfiguration von Form und Rollenstruktur, [...] (den) Formalisiertheitsgrad, [...] (das) Ausmaß von Spezialisierung und Arbeitsteilung, [...] (die) Standardisierung der Prozesse und schließlich [...] (die) gegenseitige Abhängigkeit von Komponenten und Aufgabenbereichen“ (Weinert, 1992, 145). Diese eher unabhängigen empirischen Größen sind somit durchaus relevant für

das individuelle Verhalten der einzelnen Organisationsmitglieder. Dieses kann wie folgt konkretisiert werden:

Aussage 3:
Die Größe einer Organisation beeinflusst die Verhaltensweisen und Interaktionsformen der Mitglieder nur in sehr geringem Maße.
Ein landläufiges Vorurteil besteht vielleicht darin, größeren Organisationen eine intensivere Tendenz zu Bürokratisierung zuzuschreiben. Der Einzelne habe in solch einer Organisation dann eventuell eine unpersönliche und unattraktive Rolle. Empirische Belege deuten aber in eine völlig andere Richtung – und dies hat für die Diskussion des Normalisierungsprinzips (siehe unten) eine nicht geringe Brisanz und Relevanz:

> „Zwar haben einige Studien festgestellt, dass Arbeitszufriedenheit und Attitüden gegenüber Vorgesetzten und der Organisation unter Mitarbeitern in großen Unternehmen geringer [...] sind als in kleinen [...], oder dass unter Führungskräften die Arbeitszufriedenheit oder die subjektive Bedürfnisbefriedigung in kleinen Organisationen höher ist als in großen [...]. Aber diese Ergebnisse konnten in anderen Untersuchungen, ob mit Angestellten, Führungskräften oder Arbeitern nur bedingt oder gar nicht verifiziert werden. [...] Nur wenige Resultate belegen, dass allein die Größe einer Organisation Verhaltensvariablen wie Krankenstand, Fernbleiben von der Arbeit, Höhe der Kündigung oder Arbeitsleitung beeinflusst."
> *(Weinert, 1992, 149f.)*

Ein weiterer Punkt deutet auf die Gestaltung der Gesamtorganisation und ihre Auswirkungen auf das individuelle Verhalten hin (siehe Aussage 4).

Aussage 4:
Die Gestaltung einer Organisation beeinflusst die Interaktionen und Verhaltensweisen der Mitglieder nur unter der Berücksichtigung der jeweiligen Größe der Gesamtorganisation.
Hierbei wird zwischen „flachen" Organisationsstrukturen, also solchen, welche aus nur sehr wenigen hierarchischen Ebenen bestehen, und „steilen" Strukturen, also solchen, welche sich aus einer Vielzahl von verschiedenen Ebenen zusammensetzen, unterschieden. Es kam hierbei in der Organisationspsychologie zu einer recht widersprüchlichen Diskussion: Auf der einen Seite wurde behauptet, dass wenig komplexe Organisationsstrukturen generell die Motivation und Arbeitsleitung der Mitarbeiter positiv beeinflussen, die andere Seite legte dar, dass gerade in „steilen" Strukturen bessere Interaktionen bewirkt werden würden, da hier von einer intensiveren Vernetzung der Ebenen ausgegangen werden könne. Neuere Untersuchungen verwiesen aber beide Richtungen in das Reich der Fabelbildung. Sie nahmen die Größe einer Organisation als weitere Variable hinzu und kamen zu folgenden Ergebnissen:

> „Für relativ kleine Organisationen brachte eine flachere Organisationsstruktur insofern Vorteile, als dass hier die Arbeitszufriedenheit sowie die Zufriedenstellung einer Reihe anderer individueller Bedürfnisse am Arbeitsplatz höher war und auch die Attitüden gegenüber Mitarbeitern, Vorgesetzten und gegenüber der Organisation positiver zu sein schien. Demgegenüber zeigte sich, dass in großen Organisationen steile Organisationsstrukturen mehr Arbeitszufriedenheit und zum Teil sogar eine höhere Produktivität bei den Mitarbeitern bewirkte."
> *(Weinert, 1992, 151)*

Wie stehen nun die Verhaltensweisen des Individuums mit der Form der Organisation in Verbindung? Wie wirken sich zentralisierte und dezentralisierte Organisationsformen auf die Handlungen der Mitglieder aus?

Aussage 5:
Dezentralisierte Organisationsformen lassen subjektiv bedeutsamere Arbeits- und Interaktionsformen zu, auch wenn diese hinsichtlich ihrer methodischen und professionellen Ergebnisse nicht qualitativ besser zu bezeichnen sind als diejenigen zentralisierter Organisationen.
Weinert stellt hierzu auf der einen Seite fest, dass es keine signifikanten Zusammenhänge zwischen dem Grad der Zentralisierung und den Attitüden der Organisationsmitglieder gebe, merkt aber dennoch an, dass „insignifikante Trends in Richtung der Bevorzugung dezentralisierter Organisationsformen beobachtet worden (sind)“ (Weinert, 1992, 154). Zudem sei die Ebene der Organisation, von und auf welcher gehandelt werde, relevant. So kann hierzu festgehalten werden, dass die Organisationsebene als Anhäufung unterschiedlicher Variablen in Bezug auf das Verhalten des Einzelnen Wirkungen auslöst. Die Interaktionen in einer Organisation unterscheiden sich somit nach der Maßgabe der Ebene, auf und mit welcher sie konkretisiert werden.

In einem nächsten Schritt sollen die motivationalen Strukturen im Hinblick auf organisatorische Abläufe skizziert werden. Was bringt einen Menschen dazu, an einem Arbeitsplatz zu verbleiben, dort (eventuell) kreativ tätig zu sein, sich in die Interaktionsprozesse einzubringen und diese mitzubestimmen? Grundlegend kann hierzu Folgendes formuliert werden:

Aussage 6:
Auf der Basis subjektiv bedeutsamer Strukturmomente entwickelt das einzelne Organisationsmitglied eine individuelle Motivation, welche in dem Moment verändert werden muss, wenn sie ihr Ziel erreicht hat. Kommt es nicht zu einer Erweiterung oder Neubegründung eines Arbeits- oder Handlungszieles, nimmt die Intensität der Motivation ab.
Die wichtigsten Motivationsaspekte sind
- die Anregung menschlicher Aktivitäten,
- die Richtung bzw. Zielgerichtetheit des Verhaltens,
- die Stärke der einzelnen Reaktionen und Handlungsweisen sowie
- die Länge eines bestimmten Arbeitsverhaltens über einen fest umrissenen Zeitraum hin.

Organisationspsychologische Forschungen greifen bei der Beantwortung der Fragen, wie individuelle Motivationen ausgeprägt sind, auf die Begriffe der „Ziele“ und „Bedürfnisse“ zurück. „Dabei werden die Bedürfnisse als ‚Energiespender‘ und ‚Auslösemechanismen‘ des Verhaltens [...] angesehen. Eine Bedürfnisdefizienz (= Bedürfnismangel), die zu einem bestimmten Zeitpunkt vom Individuum empfunden wird, soll demnach einen Suchprozess im Individuum auslösen, mit der Intention, diese Defizienz zu beseitigen. Daneben wird [...] angenommen, dass der Motivationsprozess zielgerichtet ist. Damit besitzt das Ziel [...] Anziehungskraft für die Person. Sobald [...] (es) erreicht ist, reduziert sich auch die Bedürfnisdefizienz für das Individuum“ (Weinert, 1992, 262). Die Bedürfnisstruktur des Einzelnen ist abhängig von seinen historisch gewachsenen Charakteristika sowie von einer Unmenge organisationeller Variablen (wie Strukturen, Ebenen, Gruppen usw.).

Nach diesen eher subjektorientierten Perspektiven sollen einige intersubjektive Fragestellungen in den Blick genommen werden: Wie verhält sich der Einzelne zur Gruppe?

Wie lassen sich die „Gruppen“ definieren? Wie interagieren sie? Hierbei sind vor allem diejenigen Gruppen und Gruppenbildungen interessant, welche von den offiziellen abweichen:

Aussage 7:
Die Bildung von Gruppen in sozialen Organisationen ist vor allem dann zu beobachten, wenn die eigentliche Tätigkeit als fremdbestimmt, über- oder unterfordernd erlebt wird.
Gruppen entstehen durch Interaktionen und die Häufigkeit dieser Handlungen begründet den Effekt der Gruppenbildung, sodass vermutet werden kann, „dass die zwischenmenschliche Sympathie proportional zur Anzahl der Kontakte steige“ (Rosenstiel, 1992, 264). Führt dann die Zugehörigkeit zu einer Gruppe noch zu einer Belohnung des einzelnen Mitgliedes, steht einer längerfristigen Bindung an diese Gruppe nichts mehr im Wege. Ein zweites grundlegendes Merkmal besteht in der wahrgenommenen Ähnlichkeit der Organisationsmitglieder. Ganz gleich, ob diese auf der oben genannten Sympathie beruht oder diese erst begründet, führt dieses Phänomen dazu, dass sich Menschen zu Gruppen zusammenschließen. Es kommt vor allem dann zu einer Gruppenbildung, wenn „in sehr arbeitsteiligen Organisationen die Arbeit selbst wenig Sinnerfüllung und Befriedigung zu bieten vermag, sodass es gerade die sozialen Beziehungen sind, die kompensatorisch zur Bedürfnisbefriedigung beitragen müssen“ (Rosenstiel, 1992, 266).

Was geschieht, wenn Gruppen über einen längeren Zeitraum zusammenbleiben? Hierzu kann folgende Antwort skizziert werden:

Aussage 8:
Aufgrund der interindividuellen Ausprägungen interaktional festgelegter und realisierter Normen kann auf den Zusammenhalt einer Gruppe sowie auf die Abhängigkeiten des einzelnen Mitgliedes von eben dieser Gruppe geschlossen werden.
Was eine solche Gruppierung zusammenhält, ist die schon erwähnte Attraktivität für den je Einzelnen. Diese Gruppen*kohäsion* bleibt selbst dann erhalten, wenn Einzelne nicht eine völlige Attraktivität hinsichtlich dieser Gruppe erleben. Sie wird jedoch weiterbestehen, „wenn die Gruppenmitglieder von der Gruppe abhängig sind; wenn sie also bei Verlust der Mitgliedschaft Vorteile einzubüßen fürchten, die sie woanders nicht zu erreichen glauben. Man spricht in diesem Zusammenhang von der [...] Dependenz von der Gruppe“ (Rosenstiel, 1992, 267). Weiterhin werden Gruppen Normen entwickeln, welche ihre Mitglieder hinsichtlich der Ausprägung ihres individuellen Verhaltens beeinflussen und sogar manipulieren werden. Dieses dann standardisierte Gruppenverhalten kann sogar mittels Sanktionen gemaßregelt werden. Eine besondere Brisanz scheint dieses gruppenerhaltende Interagieren in Bezug auf sogenannte teilautonome Arbeitsgruppen zu haben. Unter ihnen werden Kleingruppen verstanden, „denen ein Arbeitszusammenhang übertragen wird, dessen Regelung von den Gruppen selbst vorgenommen wird, sodass alle in ihr vorkommenden Tätigkeiten und Aktivitäten von selbst gesetzten Normen abhängig sind [...]; die Gruppe führt und strukturiert sich weitgehend selbst [...]“ (Rosenstiel, 1992, 279 f.). Und eben jene Gruppen strukturieren in hohem Maße heil- und sonderpädagogische Organisationen.

Beispiel
2001 ging ein Fall durch die heilpädagogische Presse, der diese Thematik sehr deutlich unterstreicht: In der recht isoliert gelegenen Außenwohngruppe einer schweizerischen heilpädagogischen Einrichtung hatte sich ein drakonisches Strafsystem entwickelt. Die schwerbehinderten erwachsenen Menschen wurden immer dann bestraft, wenn sie nicht das ausführten, was die

Pädagogen von ihnen wollten bzw. wenn die Pädagogen einen größeren Arbeitsaufwand vermuteten. Hierbei wurde auch vor körperlichen Strafen nicht zurückgeschreckt. Es dauerte einige Jahre, bis dieser Zustand aufgedeckt werden konnte (vgl. Bernath, 2001, 249 f.).

Abschließend soll nun vor diesem Hintergrund der Umgang mit Konflikten thematisiert werden. Grundlegend kann hierzu Folgendes formuliert werden:

Aussage 9:
Die Interaktionen zwischen Individuen und Gruppen in konflikthaften Organisationen sind in hohem Maße von Zwängen, Einengungen, diffusen Grenzen, von Abhängigkeiten und entsolidarisierenden Verhaltensmustern gekennzeichnet.
Um solche Konflikte in Organisationen wahrzunehmen, analysieren und auflösen zu können, ist es notwendig und möglich, „strukturale Organisationsmerkmale zu ermitteln, die Konflikte anzeigen können bzw. das Auftreten von Konflikten wahrscheinlich machen [...]“ (Rosenstiel, 1992, 288).

Rosenstiel beschreibt unter anderem folgende fünf Merkmale:

- den **Koordinationszwang**; verschiedene Gruppen sind dazu gezwungen, bei ihren Interaktionen andere Teilorganisationen mit einzubeziehen,
- die **Einengung des Handlungsspielraumes**, d. h., bestimmte Handlungsweisen und -alternativen einzelner Organisationsmitglieder werden in extremer Art und Weise durch Vorschriften oder andere Personen beschnitten,
- die **Ausprägung gleicher oder diffuser Machtverhältnisse**; hierdurch ist keines der voneinander abhängigen Teilsysteme einer Organisation dazu in der Lage, dem anderen Weisungen zu erteilen,
- die **Struktur des Belohnungssystems**, durch diese wird eine Teilorganisation zuungunsten einer anderen belohnt oder zugunsten einer anderen bestraft,
- es besteht **eine extreme Heterogenität der einzelnen Teilorganisationen** hinsichtlich relevanter Aspekte der Organisationsbewertung, -führung und -strukturierung.

(vgl. Rosenstiel, 1992, 289–425)

Fazit

Zusammenfassend lässt sich festhalten:

1. Organisationelle Strukturen und Muster werden von den Organisationsmitgliedern erzeugt und gestaltet, wobei diese weder starr noch umweltresistent sind.
2. Es ereignet sich eine permanente Interdependenz zwischen den Subjekten und den Strukturen einer Organisation, wobei die Größe einer Organisation nur unter der Maßgabe der organisatorischen Konfiguration relevant zu sein scheint. Dezentralisierte Organisationen werden hinsichtlich positiv empfundener Interaktionen als subjektiv bedeutsamer bezeichnet.
3. Individuell und gesamtorganisatorisch gewachsene Motivationsstrukturen bestimmen die konkreten Interaktionen einer Organisation, bilden ihre aktuelle Entwicklungsphase ab und müssen ständig überprüft und modifiziert werden, um nicht an Intensität zu verlieren.
4. Organisationen bilden entweder aufgrund konzeptioneller Überzeugungen oder interindividueller Grenzerfahrungen Teilsysteme oder Gruppen aus, welche dann standardisierte Normen und Handlungsmuster begründen. Diese verweisen im Umkehrschluss

auf die Abhängigkeiten des individuellen Mitgliedes von der Gruppe oder Gesamtorganisation.

5. Konflikte bilden eine nicht unerhebliche Größe in der Entstehung organisationeller Problemfelder.

Überlegungen und Versuche

1. ***In welchen Organisationen haben Sie sich bislang wohler gefühlt (in großen oder kleinen, in zentral oder dezentral gegliederten u. Ä.)? Begründen Sie Ihre Meinung.***
2. ***Wie haben Sie die Gruppen- oder Teambildung in Ihnen bekannten heilpädagogischen Organisationen erlebt? Wie konnten Sie diese beeinflussen? Welche Probleme ergaben sich gegebenenfalls hierbei?***
3. ***Fragen Sie einen Mitarbeiter aus einer heilpädagogischen Einrichtung, wie in seiner Einrichtung mit Konflikten umgegangen wird. Gibt es hierbei etwas wie eine bestimmte Konfliktkultur oder ist diese Angelegenheit mehr oder weniger dem Zufall überlassen? Was hält der Mitarbeiter davon und wie ist Ihre Meinung dazu?***

3.1.4 Pädagogischer Blickwinkel

Aussage 1:
Die Geschichte pädagogischer Organisationen bildet sich in den aktuellen Strukturen und Interaktionen ab. Dieses führt auf der konkreten Ebene des pädagogischen Handelns zu einer Ambivalenz zwischen historisch gewachsenen (und zum Teil überholten) Handlungsmustern einerseits und emanzipatorisch-normalisierenden Aktivitäten andererseits.
Es kann davon ausgegangen werden, dass sich die Erziehung, Betreuung und Begleitung in pädagogischen Einrichtungen in den letzten Jahrzehnten professionalisiert hat. Ausgehend von häufig charismatischen Gründerpersönlichkeiten gestalteten sich die einzelnen Organisationen mehr und mehr zu methodisch ausgerichteten Institutionen. Obwohl es hierbei zu unterschiedlichen historischen Verläufen kam, kann, ausgehend von den subjektorientierten und ideologischen Vollzügen der Gründerphase in der Mitte des 19. Jahrhunderts, ein Hineinwirken dieser Historie in die aktuelle Geschichte pädagogischer Organisationen vermutet werden. Werden systemtheoretische Erkenntnisse mit den Anforderungen und Bedürfnissen einer modernen Form organisierter Pädagogik verbunden, können folgende Leitideen angenommen werden:

- Auf der institutionellen Ebene kommt es zur Ausbildung möglichst spezialisierter und gemeindenaher Einrichtungen. Größere Organisationen sind somit in die Pflicht gesetzt, sich „in Richtung eines Verbundes relativ eigenständiger Einheiten unter der Klammer einer einheitlichen Zielsetzung (zu entwickeln)“ (Hartmann-Kreis, 1996, 12).
- Auf der konkreten Ebene des pädagogischen Handelns realisiert sich zumindest in konzeptioneller Hinsicht zunehmend eine am Leben des Bewohners oder Schülers orientierte teilnehmende Begleitung seiner Lebenswelt.

- Es sollen vom Pädagogen Sinnzusammenhänge des alltäglichen Tuns erfahrbar gemacht werden, sodass es zu echten Beziehungen kommen kann.
- Es kommt somit hinsichtlich tradierter und aktueller Tendenzen gegebenenfalls zu nicht unerheblichen Spannungen in pädagogischen Organisationen.

(vgl. Simmen, 1990, 37–80; Hartmann-Kreis, 1996, 12–25)

Dem Verhalten der einzelnen pädagogischen Mitarbeiter kommt in diesem Zusammenhang eine intensive Bedeutung zu:

Aussage 2:
Dieses Verhalten realisiert die Verknüpfungen zwischen Strukturen und Inhalten, wobei diese Prozesse häufig vor- oder unbewusst verlaufen, sie zudem widersprüchliche Tendenzen und Spannungszustände ausprägen.
Die systemtheoretisch begründete und sich alltäglich vollziehende Offenheit pädagogischer Situationen führt zu einer nicht unerheblichen *Diffusität* der Zielbeschreibungen und Aufgabenfelder. Pädagogisches Arbeiten generiert sich zwar nie nur im Sinne einer *Ad-hoc*-Didaktik und -Methodik, dennoch ist es nie zu Ende und mit den dahinterliegenden Strukturen immer verknüpft. Pädagogisches Tun als „reflexiv gesteuerte Alltagsarbeit" (Hartmann-Kreis, 1996, 17) stellt sich also dar als „das Wahrnehmen und das Gestalten der Transaktionen, die zwischen bestimmten Strukturen und den im Heim (der Schule, der Kindertagesstätte, der Frühförder- und Beratungsstelle) tätigen Mitarbeiterinnen, ihrer Arbeit, den Bewohnern (Schülern usw.), dem Wohn- und Lebensfeld [...] ausgelöst werden" (Simmen, 1990, 51).

Das, was sich nach außen hin vielleicht als statische Einheit „Wohnheim", „Schule" oder „Integrativer Kindergarten" ausnehmen mag, ist somit in Wirklichkeit nichts anderes als ein sich ständig selber neu auszeugendes interaktives Geflecht konservativer – im Sinne struktur- und werterhaltender – und innovativer Ausprägungen. Das Personal übernimmt hierbei eine Schlüsselfunktion (vgl. Hartmann-Kreis, 1996, 23 ff.; Simmen, 1990, 81–101). Durch dieses realisiert oder verwirkt sich das, was Pädagogik werden kann – vielleicht aber auch zur Manipulation gerät. Eine weitere Annahme hierzu ist noch relevant:

Aussage 3:
Die konkreten Interaktionen der Mitarbeiterinnen und Mitarbeiter in pädagogischen Organisationen sind in hohem Maße abhängig von ihren individuellen Tendenzen nach Selbstentfaltung und Anerkennung. Diese konkretisieren sie weniger in den theoriegeleiteten Begründungen ihrer Profession oder den Forderungen der organisatorischen Konzepte, sondern vielmehr in emotional fundierten, individuell erworbenen Handlungsmustern.
Die entstandenen Strukturen pädagogischer Organisationen sind somit in hohem Maße abhängig von den in ihnen agierenden Menschen. Simmen begründet seine Aussagen in eben den Bedürfnissen, welche Mitarbeiter und Mitarbeiterinnen mit in eine pädagogische Organisation einbringen und hierdurch eben diese prägen und strukturieren (vgl. Simmen, 1990, 54 ff.). Pädagogen haben hiernach ein intensives Bedürfnis nach sozialer Anerkennung und Wertschätzung, welches sie in einem begrenzten Rahmen organisatorischer, methodischer und demokratischer Prozesse verwirklichen wollen. Die oben erläuterten motivationalen Bedingungsfaktoren des Menschen in Organisationen sind unter dieser Prämisse wiederzufinden und als die Basis pädagogischer Vollzüge zu kennzeichnen. Der Wunsch nach gegenseitiger Bestätigung, nach autonomer Gestaltung der

Interaktionen und Teilorganisationen stellt somit eine nicht zu unterschätzende Größe in der Ausprägung pädagogischer Prozesse und organisationeller Bedingtheiten dar.

Da sich viele der oben angenommenen Prozesse nicht bewusst oder rational-organisatorisch vollziehen, kann von einer sehr emotional geleiteten Handlungsweise der Pädagoginnen und Pädagogen ausgegangen werden. Theorien haben hierbei nur eine grobe Orientierungsfunktion und tragen nicht umfänglich zu handlungsleitenden Tendenzen oder Hilfestellungen des Einzelnen bei (vgl. Luhmann/Schorr, 1988). Konzeptionelle Grundlegungen pädagogischer Organisationen dienen hierbei somit bestenfalls der Außendarstellung einer Einrichtung, begründen aber nicht notwendigerweise das konkrete Handeln des Einzelnen, welches sich eher in affektiv-emotionalen, historisch begründeten Mustern aktualisiert. Die pädagogisch tätigen Organisationsmitglieder sind hierbei nicht in einer unreflektierten Rolle gefangen, sondern sind dazu genötigt, sich allein aufgrund ihres Strebens nach Selbstverwirklichung und Sinn zu verändern (vgl. Simmen, 1990, 56f.). Diese Aussage kann hinsichtlich zweier Momente differenziert werden: Einerseits lernen die Pädagogen aufgrund der konkreten Bedingungen in den Organisationen dazu, andererseits verändern sie schon durch die Teilnahme an einer Organisation deren Prozesse, was sich wiederum auf eine Veränderung ihres Verhaltens auswirkt.

Fazit

Vom pädagogischen Blickwinkel her lässt sich zu den Interaktionen Folgendes festhalten:

1. Die Interaktionen der Pädagoginnen und Pädagogen bilden in sozial-, heil- und sonderpädagogischen Organisationen sowohl die Geschichte dieser Einrichtungen als auch die Ambivalenz zwischen diesen historisch begründeten Handlungsmustern und emanzipatorischen Aktivitäten ab. Sie verknüpfen hierdurch Strukturen und Inhalte miteinander.
2. Die pädagogischen Aktivitäten der Organisationsmitglieder sind primär abhängig von individuell erworbenen, emotional begründeten Tendenzen nach Selbstbestimmung, Bestätigung und Sinnsuche. Theoriegeleitete und professionelle Postulate spielen hierbei nur eine sehr untergeordnete Rolle.

Überlegungen und Versuche

1. ***Wie haben Sie die Geschichte der Einrichtungen, in welchen Sie tätig waren (oder noch sind), erlebt? Wie hat sich dies auf Ihr Handeln ausgewirkt?***
2. ***Welche Theorien liegen den Handlungsprozessen Ihrer Einrichtung zugrunde?***
3. ***Finden Sie heraus (bei Ihnen selbst und auch bei Ihren Kollegen/Kommilitonen), welche Motive als Grundlage des Handelns eine Rolle spielen. Sprechen Sie die Themen „Beweggründe" und „Motive" konkreter Verhaltensweisen an.***
4. ***Beobachten Sie, ob die Kenntnis der eigenen Verhaltensmotive in bestimmten Situationen sich auf das Verhalten in ähnlichen Situationen auswirkt.***

3.1.5 Heilpädagogischer Blickwinkel

Aussage 1:
Heilpädagogische Organisationen entstanden und entstehen aus dem gesamt- oder teilgesellschaftlichen Bestreben, Unbekanntes, Irritierendes und scheinbar Absurdes abzuspalten, um es dann mittels hierfür ausgebildeter Experten zu verwalten.
Grundsätzlich kann also festgehalten werden, dass „Heilpädagogik [...] ihren Ort in Wirklichkeits-Differenzen [...] (hat), die mit Mitteln der (pädagogischen) Konvention nicht mehr zu überbrücken sind" (Kobi, 1994, 11). Heilpädagogisch relevant erscheinende Konflikte entstehen hierbei aus einem Auseinanderdriften allgemein-konventioneller Wirklichkeitskonstrukte auf der einen und individuell-erfahrungsabhängiger Gestaltungsmodalitäten auf der anderen Seite. Bestimmten Interaktionen und Kommunikationsversuchen soll somit mittels nicht konventioneller Methodiken, Strukturen und Organisationen begegnet werden. Dieses erscheint umso notwendiger, wenn hinsichtlich der Lokalisationsversuche einer gemeinsamen Daseinsgestaltung auseinander-*driftende* Bedeutungssetzungen und Wertpräferenzen vorgenommen werden, allgemein pädagogische Zielkataloge und -modi nicht mehr umgesetzt werden können und somit letztlich sinnstiftende Momente verneint werden (vgl. Kobi, 1994, 11 f.). Derart handelnde Menschen und durch diese heraufbeschworene Problembereiche können nicht mehr in allgemein pädagogischen Organisationen erzogen, sie müssen vielmehr in heil- und sonderpädagogische sowie in rehabilitative Einrichtungen verbracht werden:

> „Gerade die Institution ‚Anstalt' bietet zahlreiche und ist ihrerseits ein Exempel für [...] mehrfach gebrochene Paradoxien, Widersprüche, Verwirrungen und Absurditäten, die teils personaler, [...] teils systemischer [...] Art sind. Fremdbestimmte und außengelenkte Residenzen erscheinen in der gesellschaftlichen Widerspiegelung praktisch durchgehend als notwendiges Übel und üble Notwendigkeit. Schwankend sind lediglich die Akzentuierungen von Übel und Notwendigkeit sowie die [...] vorgenannten Verstrickungsvarianten von Sinn, Wert und Zweck."
> *(Kobi, 1994, 12)*

Dem Personal dieser Organisationen bleibt dann vielfach nichts anderes übrig, als sich in die Rolle mehr oder weniger schlecht bezahlter Randgruppen- und Außenseiter-Verwalter zu fügen. Dieses leitet über zur Aussage 2:

Aussage 2:
Die Interaktions- und Deformationsmodi, welche gesamtgesellschaftlich im Umgang mit Randgruppen und deren Mitgliedern erzeugt und gestaltet werden, lassen sich auch in den für diese Personen zuständigen Organisationen wiederfinden. Diese Interaktionsformen können als Nichtbeachtung, Therapie, Versorgung, modifizierte Teilnahme, Sühnung, Beistand und Belehrung gekennzeichnet werden. Zudem weisen die heilpädagogischen Organisationen bestimmte Ausrichtungen auf, welche ihre Handlungsweisen prägen.
Die Wege, welche die Gesellschaft in diesen Prozessen wählt, sind seit Jahrhunderten die gleichen (vgl. Kobi, 1994, 15 ff.): Menschen, die von der Norm abweichen, werden zwar hinsichtlich dieser Abweichung, jedoch nicht in Bezug auf ihre gesamtpersonale Individualität registriert. Als Zweites werden sie, besser: ihre Abweichung, behandelt oder therapiert. Diese soll „weggemacht" werden, um den Menschen so (wieder) zu einem unauffälligen Mitglied der Gesellschaft zu „machen". Gelingt dies nicht oder nur teilbereichlich, werden solchermaßen manipulierte Subjekte als zu versorgende Objekten definiert und in eigens hierfür geschaffene Organisationen platziert. Von hier aus und in ihnen ist dann nur noch eine modifizierte Teilnahme an gesamtgesellschaftlichen Vollzügen möglich. Weitere

Formen gesellschaftlichen Umgangs mit „Abnormität" bestehen noch in der Sühnung primär schuldhafter Prozesse mit der Perspektive, hierdurch eine Rehabilitation zu erlangen, sowie in der Belehrung und im Beistand *stigmatisierter* Personen.

Nicht alle heilpädagogischen Organisationen sind gleichermaßen und gleichartig strukturiert, bereit und in der Lage, nach Maßgabe der gesellschaftlichen Aufträge zu funktionieren, zu verwahren und zu behandeln. Jede heilpädagogische Organisationsform weist aber zumeist eine ganz bestimmte Ausrichtung auf, in und mit welcher sie gesamtgesellschaftliche Prozesse ausführen kann. Kobi bezeichnet diese organisationalen Ge- und Bestimmtheiten als „Operative Destinationen [...] (und versteht) darunter (Aus-)Richtungen des bzw. im Ensemble der Aktivitäten und Installationen einer Institution. Destinationen bringen [...] kein konkretes Ziel [...], sondern eine allgemeine Orientierung zum Ausdruck und zwar in Abhängigkeit von einem Ausgangspunkt. [...] (Sie) bezeichnen somit [...] eine Tendenz (im Sinne einer gerichteten Dynamik)" (Kobi, 1994, 41). Kobi erläutert unter anderem folgende organisatorische Tendenzen:

- die **karitativ-christliche Destination**, in welcher und durch welche allzeit präsente und praktizierte Nächstenliebe ihr Ziel in der *transzendenten* Ausrichtung auf den schwachen und hilflosen Mitmenschen findet,
- die **reinigende Destination**, in und durch welche all das vom nicht-so-sein-sollenden Mitmenschen entfernt wird, was nach Maßgabe der Organisation Unreinheiten (körperlicher, psychischer oder entwicklungsbedingter Art) aufweist,
- die **sichernde Destination**, in und durch welche gesellschaftliche Sicherheitsbedürfnisse gegenüber diesen Individuen vorgenommen, diese somit kaserniert werden,
- die **verhütend-bewahrende Destination**, in und durch welche im Voraus erkannte Problemfelder oder -manifestationen erkannt und behandelt werden,
- die sich hieran anschließende, eng hiermit verwandte **heilende Destination**, welche vermittels therapeutischer Interventionen allfällige Formen von echten oder definierten Krankheiten wieder gesund zu machen bestrebt ist,
- die **bestrafende Destination**, welche sich in der Errichtung und Aufrechterhaltung von Gefängnissen äußert,
- die **verbessernde Destination**, in und durch welche störende Äußerungsformen ausgegrenzter Normabweichler eliminiert werden sollen,
- die **rehabilitative Destination**, welche auf die Wiederherstellung vormaliger Fähigkeiten und Funktionen sowie auf die Wiedereingliederung in einen gesellschaftlichen Gesamtzusammenhang ausgerichtet ist,
- die **erziehende Destination**, in und durch welche eine „... generationenübergreifende Daseinsgestaltung in der Sach- und Personenwelt (versucht wird). Sie richtet sich aus nach Arrangements, in denen die heranwachsende Generation gesellschaftsübliche und funktionale Haltungs- und Handlungskompetenzen entwickelt, mittels derer die gesellschaftlichen Systeme umgekehrt, aber auch zu Modifikationen veranlasst werden sollen" (Kobi, 1994, 46).

(vgl. Kobi, 1994, 42 ff.)

Diesen Definitionsversuchen folgend kann somit davon ausgegangen werden, dass in allen heilpädagogischen Organisationen diese oder ähnliche Tendenzen wahrzunehmen sind. Ganz gleich, welche Sozialbereiche in den Blickpunkt genommen werden (an dieser Stelle sind neben den Bildungsstätten, Wohn- und Berufsfeldern auch die Familie und das Gesundheitswesen zu nennen), überall ist die Realisierung eigentlich contra-pädagogischer Interaktionen zu gegenwärtigen. Es kann also behauptet werden, dass Behinderungen nicht als faktische Wesenheiten bestehen, sondern in und von Strukturen der Organisationen erzeugt werden. Die Prozesse, welche somit gesamtgesellschaftlich zur Definition von Behinderung beitragen, realisieren sich auf der Ebene der Einzelorganisation erneut. Um welche Prozesse handelt es sich hierbei aber konkret?

Mit Lingg/Theunissen (Lingg/Theunissen, 2013, 86–97) können vier Faktorengruppen angenommen werden, welche organisationsspezifische Hindernisse für die Entwicklung autonomer, subjektzentrierter Interaktionen und Persönlichkeitsmuster darstellen:

(A) Zur ersten Gruppe der **„formalen Faktoren"** zählen zu große Wohn- und Lebens-, aber auch Lern- und Spielgruppen, zudem ein Lebens- und Wohnmilieu, welches aufgrund standardisierter und funktionsadäquater Räumlichkeiten nur wenig individuelle Lebensqualität zulässt. Ein weiteres Merkmal besteht in der klinisch organisierten Regelung von Alltagsprozessen, in welchen den Plänen und strukturellen Notwendigkeiten mehr Prioritäten eingeräumt werden als den Menschen. Eine hierarchisch-autoritäre Einrichtungsstruktur, *restriktive* Arbeitsbedingungen eines überforderten, nicht adäquat ausgebildeten, häufig wechselnden und somit knappen Personals verstärken diese Faktorenkombination nicht unerheblich. Kommt dann noch eine ungünstige, isoliert-isolierende Lage und Infrastruktur dieser Organisation hinzu, so haben alle hierin agierenden Organisationsmitglieder kaum noch Chancen, ihre Entwicklungspotenziale dialogisch auszuhandeln und zu gestalten.

(B) Des Weiteren können **heil- und sonderpädagogisch-konzeptionelle und didaktisch-methodische Unzulänglichkeiten** genannt werden. Ein starres, im Hinblick auf Entwicklungs- und Lebenspotenziale verkürztes oder gar völlig fehlendes Arbeitskonzept „leistet einer pädagogischen Willkür und einem beliebigen Agieren Vorschub und ist alles andere als eine Garantie für bedürfnisorientiertes Wohnen (Leben und Lernen)" (Lingg/Theunissen, 2013, 91).

(C) Neben den pädagogischen kommt es nun aber eventuell auch zu **therapeutisch-konzeptionellen Ungenauigkeiten und Unprofessionalitäten**. Nach Maßgabe eines immer noch weit verbreiteten psychiatrischen Denkens kommt es zu einer Segregation und Aufgabenverteilung, mittels welcher den betroffenen Menschen nichts anderes übrig zu bleiben scheint, als in ihrer Rolle des *defizitären* Mitgliedes (krank, behindert und auffällig) zu verbleiben. Solchermaßen wird er unter einer Missachtung seiner Subjekthaftigkeit objektiviert, hinsichtlich seiner Biografie auf die scheinbaren Minusvarianten seines Daseins reduziert und unter Ausklammerung kommunikativ-dialogischer Prozesse zur Anpassung an die herrschaftsorientierten, effizienzerstrebenden oder -erhaltenden Strukturen gezwungen.

(D) Als Letztes kann das **„heimliche Betreuungskonzept"** (Lingg/Theunissen, 2013, 94) heilpädagogischer Organisationen genannt werden. „Es umfasst alle Prozesse und Regelungen, die nebenbei, unbeabsichtigt und unbewusst ablaufen und durch die organisatorischen Rahmenbedingungen, durch das Routinehandeln der Bediensteten und durch die Hierarchie hervorgerufen werden" (Lingg/Theunissen, 2013, 94). Es beinhaltet die Bereiche der nicht antizipierbaren und *kontingenz*vermittelnden Beziehungsabbrüche, der fehlenden oder inadäquaten Kommunikationsangebote, der tabuisierten bzw. tabuisierenden sexuellen Missbrauchs- und Misshandlungserfahrungen sowie der sich häufig vollziehenden Kontroll-, Fremdsteuerungs- und *Stigma*tisierungsaktivitäten. Somit schließt sich an dieser Stelle der Argumentation erneut der Kreis zwischen stigmatisierenden Tendenzen der Gesellschaft und Wiederholungen eben dieser Tendenzen auf der Interaktionsebene zwischen den Subjekten. Daraus lässt sich schlussfolgern:

Aussage 3:
Die hier beschriebenen Faktorengruppen organisatorischer Gewalt und Fremdbestimmung (formale Faktoren, pädagogisch-therapeutische Unzulänglichkeiten sowie ein heimliches Betreuungskonzept) begründen die Strukturen heil- und sonderpädagogischer Einrichtungen – auch wenn sie nicht in jedem Heim, jeder Wohngruppe, jeder Schule oder jedem Kindergarten gleich intensiv ausgeprägt sind.

Fazit

Der heilpädagogische Blickwinkel ermöglicht folgende Schlüsse:
1. Heil- und sonderpädagogische Organisationen entstanden und entstehen aus gesellschaftlichen Motivationen, Unbekanntes und Kontingenzen-Auslösendes zu isolieren. Die in diesen Organisationen tätigen Mitarbeiter bilden in und mit ihren Interaktionen eben die Muster ab, welche auch gesamtgesellschaftlich in Bezug auf den Umgang mit sogenannten Randgruppen weithin akzeptiert sind und realisiert werden (wie Nichtbeachtung, Therapie, Versorgung, modifizierte Teilnahme und Belehrung).
2. Alle heil- und sonderpädagogischen Einrichtungen weisen eine oder mehrere handlungsleitende Ausrichtungen auf, welche in der von den Mitarbeitern realisierten Form zu einer Manifestation von latenter, offener oder struktureller Gewalt führen können.

Überlegungen und Versuche

1. ***Welche von den oben skizzierten Umgangsweisen mit sogenannten Randgruppen werden in den Ihnen bekannten heilpädagogischen Einrichtungen praktiziert?***
2. ***Wie wirken sich diese Umgangsweisen auf die alltägliche Interaktion mit den Bewohnern aus?***
3. ***Formulieren Sie eine Kritik an den hier dargestellten Ansätzen zur Entstehung von Organisationen. Begründen Sie Ihre Meinung ausführlich.***

Zusammenfassung

Diese fünf Aspektgruppen:
- philosophischer Hintergrund,
- soziologische Aspekte,
- psychologische Aspekte,
- pädagogischer Blickwinkel und
- heilpädagogischer Blickwinkel

wirken sich in wechselseitiger Abhängigkeit auf die Entstehung, Aufrechterhaltung und das Leben heilpädagogischer Organisationen aus. Um somit die Historie heilpädagogischer Einrichtungen zu verstehen und die Gegenwart im Hinblick auf subjektorientiertes Handeln zu gestalten, ist eine ständige Wahrnehmung dieser Vernetzungen und Wirkungen notwendig:

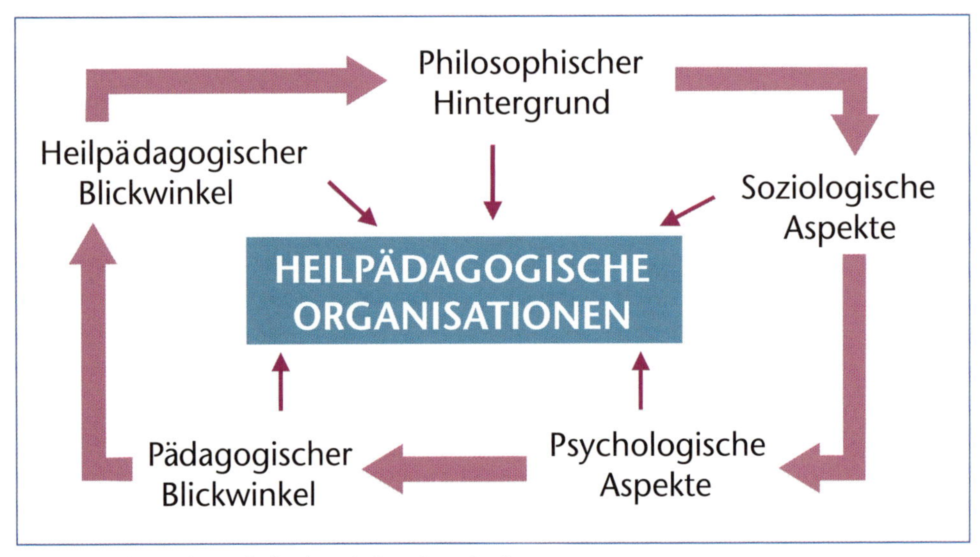

Grundlegende Aspekte zu heilpädagogischen Organisationen

3.2 Erstes Spezifikum: Macht

Aus der Chronik einer Wohneinrichtung für Menschen mit Behinderung (2. Teil)

Gegen Ende der 60er-Jahre des 20. Jahrhunderts hatte die Bewohneranzahl der Einrichtung knapp 480 erreicht, zudem waren immer wieder neue Betreuungskräfte eingestellt worden. Vor diesem Hintergrund und in Verbindung mit einer zum Teil sehr unübersichtlichen Struktur der einzelnen Ausbildungen der Mitarbeiter (Ärzte, Pflegekräfte, unausgebildete Kräfte u.Ä.) konzipierte die Einrichtungsleitung, welche zu diesem Zeitpunkt aus einem Arzt und einem Pfarrer bestand, ein neues Leitungskonzept. Dieses sah wie folgt aus:

Das Leitungsgremium wurde um einen leitenden Pfleger erweitert. Die einzelnen Häuser bekamen einzelne Pflegeleiter als Vorgesetzte, ebenso wurden diese Häuser in Gruppen eingeteilt. Jeder Gruppe stand ebenfalls eine leitende Pflegefachkraft vor. Diese wies den einzelnen Mitarbeitern ihre jeweils unterschiedlichen Aufgaben (Versorgung, Hauswirtschaft, Putzen usw.) zu.

Ein Jahr nach der Neugliederung der Leitungen und Zuständigkeiten stellte das Leitungsgremium fest, dass die sogenannten Verhaltensauffälligkeiten der Bewohner teilweise abgenommen, der Krankheitsstand der Mitarbeiter jedoch zugenommen hatte. Dennoch behielt man diese Aufteilung für die nächsten Jahre bei.

Überlegungen und Versuche

1. ***Wodurch könnte die neue Aufteilung der Einrichtung angeregt worden sein?***
2. ***Schätzen Sie einige Gründe für die Zunahme der Krankenstände der Mitarbeiter ein. Begründen Sie Ihre Meinung.***

Im weiteren Text wird das Phänomen der Macht in heilpädagogischen Organisationen erläutert. Dieses erscheint *relevant*, da in diesen Einrichtungen häufig immer noch recht hierarchische Organisationsmuster existieren. Zudem haben die Pädagoginnen und Pädagogen ein nicht unerhebliches Maß an Macht – und dieses sowohl in ihren beruflichen Rollen als auch in Bezug auf die Kommunikation und Interaktion mit den Menschen mit Behinderung bzw. ihren Angehörigen. Es wird im Folgenden vor allem Bezug genommen auf die Darstellung von Greving (Greving, 2004, 289–297).

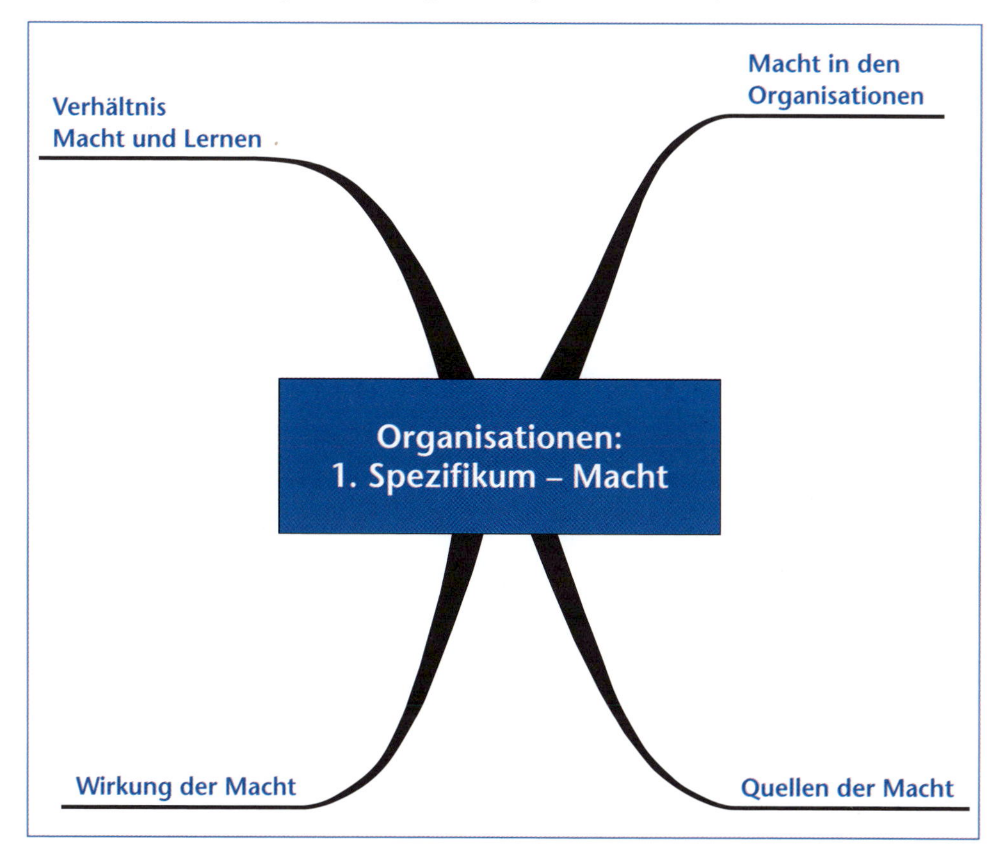

3.2.1 Grundlegende Aussagen zur Macht in Organisationen

Grundsätzlich kann „Macht" als ein Medium der Kommunikation bestimmt werden. Mit Luhmann kann davon ausgegangen werden, dass ein solches Medium als

> „eine Zusatzeinrichtung zur Sprache, nämlich (als) ein **Code** generalisierter Symbole, der die Übertragung von Selektionsleistungen steuert (verstanden werden kann). [...] Die erste und wichtigste Voraussetzung ist, dass [...] Kommunikationsprozesse Partner verbinden, die beide eigene Selektionsleistungen vollziehen und dies vom jeweils anderen wissen. Wir werden von Alter und Ego sprechen. [...] Eine fundamentale Voraussetzung aller Macht ist demnach, dass in Bezug auf die Selektion des Machthabers Alter Unsicherheit besteht. Alter verfügt, aus welchen Gründen immer, über mehr als eine Alternative. Er kann bei seinem Partner in Bezug auf die Ausübung seiner Wahl Unsicherheit erzeugen und beseitigen [...]. Auch auf Seiten des machtbetroffenen Ego

setzt Macht Offenheit für andere Möglichkeiten des Handelns voraus. Macht erbringt ihre Übertragungsleistung dadurch, dass sie die **Selektion** von Handlungen (oder Unterlassungen) angesichts anderer Möglichkeiten zu beeinflussen vermag. Sie ist größere Macht, wenn sie sich auch gegenüber attraktiven Alternativen des Handelns oder Unterlassens durchzusetzen vermag. [...] Macht ist daher zu unterscheiden von dem Zwang, etwas genau Bestimmtes zu tun."
(Luhmann, 1988a, 7f.)

Dieses Zitat verweist auf zweierlei:

- Erstens stellt sich die Realisation von Macht als eine Form von Kommunikation dar,
- zweitens ist Macht immer an eine potenzielle oder aktuale Modifikation von Freiheit oder Freiheitsgraden verbunden. Ohne Freiheit, so könnte man *pointiert* sagen, keine Macht.

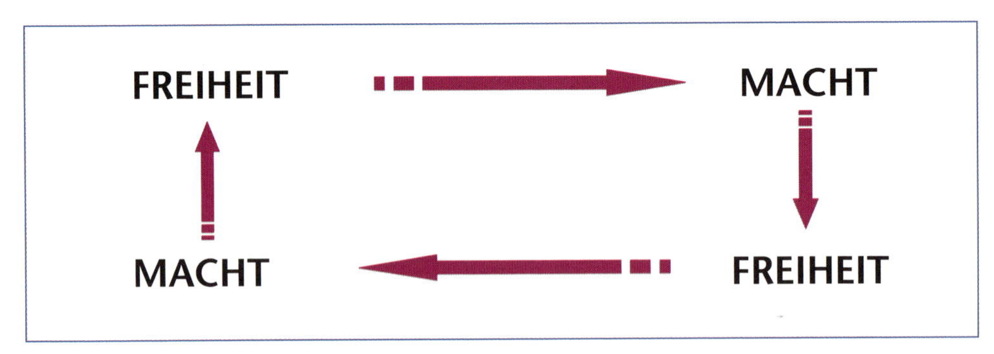

Vernetzungen zwischen Freiheit und Macht

Macht verliert somit unter zu starken Bedingtheiten ihre Macht. Die Schaffung von Freiräumen kann somit schon als Zeichen eines machtbewussten und -generierenden Prozesses in Organisationen verstanden werden. Macht ist vor diesem Hintergrund nicht als Gegenstand zu verstehen. Ihre Wirklichkeit und Wirkungen erwirbt sie vielmehr als Beziehung. Eine Beziehung ohne Macht erscheint also kaum denkbar – Organisationen, welche sich primär beziehungsorientierten oder -gebundenen Aufgaben oder Themen widmen, können demnach nur Organisationen sein, in welchen Machtphänomene eine außerordentliche Rolle spielen. Hierzu ist von folgender weiterer und erweiternder Definition zur Macht auszugehen:

„Macht als theoretisches und soziales Konstrukt soll diejenige Dimension sozialer Beziehungen kennzeichnen, die – als gemeinsames Deutungsmuster der beteiligten Akteure – [...] interessenorientierte und gegenseitig aufeinander bezogene Verhaltensbereitschaften konstituiert. Eine Machtbeziehung ist hiernach der Bedingungs- und Bedeutungsrahmen, der die Umsetzung der [...] Verhaltensbereitschaften in konkretes Handeln [...] verstehbar macht. Wird von der Macht eines Akteurs gesprochen, so ist damit sein [...] Vermögen gemeint, in Bezug auf je konkrete Machtbeziehungen die von ihm gewünschte Verhaltensbereitschaft anderer Akteure zu erzeugen oder aufrechtzuerhalten [...]. Machtausübung eines Akteurs ist sein Versuch, die anderen Akteure innerhalb der Machtbeziehung zu veranlassen, ihre Verhaltensbereitschaften in das von ihm gewünschte konkrete Verhalten überzuführen."
(Küpper/Felsch, 2000, 21)

Jeder Handlungspartner in Organisationen besitzt also ein ganz bestimmtes Potenzial an Macht, wobei dieses durch die (Macht-)Strukturierung der Organisation wiederum bestimmt ist. In diesen Strukturierungen ist aber dennoch ein hohes Maß an Flexibilität zu erwarten, sodass Machtprozesse nicht als einmalige, sondern vielmehr als sich permanent neu ereignende Vorgänge beschrieben werden können. Das Gestalten und Erleben von Macht ist somit ein kontingentes Geschehen, welches – *paradox*erweise – eine nicht bestimmte Autonomie der Partner voraussetzt, fordert und einschränkt (vgl. Luhmann, 1988, 58 f.; Küpper/Felsch, 2000, 24 f.).

Heilpädagogische Organisationen scheinen aufgrund ihrer Auftrages, ihrer Strukturmerkmale und ihrer Klientel geradezu *prädestiniert*, das Phänomen der Macht als koordinatives und strukturgebendes aufrechtzuerhalten:

- Die heilpädagogisch Tätigen haben es vielfach mit Unsicherheiten ihrer Klientel zu tun; diese Unsicherheiten sollen durch heilpädagogische Konzepte und Programme, durch Diagnosen, Förderpläne, Zielorientierungen und Beziehungsgestaltung (!) so weit minimiert werden, dass für alle Beteiligten mehr mögliche Sicherheit entsteht. Die Erziehung unter erschwerten Bedingungen, wie Paul Moor sie einst kennzeichnete, gründet somit exakt in der Anerkennung dieser Schwere – wobei diese durch die jeweiligen Organisationen gesellschaftlich toleriert und beauftragt, konstruiert, festgeschrieben und als dennoch veränderbar gedeutet wird. Dieses Paradoxon führt zur Etablierung und Aufrechterhaltung eines Erziehungs- und Bildungssystems, welches de facto nicht wirklich an der Auflösung von Unterschieden und Ungerechtigkeiten interessiert sein kann (vgl. hierzu auch: Feuser, 1995, welcher dieses für das Erziehungs- und Bildungssystem sehr konkret beschrieben hat).
- Die Prozesse, welche also auf der Ebene gesellschaftlicher Normsetzungen Macht schaffen, führen dazu, dass dieses auf den Vollzugsebenen der heilpädagogischen Organisationen wiederholt wird. Auch in ihnen finden machtgenerierende und machterhaltende Prozesse statt.
- Vor diesem Hintergrund erscheinen selbst die Vorgänge der Befreiung als machterhaltende Abläufe: Die Lockerung der pädagogischen Programme (weg von der Verwahrung, hin zur Begleitung und Assistenz), die Veränderung der Leitbilder (weg vom nihilistischen Menschenbild, hin zu einer optimistischen und normalisierenden Betrachtung) sowie der intensivierte Einbezug der betroffenen Menschen (mit Behinderung) schaffen zwar scheinbare Freiräume für diese – die wirklichen (auch im Sinne der wirk-mächtigen) freien Räume erhalten jedoch die einzelnen Organisationen bzw. die Tätigen in ihnen, da sie die Definitionsmacht haben und nutzen, um die Grade der Freiheit für alle Beteiligten zu konstituieren und zu konstruieren.
- Diese Prozesse sind auch in heilpädagogischen Organisationen nicht festgelegt. Auch die dort betreuten, erzogenen oder assistierten Klientelen verfügen über bestimmte Machtpotenziale, welche sie einzusetzen in der Lage sind. Ob diese aber als Face-to-face-Macht verstanden oder aber als Verhaltensstörung missverstanden wird werden, scheint wieder in das Belieben der einzelnen heilpädagogisch Tätigen gesetzt bzw. durch die je individuellen organisationskulturellen Prämissen vorgegeben zu sein.
- Abschließend kann somit bilanziert werden, dass es sich bei heilpädagogischen Organisationen um kontingente Organisationen handelt, welche in kontingenten gesellschaftlichen Verortungen tätig werden und in ihren Strukturen, Verläufen und Handlungen Kontingenz erzeugen und diese gleichzeitig wieder zu negieren suchen.

(vgl. Greving, 2000, 13 ff., 81 ff.)

Überlegungen und Versuche

1. ***Haben Sie schon einmal in heilpädagogischen Organisationen Macht erlebt?***
2. ***In welchen Situationen haben Sie sich als mächtig erfahren und in welchen als ohnmächtig?***
3. ***Wer löst in den Ihnen bekannten Organisationen Machtfragen und die daraus entstandenen Konflikte?***
4. ***Machen Sie eine Bestandsaufnahme: Schreiben Sie auf, wie viel Macht wird wem in den Ihnen bekannten Organisationen zugestanden:***
   - ***Ihnen selbst,***
   - ***den Menschen mit Behinderungen,***
   - ***den Angehörigen.***

3.2.2 Quellen der Macht

Mit Küpper/Felsch (Küpper/Felsch, 2000, 35 ff.) kann von folgenden Machtquellen ausgegangen werden:

Zuerst schaffen heilpädagogische Organisationen ihre Macht dadurch, dass sie auf die Unsicherheitszonen der Gesellschaft im Hinblick auf den Umgang mit Abweichung reagieren. Sie minimieren diese Unsicherheiten, indem sie das Mandat der Gesellschaft hierzu übernehmen und es in ein Mandat für die Menschen (mit Behinderung, Verhaltensstörung usw.) umwandeln. Heilpädagogische Organisationen verfügen also beinahe mit einem Alleinvertretungsanspruch über Informationen, im *Kontext* dieses Erziehungs- und Bildungsfeldes tätig zu werden. Das pure Vorhandensein heilpädagogischer Organisation schafft hierdurch ein gesellschaftliches *Appetenz*verhalten, welches nach mehr heilpädagogischen Einrichtungen verlangt. Der Ruf nach Normalisierung und Empowerment aus dem Munde heilpädagogischer Organisationen erscheint vor diesem Hintergrund beinahe als Alibiargumentation des faktischen Weiterbestehens im Prozess der scheinbaren Auflösung. Heilpädagogische Organisationen sorgten und sorgen somit dafür, dass die Gesellschaft eine möglichst dichte und widerspruchsfreie Deutung ihres Bildes bzw. ihrer Bilder der jeweiligen Klientel en bekommt und eben diese Bilder werden dann in diesen Einrichtungen weiter reproduziert und gefestigt. Selbst die Ausbildungen auf diesem Feld scheinen in diese Prozesse involviert, richten sie sich doch vielfach auf eine individualtheoretische Betrachtung der jeweiligen Klientel und blenden gesellschaftstheoretische Verortungen häufig aus.

Präziser können jetzt vier weitere Machtquellen skizziert werden, welche in Organisationen Macht entstehen lassen.

Es handelt sich hierbei zum Ersten um den Sachverstand der in einer Organisation tätigen Mitglieder. Dieser wird benötigt, um eine Organisation aufrechtzuerhalten: Makrosoziologisch wird sich die Gesellschaft eher an die heilpädagogischen Organisationen wenden, welche über komplexe und genaue Kompetenzprofile verfügen. Mikrosoziologisch finden in den jeweiligen Organisationen die unterschiedlichsten Differenzierungen statt, mittels derer sich die Vertreter der einzelnen Professionen als unersetzlich für das jeweilige Aufgabenfeld profilieren.

Zweitens sind die Kontaktstellen zur Umwelt zu nennen, über welche Organisationen verfügen müssen. Diese Stellen werden von Einrichtungsmitgliedern besetzt, welche häufig eine Leitungsfunktion innehaben und somit sowohl die externen wie auch die internen *Ressourcen* und Informationen kontrollieren können. Sie tragen somit maßgeblich dazu bei, auf welche Weise relevante und wirksame Inhalte, Bilder, Prozesse und Verfahren weitergeleitet werden.

Hiermit strukturell eng verwandt ist der dritte Komplex: die Mitarbeiter, welche an relevanten Schnittstellen in der Organisation die Kommunikation zwischen unterschiedlichen organisationalen Teilbereichen kontrollieren, *forcieren* oder begleiten. In heilpädagogischen Organisationen sorgt diese mittlere (Management-)Ebene zum Teil dafür, wie pädagogische Prozesse vorangetrieben werden (im Sinne einer pädagogischen Leitung) bzw. wie diese in den einzelnen Teilbereichen (Gruppen, Teams usw.) durch eine beratende oder *coach*ende Tätigkeit angeregt werden. Die Kommunikation zwischen diesen beiden zuletzt genannten Kontaktstellen erscheint vor dem Hintergrund des Machterhalts der Gesamtorganisation von zentraler Bedeutung zu sein: Findet diese Kommunikation nicht, nur bruchstückhaft oder sogar widersprüchlich statt, dann wird es sicherlich zu einem Verlust oder zu einer Einschränkung dieser Machtpotenziale kommen.

Als Viertes und Letztes sind die Vorschriften und Abläufe zu nennen, welche die Verhaltensweisen aller Organisationsmitglieder kontrollieren. Diese erscheinen als strukturelle Machtquellen. Dabei ist zu vermuten, dass sie in totalen Organisationen oder solchen, die in ihrer Grundstruktur diesen Organisationen ähneln (wie Psychiatrien, Krankenhäusern, aber auch großen Wohneinrichtungen), intensiv ausgeprägt vorkommen. Bei heilpädagogischen Organisationen handelt es sich vielfach um Einrichtungen, welche im Umfeld solcher Strukturierungen entstanden sind und zum Teil über Reste dieser totalen (oder totalitären) Strukturmerkmale verfügen (vgl. Küpper/Felsch, 2000, 35 ff.).

3.2.3 Wirkung der Macht

Hierzu hat Buschmeier (Buschmeier, 1995, 33–50) ein Modell erarbeitet, welches die Taktiken der einzelnen Handlungsakteure zur Umsetzung und zum Erhalt ihrer Macht konkretisiert. Sie unterteilt die einzelnen Taktiken hierbei in harte und weiche Taktiken – je nachdem, wie sie sich zur Ausübung von Macht bzw. Einfluss eignen.

Buschmeier listet (unter anderem) folgende harte Taktiken auf:

- Die Drohung oder Bestrafung des anderen, da hierdurch seine Handlungsalternativen und -optionen erheblich eingeschränkt und abweichende Verhaltensweisen mit Sanktionen belegt werden.
- Die Durchsetzung des eigenen Standpunktes, ohne dass hierbei die Interessenlage des anderen Handlungspartners berücksichtigt wird. Diese Taktik unterscheidet sich von der zuerst genannten vor allem dadurch, dass sie dem anderen keine Sanktionen auferlegt.
- Der Betroffene wird vor vollendete Tatsachen gestellt und seine Interessen werden im Prozess der Entscheidungssuche oder -findung verneint. Er hat somit keine Chance, mögliche Alternativen wahrzunehmen.
- Durch das Erteilen von Anweisungen sowie durch das Anordnen oder Verbieten von Verhaltensweisen wird der Akteur in seinen Spielräumen und seiner Autonomie eingeschränkt.

- Die Organisation bzw. wichtige Vertreter derselben appellieren an die moralischen Normen. „Je nachdem, ob und wie intensiv der Betroffene sich entsprechenden Normen verpflichtet fühlt, kann der Handlungsspielraum mehr oder weniger stark eingeschränkt sein“ (Buschmeier, 1995, 46).
- Ein Handlungspartner erinnert den anderen an zu erwidernde Gefallen oder (Gegen-) Leistungen. Hierdurch nutzt er den Sanktionscharakter der Normen (der Gesellschaft, der Organisation) aus.
- Ein Handlungspartner bindet den anderen in Planungs- und/oder Entscheidungsprozesse ein. Wenn dieses nicht bewusst geschieht bzw. die Gründe, Kriterien und Ziele hierfür nicht offengelegt werden, entsteht ein hoch manipulativer Charakter für denjenigen, der in diese Abläufe eingebunden wird.
- Eine letzte harte Taktik stellt die bewusste Weitergabe falscher Informationen, also das Lügen, dar. Der Betroffene wird hierdurch über die wahren Absichten des anderen im Unklaren gelassen.

(vgl. Buschmeier, 1995, 33–50)

Im Hinblick auf die Konkretisierung dieser Taktiken in heilpädagogischen Organisationen wäre zu überprüfen, welche hiervon in welchen Kontexten und mit welcher Ausprägung vorkommen.

Zu den weichen Taktiken gehören nach Buschmeier unter anderem die folgenden:

- Ein Handlungspartner signalisiert dem anderen, dass die gewünschte Handlung auch seinen eigenen Interessen entspreche. Der andere Partner ist hierbei in der Lage, zu entscheiden, ob und wie er auf diese Wünsche eingehen soll.
- Ein Partner erhält von einem anderen – oder der Organisation – eine Belohnung. Auch hierbei kann er selber entscheiden, ob diese für ihn tatsächlich eine Belohnung im Sinne des Lohnenswerten darstellt und ob er sie demnach annimmt oder nicht.
- Ein Handlungspartner wird vom anderen emotional positiv so weit beeinflusst, dass er eher geneigt ist, auf bestimmte Forderungen einzugehen. Zu diesen Einflussmöglichkeiten zählen auch in Aussicht gestellte immaterielle Belohnungen.
- Ein Handlungspartner zeigt sich kompromissbereit, gibt einen Teil seiner Forderungen auf oder variiert diese. Der andere Partner gerät nun gegebenenfalls in Zugzwang und muss entscheiden, ob er ebenfalls von seiner Position abrücken will.
- Ein Handlungspartner bringt dem anderen etwas bei und beeinflusst ihn hierdurch in der Sichtweise einer bestimmten Situation oder im Beurteilen oder Bearbeiten einer bestimmten Handlung.
- Ein Partner versucht, den anderen durch Argumente zu überzeugen, und nimmt somit Einfluss.

(vgl. Buschmeier, 1995, 33–50)

Auch hierbei wäre zu überprüfen, ob und wie diese Taktiken in heilpädagogischen Organisationen umgesetzt werden. Grundlegend kann aber vermutet werden, dass die ersten drei Taktiken im pädagogischen Alltag recht häufig realisiert werden und schon beinahe als erzieherische Kompetenzen betrachtet werden können: im Sinne der wechselseitigen Kommunikation, der Belohnung und der Empathie. Die vorletzte Taktik spricht noch einmal sehr direkt den pädagogischen Auftrag einer heilpädagogischen Organisation an.

Sowohl harte als auch weiche Taktiken führen letztlich zum Machterhalt, können zudem wechselseitig miteinander verbunden sein und ineinander übergehen:

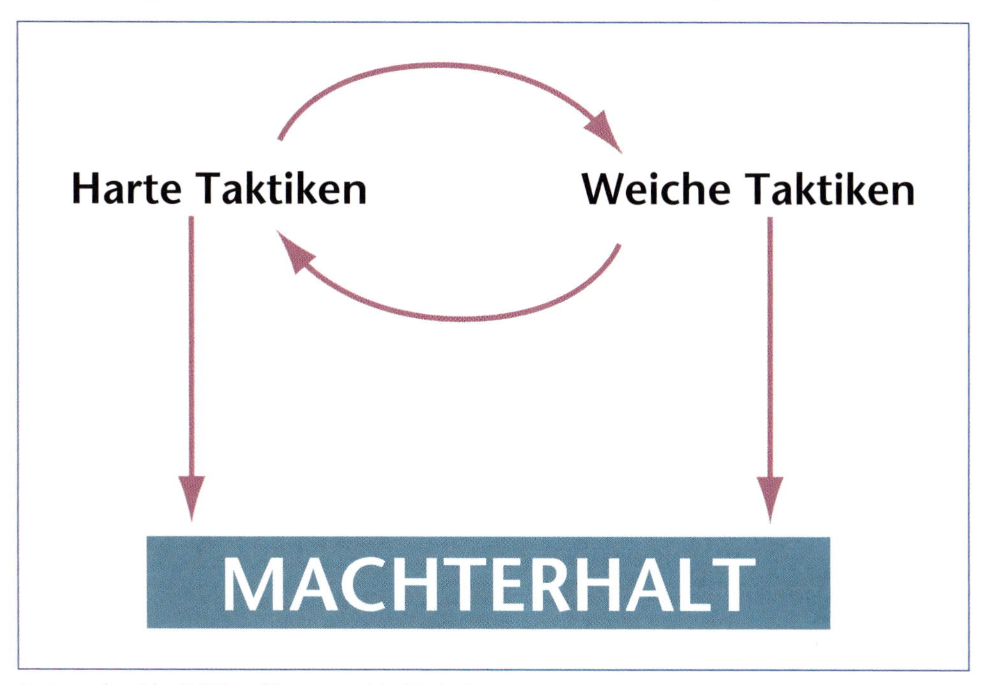

Harte und weiche Taktiken führen zum Machterhalt

Überlegungen und Versuche

1. ***Welche von den oben angegebenen Machttaktiken kennen Sie? Gibt es auch solche, die Sie selbst im Berufsalltag anwenden?***
2. ***Finden Sie in einer Ihnen bekannten Einrichtung der Behindertenhilfe heraus, welche Machtarten dort den Alltag prägen. Interessant ist auch, inwieweit diese Praktiken in der Konzeption der Einrichtung verankert sind.***

3.2.4 Verhältnis Macht und Lernen

Das Thema der Macht abschließend, werden im Weiteren kurze Hinweise auf die *Relevanz* der Macht für das Lernen der Organisation gegeben. Friedberg formuliert hierzu folgende These:

> „Macht und organisationelles Lernen sind nicht widersprüchlich, im Sinne dass Erstere verschwinden müsste, um Letzteres zu ermöglichen. Macht als normale, nicht aus der Welt zu schaffende Dimension organisationellen Handelns ist sowohl Hindernis als auch Bedingung von organisationellem Lernen."
> *(Friedberg, 2003, 103)*

Da die einzelnen Akteure auf den Feldern der Organisation und der Macht *potenziell* frei sind, liegt es an ihnen, immer wieder neu zu entscheiden, in welchen Momenten sie mächtig, in welchen sie ohnmächtig sein wollen. Hierbei ergeben sich natürlich auch Einschränkungen, wie oben bereits dargelegt wurde. Zudem wird die Entscheidungsfreiheit des Einzelnen durch individuelle und strukturelle Parameter immer einmal wieder eingeschränkt (vgl. Friedberg, 2003, 99). Durch einen ständigen Wechsel unterschiedlichster Positionen, durch die Entwicklung einer Organisationskultur, durch Handlungsspielräume und -alternativen in Organisationen lernt diese und baut einen für sie relevanten Wissensraum auf. Die Prozesse der Macht können hierbei dazu dienen, diesen Raum möglichst eng zu halten, wenn ein Handlungspartner sein Wissen und seine Strategien ausschließlich für sich behält, um sich durch die so entstehende *Inkompetenz* der anderen einen Bereich der *Kompetenz* zu schaffen. Die Fähigkeiten der Gesamtorganisation werden somit nicht oder nur sehr schleppend oder eingeschränkt erweitert (vgl. Friedberg, 2003, 104).

Macht kann aber auch bewusst eingesetzt werden, um als Instrument für organisationelles Lernen zu dienen. Notwendige Veränderungen in Organisationen lassen sich häufig nicht ohne machtvolle Prozesse einläuten oder in Gang halten. Diese Vorgänge sind dann für einen gelingenden Veränderungsprozess möglichst transparent zu gestalten und offenzulegen (vgl. Friedberg, 2003, 107 f.). Dieses setzt voraus, dass das Thema der Macht in heilpädagogischen Organisationen einen wesentlich höheren Grad an Bewusstheit bekommen muss, damit diese – im Sinne des Lernens dieser Organisationen – nicht im Tabu der Macht gefangen bleiben, sondern sie als permanentes Gestaltungs- und Entwicklungsmoment begreifen.

Überlegungen und Versuche

1. ***Wie lernt die Organisation, in welcher Sie tätig sind oder waren, dazu?***
2. ***Wie lernen Sie selber in ihren beruflichen Prozessen dazu?***
3. ***Schreiben Sie auf, von wo Ihre Macht im beruflichen Alltag kommt, was es Ihnen ermöglicht, Macht auszuüben, und was der Machtausübung im Wege steht.***
4. ***Sagen Sie möglichst ehrlich, ob Sie persönlich der institutionellen Ausstattung Ihrer Person mit Macht eher positiv oder eher kritisch gegenüberstehen.***

Zusammenfassung

Das Phänomen der Macht ist ein zentrales in heilpädagogischen Organisationen. Es ist eng mit den Freiräumen der einzelnen Handlungspartner verknüpft. Des Weiteren nutzen die Organisationen aber auch ihre Macht und ihr Wissen dazu, die eigene Macht aufrechtzuerhalten. Macht kann durch unterschiedliche (harte und weiche) Taktiken aufrechterhalten werden. Zudem dient sie dazu, die Prozesse des organisationalen Lernens voranzubringen.

3.3 Zweites Spezifikum: Interaktionen

Aus der Chronik einer Wohneinrichtung für Menschen mit Behinderung (3. Teil)

In den 70er-Jahren des 20. Jahrhunderts veränderten sich die Strukturen und die Themen der Wohneinrichtung äußerst radikal: Aufgrund des Normalisierungsprinzips kam es dazu, dass die Gruppen – welche bis zu diesem Zeitpunkt noch „Stationen" hießen – verkleinert wurden, sodass zuerst 14, im weiteren Verlauf dieses Prozesses acht Bewohner in einer Gruppe lebten. Zudem wurden seit dem Beginn der 80er-Jahre auch Frauen aufgenommen. In diesem Kontext veränderte sich auch die Struktur der Mitarbeiterschaft: Das neue Leitungsgremium legte sehr stark Wert darauf, dass alle Gruppen sowohl von Männern als auch von Frauen begleitet wurden. Des Weiteren vollzog der Träger der Einrichtung einen Wechsel in der Leitung, welche jetzt aus einem pädagogisch und einem psychologisch ausgebildeten Mitarbeiter bestand. In den 90er-Jahren wurden mehr und mehr Bewohnerinnen und Bewohner in Außenwohngruppen untergebracht.

Aber nicht nur die Struktur der Einrichtung veränderte sich: Die Mitarbeiterinnen und Mitarbeiter wurden von der Leitung dazu angehalten, sich ständig weiterzubilden und die Ergebnisse dieser Weiterbildungsmaßnahmen in die konkrete Arbeit einfließen zu lassen und zu dokumentieren. Im Mittelpunkt dieser Maßnahmen standen vor allem Inhalte des qualitätsbewussten Handelns und der Professionalisierung. Die Mitarbeiterinnen und Mitarbeiter reflektierten und überprüften hierdurch ihre Interaktionsprozesse untereinander und mit den Menschen mit Behinderung.

Überlegungen und Versuche

1. ***Wie mag sich solch ein Veränderungsprozess auf die Menschen mit Behinderung auswirken?***
2. ***Wie mögen die Mitarbeiterinnen und Mitarbeiter, welche schon lange in solch einer Einrichtung tätig sind, solche Wandlungsprozesse erleben?***
3. ***Schreiben Sie auf, an welchen ähnlichen Veränderungsprozessen Sie im Verlauf Ihrer Tätigkeiten teilgenommen haben. Was war schwierig, was funktionierte problemlos? Tauschen Sie sich über Ihre Erfahrungen mit Kollegen aus.***

Die Handlungen zwischen und mit Menschen mit Behinderung und heilpädagogisch Tätigen sind immer interaktionale Handlungen. Die Interaktion, also die wechselseitig aufeinander bezogene Handlung, kann als das Kernelement des pädagogischen Handelns verstanden werden. Es prägt die Kultur einer Organisation und diese wiederum nimmt in hohem Maße Einfluss auf diese Interaktionen. Im weiteren Verlauf werden somit die grundlegenden Annahmen zu Interaktionen in Organisationen skizziert. Die Aufteilung erfolgt (wie in Kapitel 3.1) aus der Perspektive unterschiedlicher Wissenschaftsbereiche: Zuerst wird der philosophische Hintergrund aufgezeigt, anschließend werden soziologische sowie psychologische Aspekte und darauf folgend pädagogische und heilpädagogische Zusammenhänge vorgestellt. Die grundlegende Literatur zu diesen Aussagen findet sich in: Greving, 2000, 137–181.

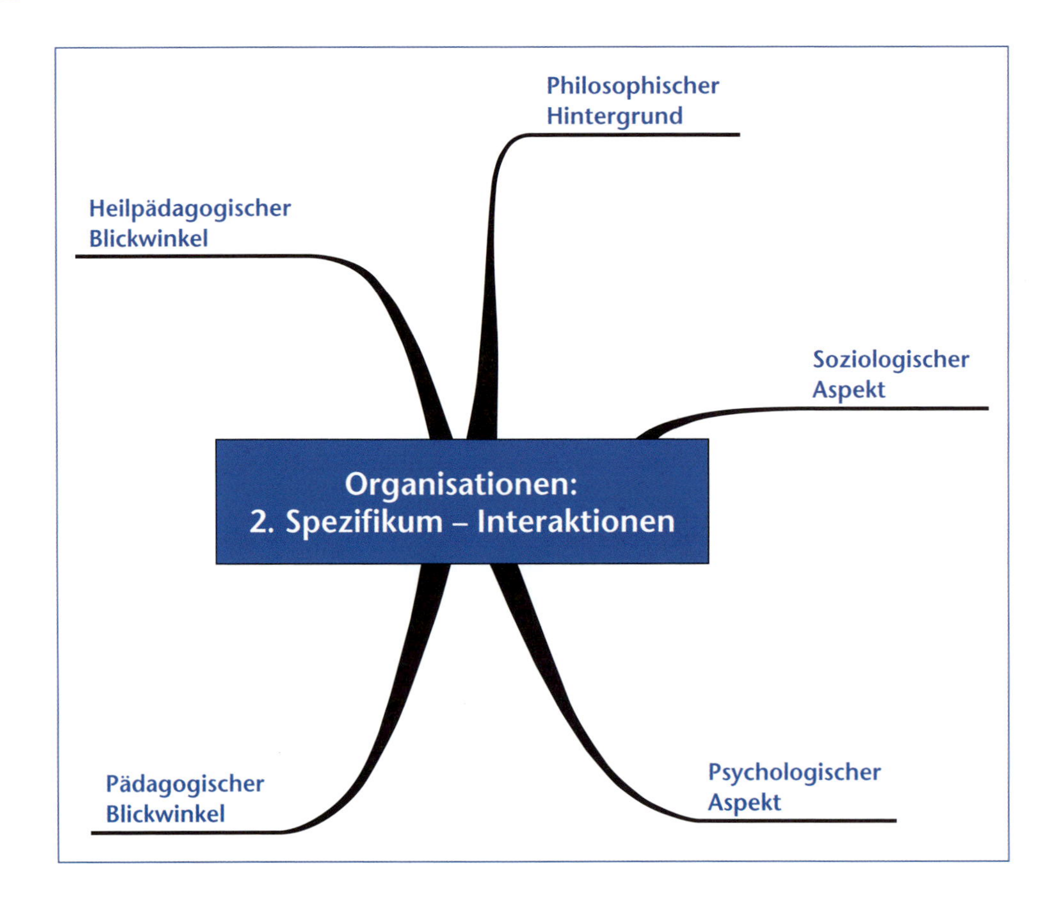

3.3.1 Philosophischer Hintergrund

Die philosophischen Grundlagen menschlicher Interaktionsphänomene sollen in Bezug auf drei Perspektiven dargestellt werden:

- In einem ersten Schritt werden Erkenntnisse zur Fundierung einer philosophischen Theorie des Selbstbewusstseins im Hinblick auf die Erzeugung und Wahrnehmung von Subjektivität als Basis aller Interaktionen dargestellt.
- Danach werden ethische Implikationen interaktionaler Geschehnisse im Gefolge der Theoriebildung nach Emanuel Levinas dargelegt.
- Diese beiden ersten Argumentationsebenen bilden dann die Grundlage für eine Realisierung derselben im Hinblick auf mikrologische Vorgehensweisen.

Aussage 1:
Die Begründung menschlicher Interaktionen besteht in umweltabhängigen und -vernetzten Ausprägungen eines je subjektiv-geschaffenen Selbstmodells. Interaktionen stellen sich hierbei vielfach als repräsentatabhängige, illusionierte und sich in der Realität konkretisierende Produkte dieses Selbstmodells dar.
Um zu klären, wie Interaktionen philosophisch betrachtet ausgehandelt werden, ist es notwendig, den Prozess der individuellen Sichtweise von Dasein zu erläutern. Der Philosoph Thomas Metzinger liefert mit seinen Begründungen einer Philosophie des Geistes

ein gelungenes Modell der Genese des Ich (vgl. Metzinger, 1993; Metzinger, 1995). Ihm wird im weiteren Verlauf dieser Erörterungen gefolgt, da er in seinen Studien zu einer philosophischen Begründung des Selbstbewusstseins *empirische* Erkenntnisse aus Nachbargebieten der Heilpädagogik benutzt, wie z. B. solche aus den Neuro- und Kognitionswissenschaften.

Metzinger versucht, die Struktur des Bewusstseins zu konkretisieren, und bezieht hierbei neben philosophischen Prämissen modernste Erkenntnisse der Naturwissenschaften, wie empirisch relativ fundierte Ergebnisse der Neuro- und Kognitionswissenschaften sowie Forschungsergebnisse zur sogenannten künstlichen Intelligenz, in seine Begründungen ein. Hinsichtlich des Entwurfes einer „Selbstmodell-Theorie der Subjektivität" (Metzinger, 1993, 10) versucht er, die Fragen nach den Beziehungen zwischen physischen und kognitiven Prozessen im Menschen konkreter zu beantworten. Seine Theorie mentaler Zustände analysiert hierzu den Prozess der Entscheidungsbildung in Bezug auf die Frage, ob zwei oder mehrere mentale Zustände identisch sind.

Unter Bezugnahme auf Theoriebildungen zum Leib-Seele-Problem, also auf die Verknüpfungen zwischen körperlichen, *voluntativen* und geistigen, *imaginativ*-kognitiven Prozessen, versucht er, die Frage nach der Genese des „Ich" zu klären: Was verursachen geistige Prozesse, wozu dienen sie hinsichtlich der Genese von Welt, Mensch, *Intentionalität* und Interaktion? Wie bildet sich durch sie und in ihnen Subjektivität ab? Die Frage nach der subjektiven Ausprägung psychischer Zustände setzt somit immer die Frage nach dem Selbst voraus:

> „Das ist darum so, weil die dieses Subjekt konstituierenden inneren Erlebnisse auf rätselhafte Weise immer seine sind. Ich bin ein Wesen, das eine psychische Identität besitzt – ein Wesen, das seine bewussten, inneren Erlebnisse in einem sehr direkten und unvermittelten Sinn als seine eigenen erfährt. Ein Schmerz ist nicht einfach schmerzhaft, er ist mein Schmerz."
> *(Metzinger, 1993, 22)*

Die *Generierung* subjektiver Phänomene stellt somit eine philosophisch und handlungstheoretisch wichtige Frage dar. Da die Realität „dort draußen", also in und vor unserem Angesicht sich manifestierende, eine konstruierte ist, stellt sich die Frage, wie die Realität „dort drinnen", also in den Nachvollzügen unseres Geistes, beschaffen ist. Metzinger nähert sich einer Beantwortung dieser Frage an, indem er vier Präsentationsformen mentaler und phänomenaler Zustände und Prozessbildungen beschreibt:

- **Mentale Repräsentationen**, welche Vorgänge definieren, durch die innere Ausdeutungen von Teilbereichen der sogenannten Wirklichkeit erzeugt werden.
- **Mentale Simulationen**, welche immer dann in Erscheinung treten, wenn unser mentales System nicht ausgelastet erscheint und dann tagtraumorientierte Inhalte und Formen erzeugt.
- Wodurch zeichnen sich aber mentale Prozesse und Abbildungen aus? Wie sind sie inhaltlich, sinnlich zu füllen? Metzinger prägt hierfür, als drittes musterbildendes Moment geistiger Prozesse, den Begriff der „**Qualia**, [...] (in ihnen) erleben wir reines, nicht-*relationales* Präsentieren. Aber selbstverständlich tragen Qualia Informationen, und zwar über die gegenwärtige Präsenz einer Reizquelle" (Metzinger, 1993, 75 f.).
- Als Letztes stellt Metzinger das Phänomen des „**Bewusstseins**" im Kontext mentaler Repräsentationen dar, wobei es sich hierbei eher um eine *Meta*-Repräsentation als um

> eine Repräsentation im engeren Sinne handelt. Bewusstsein realisiert sich im je aktuellen Vollzug aktivierter Daseinsgestaltung, ist hierbei nicht nur auf kognitive, sondern auch auf emotionale Bedingtheiten angewiesen.

(vgl. Metzinger, 1993, 47–150)

Mentale Entwürfe sind also als multimodale und *analoge* Datenstrukturen zu definieren, welche sowohl Simulationen erzeugen also auch Präsentationen auszeugen können. Sie sind miteinander zu verknüpfen und ineinander zu verschränken, können somit zu Objekten bewusster Vollzüge werden und sind immer interpretiert und funktional aktiv (vgl. Metzinger, 1993, 106–124):

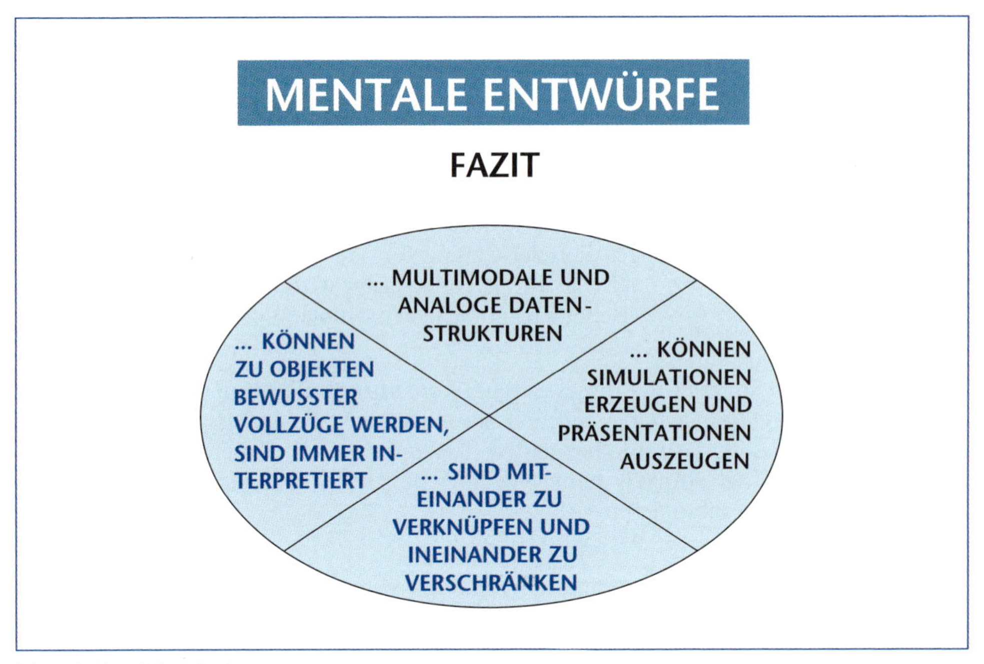

Mentale Entwürfe – Fazit

Diese Aussagen besitzen nicht nur eine Gültigkeit im Hinblick auf die Objektivierungen der Umwelt, sondern sind auch bedeutsam für die Beschreibungen menschlicher Subjektivität, mithin für das, was wir als Selbstmodell menschlichen Tuns bezeichnen können. Da dieses der Dreh- und Angelpunkt interaktionaler Prozesse ist, sollen einige Ableitungen dieser grundsätzlichen Erörterungen im Hinblick auf die Entstehung dieses Selbst folgen.

Was ist denn ein **mental verortetes Selbstmodell**? Metzinger definiert dieses folgendermaßen:

> „Ein Selbstmodell ist ein in ein internes Modell der Welt eingebundenes Analogrepräsentat des es konstruierenden Systems in seiner Umwelt. Sein Gegenstand ist ein diskretes physikalisches System, und hierbei handelt es sich genau um dasjenige – künstliche oder natürliche – Repräsentationssystem, welches das Selbstmodell in sich erzeugt. Mental sind diejenigen Partitionen des Selbstmodells, die prinzipiell durch **Meta**repräsentation zu Inhalten von phänomenalem Bewusstsein werden können. Derjenige Teil des mentalen Selbstmodells, der durch Metarepräsentation zum aktuellen

Gehalt phänomenalen Bewusstseins wird, ist das phänomenale Selbst und das, was wir in traditioneller Terminologie als das Subjekt innerer Erlebnisse zu bezeichnen pflegen."
(Metzinger, 1993, 158f.)

Das Selbst *generiert* sich somit selbst, indem es auf mentaler Basis eine in der Wirklichkeit verortete und an derselben überprüfte Illusion des „Ich" entwickelt. Die diesen Prozess begründenden Wahrnehmungen sind somit als mentale Zustände zu bezeichnen, die verinnerlichte Informationen jeglicher Ausprägung (Gehörtes, Gesehenes, Geschmecktes, aber auch Gefühltes, Geträumtes oder Erhofftes) abbilden. Dieser mentale Rahmen bildet dann die Grundlage für die Strukturierung und Einbettung des vorgestellten, aber gleichzeitig als real definierten Ichs. Dieses entsteht somit genau in dem Moment, in dem der Organismus das vorgestellte Selbstbild nicht mehr als ein solches wahrnimmt, sondern es für wirklich hält. Subjektivität als die Basis aller Interaktionen ist somit potenziell flüchtig wie ein Gas, wie dieses aber dann auch dazu in der Lage, in verborgenste Winkel menschlichen Daseins zu gelangen.

Überlegungen und Versuche

1. ***Wie erfahren Sie Ihre Subjektivität und wie die der Menschen mit Beeinträchtigungen (Verhaltensauffälligkeit, psychische Erkrankung usw.), mit denen Sie tätig sind? Nennen Sie hierfür Beispiele.***
2. ***Schätzen Sie ein, wie sich die oben skizzierten mentalen Entwürfe auf ihr Handeln auswirken, und belegen Sie dies mit Beispielen aus der alltäglichen Interaktion.***

Ausgehend von diesen philosophischen Begründungen menschlicher Interaktionen können diese im Hinblick auf ethische und handlungstheoretische Relevanzen wie folgt erweitert werden:

Aussage 2:
Die Entstehung menschlicher Interaktionen gründet in dem Verwiesensein der Subjekte, selbst in Situationen des Nicht-Verstehens noch Bedeutungen aushandeln zu können. Dieses stellt konkrete ethische Ansprüche an eben diese Interaktionsformen.
Die wechselseitig voneinander abhängigen Abgleichungen der oben genannten Selbstmodelle an und in der Wirklichkeit gelingen zumeist in hohem Maße – anderenfalls wäre Interaktion und Kommunikation auch gar nicht möglich. Dennoch prägt jeder Mensch sein Modell der Wirklichkeit, sein Modell seines Selbst aus und bleibt dem anderen hierdurch im engeren Sinne wesensfremd. Diese Aussage zielt nicht auf eine potenzielle Unterschiedlichkeit der Subjekte, sondern vielmehr auf das Verwiesensein der Vorwegnahme fremder Erfahrungen – welche dann auch solche des Miss- oder Nichtverstehens sein können. Der Interaktionspartner ist immer schon da und „so kommt meine Erfahrung des Geschehens zu spät. [...] Der andere hat keine Bedeutung, er ist nicht Träger einer hinzukommenden Botschaft, er ist die Botschaft. Deshalb begreife ich den anderen nicht, sondern werde begriffen" (Kleinbach, 1994, 66f.). In der Wechselseitigkeit dieses Aufeinanderverwiesenseins kommt Bedeutung in die Welt. Diese Bedeutung kann in der sich bestätigenden Interaktion zweier autonomer Subjekte aufleuchten oder aber durch die gegenseitige Nichtung ausgelöscht werden. Der ethische Anspruch dieser philosophischen Begründung liegt somit auf der Ebene einer

Verpflichtung zur Kommunikation und Interaktion, selbst wenn diese schon oder nicht mehr möglich erscheint – wie dieses ja vielfach in der Arbeit in heil- und sonderpädagogischen Organisationen der Fall sein mag.

Wie geschieht aber dieses Interagieren zweier Menschen? Levinas bezieht seine Aussagen hierzu auf die Leiblichkeit menschlichen Daseins bzw. leitet sie von dieser ab und formuliert folgenden Grundsatz:

Aussage 3:
Menschliche Interaktionsprozesse realisieren sich immer auf der Vollzugsebene des Leibes. Sie weisen hierdurch einen zutiefst körperlichen Bezug und eine intensive sinnliche Struktur auf.
Die leibliche Verfasstheit des Menschen wird von Levinas mit dem Begriff der „Empfindung" gekennzeichnet. Interaktionale Empfindungen lassen sich als das beschreiben, „was ‚am' und ‚im' Leib empfunden wird, als das, wodurch in aller sinnlichen Erfahrung ‚der Leib mit dabei ist'. Die Wärme des Objekts wird an der Hand empfunden, die Kälte der Umgebung an den Füßen, das Relief mit den ‚Fingerspitzen'" (Levinas, 1983, 174 f.). Der Leib vereinigt somit im Prozess der Interaktion „die Subjektivität des Wahrnehmens (eine Intentionalität, die auf ein Objekt abzielt) und die Objektivität des Ausdrückens (ein Wirken, das in der wahrgenommenen Welt kulturelle Objekte schafft – Sprache, Dichtung, Gemälde, Symphonie, Tanz – und da so Horizonte erhellt)" (Levinas, 1983, 20).

Leiblichkeit und Interaktion

Interaktive Prozesse vollziehen sich des Weiteren im Abbau oder im Aufrechterhalten von Nähe. Besser: „Nicht Nähe nehme ich wahr, sondern einen anderen Menschen, der sich nähert" (Kleinbach, 1994, 73). Ich erlebe keine Abstraktion von Leben, sondern ich empfinde aufgrund des Gegenübertretens gerade diesen anderen, fremden, geliebten oder missverständlichen Menschen. Hierbei erkenne ich nicht die Ebene oder Distanz der Nähe oder Entfernung unserer (dann auch psychischen) Beziehung, sondern erlebe vielmehr sinnlich, was der andere ist und ich somit auch sein kann, muss oder darf. Der Blick lässt sich herbei als das zentrale Kriterium und Ereignis der Ausgestaltung von Nähe beschreiben. „Man kann dem anderen nicht begegnen, ohne seinem Blick zu begegnen [...]" (Kleinbach, 1994, 74). Gerade hierdurch entsteht eine wechselseitige Nähe und diese „steht gerade nicht im Modus des Erkennens und damit des Wissens und der Vorstellung. Dem Anrufen geht kein Verstehen voraus" (Kleinbach, 1994, 74). Dieses *prä*kognitive Dasein stellt den Menschen vor die Aufgabe der aufgegebenen Freiheit. Hierin ist er dann frei, in wechselseitigen Prozessen Interaktionen auszuprägen, zu versuchen und zu leben.

Fazit

Zum Thema Interaktionen lässt sich Folgendes sagen:

1. Menschliche Interaktionen gründen in den Ausprägungen umweltabhängiger und subjektiv-geschaffener Selbstmodelle. Sie sind zudem in hohem Maße abhängig vom Verwiesensein des Menschen, selbst in Situationen des Nicht-Verstehens Beziehungen auszuhandeln. Erst im Aushandeln dieser Interaktionen und durch sie entsteht individueller, organisationeller und gesellschaftlicher Sinn. Werden subjektive Bedingtheiten in solchen Prozessen genichtet, geht auch die Sinnhaftigkeit dieser Menschen verloren.
2. Anhand der interaktiven Vollzugsmomente leiblicher Bezogenheiten, hier vor allem der Nähe, können die Qualitäten mitmenschlicher Interaktionen erkannt werden.

Überlegungen und Versuche

1. ***Wie beeinflusst die Struktur einer heilpädagogischen Organisation die Gestaltung von Nähe und Distanz im Alltag?***
2. ***Wie könnte dieses in solchen Organisationen thematisiert und gegebenenfalls verändert werden?***
3. ***Schreiben Sie auf, wann Sie bei Ihren bisherigen Kontakten und Interaktionen mit beeinträchtigten Menschen die Nähe und die Distanz erfahren haben. Nennen Sie hierzu konkrete Beispiele.***

3.3.2 Soziologische Aspekte

Wie sind Interaktionen soziologisch zu betrachten? Welche handlungstheoretisch relevanten Strukturmerkmale weisen sie auf? Mit Bezug auf Luhmann (vgl. Luhmann, 1996) sollen diese Fragen kurz beantwortet werden.

Aussage 1:
Echte, wechselseitig ausgerichtete Interaktionen vollziehen sich immer in der Situation „von Angesicht zu Angesicht" bei zwei oder mehreren Personen. Über den Rahmen dieser direkten Bezogenheiten hinaus kann nicht mehr von Interaktionssystemen gesprochen werden.

Diese Annahme bezieht sich auf den aktuellen Kreis interaktiver Subjekte: Kommunikative und interaktionale Prozesse erreichen aller Wahrscheinlichkeit nach nur die Personen, welche in einer konkreten Situation anwesend sind. Diese befinden sich im konkreten Vollzug dieser Interaktionen in einer mehr oder weniger unveränderlichen

Konstellation und Bedingtheit. Die Begründung für dieses Bedingt-Sein „liegt in der räumlichen und in der zeitlichen Extension. Das Interaktionssystem des jeweils Anwesenden garantiert in praktisch ausreichendem Maße Aufmerksamkeit für Kommunikation. Über die Grenzen des Kommunikationssystems hinaus können die hier geltenden Regeln jedoch nicht erzwungen werden [...]“ (Luhmann, 1996, 218). Dieses gilt selbst dann, wenn interaktive Prozesse vermittels zeitlicher oder objektgebundener Modi (Protokolle, Briefe, Videoaufzeichnungen, aber auch andere, nicht an der direkten Interaktion beteiligte Menschen usw.) hinsichtlich ihrer Sinnhaftigkeit weitergegeben werden sollen. Jenseits „[...] von Interaktionsgrenzen (wird es) unwahrscheinlich, dass sie überhaupt Aufmerksamkeit finden. Anderswo haben Leute etwas anderes zu tun“ (Luhmann, 1996, 218). Interaktionen finden also im direkten Vollzug zweier oder mehrerer Subjekte statt.

Aussage 2:
Interaktionsprozesse bilden in ihrem konkreten Vollzug umweltdifferenzierende und -ausschließende Systeme. Sie bestimmen hierdurch die Grenzen zwischen System und Umwelt ständig neu.
Die Interaktionssysteme des wechselseitigen, aktuellen Kontaktes können als „einfache Sozialsysteme“ (Luhmann, 1996, 263) bezeichnet werden, welche nicht zwangsläufig eine weitere interne Aufteilung in klar umrissene und längerfristig bedeutsame oder existente Subsysteme vorsehen. „Typisch für (solche) Interaktionssysteme ist: dass sie intern nur mit Mühe dauerhafte Teilsysteme konsolidieren können. Es kommt gelegentlich zu Flüstergesprächen; oder auch zum bloßen Beisammenstehen oder Nebeneinandersitzen [...]“ (Luhmann, 1996, 263 f.). Durch die interne Differenzierung dieser Interaktionssysteme kommt es zu einem ständigen Wechsel zwischen den Innengrenzen des Systems und den Außengrenzen der Umwelt, in welchen dieses System eingebettet, mit welcher es vernetzt ist. Interaktionssysteme erzeugen in ihrem Vollzug somit ständig eine systembildende, -ausdifferenzierende, umwelteinbeziehende und gleichzeitig potenziell ausschließende Struktur. Sie schaffen hierdurch eine für die aktuell Interagierenden relevante, äußerst flüchtige Wahrheit.

Da heilpädagogische Organisationen als solche zu kennzeichnen sind, welche in hohem Maße probleminter- und ausagierende sind, soll der Komplex der Problemlösungen vor dem Hintergrund systemtheoretischer Gedanken kurz skizziert werden. Grundlegend kann hierzu Folgendes angenommen werden:

Aussage 3:
Die Entstehung und Auflösung interaktionaler Konflikte liegen in der Abhängigkeit von und dem Verwiesensein auf gesellschaftliche Prozesse und Prämissen begründet. Dieses begründet zwar die Forderung einer freien, subjektabhängigen Konfliktlösung, schränkt diese aber im Einzelfall auch ein.
Ergeben sich in den Interaktionen Konflikte und Krisen, so deuten diese auf eine Abhängigkeit von gesellschaftlichen und umweltbezogenen Prozessen hin:

> „Einerseits hat die Interaktion es mit Modellwirkungen ausgefeilter gesellschaftlicher Problemlösungen zu tun; und andererseits sind diese Problemlösungen an die ausgeprägte Typik eines Gesellschaftssystems gebunden und in die Interaktion nicht ohne weiteres übernehmbar. Die Differenz wird als solche von Fall zu Fall bewusst und [...] (somit) zum Bezugspunkt für darauf bezogene Neuentwicklungen.“
> *(Luhmann, 1996, 455 f.)*

Die sich in der Verschränkung von System und Umwelt ergebenden Konflikte entstehen also im Übertrag gesellschaftlicher Erwartungen auf die je aktuelle Interaktionssituation bzw. in der entstehenden Unschärfe zwischen Gesellschafts- und Interaktionssystem(en). Gerade im Hinblick auf die Organisationssysteme, welche gesellschaftlich erzeugten Randgruppen sinnstiftende Interaktionen anbieten, scheint diese Aussage eine nicht geringe *Relevanz* zu besitzen. Das Modell der Gesellschaft bietet die Grundlage zur Entstehung **und** Auflösung dieser Konfliktmuster, verortet die Verantwortung zur zielgerichteten Umsetzung dieser konfliktlösenden Strategien aber in den einzelnen organisatorisch begründeten Interaktionen. Die je einzelne Interaktionssequenz steht hierbei also im Extremfall unter einem immens hohen Druck gesellschaftlicher und organisationssystemischer Erwartungen. Hieran anknüpfend kann des Weiteren festgestellt werden, dass, wenn „in interaktionellen Konflikten (die [...] immer auch gesellschaftliche Konflikte sind) Anzeichen einer die Interaktion überschreitenden gesellschaftlichen Relevanz auftauchen, [...] die Wahrscheinlichkeit höher (ist), dass der Konflikt verbreitet, vertieft, perpetuiert wird“ (Luhmann, 1996, 535).

Fazit

Die soziologischen Aspekte der Interaktion verdeutlichen folgende Gesichtspunkte:
1. Interdependente Interaktionsprozesse realisieren sich in der direkten Beziehung zweier oder mehrerer Handlungspartner. Diese Beziehung stellt im konkreten Vollzug ein umweltdifferenzierendes und -ausschließendes System dar. Hierdurch bestimmen sich die Grenzen zwischen System und Umwelt ständig neu.
2. Interaktionale Konflikte in Organisationssystemen liegen im Verwiesensein auf gesellschaftliche Prämissen und Prozesse begründet.

Überlegungen und Versuche

1. ***Wie und wodurch schafft die heilpädagogische Organisation, in welcher Sie tätig sind oder waren, ein umweltdifferenzierendes oder umweltausschließendes System? Wie sind Sie selber an diesen Prozessen beteiligt?***
2. ***Finden Sie Beispiele aus der heilpädagogischen Arbeit, wie interaktionale Konflikte und gesellschaftliche Prozesse miteinander verbunden sind.***
3. ***Finden Sie Möglichkeiten bzw. entwerfen Sie Vorgänge dafür, wie die Problematiken aufgelöst werden könnten. Oder ist vielleicht eine diesbezügliche Veränderung der Institution gar nicht möglich? Begründen Sie Ihren Entwurf und Ihre Meinung.***

3.3.3 Psychologische Aspekte

Nach einigen grundlegenden Ausführungen zu sozialpsychologischen und interaktionstheoretischen Erklärungen menschlicher Interaktionen werden die Phänomene der „Nähe“ und der „Sprache“ als *Modi* interaktionaler Prozesse beschrieben.

Unter Bezugnahme auf interaktionstheoretische und entwicklungspsychologische Erkenntnisse kann festgestellt werden, dass sich das Selbst eines Menschen, seine Individualität und Identität in einem intervenierenden Prozess zwischen primär sich vollziehenden umweltbedingten Strukturelementen und hiervon sekundär abhängigen, aber auch auf diese rückwirkenden, subjektiv bedeutsamen Handlungen entwickelt. Hierbei stehen besonders folgende Fragestellungen im Mittelpunkt:

- Mit wem interagiert ein Subjekt? Diese Frage kann schlichtweg damit beantwortet werden, dass sich ein Individuum nicht die besten potenziellen Interaktionspartner auswählt, sondern mit denjenigen interagiert, welche im konkreten Vollzug gerade vorhanden sind.
- Was macht ein Subjekt in einer Interaktion? Auch dieses ist unter den Bedingtheiten gesellschaftlicher Prozesse abhängig von den Personen, welche sich gerade in seiner Nähe befinden. Sie bestimmen sich und den aktuell interagierenden Menschen hierbei entweder als Rollenpartner, an dem Handlungen oder Muster festgemacht werden können, oder als eine Art von Subjekt, welches Handlungen verunmöglicht, welche zu anderen Zeiten, mit anderen Personen sehr wohl im Rahmen des Möglichen liegen würden. Dieses „Was“ einer Interaktion ist des Weiteren abhängig von der Zeit, in welcher gehandelt wird: Der Tagesablauf, Wochen- oder Jahresrhythmus bestimmt hierbei nicht unwesentlich die potenziellen oder aktualen Interaktionen. Auch hier ergibt sich eine Verknüpfung zum Alltag in sonderpädagogischen Systemen. Man denke nur an das Schichtsystem und die Nachtwachen in Wohneinrichtungen, die Stundenpläne in den Schulen oder die didaktisch-methodischen Rhythmisierungen eines Kindergartenvormittages.
- Diese Erläuterungen leiten über zur nächsten Fragestellung: Wo realisieren sich Interaktionen? Hierzu kann Ähnliches ausgesagt werden wie zur ersten Frage: Aufgrund einer nicht umfänglichen Mobilität des Menschen wird er mit denjenigen Personen interagieren, welche unter der Prämisse eines angemessenen Kraft- und Zeitaufwandes für ihn zu erreichen sind. Diese Aussage muss im Zeitalter des Internet jedoch dahingehend modifiziert werden, dass zumindest teilentsinnlichte Interaktionen an beinahe jedem Ort der Welt möglich werden. Im Hinblick auf heilpädagogische Konsequenzen steht in Bezug auf diese Fragestellung die Organisation als solche im Mittelpunkt des Interesses. Somit ist es nicht egal, ob Interaktionen im Wohnheim, in der Psychiatrie, in der Schule, dem Kindergarten oder dem Gesellschaftssystem als umfassender Umwelt stattfinden.
- Wann finden Interaktionen statt? Die Rhythmisierung und Chronologisierung menschlicher Tätigkeiten führen hierbei zu einer Bedingtheit interaktionaler Prozesse. Berufsrollenmuster, Freizeittätigkeiten usw. führen zu einer einschneidenden Verengung möglicher Interaktionspotenziale. Auch hier sei kurz auf die zum Teil recht starren Strukturen heil- und sonderpädagogischer Organisationssysteme verwiesen.

Nimmt man nun noch den Determinationskomplex historischer, kultureller, sozialer, organisationssystemischer und persönlich-subjektiver Barrieren hinzu, so können diese zu einer erheblichen Einschränkung möglicher Interaktionen führen. Auf diese Tatsache stützt sich folgende Feststellung:

Aussage 1:
Die Faktizität möglicher Interaktionspartner, -inhalte, -orte und -zeiten schränkt vor dem Hintergrund gesellschaftlicher und organisatorischer Festlegungen mögliche Interaktionen ein und führt somit gegebenenfalls zu Frustrationen und Deprivationen der Handlungspartner.
Kommt es aber zu Interaktionen, so spiegeln diese die Motivationen des Menschen wider, „sodass eine Klassifikation von Beziehungen im Sinne gemeinsamer Aktivitäten in gewis-

ser Weise auch eine Klassifikation im Sinne der Bedürfnisse ist, die die Beziehung befriedigt oder zu befriedigen versucht" (Hinde in Anhagen/Salisch, 1993, 14). Bedürfnisbefriedigende Motivationen stellen somit eine sozialpsychologische Grundlage menschlicher Interaktionen dar. Grundlegende Motivationen bestehen in den je individuell bestimmten Bezogenheiten zur Macht, zum Hedonismus, zum Altruismus, zur Intimität sowie zur Zufriedenheit in und mit Beziehungen (vgl. Hinde, 1993, 20ff.; Forgas, 1994, 13ff.). Diese finden sich in beinahe allen Interaktionen wieder, ganz gleich ob es sich hierbei um hierarchiefreie Bezogenheiten zweier oder mehrerer autonomer Subjekte oder aber um Arbeitsbeziehungen zwischen Kolleginnen und Kollegen, Erziehern und Kindern, Lehrern und Schülern, Heilpädagoginnen und Bewohnern handelt. Interaktionen spiegeln somit also Bedürfnisstrukturen wider, verstärken oder nichten diese im konkreten Vollzug menschlicher Beziehungen.

Aussage 2:
Die menschlichen Bedürfnisse nach Macht, Hedonismus, Altruismus, Intimität und Zufriedenheit spiegeln sich in allen Interaktionsformen und Beziehungen wider.
Wie konkretisieren sich diese Strukturelemente aber genau? Grundsätzlich kann hierzu Folgendes angenommen werden.

Aussage 3:
Der Raum, welchen die Interaktionspartner miteinander aushandeln, stellt eine relevante Größe hinsichtlich der Motive, Begründungen und Wertigkeiten ihrer Beziehungsgestaltung dar.
Der Raum drückt in menschlichen Interaktionen das Maß der Distanz und der Nähe zwischen den Personen aus. Ich „rücke jemanden auf die Pelle", ich „komme ihm zu nahe" oder „gehe auf Distanz", mir wird es in Anwesenheit anderer „zu eng", sie „nehmen mir den Raum zum Atmen" oder „bedrängen mich". Die Verbalsprache bemächtigt sich derjenigen Formulierungen, welche die Sprache des Raumes schon vorwegnimmt. Diese bezieht sich vor allem auf den informellen Raum, in welchem die räumliche Entfernung zwischen den Interaktionspartnern bestimmt wird. Diese gliedert sich auf in die Zonen der intimen, persönlichen, gesellschaftlichen und öffentlichen Distanz:

- **Intime Distanz:** Sie lässt sich beschreiben als die Entfernungen, welche enge Freunde, Familienangehörige oder Sexualpartner zueinander einnehmen. Sie bezieht sich in der nahen Phase auf den direkten Körperkontakt und liegt in ihrer entferntesten Distanz bei ungefähr 20 bis 60 Zentimetern. So können die Körperwärme sowie der Körpergeruch noch wahrgenommen werden. Der Blickwinkel für scharfes Sehen bezieht sich auf die obere und untere Gesichtshälfte, mithin auf die Partien, welche via Augen- und Blickkontakt einen „Ausschnitt der Seele" freigeben. Intensive Blickkontakte zwischen Partnern, welche nicht in diesen Lebenskreis gehören, sind hierbei nicht gestattet. Sie werden nicht in diese Privatsphäre hineingelassen, wir dringen jedoch auch nicht in die ihrige ein.
- **Persönliche Distanz:** Diese Zone reicht in der näheren Ausprägung von ungefähr 60 bis 90 Zentimeter, sodass sich die Interaktionspartner noch berühren bzw. an den Händen fassen können. Der Raum zwischen ihnen bleibt frei, damit es nicht zu einem wechselseitigen Gefühl der Enge kommt. In der entfernteren Ausprägung umfasst sie den Raum von 90 bis etwa 150 Zentimeter. Hierin können dann zwar noch Details des anderen Interaktionspartners wahrgenommen werden, ein direkter „Zugriff" auf ihn ist jedoch nicht mehr möglich.

- **Gesellschaftliche Distanz:** In der nahen Ausprägung, welche zwischen 150 und 200 Zentimetern liegt, vollziehen sich diejenigen Interaktionen, welche den eher unpersönlichen Bereich der Arbeit umfassen. Die entferntere Zone zwischen zwei und vier Metern dient der Erledigung gesellschaftlicher und dienstlicher Handlungsvollzüge. Der Blickkontakt nimmt in diesem Modi der Interaktion aus Höflichkeitsgründen eher an Häufigkeit zu. Diese Distanz übt zudem eine gewisse Schutzfunktion aus, da in ihr relativ störungsfrei weitergehandelt werden kann.
- **Öffentliche Distanz:** Sie prägt sich in ihrer nahen Zone über eine Distanz von vier bis acht Metern aus und dient zur Realisierung eher unstrukturierter Beziehungsmuster, wie Konferenzen oder Besprechungen. Die entfernte Ausprägung geht über die Distanz von acht Metern und mehr hinaus und schafft in ihrem Vollzug eigentlich erst das, was konkret mit „Distanz" gemeint ist: eine räumliche Trennung, in der Nähe im engeren Sinne nicht mehr wahrgenommen werden kann.

(vgl. Reifarth,1976, 92 ff.)

Für alle vier Formen gilt, dass ihr Aushandeln ein „deutlicher Indikator für Statusunterschiede zwischen Interaktionspartnern ist" (Reifarth, 1976, 95).

Dieses Phänomen soll noch genauer erläutert werden:

Räume und Statusunterschiede

Aussage 4:
Nähe- und Distanzphänomene in sozialen Interaktionssystemen realisieren sich aufgrund eines je individuell, immer wieder neu festzulegenden Verhältnisses von Annäherungs- und Vermeidungskräften. Diese liegen unter anderem in den emotionalen Ausprägungen von situativem Behagen und Unbehagen begründet.
Mit Salewski (vgl. Salewski, 1993, 3f.) kann davon ausgegangen werden, dass die physikalisch messbare Distanz zwischen den Handlungspartnern häufig erst dann problematisiert

wird, wenn sich auffällige, negativ bewertete Distanzen ausprägen. Die „komplexe Choreographie" (Salewski, 1993, 8) menschlicher Interaktionsphänomene gerät ins Wanken und deutet auf eine Veränderungsnotwendigkeit derselben hin. Salewski stellt fest, dass das „Verhältnis von Annäherungs- und Vermeidungstendenzen durch das Maß an Unbehagen, das in verschiedenen Situationen bei unterschiedlichen Distanzen jeweils anders empfunden wird (operationalisiert werden müsse)" (Salewski, 1993, 218). Sie kommt in ihren Überlegungen zu folgenden Schlussfolgerungen:

- Die Motivationen, welche ein Verhalten steuern, sind zwar noch an die je individuelle Person gebunden, stellen aber keine langfristig überdauernde Variable des Subjektes dar. Dieses reagiert in Bezug auf die Umsetzungen von Nähe- und Distanzphänomenen nach den Maßgaben der je spezifischen Situation.
- In den meisten Interaktionssituationen gelingt der Aufbau von Distanzverhalten, sodass er nicht bewusst reflektiert wird oder intensive affektive Reaktionen nach sich zieht.
- Es existieren subjektabhängige Prozesse in Bezug auf den Anstieg der Kräfte, welche Interaktionen verhindern, vermindern oder als unwahrscheinlich erscheinen lassen.
- In den unterschiedlichen Distanzen, welche in Interaktionen ausgestaltet werden, entsteht ein potenziell immer wieder anderes und modifizierbares Verhältnis von kontaktvermeidenden und -annähernden Kräften. Dieses drückt sich vielfach im erlebten Unbehagen des je Einzelnen aus.
- Der konkret physikalische Abstand zwischen den Interaktionspartnern erscheint somit nicht mehr so relevant. Objektiv vorhandene und subjektiv empfundene Distanzen weisen also einen unterschiedlichen Grad der Gewichtung auf. Nicht mehr das Faktum der Distanzen erscheint hierbei maßgeblich, sondern der Weg ihrer Entstehungen. „Die passende oder nicht passende Distanz kann, muss aber nicht von Mensch zu Mensch unterschiedlich sein, immer aber liegt ein jeweils spezifisches Verhältnis von Annäherungs- und Vermeidungskräften vor."

(vgl. Salewski, 1993, 220 ff.)

Als Letztes soll noch kurz auf sprachliche Phänomene menschlicher Interaktion eingegangen werden:

Aussage 5:
Sprache als beziehungsstiftendes und -strukturierendes Element konkretisiert unter anderem auf den Ebenen des Sprechausdrucks, der Stimmgebung, der Artikulation und Dynamik die Motive, Bilder und Erwartungen, welche die Interaktionspartner voneinander haben. Die Form des Ausdrucks ist hierbei im Regelfall relevanter als der Inhalt, jedoch nicht so entscheidend wie die nonverbalen, sprachbegleitenden Handlungen.

Sprache als der Hauptträger menschlicher Kommunikation nimmt in allen Interaktionen einen breiten Raum ein. Selbst in ihrer Abwesenheit, wie im beredten Schweigen, ist sie in paradoxer Realisierung noch anwesend. Sprache bildet Gedanken und Denken ab, präformiert und evaluiert sie, begleitet den Menschen vom vorgeburtlichen Leben bis zum Tode. Sprache als ein Fähigkeitsbereich menschlichen Daseins drückt eben dieses Dasein aus. Hieraus kann der Schluss gezogen werden, „[...] dass sich die Persönlichkeit des Menschen in seiner Stimme oder seinem Tonfall widerspiegelt [...], (wobei diese) nur zwei Erscheinungsformen von vielen sind, in denen sich Persönlichkeit widerspiegeln kann" (Zilliken, 1991, 4).

Zilliken kommt zu dem Ergebnis, dass der Sprechausdruck beziehungskonstituierende Wirkung habe. Alle Elemente menschlicher Sprache deuten hiernach auf den Aufbau und die Ausgestaltung interaktiver Geschehnisse hin: Sprechausdruck, Stimmgebung, Artikulation, Tempo, Dynamik und Tonhöhe realisieren einzelne Ausprägungen beziehungsstiftender, -erhaltender und -nichtender Interaktionsvorgänge. Sie geben hiermit die Motive, Bilder, Stereotype und Erwartungen wieder, welche ihre Emotionen begründen und somit den je spezifischen Interaktionsverlauf strukturieren. Das kommunikativ umgesetzte „sprachliche Zeichen (ist somit) immer zugleich Symptom (des Sprechers), Symbol (des gemeinten Gegenstandes) und Signal (für den verstehenden Hörer)" (Zilliken, 1991, 50). Treten im Vollzug dieser Prozesse Kommunikationskonflikte auf, so sind diese „häufig darauf zurückzuführen, dass innerhalb der impliziten oder expliziten Beziehungssignale für den Kommunikationspartner nicht unmittelbar verständliche Diskrepanzen auftreten" (Zilliken, 1991, 52). Das „Wie" des Ausdrucks steht im interaktionalen Interesse zwischen dem „Was" und dem „Wodurch". Der Sprechausdruck stellt zudem ein Kriterium dar, hinsichtlich dessen die Beziehungsdimension der Interaktionspartner bestimmt wird. Hierbei können folgende drei Gegensatzpaare unterschieden werden:

- Überordnung vs. Unterordnung,
- Nähe vs. Distanz,
- Wertschätzung vs. Geringschätzung.

(vgl. Zilliken, 1991, 55 ff.)

Hierzu kann festgestellt werden, dass die Art und Weise des Sprachgebrauches die Dimensionierung und Positionierung der Interaktionspartner im subjektiven und organisationellen System ausdrückt. Sie umfasst hierbei die Phänomene der Dominanz, der Nähe und Distanz sowie der Wert- und Geringschätzung.

Fazit

Der psychologische Blick auf das Thema ermöglicht folgende Feststellungen:

1. Die grundlegenden Motive menschlicher Interaktionen, wie Macht, Hedonismus, Intimität und Zufriedenheit, drücken sich vor allem in analogen Handlungsmustern aus. Die faktischen Konkretisierungen dieser Interaktionen hinsichtlich der Interaktionspartner, -inhalte, -orte und -zeiten werden durch eben diese begrenzt und führen somit gegebenenfalls zu Frustrationen und Deprivationen.
2. Die Ausgestaltung des interaktionalen Raumes hinsichtlich der Nähe- und Distanzphänomene realisiert sich aufgrund eines immer wieder neu und individuell unterschiedlichen Verhältnisses von Annäherungs- und Vermeidungskräften, welche unter anderem in den Ausprägungen emotionalen Behagens oder Unbehagens begründet sind.
3. Interaktionen werden vor allem durch den Gebrauch der Sprache bestimmt. Diese drückt die Dimensionierung und Positionierung der Interaktionspartner im jeweiligen System zwischen den Polen der Dominanz, der Nähe und Distanz sowie der Wert- und Geringschätzung aus.

Überlegungen und Versuche

1. ***Woran lassen sich Ihre Motive (oder diejenigen Ihrer Kolleginnen und Kollegen) im heilpädagogischen Handeln erkennen?***

2. ***Wie wirken sich diese Motive auf die Befindlichkeiten Ihrer Handlungspartner aus? Erläutern Sie Ihre Antwort an Beispielen.***

3. ***Wodurch strukturiert die heilpädagogische Organisation, in der Sie tätig sind oder waren, den Raum, in welchem Handlungen stattfinden? Inwieweit ist dieser veränderbar?***

4. ***Beobachten Sie das Sprachverhalten in Ihnen bekannten heilpädagogischen Organisationen: Wodurch ist dieses jeweils gekennzeichnet? Gibt es in bestimmten Situationen wiederkehrende Muster?***

3.3.4 Pädagogischer Blickwinkel

Nach einem kurzen Rückblick auf die Forderungen einer kritisch-konstruktiven Erziehungswissenschaft in Bezug auf Interaktionen in pädagogischen Organisationen werden einige Implikationen zur Umsetzung dieser Forderungen skizziert.

Aussage 1:
Eine pädagogische Interaktion weist immer die Merkmale der Bewusstheit, der Zielgerichtetheit, der Begründbarkeit und der Subjektausgerichtetheit auf. Zudem ist eine pädagogische Interaktion immer eine (wenn auch vielfach teil- oder vorbewusste) gesellschaftspolitische Handlung.
Nach Klafki (Klafki, 1977, 11 ff.) lässt sich der Begriff der Interaktion in seiner Konkretisierung in Organisationen pädagogisch wie folgt bestimmen:

Organisationen und Interaktionen sind zwei interdependente Kategorien, durch welche „[...] zwei Momente jedes pädagogischen Sachverhaltes bezeichnet werden [...]“ (Klafki, 1977, 11). „Organisation“ bezeichnet hierbei alle möglichen Planungs-, Strukturierungs- und Evaluationsversuche eines pädagogischen Interaktionsprozesses. Interaktion meint hierbei den interdependenten Prozess zweier wahrnehmender, interpretierender, sich verhaltender und handelnder Subjekte. Von einer „pädagogischen“ Interaktion kann aber erst dann gesprochen werden,

> „wenn in ihr ein oder einige Partner mit einem Mindestmaß von Bewusstheit mit ihren Handlungen die Intention verbinden, dem Educandus bzw. den Educandi den Aufbau oder die Veränderung von relativ überdauernden Einstellungen [...], Fähigkeiten, Erkenntnissen und Kenntnissen zu ermöglichen, und zwar unter Zielvorstellungen, die im Hinblick auf die Adressaten solcher Bemühungen für gültig bzw. für begründbar gehalten werden.“
> *(Klafki, 1977, 12)*

Pädagogische Organisationssysteme und hierin sich vollziehende Interaktionen bestimmen sich somit also im „Verhältnis von ‚Struktur‘ und ‚Prozess‘“ (Klafki, 1977, 12). Dabei ist das eine weder ohne das andere denkbar oder gar konkretisierbar. Dieser Gesamtprozess ist nun wiederum eingebunden in gesamtgesellschaftssystemische Vollzüge, sodass im Hinblick auf so ziemlich jede interaktive Handlung von einem gesellschaftspolitischen Stellenwert pädagogischer Interaktionen gesprochen werden kann. Sie sind somit nie außerhalb dieser systemischen Mechanismen angesiedelt, immer in diese eingebettet und auf sie zurückwirkend. Solche pädagogischen Interaktionen können organisationsmodifizierende Bedeutungen haben, wie auch umgekehrt das einzelne Organisationssystem interaktionsverändernde Prozesse nach sich ziehen kann. Hierbei ist vor allem der pädagogische Auftrag dieser Organisationen relevant: Sollen interaktive Prozesse konkrete Formen der Selbst- und Mitbestimmung generieren, sind hierbei folgende Grundfertigkeiten umzusetzen:

- die Fähigkeit, sich verbal und extraverbal auszudrücken,
- die Fähigkeit zur reflexiv-reflektierenden Rollenübernahme und -distanz,
- die Fähigkeit, subjektive emotionale Prozesse angstfrei erleben zu können,
- die Ausformung von Kreativität, Kritikfähigkeit und Solidarität.

Werden diese Fähigkeiten verneint, kommt es zu einer Manipulation der Bezugspartner in pädagogischen Prozessen.

Unter *pragmatischen* Gesichtspunkten bedeutet dieses, dass es durch den Handlungspartner, durch die Bedeutungen, die sich die im Interaktionsprozess Agierenden selber und ihrem organisationssystemischen Umfeld zuschreiben, zu einer Festlegung der eigenen und fremden sowie der eventuell antizipierten Rollen und Normen kommt:

> „Man copiert ein Personenmodell in ein konkretes und dadurch immer schon unverwechselbares psychisches System [...]. Rollen können dann, von der individuellen Person unterschieden, als eigene [...] Gesichtspunkte der Identifikation von Erwartungszusammenhängen dienen."
> *(Luhmann, 1996, 430)*

Die einzelne Person erfährt hierdurch ihren Standort im Gesamtsystem, in welches sie eingebunden und von welchem sie in hohem Maße abhängig ist. Hierdurch entsteht letztlich Identität. Diese kann somit als ein Ziel interaktionaler, kritisch-konstruktiver und solidarischer Pädagogik und Heilpädagogik verstanden werden.

Aussage 2:
Die Realisierung von Identität stellt sowohl einen Weg als auch ein Ziel pädagogischer Interaktionen dar. Wird es nicht wahrgenommen, verkommen pädagogische Handlungen zu Manipulationen an Subjekten.

Fazit

Aus der Verbindung Interaktion – Pädagogik ergeben sich wichtige Erkenntnisse:

1. Eine pädagogische Interaktion weist als gesellschaftspolitische Handlung die Merkmale der Bewusstheit, der Zielgerichtetheit, der Begründbarkeit und der Subjektausgerichtetheit auf.
2. Pädagogische Interaktionen dienen der Generierung personaler Identität und praktizierter Selbst- und Mitbestimmung. Werden die hierzu notwendigen Grundfertigkeiten und Prämissen nicht beachtet, verkommen pädagogische Absichten und Handlungen zu Manipulationen.

Überlegungen und Versuche

1. ***Inwieweit sind oder waren Ihre pädagogischen Handlungen gesellschaftspolitisch orientiert oder wirksam?***
2. ***Legen Sie an konkreten Beispielen aus dem Berufsalltag die Ziele und die individuellen Begründungen pädagogischer Handlungen dar.***

3. Beschreiben Sie einige Interaktionen, in denen die Mitbestimmung der Bewohner deutlich zu erkennen ist, sowie auch solche, bei denen von Mitbestimmung keine Rede sein kann.

3.3.5 Heilpädagogischer Blickwinkel

Aussage 1:
Heilpädagogische Interaktionen entstehen im Spannungsfeld zwischen Selbst- und Fremdverständnis. Sie sind hierbei eingebettet in den Nachvollzug gesellschaftlicher Ausgrenzungs- und Einschlussmechanismen und führen somit in ihrer unreflektierten Form zu einem weiteren Ausschluss ihrer jeweiligen Bezugsgruppen.
Heil- und sonderpädagogische Interaktionen vollziehen sich im Spannungsfeld von beruflich-biografischem Selbstverständnis und methodisch-empathischem Fremdverstehen des je anderen Mitmenschen (vgl. Schildmann, 1993, 14 ff.). Auf der einen Seite steht somit der heilpädagogisch Tätige und versucht, ein gesellschaftlich gewachsenes Berufsbild umzusetzen, auf der anderen Seite befindet sich der Adressat seiner Tätigkeiten, welcher vielfach *qua* Status- und Rollenzuweisung erst zum Objekt dieses pädagogischen Handelns wird. Die Motivationen des Heilpädagogen, über eine Auseinandersetzung mit beruflichen Haltungen und biografischen Bezügen eine individuell sinnvolle Arbeit durchzuführen, stoßen im konkreten Vollzug auf eine Menschengruppe, die ihm in der Regel wenig vertraut ist.

Hinsichtlich der Vollzugsebene der Interaktionen haben wir es dann in heilpädagogischen Organisationen auch in Bezug auf die hier angewendeten Methoden recht häufig mit Prozessen körperlicher, hautnaher Natur zu tun. Die Leiblichkeit des Menschen (siehe oben) steht also im Mittelpunkt des interaktiven Interesses. Mit dieser und durch sie realisiert sich heilpädagogisches Handeln, wobei vielfach nur die Seite des Adressaten einer intensiven und kritischen Reflektion unterzogen wird: Sein en Körper, seine Atmung, seine An- und Entspannung gilt es zu beachten und hierauf zu **re**-agieren, von und mit ihm haben pädagogisch-therapeutische Verfahren auszugehen. Viel zu selten steht hierbei auch die Person und Leiblichkeit der Pädagogin oder des Pädagogen im Mittelpunkt des Interesses, sodass von einem wirklichen „Körpergespräch" (Stinkes, 1996, 133) nicht gesprochen werden kann. Zu psychiatrienah und körperfern erscheinen häufig noch die pädagogischen Versuche einer wirklichen Annäherung. Ein langgedienter Mitarbeiter einer heilpädagogischen Wohneinrichtung empfand sich noch Anfang der 90er-Jahre des 20. Jahrhunderts als „nackt", wenn er seinen Kittel auszog. Das heilpädagogisch agierende Subjekt nimmt somit häufig nicht wahr, wie es wahrgenommen wird, zumal diese Wahrnehmung vielfach noch vor dem Hintergrund mannigfaltiger kognitiver, perzeptiver und affektiver Brechungen erfolgt:

Aussage 2:
In heilpädagogischen Organisationen stehen die körperlichen Anteile der Interaktionen zwar im Mittelpunkt des didaktisch-methodischen Interesses, hierbei wird jedoch den Ausprägungen der Bewohner, Schüler usw. wesentlich mehr Aufmerksamkeit geschenkt als denjenigen der Erzieher, Lehrer usw.

Überlegungen und Versuche

1. ***Wie wird in den Ihnen bekannten heilpädagogischen Organisationen die Körperlichkeit der dort Tätigen thematisiert?***
2. ***Beschreiben Sie einige Situationen, in denen Sie in den beruflichen Interaktionen an Ihre Grenzen gekommen sind. Stellen Sie vielleicht hierbei wiederkehrende Muster fest?***
3. ***Schreiben Sie auf, wie Ihre erste Begegnung mit Menschen mit Behinderung war. Was haben Sie dabei gefühlt? Was haben Sie verstanden? Wie haben Sie in dieser Interaktion reagiert? Und wie ist das heute?***

Zusammenfassung

Wie bei den grundlegenden Aussagen zu heilpädagogischen Organisationen beeinflussen die oben dargestellten Gesichtspunkte immer das professionelle Handeln und das Leben in heilpädagogischen Organisationen. Um das eigene Handeln bewusst zu steuern und auch das der anderen positiv zu beeinflussen, d.h. zu verstehen und zu gestalten, ist eine ständige Wahrnehmung und Aktualisierung der im folgenden Bild dargestellten Vernetzungen erforderlich:

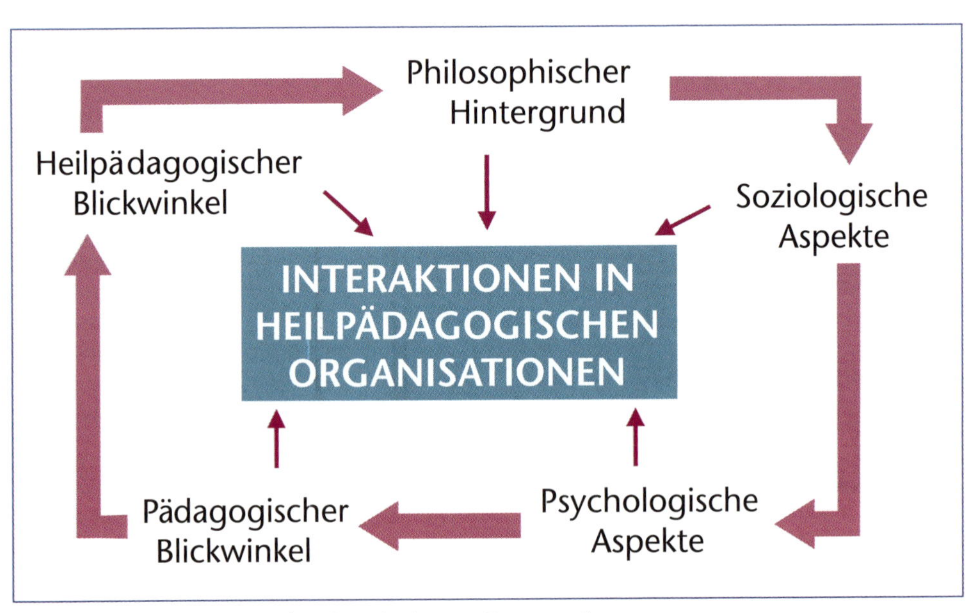

Interaktionen in heilpädagogischen Organisationen – Zusammenfassung

3.4 Institutionelle Verankerung der Inklusion: ein Widerspruch?

Inklusion ist umfassend und unteilbar, d.h., dass alle Lebensfelder und Handlungsbereiche eines Menschen hiermit gemeint sind. Zudem ist Inklusion lebenslaufbegleitend und lebenslauforientiert: Keine Altersgruppe ist von inklusiven Maßnahmen ausgeschlossen. Dieser umfassende Anspruch von Inklusion könnte unter Umständen in einem Widerspruch dazu stehen, diese Grundgedanken und Leitideen institutionell bzw. organisatorisch zu verankern, da Inklusion als gesellschaftliche Aufgabe in alle Bereiche hineinzuwirken in der Lage sein muss.

Die dargestellten Grundlagen von Organisationen, zusammen mit ihrer (durch den gesellschaftlichen Auftrag begründeten) Machtorientierung und den auf die Machtausübung ausgerichteten Interaktionen in ihnen, erfordern die Entwicklung eines Inklusionsverständnisses, das sowohl die Rahmenbedingungen und Bedingtheiten der Organisationen als auch ihre Machttendenz im Blick behält. Folglich muss eine institutionelle und organisatorische Verankerung von inklusiv denkender und handelnder Heilpädagogik auch organisatorische Formen inklusiver Maßnahmen konkretisieren. Was kann dies nun konkret bedeuten?

Inklusion manifestiert sich politisch und sozial, d.h. über bestimmte Politiken und Programme (vgl. Bloemers, 2009, 167–170): Schon auf diesem Hintergrund kann sie „[...] als eine für alle Menschen gültige Ethik jenseits aller nationalen Herkünfte gelten [...]“. Als solche ist sie „[...] für eine gemeinsame Entwicklung der politisch avisierten ‚Kultur der Vielfalt und der Differenz‘ unverzichtbar und [...] in deren Mittelpunkt [steht, Anm. d.V.] die identitätsstiftende, bedingungslose Anerkennung des Anderen als Anderen“ (Bloemers, 2009, 167). Inklusion äußert sich also darin, „[...] dass jeder Mensch die Chance erhält, einen wie auch immer gearteten individuellen Beitrag zur Gemeinschaft zu leisten, wobei nicht die gesellschaftlichen Erwartungsnormen, sondern die individuellen Fähigkeiten entscheidend sind“ (Bloemers, 2009, 167). Diese ethische Grundorientierung von Inklusion bedingt nun unter anderem eine institutionelle Ausprägung inklusiver Maßnahmen, welche dann wiederum in organisatorische Konkretisierungen und Umsetzungen von Inklusion münden müssen. Hierzu sind weltweit, aber auch im europäischen und deutschen Rahmen unterschiedliche Programme entwickelt worden, welche Inklusion auf der Organisationsebene unmissverständlich verankern. Sie stützen sich nicht nur auf politische Entwürfe und Entscheidungen, die Inklusion als Zielvorstellung für alle Prozesse vereinbaren, sondern auch auf „[...] bürgerliche Initiativen sozialer Partnerschaft und Handlungskonzepte und Organisationsverfahren, mit denen die politisch postulierte Gleichwertigkeit der individuellen Vielfalt in Alltagspraxen umgesetzt werden können“ (Bloemers, 2009, 167). Konkret handelt es sich um die politischen Entwürfe der Europäischen Union, die auf dem Hintergrund des Vertrages von Amsterdam 1997 in Artikel 13 und des Vertrages von Nizza 2000 im Artikel 21 das Recht auf Maßnahmen gegen Diskriminierung festschreiben. Somit machen sie die Entwicklung und Ausprägung einer inklusiven Gesellschaft und Gemeinschaft zum Hauptthema eines sozialen Aktionsprogrammes der Europäischen Kommission für die Jahre 1998–2000. Diese Grundlegung wurde durch die Entschließung des Europäischen Rates von Lissabon im Jahr 2000 und die Mitteilung der Kommission der Europäischen Gemeinschaft vom März 2000 mit dem Titel „Ein Europa schaffen, das alle einbezieht“ für die Jahre 2000 bis 2005 erweitert und differenziert.

Auf diesem Hintergrund entwickelten sich weitere institutionell verortete und organisatorisch realisierte Maßnahmen zu politischen Entwürfen und bürgerlichen Initiativen zur Inklusion, so z. B. die Salamanca Resolution von 1994, die Barcelona Deklaration von 1995 sowie das von der Europäischen Union im Jahr 2003 deklarierte „Europäische Jahr der Menschen mit Behinderungen". Damit entstand im Laufe der Zeit ein Bündel von Reformen und Reformprozessen, durch welche „[...] die strukturellen Behinderungen institutioneller, bildungspolitischer, baulicher, sozialer, wirtschaftlicher und mentaler Behinderungen beseitigt, also die Umweltbarrieren als systemimmanente Schranken abgebaut werden [sollten, Anm. d. V.], die einer uneingeschränkten Partizipation entgegenstehen" (Bloemers, 2009, 170).

Mit Bloemers (2009, 170–177) können vier inklusionsrelevante Reformkategorien benannt werden:

- die Reform der Gesetzgebung und Handlungsinstrumente; hierbei kam es zu unterschiedlichen Innovationen, so z. B. in den Sozialgesetzbüchern SGB IX und SGB XII, in der Entstehung und Ausweitung von Non-governmental Organisations/NGOs, in den sogenannten Zielvereinbarungen in Bezug auf die Arbeit mit Menschen mit Behinderung und durch das Persönliche Budget sowie den Index für Inklusion. Diese Orientierungen werden konkretisiert durch viele entsprechende Initiativen sowohl im deutschen als auch im europäischen Raum. Das ermöglicht eine Verortung der Inklusion im Rahmen der Gesetzgebungen und Handlungsinstrumente. Dies gilt z. B. für die Selbstbestimmung bzw. Independant-Living-Bewegung, die Komitees von Self Advocacy und von People First sowie die Umsetzung der noch relativ jungen Forschungsorientierung, der sogenannten Disability Studies.
- die Reform des Sozialklimas; Inklusion kann nämlich nur dann gelingen, wenn neben den organisatorisch-institutionellen Umsetzungen auch soziale Prozesse dazu beitragen, dass Selbstorganisation und bürgerschaftliches Engagement sowie eine gleichberechtigte Teilhabe aller Beteiligten gelingen können. Hierzu muss eine Arbeitsatmosphäre im Sozialraum, d. h. ein soziales Klima, entwickelt und erfahrbar gemacht werden, welche sowohl lokal als auch global unterschiedlichste Programme und Initiativen in Bezug auf die gleichberechtigte Teilhabe an der Lebensqualität aller Beteiligten vor Ort konkretisiert. Beispiele sind hierbei unter anderem Werbemaßnahmen und mediale Programme und Präsentationen, in denen die Menschen mit Behinderungen als gleichberechtigte Mitglieder der Gesellschaft dargestellt werden bzw. sich am Geschehen beteiligen.
- die Reform der Ausbildung; für die Herausbildung einer inklusiven Fachlichkeit aller im Bereich der Heil- und Behindertenpädagogik Tätigen ist ein Leitbild erforderlich, welches sich konsequent auf der theoretischen und konzeptionellen Ebene mit inklusiven Prozessen auseinandersetzt. Aufgabenfelder wie die Öffentlichkeitsarbeit und Sozialpolitik sowie eine transnationale Kommunikation sind für die Förderung einer gleichberechtigten Teilhabe aller Menschen an der Gesellschaft unumgänglich. Mehr noch: „Zielgruppen von professionellem Inklusionshandeln können jedoch nicht mehr nur behinderte Menschen sein, sondern alle sozialen Gruppierungen sowie alle für die Allgemeinheit zugänglichen gesellschaftlichen Einrichtungen. Damit ist das derzeitige Selbstverständnis heil- und sozialpädagogischer Berufe in erheblichem Maße berührt" (Bloemers, 2009, 175 f.). Eine Erweiterung des derzeitigen Denkens und Handelns in der Heilpädagogik um die inklusive Ausrichtung muss demnach zum ursprünglichen Bestandteil der Ausbildung von Heilpädagoginnen und Heilpäd-

agogen auf allen Studien- und Ausbildungsebenen werden. Die ersten Ansätze hierzu sind schon realisiert, wie z. B. die Studiengänge für inklusive Heilpädagogik an der Evangelischen Fachhochschule in Darmstadt sowie an der Katholischen Hochschule in Berlin (hier mit Unterstützung durch den Berufsverband für Heilpädagogik e. V.) beweisen.

- die Reform der innovativen Aufgabenbereiche, Handlungsfelder und Arbeitsziele; pädagogische, soziale und administrative Ausbildungsgänge und Arbeitsfelder sind hierbei bezüglich der Umsetzung inklusiver Prozesse zu konkretisieren, damit Ausgrenzungen und Exklusionsprozesse erst gar nicht erfolgen können. Es geht vor allem darum, die inklusionshemmenden und trennenden Strukturen zu erkennen und abzubauen. Darüber hinaus muss es zur Konzeptualisierung weiterer innovativer und disziplinübergreifender Ausbildungsstrukturen mit der Zielsetzung von Inklusion und Partizipation kommen. Diese können durch partizipative Forschung auf allen Feldern der Gesellschaft Inputs erhalten bzw. diese Inputs an genau diese Gesellschaft weitergeben. Alle diese Erfordernisse zielen darauf ab, inklusive Lebensfelder zu schaffen, die keine Ausgrenzung mehr erlauben. Es ist also eine inklusive Politik „[...] durch Gestaltung von Einrichtungen und Lebensräumen im Sinne des Inklusionsgedankens (Struktur- und Systemveränderungen) auf den Arbeitsfeldern/Lebensbereichen Familie, Bildung, Arbeit, Wohnen, Freizeit, Gesundheit, Kommunikation [sowie ein, Anm. d. V.]) Auf- und Ausbau internationaler, interkultureller NGO-Netzwerke in interdisziplinärer Zusammenarbeit (zu realisieren, Anm. d.V.)“ (Bloemers 2009, 176).

(vgl. Bloemers, 2009, 170–177)

In letzter Konsequenz führt die hier beschriebene, auf Inklusion ausgerichtete Reform zwangsläufig zu einer Erweiterung des Kompetenzprofils von in Organisationen tätigen Heilpädagoginnen und Heilpädagogen. Sie müssen als Multiplikatoren ihr Fachwissen und ihre Erfahrung in Bezug auf die Inklusion in öffentliche Prozesse einbringen, um somit Behörden, Vereine, Parteien usw. durch Beratungs- und Planungsprozesse sowie durch Projektentwicklungsverfahren auf dem Weg zur Inklusion zu unterstützen. Gleichzeitig müssen sie zu dem, was sie unterstützen, auch Stellung beziehen bzw. dies handelnd umsetzen (d. h. die assistierenden und personenbezogenen inklusiven Maßnahmen für den Einzelnen begründen, planen, umsetzen und evaluieren). Die Fähigkeit zu sozialpolitischen inklusiven Maßnahmen sowie die Wirksamkeit eines sozialpolitischen Anwaltshandelns und interkultureller, transnationaler Kommunikation stellen die wesentlichen Handlungsaspekte der heilpädagogisch Tätigen in der Zukunft dar. Mit dieser hochrelevanten Kompetenz können und müssen sie die institutionellen und organisatorischen Verankerungen der Inklusion realisieren. Alle Dienstleistungen, welche demnach im Rahmen heil- und behindertenpädagogischer Maßnahmen realisiert werden, müssen also auf Inklusion hin zugeschnitten werden. Dieses gilt für die Dienstleistungen für Kinder und Jugendliche und ihre Familien wie für die Dienstleistungen im Bereich für die Ausbildung und Beschäftigung, die Bereiche des Wohnens und der sozialen Teilhabe, für die Dienstleistungen für gesundheitliches und psychosoziales Wohlbefinden und erst recht für die Lebensführung im Alter (vgl. Wachtel 2011, 121 ff.; Niehaus/Bernhard, 2011, 132 ff.; Lindmeier/Lindmeier, 2011, 140 ff.; Bradl, 2011, 149 ff.; Skiba, 2011, 158 ff.).

Überlegungen und Versuche

1. ***Stellen Sie die juristischen Grundlagen zur Inklusion in Bezug auf die europäische und nationale Ausprägung zusammen und vergleichen Sie diese miteinander. Was fällt Ihnen hierbei auf?***
2. ***Konkretisieren Sie die vier Ebenen der Reformen in Bezug auf die Inklusion durch mögliche Umsetzungen in den heilpädagogischen Organisationen, in welchen Sie tätig waren oder sind. Vergleichen Sie ihre Ergebnisse miteinander.***
3. ***Welche weiteren Kompetenzen benötigten Sie, um Inklusion in der heilpädagogischen Tätigkeit zu realisieren? Wodurch erlangen Sie diese Kompetenzen im Rahmen Ihrer Ausbildung bzw. Ihres Studiums? Was müsste sich gegebenenfalls in Ihrer Ausbildungs- oder Studienstätte verändern?***
4. ***Formulieren Sie zu den unterschiedlichen Dienstleistungsfeldern lebenslauforientiert Beispiele, wie Inklusion konkret umgesetzt werden kann. An welche Grenzen kann Inklusion gegebenenfalls stoßen?***

Zusammenfassung

Die institutionelle Verankerung der Inklusion ist kein Widerspruch, sondern eine Notwendigkeit. Inklusive Maßnahmen sind gesamtgesellschaftlich, im internationalen und im nationalen Bereich von zentraler Bedeutung und müssen in Bezug auf organisatorische Konkretisierungen durch die und in der institutionellen Verankerung verortet sein. Im Kontext dieser Verortung stehen auch die heilpädagogisch relevanten Handlungen und Kompetenzen in diesem Bereich: Diese gilt es hier mehr und mehr einzubinden.

Generell ist es notwendig, daran zu arbeiten, dass das heilpädagogische Denken und Handeln in den nächsten Jahren inklusives Denken und Handeln sein wird. Es geht grundlegend nicht anders und es dürfte nicht kompliziert sein, weil die ethischen Begründungen, die sozialpolitischen Ausprägungen und die konzeptionellen Notwendigkeiten in der Heilpädagogik denen der gesellschaftspolitischen inklusiven Bestrebungen und Maßnahmen im hohen Maße ähneln, mit ihnen vernetzt sind und auf diese bezogen werden können.

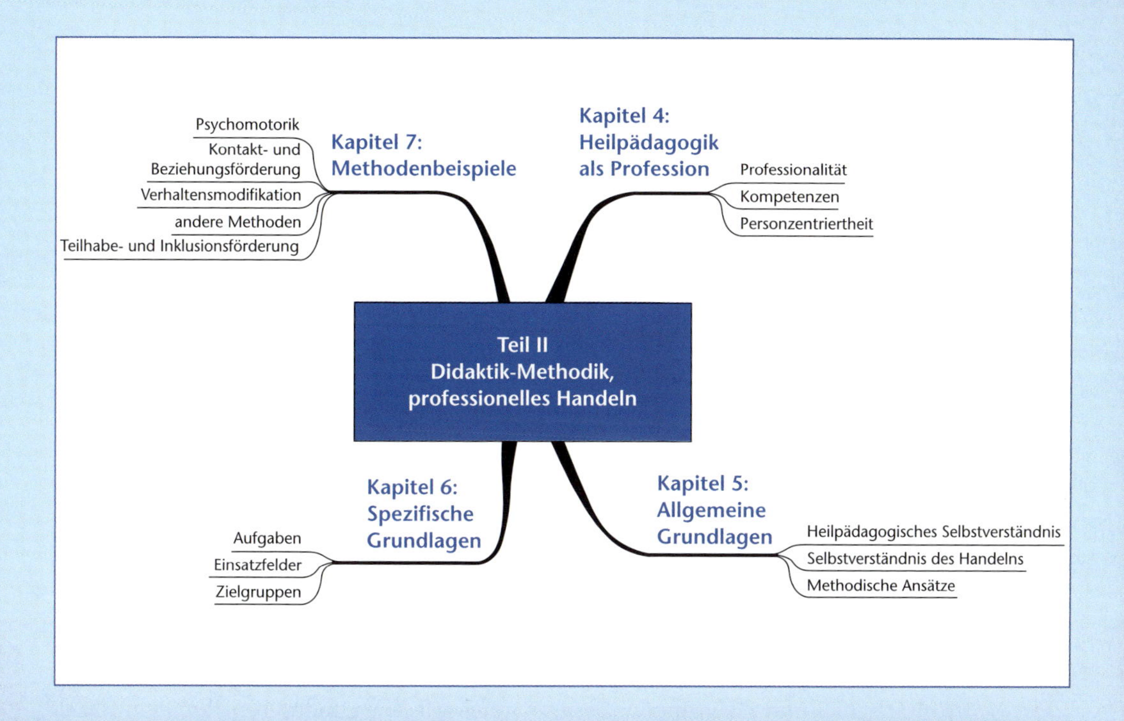

Teil II: Didaktik-Methodik, professionelles Handeln

1 In welchem Sinne stellt das heilpädagogische Handeln – insbesondere hinsichtlich der erforderlichen Kompetenzen und spezifischen Merkmale – eine professionelle Tätigkeit dar?

2 Aus welchem Selbstverständnis erfolgt das heilpädagogische Handeln – wie wird der Mensch mit Behinderung in seiner beeinträchtigten Lage gesehen und welches Anliegen wird verfolgt?

3 Auf welche Ansätze der benachbarten Disziplinen (Pädagogik, Psychologie, Sozialwissenschaft) stützt sich methodisch das heilpädagogische Handeln?

4 Welche Aufgaben haben Heilpädagogen zu erfüllen, in welchen Teilgebieten der Sozialen Arbeit werden sie eingesetzt und für welche Zielgruppen ist ihr Handeln besonders relevant?

Die heilpädagogische Tätigkeit ist eine professionelle Angelegenheit und deshalb hat sie zwangsläufig zwei Grundebenen: (A) die eher prozessual-überschauende „strategische" Vorgehensweise, die auf den gesamten Ablauf der Hilfeleistung ausgerichtet ist, und (B) die vor allem auf konkrete Personen in bestimmten Beeinträchtigungslagen ausgerichtete Methodenanwendung. Erst aus dem Zusammenspiel dieser beiden Grundebenen ergibt sich das kompetente Handeln – ohne die prozessuale Orientierung verkümmert jede auch so gut durchgeführte Methode zu einem Selbstzweck. Deshalb ist es nicht nur sinnvoll, sondern auch erforderlich, sich in der Berufsvorbereitung mit den beiden Grundebenen bekanntzumachen. Diesem Anliegen dienen die Kapitel im Teil II.

Kapitel 4 befasst sich mit den Handlungsaspekten vom Blickwinkel der professionellen Berufstätigkeit: Professionalität, Kompetenzen sowie Personzentriertheit. Dieses Kapitel fokussiert die Professionalität der Heilpädagogin.

Kapitel 5 beschäftigt sich mit den handlungsleitenden Aspekten, die für eine effektive „Vorgehensstrategie" von grundlegender Bedeutung sind: heilpädagogisches Selbstverständnis, Selbstverständnis des Handelns sowie heilpädagogisch relevante methodische Ansätze. Dieses Kapitel soll den didaktisch-methodischen Hintergrund der Arbeit mit Menschen in beeinträchtigten Lebenslagen vermitteln und wird hier als „allgemeine Grundlagen" bezeichnet.

Kapitel 6 erörtert Aspekte der heilpädagogischen Arbeit auf der Ebene der Durchführung von „strategischen" Entscheidungen – ist also auf das konkrete Tun ausgerichtet: Aufgaben, Einsatzfelder und Zielgruppen. Dieses Kapitel soll eine Orientierung auf dem Handlungsgebiet vermitteln und wird hier als „spezifische Grundlagen" bezeichnet.

Kapitel 7 enthält schließlich einige Hinweise zu ausgewählten Methoden in der Heilpädagogik.

4 Heilpädagogik als Profession

Sobald eine bestimmte Tätigkeit als *Profession* ausgeübt wird, verliert ihre Ausführung die Freiheit der persönlichen Beliebigkeit. Es gibt mehrere Einschränkungen: beginnend mit dem organisatorischen, personalen und materiellen Rahmen der Institution über die gesetzlichen Bestimmungen, Verordnungen und Dienstregeln bis hin zum beruflich-ethischen Verhaltenskodex. Aus diesen Quellen kommen Bestimmungen die dafür sorgen, dass alle Fachleute, die in einem bestimmten Berufsfeld tätig sind, die wesentlichen Aspekte der Tätigkeit berücksichtigen (z. B. dem zu betreuenden Menschen keinen Schaden zuzufügen). Diese Grenzen muss die Heilpädagogin nicht nur kennen, sondern sie muss sich mit ihnen arrangieren, sonst kann sie ihren Beruf nicht ausüben. Hinzu kommen die fachlich-professionellen Aspekte: In der beruflichen Tätigkeit wird der Heilpädagoge geleitet von Fachwissen (Theorie), Gewissen (Werte), Motiven (Bedürfnisse) und Beziehungen (Kommunikation und Interaktion), dabei stützt er sich auf didaktisch-methodische Grundsätze der Handlungswirksamkeit, ein methodisches Repertoire konkreter Ansätze sowie auf Techniken und Interventionen. Auch die Fähigkeit zur positiv wirksamen Gestaltung der Kommunikations- und Interaktionsprozesse sowie zur Selbsterkenntnis und -steuerung ist von wesentlicher Bedeutung. Dabei gilt: Je bewusster die Heilpädagogin diese leitenden und stützenden Grundsätze nutzt, desto professioneller ist ihr Handeln. Demnach ist es erforderlich, die Vorbereitung auf die professionelle Tätigkeit in heilpädagogischen Arbeitsfeldern auf folgende Fundamente zu stellen: Wissenserwerb (Theorien), Know-how-Erwerb (Didaktik-Methodik), Erfahrungserwerb (reflektierte Praxis) und Selbststeuerung (Selbsterkenntnis).

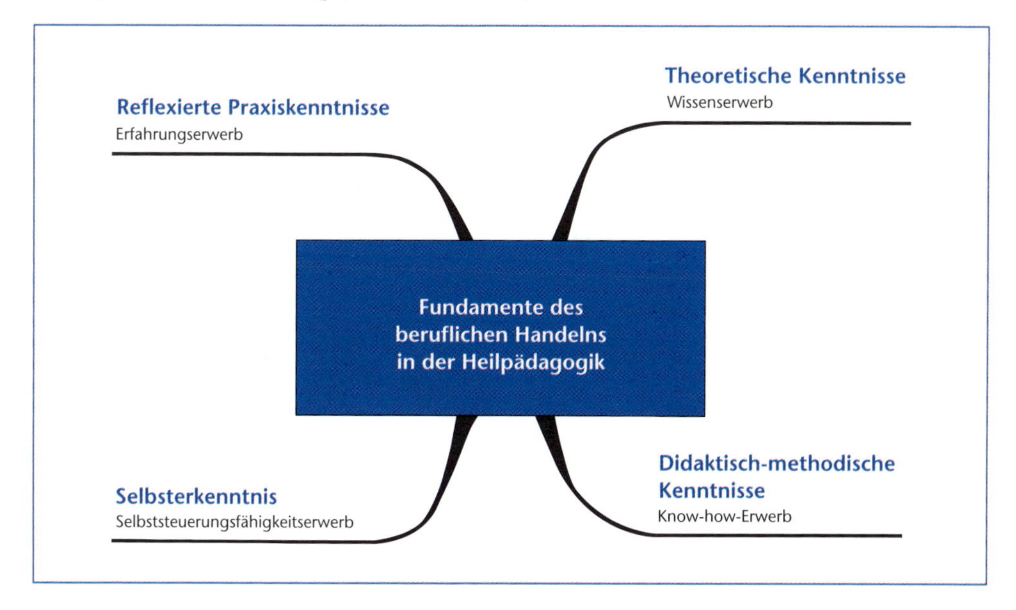

4.1 Profession und Professionalisierung

Eine Profession (als Begriff bekannt aus der angelsächsischen Soziologie) unterscheidet sich von einfacher Beschäftigung („job"), indem sie als ein ernsthaft betriebener Beruf verstanden wird. Ausübung einer Profession setzt ein spezifisches Wissen und methodisches Know-how voraus, welches in der Ausbildung vermittelt, angeeignet und geprüft werden muss. Eine bestandene Prüfung führt zu einem anerkannten Abschluss, mit dem erst eine autonome Berufsausübung erlaubt wird.

Die pädagogische Profession steht immer in einem gesellschaftlichen Kontext. Sie wird von der Gesellschaft „produziert" – sie verlangt nach Bildung und Erziehung der heranwachsenden Generation und versieht diejenigen, die diese Aufgabe übernehmen, mit einem bestimmten Status und belohnt sie für ihren Einsatz. Dafür müssen sie bestimmte Bedingungen erfüllen und ihre Tätigkeit im gesellschaftlich vorgegebenen Rahmen ausüben. Betrachtet man die beruflichen Merkmale in der Pädagogik aus dem Blickwinkel der Geschichte, lassen sich folgende drei Typen von Pädagogen unterscheiden:

- Der „professionelle *Altruist*" ist ein Pädagoge, der sich auf die philosophisch vorgegebene ethisch-moralische Grundlage stützt und sich mit seiner pädagogischen Gabe zur Bildungs- und Erziehungsarbeit berufen fühlt. Vom heutigen Standpunkt her lässt sich kritisch anmerken, dass es dem altruistischen Zugang zu pädagogischen Aufgaben an einer systematisch-wissenschaftlichen Analyse der Tätigkeitsbereiche und der vorhandenen sozialen Problemlagen fehlt.
- Der „professionelle Sozialingenieur" ist ein Pädagoge, der in seiner Arbeit das professionelle Problemlösungswissen mittels Behandlungstechniken gelten lässt. Er technisiert

damit seine berufliche Helferrolle und produziert dadurch eine funktionale Autorität. Vom heutigen Standpunkt her lässt sich kritisch anmerken, dass im Vordergrund dieses Zugangs zu pädagogischen Aufgaben zu stark der technisch-behandelnde Aspekt steht und die Subjektivität des zu erziehenden Kindes zu kurz kommt.

- Der „professionelle verstehende Deuter“ ist ein Pädagoge, der auf die individuellen Lebenslagen von konkreten Personen eingeht mit dem Ziel, aus Verständnis zu handeln. Damit rückt er vor allem solche Zustände und Problemlagen von einzelnen Subjekten in den Vordergrund, die es zu verändern gilt. Für diesen Zugang zu pädagogischen Aufgaben sind sowohl das wissenschaftliche Erklärungs- als auch das alltagspraktische Handlungswissen von wesentlicher Bedeutung. Kritisch lässt sich anmerken, dass dabei die ebenfalls mitbeteiligten strukturellen Zusammenhänge von Problemen und Konflikten *sekundär* erscheinen.

(vgl. Dewe/Ferchhoff u.a., 1995, 41 ff.)

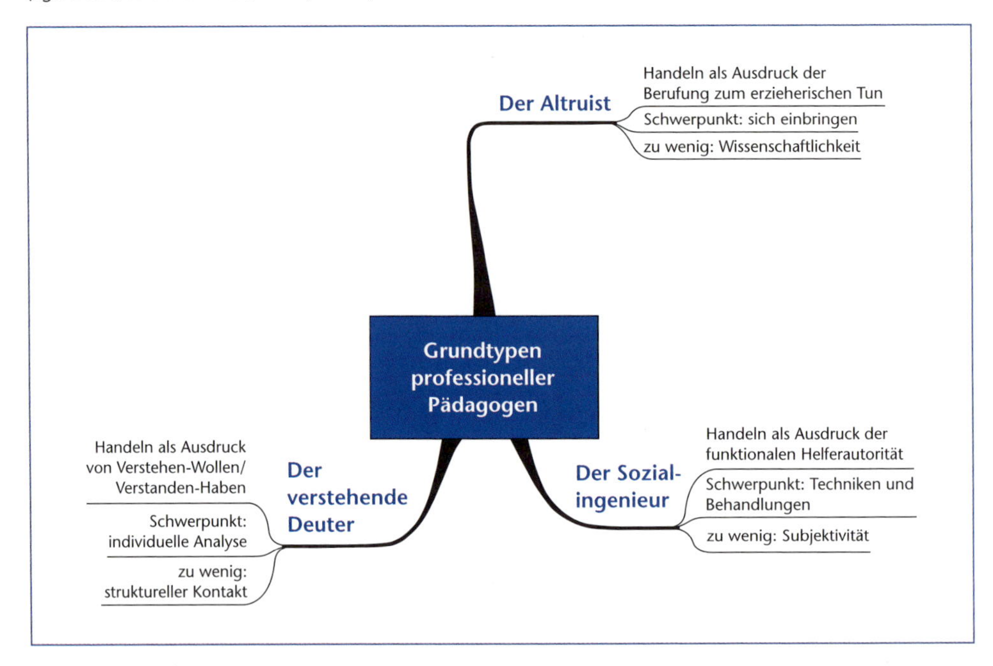

Wie bei jeder Typologie handelt es sich auch hier um eine theoretische Verdeutlichung wichtiger Aspekte des Zugangs zur Umsetzung von pädagogischen Anliegen. In der Realität der Berufspraxis existiert jedoch kein Mensch, der vollständig nur einen Typus verkörpert. Im beruflichen Handeln jedes Heilpädagogen wirken Anteile von allen drei oben genannten Typen, und zwar in einer persönlichen „Mischung“. Allgemein gesehen kann gesagt werden, dass jede Heilpädagogin sich mehr oder weniger

- zur Ausübung ihrer Tätigkeit berufen fühlt (Motivation zu helfen),
- sich in ihrem Tun auf spezifische Methoden, Techniken und Verfahrensweisen stützt (pädagogisches „Handwerkszeug“),
- bemüht ist, das Gegenüber in seiner Lage zu verstehen und auf das einzugehen, was diesem wichtig ist (Subjektbezogenheit).
- Optimal wäre, wenn alle drei Bereiche gleichermaßen vertreten wären. Nur richtet sich die Realität sehr selten nach theoretischer Erfassung des Optimalen. Deshalb lässt sich bei der Suche nach einem persönlichen Profil meistens feststellen, dass einer der

drei Aspekte überwiegt. Dies hängt vor allem von dem während der Berufsvorbereitung und -ausübung herausgebildeten menschlichen und fachlichen Selbstverständnis jedes Heilpädagogen ab.

Überlegungen und Versuche

1. ***Welche „Mischung" des professionellen Pädagogentypen verkörpern Sie selbst (wichtig – das eigene Typenprofil entwickelt sich mit der Berufserfahrung fast immer weiter):***
   - ***Was hat Sie zur Heilpädagogik geführt und welchen Stellenwert hat das Helfer-Sein für Sie?***
   - ***Was schätzen Sie persönlich mehr:***
     - ***heilpädagogisches „Handwerkszeug" zu haben, mit dem Sie als „Experte und Macher" die zu betreuenden Menschen behandeln und vieles verbessern können?***
     - ***Interaktionen zu erleben, in denen Sie spüren, dass Sie von den zu betreuenden Menschen als jemand geschätzt werden, mit dem sie sich verstanden, sicher und wohl fühlen?***
2. ***Versuchen Sie im folgenden Kreisdiagramm (sogenannter Kuchen) Ihre momentane persönliche „Typenmischung" einzuzeichnen. Der Kreis stellt 100 Prozent dar. Wie viel davon nehmen bei Ihnen der Altruist (x Prozent), wie viel der Sozialingenieur (y Prozent) und wie viel der verstehende Deuter (z Prozent) ein?***

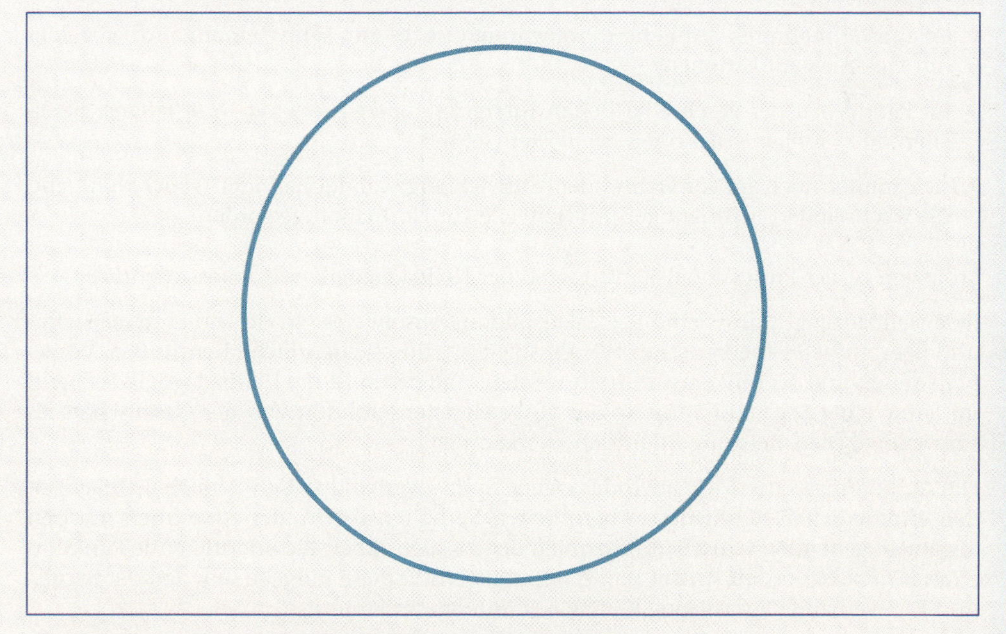

3. ***Was denken Sie zu Ihrer persönlichen „Typenmischung"?***
   - ***Sind Sie mit der Aufteilung zufrieden? Oder würden Sie vielleicht gerne eine andere Typengewichtung verkörpern?***
   - ***Wenn ja, welchen Anteil möchten Sie vergrößern und welchen verringern?***
   - ***Was bräuchten Sie dazu, wer/was könnte Ihnen dabei helfen?***

Besprechen Sie Ihre Überlegungen mit Kollegen in einer Kleingruppe.

Professionalisierung ist ein Prozess, in dem ein Beruf entsteht und der durch grundlegende Aus- sowie vertiefende/erweiternde Fortbildung und Interessenvertretung gesichert wird. Im Bereich der Pädagogik findet die Professionalisierung im *Kontext* der Ausgliederung von bestimmten Tätigkeiten aus dem Familienverband und seinem unmittelbaren Umkreis (z. B. Bildung oder Erziehung) statt. Diese werden von Fachkräften übernommen, die dafür ausgebildet sind, ihre Arbeitskraft zur Verfügung stellen, und dafür materiell belohnt werden. Sie verfügen über eine eigene Berufs- oder Funktionsbezeichnung. Die professionalisierte Übernahme von den ausgegliederten Tätigkeitsbereichen hat eigene organisatorische Strukturen. Es gibt traditionelle, *etablierte* und deshalb auch angesehene Berufe (Arzt, Rechtsanwalt, Geistlicher usw.), die über ein hohes Maß an Ausbildungsniveau und Einfluss verfügen. Charakteristisch für sie sind die Fachautorität (Wissen und Handlungskompetenz), weitgehende Autonomie bezüglich der Bestimmung von Normen und Standards, erarbeiteten beruflichen Normen (Berufskodex), Kontrolle durch eigene Gremien und Vertrauenswürdigkeit der Öffentlichkeit gegenüber der erbrachten Dienstleistung.

Die Heilpädagogik (ähnlich wie andere Berufe aus dem Bereich der sozialen Arbeit) genießt das hohe Ansehen der etablierten Berufe nicht. Einen solchen Status kann sie auch noch nicht besitzen, weil sie

- im Vergleich mit den „*etablierten* Berufen" zu jung ist (sie existiert erst seit dem letzten Jahrhundert),
- eine unter mehreren ähnlichen Professionen ist (es gibt sehr vielfältige Arbeitsfelder mit vielen Qualifikationen),
- im Randgebiet der gesellschaftlichen Interessen agiert (sie wirkt in *defizitären* Bereichen und Problemsituationen, sie kostet Geld),
- sich immer noch im fortwährenden Entwicklungswandel befindet (gleichwohl sind die wechselnden Bedingungen mittlerweile zur Normalität geworden).

Trotzdem ist der Professionalisierungsgrad der Heilpädagogik weit vorangeschritten:

Jede Heilpädagogin muss eine Spezialausbildung absolvieren, in der ein systematisches und überprüfbares theoretisches Wissen sowie spezifische berufliche Kenntnisse, Vorgehensweisen und Techniken vermittelt werden. Außerdem ist die Heilpädagogik als Beruf im Sinne einer Spezialisierung in klar ausgewiesener Funktion von der Gesellschaft als notwendige Dienstleistung öffentlich anerkannt.

Die Ausbildungsstätten wie auch der eigene Spitzenverband stellen dem Heilpädagogen den erforderlichen Rahmen von beruflichen Verhaltensregeln, der zusammen mit den allgemein geltenden ethischen Prinzipien der sozialen Arbeit die orientierende Funktion eines *Berufskodex* erfüllt (in der Bundesrepublik erfüllt diese Aufgabe sehr agil der Berufs- und Fachverband Heilpädagogik, BHP e. V. mit Sitz in Berlin).

Der Heilpädagoge verfügt nicht nur in freier Praxis, sondern auch im institutionellen Handlungsrahmen über angemessene persönliche und fachliche Entscheidungs- und Gestaltungsfreiheit bezüglich seiner Tätigkeit, wodurch ein Vertrauen der Umwelt in seine fachliche Kompetenz und die Orientierung an Berufsnormen zum Ausdruck gebracht wird (vgl. Deutscher Verein für öffentliche und private Fürsorge, 1993, 452 ff.).

Qualitätssicherung

Einen besonderen Aspekt der Professionalität stellt in der heutigen Zeit die Qualität dar. Mit diesem Begriff werden Beschaffenheit, Güte und Wert einer Ware oder Dienstleistung bezeichnet. Qualität wird meist im Zusammenhang mit vergleichenden Bewertungen mehrerer gleichartiger Produkte überprüft. Bei einer messbaren Beschaffenheit des Materials spricht man von objektiver Qualität (z.B. die *Oktanzahl* bei Benzin). Diese unterscheidet sich von der subjektiven Qualität, die sich aus der Prüfung gleichartiger Produkte nach den Kriterien des individuellen Nutzens ergibt (z.B. der Preis für eine bestimmte Dienstleistung bei mehreren Anbietern). Da sich die Qualität bei komplexeren Gütern dem Nutzer bzw. Abnehmer häufig nicht auf den ersten Blick erschließt (es geht im Wesentlichen um die Qualität der Ergebnisse, Prozesse und Strukturen der geleisteten Arbeit), verpflichten sich viele Anbieter (insbesondere auf dem Gebiet der sozialen Arbeit) zur Qualitätssicherung, um den Anforderungen der Auftraggeber gerecht zu werden, aber auch um für das Vertrauen bei den Nachfragern zu werben.

Die Qualitätssicherung umfasst Maßnahmen, mit denen Einrichtungen die Qualität ihrer Arbeit kontrollieren und sichern. Sie bauen Qualitätssicherungssysteme auf, um zu erreichen, dass ihre Leistungen den Erfordernissen entsprechen, die der Nutznießer bzw. Auftraggeber erwartet bzw. festgelegt hat. Die Vorteile eines Qualitätssicherungssystems liegen darin, dass die Aufgaben kontrollierbar erledigt werden, dass eventuellen Beanstandungen besser begegnet werden kann und dass die Wettbewerbsfähigkeit gesichert wird. Die Einrichtungen können sich ihr Qualitätssicherungssystem bescheinigen lassen, z. B. durch die DQS (Deutsche Gesellschaft zur Zertifizierung von Qualitätssicherungssystemen). Ein Qualitätssicherungssystem kann nach der ISO-9000-Normengruppe *zertifiziert* sein. Es umfasst organisatorische Maßnahmen in allen Bereichen des Dienstleistungsprozesses.

Neben den erforderlichen vorzuhaltenden Bedingungen für die heilpädagogische Arbeit werden für die Bewertung der Qualität von einzelnen Institutionen häufig weitere „harte" Kriterien herangezogen, die relativ leicht erfassbar sind: z. B. Gruppengröße, -ausstattung und Arbeitsmittel. In diesem Zusammenhang spielen auch schwerer erfassbare „weiche" Kriterien der kommunikativen und interaktiven Prozesse eine wichtige Rolle, die das sogenannte zwischenmenschliche Klima ausmachen. Zu ihnen zählen:

- die Wertschätzung, die Möglichkeiten der Mitsprache und der Übernahme von Verantwortung,
- die Beziehungen und die Kooperationen zwischen Mitarbeiterinnen, zu betreuenden Menschen mit Behinderung und Leitungspersonen,
- die Reichhaltigkeit des Alltagslebens und die Vielfalt der Entfaltungsmöglichkeiten für die zu Betreuenden (Förderung) und für Betreuer (ausreichende Fortbildungsmöglichkeiten),
- die Arbeitszufriedenheit der Mitarbeiterschaft und
- die gezielte Einbeziehung der Eltern bzw. Angehörigen.

Die systematische Entwicklung und Sicherung der Dienstleistungsqualität (Qualitätsmanagement) wird als gemeinsame Aufgabe von Institutionen, Aufsichtsbehörden, Einrichtungsträgern und der engagierten Öffentlichkeit betrachtet. Trotz aller dieser Bemühungen und Maßnahmen bleibt die Leistungsqualität stark auch von äußeren Voraussetzungen abhängig. Zu diesen zählen vor allem die Qualifikation und Professionalität der Mitarbeiterinnen und die finanzielle Ausstattung der jeweiligen Einrichtung.

In diesem Kontext wird die Wichtigkeit einer guten Berufsqualifikation von Heilpädagoginnen deutlich. Ihr in der Ausbildung gewonnenes Wissen, Know-how sowie die gefestigte Persönlichkeit sind Grundelemente der Dienstleistungsqualität von Institutionen und Einrichtungen, für die sie arbeiten.

4.1.1 Merkmale heilpädagogischer Professionalität

Neben dem Professionalisierungsprozess, der sich auf die Etablierung eines Berufs bezieht, muss noch der Begriff der Professionalität in der Heilpädagogik erörtert werden. Also: Welche Merkmale zeichnen die heilpädagogische Professionalität aus?

Theorieverankerung

Wie alle anderen Pädagogen muss die Heilpädagogin imstande sein, ihr Handeln vom Blickwinkel der theoretischen Konzepte und Erkenntnisse der Erziehungswissenschaft und der benachbarten Disziplinen zu reflektieren. Ihr Tun mag zwar die spontane Note eines „Naturpädagogen" haben (dies ist auf jeden Fall vorteilhaft), allerdings besteht das Handlungsfundament grundsätzlich aus erworbenen, allgemein geltenden, wissenschaftlich begründeten Kenntnissen.

Mitmenschlichkeit

Nicht so sehr als ein Merkmal der Professionalität, sondern als eine menschlich hilfreiche „Grundausstattung" des Heilpädagogen betrachtet P. Moor folgende Aspekte:

- Ein guter Erzieher kann nur der sein, der weiß, was der Mensch braucht, und der für seine Arbeit nicht nur die entsprechenden Fähigkeiten und Fertigkeiten entwickelt, sondern auch eine Neigung hat.
- Weiterhin benötigt er die moralische Reife, das Verantwortungsgefühl für seine Aufgabe und auch den Mut, sie zu erfüllen.
- Die oben genannte Neigung bedingt sein emotionales Engagement, welches sich darin offenbart, dass ihm die Erledigung von Aufgaben Freude bereitet (vgl. Moor, 1999, 284 ff.). Aus diesem Blickwinkel betrachtet, lässt sich hier durchaus von Mitmenschlichkeit sprechen.

Fachlichkeit und Offenheit

Für das heilpädagogische Handeln in konkreter Interaktion sind ökonomische oder technische Maßgaben sekundär. Im Vordergrund steht der Einsatz für den Menschen in einer beeinträchtigten Lage. Dies erfordert spezielles und differenziertes heilpädagogisches Wissen sowie entsprechende Fähigkeiten und Fertigkeiten (methodisches Know-how), hohe Persönlichkeitsstabilität und auch Offenheit für enge Kooperation mit weiteren Fachdisziplinen (Interdisziplinarität).

Doppelbindung System – Person

Der Heilpädagoge handelt weder abgeschirmt im eigenen Wohnzimmer noch einsam auf einer Lichtung im Wald. Er ist im sozialen Feld tätig, das von einer grundlegenden Widersprüchlichkeit geprägt ist: Als Angestellter oder in eigener Praxis gehört er einer organisierten Funktions- und Dienstleistungswelt an (die nach Effizienz und Rentabilität verlangt) und als Fachperson beeinflusst er die jeweilige Lebenswelt des zu betreuenden Menschen (in der die Beziehung und gemeinsame Daseinsgestaltung wesentlich sind).

Zwiespältigkeit Aufgabe – Beziehung

Dass die Aufgabenerledigung (Effizienz) mit der Beteiligung an der Lebenswelt (Beziehungsgestaltung) nicht immer gut vereinbar ist, leuchtet ein. Dieser Berufszwiespalt ist ein Bestandsteil der heilpädagogischen Arbeit. Deshalb gilt es, die Ansprüche beider Welten so weit wie möglich in Einklang zu bringen. In strittigen Situationen müsste allerdings die Systemmacht der Funktionswelt mehr als die Daseinsgestaltung in der Lebenswelt hinterfragt und eingeschränkt werden. Sonst kann die Heilpädagogin dem engagierten und Partei ergreifenden Anspruch ihrer Profession nicht gerecht werden (vgl. Greving/Niehoff, 2009b, 210f.).

Bemerkung: Diese berufliche Situation ähnelt im übertragenen Sinne der Lebenslage von Menschen mit Behinderung: Genauso wenig, wie eine organische Schädigung „repariert“ werden kann, lässt die Funktionswelt ihr existentielles Anliegen (Effizienz und Rentabilität) fallen. Also bleibt dem Heilpädagogen nichts anderes übrig, als mit dem nicht Veränderbaren leben zu lernen und aus jeder konkreten Situation das Beste für den zu betreuenden Menschen zu machen.

Soziales Engagement

Das Handeln der Heilpädagogin ist vom sozialgesellschaftlichen Engagement für die zu betreuenden Menschen geleitet: Mit ihrem Tun füllt sie die Bestimmung des Artikel 3 Absatz 3 des Grundgesetzes mit Leben: *Niemand darf wegen seiner Behinderung benachteiligt werden.* Konkret geht es darum, die kommunikativen Prozesse und Interaktionen zwischen dem Menschen mit Behinderung und der sozialen Umwelt so zu beeinflussen, dass die gesellschaftliche Ausgrenzung verhindert und eine Annäherung ermöglicht wird. Allerdings unterliegt sie in der Durchführung dieser Hilfeleistung den geltenden gesellschaftlichen Regeln und Normen.

Verantwortungsbewusstsein

Ähnlich wie für Ärzte gilt für Heilpädagogen der Grundsatz, dass es unzulässig ist, dem zu betreuenden Menschen durch falsche Behandlung und inkompetente Arbeitsleistung Schaden zuzufügen. Deshalb ist das heilpädagogische Handeln mit einem hohen Verantwortungsbewusstsein verbunden.

Zurückhaltung

Was immer auch die Heilpädagogin tut und lässt – sie beeinflusst ihr Gegenüber immer. Und das kann auch in einer belastenden Weise sein. Insbesondere dann, wenn die angewendeten Methoden, Techniken und Interventionen als Selbstzweck zum Beweis der Fachlichkeit bzw. der Wichtigkeit der Heilpädagogin eingesetzt werden. Dies ist dann der Fall, wenn sie mehr nach Erfolg als Fachperson strebt, als dass sie ihr Gegenüber mit Würde und Respekt unterstützt und fördert (vgl. Hornáková, 1999, 155).

Zuversicht

Der Heilpädagoge stützt sich auf eine Zuversicht, die aus dem Vertrauen in die vorhandenen (wenn auch noch verborgenen) Potenziale des zu betreuenden Menschen erwächst und mit dem Respekt vor seiner Würde ergänzt wird. Es ist die respektvolle und Beziehung fördernde Haltung, die das Handeln des Heilpädagogen zur gemeinsamen Aufgabenerledigung, Alltagsbewältigung und Daseinsgestaltung werden lässt. Dazu muss er über sensible sozial-kommunikative Kompetenzen und Kooperationsfähigkeit verfügen.

Subjekt-Instrument-Doppelung

Die Heilpädagogin ist zugleich ein handelndes Subjekt und ein Instrument. In dem Moment des Handelns ist sie selbst das Hauptinstrument der Erfüllung ihres Vorhabens. Wenn sie ihr Tun plant, muss sie zwangsläufig auch ihre eigene „Selbsthandhabung“ überlegen. Deshalb ist die Fähigkeit zur Selbstorientierung und Selbststeuerung, aber auch eine stabile (jedoch nicht überhebliche) Selbstsicherheit für heilpädagogische Professionalität unentbehrlich. Diese komplizierte „Subjekt-Instrument-Doppelung“ hat einen wichtigen Aspekt – sie verlangt nach einem inneren Abstand und einer „Selbst-Reflexivität“. Dies ermöglicht der Heilpädagogin, sich als Subjekt kritisch zu reflektieren (Probleme wahrnehmen, bewusst werden lassen und bearbeiten) und durch bewusste Selbststeuerung ihre positive Wirksamkeit als Instrument zu stärken (Selbstentwicklung durch und im Tun) (vgl. Bundschuh/Heimlich/Krawitz, 2002, 225 ff.).

Die oben genannten Aspekte lassen sich in eine überschaubare Gesamt-Mind-Map einarbeiten, die eine gute Orientierung in dieser komplizierten Materie bringt:

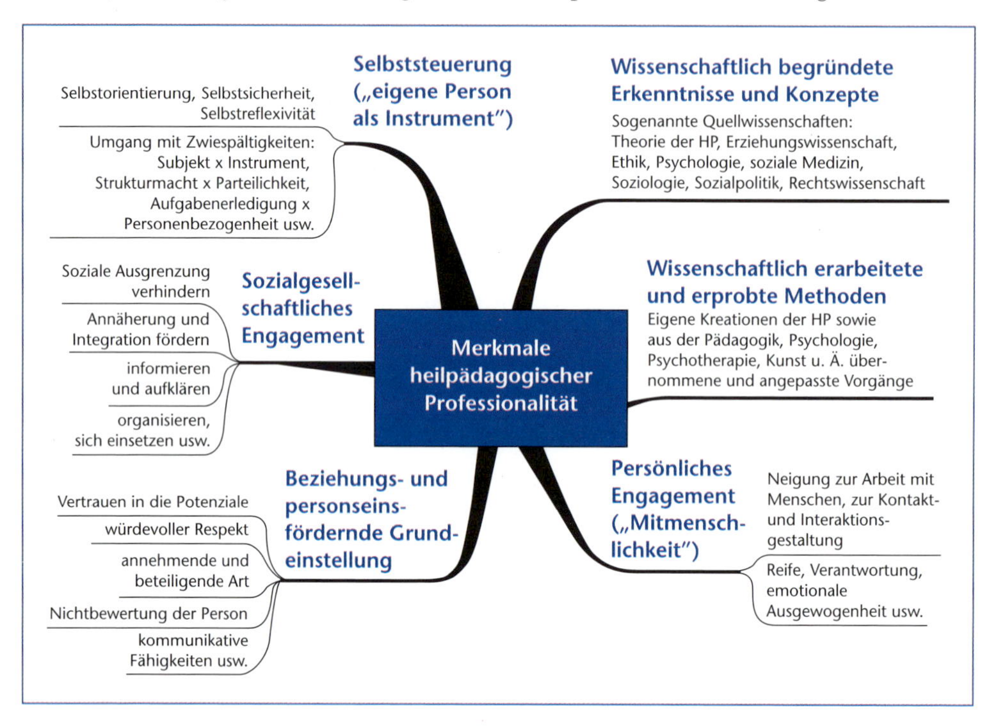

Beispiel
Paul Moor nennt diesen Gesichtspunkt des heilpädagogischen Handelns „Selbsterziehung des Erziehers“. Er weist darauf hin, dass die Heilpädagogin sich einer Selbstkritik unterziehen muss, um zu einer unvoreingenommenen Haltung gegenüber dem zu betreuenden Menschen zu kommen. Die Schlussfolgerung daraus: Die Heilpädagogin muss sich selbst kennen, erfassen und verstehen, um diese Haltung zu erreichen (vgl. Moor, 1999, 70 f.). Ein Beispiel für Selbsterkenntnis im Kontext der Interaktion mit einem Kind beschreibt die Dipl.-Heilpädagogin M. Dannert in ihrer Diplomarbeit:

„Die Begegnung mit einem fünfjährigen Jungen mit Down-Syndrom half mir bei einer wichtigen Selbsterkenntnis. Er wich immer wieder verschiedenen Aufgaben aus und ich erkannte, dass er

ihnen deshalb auswich, da sie noch eine zu große Schwierigkeit und Anstrengung für ihn bedeuteten. Gleichzeitig erkannte ich bei mir selbst, dass ich immer von mir forderte, mich den Aufgaben zu stellen, und diesen Anspruch auch auf andere übertrug. Ich lernte und lerne diesen Anspruch zu reduzieren, um unter anderem die Kinder, mit denen ich arbeite, nicht zu überfordern, und ihnen die entsprechende Hilfe geben zu können [...].“
(Dannert, 2003, 100)

Überlegungen und Versuche

1. ***Welche Gemeinsamkeiten und Unterschiede lassen sich bei der näheren Betrachtung der Aspekte „Einsatz für den Menschen in beeinträchtigter Lage“ und „Sozialgesellschaftliches Engagement“ erkennen:***
   - ***Welche konkreten Aktivitäten und Verhaltensweisen sind für die Umsetzung des einen und welche für die Umsetzung des anderen Anliegens erforderlich bzw. charakteristisch?***
   - ***Welcher dieser beiden Aspekte spricht Sie persönlich mehr an (d.h., in welchem von diesen beiden Bereichen würden Sie sich eher einsetzen wollen)? Aus welchem Grund?***
2. ***Versuchen Sie in Ihrem beruflichen Alltag bei sich selbst und auch bei Ihren Kolleg(inn)en zu beobachten und festzuhalten, welche von den genannten allgemeinen Ansprüchen der heilpädagogischen Profession wirklich erfüllt werden, welche nur zum Teil und welche gar nicht:***
   - ***Stützt man sich beim Tun und seiner Reflexion auf wissenschaftlich begründete Kenntnisse? Auf welche?***
   - ***Setzt man sich konsequent für jeden einzelnen behinderten Menschen ein?***
   - ***Wer engagiert sich wie bei der Wahrnehmung von Rechten behinderter Menschen, wer unterstützt wie deren Integration und Teilhabe am gesellschaftlichen Geschehen?***
   - ***Begegnet man dem zu betreuenden Menschen respektvoll und partnerschaftlich?***
   - ***Ist das Handeln orientiert (die Heilpädagogin in sich selbst, im Gegenüber, in gemeinsamer Situation) und vermittelt einen sicheren Eindruck?***

4.1.2 Institutioneller Kontext professioneller Heilpädagogik

Die meisten Heilpädagogen arbeiten im Rahmen einer Institution bzw. Organisation. Diese Tatsache erfordert, dass die heilpädagogisch Tätigen sich über die entsprechenden Zusammenhänge im Klaren sind – sonst erwarten sie möglicherweise etwas anderes, als ihnen die Realität bietet, und verhalten sich anders, als es für ein Arrangement mit der Einrichtung erforderlich ist (vgl. hierzu auch Kapitel 3).

Der Rahmen professioneller Angebundenheit in einer Institution wird durch folgende Gesichtspunkte charakterisiert: Zweckgebundenheit, gesetzliche Vorgaben, Berufsrolle und institutionelle Bedingungen.

Zweckgebundenheit

Allgemein gilt, dass das berufliche Handeln in Organisationen in einem Rahmen der sich ergänzenden, beidseitigen, zweckmäßigen Abhängigkeit eingebettet ist, denn

- die Heilpädagogin braucht die Organisation, um Geld für ihren Lebensunterhalt zu verdienen; die Organisation braucht das berufliche Handeln der Heilpädagogin, um die Aufgaben zu erfüllen, für die sie verantwortlich ist.
- die Organisation ist ein Teil des Wirkungsraumes der Heilpädagogin, in welchem diese sich handelnd fachlich wie auch menschlich verwirklicht und entfaltet. Zugleich ist das berufliche Tun der Heilpädagogin ein Teil des gesamten Dienstleistungsvermögens der Organisation.

Gesetzliche Vorgaben

Institutionsübergreifend wird der Rahmen für heilpädagogische Arbeit von folgenden Gesetzeswerken bestimmt:

- SGB I, § 10 (Eingliederung Behinderter),
- SGB V, § 43a (heilpädagogische Leistungen zur frühzeitigen Krankheitserkennung und Erstellung eines Behandlungsplanes),
- BSHG, §§ 39–40 (Eingliederungshilfe und § 11 VO zu § 47 BSHG) und § 93, SGB IX,
- KJHG, §§ 27–40 (Hilfe zur Erziehung, Hilfe für junge Volljährige) und § 35a (seelische Behinderung),
- Sozialpsychiatrie-Vereinbarung zwischen KBV (Kassenärztliche Bundesvereinigung) und Krankenkassenverbänden.

Über diese rechtlichen Rahmenbedingungen hinaus wird die heilpädagogische Tätigkeit auch durch folgende Verordnungen berührt:

- Psychotherapeutengesetz,
- Pflegeversicherungsgesetz,
- Bestimmungen für die Sonderschulen und schulische Früherfassungs- und Frühfördereinrichtungen.

(vgl. www.sozialgesetzbuch-sgb.de)

Berufsrolle

Für Heilpädagogik als Profession ist die Berufsrolle eines Heilpädagogen charakteristisch. Sie wird einerseits vom jeweiligen Arbeitgeber, z. B. im Dienstvertrag, definiert und zugewiesen (Fremdbild), aber auch von der persönlichen beruflichen Selbstauffassung beeinflusst (Selbstbild). Beide Aspekte begründen die Erwartungen an konkretes Tun einer bestimmten Person in einer konkreten Institution und wirken sich somit auf die Bewertung der Tätigkeit aus: Je mehr Übereinstimmung zwischen der zugewiesenen Berufsrolle und der beruflichen Selbstauffassung herrscht, desto größer ist die Chance auf beidseitige Zufriedenheit.

Die zugewiesene Berufsrolle wie auch die berufliche Selbstauffassung der Heilpädagogin besitzen keine Endgültigkeit, denn

- die Rollenanforderungen sind in der Regel nicht so präzise formuliert und können das Verhalten der Heilpädagogin in konkreten Handlungssituationen nicht absolut genau bestimmen. Auch sind sie nicht immer ganz widerspruchsfrei, weil sie häufig von mehreren Personen auf unterschiedlichen Ebenen der Einrichtungshierarchie aufgestellt werden. Diese Tatsache erfordert von der Heilpädagogin, dass sie ihre Berufsrolle im Sinne der Erfordernisse der Lage und der eigenen Möglichkeiten aktiv gestaltet.
- die Anforderungen an die Berufsrolle verändern sich im Zusammenhang mit der Entwicklung des Selbstverständnisses der Heilpädagogik. Das führt zur Erweiterung der Wirkungsfelder und eröffnet Raum für Übernahme von neuen bzw. anderen Aufgaben und/oder Tätigkeiten.
- der Heilpädagoge entwickelt sich selbst als Person und Rolleninhaber im Zusammenhang mit seinem wachsenden Erfahrungsschatz weiter. Ein sich veränderndes berufliches Selbstverständnis wirkt direkt auf das Handeln.

Institutionelle Bedingungen

Anweisungen und Regelungen

Konkrete Bedingungen und Gegebenheiten des Arbeitsplatzes haben eine Form von Dienstanweisungen und Regelungen der Arbeitsabläufe und sind für das konkrete Handeln der Heilpädagogin und seine Ergebnisse ausschlaggebend (Position, Kontakt zu Kolleginnen, Handlungsspielraum, Befugnisse, Verantwortung, Ausmaß der Eigenständigkeit, Leitung, Führung usw.). Sie stellen einen spezifischen institutionellen Handlungsrahmen dar, der in der Regel von Einrichtung zu Einrichtung unterschiedlich ist.

Handlungsspielraum

Der Sinn einer Anweisung besteht darin, dem Verhalten eines Menschen bei der Ausübung der beruflichen Tätigkeit einen verbindlichen Rahmen zu geben. In der Industrie, z.B. bei Bearbeitung von Material, ist eine genaue Bestimmung der Verfahrensweise erforderlich, um die Produktqualität zu sichern.

In der Heilpädagogik jedoch (und generell in der sozialen Arbeit) muss die handelnde Heilpädagogin zwangsläufig Entscheidungs- und Ermessensspielräume haben, denn die Interaktionsprozesse unterliegen vielen unkontrollierbaren Einflüssen. Nicht nur der zu betreuende Mensch mit Behinderung, sondern auch die Heilpädagogen selbst verhalten sich in der Regel nicht immer gleich, sondern handeln je nach dem situativen Kontext unterschiedlich. Deshalb gehört der eigene Handlungsspielraum zu den wichtigen Merkmalen des heilpädagogischen Handelns. Die Heilpädagogin muss imstande sein, ihn aktiv zu gestalten und zu nutzen (ggf. muss sie ihn sich auch erkämpfen).

Beispiel

Frau S., die nach ihrer Ausbildung zur Heilpädagogin nun im Berufsanerkennungsjahr ihre Erfahrungen sammelt, liegt ein Rahmenausbildungsplan vor, der ihren Einsatz regelt. Sie ist in einer Praxis für Psychomotorik tätig. Neben der Beschreibung des Aufgabenfeldes der Praxis im Allgemeinen werden speziell auf den Einsatz von Frau S. bezogene Bereiche aufgelistet. Was wichtig ist – der Plan beinhaltet auch Hinweise für die Handlungsspielräume der Berufspraktikantin, die diese nutzen soll (und muss), wenn sie lernen will, eigenständig zu handeln.

Die Positionierung der Praxis:

„Die psychomotorische Förderung versteht sich als heilpädagogische Maßnahme in Form von Einzel- und Gruppenarbeit [...]. In der Praxis nutzen wir die Erkenntnisse der Psychomotorik zur ganzheitlichen persönlichkeitsorientierten Entwicklungsförderung [...]. Die heilpädagogische Maßnahme schließt die Beratung der Eltern sowie Kooperationsgespräche mit Erziehern, Lehrern und anderen Bezugspersonen mit ein [...].“

Die Positionierung der Mitwirkung von Frau S.:

„Zu den Aufgabenbereichen von Frau S. gehören die Durchführung der psychomotorischen Förderung, die Elternberatung, die Zusammenarbeit mit Institutionen, die Teamarbeit und die in diesem Kontext stehende Verwaltung und Organisation (Protokolle, Erstellen von Förderplänen und Entwicklungsberichten, Reflexionen, Aktenführung) [...].“

Die Verdeutlichung von Handlungsspielräumen:

„Frau S. beginnt ihre Tätigkeit zunächst mit der Hospitation in den Einzel- und Gruppenförderungen. [...] Auf eigenen Wunsch kann Frau S. zunächst noch mit Begleitung, dann jedoch in Eigenverantwortung, eine Kleinstgruppe (zwei Kinder) übernehmen. [...] Nach der Eingewöhnungszeit von ca. drei Monaten wird Frau S. mehr und mehr weitere Kinder selbstständig betreuen. Hierzu gehören die Planung und Durchführung von Förderstunden, die Elternberatung, Diagnostik und das Erstellen von Entwicklungsberichten. [...] Die Elterngespräche finden zunächst gemeinsam mit der Anleiterin statt, um dann, in Absprache mit Frau S., bei der Übernahme der Arbeit mit dem Kind und seiner Familie, eigenständig von ihr durchgeführt zu werden [...]“ (Zentrum für Psychomotorik, 2003).

Dieses Beispiel belegt die Tatsache, dass der Arbeitgeber/die Organisation zwar die Aufgaben und Verpflichtungen weitgehend bestimmt, jedoch auf die Frei- und Spielräume für die eigenständige Erledigung von Aufgaben gar nicht verzichten kann. Im Feld der sozialen Arbeit (und damit auch der Heilpädagogik) stellt diese Tatsache ein wesentliches Merkmal der jeweiligen Profession dar.

4.2 Kompetenzen

Kompetenzen sind „in“ – in der letzten Zeit wird im Kontext der Qualitätssicherung nach Aspekten gesucht, die im Arbeitsalltag eine Art der Garantie für gute Leistungen darstellen. Mittlerweile wird allgemein anerkannt, dass die Arbeitswelt nicht nur Material bearbeitet und Aufgaben erfüllt, sondern auch eine Welt der Kommunikation und Interaktion ist. Daher suchen die Theorie und Praxis der Qualitätssicherung nach Grundlagen funktionierender und positiv wirksamer zwischenmenschlicher Einflussnahme. Solche Grundlagen werden in den sogenannten Kompetenzen gesehen.

Um eine effektivere Aufgabenerfüllung (die immer auch eine Kooperationsleistung ist) zu sichern und letzten Endes auch die Zufriedenheit im Arbeitsalltag der Beteiligten zu erhöhen, wird neben der Fachlichkeit vor allem Wert auf gelingende Kommunikation, Beziehungsgestaltung und Selbststeuerung gelegt. Diese Aspekte der Arbeitsleistung sind so wichtig, weil der Mensch seine Potenziale und Bedürfnisse nur im sozialen Kontext entfalten bzw. befriedigen kann. Als theoretisches Konstrukt steht im Hintergrund der Forderung nach oben genannten Fähigkeiten der Begriff „Kompetenz“. Sowohl in der Berufsausbildung als auch in der Fort- und Weiterbildung ist er nicht wegzudenken.

Allerdings bringt die Entwicklung der Kompetenz-Theorie und -Praxis eine unübersichtliche Lage hervor: Manche Auffassungen unterschiedlicher Aspekte überlappen sich und manche Bezeichnungen desselben unterscheiden sich.

Deshalb ist es hilfreich, sich in der Beschäftigung mit dem Thema „Kompetenzen“ zuerst eine Orientierung zu verschaffen. Im weiteren Text werden die folgenden heilpädagogisch relevanten Aspekte dargestellt: Begriff „Kompetenz“, Handlungskompetenz (übergeordnete Bezeichnung), Konzeptualität (unentbehrlicher Bestandteil) und wichtige Handlungsaspekte.

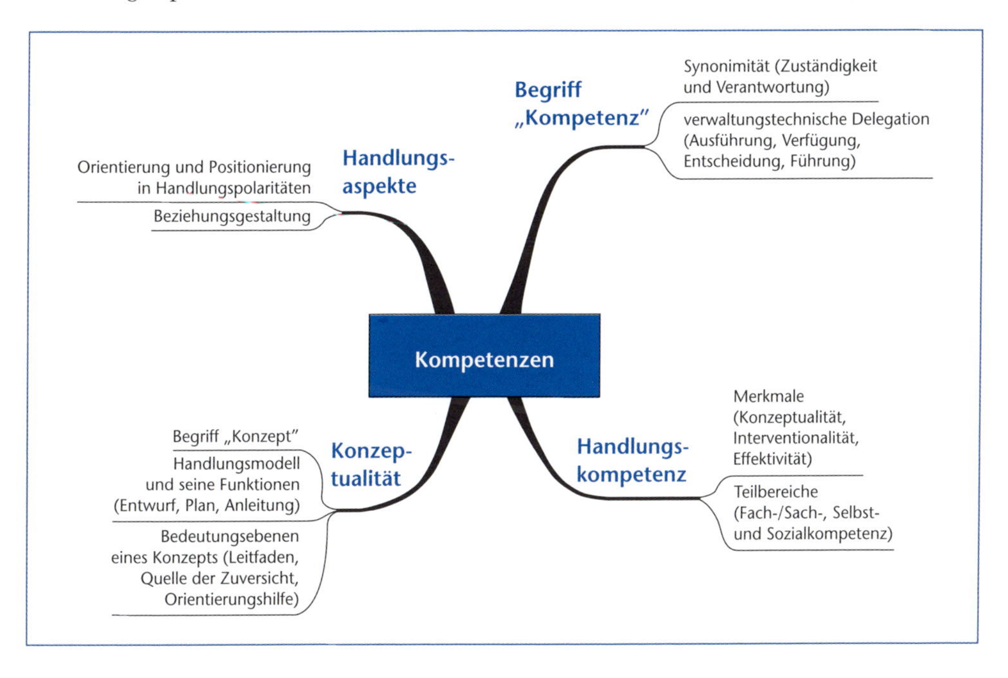

Begriff Kompetenz

Kompetenz ist ursprünglich (und immer noch) ein verwaltungstechnischer Begriff. Als solche stellt sie ein Grundmerkmal der Berufsausübung im Rahmen einer Institution dar. Durch Festschreibung von Kompetenzen werden die Zuständigkeiten für die Erledigung diverser Aufgaben und Tätigkeiten durch einzelne Bereiche bzw. Personen in einem System festgelegt. Konkret handelt es sich um offiziell gültige Verpflichtung und Berechtigung zur Wahrnehmung und Erledigung bestimmter Angelegenheiten. Der Sinn einer solchen Regelung besteht darin, die sachlich und rechtlich richtige, vollständige und rechtzeitige Erledigung von Aufgaben zu ermöglichen. Die Begriffe „Kompetenz", „Zuständigkeit" und „Verantwortung" werden häufig *synonym* verwendet, was allerdings nicht ganz korrekt ist. „Zuständigkeit" bezieht sich auf ein bestimmtes Aufgabengebiet, „Kompetenz" hat mit der Handlung zu tun (Inhalt, Umfang, Formen) und „Verantwortung" hängt mit den Folgen der Zuständigkeitsübertragung zusammen.

Die Zuweisung von Kompetenz wird als „Delegation" bezeichnet. Sie kann (vom Gesichtspunkt der Sachlichkeit her betrachtet) die Angelegenheiten folgender Gebiete regeln:

- Ausführungskompetenz (Recht und Pflicht, die übertragene Aufgabe zu erfüllen; die Wahl der Art und Weise obliegt der ausführenden Person);
- Verfügungskompetenz (über Objekte und Mittel), hierzu gehört auch die Ressourcenkompetenz (Berechtigung zum Einsatz von Personal, finanziellen Mitteln und organisatorischen Maßnahmen);
- Entscheidungskompetenz (Recht und Pflicht zur Auswahl einer von mehreren Handlungsmöglichkeiten);
- Führungskompetenz (Recht und Pflicht, die unterstellten Mitarbeiter einzusetzen, anzuleiten, anzuweisen und zu kontrollieren).

(vgl. Deutscher Verein für öffentliche und private Fürsorge, 1993)

Handlungskompetenz

Der Umgang mit dem eigenen Handlungsspielraum erfordert von den Heilpädagogen eine professionelle Handlungskompetenz. Diese lässt sich als Ausdruck der Fähigkeit betrachten, orientiert, begründet und *effektiv* vorzugehen. Konkret heißt dies, imstande zu sein, ein auf die Lage und Aufgabe ausgerichtetes *Konzept* zu erarbeiten und unter korrekter Anwendung von entsprechenden Techniken und *Interventionen* umzusetzen.

Der Begriff „professionelle Handlungskompetenz" ist mit dem Begriff „berufliche *Qualifikation*" nicht deckungsgleich! Dieser bezieht sich vor allem auf nachgewiesene Fachkenntnisse und erlernte Vorgehensweisen, die als Voraussetzung für die Ausübung einer Tätigkeit auf einem bestimmten Praxisfeld gelten. Berufliche Qualifikation wird in der Regel durch eine formalisierte Bestätigung über den erfolgreichen Abschluss von erforderlichen Qualifizierungsmaßnahmen belegt (Ausbildungszeugnis).

Professionelle Handlungskompetenz geht weiter. Sie bezieht sich auf die Fähigkeit, Kenntnisse, Fähigkeiten, Fertigkeiten und Verhaltensmuster im praktischen Tun anzuwenden. Als solche steht sie für die effiziente Erledigung konkreter Aufgaben auf einem bestimmten Praxisfeld. Neben den oben genannten Merkmalen gehört zur Handlungskompetenz auch die bisherige Lebens- und Berufserfahrung des Heilpädagogen sowie sein Engagement (sich zuständig fühlen) und die Fähigkeit zur offenen Kommunikation mit allen Beteiligten und zur kritischen Reflexion des eigenen Tuns.

Die heilpädagogische Handlungskompetenz hat drei „Standbeine", die jeweils dreifach verankert sind.

- Als „Fach-" bzw. „Sachkompetenz" wird die Fähigkeit eines Menschen verstanden, für Sachgebiete urteils- und handlungsfähig und damit auch zuständig zu sein. In der Heilpädagogik geht es um folgende fachspezifische Fähigkeiten:
  - Orientierung in theoretischen und didaktisch-methodischen Zusammenhängen der jeweiligen Situation,
  - begründete Auswahl entsprechender Methoden, Techniken, Interventionen und Mittel,
  - Fähigkeiten, Fertigkeiten und Verhaltensweisen für die Durchführung des gewählten Vorgehens.
- Als Selbstkompetenz wird die Fähigkeit eines Menschen verstanden, als er selbst und für sich selbst verantwortlich handeln zu können. In der Heilpädagogik geht es um folgende persönliche Fähigkeiten:
  - Orientierung in der eigenen Motivation zum Handeln (Warum übe ich diese Tätigkeit aus und was bringt mir das?),
  - Herstellung der Verbindung der eigenen Person mit anderen, am Geschehen beteiligten Menschen (Beziehungsgestaltung),
  - Reflexion eigener Anteile an der Entwicklung der Situation (Was hat dieser Situationsablauf mit mir zu tun?).
- Als soziale (oder auch kommunikative) Kompetenz wird die Fähigkeit eines Menschen verstanden, für sozial, gesellschaftlich und politisch relevante Sach- bzw. Sozialbereiche urteils- und handlungsfähig und damit auch zuständig sein zu können. In der Heilpädagogik geht es um folgende soziale Fähigkeiten:
- Offenheit für Mitteilungen anderer Menschen (Sensibilität) sowie Mitteilungsbereitschaft bezüglich des eigenen Erlebens und Denkens (Expressivität),
- Orientierung in subjektiver Bedeutung von lebensgeschichtlichen, aktuellen und zukünftigen Angelegenheiten anderer Menschen (Empathie),
- aktive Gestaltung der Kommunikation und Interaktion mit anderen Menschen (Freude am zwischenmenschlichen Kontakt).

(vgl. Roth, 1971, 181)

Neben den von Roth genannten drei Bereichen wird häufig in den diversen Systematisierungsversuchen auch die Methodenkompetenz genannt. Da sie (vor allem in den sozialen Berufen) eine Relevanz in allen drei Kompetenzausrichtungen hat, ist ihre explizite Benennung umstritten (vgl. Wellhöfer, 2004, 2f.).

Bezüglich der Fach- bzw. Sachkompetenz wird hier auf die Kapitel 4 und 5 hingewiesen, deren Inhalte für diesen Kompetenzbereich sehr relevant sind. Im weiteren Text werden die Sozial- und die Selbstkompetenz näher erörtert.

Sozialkompetenz

In der gegenwärtigen Diskussion über die zukunftsweisenden Qualifikationen kommt immer deutlicher die Wichtigkeit des mitmenschlichen Umgangs in der Berufswelt hervor.

In vielen Produktionsbereichen der Industrie hat man festgestellt, dass Mitbestimmung, partnerschaftlicher Umgang und eine „flache Hierarchie" positiv das Wohlbefinden der Beschäftigten und damit auch ihre Produktivität beeinflussen. Also übernimmt die Wirtschaft dasjenige, was die soziale Arbeit schon lange umsetzt: bewusste Herausbildung von bestimmten sozialen Kompetenzen, die auch als „Softskills" bezeichnet werden („feine Fähigkeiten", aus dem Englischen). Es sind Fähigkeiten und Fertigkeiten, die ein konstruktives und produktives Miteinander von mehreren Personen fördern. Die Menge an Definitionen und Darstellungen von solchen „feinen Fähigkeiten" ist ziemlich verwirrend. Aus diversen Aufsätzen und Publikationen lässt sich folgende Auflistung der wesentlichen Aspekte zusammenstellen:

- Sensibilität, Einfühlungsvermögen, Toleranz, Akzeptanzfähigkeit,
- Kontaktfähigkeit, korrekte Umgangsformen, positive Ausstrahlung,
- Kooperationsfähigkeit, Einbringungswille, Teamfähigkeit,
- Fairness, Kollegialität, Gerechtigkeitssinn, Moralität,
- Kompromissfähigkeit, soziale Konsensbereitschaft, Flexibilität,
- aktive und passive Kritikfähigkeit, Selbstbeherrschung,
- Initiative, Verantwortungsbereitschaft, Zuverlässigkeit,
- Ausdrucksfertigkeit, Formulierungsgeschick,
- vielseitiges Interesse, Neugier, Aufgeschlossenheit,
- Kreativität, Originalität, Fantasie,
- Vertrauen, Selbstvertrauen, Souveränität, Überzeugungskraft.

Auch die Heilpädagogen müssen daran interessiert sein, diese Fähigkeiten und Fertigkeiten bei sich zu entwickeln und zu kultivieren – arbeiten sie doch mit Menschen und sind bei der Erledigung von Aufgaben auf deren Mitwirken angewiesen. Dies ist allerdings leichter gesagt als getan, denn es herrscht in den einzelnen Fachdisziplinen keine allgemeine Übereinstimmung darüber, was alles die soziale Kompetenz charakterisiert. Sie wird vor allem in der Sozial-, Heil- und Berufspädagogik diskutiert. Als Fachbegriff bezieht sie sich auf soziale Aspekte des autonomen Handelns des Individuums im gemeinschaftlichen bzw. gesellschaftlichen Rahmen: Soziale Kompetenz ermöglicht eigenständige Aufnahme und Interpretation von Informationen sowie Lösung von Problemen durch und in der Kommunikation bzw. Interaktion mit der sozialen Umwelt. Folglich lässt sie sich als ein unentbehrlicher Bestandteil des sozialen Handelns betrachten.

In den Grundlagendisziplinen, die sich mit dem menschlichen Verhalten befassen, ist der Begriff „Sozialkompetenz" sehr rar: „in den einschlägigen psychologischen Wörterbüchern [...] sucht man nach der ‚Sozialkompetenz' vergeblich [...]" (Wellhöfer, 2004, 2). Lediglich in der Organisationspsychologie wird sie als eine grundlegende Schlüsselqualifikation im Kontext der „sozialen Intelligenz" und der „emotionalen Intelligenz" beschrieben.

Etymologisch gesehen bezeichnet das Wort „sozial" die Prozesse der Kommunikation und Interaktion zwischen zwei und mehreren Menschen bzw. Gruppen. Das Wort „Kompetenz" stellt – wie bereits oben dargestellt – eine Bezeichnung von Zuständigkeit bzw. Fähigkeiten und Fertigkeiten für die Durchführung bestimmter Tätigkeit dar.

Demnach lässt sich Sozialkompetenz als eine Voraussetzung zum erfolgreichen Verhalten in sozialen Situationen betrachten. Welche konkreten Verhaltensweisen allerdings „erfolgreich" sein sollen, hängt im Wesentlichen vom bestehenden Wertesystem und dem Menschenbild der beteiligten Personen ab.

Empirische Untersuchungen bezüglich der Frage, welche Aspekte für soziales Handeln von Bedeutung sind, ergaben folgende Auflistung:

- Kontakt und Kommunikation,
- Einfühlungsvermögen,
- Kooperation,
- lösungsorientierter Umgang mit Problemen/Konflikten,
- Fähigkeit zur Reflexion.

(vgl. Wellhöfer, 2004, 3)

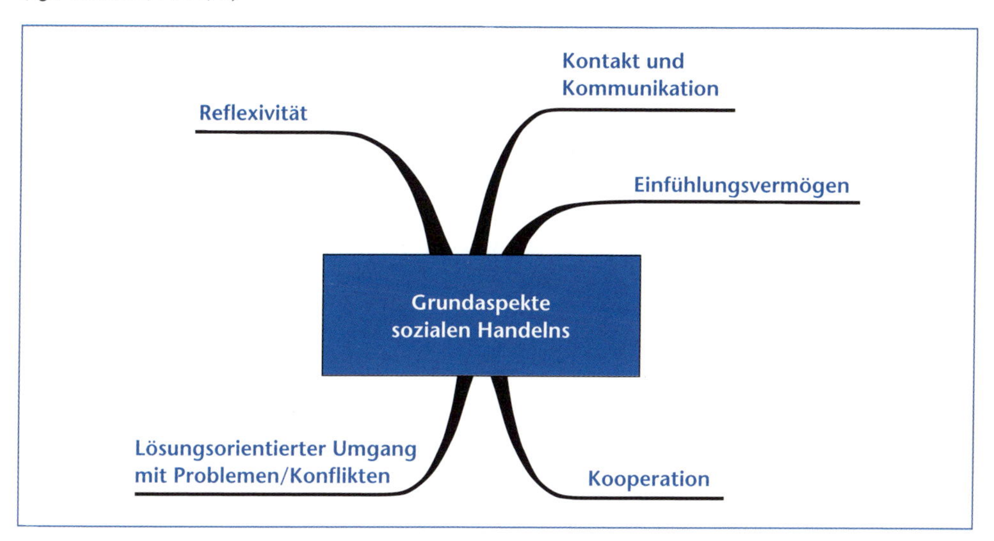

Fazit

Beruflich wird soziale Kompetenz als eine Voraussetzung zur Ausübung bestimmter Tätigkeiten insbesondere auf dem Gebiet der sozialen Arbeit betrachtet, die in der Regel durch qualifizierende Maßnahmen (Ausbildung, Fortbildung, Weiterbildung) erworben wird. Der Erwerbsprozess sozialer Kompetenz hat zwei Ebenen: (A) Sie wird als unvermeidliche Begleiterscheinung jeglicher zwischenmenschlichen Kommunikation und Interaktion erlebt und erlernt (ungeplante Ebene). (B) Sie wird als Ergebnis eines gezielten Lernprozesses von sozialen Kenntnissen, Einstellungen und Verhaltensweisen angeeignet (intentionale Ebene). Insgesamt gilt, dass die Hauptquelle sozialer Fähigkeiten und Fertigkeiten das soziale Feld ist, in dem sie durch Erleben und Lernen mit anderen Menschen erfahren, entwickelt und kultiviert werden. Dabei spielen die Prozesse der Nachahmung, Identifikation, Übung und Verinnerlichung eine wichtige Rolle.

(vgl. Deutscher Verein für öffentliche und private Fürsorge, 1993, 574f.)

Selbstkompetenz

Wird auch als „Ich-Kompetenz" oder „personale Kompetenz" bezeichnet. Unter diesem Begriff sind individuelle Fähigkeiten und Fertigkeiten eines Menschen zu verstehen, die sich auf folgende Einflussbereiche beziehen:

- Umgang mit Belastungssituationen: sich in belastenden Gegebenheiten/Lagen zu orientieren und sie zu überwinden (z. B. Fähigkeit zur Stressbewältigung),

- Strukturierung des eigenen Verhaltens: sich in der Situation orientieren, entsprechend entscheiden und handeln (z. B. Fähigkeit zur Verhaltensregulation),
- Planung und Reflektion eigener Vorgehensweise: sich in der Zeit und den Aufgaben orientieren, Prioritäten setzen, planen und Pläne umsetzen (z. B. Fähigkeit zur effektiven Zeitnutzung),
- Handhabung eigener Gefühlsregungen: die aufkommenden Emotionen in ihrer Ausrichtung sowie Intensität an den realen Tatsachen ausrichten (z. B. Fähigkeit zum bewussten Gefühlserleben und -ausdruck),
- Menschenwahrnehmung und -kenntnis: sich in der Interaktion mit anderen nicht von Wunsch- bzw. Furchtbildern, sondern von Beobachtung leiten lassen (z. B. Fähigkeit zur Orientierung an realen Wahrnehmungen und Einschätzungen von Menschen),
- Entfaltung eigener Potenziale: eigenes Wissen und Know-how auf mannigfaltige Weise einsetzen und nutzen (z. B. Fähigkeit zur kreativen Sicht- und Vorgehensweise).

Wie bei der Sozialkompetenz existieren auch auf dem Gebiet der Selbstkompetenz viele zum Teil unterschiedliche, sich überlappende oder sogar widersprüchliche Darstellungen der entsprechenden Fähigkeiten und Fertigkeiten, durch die sich Selbstkompetenz offenbaren soll. Die folgende Auflistung ist aus mehreren Quellen zusammengestellt und dient hier als ein Beispiel dessen, was man sich unter den Merkmalen einer Selbstkompetenz konkret vorstellen kann:

- Motivation, Leistungswille: Es gibt eine sogenannte intrinsische (innere) und extrinsische (äußere) Motivation. Die erste ist in eigenen Beweggründen (z. B. Spaß und Leidenschaft an der Sache) verankert, die andere wird durch äußere Bedingungen (z. B. Geld und Ansehen) angeregt. Ein gesunder Leistungswille entspringt einer ausgewogenen Mischung von beiden Motivationstypen.

- Selbstständigkeit, Sorgfalt, Zuverlässigkeit, Verantwortungsbewusstsein: Selbstständigkeit ist die Fähigkeit, auch ohne Hilfe, Überwachung und Kontrolle gute Arbeit zu leisten. Sorgfalt besteht nicht in der Erbsenzählerei, sondern in Berücksichtigung aller Gesichtspunkte, die für die Aufgabenerfüllung erforderlich sind. Wer Termine und Absprachen einhält, gilt als zuverlässig. Verantwortungsbewusst sind z. B. Mitarbeiter, die ihre Aufgaben sorgfältig erledigen, sich kollegial verhalten und sich ihrer Einrichtung gegenüber loyal verhalten.
- Belastbarkeit, Frustrationstoleranz, Beharrlichkeit, Stressbewältigung: Wer belastbar ist, behält auch in Extremsituationen die Übersicht und den nötigen Optimismus. Tätigkeiten mit intensiven sozialen Kontakten und Wechselschichtdienst sind körperlich wie seelisch sehr belastend. Frustrationstoleranz ist für den Berufsalltag im sozialen Bereich vonnöten. Frust stellt sich oft ein, wenn Aufgaben selbstständig unter schwierigen Bedingungen und mit wenig Unterstützung durch Kollegen zu verrichten sind und wenn belastende Ereignisse oder Verhältnisse sich auf die lange Sicht nicht ändern. Dann ist auch Beharrlichkeit angesagt. Stress entsteht häufig durch einen chaotischen Berufsalltag, hohe Verantwortung, schwierige Aufgaben sowie mangelnde Unterstützung von Kollegen bzw. Vorgesetzten. Die Fähigkeit, Frustrationen und Stress zu bewältigen, lässt sich durch richtige Ernährung und den gezielten Einsatz von Entspannungstechniken steigern.
- Kritikoffenheit, Abgrenzungsfähigkeit: Die Kritikoffenheit hat zwei Richtungen: Kritik annehmen und Kritik äußern. Statt auf Kritik beleidigt, wütend oder auch auffallend demütig zu reagieren bzw. sie allgemein, unlogisch, verklausuliert oder aggressiv zu formulieren, ist es wichtig, Kritik so zu äußern, dass die kritisierte Person die richtigen Schlüsse aus ihr ziehen kann, ohne das Gesicht zu verlieren. Abgrenzungsfähigkeit ist in allen Berufen wichtig, die intensive Beziehungs- und Teamarbeit beinhalten. Harmonie- und kontaktbedürftige Mitarbeiter sind leicht manipulierbar und in der Regel nicht imstande, die erforderliche Regel Struktur aufrechtzuerhalten.
- Lern- und Veränderungsbereitschaft, Flexibilität, Selbstreflexion: Lernbereite Mitarbeiter folgen dem Credo des lebenslangen Lernens. Das beinhaltet nicht nur die Teilnahme an Weiterbildungsmaßnahmen oder das Lesen von Büchern. Es geht auch darum, die eigenen Ansichten zu hinterfragen und zu modifizieren. Neben den persönlichen Veränderungen ist es auch wichtig, als Beschäftigter in einer Einrichtung die institutionellen Veränderungsprozesse interessiert und mutig mitzutragen. Die Selbstreflexion bezieht sich besonders auf die Frage, wie man die Aufgaben erfüllt, auf andere wirkt und ob diese Wirkung erwünscht ist. Selbstreflektierte Menschen sind besser imstande, ihr Verhalten zu steuern. Flexibilität offenbart sich in der Fähigkeit, sich auf neue Menschen und Situationen einzustellen, Veränderungen hinzunehmen oder zu initiieren und eingefahrene Denkmuster zu verlassen.

Alle die oben genannten Fähigkeiten und Fertigkeiten der Selbstkompetenz entwickeln sich bei jedem Menschen vor dem Hintergrund des Wechselspiels zwischen seinen individuellen Anlagen und den Umweltfaktoren. Demnach ist die Hauptquelle der Selbstkompetenz die Erfahrung von sich selbst in sozialen und sachbezogenen Zusammenhängen.

Als Voraussetzung gelten die Selbsterkenntnis und -orientierung. Diese kommen nicht nur durch Reflexion eigener Gefühle, Gedanken, Motive, Handlungen und Erfahrungen zustande. Genauso wichtig (und unter Umständen noch wichtiger) ist die Rückmeldung von Freunden, Kollegen oder Supervisoren – sie erweitert und vertieft Erkenntnisse über die eigenen Fähigkeiten, Fertigkeiten, Handlungen und deren Wirkung auf die soziale Umwelt. Nur in einer sich ergänzenden Selbst- und Fremdreflexion ist die Chance auf das Erfahren, Ausprobieren und Entwickeln kompetenter Selbsthandhabung verborgen (vgl. Wellhöfer, 2004, 16 ff.). Aus diesem Grund gehören die Prozesse der Selbsterkenntnis, Selbstorientierung und Selbststeuerung untrennbar zur Berufsvorbereitung und -ausübung.

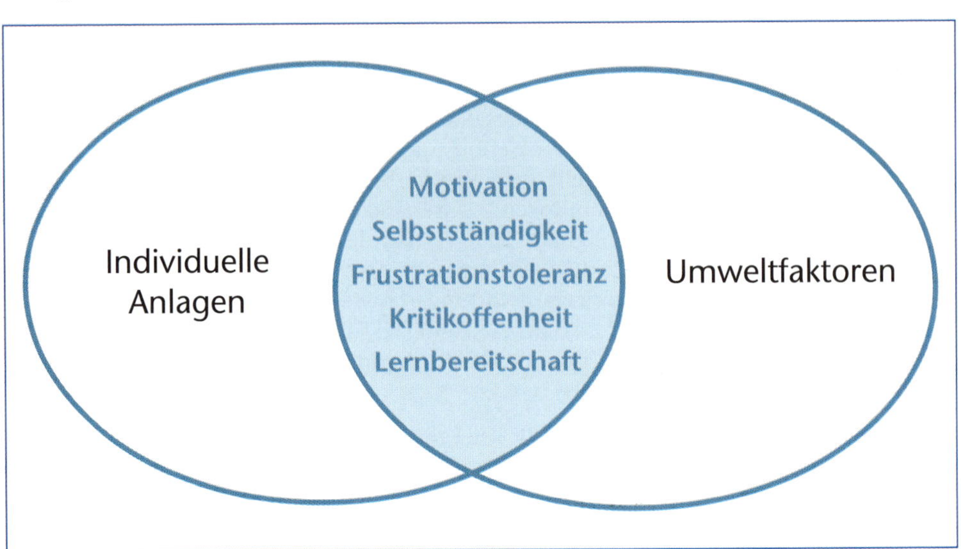

Selbstkompetenzentwicklung zwischen Anlage- und Umweltbedingungen

Überlegungen und Versuche

1. ***Welche der oben genannten Kompetenzen haben Sie bereits ausreichend entwickelt und welche bedürfen einer bewussten Weiterentwicklung? Checken Sie zu diesem Zweck folgende Auflistungen durch:***
   - ***Softskills,***
   - ***die Grundaspekte sozialen Handelns,***
   - ***die Grundaspekte der Selbstkompetenz.***
2. ***Besprechen Sie die Ergebnisse Ihrer Überlegung mit jemandem, der Sie aus dem Berufs- bzw. Ausbildungsgeschehen kennt. Bitten Sie ihn um eine ehrliche Einschätzung Ihrer Kompetenzen. Schauen Sie dann,***
   - ***wo es in der Selbst- und Fremdeinschätzung Übereinstimmungen und wo es Unterschiede gibt und***
   - ***was für Sie persönlich auf der ersten Stelle der „Kompetenz-Entwicklungsliste" steht und auf welche Art Sie Ihre Selbstentwicklung fördern möchten.***

Neben den dargestellten zwei wichtigen „Säulen" der heilpädagogischen Professionalität (Selbstkompetenz und Sozialkompetenz) gehören zum Kompetenzbereich weitere drei Handlungsaspekte, die hier auch kurz erörtert werden: Konzeptualität, Umgang mit Polaritäten und Beziehungsgestaltung.

Konzeptualität

Heilpädagogisch zu handeln heißt unter anderem auch konzeptionell vorzugehen. Deshalb gehört auch der Begriff „Handlungskonzept" zu den Grundbegriffen der heilpädagogischen Professionalität.

Konzept (lat.): ursprüngliche Bedeutung = (der erste) Entwurf. Heute wird als Konzept ein Plan, ein Programm verstanden. Mit dem Begriff „Konzeption" wird eine klar umrissene Grundvorstellung, ein Leitprogramm oder ein gedanklicher Entwurf bezeichnet.

Concept (engl.): In der Kognitionspsychologie Bezeichnung für einen Denkvorgang, mit dem bestimmte Gesichtspunkte, Eigenschaften oder Beziehungen von Gegenständen oder Sachverhalten in einen Zusammenhang gebracht werden (vgl. Martin, 1994, 160).

Ein Konzept wird in der pädagogischen Arbeit als Handlungsmodell der Pädagogin definiert, in dem Ziele, Inhalte und Methoden in einen sinnhaften Zusammenhang gebracht werden. Als solches ist ein pädagogisches Konzept:

- ein Entwurf, in dem das angestrebte Ziel und die effektivste Methode zur Erreichung dieses Ziels überlegt und damit ein Rahmen für das konkrete Handeln gedanklich festgelegt wird,
- eine sinnvolle, planerische Gestaltung einer Handlungssituation,
- eine theoretisch begründete Anleitung zur sinnvollen Abfolge von Handlungen, deren Erläuterungen und Reflexion.

(vgl. Schilling, 1993, 230 f.)

Handlungskonzepte können nach Gröschke als „Brücken zwischen (wertabstinenter) allgemeiner Theorie und wertgeleiteter konkreter Berufspraxis" verstanden werden (vgl. Kapitel 2.1.4). Sie verbinden das erworbene Fachwissen der Heilpädagogin mit ihren eigenen Werten und beziehen sich insbesondere auf die Interaktion zwischen ihr und dem zu betreuenden Menschen mit Behinderung. Unter Berücksichtigung dieser Teilbereiche beeinflussen sie ihr Handeln und klären die didaktischen Fragen sowie die methodischen Einzelschritte in Bezug auf konkrete Situationen und Personen (vgl. Gröschke, 1997, 114).

Vom Blickwinkel der beteiligten Personen hat jedes Handlungskonzept drei Bedeutungsebenen:

- Für den Heilpädagogen ist es ein Leitfaden: Es zeigt auf, wie die Aufgabenstellung konkret umgesetzt wird: Das macht aus dem Handlungskonzept ein „Gerüst" alltäglichen Handelns.
- Für die zu betreuenden Personen, um die es letztendlich geht, ist es eine Quelle der Zuversicht: Es dient der Verfolgung geplanter Ziele und Erfüllung von Aufgaben, die auf eine Veränderung der beeinträchtigten Lage ausgerichtet sind.
- Für die mittelbar beteiligten Menschen ist es eine Orientierungshilfe: Es informiert über Gründe, Absichten und Wege des heilpädagogischen Einsatzes.

Umgang mit Polaritäten

Die Heilpädagogin muss in komplexen heilpädagogisch relevanten Lagen agieren. Ihr Handeln ist jeweils eingebunden in umfassendere familiäre und soziale Zusammenhänge und Wechselwirkungen. Deshalb kommt es oft vor, dass die unterschiedlichen heilpädagogischen Tätigkeiten bzw. die anzuwendenden heilpädagogischen Praxismethoden sich

überlappen. Hierbei entstehen Polaritäten, zwischen denen sich heilpädagogisches Handeln immer wieder neu definieren muss. Die häufigsten Polaritäten sind:
- Erziehung – Therapie
- Autonomie – Abhängigkeit
- Beziehung – Methoden
- Ganzheitlichkeit – Fokussierung
- Gleichwertigkeit – Machtgefälle.

Ein orientierter und transparenter Umgang mit diesen Polaritäten erfordert von dem Heilpädagogen neben der ethisch verankerten heilpädagogisch-anthropologischen Grundhaltung immer auch das jeweils notwendige Fachwissen und stellt ein grundlegend wichtiges Merkmal seiner heilpädagogischen Professionalität dar.

Beziehungsgestaltung

Ein spezielles Element des heilpädagogischen Handelns ist die Beziehungsgestaltung. In Anlehnung an Martin Buber wird das Verhältnis zwischen der Heilpädagogin und dem zu betreuenden Menschen mit Behinderung „dialogisch" genannt. Die Fähigkeit zum Dialogischen lässt sich als ein besonderes Merkmal der heilpädagogischen Professionalität bezeichnen.

Das Dialogische ist gleichermaßen grundlegend in der Frühförderung behinderter und von Behinderung bedrohter Kinder, in der Zusammenarbeit mit den Eltern bzw. der Familie dieser Kinder, in der Begleitung von als verhaltensauffällig geltenden oder psychisch gestörten Kindern und Jugendlichen wie in der Begegnung mit Menschen mit schwerer geistiger oder Mehrfachbehinderung. Ebenso ist es auf kollegiale und interdisziplinäre Zusammenhänge übertragbar.

Überlegungen und Versuche

1. ***Inwieweit ist Ihnen die Konzeptualität Ihres Handelns im Beruf bzw. im Studium bewusst?***
   - ***Gehen Sie im Alltag bewusst und überlegt vor oder sind Sie ein spontaner Typ?***
   - ***Was spricht von Ihrer bisherigen Erfahrung her für und was gegen eine „Konzeptualisierung" Ihrer Arbeitsweise? Begründen Sie Ihre Meinung.***
2. ***Finden Sie heraus, wie Ihre berufliche Umwelt (d. h. konkrete Kollegen und Kolleginnen) mit den Polaritäten des heilpädagogischen Handelns umgeht (vorausgesetzt, Sie sind bereits heilpädagogisch tätig – z. B. im Praktikum). Wie soll das gemacht werden? Koppeln Sie diese Aufgabe mit der Übung Ihrer kommunikativen Kompetenz:***
   - ***Erheben Sie die Existenz der Polaritäten zum Thema eines Gesprächs.***
   - ***Sagen Sie, wo Sie die Polaritäten wahrnehmen und wie Sie selbst mit Ihnen umgehen.***
   - ***Zeigen Sie Interesse an der Meinung Ihrer Kolleginnen und bitten Sie sie, zum Thema „Mein persönlicher Umgang mit heilpädagogischen Berufspolaritäten" eine begründete Stellung zu nehmen.***

4.3 Personzentriertheit

Auf die Person ausgerichtet zu sein stellt einen wichtigen Aspekt der heilpädagogischen Arbeit dar. Wie in anderen Bereichen der sozialen Arbeit darf auch in der Heilpädagogik nicht allein die Anzahl der verrichteten Arbeitsleistungen in vorgegebener Zeit als Kriterium der Qualität gelten. Genauso wichtig ist es, für die (Er-)Lebensqualität der Beteiligten zu sorgen – sowohl die der zu betreuenden Menschen als auch die der Mitarbeiterinnen.

Anders gesagt: Wo der Alltag von positiv erlebten Momenten und Situationen begleitet wird, da ist diese wesentliche Aufgabe der Qualitätssicherung erfüllt. Positiv erlebt wird vor allem die Befriedigung von folgenden sozial verankerten Bedürfnissen: Sicherheit, Kontakt, Dazugehörigkeit, Einflussnahme und Beachtung.

Diese Bedürfnisse gelten als Grundlage der persönlichkeitsstärkenden Selbstachtung. Werden sie in der alltäglichen Kommunikation und Interaktion mit dem Menschen in heilpädagogisch relevanter Lage befriedigt, fühlt dieser sich als Person bestätigt und gestärkt. Dies trägt wesentlich dazu bei, dass er sich ins Geschehen einbringen, für gemeinsames Tun öffnen und auf belastendes bzw. störendes Verhalten verzichten kann. Die Aufgabenerledigung verläuft dann mit weniger Kampf und gelingt besser. Das Vorgehen des Heilpädagogen, welches diesem Anliegen entspricht, wird als „personzentrierte Arbeitsweise“ bezeichnet.

So formuliert klingt die These gut und nachvollziehbar. Bei genauerem Hinsehen ergibt sich allerdings die Frage nach der konkreten Umsetzung: Was soll die Heilpädagogin konkret tun und auf welche Weise soll sie dabei agieren, um personzentriert zu handeln? Um eine Antwort zu finden, werden hier die Grundaspekte der personzentrierten Arbeitsweise kurz dargestellt: Grundhaltung, Kontakt- und Kommunikationsförderung, personzentrierter Ansatz, Prä-Therapie, Person-Erhalt und Person-Untergrabung. Die Ausführungen sind durch Aussagen von Fachleuten untermauert, die personbezogen arbeiten und Elemente der Prä-Therapie im Berufsalltag der Behindertenhilfe verwenden.

Die Situation von Heilpädagogen, die durch ihren Einsatz die Alltagsbewältigung in den Einrichtungen der Behindertenhilfe sichern, ist nicht einfach. Die Umsetzung der Theorie in die Praxis zeigt sich komplizierter, als man denkt. So verlangt die heilpädagogische Theorie deutlich nach Mitbeteiligung des zu betreuenden Menschen. Was soll aber die Heilpädagogin machen, wenn sie z. B. mit einer Verweigerung bei der Körperpflege konfrontiert wird? Sie ist doch dafür verantwortlich, dass die Körperpflege gewährleistet wird! Hier beginnt das Handeln persönlich zu werden. Zwar liefert die Heilpädagogik als eine handlungsorientierte Wissenschaft wichtige Erkenntnisse für das Tun, allerdings entscheidet über die Art der Aufgabenerfüllung jeder Heilpädagoge eigenverantwortlich selbst. Bei dieser Entscheidung steht er an einer wichtigen Grenze: Ausgehend davon, wie er sich selbst und den zu betreuenden Menschen wahrnimmt und was ihm persönlich wichtig ist, setzt er die entsprechende Strategie ein, um das zu erfüllen, wofür er bezahlt wird. Zur Verfügung stehen zwei Alternativen:

- Die Aufgaben können „an dem zu betreuenden Menschen“ erledigt werden. Das bedeutet konkret, nach folgendem Grundsatz zu handeln: „Dies und jenes muss gemacht werden (bzw. darf nicht passieren). Dafür bin ich verantwortlich und deshalb wird es so erledigt, wie ich es für richtig halte. Du besitzt weder den erforderlichen Durchblick noch die Fähigkeiten dazu und deshalb sollst du alles so machen, wie ich es sage.“ Diese Vorgehensweise ist Ausdruck einer Einstellung, die primär auf die Erfüllung von Aufgaben bezogen ist.

- Die Aufgaben können jedoch auch anders erledigt werden, und zwar **mit** Berücksichtigung des zu betreuenden Menschen und seiner Bedürfnisse. Dies bedeutet konkret, nach folgendem Grundsatz zu handeln: „Dies und jenes muss gemacht werden (bzw. darf nicht passieren). Ich bin dafür verantwortlich, nur ist es ohne deine Mitwirkung schwierig, es zu erfüllen. Deshalb bitte ich dich um Hilfe. Wie geht es dir damit, was ist dir wichtig, was willst du übernehmen und was soll ich erledigen?“ Diese Vorgehensweise ist Ausdruck einer personbezogenen Einstellung.

Personzentriertheit ist heilpädagogisch relevant – sie respektiert die Menschenwürde des Menschen mit Behinderung, ermöglicht ihm eine seinen Möglichkeiten angemessene Beteiligung am Geschehen und steigert die Chance auf den Erhalt bzw. auf die Entwicklung und Stabilisierung seiner Selbstachtung. Als wesentlicher „Nebeneffekt“ sind eine angenehmere Atmosphäre und häufiger gelingende Aufgabenerledigung im gemeinsamen Tun zu betrachten.

Beispiel
In seinem Erfahrungsbericht über den Weiterbildungslehrgang „Personzentriertes Arbeiten“ schildert ein Teilnehmer zwei Interaktionen mit einer 82-jährigen Frau G., die an Altersdemenz erkrankt ist und wegen ihrer Weglauftendenz von den Mitarbeitern des Altenheimes als „schwierig“ bezeichnet wird. In der ersten Situation ging der Mitarbeiter „aufgabenorientiert“ vor – er sah sich veranlasst, das Rausgehen von Frau G. zu verhindern. Die zweite Situation stellt ein Beispiel für personzentrierte Gestaltung der Kommunikation dar (Legende: G = Frau G.; L = Mitarbeiter).

(A) Aufgabenorientierte Vorgehensweise
G: (geht durch den Flur zur Tür und wird von dem Mitarbeiter gefragt, wo sie denn hin will) „Ich muss jetzt heimgehen zu meiner alten Mutter.“
L: „Frau G., Sie können jetzt nicht heimgehen!“
G: „Ich bin ja gleich wieder zurück, es ist ja nicht weit, da kann man ja hin spucken.“
L: „Frau G., Sie wohnen hier im Haus und haben hier ein Zimmer.“
G: „Das ist gelogen!“
L: „Warum sollte ich Sie denn anlügen, Sie können mir schon glauben.“
G: „Ich glaube niemandem mehr. Ich gehe jetzt!“
L: „Frau G., bleiben Sie bitte hier, ich gehe gerne mit Ihnen hoch und zeige Ihnen Ihr Zimmer.“
G: „Was soll ich denn dort? Zu Hause warten meine Eltern und niemand kümmert sich um die alten Leute.“

So geht die Auseinandersetzung weiter und schließlich muss der Mitarbeiter Frau G. physisch daran hindern, dass sie rausgeht. Dabei beschimpft sie ihn und wird gegen ihn handgreiflich. Eine halbe Stunde später schafft sie es doch, aus dem Hause zu gehen, und wird später von der Polizei zum Altenheim zurückgebracht.

(B) Personzentrierte Vorgehensweise
G: (ist wieder einmal auf dem Weg zur Tür und wird von dem Mitarbeiter angehalten und angesprochen, wo sie denn hin will) „Ich gehe jetzt meine kranken Eltern versorgen!“
L: „Ihre Eltern sind krank?“
G: „Ja! Meine Mutter liegt im Bett und mein Vater ist schon ein alter Mann.“
L: „Es ist bestimmt nicht leicht, jeden Tag Mutter und Vater zu versorgen.“

G: „Ja, das stimmt. Aber einer muss es ja tun."
L: „Da können Ihre Eltern stolz sein auf so eine Tochter wie Sie."
G: „Ja, sie sind auch sehr dankbar."
L: „Es ist heute nicht selbstverständlich, dass Kinder ihre Eltern versorgen."
G: „Ja, so sind die Menschen."
L: „Sie sind auch hier im Haus zu allen immer freundlich und hilfsbereit."
G: „Aber das muss man doch! Ich helfe gerne. Sie müssen mir nur sagen, wo es nötig ist."
L: „Das ist eine gute Idee von Ihnen, Frau G. Sie können mir helfen, die Tische im Speisesaal abzuwischen."
G: „Gut, das mache ich gerne."

Beide gehen anschließend mit Wassereimer, Geschirrtuch und Spüllappen an die Arbeit. Frau G. putzt nass vor und der Mitarbeiter wischt trocken nach. Sie ist dabei zufrieden und ruhig.

(Situation und Zitate: vgl. Leppla, 2004, 8f.)

Kommentar:
(A) Mit der „aufgabenorientierten" Art hat der Mitarbeiter versucht, die offensichtlich verwirrte Frau G. (sie wollte nach Hause gehen, was nicht mehr existiert, und ihre Mutter versorgen, die schon vor Jahren gestorben ist) in die Realität zurückzuführen (sie lebt in einem Altenheim, wo sie ihr eigenes Zimmer hat). Dies ist ihm nicht gelungen, stattdessen ist er in einen Streit mit Frau G. geraten, hat sie am Rausgehen hindern müssen und letzten Endes hat sie später doch das Haus verlassen. Frau G. fühlte sich von dem Mitarbeiter weder verstanden noch ernst genommen und festigte ihre aktuell verwirrte Sichtweise, statt sie der Realität anzupassen. Ein Streit war die Folge und der führte zu zwei Verlierern: Der Mitarbeiter konnte nicht verhindern, dass Frau G. aus dem Haus geht, und Frau G. irrte in der Außenwelt desorientiert herum, wurde von der Polizei aufgegriffen und doch ins Altenheim zurückgebracht.

Fazit
Wenn sich solche Auseinandersetzungen wiederholen, passiert es leicht, dass nach Absprache mit dem gesetzlichen Betreuer und dem Arzt bei Frau G. eine beruhigende Medikation eingesetzt wird, um sie vor Gefahren zu schützen (Orientierungslosigkeit, Sturzgefährdung) und die stressigen Auseinandersetzungen einzuschränken.

(B) Mit der personzentrierten Vorgehensweise geht der Mitarbeiter auf die Beweggründe und deren Bedeutung ein, die Frau G. subjektiv zum Rausgehen veranlassen. Er zeigt Interesse (ohne zu lügen oder Frau G. in ihrer Sichtweise z.B. durch Versprechen, ihre Eltern anzurufen, zu bestärken) und nimmt sie als besorgte Person ernst. Deshalb sieht sie sich nicht veranlasst, mit ihm darüber zu streiten, wer Recht hat. Dann zollt er ihr als einer engagierten Tochter Respekt und kann von diesem Aspekt ihres Selbstbildes ausgehend ihre Hilfsbereitschaft ansprechen. Das eröffnet ihr den Raum, Hilfe anzubieten, und ihm die Möglichkeit, sie um Mitbeteiligung im Haushaltsbereich zu bitten. Ein Perspektivenwechsel findet statt – von der anfänglichen Besorgnis um ihre Eltern kann Frau G. sich nun der Realität zuwenden und eine Mitbeteiligung im Haushaltsbereich aufnehmen.

Fazit
Der Mitarbeiter hat Frau G. Kontakt auf der Ebene von Person zu Person angeboten, statt auf der Sachebene klären zu wollen, was real und was verwirrt ist. Dies hat dazu geführt, dass eine andere – für beide Beteiligten viel angenehmere – Atmosphäre entstand. Frau G. konnte ihre Kraft für die Annäherung an die Realität verwenden, statt sie im Kampf um die Aufrechterhaltung der subjektiven Überzeugung zu verbrauchen.

„Ich erlebe weniger Auseinandersetzungen und Probleme bei einzelnen ‚schwierigen' Bewohnern: Sie erleben ein Mehr an Lebensqualität, an Selbstwertgefühl, Unabhängigkeit und Selbstständigkeit – trotz vielen Einschränkungen. [...] Es macht mir mehr Spaß und ich habe mehr Interesse an meiner Arbeit gewonnen. Vieles, was schon im Ansatz geschah, wird deutlicher und bewusster. Besserwisserei und Machtstreben gegenüber den Bewohnern und auch Mitarbeitern versuche ich zu verringern. Ich sage mir häufig: ‚Was du nicht willst, das man dir tut, das füg auch keinem anderen zu.'"
(Leppla, 2004, 13)

Worauf stützt sich die personzentrierte Arbeitsweise bei Menschen in beeinträchtigter Lebenslage? Sie hat folgende vier „Standbeine": (A) personzentrierte Grundhaltung, (B) Kontakt- und Kommunikationsförderung, (C) Personsein-Aspekt und (D) personbezogene Handlungspriorität.

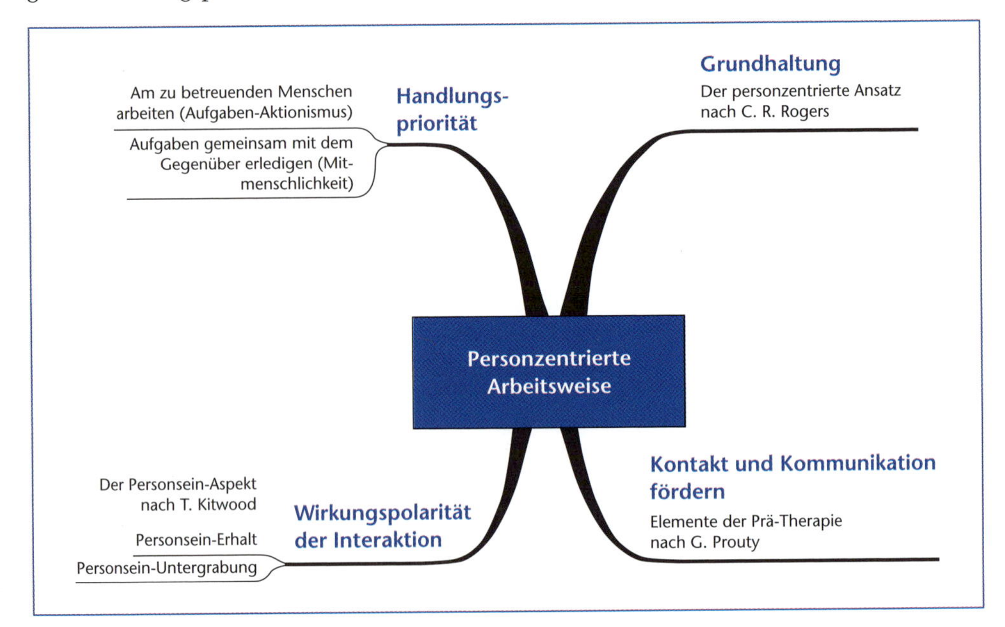

Grundhaltung

„In mir findet eine Entwicklung und Veränderung in der Einstellung behinderten Menschen gegenüber statt. Ich gehe viel bewusster mit den Bedürfnissen, Wünschen und Forderungen der Bewohner um. Die einzelne Person nehme ich viel deutlicher wahr und agiere nicht mehr aus der Routine heraus [...]."
(Dziellak, 2001, 12)

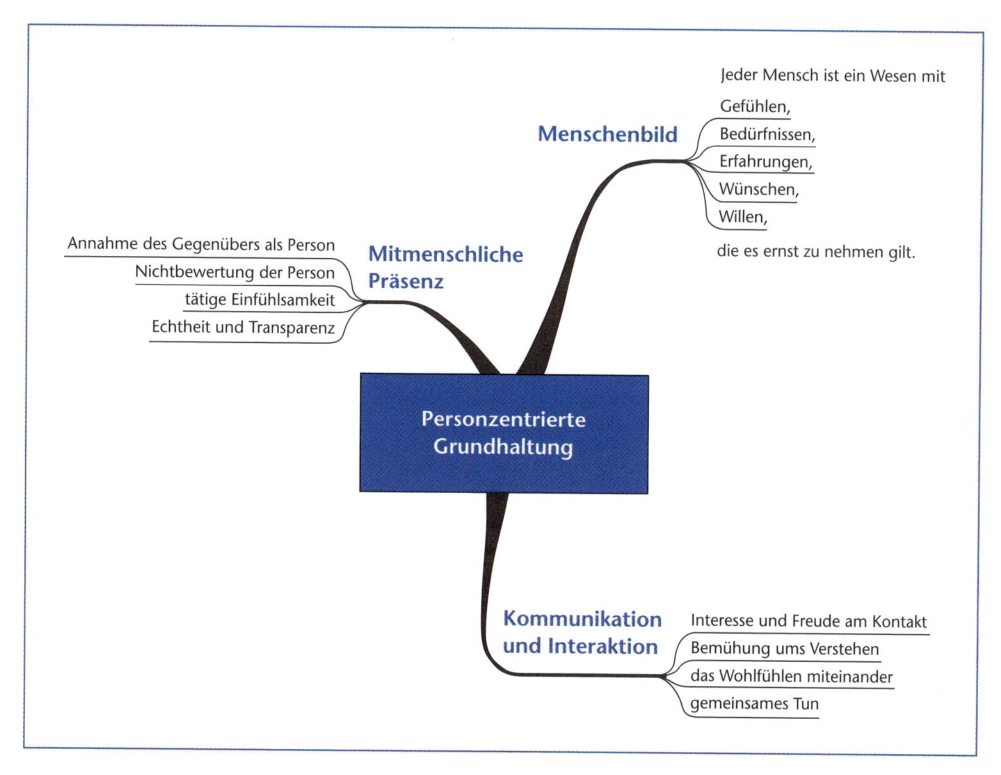

Der Volksmund sagt, „wenn zwei das Gleiche tun, ist es nicht immer dasselbe“. Es kommt immer darauf an, wer mit welcher Einstellung das tut, was zu tun ist. Diese Volksweisheit gilt auch für die professionelle Arbeit mit Menschen und folglich für die Heilpädagogik: Hier hängt vieles davon ab, mit welcher Grundhaltung dem Menschen mit Behinderung gegenüber die alltäglichen (aber auch die speziellen) Aufgaben angegangen werden:

Wird der Mensch vorwiegend vom Blickwinkel seiner durch Schädigung begrenzten Fähigkeiten und Fertigkeiten bewertet, ist es logisch, dass für ihn jemand bestimmen, regeln, machen, erledigen usw. muss. Hier steht die Verantwortung für die Aufgabenerfüllung im Vordergrund. Die Gefahr ist groß, dass der zu betreuende Mensch bevormundet, bedient, wie ein Objekt behandelt wird (mit negativen Folgen für sein Selbst- und Weltbild sowie für sein Verhalten).

Wird der Mensch trotz schädigungsbedingten Einschränkungen als ein Individuum mit Gefühlen, Bedürfnissen, Erfahrungen, Wünschen und Willen betrachtet, ist es nachvollziehbar, dass die Grundaspekte seiner menschlichen Existenz den gebührenden Raum bekommen müssen. Hier steht die Verantwortung gegenüber einer Person im Vordergrund. Die Wahrscheinlichkeit ist hoch, dass er sich in seinem Personsein bestätigt fühlt (mit positiver Auswirkung auf sein Selbst- und Weltbild sowie auf sein Verhalten).

Die Grundhaltung der Heilpädagogin hängt vor allem mit dem Menschenbild zusammen (Menschenbilder sind allgemeine Vorstellungen vom Sinn des menschlichen Daseins, seinem Wert und von bestimmten Eigenschaften des Menschen), das als handlungsleitender Hintergrund betrachtet wird. Die Hauptaspekte des heilpädagogisch relevanten Menschenbildes wurzeln vor allem in der christlich verankerten Philosophie und Ethik.

Aber auch der psychologische Blickwinkel ist insbesondere für die Konkretisierung und Präzisierung des Menschenbildes wichtig. Die humanistische Psychologie ist hierfür besonders hilfreich. In ihrer Auffassung ist jeder Mensch
- prinzipiell fähig, sein Tun konstruktiv auszurichten,
- bestrebt, sein Leben selbst zu bestimmen (Autonomie), ihm Sinn und Ziel zu geben,
- eine ganzheitliche, untrennbare Einheit (Körper-Seele-Geist),
- ein soziales Wesen und folglich auf seine soziale Bezüge existentiell angewiesen.

Wer diese Aspekte verinnerlicht, sieht sein Gegenüber vom Blickwinkel seiner Möglichkeiten und Potenziale und lässt sich von den vorhandenen organischen oder Verhaltensmerkmalen nicht irreleiten. Das ist die Voraussetzung für eine personbezogene Vorgehensweise bei der Auseinandersetzung mit den zu erfüllenden Aufgaben im Berufsalltag.

Der personzentrierte Ansatz

> „Wenn ich einem Bewohner mit der Grundhaltung der personzentrierten Arbeitsweise begegne, kann er sich als eigenständig wahrnehmen. Er kann sich [...] ohne Zwang und Druck auf eine Interaktion mit mir einlassen. Er braucht nicht mehr unbedingt negative Verhaltensweisen, um mit anderen Menschen in Kontakt zu treten. Er hat die Möglichkeit, sich mit den Mitteln, die ihm zur Verfügung stehen, mitzuteilen. Zudem ist mir bewusst geworden, dass ich genauso behandelt werden möchte. Ich habe gemerkt, dass wenn mir jemand personuntergrabend entgegentritt, ich sofort eine innerliche Abwehrhaltung einnehme."
> *(Pander, 2004, 10)*

Der Begriff „personzentrierter Ansatz" wurde von dem amerikanischen Psychologen Carl R. Rogers (1902–1987) eingeführt. Rogers ist der Begründer der klientenzentrierten Psychotherapie (in Deutschland als „wissenschaftliche Gesprächspsychotherapie" weiterentwickelt und etabliert). Dieser Ansatz ist der humanistischen Psychologie zuzuordnen, die sich in der Mitte des 20. Jahrhunderts in den USA entwickelt hat.

Neben dem Spezialgebiet der Psychotherapie untersuchte C. R. Rogers die Wirkung der Prinzipien der klientenzentrierten Arbeitsweise auch in anderen Bereichen, die im Verlauf des menschlichen Lebens auf die Persönlichkeitsentwicklung Einfluss nehmen: Bildung, Erziehung, Partnerschaft, Gemeinschaft (vgl. Groddeck, 2002, 144 ff.).

In diesem außertherapeutischen Kontext bezeichnete er seine Auffassung allerdings nicht mehr als „klientenzentriert", sondern als „personzentriert". Damit hat sich der Raum für die Anwendung der therapeutischen Prinzipien auch für andere Aufgabengebiete der sozialen Arbeit, darunter der Heilpädagogik geöffnet.[1]

Rogers geht davon aus, dass die Potenziale beim Individuum sich vor allem dann entfalten, wenn dieses sich von der sozialen Umwelt angenommen und verstanden fühlt und wenn ihm Vertrauen in seine Möglichkeiten entgegengebracht wird. Dann lernt es, sich – auf eigene Erfahrung vertrauend – selbst zu orientieren und zu steuern, und entwickelt ein Selbstbild, welches vom positivem Selbstwertgefühl sowie der Offenheit gegenüber sich selbst und der Welt geprägt ist.

---

[1] *Ein gutes Beispiel für die Nützlichkeit der Prinzipien des personzentrierten Ansatzes auf dem Gebiet der heilpädagogischen Praxis stellt das Buch von Marlis Pörtner „Ernstnehmen – Zutrauen – Verstehen" von 1996 dar.*

Sind die Alltagsbedingungen anders, d. h., wenn ein Mensch von seiner sozialen Umwelt dauernd bewertet wird und sich von ihr nur dann angenommen fühlt, wenn er bestimmte Voraussetzungen bzw. Anforderungen erfüllt, ist sein Selbstbild mit hoher Wahrscheinlichkeit von Misstrauen und Angst geprägt, er ist unsicher, verletzlich, verschlossen, fühlt sich unzufrieden und kommt mit sich und der Welt nicht gut klar (und sie mit ihm in der Regel auch nicht).

Um die Entfaltung der Potenziale eines Menschen zu fördern, ist es notwendig, die Kommunikation und Interaktion mit ihm personzentriert zu gestalten (auf das Personsein ausgerichtet). Die Forschungen von C. R. Rogers haben bewiesen, dass es notwendig und ausreichend ist, wenn die unterstützende Person (Eltern, Verwandte, Erzieher, Lehrer, Partner, Therapeut, Kollegen usw.) (A) vom menschlichen Wert des zu fördernden Menschen überzeugt, (B) an Kontakt und Interaktion mit ihm interessiert sowie (C) bemüht ist, seine subjektive Erlebens-, Denk- und Handlungsweise zu verstehen und ernst zu nehmen, und zwar unabhängig von dessen Zustand oder Verhalten.

Die Personzentriertheit fördert ein Klima, in dem das Zusammensein, der Austausch und das gemeinsame Tun bei allen Beteiligten positiv erlebt werden. Diese Wirkung ist vor allem auf die Kraft der oben genannten annehmenden und nicht bewertenden Umgangsweise zurückzuführen, die im aufmerksamen Wahrnehmen, einfühlsamen Verstehen und fördernden Zutrauen Ausdruck findet (vgl. Rogers, 1987, 40 ff.). Diese Aspekte sind als Konkretisierung der inzwischen allgemein bekannten sogenannten *„rogerschen Variablen“* zu verstehen (Kongruenz, Akzeptanz und Empathie).

Jeder Mensch – ob mit Behinderung oder ohne – ist imstande, auf seine eigene Weise wahrzunehmen, zu erleben, das Erlebte zu verarbeiten, mit anderen Menschen in Kontakt zu treten und sich mitzuteilen. Diese Fähigkeiten können zwar durch geistige Behinderung, psychische Krankheit oder Demenzerkrankung beeinträchtigt werden, ganz verschwinden sie jedoch nie. Solange ein Mensch lebt, hat er ein existentielles Bedürfnis danach, die ihm subjektiv wichtigen Dinge zum Ausdruck zu bringen (Wahrnehmung, Gefühl, Interesse, momentanes Befinden, Gedanken usw.). Auch schwer geistig behinderte Personen bemühen sich, dieses Bedürfnis zu befriedigen. Da sie sich dabei in der Regel außerhalb des üblichen kommunikativen Rahmens der sozialen Umwelt verhalten, führt ihre Ausdrucksweise oft zu Problemen.

Ihr nicht verständliches, verwirrtes und häufig störendes Verhalten wird nicht als die subjektiv einzig mögliche Ausdrucksform verstanden, geschweige denn akzeptiert. Im alltäglichen Zusammenleben wird dann versucht, das Verhalten zu unterbrechen. Ob eine Bitte, ein Befehl bzw. Verbot oder emotionale Manipulation, Bestrafung, sogar Schläge oder aber ruhigstellende Medikamente – es existiert vieles, was die „normale“ Welt zu diesem Zweck einsetzt. Beim gesundheits- oder lebensgefährdenden Verhalten ist eine Unterbrechung gerechtfertigt. Allerdings werden häufig auch die weniger gravierenden Verhaltensweisen verhindert, weil sie anstrengend für andere sind und/oder das aktuelle Geschehen stören. Dadurch wird das wichtige Bedürfnis nach Erleben von befriedigenden Kontakten, Kommunikation und Interaktion frustriert und die (Er) Lebensqualität der betroffenen Menschen verringert sich.

Dies steht im krassen Unterschied zum wichtigen Anliegen der Heilpädagogik: dem Menschen mit Behinderung zu einem möglichst sinnerfüllten Leben im Rahmen der Teilhabe am Geschehen in einer Gemeinschaft zu verhelfen. Die Umsetzung dieses Anliegens umfasst unter anderem die Gestaltung der alltäglichen Interaktion im Sinne der Befriedigung von grundlegenden menschlichen Bedürfnissen (Liebe, Geborgenheit,

Trost, Freude, Aktivität, Mitteilung, Austausch, Respekt, Selbstachtung usw.). Ohne Kontakt mit sich selbst und mit der Umwelt können diese Bedürfnisse nur eingeschränkt bzw. gar nicht befriedigt werden. Zweifelsohne lässt sich nicht immer erkennen, welche Bedürfnisse im Hintergrund des verwirrten und nicht immer nachvollziehbaren Verhaltens stehen. Der gangbare Weg besteht darin, dieses Verhalten auf seinen situativen und sonstigen Bedeutungskontext hin zu erforschen. Dann kann der Mensch mit Behinderung sich als Person ernst genommen fühlen und mehr Kontakt erleben. Fühlt er sich wohl, können auch die mannigfaltigen Verrichtungen und Aufgaben des Alltags auf eine angenehmere Art und Weise (gemeinsam und mit weniger Kampf) erledigt werden. Deshalb lohnt es sich, bewusst Kontakte anzubieten.

Kontakt- und Kommunikationsförderung

> „Wenn J. seinen Zeigefinger auf mich richtet, heißt es, er schimpft mit mir. Einmal griff ich diese Geste auf und verbalisierte seine Handbewegung. Diese Reflexion konnte er auch sofort annehmen. [...] Ich wollte ihm ein anderes Angebot machen und deutete mit meinem Zeigefinger das Dirigieren an. Er griff dieses wiederum auf und es entwickelte sich eine sehr interessante Kommunikation. [...] J. wurde ruhig [...] und nutzte anschließend den Kontakt, um mir etwas ihm Wichtiges mitzuteilen – er hatte Heimweh, wollte Mama und Papa wiedersehen [...]."
> *(Lütkenhaus, 2001, 16)*

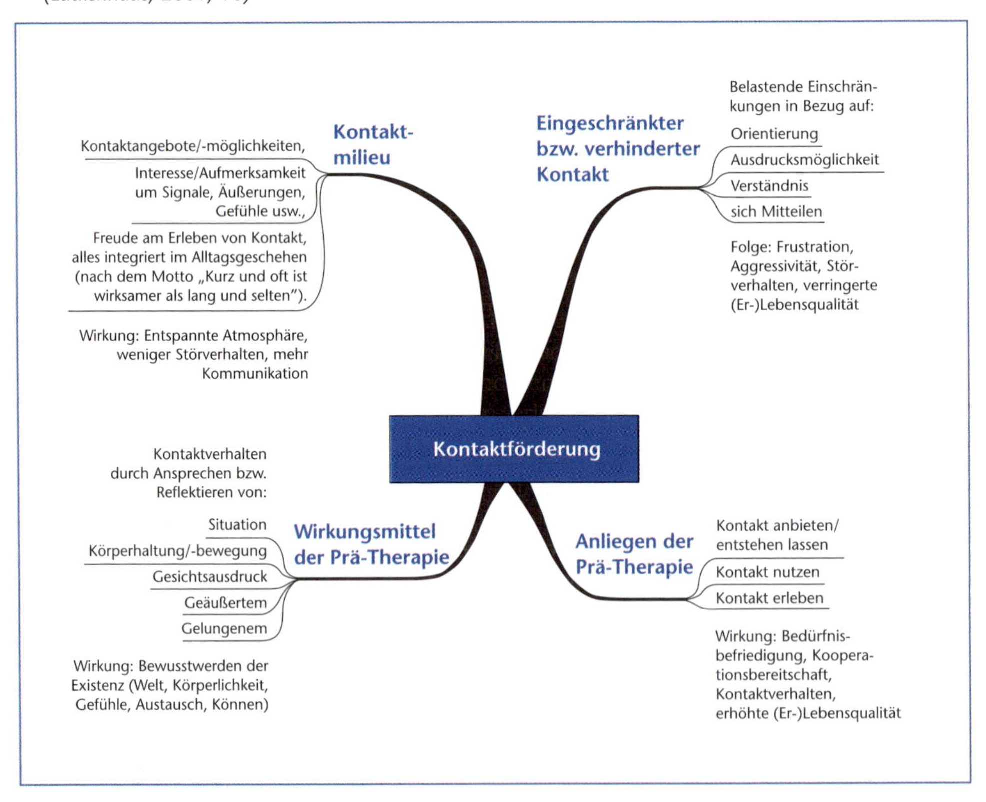

Elemente der Prä-Therapie

Prä-Therapie wurde von Garry Prouty (Chicago, USA) entwickelt. Ausgehend von Rogers und Gendlin (Begründer des sogenannten *Focussing*) erarbeitete er eine Vorgehensweise, die es Therapeuten ermöglicht, mit Klienten Kontakt aufzunehmen, die im Moment zu einer sprachlichen Symbolisierung ihres Erlebens nicht in der Lage sind (können sich über ihr Befinden nicht *verbal* äußern). Also vor allem mit Menschen, die durch geistige Behinderung oder psychische Krankheit vom Kommunikationsprozess mit ihrer sozialen Umwelt ausgeschlossen sind. Ihre Umgebung ist zwar um Kontakt bemüht, nur gelingt dieser selten, weil von ihnen ein verständlicher Austausch und „vernünftige" Interaktion im Sinne der nicht behinderten Welt erwartet werden. Nur wenige respektieren die Tatsache, dass geistig behinderte bzw. psychisch kranke Menschen nur begrenzt bzw. gar nicht imstande sind, das eigene Verhalten und die Ausdrucksweise den Verständigungsmöglichkeiten anderer anzupassen.

Prouty bezeichnet den Zustand der stark eingeschränkten bzw. nicht gegebenen Möglichkeit, sich verständlich zu äußern, als „prä-expressiv" (prä = vor). Sein Hauptanliegen besteht darin, die Ausdrucksfähigkeit zu fördern. Er wendet sich seinem Gegenüber einfühlsam zu und bietet ihm die Möglichkeit an, Kontakte zur Realität anzuknüpfen und das Erleben des Kontakts zum Ausdruck zu bringen.

Konkret geht es darum, dem in seiner verwirrten inneren Welt verweilenden Menschen einen solchen Kontakt anzubieten, den er annehmen kann, weil er sich durch ihn nicht überfordert fühlt. Dies hat zwei Folgen: Erstens wirkt sich die partnerschaftliche Interaktion verstärkend auf sein Selbstwertgefühl aus. Außerdem steigt die Chance, dass die eine oder andere subjektiv als wichtig erlebte Gegebenheit oder Erfahrung zum Bewusstsein durchdringt und geäußert werden kann (vielleicht nur punktuell und in ganz kleinen Schritten, aber immerhin).

Die wesentlichen Aspekte dieser Arbeitsweise, die Prouty als Prä-Therapie bezeichnet, sind:
- Ziel: Kommunikation bei Menschen mit Psychose, schwerer geistiger Behinderung und mit Demenzerkrankung ermöglichen;
- Weg: Unterstützung dieser Personen bei der Aufnahme von Kontakten zu sich selbst sowie zu der dinglichen und sozialen Umwelt;
- Vorgang: Kontaktreflexionen.

Die Kontaktreflexionen beziehen sich auf
- die Situation: Brücke zur Umgebung („Die Welt ist!"),
- die Körperhaltung und -aktivitäten: Brücke zur eigenen Leiblichkeit („Ich bin!"),
- den Gesichtsausdruck: Brücke zur eigenen Befindlichkeit („Ich empfinde!"),
- das Gesagte bzw. die Laute und Geräusche: Brücke zum anwesenden Menschen („Du bist!"),
- einen bereits gelungenen Kontakt: Brücke zum Erfolgserlebnis („Ich kann!").

Sie haben folgende Formen:
- verbale Beschreibung,
- nachahmende Haltung bzw. Bewegung,
- wiederholte Wörter oder Geräusche.

(vgl. Prouty/Pörtner/van Werde, 1998, 33 ff.)

Prouty hat sich auf die Arbeit mit psychotisch erkrankten Menschen konzentriert und die Wirksamkeit der Prä-Therapie auch empirisch belegt. Im Buch „Prä-Therapie" veranschaulichen die Autoren an vielen Beispielen aus der Praxis, wie die Grundsätze auch im außertherapeutischen Kontext konkret angewandt werden können (vgl. Prouty/Pörtner/van Werde, 1997, S. 33 ff.). Mit der Nutzung der Prä-Therapie in der therapeutischen Arbeit mit schwer geistig behinderten Menschen beschäftigt sich auch der Orthopädagoge und Psychotherapeut aus Holland H. Peters (vgl. Peters, 2001).

> „Die Anwendung von Kontaktreflexionen hat das Verhalten und Befinden der Bewohner positiv beeinflusst. Ich hatte das Gefühl, dass sie den Alltag anders erleben, dass ihnen die Umwelt nicht mehr so grau, farblos und langweilig vorkommt. Sie waren auf einmal viel offener und lebhafter, was auch die Erledigung meiner Aufgaben erleichterte."
> *(Frick, 2004, 25)*

Beispiel

Wohngruppe eines Altenheimes. Es ist Nachmittag. Herr X, 81 Jahre alt, beginnende Altersdemenz, sitzt schon lange Zeit (über eine Stunde) im Flur auf einem Stuhl, auf sein Gehgestell gestützt, sagt kein Wort und starrt vor sich hin. Eine Mitarbeiterin versucht, ihn mit dem Hinweis auf das Kaffeetrinken im Wohnzimmer zum Aufstehen zu motivieren, jedoch ohne Erfolg – er sitzt weiterhin wortlos da und reagiert in keiner Weise. Die Mitarbeiterin geht resigniert weg.

Eine andere Mitarbeiterin kommt nach einer Weile zu Herrn X., setzt sich ihm gegenüber und schaut ihn an. Sie fängt an, mit Kontaktreflexionen zu arbeiten. (Legende: X = Herr X., S = Mitarbeiterin)

S: „Herr X, Sie sitzen hier allein in einem Stuhl auf dem Flur." (Körperreflexion, Situationsreflexion)
X: (sagt nichts, starrt weiter vor sich hin)

Es vergeht eine Weile. Die Mitarbeiterin bleibt sitzen und schaut Herrn X ruhig an.

X: (sagt leise) „Ich bin ärgerlich."
S: (wartet ein paar Sekunden) „Sie sind ärgerlich." (Wortwörtliche Reflexion)

Es vergeht eine Weile, in der keiner von den beiden etwas sagt. Die Mitarbeiterin schaut weiterhin Herrn X. ruhig an.

X: (in verärgerter Tonlage) „Ich bin ärgerlich!"
S: (in fragendem Ton) „Sie sind ärgerlich?" (Wortwörtliche Reflexion)
X: (schaut die MA an, wartet eine Weile und sagt) „Ich bin ärgerlich über mich selbst."
S: (in fragendem Ton) „Sie sind ärgerlich über sich selbst?" (Wortwörtliche Reflexion)
X: (schaut zum Boden) „Ja, ich ärgere mich, weil ich schlechte Gedanken habe."

Es vergeht wieder eine Weile. Die Mitarbeiterin schaut interessiert Herrn X an.

X: (schaut die Mitarbeiterin an und sagt) „Die kommen daher, weil ich nicht leben kann, wie ich möchte, weil ich Hilfe benötige. Ich kann im Moment jedem, der mit grimmigem Gesicht an mir vorbeigeht, etwas antun. Ich möchte solche Gedanken nicht haben!" (schaut wieder zum Boden)
S: „Haben Sie schon einmal jemandem etwas angetan?" (Interessenäußerung, Anfang eines Gesprächs)
X: (schaut die Mitarbeiterin entrüstet an und sagt) „Nein, noch nie! Ich war immer ein höflicher und hilfsbereiter Mensch."
S: „Als Sie noch zu Hause wohnten – wie sind Sie mit solchen Gedanken umgegangen?" (Interessenäußerung, Fortsetzung des Gesprächs)

X: „Da hatte ich solche Gedanken nicht." (schweigt eine Weile und sagt dann) „Meine Frau und ich haben immer viel gearbeitet. Wir haben ein Haus gebaut und hatten einen schönen Garten."

S: „Einen schönen Garten. (Wortwörtliche Wiederholung) „Haben Sie Gartenarbeit gemocht?" (Interessenäußerung)

X: (lächelt, schaut die Mitarbeiterin gedankenverloren eine Weile an und sagt dann) „Ja, ich war jede freie Minute im Garten. Wir haben Gemüse angebaut, hatten Kaninchen und meine Frau hatte ein schönes Blumenbeet."

Anschließend erzählt Herr X. noch einige Minuten von seinem Garten und schwelgt in Erinnerungen.

X: (steht auf und sagt) „Komm Mädchen, lass uns eine Zigarre rauchen."

Beide gehen zu einem Tisch im Wohnzimmer, an dem noch andere Bewohner sitzen. Herr X. kommt mit ihnen schnell ins Gespräch über das Thema „Garten". Er hat seine freundliche und höfliche Art wieder zurückgewonnen. Die Mitarbeiterin verabschiedet sich und geht zu einem anderen Tisch.

Kommentar:
Die Mitarbeiterin setzt sich Herrn X. gegenüber (nimmt seine Körperposition ein), kommt dadurch auf seine Augenhöhe und schaut ihn an. Sie betrachtet die Situation und reflektiert sie. Sie lässt Herrn X. Zeit, bleibt vor ihm sitzen und schaut ihn weiterhin an. Plötzlich spricht er und beschreibt seine Stimmung. Die Mitarbeiterin wiederholt das Gesagte. Dann lässt sie ihm wieder Zeit, bleibt sitzen und schaut ihn an. Herr X. beschreibt noch einmal seine Stimmung und die Mitarbeiterin wiederholt das Gesagte. Herr X. schaut sie an und nutzt offensichtlich die Zeit dazu, seine Gedanken zu ordnen. Dann präzisiert er seine Stimmung und die Mitarbeiterin wiederholt, was er gesagt hat. Herr X. erklärt dann seine Stimmung, spricht von Emotionen, mit denen er nicht umgehen kann und die ihn erschrecken, weil sie nicht in sein Selbstbild passen. Dabei schaut er zu Boden, offensichtlich schämt er sich. Die Mitarbeiterin zeigt Interesse an seinen Erfahrungen mit solchen Gefühlen, was ihm eine Brücke zum Gesichtwahren baut. Nun bekommen das Thema „Garten" sowie die damit verbundenen positiven Emotionen Raum. Die Stimmung von Herrn X. hat sich gehoben. Er ist bereit, aufzustehen, und lädt die Mitarbeiterin ein, mit ihm eine Zigarre zu rauchen. Vielleicht bedeutet diese Geste: „Es tat mir gut, mit dir zu reden. Jetzt möchte ich dir auch etwas Gutes anbieten."

An diesem Beispiel wird deutlich, wie durch Reflexionen im Sinne der Prä-Therapie Kontakt angeboten und hergestellt werden kann (Situation und Zitate: vgl. Mostert, 2004, 3 ff.).

Im heilpädagogischen Alltag geht es hauptsächlich um die Bewältigung von ganz normalen Situationen und Anliegen des Lebens (z. B. Körperhygiene, Nahrungsaufnahme, Kochen, Aufräumen usw.) und weniger um eine „Therapeutisierung". Es ist hilfreich, bei Bedarf auch die Kontaktreflexionen zu nutzen, um dem zu betreuenden Menschen die Kontaktaufnahme und Kommunikation zu ermöglichen. Mehr aber wäre schon zu viel. Wichtig ist zu wissen, dass die Kontaktreflexionen nur dann gelingen, wenn sie vor dem Hintergrund der personzentrierten Grundhaltung und aus der tiefen Achtung vor der Person durchgeführt werden.

Der Personsein-Aspekt

> „Jeder Mensch möchte spüren, dass er wichtig ist. Er muss den Raum haben, um sich zu äußern. Dies kann je nach den Möglichkeiten des Betreffenden auf unterschiedliche Art und Weise geschehen. Meine Aufgabe ist es, im alltäglichen Miteinander dem Menschen diesen Raum zu schaffen. [...] Den Gewinn, den der zu betreuende Mensch hieraus zieht, sehe ich in seinem veränderten Verhalten. Aus meiner Erfahrung kann ich sagen, dass er sich als wichtiges Gruppenmitglied erfährt, ruhiger wird, häufig geringere Mengen an sedierenden Medikamenten benötigt, zu einer verbesserten Kommunikation fähig ist und an Selbstvertrauen gewinnt [...]."
> *(Makson, 2001, 17)*

Es wird also keine spezielle Prä-Therapie im Behandlungszimmer gefordert, sondern das personzentrierte Arbeiten mit situativ bedingter Nutzung von Elementen der Prä-Therapie im Alltagsleben. Dadurch soll (und kann auch) ein personbezogenes Kontaktmilieu entstehen, in dem der Mensch mit Behinderung eine Chance hat, immer wieder einen gelungenen (wenn auch nur flüchtigen) Kontakt zu der Realität, zu sich und zu anderen zu erleben. Das Wesentliche dieser Arbeitsweise besteht darin, dass er sich als Person erleben kann. Ihm das zu gewähren, bezeichnet T. Kitwood in seinem engagierten Buch als „Arbeit am Erhalt des Personseins" (vgl. Kitwood, 2000, S. 85 ff.).

Der Begriff „Person" stammt aus dem Lateinischen und bedeutete ursprünglich Maske bzw. Rolle des Schauspielers. Das Wort wird in Philosophie, Psychologie, Pädagogik und anderen Wissenschaften zum Teil recht unterschiedlich benutzt. Als weitgehend übereinstimmende Auffassung gilt, dass jedem Menschen die Personwürde zukommt: Person ist jeder Mensch von vornherein, unabhängig von seiner konkreten Verfassung, seinen Fähigkeiten usw. Demnach ist auch ein Mensch mit Behinderung von vornherein als Person anzusehen und ihm ist entsprechend zu begegnen. Aufgrund seines Personseins hat er das Recht auf Leben, Eigenheit und Selbstständigkeit, freie Überzeugung, freie Bewegung und auf alles, was zu einem würdigen, menschlichen Leben nötig ist.

Das sagt die Theorie. Im realen Leben wird jedem Menschen der Status als Person im Kontext der sozialen Kontakte und Beziehungen von anderen verliehen. Von wesentlicher Bedeutung für das Erleben von Personsein sind der erwiesene Respekt, die Anerkennung und das Vertrauen. Diese wichtigen Rückmeldungen zur eigenen Person kann ein Mensch nur in Kommunikation und Interaktion mit anderen erfahren. Oder aber er erfährt sie nicht bzw. er erfährt das Gegenteil davon. Ob so oder anders – es wirkt sich immer auf das Erleben und die subjektive Ausgestaltung des Personseins aus.

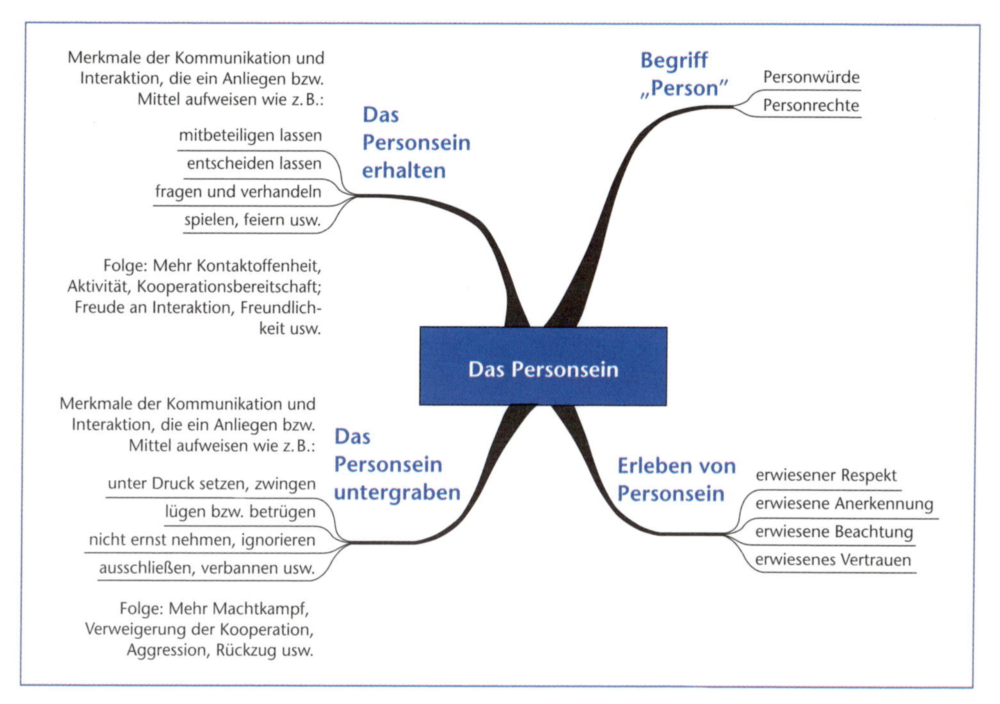

> „Fehlt dem Mitarbeiter die Fähigkeit des Einfühlens, sich Hineinversetzens [...], gestaltet sich die Arbeit sehr schwierig. Er ist nicht in der Lage, den anderen zu verstehen, sondern geht von seiner Meinung aus [...], spielt in vielen Fällen die Machtposition aus [...], es kommt zu ständigen Konflikten und Verhaltensauffälligkeiten von Seiten der Menschen mit Behinderungen. Ein harmonisches Miteinander kann nicht gefunden werden, eine große Frustration breitet sich aus [...]."
> *(Moock, 2001, 13)*

Demnach wird das Personsein eines Menschen mit Behinderung bzw. Demenzerkrankung untergraben (ein Begriff von Kitwood), wenn die Kommunikation und Interaktion seitens der Heilpädagogin folgende Merkmale aufweist (hier eine Auswahl). Der zu betreuende Mensch wird:

- betrogen (die Heilpädagogin täuscht, lenkt ab, manipuliert usw.),
- zur Machtlosigkeit verurteilt (die Heilpädagogin erlaubt nicht bzw. verhindert, dass er seine Fähigkeiten nutzt, sie unterstützt ihn nicht),
- wie ein Kind behandelt (die Heilpädagogin ist zu väterlich bzw. mütterlich bestimmend, spricht und geht mit ihm um wie mit einem Baby),
- eingeschüchtert (die Heilpädagogin droht ihm, macht ihm Angst, übt psychische bzw. physische Gewalt aus),
- überholt (die Heilpädagogin spricht bzw. handelt zu schnell, er kann nicht mithalten),
- verbannt (die Heilpädagogin schickt ihn fort, schließt ihn aus),
- zum Objekt gemacht (die Heilpädagogin behandelt ihn ohne Rücksicht auf sein Befinden, arbeitet an ihm, als ob er ein Gegenstand wäre),

- gezwungen (die Heilpädagogin verweigert ihm die Wahlmöglichkeit, missachtet seine Wünsche, bestimmt, was er zu tun und lassen hat),
- unterbrochen (die Heilpädagogin stört seine Handlung, Rede, Überlegung u. Ä., unterbricht seine Aktivitäten, hat keine Geduld),
- entwertet (die Heilpädagogin lässt seine subjektive Realität, Gefühle u. Ä. nicht gelten, setzt sie herab, zieht sie ins Lächerliche).

(vgl. Kitwood, 2000, 73 ff.)

Der das Personsein untergrabende Umgang wirkt sich negativ auf das Selbstwertgefühl des zu betreuenden Menschen aus und erschwert die wichtige personale Begegnung zwischen ihm und der Heilpädagogin. Außerdem ist die Interaktion von Auseinandersetzungen, Verweigerung, Macht- und Bestimmungskampf, Aggressionen, Resignation und ähnlichen Verhaltensweisen belastet. Wer den Alltag in den Einrichtungen der Behindertenhilfe gut kennt und ehrlich genug ist, weiß, wovon die Rede ist – leider prägen einige der genannten Merkmale immer noch die Interaktion zwischen Mitarbeitern und dem behinderten Menschen.

Die personuntergrabenden Merkmale sind im Verhalten von Fachleuten häufiger vertreten, als man glaubt – niemand ist vollkommen. Meistens werden sie allerdings nicht bewusst eingesetzt, um den zu betreuenden Menschen „fertig zu machen". Vielmehr kommen sie automatisch vor – als erlernte Vorgehensweise der Aufgabenerledigung. Im Hintergrund steht dabei die Hoffnung, dass sie den Weg zum Ziel begradigen und den Prozess beschleunigen. Bei näherem Hinschauen erweist sich diese Hoffnung als Irrtum, denn der zu betreuende Mensch wehrt sich gegen den personuntergrabenden Umgang. Verweigerung, Kampf oder aber Resignation sind die Folge (also Aspekte, die einer raschen Aufgabenerledigung im Wege stehen ...).

Überlegungen und Versuche

1. **Welche von den oben genannten das Personsein untergrabenden Merkmalen lassen sich in Ihrem eigenen Umgang mit einem behinderten Menschen entdecken? Gehen Sie dabei wie folgt vor:**
   - **Wählen Sie eine konkrete Person aus dem Berufs- bzw. Praktikumsalltag aus, mit der Sie – warum auch immer – nicht gut auskommen.**
   - **Machen Sie einen „Häufigkeitscheck" der einzelnen oben genannten Merkmale. Lassen Sie die letzte Arbeitswoche Revue passieren und schätzen Sie ein, wie oft das jeweilige Merkmal in Ihrer Interaktion mit dieser Person vorkam**

   fast nie/selten – manchmal – immer wieder – oft/fast immer

   Es lässt sich Folgendes annehmen: Je häufiger die das Personsein untergrabenden Merkmale gezeigt werden, desto problematischer gestaltet sich die Kommunikation und Interaktion mit dem zu betreuenden Menschen.
2. **Versuchen Sie, die das Personsein untergrabenden Merkmale mit der Häufigkeit „immer wieder" und höher in der weiteren Interaktion mit der ausgewählten Person bewusst zu vermeiden. Dafür ist es erforderlich, sich zu „entautomatisieren". Folgender Vorgang ist hilfreich:**
   - **Sagen Sie zu sich selbst: „Was machst du jetzt? Ist das personuntergrabend oder nicht?"**

- ***Lautet die Antwort „ja" oder „vielleicht", fragen Sie sich „Willst du das wirklich?" und hören Sie mit der personuntergrabenden Art auf.***

Auf diese Art und Weise können Sie sich im eigenen Verhalten besser orientieren und in der Interaktion bewusst steuern.

Es liegt auf der Hand, was von der Unterstützung des Personseins her erforderlich wäre – nämlich die Bedürfnisse nach Identität, Beachtung, primärer Beziehung, Beschäftigung, Einbeziehung, Beistand und Trost zu befriedigen. Diese Aspekte müssen im Handeln des Heilpädagogen verankert und spürbar sein (Kitwood spricht von „das Personsein erhaltenden Merkmalen").

Eine auf den Erhalt von Personsein ausgerichtete Kommunikation und Interaktion mit dem behinderten Menschen weisen folgende Merkmale auf (hier eine Auswahl). Der zu betreuende Mensch wird:

- als Person anerkannt (der Heilpädagoge redet ihn namentlich an, wendet sich ihm zu, nimmt den Blickkontakt auf usw.),
- als Verhandlungspartner ernst genommen (der Heilpädagoge fragt ihn, ob jetzt oder später, ob so oder anders, ob drinnen oder draußen usw.),
- zum Mitwirken eingeladen (der Heilpädagoge ermöglicht ihm, Aufgaben im gemeinsamen Tun und unter Einsatz eigener Initiative und Fähigkeiten zu erledigen),
- unterstützt (der Heilpädagoge übernimmt die Teile der Handlung, die er selbst nicht schafft, und lässt ihn in seinem Tempo alles andere machen),
- die entspannte Atmosphäre genießen (der Heilpädagoge hetzt nicht, mit ihm strahlt der Alltag Behagen aus und das Geschehen verläuft ruhig),
- als Person gestärkt (der Heilpädagoge nimmt seine subjektive Wirklichkeit ernst, akzeptiert Gefühle und Bedürfnisse und würdigt seine Lebensgeschichte),
- lustvolle Augenblicke erleben (der Heilpädagoge bietet ihm Sinnesvergnügen ohne geistig-intellektuelle Ansprüche an – Massage, Snoezelen, schmecken, riechen, tasten usw.),
- spielen und kreativ sein (der Heilpädagoge unterstützt sein spontanes Tun, Spielen und Kreativität – nur so, „just for fun" – sich bewegen, singen, malen usw.),
- feiern (der Heilpädagoge fördert Geselligkeit, Stimmung, Freude und Zusammensein im Kontext besonderer Anlässe),
- geben (der Heilpädagoge ermöglicht ihm, sich in Bezug auf andere Menschen einzubringen, zu geben – durch Zuneigung, Besorgtsein, Dankbarkeit, Hilfe, Geschenke).

(vgl. Kitwood, 2000, 133 ff.)

Der das Personsein erhaltende Umgang wirkt sich positiv aus – Kontakte gelingen öfter, die Stimmung ist angenehmer, die Bereitschaft zur Kooperation bei Aufgabenerledigung steigt, es zeigen sich verloren geglaubte Fähigkeiten und Fertigkeiten, die Aggressivität sinkt, belastendes Verhalten tritt weniger oft und in einer geringeren Intensität auf usw. Das alltägliche Miteinander wird trotz der Einschränkungen durch versagende Geisteskraft, andere Beeinträchtigungen und institutionelle Lebensbedingungen als entspannter und bunter erlebt. Die (Er-)Lebensqualität steigt.

„Im Nachhinein wurde mir bewusst, dass viele von uns im Ansatz personzentriert arbeiten. Dieses ‚bewusst Machen' gab mir eine innere Sicherheit, die ich vorher nicht hatte. Ich gehe leichter zu Arbeit und begegne meinen Mitmenschen mit einer anderen Sichtweise. [...] Ich habe einen besseren, leichteren Zugang zu unseren Bewohnern. Allein die namentliche Anrede, Blickkontakt oder kurze Berührungen haben eine große positive Auswirkung auf sie. Schon diese Kleinigkeiten erleichtern einem den Alltag. [...] Mir ist bewusst geworden, dass ich den Bewohner fördern kann und unerwartete Potentiale entdecke. [...] Es ist kein besonderer Zeitaufwand, schon wenn ich Ruhe ausstrahle, bemerken das die Bewohner [...]."
(Somer, 2004, 3)

Überlegungen und Versuche

1. Welche der oben genannten auf den Erhalt des Personseins ausgerichteten Merkmale lassen sich in Ihrem eigenen Umgang mit einem behinderten Menschen entdecken? Gehen Sie dabei wie folgt vor:

- ***Wählen Sie eine konkrete Person aus dem Berufs- bzw. Praktikumsalltag aus.***
- ***Machen Sie einen „Häufigkeitscheck" der einzelnen oben genannten Merkmale. Lassen Sie die letzte Arbeitswoche Revue passieren und schätzen Sie ein, wie oft das jeweilige Merkmal in Ihrer Interaktion mit dieser Person vorkam***

fast nie/selten – manchmal – immer wieder – oft/fast immer

Es lässt sich Folgendes sagen: Je häufiger die Personerhalt-Merkmale vorkommen, desto zufriedener und wohler fühlt sich der zu betreuende Mensch. Und wenn er sich wohlfühlt, hat er weniger Gründe, sich der Kooperation und Interaktion mit Ihnen zu widersetzen.

2. Versuchen Sie, die Personerhalt-Merkmale mit der Häufigkeit „manchmal" und niedriger in der zukünftigen Interaktion mit der ausgewählten Person bewusst häufiger zu zeigen. Auch hierbei ist es erforderlich, sich zu „entautomatisieren":

- ***Sagen Sie zu sich selbst: „Was machst du jetzt? Wirkt das personerhaltend oder nicht?"***
- ***Lautet die Antwort „nein" oder „vielleicht", fragen Sie sich „Muss es sein?" und fragen Sie sich „Was könnte ich noch tun, um mich im personerhaltenden Sinne zu verhalten?".***

Auf diese Art und Weise können Sie sich im eigenen Verhalten besser orientieren und in der Interaktion bewusst steuern.

Handlungspriorität

„Es ist die menschliche Zuwendung, die ein chemisches Nichts in einen biologischen Vorgang verwandelt."
(Reichelt, 2004, 11)

Die Frage „Aufgabenbestimmt oder personbezogen?" ist eindeutig mit „personbezogen" zu beantworten. Das bedeutet jedoch keinen Freibrief zur Vernachlässigung von Aufgaben! Vielmehr geht es darum, den Rahmen der Alltagsbewältigung so zu gestalten, dass die Aufgaben mit Berücksichtigung der Befindlichkeit, der Ansichten und der Möglichkeiten des zu betreuenden Menschen erledigt werden. Personzentriert zu arbeiten bedeutet also nicht mehr und nicht weniger, als dass die zu erfüllenden Aufgaben mit Respekt vor dem Personsein des involvierten Individuums angegangen werden. Diese Vorgehensweise bringt sowohl dem Menschen mit Behinderung als auch der Heilpädagogin deutlich mehr alltägliche (Er-)Lebensqualität.

Bezüglich eines Nachweises der positiven Wirksamkeit von Personzentriertheit mit Kontaktförderung kann hier auf den Forschungsbericht von Ondracek hingewiesen werden: In einer stichprobeartigen Pilotstudie mit einer Gruppe von Mitarbeitern der Altenhilfe wurden die Unterschiede zwischen spontan-zufällig und systematisch-bewusst praktizierter Personzentriertheit und Kontaktförderung untersucht. Die Ergebnisse belegen, dass bei zu betreuenden Personen mit Altersdemenz die gesteigerte Häufigkeit von Personsein erhaltenden Verhaltensmerkmalen zu einer Verringerung von herausfordernden Verhaltensweisen, die sie im Alltag zeigen, führt. Auch die Stimmung in den Wohnbereichen hat sich im Kontext der besser gelingenden Kommunikation positiv verändert (Näheres zu dieser Studie und ihren Ergebnissen findet man in: Ondracek, 2004b, 97 ff.).

Abschließend noch eine Aussage, die einen zwar beiläufigen, jedoch nicht minder wichtigen Gewinn der Praxis personzentrierten Arbeitens dokumentiert – und zwar für den Heilpädagogen und seine persönliche Entwicklung:

> „Nicht zuletzt merke ich, wie sich meine Persönlichkeit verändert. Nicht gravierend, aber in stetiger Form. Es wird klar, dass es nicht nur Techniken sind, mit denen wir in der personzentrierten Arbeit umgehen, sondern dass dazu – wie vielleicht in den anderen Ansätzen auch – eine gewisse Haltung nötig ist. Die Arbeitsweise wirkt auf den Ausführenden zurück [...]."
> *(Lütkenhaus, 2001, 18)*

4.4 Professionelle Empathie

An dieser Stelle wird ein wichtiges Element der oben dargestellten Personzentriertheit als ein Bestandteil heilpädagogischer Professionalität erörtert: die Empathie, welche von Carl Rogers als Grundvariable der positiven Wirksamkeit einer Person in der Interaktion mit anderen Menschen besonders hervorgehoben wurde. Es geht dabei nicht um eine inhaltliche Redundanz. Vielmehr werden Informationen vermittelt und Hinweise ausgearbeitet, die den heilpädagogisch Tätigen helfen sollen, in ihrem Berufsalltag gegenüber den Menschen mit Behinderung nicht nur spontan bzw. ab und zu einfühlend-empathisch zu sein, sondern bewusst, begründet und reflektiert ihre Empathiefähigkeit in der Gestaltung der Interaktion zu nutzen.

Die Ausführungen beziehen sich im Wesentlichen auf ausgewählte Inhalte von zwei Publikationen: „Empathie in der Pflege" von Claudia Bischoff-Wanner (2002) sowie „Der Empathie-Faktor" von Arthur Ciaramicoli und Katherine Ketcham (2002).

4.4.1 Grundlegende Aspekte der Empathie

Im Lexikon der Psychologie wird der Begriff Empathie als Synonym für Einfühlung verstanden. Empathie offenbart sich in der Fähigkeit eines Menschen, sich in eine andere Person oder ihre Situation hineinzuversetzen. Demnach wird sie als eine grundlegende zwischenmenschliche Kompetenz betrachtet. Ihre Wirksamkeit wird sowohl im therapeutischen als auch im außentherapeutischen Kontext genutzt. Ein wichtiger Aspekt der Einfühlung ist die „innere Handlung" – ein inneres „Mitgehen", das Wahrnehmungen begleitet. Neuere neuropsychologische Erkenntnisse stützen die These einer Verbindung von Wahrnehmung und Motorik. Dieses Phänomen kann erst dann für das professionelle Handeln genutzt werden, wenn es der wahrnehmenden Person bewusst wird (vgl. Wenninger, 2002).

Begriffsbestimmung

Empathie stellt einen von einem Menschen initiierten, d.h. bewussten und aktiven Vorgang des Sich-Hineinversetzens in die innere Erlebenswelt seines Gegenübers dar. Die Einordnung der Empathie als einfühlsames Verstehen deutet darauf hin, dass es dabei um ein kognitiv-affektives Zusammenspiel geht: Nur die Kombination der kognitiven Empathie (Verstehen) und der affektiven Empathie (Mitempfinden) ermöglicht das, worum es beim professionellen Handeln im sozialen Feld geht – zu begreifen, was im Gegenüber momentan vorgeht, wie die Situation für das Gegenüber persönlich ist und dass sein Verhalten bzw. seine Handlungstendenz in diesem Befinden begründet ist. Das Hauptanliegen professioneller Empathie lässt sich demnach in folgende drei aufeinander anknüpfende Bereiche unterteilen:

- Erkennen des Befindens beim Gegenüber – hierfür ist die Sensitivität für (insbesondere nonverbale, körpersprachliche) Signale des Gegenübers unabdingbar.
- Erfassen und Einschätzen des Hintergrunds seines Befindens (Motive, Gedanken, Bedeutungen, Erfahrung, Affekte) – hierfür ist eine Distanz zum Mitempfundenen erforderlich, die erst dessen kognitives Verarbeiten ermöglicht.
- Schaffen einer Grundlage für begründetes Handeln aus dem o.g. empfundenen und kognitiv verarbeiteten Mitgefühl.

In diesem Sinne ist Empathie als die Wegbereiterin für anteilnehmendes Handeln im Kontext des Eingehens auf psychosoziale Bedürfnisse des Gegenübers zu bezeichnen. Sie kann die Erledigung von alltäglichen Verrichtungen im persönlichen Kontakt von Mensch zu Mensch erleichtern, weil sie dem heilpädagogisch Tätigen die subjektive Erlebens-, Denk- und Handlungsweise seines Gegenübers bewusst und willentlich zu verstehen und einzuordnen hilft. Mit dieser Erkenntnis können dann die Kommunikation, die Interaktion, das gemeinsame Tun und die alltäglichen Verrichtungen respektvoller und konstruktiver gestaltet werden.

Noch ein Aspekt soll hier verdeutlicht werden, und zwar der ethische Hintergrund der Empathienutzung. Die Fähigkeit eines Menschen zum empathischen Verstehen des anderen Menschen wird leider nicht immer nur als Grundlage positiver Einflussnahme im o.g. Sinne eingesetzt. Sie kann und wird oft auch missbräuchlich genutzt werden, denn ein Mensch kann einen anderen Menschen besonders gut manipulieren, wenn er spürt bzw. erkennt, was dem Gegenüber wichtig ist, wie es sich fühlt, wovor es Angst hat u.Ä.

Es kommt also darauf an, welches Anliegen die empathiefähige Person verfolgt. Im Bereich des professionellen Handelns reicht es nicht aus, empathisch zu sein. Es ist dringend erforderlich, auch noch eine entsprechende ethische Grundhaltung einzunehmen (Würde, Respekt, Rechte), die einen missbräuchlichen Einsatz dieser Fähigkeit verhindert.

Formen

Je nachdem, auf welchem Weg das einfühlsame Verstehen zustande kommt und wie es sich auf die professionell tätige Fachperson und die Interaktion mit dem zu betreuenden

Menschen auswirkt, lassen sich mehrere Empathieformen unterscheiden. In folgenden fünf Bereichen ist die Empathie angesiedelt (vgl. Bischoff-Wanner, 2002, 114 ff.):

Kognitive Empathie

Es geht um das rationale Erfassen, Einordnen und die verstandesmäßige Verarbeitung dessen, was einem selbst fremd ist: die Perspektive des Gegenübers mit seinem Erleben, seinen Gedanken, seinen Bedürfnissen, Motiven, Anliegen und Zielen. Dies ist erforderlich, weil die Erlebens-, Denk- und Handlungsweise eines anderen Menschen seine ist, zwangsläufig Elemente, Werte, Erfahrungen Anliegen usw. beinhaltet, die nicht auf den ersten Blick verständlich und nicht nachvollziehbar sind. Eine Störung/Behinderung, die ich selbst nicht habe, sowie Erlebens-/Denk- und Verhaltensweisen, die meiner eigenen nicht entsprechen, müssen zuerst rational erfasst/begriffen/eingeordnet (= verstanden) werden, um sie beim professionellen Umgang mit dem Gegenüber berücksichtigen zu können. Als solche weist die kognitive Empathie folgende Merkmale auf. Sie muss

- objektivierbar sein,
- weniger abhängig von Zu- bzw. Abneigung u. Ä. sein,
- reflektierbar und korrigierbar sein,
- hilfreich für die gemeinsame Erledigung von alltäglichen Verrichtungen sein.

Affektive Empathie

Es geht um eine Gefühlsteilhabe im Kontext des Erlebens des Gegenübers: spontane, unmittelbare, anfänglich nicht bewusste emotionale Reaktion auf sein Befinden, wobei die kognitive Kontrolle und verstandesmäßige Verarbeitung der Eindrücke (zuerst) nicht angestrebt werden. Ein solches eher spontanes Aufnehmen der emotionalen Regungen des zu betreuenden Menschen seitens des heilpädagogisch Tätigen wird überwiegend durch Ähnlichkeit, Vertrautheit, Zuneigung etc. angeregt.

Affektive Empathie stellt eine Quelle emotionaler Mit-Erregung in der zwischenmenschlichen Kommunikation und Interaktion dar. Dabei gilt: Je ähnlicher/bekannter die wahrgenommenen Befindlichkeitssignale des Gegenübers sind, desto besser ist es dem wahrnehmenden Menschen möglich, gefühlsmäßig „mitzuschwingen“. Anders herum – es ist nicht leicht, emotional mitzuempfinden bei Menschen, die sich deutlich unterscheiden (Kultur, Schicht, Religion, Leiden). Als solche ist die affektive Empathie

- subjektiv,
- mehr abhängig von Zu- bzw. Abneigung u. Ä.,
- nicht gut steuerbar, schwer korrigierbar und
- kann die gemeinsame Erledigung von alltäglichen Verrichtungen erschweren.

Gefühlsansteckung

Mit diesem Ausdruck wird das (zu) starke emotionale Mitempfinden des heilpädagogisch Tätigen im Kontext der Wahrnehmung der Emotionalität bei der zu betreuenden Person bezeichnet: Ihre Gefühle werden so empfunden (bis sogar übernommen), als ginge es um eigenes Befinden. Es liegt auf der Hand, dass es bei dieser Empathieintensität am Ende ein tiefes Eintauchen in die eigene Affektivität steht, welches für eine – beim professionellen Handeln erforderliche – Differenzierung „Ich ← → Du“ hinderlich ist.

In diesem Sinne ist die Gefühlsansteckung ein „affektives Mitschwingen mit Eigendynamik“, welches das professionelle Handeln eher blockiert als ermöglicht, weil dabei die kognitive Verarbeitung der aufgenommenen Signale/Hinweise auf Empfindungslage des Gegenübers fehlt.

Beziehungsempathie

Mit diesem Ausdruck wird die Wirkungsebene bezeichnet, auf der sich die vom heilpädagogisch Tätigen offenbarten Bemühungen („Ich will begreifen, wie du dich fühlst und was für dich wichtig ist") mit dem Bedürfnis der zu betreuenden Person („Ich will, dass du begreifst, wie es mir geht") ergänzen und zu einem zeitgleichen Erleben im Sinne „Ich kann jetzt deine Perspektive einschätzen" ← → „Ich fühle mich von dir verstanden" beitragen. Also die für heilpädagogische Einflussnahme wichtige respektvolle und kooperative Beziehung fördert (in manchen Situationen sogar erst ermöglicht).

In diesem Sinne ist die Beziehungsempathie als ein einfühlsamer Beistand zu betrachten. Sie ist hochgradig heilpädagogisch relevant. Wichtig ist dabei, dass sie erst dann beziehungsfördernd wirken kann, wenn beide Seiten – sowohl der heilpädagogisch Tätige als auch die zu betreuende Person – für eine persönliche Begegnung offen sind. Auch ist zu beachten, dass diese Empathiewirkung vor allem auf das Wohlempfinden des Menschen mit Behinderung ausgerichtet ist (wer sich verstanden fühlt, fühlt sich gut). Die dabei beeinflusste Beziehung muss weder symmetrisch noch reziprok sein, kann sich aber im oben genannten Prozess so entwickeln.

Kommunikative Empathie

Mit diesem Ausdruck wird vor allem der psychotherapeutische Wirkungsbereich bezeichnet, der grundlegend von C. Rogers erforscht und als empathierelevant dargestellt wurde. In der von ihm begründeten klienten- bzw. personzentrierten Psychotherapie (hierzulande hat sich aus seinem Ansatz die Gesprächspsychotherapie entwickelt) geht es um empathisches Verstehen des sogenannten inneren Bezugsrahmens des Klienten. Das Mitempfundene und Verstandene wird in der Form eines Feedbackprozesses dem Klienten mitgeteilt mit dem Ziel, diesen bewusst erleben zu lassen, was bei ihm gerade abläuft. Mit dieser Orientierung geht für den Klienten eine Möglichkeit einher, sich selbst sowie die Zusammenhänge zu erkennen und bewusst so zu beeinflussen, dass eine Selbststeuerung im Kontext der Alltags- und Lebensbewältigung besser möglich ist.

Als solche ist die kommunikative Empathie dem therapeutischen Setting vorbehalten. Ihre heilpädagogische Relevanz ist niedrig, weil es dabei vor allem um den Feedbackprozess geht, in dem das vom Therapeuten Verstandene dem Klienten mitgeteilt wird, ohne dass der Therapeut die Aufgabe hätte, die alltäglichen Verrichtungen im Leben des Klienten mit ihm gemeinsam zu erledigen. Es geht also darum, dem Klienten gegenüber das Mitmensch-Sein mittels der Kommunikationsform „empathisch-nichtbewertend-mitteilend" zu offenbaren.

In der Heilpädagogik geht es aber gerade darum, die zu betreuende Person tatkräftig zu unterstützen, mit ihr gemeinsam den Alltag zu bewältigen und die Entfaltung ihrer Potenziale handelnd zu ermöglichen. Dabei dient das empathische Mitempfinden → Verstehen/Begreifen dem auf das Gegenüber zentrierten Handeln, d.h. wirkt als „Katalysator" des heilpädagogischen Handelns und lässt sich folglich als „tätige Empathie" bezeichnen.
(vgl. Bischoff-Wanner, 2002, 114 ff.)

4.4.2 Empathie im heilpädagogischen Alltag

Heilpädagogischer Alltag ist ein Feld, in dem die heilpädagogisch Tätigen eine professionelle Empathie im außertherapeutischen Setting praktizieren (sollen). Diese zielt primär auf die Orientierung in subjektiver Erlebens-, Denk- und Handlungsweise des zu betreuenden Menschen, mit dem Ziel das heilpädagogische Handeln zu begründen (P. Moor:

„Erst verstehen, dann erziehen" (Moor, 1965, 18)). Folglich ist sie nicht nur als eine wichtige Fähigkeit, sondern auch als Kompetenz, Arbeitsleistung und notwendige Qualifikationsanforderung zu betrachten. Sie ermöglicht bzw. erleichtert die Erfüllung von wichtigen Anliegen professionellen Handelns im Umgang mit Menschen, die in ihrer Funktionalität, Aktivität und gesellschaftlichen Teilhabe beeinträchtigt sind: stellvertretend zu deuten, stellvertretend zu agieren, zu kommunizieren/interagieren, Kontakt herzustellen und erleben zu lassen, Wohlbefinden zu sichern.

Diese Anliegen sind logischerweise nicht an einer Störung/Behinderung des Gegenübers orientiert, sondern an seinem Erleben, Denken und Handeln im Kontext der Beeinträchtigung und an der Bedeutung, die es seiner Behinderung beimisst. Dabei – und das ist wichtig – muss die zu betreuende Person selbst dem heilpädagogisch Tätigen gegenüber nicht empathisch sein. Dieser hat allerdings durchaus empathisch zu sein, weil er Erkenntnisse über das Empfinden, Denken und Handeln des unterstützten Menschen braucht, um auf ihn bezogen handeln zu können. Eine Empathie-Reziprozität kann zwar entstehen, ist aber nicht als primäres Ziel zu betrachten. Manchmal wird leider gerade dies im heilpädagogischen Alltag fälschlicherweise erwartet („Wenn ich mit dir empathisch bin, solltest du auch mit mir empathisch sein"), was sich als kontraproduktiv erweist.

Das Gelingen bzw. Misslingen des einfühlsamen Verstehens im heilpädagogischen Alltag hängt im Wesentlichen von folgenden Grundkomponenten ab:

- Die nonverbale Ausdrucksweise des Gegenübers. Sie ist eine ergiebige Quelle von Hinweisen auf sein Erleben. Eine besondere Wichtigkeit besitzt diese Komponente in der Arbeit mit Personen, die der geläufigen verbalen Kommunikation nicht mächtig sind. Es ist hinreichend bekannt, dass hierfür die Gestik, Mimik und Körpersprache sowie der Tonfall und der Blickkontakt sehr dienlich sind.
- Eine zeitweilige Aufhebung der Distanz. Dies kann durchaus hilfreich sein (muss aber nicht). Es geht hier um die positive Wirkung von räumlicher Nähe sowie der (nicht erzwungenen bzw. nicht überstülpten) Berührung hinsichtlich des Entstehens und Erlebens vom Kontakt. Und – wo Kontakt ist, kann auch eine Begegnung bzw. Beziehung zustande kommen.
- Prozessualität und Variabilität. Einfühlendes Verstehen ist kein Zustand, sondern ein Prozess, der immer im Kontext persönlicher Tagesform und aktueller Situation steht. In der Tat ist der heilpädagogisch Tätige mal besser und mal weniger gut imstande, empathisch zu sein. Eine stabile und andauernde Empathie „rund um die Uhr" ist nicht möglich. Ein privates Beziehungsproblem, eine aktuelle Gesundheitsbeschwerde, die Arbeitshetze oder Zeitnot sowie der aus unterschiedlichen Kontexten des Arbeitsalltags entstehende Stress lenken zuverlässig die Aufmerksamkeit auf sich und erschweren den empathischen, d. h. auf das Gegenüber ausgerichteten Annäherungsprozess.

Es gibt zwei wichtige Voraussetzungen, auf die sich die professionelle Empathie im heilpädagogischen Alltag stützt. Die eine Voraussetzung ist in der Person des heilpädagogisch Tätigen verankert und die andere in den Rahmenbedingungen des Alltags (vgl. Bischoff-Wanner, 2002, 274 ff.):

Personbezogene Empathievoraussetzungen

- Disposition. Einfühlsamkeit hat Wurzeln genetischer Art (neuropsychische Funktionalität hinsichtlich Sinne, Kognition, Emotionalität, Konzentration, ...) und ist auch vom Sozialisationsprozess mitbestimmt (das Verstehen anderer als ein wichtiger Wert und als ein Bestandteil des eigenen Selbstkonzeptes). Auf dieser Ebene vollzieht sich das empathische „Mitschwingen" als ein innerer Prozess, der weder von außen beobachtbar noch vollständig bewusst erfass- und mitteilbar ist.

- Fähigkeiten und Fertigkeiten. Zum einfühlsamen Verstehen imstande zu sein, heißt, zu lernen/zu üben, die affektiven Signale des Gegenübers konzentriert wahrzunehmen/aufzunehmen sowie von ihnen die eigene Vorstellungskraft zu „wecken" und zu nutzen. Auf dieser Ebene vollzieht sich die Empathie als ein in der Fantasie simulierter Entwurf der subjektiven Wirklichkeit des Gegenübers.

- Reflektierte Berufserfahrung. Inwieweit der heilpädagogisch Tätige im Berufsalltag empathisch sein kann, steht und fällt mit seiner Reflexivität hinsichtlich gelingender und misslingender Perspektivenübernahme von den zu betreuenden Personen. Auf dieser Ebene vollzieht sich das einfühlsame Verstehen im Kontext eines bewussten Umgangs mit den es einschränkenden bzw. erleichternden Faktoren.

Rahmenbedingungen des Berufsalltags

- Gefühlsklima im Arbeitsbereich. Verhaltensnormen, Zuständigkeiten, Rollenerwartungen, berufliche Leitbilder usw. beeinflussen direkt und indirekt die persönliche Aktivität beteiligter Mitarbeiter/-innen – also auch ihre Offenheit für innere Welten der zu betreuenden Personen und die Bereitschaft, sich mit der subjektiven Sichtweise des Gegenübers zu beschäftigen und sie in eigener Vorgehensweise zu berücksichtigen.

- Arbeitsbedingungen. Personalausstattung, Gesamtorganisation, Zeitvorgaben, Arbeitsablaufsbestimmungen usw. offenbaren das jeweilige institutionelle System, in dem und in dessen Auftrag die Arbeit geleistet wird. Sie sind nicht direkt abhängig von persönlichen Aktivitäten der beteiligten Mitarbeiter/-innen und schränken u. U. die Möglichkeiten ein, aus den wahrgenommenen Bedürfnissen/Wichtigkeiten der zu betreuenden Person heraus entsprechend zu handeln.

- Konzeption. Neben der erforderlichen Qualifikation der Mitarbeiter/-innen bestimmt sie auch die Art und Weise, wie die Aufgaben zu erfüllen und die Unterstützung der zu betreuenden Menschen zu erbringen ist, welche institutionelle, aber auch gegenseitige Unterstützung der Mitarbeiter/-innen notwendig bzw. wünschenswert ist und – last but not least – wie der mitmenschliche Umgang aller Beteiligten miteinander auszusehen hat (Grundsätze der institutionellen Kommunikationskultur). Gehören die Personzentriertheit und die professionelle Empathie nicht explizit dazu, ist es schwierig, sie als ein Bestandteil der Aufgabenerfüllung zu implementieren.

(vgl. Bischoff-Wanner, 2002, 274 ff.)

Aus den bisherigen Ausführungen lassen sich einige methodische Hinweise zusammenstellen. Will der heilpädagogisch Tätige einfühlsam-verstehend sein, um Erkenntnisse zu gewinnen, die relevant für die Erfassung des körperlichen, seelischen und sozialen Zustandes seines Gegenübers sind, muss er lernen:

- offen und rezeptiv zu sein, direkt im Hier und Jetzt aufmerksam wahrzunehmen und genau zu beobachten,

- temporär (vorübergehend) mitzuempfinden, mittels Teilhabe am Erleben das Gefühlsband zu erstellen und dabei zwischen Ich und Du zu unterscheiden, um die eigene Identität aufrechtzuerhalten,

- kognitiv zu verstehen/begreifen, das Verstandene nicht bewertend zu erfassen und dem Gegenüber darüber ein Feedback zu geben.

Das Verlangen danach, dass der heilpädagogisch Tätige die oben genannten Einstellungen, Fähigkeiten und Vorgehensweisen zu lernen hat, impliziert die Annahme, dass Empathie erlernbar sei. Dies ist allerdings (noch) nicht eindeutig empirisch belegt. Dafür ist das Phänomen des einfühlsamen Verstehens zu komplex und die Voraussetzungen sind nicht alle beeinflussbar (wie z.B. die dispositionellen). Nichtsdestotrotz kann die Empathiefähigkeit durch Training von relevanten Fertigkeiten, verbunden mit reflektierten Erfahrungen zumindest verbessert/kultiviert werden. Als relevant für die empathieunterstützenden Lernprozesse lassen sich die auf Selbstkonzept ausgerichtete Selbsterkenntnis sowie effektive Kommunikationsvorgänge, aktives Zuhören und stressresistente Selbstsicherheit betrachten.

Eine Förderung der Fähigkeit zur empathischen Gestaltung von Kommunikation/Interaktion soll vor allem auf übendes, praktizierendes und reflektiertes Training von folgenden Teilfähigkeiten/-fertigkeiten ausgerichtet sein:

- bewusste Entscheidung, die Aufmerksamkeit dem Gegenüber zu widmen,
- sich voll auf einen anderen Menschen konzentrieren unter vorübergehender Zurückstellung eigener Angelegenheiten,
- aufmerksam Zuhören und nicht bewerten,
- paraphrasieren der Äußerungen und Signale des Gegenübers (Feedback mittels Erfassung des Wesentlichen mit eigenen Worten).

(vgl. Bischoff-Wanner, 2002, 208):

Was zwar thematisiert werden muss, jedoch nicht in einem Trainingsprogramm zu erlernen ist, betrifft die Tatsache, dass es nicht möglich ist, bei wechselnden fremden Personen durchgehend emotional mitzuempfinden. Es wird immer eigene Entscheidung sein, ob, wann und bei wem man sich im Berufsalltag empathisch engagiert.

Fazit

Auf die Frage, wozu die professionelle Empathie für die heilpädagogisch Tätigen gut sein soll, kann man mit den Hinweisen auf drei grundlegende Bestandteile des heilpädagogischen Selbstverständnisses antworten:

- Im Sinne des Leitsatzes von Paul Moor (Erst verstehen und dann erziehen ...) ist die professionelle Empathie als eine wichtige Verstehens- und Orientierungshilfe zu betrachten.
- Professionelles Handeln in der Heilpädagogik ist gekennzeichnet dadurch, dass die heilpädagogisch Tätigen begründet, gekonnt und reflektiert vorgehen. Hierbei ist die professionelle Empathie als methodisch wertvolle Handlungshilfe zu betrachten.
- Die Heilpädagogik versteht sich dem dialogischen Prinzip von Martin Buber verbunden. Demnach hat eine heilpädagogische Einflussnahme immer im Beziehungskontext zu erfolgen. Hierbei wirkt professionelle Empathie als Beziehungskatalysator.

Es gibt also drei gewichtige Gründe dafür, die Förderung der professionellen Empathie als Bestandteil der Aus- bzw. Weiter- und Fortbildung von heilpädagogisch Tätigen zu betrachten.

4.5 Heilpädagogik als politische Profession

Für das heilpädagogische Handeln sind folgende Merkmale charakteristisch: eine grundlegende professionelle Orientierung, eine kompetenzbezogene methodische Konkretisierung sowie personzentrierte und emphatische Fähigkeiten und Fertigkeiten der heilpädagogisch Tätigen. Hinzu kommt noch die starke soziale und bildungspolitische Verankerung der Heilpädagogik – gerade im Kontext ihrer inklusiven Ausprägung. Greving untermauert diese Charakteristika mit folgenden Aussagen (vgl. Greving, 2013, 229–245):

Alles das, was die Professionalisierung und Professionalität heilpädagogischer Prozesse ausmacht, ist immer im Rahmen von bestimmten Dilemmata und Kontingenzsituationen zu verstehen. Der Prozess der Professionalisierung bezieht sich immer auf konkrete und häufig widerstrebende Prozesse, welche diese Profession begleiten bzw. durch diese Prozesse ausgelöst werden. Hierzu gehören Entwicklungen, Widersprüche, Eigenheiten, Konkurrenz und nicht auch selten Machtkämpfe in dem jeweiligen Professionsfeld. Das Wort „Professionalisierung" kennzeichnet folglich einen entwicklungsorientierten Weg zu einer Profession (s.o.); hierbei sind die Diskussionen zum Professionalisierungsprozess häufig von standes- und machtorientierten Argumentationen und Handlungsmustern gekennzeichnet. Das gilt auch für die recht unterschiedlichen Handlungsfelder und referenzwissenschaftlichen Bezüge der Heilpädagogik: Obwohl diese, sowohl in ihren historischen Begründungen und Entwicklungen als auch in ihren aktuellen Realisierungen, eng miteinander verknüpft und aufeinander bezogen scheinen, sind sie doch in ein recht intensiv ausgeprägtes Spannungsverhältnis eingewoben. Ein Grund dafür ist, dass die Professionalisierung immer eine eigenständige Handlungslogik erfordert, welche sich auf Wissen, Erklärungen, Fertigkeiten und Handlungen stützt, die in anderen Professionen nicht bzw. nicht in dieser Weise und Kombination zu finden sind. Außerdem verfolgt die Professionalisierung immer als Ziel eine Standespolitik, die sich auf konkrete Berufsgruppen und (was im Rahmen der Heilpädagogik auch bildungspolitisch relevant ist) auf Klientelen bezieht. Ein charakteristisches Anliegen einer jedweden Professionalisierungsbestrebung ist hierbei die Beanspruchung eines exklusiven, zumindest recht spezifischen Berufswissens, welches wiederum von dem anderer Berufszweige unterschieden werden muss. Dieses Wissen dient u.a. dazu, sich eine relative Autonomie gegenüber anderen Professionen und deren jeweiligen Institutionen und Organisationen zu sichern. Das Wissen um eine Profession und die theoretischen Begründungen einer solchen ermöglichen sowohl den Status als auch die Schaffung von sowie das Agieren auf bestimmten Handlungsfeldern.

Ein grundlegendes Verständnis von heilpädagogischer Praxis zeichnet sich aus durch drei unterschiedliche Dimensionen, welche Professionalität bedingen: die Bedingungsdimensionen, die fachlichen Dimensionen sowie die Handlungsdimensionen. Diese werden im weiteren Verlauf dieses Kapitels kurz skizziert, um anschließend mögliche Gerechtigkeitsaspekte, im Hinblick auf die Heilpädagogik als politische Profession, zu formulieren.

Im Hinblick auf die Bedingungsdimensionen ist die Professionalität in der Heilpädagogik aktuell in ein dreifaches Spannungsfeld eingebunden: in ein gesellschaftliches Spannungsfeld, in ein Spannungsfeld der Theorien sowie in Spannungsfelder in der Profession als solcher. Konkret bedeutet dies: Die aktuelle Gesellschaft, welche als Postmoderne gekennzeichnet werden kann, stellt sich als Multioptionsgesellschaft dar, deren wichtigstes Kennzeichen die Kontingenz, d.h. eine Erfahrung des „es hätte auch anders sein können" ist. Zur Grundlegung der Heilpädagogik gehört somit auch „jenes Wissen, dass das Wissen seines eigenen Andersseinkönnens impliziert" (Graevenitz/Markwart, 1998, XIV). Ein grundlegendes Spannungsfeld in dieser Moderne bzw. Postmoderne ist der Wandel des Verhältnisses von Optionen, also Wahlmöglichkeiten, und Ligaturen, also Verpflichtungen und Bindungen (vgl. Dahrendorf, 1979, 28 ff.). Hierbei konkretisiert der Begriff der Lebenschancen das Verhältnis zwischen Optionen und Ligaturen. An dieser Stelle ist zu fragen, ob Menschen mit Behinderungen, welche in weiten Teilen die Klientel einer professionell tätigen Heilpädagogik darstellen, an der Entstehung dieser Lebenschancen beteiligt werden bzw. ob sie eine Möglichkeit haben, im Rahmen der Verteilung von Lebenschancen an diesen teilzuhaben? Als Optionen lassen sich sicherlich Auswahlmöglichkeiten, also Freiheitsrechte und Konsumchancen, darstellen, ebenso allerdings auch die Gewährung von Zugangschancen vor allem im Hinblick auf Staatsbürgerrechte, so wie dies unter anderem durch die UN-Behindertenrechtskonvention und in Deutschland durch das SGB IX vorgehalten wird. Dennoch scheint immer noch ein Verständnis von Behinderung vorzuherrschen, welches ungleiche Zugangschancen zu Bildung, Beschäftigung und Bürgerrechten definiert, also in letzter Konsequenz zur sozialen Exklusion und zu Deintegrationsrisiken auf der gesellschaftlichen Ebene und zu einer erhöhten Abhängigkeit von Hilfen und Dienstleistungen auf der individuellen Seite führt. Hierdurch entstehen für die Betroffenen Erfahrungen von sozialer Distanz und Ausgrenzung.

Diese Ausgrenzung wird noch durch weitere Spannungsmomente verschärft: auf der einen Seite z. B. durch eine juristisch grundgelegte Forderung und Realisierung von Toleranz für alles das, was fremd und behindert erscheint, auf der anderen Seite durch eine ständige Orientierung an den, auch werbewirksam und multimedial veröffentlichten, Werten der Gesundheit und Schönheit. Somit erleben sich Menschen mit Behinderung im Rahmen dieses Spannungsfeldes einer fortwährenden Tendenz der Individualisierung ausgesetzt, welche ideologisch eher auf das Denken und Handeln des Ich bezogen und somit das Ende der Solidarität anzukündigen in der Lage ist. Zudem prägt der sich seit einigen Jahren vollziehende Neoliberalismus einen Markt aus, der zum organisierenden und alles regulierenden Prinzip des Staates wird. Diese Entwicklung lässt alles, was nicht markt- oder nicht mehr marktgemäß ist, als nicht existent erscheinen. Menschen mit Behinderung sind somit im Rahmen dieses Marktes sicherlich wenig willkommen bzw. werden kaum als solche wahrgenommen, was sich sicherlich im Rahmen der Verteilungsgerechtigkeit als kontraproduktiv und negativ auswirkt. Des Weiteren thematisiert die Globalisierung Prozesse der Flexibilisierung und Deregulierung vor allem in der Form, dass sie kulturelle Unterschiedlichkeiten nivelliert bzw. durch Medien und Kultur zum Verschwinden bringt. Auf der anderen Seite wird die Gesellschaft durch die gelebte und wahrgenommene Verschiedenheit intensiv herausgefordert, z. B. durch Themen wie Heterogenität, Rassismus, gleichgeschlechtliche Ehe usw. Hierbei ist Behinderung nur als eine Referenzkategorie unter vielen darzustellen, sodass die Heilpädagogik deutlich machen muss, dass diese Differenzkategorie den Status einer gleichen Differenz aufweist, was bedeutet, dass Behinderung in der gleichen Art und Weise wahrgenommen und gewichtet wird, wie andere Unterscheidungen und Differenzierungen (in) der Gesellschaft, wie Alter, Geschlecht, ethnische Zugehörigkeit usw. Hierbei benötigt die konkrete Arbeit mit Menschen, welche als behindert bezeichnet werden, von der Gesellschaft präzise Formen der Begleitung und der Assistenz, gerade auch auf dem Hintergrund der Forderungen der Inklusion.

Die Heilpädagogik befindet sich somit in einem Spannungsfeld zwischen Wahrnehmung der Unterschiedlichkeit und einer Reaktion auf diese Unterschiedlichkeit.

Die Pisa- und Iglu-Studien sowie die Genderstudies und die Migrationsthematiken verdeutlichen weitere Spannungsfelder in der Profession der Heilpädagogik. Zudem formieren sich Forderungen an die Profession, diese als wissenschaftlich begründete Praxis deutlicher zu verorten. Auch intensivieren sich Unübersichtlichkeiten in Bezug auf die Leitbilder, das Verständnis und die Ausbildungsformen in der Heilpädagogik. In diesen Spannungsfeldern und durch sie hat die Heilpädagogik zumindest im Bereich der Kinder- und Jugendhilfe, aber auch auf den Feldern der Arbeit mit erwachsenen Menschen mit Behinderung den Aspekt einer Bildungsgerechtigkeit deutlich und unmissverständlich zu vertreten. Der Begriff der Bildungsgerechtigkeit kann als grundlegend „unvereinbar mit Ausgrenzung" (EKD, 2010, 6) gekennzeichnet werden. Bildungsgerechtigkeit und Inklusion beziehen sich aufeinander. Diese Form der Bildungsgerechtigkeit ist lebenslauforientiert: Sie beginnt schon in den Kindertagesstätten und ist in den Erwachsenenbildungsprozessen noch längst nicht zu Ende. Zu gewährleisten ist vor allem eine umfassende personale Bildung aller Beteiligten. Zudem darf es nicht dazu kommen, dass bestimmte Ausbildungs- und Studiengänge geringer geschätzt werden bzw. ökonomisch an den Rand der Gesellschaft gelangen (vgl. EKD, 2006, 7). Diese Form der Bildungsgerechtigkeit ist auch nicht vereinbar mit Formen der Deprofessionalisierung: Vielmehr geht es darum, dass professionelle Pädagogen, in der Wahrnehmung der hier skizzierten und in weiteren Spannungsfeldern, ihre Berufsorientierung konsequent wahrnehmen und lebenslauforientiert verfolgen.

Dies ist vor allem durch eine berufsständische Verankerung der Heilpädagogik, organisiert z.B. durch den „Berufs- und Fachverband Heilpädagogik/BHP e.V.", der Fall (vgl. Greving, 2011, 177 f.):

Der Berufs- und Fachverband der Heilpädagogik wurde 1985 gegründet – er besteht somit nahezu seit 30 Jahren. Er ging hervor aus dem BSH, dem Berufsverband für Sozialarbeiter, Sozialpädagogen und Heilpädagogen, sowie dem BHD, dem Berufsverband der Heilpädagogen in der Bundesrepublik Deutschland. Ohne auf die sehr differenzierte Geschichte des Berufs- und Fachverbandes näher einzugehen, soll an dieser Stelle kurz auf die Europäische Akademie für Heilpädagogik (EAH) Bezug genommen werden, da in und mit dieser sozial- und bildungspolitische (aber auch weitere professionsprägende) Themen aufgenommen und bearbeitet werden. Die europäische Akademie wurde durch den Berufs- und Fachverband Heilpädagogik im Jahr 2001 gegründet und stellt eine zentrale Plattform des Berufsverbandes hinsichtlich der Weiterbildung, des Informations- und Erfahrungsaustausches sowie der Theorie- und Praxisvernetzung in der Heilpädagogik dar. Zudem versucht die Europäische Akademie, eine europäische Entwicklung der Heilpädagogik mittels Netzwerkarbeit zwischen unterschiedlichen europäischen Ausbildungsstätten zu initialisieren. Hierzu führt sie dezentrale Veranstaltungen und Weiterbildungsmöglichkeiten in der gesamten Bundesrepublik durch. Ein relevanter Schwerpunkt sind vor allem die Veranstaltungen, welche die EAH im europäischen Bildungswerk in Bochum realisiert. Jedes Jahr legt die Europäische Akademie für Heilpädagogik ein umfangreiches Programm vor, in welchem sie sowohl kurzfristige als auch längerfristige Fort- und Weiterbildungsmöglichkeiten für Heilpädagogen anbietet. Gerade die weiter anzustrebende Modularisierung dieser Fort- und Weiterbildungsangebote im Hinblick auf ein lebenslanges Lernen kann hierdurch eine Vernetzung mit Fachakademien bzw. Fachschulen andeuten und vorbereiten. Die Europäische Akademie für Heilpädagogik kann somit im dreizehnten Jahr ihres Bestehens als ein relevanter Pfeiler im Hinblick auf Fort- und Weiterbildungsmöglichkeiten, aber auch in Bezug auf die Evaluation dieser Potenziale und Optionen in der Heilpädagogik gelten.

Überlegungen und Versuche

1. ***Welche metatheoretischen Begründungen von Gerechtigkeit erscheinen Ihnen für die Profession der Heilpädagogik legitim und zielführend?***
2. ***Welche lebenslauforientierten Begründungen von Gerechtigkeit lassen welche konzeptionellen und methodischen Konsequenzen zu? Stellen Sie Ihre Antworten an konkreten Beispielen dar.***
3. ***Inwieweit ist eine Teilhabe von Menschen mit sogenannter Behinderung, wie z. B. im Rahmen der Disability Studies sowie im Rahmen einer professionsorientierten Gerechtigkeitsdebatte, schon realisiert?***
4. ***Inwieweit ist ein interdisziplinärer Diskurs im Rahmen der Grundlegungen von Gerechtigkeit für die Heilpädagogik umzusetzen bzw.: Was ist bislang für diese Umsetzung schon realisiert worden? Stellen Sie auch diese Antworten an konkreten Beispielen dar.***
5. ***Welche Möglichkeiten bietet Ihnen der Berufs- und Fachverband Heilpädagogik/BHP e. V., um diese politischen und gerechtigkeitsbezogenen Themen- und Problemfelder zu bearbeiten?***

Zusammenfassung

Die grundlegende professionelle Orientierung der Heilpädagogik bezieht sich einerseits auf kompetenzbezogene Konkretisierungen und personzentrierte und empathische Fähigkeiten und Fertigkeiten. Andererseits ist die heilpädagogische Profession, gerade auch im Rahmen der aktuellen Inklusionsdebatte, sozial- und bildungspolitisch auszugestalten. Dies bedeutet für die Heilpädagogik, dass sie sich mit den unterschiedlichen Themen und Ansätzen einer Debatte zur sozialen und bildungspolitischen Gerechtigkeit beschäftigen und sich dabei professionell positionieren muss. Konkrete Umsetzungen hierzu können durch den Berufs- und Fachverband Heilpädagogik/BHP e. V. erfolgen sowie in Kooperation mit diesem.

5 Allgemeine Grundlagen des heilpädagogischen Handelns

Allgemein gesehen, steht das heilpädagogische Handeln auf zwei Beinen: dem Selbstverständnis, welches aus der heilpädagogischen Tradition und Theoriebildung hervorgeht, und dem Selbstverständnis des Handelns, welches aus der Didaktik und Methodik der Heilpädagogik abgeleitet wird. Dieser Tatsache entspricht auch die Unterteilung dieses Kapitels: Zuerst wird das Selbstverständnis der Heilpädagogik und dann dasjenige des Handelns erörtert. Das Durcharbeiten dieser Grundlagen verleiht dem Heilpädagogen zwei „Standbeine", die ihm Orientierung und Sicherheit im Praxisalltag geben.

5.1 Selbstverständnis der Heilpädagogik

Heilpädagogisch zu handeln, heißt nichts anderes, als im Sinne der heilpädagogischen Theorie zu handeln. Folglich kann nur dann eine Vorgehensweise als „heilpädagogisch relevant“ bezeichnet werden, die den theoretischen Hintergrund umsetzt. Dieser offenbart sich im Selbstverständnis der Heilpädagogik. Die Redewendung „mit Leib und Seele etwas zu sein“ veranschaulicht diese Tatsache ganz gut: Wer sich die Sichtweise der Heilpädagogik zu Eigen gemacht hat (in der Seele verinnerlicht), kann sich in ihrem Sinne handelnd einbringen (als leibliche Person Einfluss nehmen).

Im Teil I dieses Buches sind ausgewählte Angaben zur heilpädagogischen Theorie detailliert dargestellt. In diesem Kapitel werden in einer kompakten Form die wichtigsten Eckpunkte des heilpädagogischen Selbstverständnisses kurz skizziert. Dabei handelt es sich keineswegs um eine Wiederholung des bereits Gesagten. Vielmehr dient diese Übersicht der Orientierung im Kontext des Handelns.

„Alles fließt ...“ sagten im alten Griechenland die Vertreter der Philosophie des Atomismus. Damit haben sie die Tatsache zum Ausdruck gebracht, dass auf dieser Welt nichts so bleibt, wie es ist, und dass sich alles verändert. Das gilt auch für die Heilpädagogik. Allein der Blick in ihre Geschichte zeigt, wie viele Grundkonzepte sie im Lauf der Zeit formuliert hat, um sie nach einiger Zeit im Zusammenhang mit verändertem Menschenbild weiterzuentwickeln bzw. mit anderen zu ersetzen. Deshalb ist die hier präsentierte aktuelle Auffassung des Selbstverständnisses der Heilpädagogik nicht als etwas Endgültiges zu betrachten, sondern zeigt eine Momentaufnahme während eines ständigen Entwicklungs- und Veränderungsprozesses.

In Anlehnung an die Diskussion der letzten Jahre (vgl. Ondracek/Trost, 1998) sowie die aktuellen Darstellungen (vgl. Deutscher Verein für öffentliche und private Fürsorge, 1993; Bundschuh/Heimlich/Krawitz, 2002) wird die aktuelle Bestandsaufnahme des heilpädagogischen Selbstverständnisses anhand folgender Aspekte durchgeführt: wissenschaftlicher Hintergrund, Zielgruppe, Hauptanliegen und Konzepte, Handlungsschwerpunkt, besondere Merkmale.

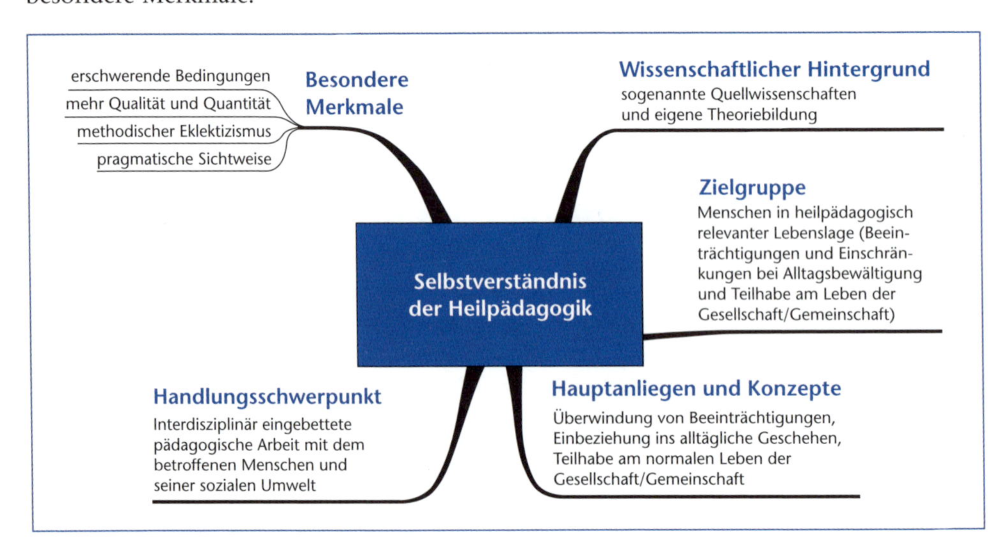

5.1.1 Wissenschaftlicher Hintergrund

Die Theorie der Heilpädagogik ist keine erklärende Grundlagenwissenschaft, sondern eine eigenständige Handlungswissenschaft (auf Anwendung bezogene Theorie). Sie stützt sich vor allem auf Erkenntnisse der Erziehungswissenschaft, Psychologie, Medizin, *Ethik*, *Soziologie* und Rechtswissenschaft. Ihre Aufgabe ist es, den Hintergrund für die Theorie-Praxis-Verbindung zu formulieren, der für das heilpädagogische Handeln leitend und folglich unentbehrlich ist.

Das heilpädagogische Handeln entspricht dann dem wissenschaftlichen Hintergrund, wenn es im systematischen Zusammenhang von Zielen, Inhalten und Organisationsformen geschieht, d.h., wenn es begründet, überprüfbar und widerspruchsfrei ist.

Damit unterscheidet sich die Tätigkeit einer Heilpädagogin von bloßer Anwendung von Methoden, Interventionen oder Techniken (vgl. Bundschuh/Heimlich/Krawitz, 2002, 118 f.).

Aktuell ist der wissenschaftliche Hintergrund der Heilpädagogik zudem durch folgende Inhalte und Ansatzpunkte zu skizzieren (vgl. Greving/Ondracek, 2009a, 43–60; 2009b, 10 f.):

Die Heilpädagogik löst sich in den letzten Jahren immer mehr von der Leitidee einer kategorialen Vorgehensweise, in welcher die einzelnen Bezeichnungen von Behinderungen im Mittelpunkt einer strukturierenden Begründung standen. Diese kategoriale Sichtweise wird zur Zeit abgelöst von einer handlungsfeldorientierten Betrachtung, in welcher die Handlungsbereiche und Lebensfelder derjenigen Menschen im Mittelpunkt stehen, welche professionelle heilpädagogische Leistungen in Anspruch nehmen. Diese Handlungsfeldorientierung wird vor allem durch vier grundlegende Annahmen geprägt, welche in ihrem Verlauf und Vollzug dann in ein neues und erweitertes Verständnis einer (speziellen) Heilpädagogik münden:

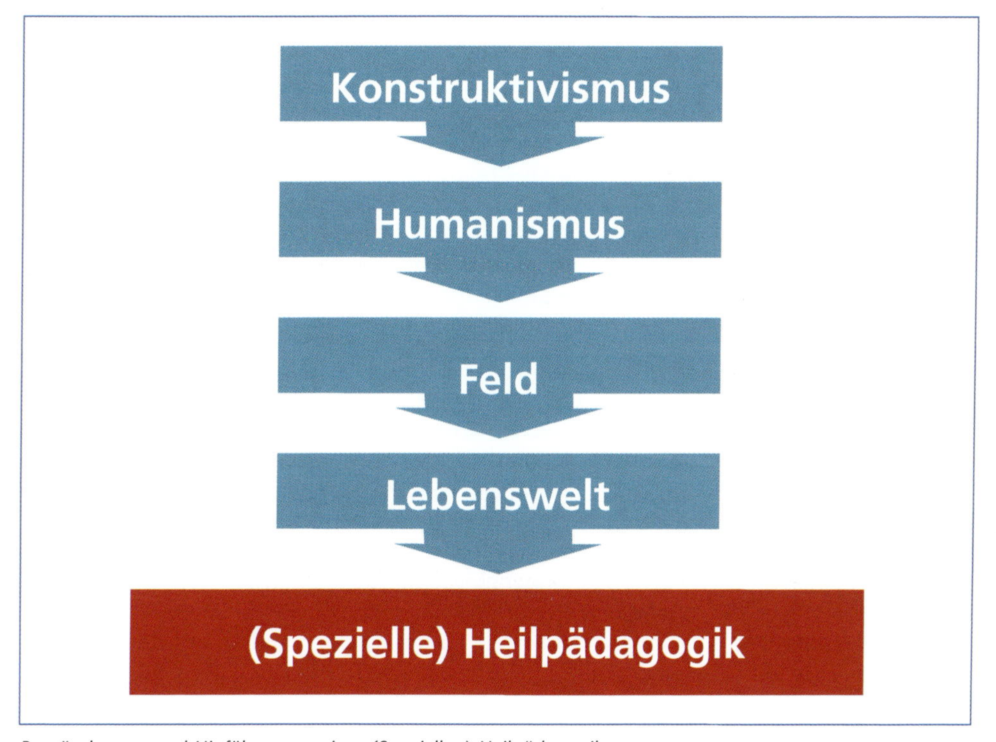

Begründungen und Hinführungen einer (Speziellen) Heilpädagogik

Hierzu einige differenzierende und weiterführende Überlegungen:

Der **Konstruktivismus** stellt eine mögliche Betrachtungsweise dar, von der die einzelnen Handlungsfelder einer solchermaßen verstandenen Speziellen Heilpädagogik beschrieben werden können. Aus philosophischer Sicht ist der Konstruktivismus keine Ontologie, sondern eine Epistemologie, d. h. eine Form der Erkenntnistheorie, welche Möglichkeiten und Grenzen menschlicher Erkenntnisse und Reflexionsprozesse zu erörtern versucht. Die erkenntnistheoretischen Fragen hierbei können auch als anthropologische und ethische Fragen bestimmt werden, denn das Wissen bestimmt auch den Menschen, welcher wiederum weiß, dass er weiß und in der Lage ist, dementsprechend zu handeln bzw. dieses Handeln zu reflektieren. Auf dem Hintergrund der zum Teil sehr unterschiedlichen Begründungen einer konstruktivistischen Erkenntnistheorie haben sich im Laufe der letzten 100 Jahre sehr differenzierte Formen konstruktivistischer Erkenntnisse entwickelt. Der Konstruktivismus strahlt hierbei in unterschiedlichste Forschungsbereiche hinein, so z. B. in die Wissenschaftstheorie, in die Gehirnforschung, in die Emotionsforschung, in die Sprachwissenschaft, in die Philosophie und in die Pädagogik.

Im **Humanismus** offenbart sich ein Menschenbild, welches besonders die Wertvorstellungen und die Würde des Menschen hervorhebt. Wichtig sind hierbei vor allem die Aspekte der Toleranz und Selbstverwirklichung. Das Menschenbild des Humanismus besagt, dass jeder Mensch ein lernfähiges Subjekt ist und dass der Sinn seiner Existenz darin liegt, diese Eigenschaft für Bildung zu nutzen. Der – letzte – Existenzgrund des Menschen liegt somit in seiner Bildung. Ein bestimmtes Maß an Bildung stellt gleichzeitig auch eine Grundlage für die sittliche Qualität der menschlichen Existenz dar. In Bezug auf die Handlungsfelder der Heilpädagogik stellt sich die Frage, inwieweit die Grundannahmen des Humanismus auf diejenigen Menschen anzuwenden sind, die eine organische Schädigung, Behinderung, chronische Erkrankung, psychische Störung u. Ä. aufweisen und infolge dessen, bzw. aufgrund der stigmatisierenden und ausschließenden Prozesse der Gesellschaft, eine Beeinträchtigung im Lebensvollzug zu ertragen haben. Die Antwort ergibt sich aus der Geschichte und dem Selbstverständnis der Heilpädagogik. Von Anfang an hat die beeinträchtigte Lebenslage der betroffenen Menschen vor allem diejenigen aktiviert, die sich als Philanthropen verstanden (aus dem Griechischen: den Menschen liebend) und sich für ein menschenwürdiges Leben der Ausgestoßenen und Geächteten eingesetzt haben. Gerade in der Heilpädagogik stellt sich die Erforderlichkeit der Humanisierung der Lebensbedingungen der Betroffenen sehr intensiv. Die humanistische Perspektive auf die Heilpädagogik stellt folglich ein Grund- und Hauptcharakteristikum des aktuellen heilpädagogischen Selbstverständnisses dar.

Grundlegend stellt sich Praxis immer als **Feld** im Sinne der relationalen Soziologie von Pierre Bourdieu dar. Ein so aufgefasster Feldbegriff kennzeichnet die Beziehungen und Bezugnahmen zwischen Gesellschaft und Individuum im Rahmen eines Verständnisses von Habitus und Feld. Die konkrete soziale Welt lässt sich nach Bourdieu als ein mehrdimensionaler Raum beschreiben, in welchem vielfältige Unterscheidungs- und Verteilungsprinzipien wiedergefunden werden bzw. herrschen. Mit dem Begriff des „Sozialen Raumes" bezeichnet Bourdieu weiterhin die objektiven Lebensbedingungen und die hiermit verbundenen normativen Vorstellungen, wie sie jeder Mensch seit seiner Geburt erfährt. Diese prägen die individuelle Person und Persönlichkeit, wie sie umgekehrt auch von ihr verändert werden können. Der soziale Raum lässt sich zudem mit den Begriffen der sozialen Lage, der Klasse oder des Milieus beschreiben und analysieren. Die individuellen Bedingungen dieser Varianten regeln die Bedürfnisstrukturen, die Urteilsprozesse und die Verhaltensweisen des einzelnen Menschen bzw. der unterschiedlichen Menschengruppen.

Der Begriff der **Lebenswelt** geht bis in die Zeit der Jenaer Romantik, hier vor allem auf Friedrich Schlegel, zurück. Friedrich Nietzsche hat ihn dann zu einem kulturkritischen Begriff gewendet. Im Vorfeld von Edmund Husserls Begründungen hat Wilhelm Dilthey ihn in seiner Lebensphilosophie genutzt und hierbei die Begriffe „Leben“ und „Welt“ als operative Begriffe aufgefasst, eine intensive Differenzierung erfuhr er aber erst in den Begründungen von Husserl (und später Martin Heidegger). Husserl bestimmt Lebenswelt einerseits als Sphäre und Bereich des Selbstverständlichen, d. h. als grundlegende anthropologische Basis der Beziehungen des Menschen zur Welt; andererseits ist dieses für ihn aber auch eine Bezeichnung für das konkret real Vorhandene. Somit entsteht ein Spannungszustand dieses Begriffes zwischen Universellem und Konkretem, zwischen Einzelnem und Vielfältigem. Hieraus entwickelten sich in der Soziologie mannigfaltige Bedeutungen: Lebenswelt kann im Sinne der Erkenntnistheorie eine ontologische Bedeutung bekommen, oder aber auch die Welt bezeichnen, welche individuell-persönlich von jedem Menschen erlebt werden kann bzw. erfahren wird. Zudem kann sie im Sinne einer geschichtlich-gesellschaftlich geprägten Umwelt gemeint sein. Auf diesem Hintergrund kann der Lebensweltbegriff die Grundlage jeglicher Wissenschaften bilden, aber auch als Sinnwelt aller Menschen deren Wahrnehmungen und Erfahrungen prägen und formen.

Eine **Spezielle Heilpädagogik**, so wie sich somit aktuell darstellt, kann folglich in der Begründung und Ableitung ihrer Prämissen und Folgerungen den Weg dieses vierschrittigen Modells wählen: Aus dem Bewusstsein ihrer konstruierten Wirklichkeiten handelt sie auf einer humanistischen Basis bzw. von dieser aus und verortet sich in einem wissenschaftlichen und gesellschafts-politischen Feld. Aus diesem heraus und auf diesem entwickelt sie vielfältige (und sicherlich auch höchst unterschiedliche) Ansätze zur Lebenswelt derjenigen Personen, welche ihre professionellen Leistungen in Anspruch nehmen.

5.1.2 Zielgruppe

Heilpädagogisches Handeln stellt eine vordergründig pädagogische Arbeit dar (mit einer fallbedingten Möglichkeit bzw. Erforderlichkeit des therapeutischen Wirkens). Es richtet sich an Menschen, die – bedingt durch ihre körperliche, geistige und seelische Beschaffenheit und durch die Reaktion der sozialen Umwelt auf diese Beschaffenheit – in der subjektiv sinnvollen Gestaltung des Alltags beeinträchtigt sind und nur eingeschränkt am Geschehen in der Gesellschaft teilhaben können.

Mit den Adressaten ist in der heilpädagogischen Arbeit das heilpädagogische Menschenbild verknüpft: Für den Heilpädagogen ist der Wert des menschlichen Wesens unantastbar – er achtet jeden Menschen als Person. Dies ist deshalb wichtig, weil die heilpädagogische Arbeit sich mit Subjekten vollzieht, die durch ihre persönliche Geschichte und Entwicklung in ihren sozialen Bezügen zu einer eigenen Art und Weise des Lebens in Auseinandersetzung mit ihrer Umwelt gefunden haben. So gesehen sind alle Menschen gleichberechtigte Individuen, deren eigene Identität, die oft erst durch die heilpädagogische Arbeit gefunden wird, gesichert werden muss (vgl. Berufsverband der Heilpädagogen, 2000a).

In eine heilpädagogisch relevante Lebenslage können Kinder, Jugendliche und Erwachsene auch deshalb geraten, weil sie weder der gesellschaftlich erwarteten Leistung noch der Anpassungsanforderung gewachsen sind. Dadurch bedingt, geraten sie in Gefahr, von anderen Personen oder Institutionen dauerhaft abhängig zu sein (vgl. Deutscher

Verein für öffentliche und private Fürsorge, 1993, 452 ff.). Die Entstehung von beeinträchtigten Lebenslagen wird durch folgende Belastungen begünstigt:
- Sinnesschädigung (Seh-, Gehörsinn-, Wahrnehmungsstörung),
- Sprachstörung,
- Körperschädigung,
- Schädigung des zentralen Nervensystems,
- Verhaltensstörung infolge seelischer Traumatisierung oder psychischer Krankheit,
- mehrfache kombinierte Belastungen.

(vgl. Eitle, 2003, 52 ff.)

Weitere Zielgruppen bestehen aktuell in der Berücksichtigung der folgenden Lebenslagen

- die heilpädagogische Unterstützung von Kindern und Jugendlichen mit einer Behinderung,
- die heilpädagogische Unterstützung von Familien und Kindern bei Erziehungsproblemen,
- die heilpädagogische Unterstützung von Menschen mit seelischer Belastung bzw. Verletzung,
- die Durchführung von Bildungsprozessen auf dem Hintergrund heilpädagogischen Handelns,
- die heilpädagogische Unterstützung von erwachsenen Menschen mit Behinderung,
- die heilpädagogische Unterstützung von alten Menschen mit einer Demenzerkrankung.

(vgl. Greving/Ondracek, 2009b, 15 ff.)

5.1.3 Hauptanliegen und Konzepte

Heilpädagogik erforscht und erarbeitet Handlungskonzepte, die darauf ausgerichtet sind, Menschen in einer heilpädagogisch relevanten Lage als vollwertige Mitglieder in das gesellschaftliche Leben einzubeziehen und ihnen zu einer subjektiv möglichen Entfaltung und Selbstständigkeit in Alltagsangelegenheiten zu verhelfen. Dabei ist insbesondere die Minderung bzw. Überwindung der Beeinträchtigungen und Einschränkungen vor allem auf dem Gebiet der Kommunikations- und Interaktionsprozesse sowie der Alltagsfähigkeiten und -fertigkeiten von Bedeutung.

Für die Umsetzung dieses Anliegens haben heilpädagogische Theorie und Praxis im Laufe der letzten 50 Jahre mehrere Konzepte entwickelt, die über die Versorgung, Erziehung und Bildung hinausgehen. Von der Überwindung der Defektorientierung (sogenannte *Defektologie*) ausgehend, haben nach und nach folgende Aspekte das Denken und Handeln von Heilpädagogen geleitet:
- Orientierung an Ressourcen,
- Herstellung der maximal möglichen Normalität,
- Stärkung der Selbstbestimmung,
- Unterstützung durch Assistenz,
- Sicherung der Dazugehörigkeit durch Integration,
- Verhinderung der Absonderung durch Inklusion.

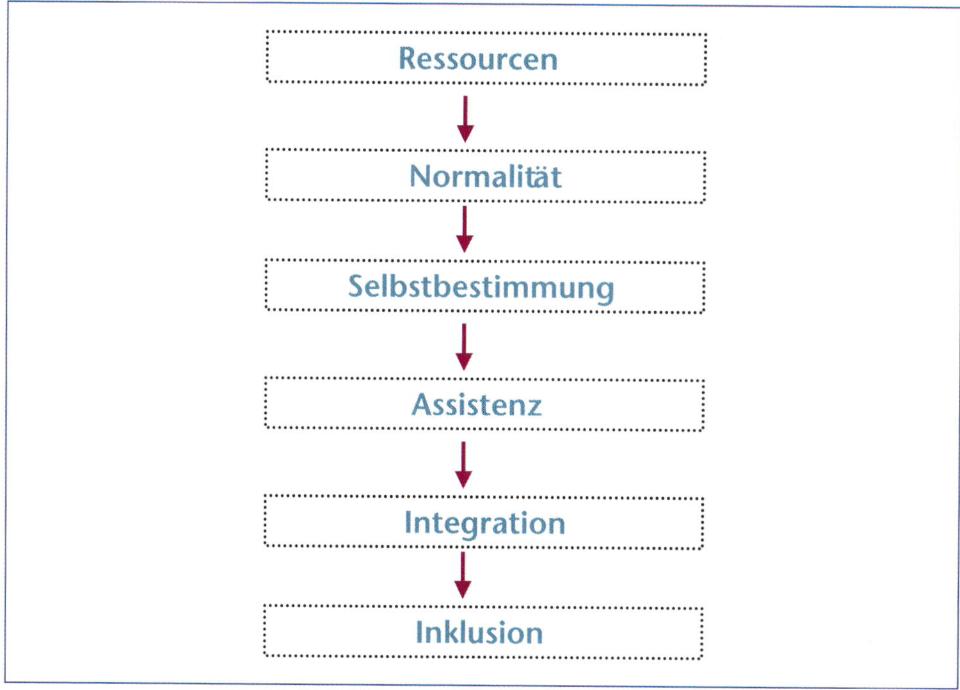

Von der Ressourcenorientierung zur Inklusion

In der Gegenwart geht es nicht so sehr darum, das eine oder das andere Konzept als ausschlaggebend zu betrachten und alles einheitlich in seinem Sinne zu gestalten. Vielmehr sind in jedem Einzelfall die Auswahl und Gewichtung von Elementen einzelner Konzepte erforderlich, die in der heilpädagogischen Arbeit für die Annäherung an die genannten Ziele von Bedeutung sind. Dass es möglich ist, Menschen mit Behinderung ins alltägliche Geschehen einzubeziehen und die Einschränkungen bei ihrer Teilhabe am normalen Alltag des Wohnortes abzubauen, beweist die Arbeit der Zieglerschen Anstalten im schwäbischen Wilhelmsdorf. Dort leben viele Menschen mit Gehör- und Sprachschädigung. Sie erfahren von den nicht behinderten Bewohnern des Wohnortes eine heilpädagogische Unterstützung, denn viele wirken der Entstehung eines Behinderungszustands dadurch entgegen, dass sie die Gebärdensprache beherrschen und zwecks alltäglicher Verständigung auch anwenden.

Beispiel

„[...] Sven scheint fast jeden zu kennen, der ihm begegnet: Die zum Gruß erhobene Hand gilt dem Passanten auf der gegenüberliegenden Straßenseite, dem in seinen Streifenwagen einsteigenden Polizisten [...]. Sven sitzt im Rollstuhl und verständigt sich neben seiner ausgeprägten Mimik und Gestik mit Gebärden. Und hier, in Wilhelmsdorf [...], verstehen ihn die Menschen. Er kann sich selbstständig bewegen, kann alleine den Weg von seiner Wohnung zum Arbeitsplatz in der Werkstatt bewältigen [...] und auch Einkäufe erledigen. ‚Für mich ist das nichts Besonderes', lacht die Brötchenverkäuferin, die mit Sven in Gebärdensprache kommuniziert hat und ihm das Wechselgeld in die Hand drückt. [...] Für die gebärdenden Menschen bedeutet in Wilhelmsdorf zu leben ‚Freiheit', denn sie können sich zwanglos bewegen – ohne befürchten zu müssen, angestarrt zu werden [...].“

(Fleischmann, 2003, 26)

Hinter dieser Freiheit steht die Beratungsstelle für Kommunikationsförderung vor Ort, die von einem Heilpädagogen geleitet wird. Als eine der wichtigsten Aufgaben betrachtet er die Förderung der Kommunikationskompetenzen, und zwar nicht nur bei den Menschen mit Behinderung und Mitarbeitern der Zieglerschen Anstalten, sondern auch bei den Dorfbewohnern. Da es in Deutschland keine einheitliche Gebärdensprache gibt, hat man eine eigene entwickelt, um die gegenseitige Verständigung zu ermöglichen und damit ein wesentliches Bedürfnis jedes Menschen, der in Wilhelmsdorf lebt, zu befriedigen – sich mitzuteilen und verstanden zu werden.

Beispiel

„[...] Sven ist ein wahrer Experte der Gebärdensprache. Seine Kompetenz wird beispielsweise bei Seminaren, in denen die Gebärdensprache vermittelt wird, eingesetzt, indem er die Gebärdenschüler korrigiert [...]. Das trägt zu seinem Selbstbewusstsein bei und gibt den ‚Schülern' die Möglichkeit, die Gebärden authentisch zu erleben. ‚Körpersprache erlernen, die wir kulturell verlernt haben', nennt Stefan Geiger, der Heilpädagoge und Initiator dieser Seminare, dies. ‚Es geht nicht darum, eine bestimmte Methode zu vermitteln, sondern den Menschen in seiner Ganzheitlichkeit verstehen zu lernen. Wir wollen nicht die Defizite eines Menschen ins Visier nehmen, sondern aus seinen individuellen Möglichkeiten neue Kommunikationsformen entwickeln.'"
(Fleischmann, 2003, 28)

Neben dieser kommunikativen Verankerung der Menschen mit Behinderung in der Dorfgemeinschaft arbeitet die Beratungsstelle auch mit deren Eltern und Geschwistern, die im familiären Alltag häufig zu kurz kommen. In Seminaren und Workshops erhalten sie die Möglichkeit, miteinander ins Gespräch zu kommen, und lernen dabei, den eigenen Gefühlen, Erfahrungen und Bedürfnissen mehr Raum zu geben.

Der Heilpädagoge Stefan Geiger sieht eine weitere Intention seiner Arbeit in der *Interdisziplinarität*: „Es ist der Vernetzungsgedanke, dem ich nachhänge [...]. Mein Wunsch wäre ein Ausbau der Kooperation zwischen den therapeutischen Institutionen, d. h. zwischen Praxen, Ärzten, Kliniken. Ich wünsche mir, dass es mehr Beratungsstellen mit ähnlichen Konzepten gäbe [...]" (Fleischmann, 2003, 29).

5.1.4 Handlungsschwerpunkt

Das Hauptanliegen der Heilpädagogik wird umgesetzt insbesondere durch pädagogische Arbeit mit betroffenen Menschen und ihrer sozialen Umwelt. Wesentliche Ansätze dieser Umsetzung stellen Förderung und pädagogisch-behandelnde Einflussnahme dar. Ein interdisziplinäres Zusammenwirken mit benachbarten Arbeitsfeldern ist dabei erforderlich (Schule, Verwaltung, Gesundheitswesen, Berufswelt). Da Heilpädagoginnen ihre vordergründig pädagogische Ausrichtung bei Bedarf auch mit behandelnder Arbeit ergänzen, stehen sie immer wieder in der Position eines „Grenzgängers" zwischen Pädagogik und Therapie.

Heilpädagogisch zu handeln heißt, alles dafür zu tun, dass Menschen mit Behinderungen von der sozialen Umwelt in ihrer Unterschiedlichkeit als Personen in und trotz ihrer Unterschiedlichkeit angenommen werden. Dies bedeutet nicht nur eine gesellschaftliche Parteiergreifung für sie (im Sinne von Einflussnahme auf Sozialisationsbedingungen und Bildungs- bzw. Berufsverhältnisse), sondern auch ihre unmittelbare Unterstützung bei der Entfaltung von Potenzialen (z. B. Förderbedürfnisse im Bereich der psychomotorischen, emotionalen, kommunikativen und kognitiven *Kompetenzen*) sowie pädagogisch-behandelnde Hilfen bei Bedarf (z. B. als Ausgleich von Teilleistungsschwächen oder zur Unterstützung zentraler Verarbeitungsprozesse im Nervensystem) (vgl. Bundschuh/Heimlich/Krawitz, 2002, 119 ff.).

5.1.5 Besondere Merkmale

Heilpädagogik ist durch andere Pädagogiken nicht zu ersetzen, weil sie Besonderes leisten muss, um die allgemeinen pädagogischen Anliegen bei Menschen mit Behinderung verfolgen zu können! Das leuchtet vielleicht ein, nur: Worin besteht das Besondere der Heilpädagogik? Konrad Bundschuh antwortet auf diese Frage wie folgt:

> „Hier handelt es sich also um eine Erziehung, die ein Mehr in quantitativer und qualitativer Hinsicht bedeutet: Es müssen stets mehr Gesichtspunkte bedacht, miteinander in Beziehung gebracht werden und dabei muss vertiefter, genauer und sorgfältiger überlegt, geprüft, geplant und gehandelt werden, um den Störungen und (drohenden) Zusammenbrüchen im erzieherischen Feld wirksam begegnen zu können. Darüber hinaus zeichnet den Heilpädagogen eine innere Haltung aus, die sein Tun und Denken trägt, gerade dann, wenn sich nicht gleich Lösungen finden und Erfolge einstellen. In der Heilpädagogik stellt sich die pädagogische Frage verschärft und radikal."
> *(Bundschuh, 2002a, 27)*

Heilpädagogische Arbeit wird unter erschwerenden Bedingungen geleistet. Diese müssen ausgehalten und soweit wie möglich überwunden werden, um überhaupt die pädagogischen Aufgaben bei Menschen mit Behinderung erfüllen zu können. Neben der Persönlichkeitsstabilität ist auch entsprechende fachliche Ausstattung der heilpädagogisch Tätigen mit Wissen und Methoden erforderlich. Deshalb bedarf es eigener Theorie, Didaktik-Methodik und Berufsausbildung. Diese Tatsache begründet den Eigenständigkeitsanspruch der Heilpädagogik.

Beispiel

Stellen Sie sich Frau M. vor. Sie ist Grundschullehrerin, und in ihrer dritten Klasse ist auch der zehnjährige Lukas. Frau M. hat für ihn einen Wechsel zur Schule für Erziehungshilfen beantragt. Mit den schulischen Anforderungen **kognitiver** *Art kommt Martin gut zurecht. Es ist sein Verhalten, das Frau M. zu der Antragsstellung veranlasst hat.*

Für sein Alter ist Martin körperlich klein. Auf anderen Ebenen gibt er sich bewusst älter, indem er sich um ein Auftreten bemüht, welches dem eines drei bis vier Jahre älteren Kindes entspricht. Sein Verhalten in der Schulklasse spiegelt seine trotzige, oppositionelle Grundhaltung wider. Verbale und körperliche **Aggressionen** *gegenüber Mitschülern und der Lehrerin Frau M. sind an der Tagesordnung – häufig wegen Kleinigkeiten.*

Martin hat offensichtlich eine geringe **Frustrationstoleranz**. *Insbesondere beim Verlieren in Wettbewerbssituationen (z.B. beim Spielen auf dem Schulhof in den Pausen oder aber auch im Unterricht) wird er schnell wütend und reagiert die Wut an schwächeren Kindern ab. Er sieht sich durchgehend im Recht. Sozialen Anschluss sucht Martin bei älteren bzw. stärkeren Kindern.*

Auffallend ist auch das Prahlen – er erzählt gerne darüber, was er alles gemacht, bekommen oder erlebt habe. Dabei übertreibt Martin maßlos, sodass ihn andere Kinder für einen Angeber halten. In der Klasse hat er eine Randposition.

Die Lehrerin sieht sich nicht imstande, den Unterricht ordnungsgemäß durchzuführen. Neben seiner starken Aggressivität stellt Martin auch eine Quelle ständiger Unruhe dar: Er kann nicht einmal ein paar Minuten ruhig sitzen und arbeiten. Sie müsste sich nur um ihn kümmern, was allerdings auf Kosten der Arbeit mit anderen Schülern ginge und folglich nicht möglich ist. Frau M. meint, dass Martin den üblichen Rahmen der pädagogischen Arbeit in einer Grundschulklasse sprenge. Für ein Unterrichten unter derart erschwerten Bedingungen ist sie nicht ausgebildet. Um

Martin weiterhin schulisch fördern zu können, ist eine andere Schulform erforderlich, in der pädagogische Spezialisten in entsprechenden Bedingungen unterrichten.

Lehrer an Förderschulen sind auf die pädagogische Arbeit unter erschwerten Bedingungen entsprechend vorbereitet. Martin kann von ihnen an einer Schule für Erziehungshilfen bei der Verfolgung aller geltenden/üblichen Bildungs- und Erziehungsziele gute Unterstützung erfahren. Dabei müssen sie im Sinne von Konrad Bundschuh in der Tat ein Mehr in quantitativer und in qualitativer Hinsicht leisten, um das pädagogisch Übliche umzusetzen.

Wie schon oben erwähnt, wird das Hauptanliegen der Heilpädagogik unter erschwerenden Bedingungen umgesetzt. Die Erschwernisse erfordern ein Mehr an Quantität und Qualität, als dies in der Ausübung anderer pädagogischer Berufe erforderlich ist, die mit nicht beeinträchtigten Personen arbeiten. Dieses Merkmal beinhaltet neben Kriterien wie z. B. Menge oder Umfang (Wissen) bzw. Ausdauer oder Intensität (Einsatz) zwangsläufig auch die Handlungsorientierung an ethischen und christlichen Werten. Die Heilpädagogin kommt in ihrem persönlichen Wirken ohne einen konkreten Wertekodex nicht aus, denn dieser ist für ihre Haltung dem zu betreuenden Menschen gegenüber ausschlaggebend. In diesem Sinne ist das wertgeleitete Empfinden und Denken immer die Basis des heilpädagogischen Handelns – erst die Achtung vor der Schöpfung ermöglicht die Annahme jedes Menschen als Person. Mehr zu dieser Problematik finden Sie in dem Werk von Urs Haeberlin: Heilpädagogik als wertgeleitete Wissenschaft. Bern/Stuttgart, Haupt-Verlag, 1996.

Die Heilpädagogik ist eine *eklektische* Disziplin. In ihre Handlungskonzepte überträgt sie Elemente insbesondere erzieherischer, kommunikativer, behandelnder, pflegerischer, Beschäftigungs- und sonstiger Ansätze, wenn diese sich als relevant für die Umsetzung des Hauptanliegens der Heilpädagogik erweisen. Der methodische Eklektizismus ist zwangsläufig. Wie bei anderen Disziplinen der sozialen Arbeit bzw. Humanwissenschaften mit ihren vielen Berufen steht der Mensch im Mittelpunkt des heilpädagogischen Handelns. In seiner individuellen Unverwechselbarkeit ist und bleibt er der gleiche – ob mit ihm ein Lehrer, eine Heilpädagogin oder eine Psychologin arbeitet. Deshalb ist es schwierig und praktisch nur begrenzt möglich, Methoden, Techniken und Interventionen der professionellen Einflussnahme auf Menschen grundlegend anders in der Heilpädagogik als z. B. in der Psychologie oder *Psychotherapie* zu entwickeln. Aus diesem Grund ist es üblich und legal, die bewährten Vorgänge aus einem Bereich in den anderen zu übertragen und dort dem jeweiligen Ziel und Zweck der Anwendung anzupassen.

In einem Punkt wirkt sich die *pragmatische* Handhabung von Methoden verwirrend aus – in der Frage nach der Bedeutung von Therapie. Einerseits ist die Tendenz bei manchen Heilpädagogen unverkennbar, das heilpädagogische Handeln mit therapeutischem Handeln gleichzusetzen (Argument: die heilpädagogische Lage verlangt nach therapeutischer Hilfe). Andererseits werden vor allem seitens der heilpädagogischen Theoriebildung Pädagogik und Therapie für unvereinbar gehalten (Argument: Gefahr einer „Therapeutisierung" des Alltags von Menschen mit Behinderung). Einen Ausweg aus diesem Dilemma stellen die pädagogisch-behandelnden Konzepte dar (z. B. Psychomotorische Förderung nach E. Kiphard oder die Sensorische Integration nach J. Ayres – auch wenn diese in den letzten Jahren aufgrund ihrer überholten neurophysiologischen Begründung in die Kritik geraten ist). Mehr zu dieser spannenden Problematik finden Sie in dem Buch von Krawitz: Pädagogik statt Therapie. Vom Sinn individualpädagogischen Sehens, Denkens und Handelns. Bad Heilbrunn/Obb., Klinkhardt-Verlag, 1997.

Überlegungen und Versuche

1. ***Wie ist Ihr persönliches berufliches Selbstverständnis als Heilpädagogin bzw. welches möchten Sie verinnerlichen? Machen Sie zuerst eine kurze Bestandsaufnahme einzelner Eckpunkte und schauen Sie dann, was eventuell noch einer Vertiefung, Erweiterung oder Stabilisierung bedarf. Sie können sich dabei an den oben genannten Aspekten der aktuellen Auffassung orientieren:***
   - ***Wie ist Ihr theoretisches Wissen? Sind Sie ausreichend orientiert in heilpädagogisch relevanten Erkenntnissen der einzelnen Quellwissenschaften (Erziehungswissenschaft, Psychologie, Medizin, Ethik, Soziologie, Rechtswissenschaft)?***
   - ***Wie denken Sie über Menschen mit Schädigung, Behinderung und/oder Verhaltensproblemen und wie stehen Sie zu ihnen? Was empfinden Sie im Kontakt mit ihnen? Was hat Sie zu der Entscheidung gebracht, mit ihnen arbeiten zu wollen?***
   - ***Welcher methodischer Ansatz, welche Technik bzw. Intervention interessiert Sie persönlich am meisten? Was liegt Ihnen mehr: mit dem zu betreuenden Menschen den Alltag im gemeinsamen Tun bewältigen oder mit ihm therapeutisch arbeiten?***
   - ***Welches von den oben genannten Grundkonzepten der Heilpädagogik hat Sie angesprochen: Versorgung und Bildung, Defektüberwindung, Ressourcenorientierung, Normalitätsherstellung, Selbstbestimmung, Unterstützung durch Assistenz, Sicherung der Dazugehörigkeit durch Integration, Verhinderung der Absonderung mit Inklusion?***
   - ***Wenn möglich, diskutieren Sie Ihre persönliche Auffassung mit einem „eingeweihten" Menschen aus. Es wäre auch interessant, Ihre Dozentin nach ihrem Selbstverständnis zu fragen. Das Ergebnis Ihrer Selbstüberprüfung ist eine Momentaufnahme: Rechnen Sie damit, dass Ihr heutiges heilpädagogisches Selbstverständnis sich mit der Erfahrung und Wissenserweiterung entwickeln wird.***
2. ***Wie können Sie jemandem, der keine Ahnung von der Heilpädagogik hat und beruflich außerhalb der sozialen Sphäre tätig ist (in der Technik, Industrie, Wirtschaft o. Ä.), erklären, was sie ist und was sie nicht is? Belegen Sie Ihre Ausführungen mit konkreten Beispielen.***

5.2 Selbstverständnis des Handelns

Zu handeln bedeutet, etwas zu tun (oder auch: nichts zu tun), um ein Anliegen zu verfolgen, eine Aufgabe zu erledigen, etwas zu erreichen usw. Jedes Handeln hat im Hintergrund eine Strategie, welche die erforderlichen Schritte und wirksame Vorgehensweise für den Weg zum Ziel bestimmt. Sie ist zwar ein integraler, jedoch nicht immer bewusster Bestandteil des Handelns. Das lässt sich am – an sich banalen, jedoch gut bekannten und nachvollziehbaren – Beispiel des Einkaufens darstellen.

Beispiel für alltägliche Vorgehensstrategie
Ausgangslage: Beim Öffnen des Kühlschranks wird sichtbar, dass drin kaum noch Vorräte sind.

Orientierung: Dies führt in der Regel zur bewussten Erfassung des Ist-Zustandes („Oh je, nichts drin!"), aus dem sowohl der Soll-Zustand abgeleitet („Etwas zum Essen und Trinken muss her.") als auch der Weg der Annäherung an den Soll-Zustand bestimmt wird („Ich muss wohl wieder einkaufen.").

Vorbereitung: Im nächsten Schritt wird ein Einkaufszettel gemacht und die geeignete Stelle für den Warenerwerb gesucht („So, was brauche ich, was schmeckt mir, was ist wo im Angebot."). Dann folgt die materiell-organisatorische Vorbereitung („Habe ich die Einkaufstasche?", „Wie viel Geld habe ich im Portemonnaie?", „Wann will ich wieder zurück sein?").

Durchführung: Erst jetzt steht die konkrete Einkaufshandlung auf dem Programm (zu den ausgewählten Geschäften fahren; dort die Waren aus der Einkaufsliste suchen, finden, zur Kasse bringen und bezahlen; das Gekaufte nach Hause transportieren und dort in den Kühlschrank stellen/legen). Bereits während des Einkaufs wird die laufende Reflexion gemacht (gekaufte Ware auf der Liste durchstreichen), um den Einkaufsprozess eventuell der unvorhersehbaren Realität anzupassen (ausverkaufte Ware in einem anderen Geschäft suchen).

Evaluation: Ist alles im Kühlschrank, wird noch eine kurze Überprüfung des Prozesses und seiner Ergebnisse gemacht („Also, dies habe ich bekommen, jenes war zu dem Angebotspreis nicht mehr zu haben und das habe ich bei der Planung vergessen – gut, dass ich es im Geschäft gesehen und gekauft habe."). Auch ist es wichtig, die Erfahrung aus diesem Einkauf für nächste Einkaufshandlungen zu nutzen („Zu dieser Zeit sind die Geschäfte überfüllt und das ist unangenehm. Deshalb werde ich demnächst zu einer anderen Tageszeit einkaufen.").

Wahrscheinlich kommt jetzt die Frage: „Was hat das Einkaufen mit dem heilpädagogischen Handeln zu tun?" Sie ist berechtigt – ohne Erörterung des Zusammenhangs ist das Beispiel nicht gut nachvollziehbar. Die im oben genannten Beispiel durchgeführte Analyse des Banal-Alltäglichen mittels der strukturierenden Sichtweise des Spezifisch-Professionellen verdeutlicht zwei wesentliche Aspekte:

- Die Fähigkeit, zweckmäßige Vorgehensstrategien zu erarbeiten, entwickelt in der Regel jeder Mensch in und durch alltägliche Bewältigung komplexer Aufgaben. Sie ist also nicht etwas ganz Neues, was erst mühsam erlernt werden müsste, um den Anforderungen des Berufs zu genügen.

  Deshalb gilt für die angehenden Heilpädagogen: Sie verwenden bereits effiziente Verhaltensstrategien, sonst würden sie den Alltag nicht bewältigen. Nur tun sie es meist automatisch, es handelt sich um einen nicht immer bewussten Vorgang. Um professionell zu handeln, müssen sie ihre vorhandene Strategiefähigkeit „entautomatisieren" und auf die bewusste Ebene bringen.

- Das Verhalten jedes Menschen ist zielgerichtet. Ob privat oder beruflich – der handelnde Mensch will immer etwas bewirken bzw. erreichen. Das berufliche Handeln ist – im Unterschied zum privaten Tun und Lassen – nicht der subjektiven Beliebigkeit unterworfen, sondern unzertrennlich mit einem Auftrag und der Bewertung seiner Erfüllung verbunden.

Deshalb gilt für die angehenden Heilpädagoginnen: Die „strategischen Gewohnheiten" aus dem privaten Bereich sind im beruflichen Rahmen nur begrenzt einsetzbar. Das zielgerichtete Handeln im beruflichen Tätigkeitsfeld hängt von einer präzise erarbeiteten und konsequent umgesetzten Vorgehensstrategie ab.

Fazit

Ein wichtiges Anliegen der Vorbereitung zum professionellen Handeln besteht darin, die vorhandene persönliche „Strategiefähigkeit" zu entdecken und sie zur bewussten Gestaltung der beruflichen Vorgehensstrategie zu nutzen.

Überlegungen und Versuche

1. *Was für ein Typ sind Sie in Ihrem* **privaten Alltagshandeln***?*

   - *Neigen Sie vielleicht dazu, spontan einkaufen zu gehen und sich erst im Geschäft vor dem Regal mit Waren zu orientieren? („Hmm, dies könnte ich gut gebrauchen, jenes habe ich wahrscheinlich noch. Das ist im Moment günstig, also kaufe ich es. Und dies, ich weiß nicht ...")*

   Wenn ja: Kann es sein, dass Sie ab und zu etwas übersehen und nicht kaufen, was Ihnen dann zu Hause fehlt? Oder dass Sie auch mal etwas kaufen, was Sie eigentlich nicht brauchen? Was ist an dieser spontanen Vorgehensart für Sie persönlich gut (was schätzen Sie daran) und was ist nicht gut (welche Probleme verursacht sie)?

   - *Machen Sie sich vor dem Einkauf einen Einkaufszettel und einen Einkaufsplan, nach dem Sie zielbewusst die Geschäfte ansteuern, in denen Sie die notierten Waren in gewünschter Qualität und zum akzeptablen Preis erhalten können? („So, Milch, Joghurt, Käse und Margarine habe ich schon, jetzt noch Vollkornbrot in der Backstube an der Ecke und zwei Schnitzel beim Metzger auf der Hauptstraße. Dann habe ich alles.")*

   Wenn ja: Kann es sein, dass Sie ab und zu eine starke Lust verspüren, auch einmal einen nicht geplanten Einkauf zu machen, d.h. nur so in der Stadt zu bummeln und vielleicht etwas nur deshalb zu kaufen, weil es Ihnen gefällt oder weil es Ihnen schmeckt? Was ist an der planmäßigen Vorgehensart für Sie persönlich gut (was schätzen Sie daran) und was ist nicht gut (welche Probleme verursacht sie)?

2. *Wie ist Ihre Vorgehensart im* **beruflichen Handeln***?*

   - *Gehen Sie an die zu erfüllenden Aufgaben genauso heran, wie Sie im privaten Alltagshandeln vorgehen? Lassen sich in Ihrer Vorgehensart Unterschiede zwischen privat und beruflich ausmachen? Wenn ja, welche?*
   - *Nehmen wir an, Sie sind ein Mensch mit Neigung zum Spontanen. Wie kommen Sie klar mit der Erforderlichkeit des Planmäßigen im beruflichen Tun? Was könnte Ihnen helfen, das Spontane zurückzuhalten und konsequenter planmäßig vorzugehen?*
   - *Nehmen wir an, Sie sind ein Mensch, der die überlegte und strukturierte Vorgehensweise sehr schätzt und praktiziert. Schaffen Sie es, Ihren geordneten beruflichen Alltag auch mal durch Elemente der Spontanität zu bereichern? Was könnte Ihnen dabei helfen?*

3. *Wie sehen die erforderlichen Schritte für eine kompetente Bewältigung der folgenden Situation aus? Beschreiben Sie diese möglichst konkret. Als Hilfe können Sie dabei die oben genannte „strategische" Linie nutzen: Ausgangslage → Orientierung → Vorbereitung → Durchführung → Evaluation.*

   Situation:

   Sie arbeiten in einem Heim für erwachsene Menschen mit geistiger Behinderung. Im heutigen Teamgespräch wurde beschlossen, dass der neulich frei gewordene Platz in einem Doppelzimmer wieder belegt werden soll. Der Verwaltung liegt auch schon eine Anfrage vor: Ein 32-jähriger Mann mit Trisomie 21 (er heißt Bruno K.) kann nicht mehr zu Hause betreut werden. Sein Vater ist vor Kurzem verstorben und die Mutter fühlt sich mit der alleinigen Verantwortung für die Versorgung des Sohnes überfordert. Bruno K. geht in die Werkstatt für Behinderte und war im bisherigen Leben nur selten und kurzfristig zu Freizeitfahrten außerhalb von zu Hause.

Sie haben die Aufgabe übernommen, die Aufnahme von Bruno K. „strategisch" zu planen. Als Informationsquelle liegt nicht nur der ausgefüllte Aufnahmeantrag vor. Ihnen stehen auch die Mutter von Bruno K., er selbst, die für ihn zuständige Sachbearbeiterin des Sozialamtes und sein Gruppenleiter aus der Werkstatt als Gesprächspartner zur Verfügung.

Erarbeiten Sie eine Zeitachse mit einzelnen Etappen und Aufgaben, die auf eine fachlich und menschlich begründete Aufnahme von Bruno K. in die Gruppe (Ziel) ausgerichtet sind. Bemerkung: Nehmen wir an, dass die häufig entscheidenden wirtschaftlichen Gründe in diesem Fall nur eine Nebenrolle spielen.

Das berufliche heilpädagogische Handeln ist eine professionelle Tätigkeit. Als solche ist sie zwingend auf eine gute Orientierung angewiesen. Die erforderliche Orientierung vollzieht sich durch die Suche nach Antworten auf handlungsrelevante Fragen. Diese richten sich auf Personen, Lage, Vorgehensweise u. Ä. und helfen, die konkrete heilpädagogische Arbeitsleistung zu begründen, vorzubereiten, durchzuführen und zu evaluieren. Eine solche Orientierung kennzeichnet und unterscheidet das professionelle von dem natürlich-spontanen Handeln. Im Wesentlichen handelt es sich dabei – kurz und bündig formuliert – um folgende Fragen:

- WARUM und WOZU heilpädagogische Arbeit?
- WER soll WAS mit WEM machen, WANN, wie LANGE und wie OFT?
- Welche METHODEN, VORGÄNGE und TECHNIKEN sind dabei hilfreich?
- WIE wird der betroffene MENSCH und seine UMWELT daran MITBETEILIGT?
- Auf welche ART und WEISE wird mit ihm KOMMUNIZIERT und INTERAGIERT?

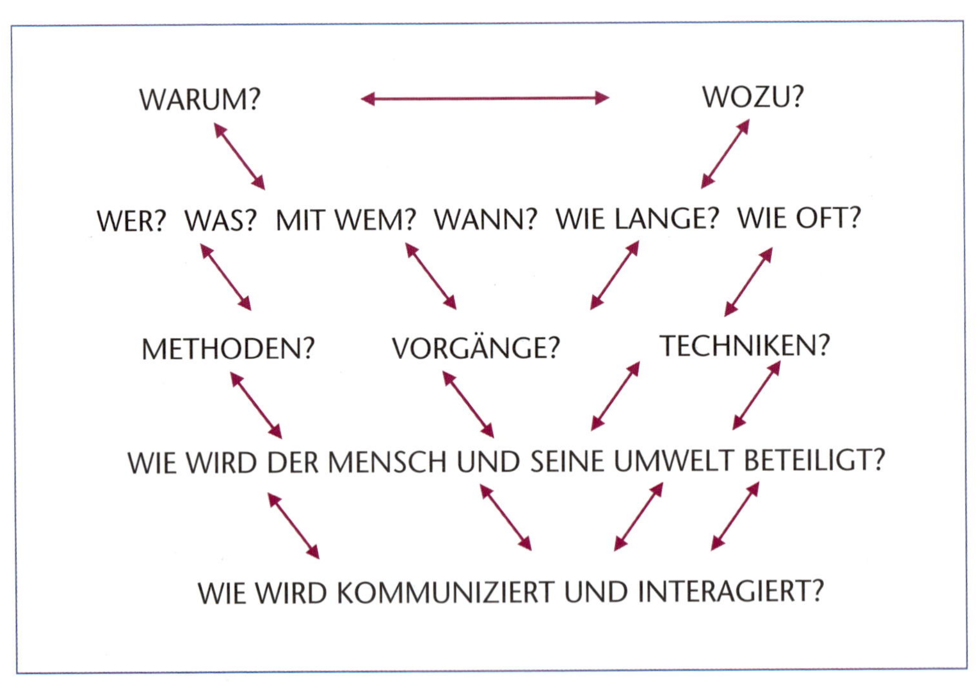

Leitfragen heilpädagogischen Handelns

Aus der Auseinandersetzung mit diesen Fragen (auch „didaktisch-methodische Fragen" genannt) gewinnt die Heilpädagogin sowohl die Klarheit über die Zuständigkeit als auch die Grundlage für begründetes und planmäßiges Vorgehen. Deshalb heißt es am Anfang des heilpädagogischen Einsatzes immer „strategisch" vorzugehen: zuerst anhalten, schauen, verstehen, einordnen usw., dann planen und vorbereiten und erst dann die ausgewählten Methoden, Techniken und Vorgänge anzuwenden.

Dies ist gut möglich, wenn der Heilpädagoge den theoretischen Hintergrund des Handelns kennt und die Orientierungs- und Handlungshilfen, die er bietet, auch im alltäglichen Tun nutzt. Das Selbstverständnis des Handelns bildet sich aus der Klärung von Verhältnissen und Fragen. Eine kompakte Handlungshilfe stellen die Modelle und Übersichten dar.

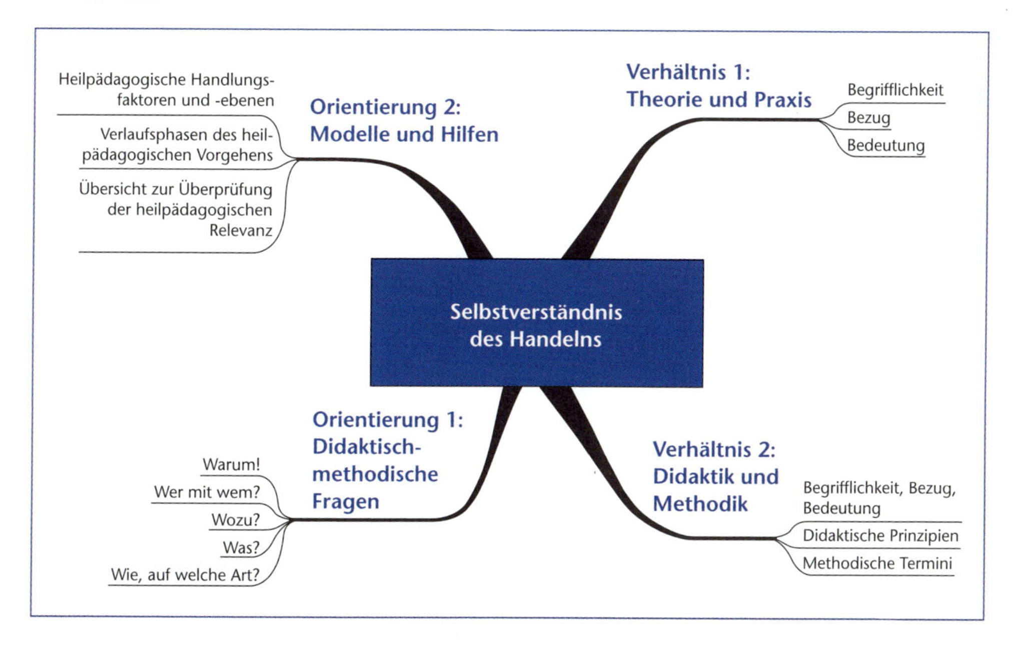

Beispiel

Martin ist ein sechsjähriger Junge, der mit beiden Eltern und einem drei Jahre älteren Bruder in einer mittelgroßen Stadt lebt. Martin ist geistig behindert und sein Gesundheitszustand in mehreren Teilbereichen problematisch. Daher erfährt die Familie eine Entlastung durch den Einsatz von familienunterstützendem Dienst und Haushaltshilfe in Form von Einzelbetreuung (dreimal wöchentlich vier Stunden sowie nach Bedarf zwecks Begleitung bei Arztbesuchen oder Freizeitgestaltung).

Martin wurde mit Trisomie 21 geboren. Kurz nach der Geburt musste bei ihm eine Herzoperation durchgeführt werden, die erfolgreich verlief. Allerdings verbrachte Martin wochenlang die Zeit im Krankenhaus und wurde dort sondiert. Mit 14 Monaten erkrankte er an Leukämie und absolvierte eine halbjährliche Chemotherapie im Krankenhaus, die dann noch fünf Monate lang ambulant fortgesetzt wurde. Die Lage hat sich stabilisiert und er hat seit mehreren Jahren keine diesbezüglichen Probleme mehr. Allerdings weist Martin noch andere gesundheitliche Beeinträchtigungen auf: eine Lidfehlbildung mit Augenreiz als Folge (Augentropfen erforderlich), chronische Lungenschwäche (Inhalieren erforderlich), abgeschwächtes Immunsystem (hohe Infektanfälligkeit) sowie geteiltes Gaumensegel (Schluckbeschwerden).

Körperlich und grobmotorisch ist Martin seinem Alter entsprechend entwickelt. Die Feinmotorik lässt allerdings einiges zu wünschen übrig, da er taktile Reize nur ungenau lokalisieren und differenzieren kann. Seine Muskelspannung ist hypoton. Er nimmt keine feste Nahrung zu sich und bekommt nur breiige Mahlzeiten. Da er keine Kontrolle über seine Ausscheidung ausübt, wird er gewickelt.

Die durch die Trisomie 21 bedingte geistige Behinderung hat eine Einschränkung der kognitiven Fähigkeiten zu Folge. Die Sprachentwicklung entspricht der Ebene eines zwei- bis dreijährigen Kindes, weist jedoch in der letzten Zeit Fortschritte auf (Martin spricht mehr und deutlicher, kann Dinge benennen und zuordnen).

Bei der Mutter wurde kurz nach der Stabilisierung der Krebserkrankung bei Martin ebenfalls Leukämie diagnostiziert und sie musste mehrere Monate intensiv behandelt werden. Danach hatte sie nicht mehr die Kraft, alles mit und um Martin alleine zu regeln. Der Vater ist berufstätig und arbeitet sehr viel, sodass er sich nur abends kurz mit Martin beschäftigen kann. Am Wochenende kümmert er sich mehr um den älteren Sohn, der in der umfangreichen Umsorgung von Martin zu kurz kommt. Folglich läuft im Alltag von Martin vieles über den familienunterstützenden Dienst.

Martin besucht einen integrativen Kindergarten, in dem er einmal wöchentlich ergotherapeutisch und logopädisch behandelt wird. Zwischen „mein" und „dein" kann er nicht unterscheiden – im Spiel nimmt er sich fremde Sachen, wenn sie ihm gefallen. Andererseits stört ihn nicht, wenn andere Kinder dasselbe mit seinen Sachen tun. Neue, ihm unbekannte Gegenstände erkundet er neugierig und erforscht, was er mit ihnen machen könnte. Er singt sehr gerne, nimmt schnell Melodien auf und versucht, diese nachzusingen.

Im Spiel mit anderen Kindern nimmt Martin häufig eine passive Rolle ein, beobachtet intensiv oder lässt sich bewegen. Oft versucht er, das Gesehene zu imitieren. Die Grenze seiner Frustrationstoleranz wird erreicht, wenn Martin von seiner Auffassungsgabe her nicht imstande ist, ein Spiel mitzuspielen. Dann wirft er die Spielsachen weg, schreit laut und zieht sich aus dem Spiel zurück.

Im Umgang mit unbekannten Personen zeigt sich Martin offen – er geht auf sie direkt zu, wobei er ihre Grenzen nicht beachtet (Distanzlosigkeit). Im Gruppengeschehen ist er immer bemüht, alle Anwesenden zum Mitmachen zu bewegen (fordert sie dazu auf oder nimmt sie an der Hand mit ins Spiel hinein).

Die eigene Kraft kann Martin nicht genauer dosieren, entweder greift er zu fest oder zu leicht und bemerkt oft nicht, dass er anderen wehtut. Auch ist er nicht imstande, seine Fähigkeiten abzuwägen und Gefahren einzuschätzen (läuft plötzlich über die Straße, klettert zu hoch auf Bäume).

Die Beschreibung der Ausgangslage verdeutlicht, wie sehr die Situation von Martin und seiner Familie durch erschwerende Umstände belastet ist. Deshalb wäre es nicht verwunderlich, wenn folgende Aussage käme: „Das Kind ist offensichtlich behindert und deshalb muss es gefördert, unterstützt und integriert werden. Also – lasst uns mit der Arbeit beginnen!" Dies ist eine logische und nachvollziehbare Schlussfolgerung und der spontane Aufruf zum Tun zeigt viel Engagement und Tatkraft. Was aber fehlt, ist die professionelle Orientierung. Deshalb ist dabei die Wahrscheinlichkeit groß, dass zwar schnell angefangen und viel gemacht wird, jedoch der heilpädagogische Einsatz letzten Endes nicht eine wesentliche positive Veränderung der Lage von Martin und seiner Familie bewirkt.

Fazit

Professionelle Heilpädagogik ist engagiert und auf praktisches Tun ausgerichtet. Nur ist ihre Wirkung immer in den Rahmen einer theoretisch begründeten und auf das heilpädagogische Anliegen hin ausgerichteten Vorgehensstrategie eingebettet. Deshalb müssen die heilpädagogisch Tätigen imstande sein, ihr berufliches Tun und Lassen in diesem theoretischen Rahmen einzuordnen.

5.2.1 Begriffe „Theorie" und „Praxis"

Heilpädagogisch zu handeln bedeutet, in Verfolgung von begründeten Zielen einen positiv wirksamen Einfluss auf Personen und Situationen zu nehmen. Dies wäre ohne die Kenntnisse entsprechender Theorien nicht möglich. Professionelles Handeln an der Schnittstelle zwischen Theorie und Praxis zu verankern ist die Aufgabe der Didaktik-Methodik der Heilpädagogik (im weiteren Text als DMdHP verkürzt). Sie zeichnet einen solchen Theorierahmen auf, der das begründete, zielgerichtete und effiziente praktische Tun ermöglicht. Deshalb ist die DMdHP als eine Strategie- und Handlungslehre der praktisch tätigen Heilpädagoginnen zu betrachten.

Beispiel

Häufig begegnen diejenigen, die sich auf eine praktische Tätigkeit vorbereiten, der Theorie mit Skepsis: „Wozu soll das gut sein, mich mit Theorien zu beschäftigen? Ich will doch praktisch arbeiten! Also brauche ich nur zu erfahren, was zu tun ist und wie ich das am besten erledigen kann. Lassen Sie mich mit Theorie in Ruhe." Diese Meinung ist zwar auf den ersten Blick nachvollziehbar. Allerdings gilt sie vor allem für den einfachen Umgang mit Material und Instrumenten. Zum Beispiel braucht der Hobby-Maurer für die Zubereitung von Trockenmörtel nur die Angabe über die Wassermenge. Dann muss er die Masse lediglich gut durchmischen und fertig ist es ... Was er nicht wissen muss, ist die Theorie hinter der Gebrauchsanweisung (hier sind es Chemie und Materialkunde).

In der Arbeit mit Menschen ist die Situation anders. Ein Mensch ist kein Gegenstand und die berufliche Interaktion mit ihm erfordert von den Heilpädagogen eine Orientierung in seinem Erleben und Denken, in seiner Erfahrung, in seinen Werten und in dem, was ihm wichtig ist. Das wäre ohne die Erkenntnisse der sogenannten *Humanwissenschaften* (insbesondere Pädagogik, Psychologie, Medizin, Soziologie) nicht gut möglich. Sie helfen der Heilpädagogin, den erforderlichen mitmenschlichen Umgang mit den zu betreuenden Menschen bewusst und effizient zu praktizieren. Deshalb ist der theoretische Hintergrund für die Berufsvorbereitung und -ausführung unentbehrlich. Dies haben kurz und bündig zwei bedeutende deutsche Wissenschaftler wie folgt formuliert (hier sinngemäß wiedergegeben):

> „Theorie ohne Praxis ist leer, Praxis ohne Theorie ist blind."
> *(Kant, 1787, 101)*

> „Es gibt nichts Praktischeres als eine gute Theorie."
> *(Lewin, 1951, 196)*

Die hier genutzten Begriffe haben folgende Bedeutungen:

- **Theorie** (aus dem Griechischen): wissenschaftliche Darstellung, Betrachtungsweise; Lehrmeinung, Lehre; System von wissenschaftlichen Gesetzen und Regeln; reine Erkenntnis ohne Rücksicht auf praktische Verwertung; eine nur eingebildete, d.h. wirklichkeitsfremde Vorstellung.
- **Theoretisch:** die Theorie betreffend, rein wissenschaftlich; gedanklich, gedacht, nicht praktisch; die Wirklichkeit nicht (genügend) berücksichtigend, von ihr abstrahierend.
- **Theoretiker:** einer, der denkend betrachtet (Gegensatz zum Empiriker = jemand, der aufgrund von Erfahrungen denkt und handelt); der Wirklichkeits- bzw. Lebensfremde (Gegensatz zum Pragmatiker, d.h. jemand mit dem Sinn für das Nützliche, Naheliegende, Realistische) (vgl. Deutscher Verein für öffentliche und private Fürsorge, 1993, 959 f.).
- **Praxis:** Anwendung, Ausführung, Ausübung (Gegensatz zu Theorie); Erfahrung, Übung; Art und Weise, in der etwas gehandhabt wird; das konkrete Tun und Handeln; die Erfahrung, die jemand in einem bestimmten Bereich hat (besonders in seinem Beruf).
- **Praktisch:** nützlich, gut brauchbar, zweckmäßig; die Praxis betreffend, auf ihr beruhend, aus ihr stammend, wirklich, tatsächlich (Gegensatz zu theoretisch); geschickt, tüchtig, erfahren.
- **Praktiker:** jemand mit praktischer Erfahrung auf einem bestimmten Gebiet; jemand, der sehr praktisch veranlagt ist oder aus der Praxis kommt, praktische Erfahrungen hat (Gegensatz zu Theoretiker) (vgl. Microsoft, 1999).

Beispiel
*Wer versucht, einem Menschen mit **Trisomie 21** durch körperliche Ertüchtigung, wie z.B. Joggen, zur Gewichtsabnahme zu verhelfen, läuft Gefahr, dass er bei ihm nichts ahnend in guter Absicht ein Herzversagen provoziert. Gute Absichten allein reichen in professioneller Arbeit nicht aus.*

Als Ausgangsgrundlage des Umgangs mit dem Übergewicht des Betroffenen muss das medizinische und psychologische Wissen über die Ursachen, Formen, Symptome und Auswirkungen der Trisomie 21 auf organischer und psychischer Ebene herangezogen werden. Außerdem muss auf jeden Fall ein Arzt konsultiert und die Frage der Motivation des betroffenen Menschen gelöst werden (um nur das Mindesterforderliche zu nennen).

Theorie untersucht das, was da ist (Gegenstände, Phänomene, Prozesse u.Ä.), indem sie schaut, misst und prüft, wie etwas zusammengestellt ist (z.B. Anatomie), welche Formen es einnimmt (z.B. Morphologie), wie es funktioniert (z.B. Physiologie), welche Zusammenhänge es aufweist usw. Sie erarbeitet Erkenntnisse über den untersuchten Gegenstand, die als Orientierungsgrundlage für seine kompetente und effiziente praktische Handhabung unentbehrlich sind. Ausgehend von der gegenseitigen Bedeutung der Theorie und Praxis kann gesagt werden, dass die theoretischen Grundlagen der DMdHP die Handlungsfähigkeit der tätigen Heilpädagoginnen unterstützen.

Überlegungen und Versuche

1. ***Wie stehen Sie zur Theorie – sind Sie eher ein praktisch-pragmatischer oder ein theoretischer Typ? Und wenn Sie sich mit theoretischen Ausführungen befassen – was hilft Ihnen dabei, sie im Gedächtnis zu behalten und wieder abzurufen?***
2. ***Können Sie, wann immer auch während Ihrer Ausbildung die Theorie „dran" ist, Beispiele finden, die Ihnen die Anwendung der theoretischen Erkenntnisse im praktischen Tun zeigen? Überlegen Sie dann, ob Sie selbst schon ähnliche Situation erlebt haben, und versuchen Sie, diese mithilfe der erörterten Theorie einzuordnen. Dadurch wird die Theorie verständlicher.***

5.2.2 Begriffe „Didaktik" und „Methodik"

Didaktik

Didaktik (aus dem griechischen Wort didaskein): weist eine umfassende Bedeutung auf – aktiv lehren, passiv lernen, medial jemanden etwas lernen lassen, adjektivisch lehrbar, substantivisch Lehre, Lehrtätigkeit. Alle diese Bedeutungsnuancen verweisen auf eine grundlegende Lehrtüchtigkeit eines Menschen, die auf die Lernleistung einer anderen Person zielt (vgl. Dupuis/Kerkhoff, 1992, 133 f.).

Als pädagogischer Fachbegriff erscheint Didaktik erstmals im 17. Jahrhundert. In seinem Werk „Didactica magna" (1657) beschäftigt sich Johann Amos Comenius (1592–1670) mit den Fragen des rechten Lehrens und Lernens. Er sieht die Aufgabe der Gesellschaft (sehr modern und eigentlich schon damals im heilpädagogischen Sinne der Ganzheitlichkeit und Inklusion) darin,

> „in allen Gemeinden, Städten und Dörfern [...] Schulen zu errichten, in denen die gesamte Jugend beiderlei Geschlechts ohne jede Ausnahme rasch, angenehm und gründlich in den Wissenschaften gebildet, zu guten Sitten geführt, mit Frömmigkeit erfüllt und auf diese Weise in den Jugendjahren zu allem, was für dieses und das zukünftige Leben nötig ist, angeleitet werden kann."
> Die Didaktik als eine Lehrkunst hat zur Aufgabe, „die Unterrichtsweise aufzuspüren und zu erkunden, bei welcher die Lehrer weniger zu lehren brauchen, die Schüler dennoch mehr lernen, in den Schulen weniger Lärm, Überdruss und unnütze Mühe herrsche, dafür mehr Freiheit, Vergnügen und wahrhafter Fortschritt."
> *(Bundschuh/Heimlich/Krawitz, 2002, 57)*

Man kann die Relevanz der so definierten Didaktik für heilpädagogisches Handeln anzweifeln, ein Argument wäre: „Lernen und Lehren ist doch vor allem eine schulische Angelegenheit. Weil die Heilpädagogik außerschulisch ausgerichtet ist und folglich mit Schule und Unterricht nichts zu tun hat, soll bitte die Didaktik dort bleiben, wo sie hingehört, nämlich in der schulischen Sonderpädagogik." Diese Argumentation ist vielleicht logisch, allerdings ziemlich kurzsichtig, denn in der Heilpädagogik sind die Lernprozesse immer präsent.

Beispiele
Entweder stehen die Lernprozesse im Vordergrund, z.B. wenn die 17-jährige Claudia auf die anstehende Entlassung aus dem Kinderheim ins selbstständige Leben vorbereitet wird. Sie muss nun unter anderem lernen, sich selbst zu versorgen, d.h. den Haushalt zu führen, und zwar mit

allem, was dazugehört: einkaufen, kochen, waschen, putzen usw. Dabei steht ihr ein Mitarbeiter unterstützend zur Seite – nicht etwa, um die Arbeiten für sie zu erledigen, sondern um dafür zu sorgen, dass sie lernt, alles selbstständig zu verrichten. Dazu muss Claudia ihre bisher nicht genutzten Potenziale entfalten. Im Hintergrund steht das Ziel der Eigenständigkeit, Unabhängigkeit und Integration in ein nichtinstitutionelles Wohn-, Arbeits- und Lebensfeld. Und der Mitarbeiter lernt ebenfalls – er muss seine Vorgehensweise auf die individuellen Möglichkeiten und Grenzen von Claudia ausrichten, die situativen Bedingungen berücksichtigen und vielleicht auch seine eigenen Fertigkeiten der Haushaltsführung verbessern, um der jungen Frau die Schritte beim Fensterputzen zu erklären.

Die Lernprozesse laufen häufig auch im Hintergrund, z.B. wenn die Heilpädagogin mit dem vierjährigen Jens psychomotorische Förderung macht. Jens lernt dabei nicht nur seine eigene Körperlichkeit oder die Möglichkeiten und Grenzen der Durchführung einer bestimmten Bewegung kennen (spezifisches Lernen). Im gemeinsamen Tun mit der Heilpädagogin und anderen Kindern (meistens läuft die Förderung in einer Gruppe) erlebt Jens sich auch als jemand, der Aufgaben trotz Schwierigkeiten und Probleme bewältigen kann, der für andere Personen wichtig ist, der mit anderen zusammenarbeitet usw. Das wirkt sich positiv auf seine Selbstsicherheit, auf das Selbstwertgefühl und auf sein soziales Verhalten aus (unspezifisches Lernen). Und die Heilpädagogin lernt auch dabei – vor allem, wie sie Jens mit seiner subjektiven Sicht der Dinge bestimmte Bewegungen beibringen und auch seine Persönlichkeitsentwicklung unterstützen kann.

Fazit

Auch wenn Heilpädagogik überwiegend im außerschulischen Bereich agiert, kann sie sich von Lern- und Lehrprozessen nicht distanzieren. Folglich ist Didaktik für das professionelle Handeln von Heilpädagoginnen genauso wichtig wie für das Handeln von Lehrerinnen.

In der Heilpädagogik versteht sich Didaktik als eine fachspezifische Wissenschaft, die auf **Erörterung von grundsätzlichen Fragen des *intentionalen* Handelns** (Lern- und Lehrprozesse) ausgerichtet ist. Didaktik hat also dasjenige zu erforschen und zu bestimmen, was durch pädagogische Einwirkungen vermittelt wird bzw. vermittelt werden soll. Von diesem Blickwinkel her hat sie folgende Aufgaben zu erfüllen: die **Bedingungen** der heilpädagogischen Praxis zu hinterfragen und durchschaubar zu machen (reflexive Funktion), die **Wirkung** von Faktoren zu beschreiben, welche die heilpädagogische Praxis beeinflussen (analytische Funktion), und schließlich **Modelle** für die Praxis zu entwerfen, welche der Heilpädagoge anwenden kann (instrumentelle Funktion) (vgl. Deutscher Verein für öffentliche und private Fürsorge, 1993).

Ein weiterer Aspekt der Didaktik – speziell in der Arbeit mit behinderten Menschen – ist der Bezug auf die Belastungen bzw. Beeinträchtigungen der individuellen Lebenslage und Alltagsabläufe. Sie zu berücksichtigen heißt subjektorientiert zu sein (noch viel mehr, als es in anderen pädagogischen Disziplinen erforderlich ist). Folglich müssen von der Didaktik die Bedürfnisse jedes Menschen in beeinträchtigter Lebenslage sowie das, was er selbst werden kann und sein will, zum Ausgangspunkt der Zielsetzung und Aufgabenbestimmung erhoben werden (vgl. Bundschuh/Heimlich/Krawitz, 2002, 59).

Didaktische Prinzipien nach Otto Speck

Diese Prinzipien beziehen sich auf den Unterricht von behinderten Schülern (Speck spricht von Kindern mit sonderpädagogischem Förderbedarf). Sie heben Grundsätze eines positiv wirksamen Zugangs zum Kind hervor und weisen damit eine breitere Gültigkeit auf als nur die auf den Unterricht bezogenen. Deshalb lassen sie sich auch im außerschulischen Bereich der pädagogischen Arbeit mit behinderten Kindern verwenden.

- **Individualisierung:** Jedes Kind verfügt über unterschiedliche Eigenschaften und subjektive Personenmerkmale. Deshalb muss die Heilpädagogin an dem individuellen Entwicklungsstand jedes Einzelnen anknüpfen. Bei allem, was in der heilpädagogischen Arbeit geschieht, muss jedes Kind einzeln und individuell angesprochen werden.

- **Aktivität:** Das Handeln hat in der heilpädagogischen Arbeit eine wichtige Position. Zum Beispiel benötigen Menschen mit geistiger Behinderung in besonderem Maße Gelegenheiten, sich mit der Welt über motorische und manuelle Betätigung vertraut zu machen und auf sie Einfluss zu nehmen. Diese Gelegenheiten aktivieren das Kind zum Handeln und andererseits stellt das Handeln an sich eine Aktivität dar.

- **Ganzheit:** Die Situation, in der der Heilpädagoge mit dem Kind arbeitet, muss für das Kind einen erkennbaren Zusammenhang mit der eigenen Person aufweisen (mit etwas, was ihm subjektiv wichtig ist) und immer auch eine praktische Seite haben (Gelegenheit, Erfahrung spendendes und bewusstes Handeln ausprobieren).

- **Strukturiertes Vorgehen:** Das Handeln des Kindes (insbesondere komplexere Vorgänge) soll in kleinen Schritten vollzogen gut durchstrukturiert werden. Manchmal ist es hilfreich, auf Vielfalt zu verzichten und lieber das bereits Gelernte zu variieren bzw. mit anderen Tätigkeiten/Vorgängen zu verknüpfen.

- **Anschaulichkeit und Transfer:** Das Geschehen um das Kind und sein Tun sollen sich vor allem auf die Lebensorientierung und Lebensbewältigung konzentrieren. Kinder brauchen anschauliche und konkrete Auseinandersetzungen mit der Wirklichkeit und müssen befähigt werden, ihre erworbenen Kenntnisse und Fähigkeiten in den Alltag zu übertragen. Abstraktes Denken und Reden über Inhalte ist ihnen fremd.

- **Berücksichtigung der Entwicklung:** Was auch immer die Heilpädagogin tut, sie muss sich am Entwicklungsniveau eines jeden einzelnen Kindes orientieren, damit dieses sich seinen Möglichkeiten und Grenzen entsprechend mitbeteiligen kann. Ständige Über- oder Unterforderung verringern die Motivation zum Mittun und bewirken Verhaltensauffälligkeiten.

- **Tätigkeitsbegleitendes Sprechen:** Insbesondere bei geistig behinderten Menschen erweist es sich als hilfreich, wenn sie die Möglichkeit und die Aufgabe haben, ihre Handlungen durch verbale Äußerungen zu begleiten. Sie lernen dadurch, Worte (als sprachliche Symbole) mit Handlungen und mit Erfahrungen zu verknüpfen, Dinge zu benennen, und erleben die Welt vertrauter. Die Sprache wird so zum Instrument des Denkens.

- **Soziale Lernmotivation:** Das soziale Umfeld hat einen großen Einfluss auf das Kind und sein Handeln. Eine angenehme Gruppenatmosphäre kann das Kind beim Tun optimal unterstützen und eine hektische, aggressive oder betrübte Atmosphäre das Gegenteil bewirken.

(vgl. Speck, 1999, 256 ff.)

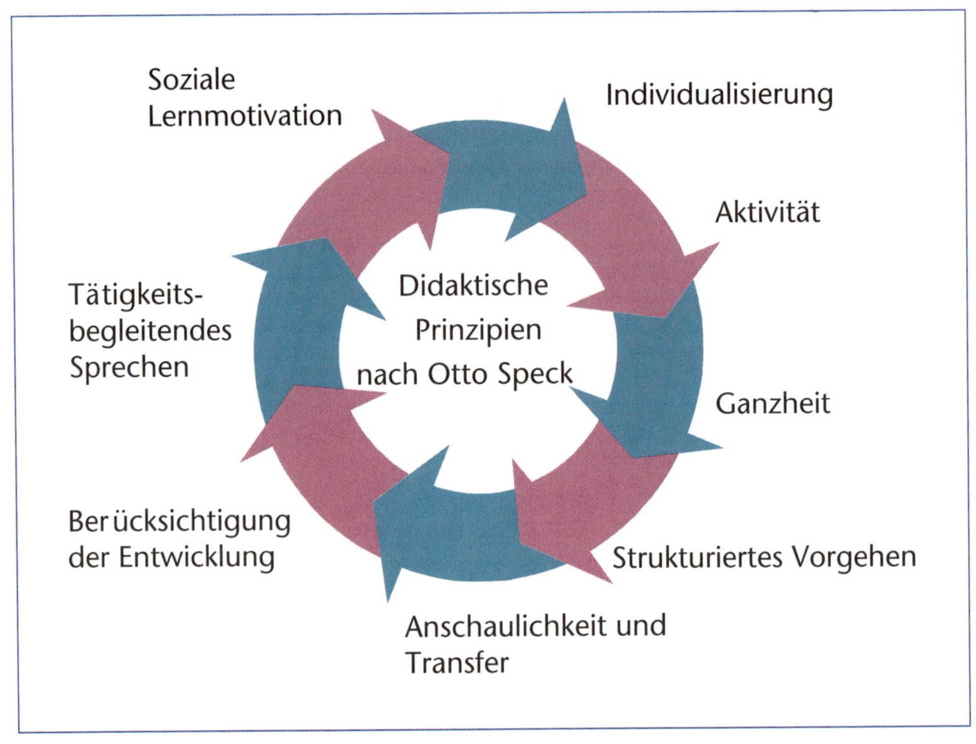

Didaktische Prinzipien nach Otto Speck

Methodik

Die hier genutzten Begriffe haben folgende Bedeutungen:

- **Methodik** (aus dem Griechischen methodos, urspr. meta hodos): ein bewusst eingeschlagener Weg zu einem bestimmten Ziel hin. Im weitesten Sinne des Wortes eine Disziplin, die sich mit Bedingungen und Erfordernissen planmäßiger und effektiver Umsetzung von Plänen und Absichten beschäftigt. Im technischen Bereich erfüllt diese Aufgabe die Technologie. Im Bereich der sozialen Arbeit von einer „sozialen Technologie" zu sprechen, wäre zwar vom Blickwinkel dessen, was sie zu erfüllen hat, möglich, nur in Bezug auf die Tatsache, dass hier mit Menschen gearbeitet wird, nicht passend. Die Methodik in der Heilpädagogik hat solche planmäßigen pädagogischen Einwirkungen zu untersuchen und theoretisch zu begründen, die versuchen, das Erleben, Denken und Handeln anderer Menschen im Sinne der didaktischen Zielsetzung bewusst und planmäßig zu beeinflussen.
- **Methode:** Ein Handlungsvorgang bzw. ein Verfahren zur Erreichung eines gesetzten Ziels bzw. Zustandes oder zur Absicherung des erwünschten Ablaufes von Prozessen. Methoden sind ein Teil der Handlungslehre. Sie sind auf den Handlungsgegenstand (Was), auf die Problembestimmung (Warum) und die Handlungsziele (Wozu, Wohin) bezogen und durch diesen Bezug auch begründet. Bei der Mannigfaltigkeit von Problemlagen und Adressaten der Heilpädagogik kann es nicht eine universelle richtige Methode geben. Vielmehr werden immer mehrere Methoden erforderlich, zwischen denen die Heilpädagogin je nach Lage und Person die relevante auswählen muss.

- **Technik:** Während mit „Methode“ das „Einem-Weg-Folgen“ gemeint ist, wird unter „Technik“ eine (Kunst-)Fertigkeit verstanden, die als Handhaben von Arbeitsmitteln in konkreten Situationen das Handlungsergebnis bestimmt (Handwerk). In diesem Sinne stellt die Technik ein Verfahren im Sinne des wiederholbaren und in gleicher Reihenfolge sich vollziehenden genauen Einsatzes von bestimmten Mitteln zwecks Herstellung eines bestimmten Ergebnisses dar (vgl. Dupuis/Kerkhoff, 1992). In der Heilpädagogik geht es um soziale Techniken, bei denen die eigene Person als „Instrument“ bzw. „Wirkungsmittel“ des Handelns in der Interaktion mit dem zu betreuenden Menschen eingesetzt wird. Soziale Techniken sind als Handlungsmuster zu verstehen, die den Ablauf der Kommunikation und Interaktion bestimmen.

Die Aufgabe der **Methodik in der Heilpädagogik** besteht in der Erarbeitung des Wissens über sachgerechtes und zielgerichtetes Vorgehen beim Handeln. Indem sie das planmäßige Vorgehen beschreibt, ermöglicht sie dem Heilpädagogen, die Anliegen und Ziele seines Einsatzes effizient zu verfolgen. Dies unterscheidet das professionelle heilpädagogische Handeln von zielloser Anwendung diverser Techniken und Vorgänge. Manchmal wird allerdings der Begriff „Methode“ falsch benutzt: z. B. wird Einzelfallhilfe, Gruppenarbeit oder Familienberatung als Methode bezeichnet, obwohl es um Arbeitsformen geht (so sagt z. B. der Begriff „Familienberatung“ aus, dass Familienmitglieder von einer Fachperson beraten werden, aber welche Beratungsvorgänge bzw. -verfahren dabei verwendet werden, bleibt offen). Um Verwechslungen und Missverständnissen vorzubeugen, werden im Folgenden die einzelnen geläufigen methodischen Termini genau positioniert (vgl. Deutscher Verein für öffentliche und private Fürsorge, 1993).

- **Methodenansatz** ist die theoretische Grundlage für eine solche Betrachtungs-, Verstehens- und Vorgehensweise, die den Prinzipien eines bestimmten Paradigma (z. B. einer psychologischen Ausrichtung) entspricht.
- **Methode** ist der Regel-Rahmen für ein strukturiertes **Vorgehen**, d. h. für planmäßige Denk- und Handlungsschritte, welche auf die Verfolgung eines (in der Regel didaktisch herausgearbeiteten) Ziels ausgerichtet sind.
- **Technik** ist ein spezifischer Handlungsvorgang, mit dem ein bestimmtes Ergebnis erreicht wird (z. B. die Handlungsabfolge bei Erfüllung einer Aufgabe). Als solche stellt sie das Fundament für die praktische Anwendung der Methode dar. Techniken sind Handlungsmuster. Sie legen einen bestimmten Vorgang so weit fest, dass dieser von unterschiedlichen Fachpersonen in gleicher Struktur vollzogen werden kann.
- **Intervention** ist die kleinste Einheit, ein spezifischer Akt des Handelns. Sie ist eine bestimmte Verhaltensart, die der bewussten/gezielten Einflussnahme auf Personen und Situationen dient. Als solche stellt Intervention ein Grundelement von Technik dar.
- **Taktik** ist eine bestimmte Art der Anwendung von Technik – bezogen auf konkrete Personen in bestimmten Situationen.

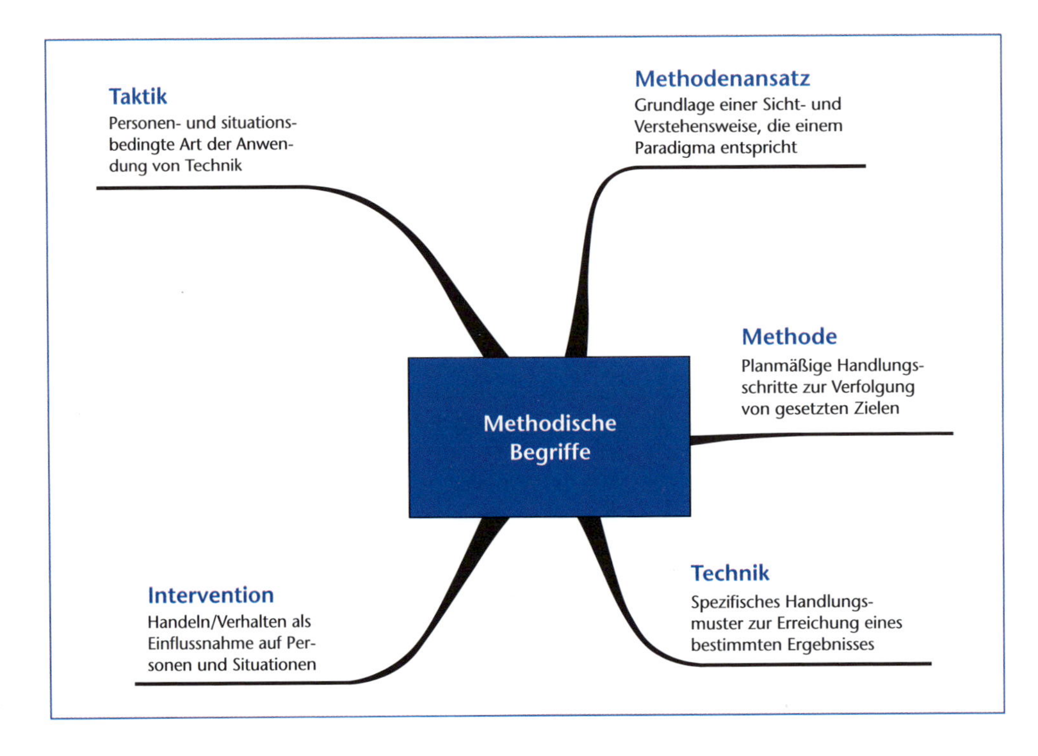

Beispiel

Ausgangslage: *Frau Susanne D. ist Heilpädagogin in einem Heim für Menschen mit sog. geistiger Behinderung. Sie erlebt des Öfteren im Berufsalltag Auseinandersetzungen und Verweigerung, wenn es darum geht, ganz normale und erforderliche Aufgaben zu erfüllen, wie Körperhygiene oder Essen. Sie empfindet Unzufriedenheit und hat das Gefühl, manchmal die zu betreuenden Menschen nicht erreichen zu können.*

Frau D. nimmt sich vor, bei den Kommunikations- und Interaktionsprozessen mit den Bewohnern deren Bedürfnisse mehr zu berücksichtigen und sie stärker an der Verrichtung von Aufgaben zu beteiligen. Außerdem möchte sie, dass die Bewohner einen stärkeren Kontakt zur Außenwelt, anderen Menschen und auch zu ihr selbst haben. Sie erhofft sich davon mehr Wohlbefinden (auch bei ihr selbst) und Kooperationsbereitschaft seitens der zu betreuenden Menschen und folglich weniger Auseinandersetzung (Ziel).

Der ***Methodenansatz:*** *Frau D. stützt sich bei der Umsetzung ihres Vorhabens auf die Sichtweise der humanistischen Psychologie, konkret auf die Theorie und Praxis des personzentrierten Ansatzes nach C. R. Rogers für Kommunikation/Interaktion sowie des prä-therapeutischen Ansatzes von G. Prouty für Kontakt („strategische Himmelsrichtung“).*

Die ***Methode:*** *Frau D. achtet bewusst darauf, dass die Häufigkeit von Personsein erhaltenden Merkmalen in ihrem Verhalten gegenüber den Bewohnern genauso wie die der Kontaktangebote auf einem hohen Niveau bleiben. Zugleich bemüht sie sich darum, die Häufigkeit von Personsein untergrabenden Merkmalen zu verringern. Diese Vorgehensweise hat T. Kitwood als relevant beschrieben (Weg zum Ziel).*

Die ***Technik:*** *In der alltäglichen Arbeit mit jeder einzelnen Bewohnerin bemüht Frau D. sich, die jeweilige Situation vom Blickwinkel der zu betreuenden Person zu betrachten, um die subjektive Bedeutung zu verstehen (Empathie) und das damit verbundene Befinden zu bestätigen*

(Akzeptanz). Dies tut sie ehrlich und unverstellt, wobei sie jedoch sich selbst und ihre Aufgaben nicht leugnet (Kongruenz). Auch spricht sie die im Hier und Jetzt existente Realität an (Kontaktreflexionen).

Die ***Interventionen:*** *Freundliche Zuwendung, verständliche Ausdrucksweise und übereinstimmende Körpersprache, überlegte und zur Situation passende Verhaltenselemente der Personsein-Bestätigung (namentliche Anrede, Interesse, Respekt, Geduld usw.).*

Kommentar:

1. *Ein Grundanliegen der Heilpädagogik ist die „Entbeeinträchtigung" der Lebenslage. Ein Bereich, in dem bei Menschen mit geistiger Behinderung die Existenz beeinträchtigt ist, stellt die alltägliche Kommunikation dar. Wenn also Frau D. beschließt, die Kommunikations- und Interaktionsprozesse mit den Bewohnern der Wohngruppe positiv zu beeinflussen, liegt sie damit im Sinne des heilpädagogischen Anliegens.*

2. *Um ihr Vorhaben umsetzen zu können, sucht Frau D. nach einer Theorie, die den Menschen als vorrangig soziales und folglich auf gelingende Kommunikation angewiesenes Wesen sieht. Die von dieser Theorie ausgehenden methodischen Ansätze müssten die Grundlagen einer positiven Einflussnahme auf das Erleben, Denken und Handeln von Menschen auf der Ebene Kontakt – Kommunikation – Interaktion verankern. Eine entsprechende theoretische Sichtweise ist der humanistischen Psychologie eigen und die von ihr ausgehenden methodischen Ansätze sind der personzentrierte Ansatz und die Prä-Therapie.*

3. *Frau D. muss sich mit den beiden Ansätzen zuerst gut bekannt machen: Wissen (Theorie), Methode (Vorgehensweise), Technik (Handlungsmuster) und Interventionen (Verhaltensweisen) müssen erlernt und eingeübt werden. Auch ist es erforderlich, sich selbst als „Instrument" kennenzulernen. Das bedeutet, die eigene Umgangsart mit den Bewohnerinnen vom Blickwinkel der Ansätze zu überprüfen und die Fähigkeit zum personzentrierten Sein sowie die Fertigkeiten des Personseins erhaltenden Verhaltens zu üben.*

Fazit

Es ist relativ leicht, didaktisch-methodische Vorgehensweise zu planen. Die Umsetzung des Vorhabens ist jedoch eine Angelegenheit, die – wenn sie konsequent und kompetent durchgeführt werden soll – mehr abverlangt, als nur die Fachbegriffe „Ansatz", „Methode", „Technik" und „Intervention" zu verwenden. Im Endeffekt geht es immer um Orientieren, Lernen, Üben, Reflektieren usw.
Wo in organisierter Form (= professionell) mit Menschen pädagogisch gearbeitet wird, tauchen Fragen auf, was, warum und wie gelernt und gelehrt werden soll. Die Antworten auf diese Fragen suchen die Didaktik und Methodik. Während sich die Didaktik primär mit den Zielen und Inhalten der Lern- und Lehrsituation beschäftigt, konzentriert sich die Methodik auf die Formen und Verfahrensweisen zur Durchführung von Lern- und Lehrprozessen. Sie erforscht und lehrt Prinzipien und Formen der praktischen Tätigkeit, mit der ein bestimmtes Ziel bzw. eine bestimmte Wirkung erreicht wird. Mit der Didaktik ist sie hierbei sehr eng verbunden. Deshalb wird von Didaktik-Methodik des jeweiligen pädagogischen Praxisgebiets gesprochen. Das Handeln von Heilpädagoginnen wird von der Didaktik-Methodik der Heilpädagogik geleitet.

Überlegungen und Versuche

1. ***Was wäre Ihrer Meinung nach das heilpädagogische Ziel bei einem älteren Menschen, der – bedingt durch seine Schwerhörigkeit – weder ins Kino noch ins Theater geht, kaum Kontakte zu anderen Menschen hat und einsam in seiner kleinen Wohnung lebt? Stellen Sie sich vor, Sie arbeiten als Heilpädagogin in einem ambulanten sozialen Dienst und betreuen den Herrn. Was könnte Ihnen und ihm helfen, diesem Ziel näherzukommen (konkrete Hilfsmittel, Methoden, Vorgänge, Techniken usw.)?***

2. ***Unterscheiden Sie zwischen didaktischer (Ziel bzw. Anliegen) und methodischer (Weg zum Ziel) Ebene bei folgenden Bezeichnungen: Integration, Wertschätzung, Spiel, motorische Förderung, Assistenz, Sprachübung, Förderpflege.***

5.2.3 Didaktisch-methodische Fragen

Die DMdHP ist eine fragende Disziplin. Um das Handeln auf ein Ziel bzw. Anliegen ausrichten und konkrete Vorgänge bestimmen zu können, muss sie die gegebene Situation erforschen, von der sich die Heilpädagogin angesprochen und zum Handeln angeregt fühlt. Dabei sind gezielte Fragen sehr hilfreich.

Eine wichtige Frage hat schon Paul Moor im Rahmen seiner Leitsätze formuliert. Mit dieser Frage wurde die heilpädagogische Sichtweise von der Orientierung auf „Defekt-Reparatur“ weg und auf die Entwicklung und Förderung von Potenzialen hin ausgerichtet. Bis heute ist sie für die Zielsetzung des heilpädagogischen Einsatzes ausschlaggebend:

> „Wo immer ein Kind versagt, haben wir nicht zu fragen ‚Was tut man dagegen?‘. Pädagogisch wichtiger ist zu fragen ‚Was tut man dafür?‘ – nämlich für das, was werden sollte und werden könnte.“
> *(Moor, 1999, 17)*

Auch E. Kobi stellt die Sicht-, Denk- und Handlungsweise der Heilpädagogik durch Erörterung von Grundfragen dar. Er hält folgende Bereiche der heilpädagogischen Wirklichkeit für ausschlaggebend und hinterfragt sie in seinem Buch sehr gründlich:

- Wer? Fragt nach dem menschlichen Subjekt, auf das sich das heilpädagogische Tun richtet.
- Was? Fragt nach dem, was die Heilpädagogik, ihr Anliegen und ihre Vorgehensweise sind.
- Wo? Fragt nach den Wirkungsbereichen der Heilpädagogik und deren Bedingungen.
- Wann? Bezieht sich auf den Zeitrahmen des heilpädagogischen Geschehens und schließt auch den geschichtlichen Aspekt mit ein.
- Warum? Untersucht die Ursachen und Zusammenhänge heilpädagogisch relevanter Lagen.
- Wozu? Befasst sich mit Zielsetzungen des heilpädagogischen Handelns im Kontext der Sinngebung und Wert*hierarchie*.

- Wie? Erörtert die methodischen Aspekte und bezieht sich auf Durchführungstechniken, Mittel, Vorgänge und Instrumente.
- Wer? Fragt nach den beteiligten Personen, die im Umgang mit der heilpädagogisch relevanten Lage mitwirken bzw. beteiligt sind.

(vgl. Kobi, 1993, 18 ff.)

DMdHP stützt sich auf die heilpädagogischen Theorien. Die Erörterungen von Moor bzw. Kobi zeigen sich nicht nur als grundlegend für das Selbstverständnis der Heilpädagogik, sondern auch als gut im praktischen Tun umsetzbar (insbesondere in Bezug auf seine „strategische“ Ausrichtung). Für das konkrete Handeln ist es erforderlich, die didaktisch-methodische Fragestellung weiter zu präzisieren. Dies dient vor allem der Orientierung in Bezug auf konkrete Vorgehensweisen.

Im folgenden **Modell** sind alle grundlegenden **Aspekte des heilpädagogischen Handelns** in Zusammenhang gebracht. Ausgegangen wird von den **Faktoren**, die sich auf das heilpädagogische Handeln auswirken:
- Ziele, Personen und deren Beziehung:
- Inhalte, Vorgänge und das Know-how,
- das Handeln und die Reflexion,
- das Umfeld des Geschehens.

Außerdem verdeutlicht das Modell die wichtigsten **Ebenen**:
- Interpersonalität und Aufgaben- bzw. Sachbezogenheit sowie **Seiten**:
- die Seite der Heilpädagogin und die Seite des Menschen in beeinträchtigter Lage.

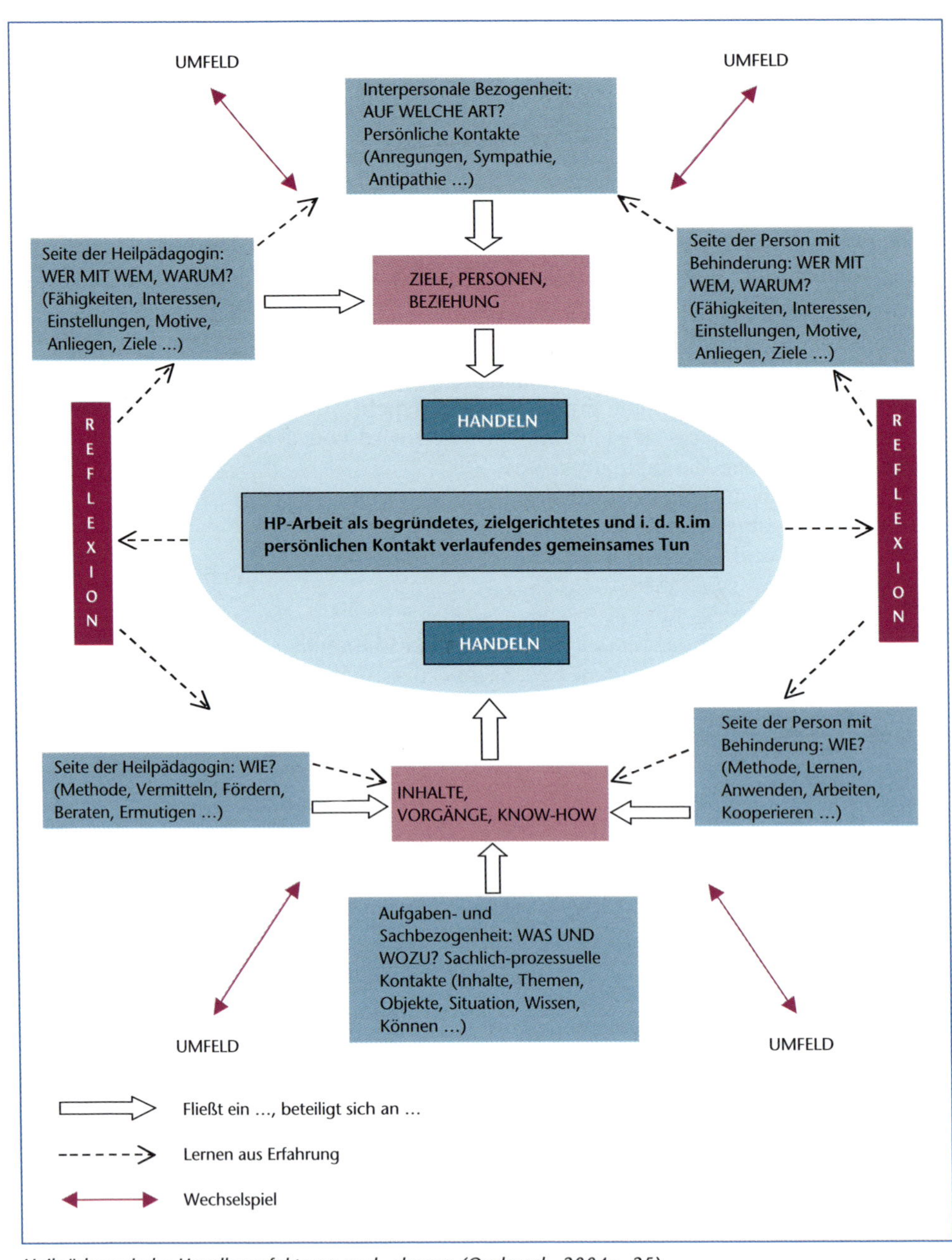

Heilpädagogische Handlungsfaktoren und -ebenen (Ondracek, 2004a, 25)

Das Modell heilpädagogischer Handlungsaspekte ermöglicht die Ableitung von wichtigen didaktisch-methodischen Fragen, die für eine begründete, effiziente und überprüfbare Arbeit in heilpädagogischen Praxisfeldern unentbehrlich sind: **Warum** macht **wer** mit **wem wozu was**, und zwar **wie** und **auf welche Art**? Diese Fragen fokussieren den Zusammenhang von Personen, Situation/Lage und Anliegen/Zielen. Sie zu klären hilft bei der Grundausrichtung des heilpädagogischen Handelns. Die Suche nach Antworten auf diese Fragen

- trägt zur Orientierung in unterschiedlichen Situationen des Praxisalltags bei,
- verdeutlicht konkrete Gegebenheiten des jeweiligen heilpädagogischen Aufgabenfeldes und
- ermöglicht die Erarbeitung entsprechender Handlungskonzepte.

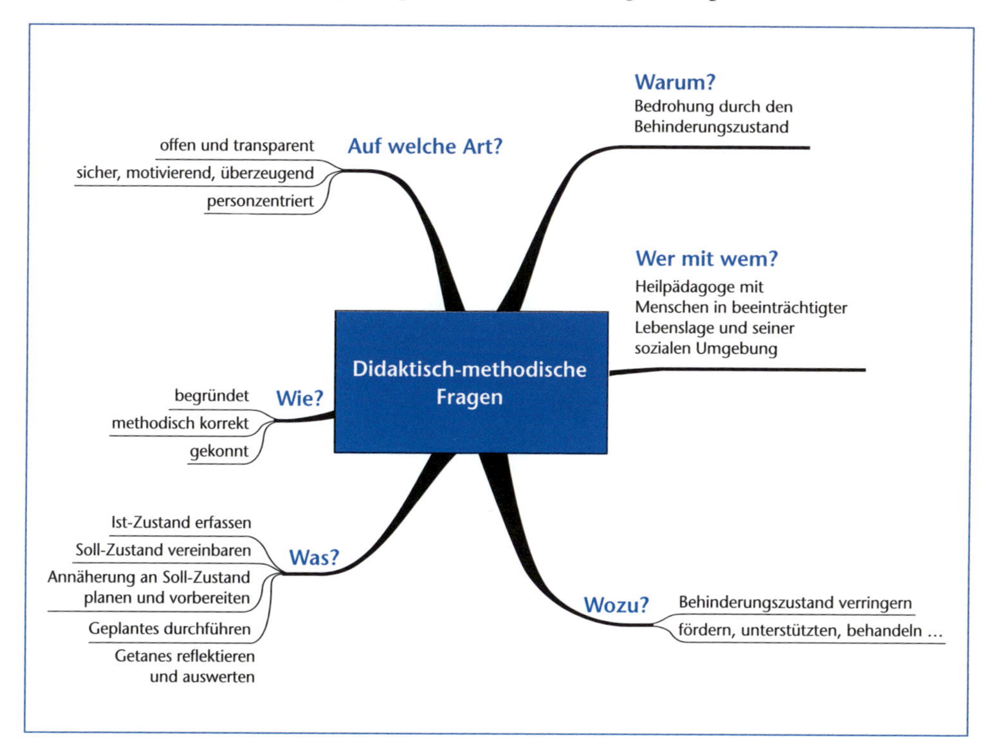

Warum?

Mit dieser Frage wird die heilpädagogische Relevanz der vorliegenden Situation bzw. Lage erfasst, in der sich eine Person befindet. Die Relevanz gilt als gegeben, wenn durch eine Schädigung und ihre Folgen, aber auch durch die Reaktionen der Umwelt auf sie die Beziehungs-, Lern- und Alltagsverhältnisse der betroffenen Person so nachhaltig beeinträchtigt werden, dass für sie ein Leben im üblichen Rahmen nicht möglich ist. E. Kobi spricht in diesem Zusammenhang von einem Behinderungszustand. Dieser entwickelt sich vor dem Hintergrund beeinträchtigter

- Kommunikation – Beziehungsfeld Interpersonalität,
- Sozialisation – Beziehungsfeld Gesellschaft,
- der Normabweichung – Beziehungsfeld Normen und Ethik sowie
- erschwerter Lebensbewältigung – Beziehungsfeld Existenzvollzug.

Die oben genannten Beeinträchtigungen entstehen im Wechselspiel der persönlichen Reaktionen des betroffenen Menschen und der Reaktionen seiner sozialen Umwelt auf die Schädigungen bzw. Verhaltensweisen. Im Endeffekt schränkt der Behinderungszustand die Teilhabe des betroffenen Menschen am alltäglichen Geschehen in der sozialen Umwelt ein oder blockiert sie.

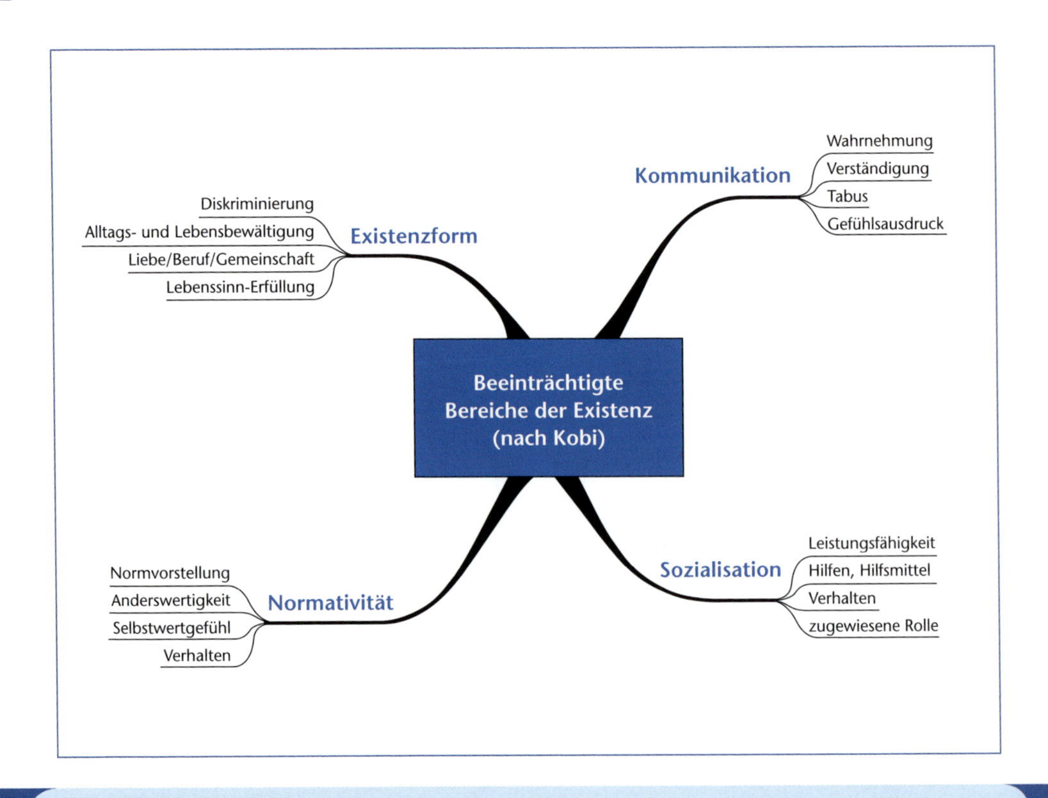

Fazit

Auf die Frage „Warum?" lässt sich mit Kobi antworten: Weil ein Behinderungszustand vorliegt bzw. droht.

Aus dieser Auffassung lässt sich folgende Übersicht zur Überprüfung heilpädagogischer Relevanz (sog. Checkliste) ableiten (vgl. Kobi, 1993, 98 ff., hier bearbeitet und ergänzt). Um die Gefährdung durch den Behinderungszustand einschätzen zu können, müssen Umfang und Intensität der Beeinträchtigung in den vier oben genannten Beziehungsfeldern geprüft werden. Dies ist nur bei präziser Beschreibung der betroffenen Person möglich, die ganz konkret ihre Art des Umgehens mit sich selbst, mit anderen Menschen und mit der materiellen Umwelt umfasst, aber auch die Interaktion, Bewertung, Hilfemaßnahmen und andere Gegebenheiten, die für ihre subjektive Lebenslage charakteristisch sind. Vor dem Hintergrund dieser Kenntnisse sind dann folgende Fragen zu prüfen:

Checkliste zur Überprüfung heilpädagogischer Relevanz

- Liegt eine **Beeinträchtigung der Kommunikation** vor? Ausschlaggebend sind das Vorhandensein, der Umfang und die Intensität von **Verzerrung geläufiger Kommunikationsprozesse**. Konkret sind folgende Aspekte zu prüfen:
  - kognitive Verständnisschwierigkeiten,
  - Wahrnehmungsstörungen,
  - Beeinträchtigung der visuellen und akustischen Sinnesorgane,
  - Beeinträchtigung der verbalen und nonverbalen Verständigungsmöglichkeiten,

- tabuisierte Kommunikationsinhalte,
- gehemmte oder blockierte Gefühlsäußerung.

◆ Liegt eine **Beeinträchtigung des Sozialisationsprozesses** vor? Ausschlaggebend sind das Vorhandensein, der Umfang und die Intensität einer **von der Gesellschaft empfundenen** (jedoch nicht notwendig realen) **sozialen Bedrohung und Belastung**.

  Konkret sind folgende Aspekte zu prüfen:
  - Beeinträchtigung der Leistungsfähigkeit in allen Bereichen,
  - Notwendigkeit besonderer Hilfsmittel und Hilfemaßnahmen,
  - belastende bzw. störende Verhaltensweisen.

◆ Liegt eine **Abweichung von normativen Bezugsformen** vor? Ausschlaggebend sind das Vorhandensein, der Umfang und die Intensität einer **Abweichung** von den – vom Individuum (und der Gesellschaft) gesetzten – **Vorstellungen über Normen.** Konkret sind folgende Aspekte zu prüfen:
  - Abweichen von gesellschaftlichen Normvorstellung,
  - subjektiv empfundene Leistungsminderung,
  - subjektiv wahrgenommenes „Ich bin anders als eine Norm“ (normwidrige Präsentation),
  - vermindertes Selbstwertgefühl,
  - normwidrige Verhaltensweisen.

◆ Liegt eine **Beeinträchtigung der Existenzform** des betroffenen Menschen vor? Ausschlaggebend sind das Vorhandensein, der Umfang und die Intensität der **Erlebensweise** von Schädigung als einer **absurden** oder **minderwertigen Existenzart**, die den Sinnhorizont vermindert. Konkret sind folgende Aspekte zu prüfen:
  - Diskriminierung,
  - beeinträchtigte Alltags- bzw. Lebensbewältigung,
  - eingeschränkte bzw. verhinderte Erfüllung des Lebenssinns in den grundlegenden Bereichen Liebe/Partnerschaft, Arbeit/Beruf und Dazugehörigkeit.

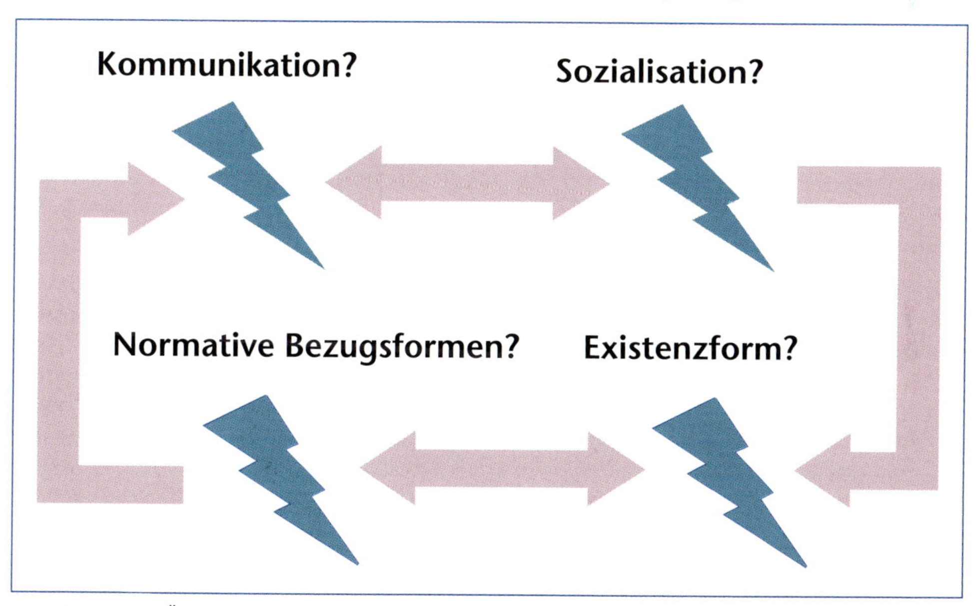

Grundfragen zur Überprüfung heilpädagogischer Relevanz

Bei der Überlegung und Einschätzung der möglichen Gefährdung einer Person durch den Behinderungszustand müssen Behutsamkeit und Vorsicht walten. Es gelten folgende **Grundsätze**:

- Die relevanten Faktoren sind **möglicherweise, aber nicht notwendigerweise** Symptome eines Behinderungszustandes.
- Entscheidend für die Beurteilung der Relevanz dieser Faktoren ist das subjektive **Erleben des Betroffenen**: Erlebt er die Faktoren als reale Beeinträchtigung in seinem Alltags- und Lebensvollzug?
- Damit von einem (drohenden) Behinderungszustand gesprochen werden kann, muss eine (drohende) **Chronifizierung der Beeinträchtigungen** vorliegen.

(vgl. Kobi, 1993, 98 ff., hier bearbeitet und ergänzt)

Anhand der Checkliste die Lebenslage einer Person auf die heilpädagogische Relevanz zu überprüfen ist im zweifachen Sinne vorteilhaft. Erstens hilft die Feststellung einer Bedrohung durch den Behinderungszustand, das heilpädagogische Engagement zu begründen. Außerdem ergibt sich aus der Überprüfung einzelner Beeinträchtigungsbereiche auch eine gute Möglichkeit, fallbedingte Ziele zu bestimmen und konkrete Aufgaben zu formulieren. Dies wird hier am folgenden Beispiel dargestellt.

Beispiel

Angaben zur Person *(aus Datenschutzgründen verschlüsselt): Heike (elf Jahre alt) lebt seit zwei Jahren in einem Wohnheim für Kinder und Jugendliche mit verschiedenen Behinderungen. Sie bewohnt ein Einzelzimmer in einer Gruppe, wo außer ihr noch weitere fünf, zum Teil schwerbehinderte Kinder und Jugendliche im Alter von sechs bis 17 Jahren leben. Heike besucht eine Schule für Lernbehinderte.*

Anamnestische Angaben: *Aufgrund vorgeburtlicher Einflüsse (Erkrankung der Mutter an* ***Toxoplasmose****) weist Heike eine Entwicklungsverzögerung auf. Dies hat sich manifestiert nicht nur in der Form „ein schwieriges Kind von Beginn an" zu sein (Mitteilung der Mutter), sondern auch durch starke Unruhe und Konzentrationsschwäche (beobachtet im Kindergarten). Ab dem fünften Lebensjahr erhielt sie Frühförderung, Ergotherapie, Logotherapie und psychomotorische Förderung. Mit sieben Jahren wurde sie zum ersten und mit acht Jahren zum zweiten Mal in der Kinder- und Jugendpsychiatrie stationär behandelt. Grund: Unruhe, Konzentrationsschwäche, oppositionelles und aggressives Verhalten sowie Essstörung (sie aß nur dann, wenn die Mutter ihr das Essen zum Mund reichte). Anschließend bekam die Familie noch Unterstützung durch sozialpädagogische Familienhilfe. Da sich die Situation trotz aller Maßnahmen kaum veränderte, beantragten die Eltern Heikes Aufnahme in ein Wohnheim.*

Angaben zum Verhalten im Wohnheim: *Heike verhält sich häufig trotzig und aggressiv, insbesondere wenn es um die Einhaltung von Regeln und Anweisungen geht – sie schreit, schlägt und tritt um sich, wirft sich zu Boden, beschimpft die Mitarbeiter. Es dauert sehr lange, bis sie sich wieder beruhigt hat. Anschließend bezeichnet sie sich als „böse", weint und schlägt sich selbst. Vereinzelt äußert sie auch* ***Suizidgedanken*** *(„Ich will nicht mehr leben"). Ihre Stimmung ist sehr schwankend – innerhalb wenigen Minuten zeigt sie sich mürrisch, kaspernd und albern. Kommunikationsschwierigkeiten sind an der Tagesordnung, weil Heike oft die Antwort verweigert. Ihr ständiges Nachfragen bei komplexeren Sätzen deutet darauf hin, dass sie den Sinn nicht versteht. Anstrengend ist die Kommunikation mit ihr auch deswegen, weil sie einen übermäßigen Redefluss hat, sehr laut spricht und andere nicht zu Wort kommen lässt. Heikes Ablenkbarkeit ist groß, obwohl sie manchmal – wenn sie tut, was sie interessiert (Puzzle) – auch längere Zeit bei der Beschäftigung bleibt. Ihr Bewegungsablauf ist* *eher tollpatschig, die Feinmotorik ungeschickt (laut Ergotherapeutin liegt bei Heike eine Störung der Körperwahrnehmung und -steuerung vor). Für Hausaufgaben braucht sie Unterstützung von den Mitarbeiterinnen. Es fällt ihr leicht, Kontakte zu anderen Menschen zu knüpfen und sie wird dabei manchmal distanzlos. Innerhalb der Gruppe ist sie mit einer gleichaltrigen Bewohnerin befreundet und versucht, über sie zu bestimmen bzw. sie zur Verbündeten zu machen. Anderen Kindern gegenüber verhält sich Heike sehr dominant und wird von ihnen abgelehnt. Mit den schwerbehinderten Mitbewohnern geht sie sehr fürsorglich um. Da ihre räumliche und zeitliche Orientierung eingeschränkt ist (sie gerät in Panik, wenn sie keine Begleitperson hat), darf sie die Gruppe alleine nicht verlassen. Einmal im Monat wird Heike zum Wochenendbesuch nach Hause gebracht – danach verhält sie sich verstärkt unruhig und aggressiv. Die Eltern kommen regelmäßig zu Besuch ins Heim. In der Interaktion mit ihnen zeigt Heike sich sehr kleinkindhaft und unselbstständig. Was die Essproblematik betrifft, ist eine Veränderung zu verzeichnen – mittlerweile hat Heike aufgehört, die Nahrungsaufnahme zu verweigern, und hat einen gesunden Appetit.*

Die oben genannten Tatsachen charakterisieren den Alltag von Heike und ihrer sozialen Umwelt. Sie implizieren folgende Feststellung: „Die Lebenslage von Heike ist eine stark beeinträchtigte und folglich heilpädagogisch relevante Lage. Das sieht man doch auf den ersten Blick! Das heilpädagogische Handeln ist hier unumgänglich."

So weit, so gut – nur darf professionelles Handeln nicht mit implizierten Annahmen begründet werden. Herausgearbeitete und begründete Argumente sind hier viel wichtiger. Die Verwendung der Theorie des Behinderungszustandes nach Kobi in der Form der oben genannten Checkliste schafft nicht nur Orientierung, sondern gibt auch die Sicherheit und Hinweise auf Ziele, Aufgaben und Zuständigkeiten. Dies alles geht aus der folgenden Überprüfung der Lage hervor.

Überprüfung der Beeinträchtigungen in Heikes Situation

- Beeinträchtigung der **Kommunikation** (Verzerrung geläufiger Kommunikationsprozesse):
  - diagnostizierte Lernbehinderung, Probleme beim Erfassen von komplexen Sinneszusammenhängen (kognitive Verständnisschwierigkeiten);
  - Verweigerung von Antworten auf Fragen, „nervende" Art zu sprechen (die Verständigung einschränkendes Verhalten);
  - Unruhe, Ablenkbarkeit und Konzentrationsschwäche (vermutliche Wahrnehmungsproblematik).
- Beeinträchtigung des **Sozialisationsprozesses** (die Kindesexistenz wird als soziale Belastung bzw. Bedrohung empfunden):
  - Heike kann vieles nicht machen, was ein „normales" elfjähriges Mädchen darf – alleine zur Schule gehen, draußen spielen usw. (eingeschränkte Selbstständigkeit);
  - Unfähigkeit, ohne fremde Hilfe die Hausaufgaben zu machen (eingeschränkte Leistungsfähigkeit);
  - zahlreiche Behandlungen und Hilfemaßnahmen bis hin zur Heimunterbringung (Notwendigkeit besonderer Hilfsmittel und Hilfemaßnahmen);
  - aggressives Verhalten, dominantes Auftreten gegenüber anderen Kindern (belastende bzw. störende Verhaltensweisen).

- Beeinträchtigung der **normativen Bezugsformen** (Abweichung von subjektiver und gesellschaftlicher Normalität):
  - Entwicklungsverzögerung, mit elf Jahren noch Begleitung erforderlich (Abweichen von gesellschaftlicher Normvorstellung);
  - die verbale Kommunikation sehr erschwert, die schulischen Anforderungen nicht im Alleingang erfüllbar (subjektiv empfundene Leistungsminderung);
  - Sonderbeschulung, Psychiatrieaufenthalte, Fördermaßnahmen und Heimunterbringung (subjektives Erleben von „Ich bin nicht normal“);
  - Unruhe, fortwährendes lautes Sprechen, Schlagen, Treten, Schreien (normwidrige Verhaltensweisen).
- Beeinträchtigung der **Existenzform** (eigenes Sosein als eine absurde bzw. minderwertige Existenzart erleben):
  - andere Kinder weisen Heike wegen ihres Verhaltens ab, statt mit ihr zu spielen, die Mitschüler hänseln sie als „Heimbewohnerin“, auch wird sie öfters zur Strafe vom Gruppengeschehen ausgeschlossen (Diskriminierung);
  - viele alltägliche „Selbstverständlichkeiten“ schafft sie nicht wie die gleichaltrigen Kinder (eingeschränkte Alltags- bzw. Lebensbewältigung);
  - die Verfügbarkeit wichtiger Personen ist eingeschränkt (Lebenssinnbereich Liebe/Partnerschaft), die altersgemäße Beschäftigung – Lernen, Aufgaben erledigen – verläuft durchgehend frustrierend (Lebenssinnbereich Arbeit/Beruf), Mitspielen und Mitmachen sind durch Ablehnung seitens anderer Kinder eingeschränkt (Lebenssinnbereich Dazugehörigkeit).

Kommentar:
Bei Heike lässt sich durchaus eine starke Bedrohung durch den Behinderungszustand feststellen. Diese Tatsache begründet das Angebot bzw. die Erforderlichkeit einer heilpädagogischen Einflussnahme auf ihre Lebenslage. Der ***Ist-Zustand*** *weist eine Entwicklungsverzögerung (eingeschränkte Gefühlskontrolle, mangelndes Auffassungsvermögen) und aggressive Verhaltensweisen auf mit der Folge vermutlicher Selbstwert- sowie manifester Beziehungs- und sozialer Problematik. Der* ***Soll-Zustand*** *kann ganzheitlich nur erfasst werden, wenn auch die* ***Ressourcen*** *bei Heike erkannt sind (d.h., zuerst müssten ihre Entwicklungspotenziale förderdiagnostisch untersucht werden).*

Trotzdem lässt sich allein aus der durchgeführten Bestandsaufnahme folgende **Zielsetzung** ableiten – den drohenden bzw. fortschreitenden **Behinderungszustand stoppen** und so weit wie möglich **zurückfahren**, d.h. die Lage **„entbeeinträchtigen“** (Hauptanliegen).

Konkret bedeutet es, in den **einzelnen Teilbereichen** folgende **Ziele** zu verfolgen:

- die **Kommunikation** verbessern,
- Heike eine **andere Rolle** als „Ich bin eine Belastung“ vermitteln,
- sie nicht nur nach Normabweichungen behandeln, sondern bei ihr **das Gelingende** stärken, und
- ihr ein **vielfältiges positives Erleben** von „Ich schaffe, was ich schaffen kann, und das ist okay“ sowie „Ich gehöre dazu“ ermöglichen.

Der Weg zu diesen Zielen führt über die Erfüllung folgender **Aufgaben:**

- **In den Alltag integrieren** (hierbei muss die soziale Umwelt von Heike beraten und unterstützt werden):
  - Förderung von Heike in Bezug auf Wahrnehmung von Gefühlen, Körperkontakt, Umgang mit Regeln, Ausdrucksfähigkeit sowie Stärkung der anderen – nicht problematischen – Eigenschaften, Fähigkeiten und Fertigkeiten, die sie hat/zeigt;
  - Förderung von Grob- und Feinmotorik im Kontext der alltäglichen Versorgungs- und Spielaktivitäten;
  - Verstärkung der Ansätze zum erwünschten Verhalten durch positive Bestätigung sowie Geduld und Gelassenheit in Bezug auf ihre Grenzen;
  - Stärkung des Selbstwertgefühls mittels ermutigender Erziehung vor dem Hintergrund eines Vertrauensverhältnisses.
- **Speziell fördern** (hierfür muss Heike selbst motiviert und ihre soziale Umwelt für organisatorische Unterstützung gewonnen werden):
  - Selbsterkenntnis und -steuerung (Spieltherapie),
  - Persönlichkeitsentwicklung – Orientierungs-, Selbststeuerungs- und Handlungsfähigkeit im sozialen Kontext (Psychomotorik),
  - andere, noch nicht bekannte Teilbereiche (siehe Förderdiagnostik).

Wer ist für welche Aufgaben **zuständig**? (Interdisziplinarität)

- Die **in den Alltag integrierte Förderung** und Stärkung obliegt den **Hauptbezugspersonen** (Eltern, Erziehern, Lehrerinnen). Für die begleitende Unterstützung ist am besten eine heilpädagogisch ausgerichtete Erziehungsberatung geeignet (Heilpädagoge).
- Die **spezielle Förderung** fängt bei der Förderdiagnostik an (Heilpädagogin) und muss von **qualifizierten Fachpersonen** durchgeführt werden (Spieltherapeut, Heilpädagogin).

Wahrscheinlich kommt jetzt folgender Einwand in den Sinn: „Wieso soll ich die heilpädagogische Relevanz prüfen? Ich will in einem Heim für Menschen mit Behinderung arbeiten und dort brauche ich das nicht – wer da lebt, hat die Behinderung sozusagen amtlich bestätigt." Das stimmt. Nur sagt die „amtliche Bestätigung" überhaupt nichts über die konkreten Anhaltspunkte aus, die handlungsleitend sind. Deshalb ist eine dezidierte Erfassung der Beeinträchtigungen, die infolge einer Behinderung die sonst übliche Partizipationsmöglichkeit erschweren, für die Orientierung, Planung, Durchführung und Evaluation heilpädagogischer Handlung dringend erforderlich.

Fazit

Allein die Feststellung einer Behinderung reicht für die erforderliche Orientierung nicht aus. Eine zutreffende heilpädagogische Vorgehensstrategie steht und fällt mit der möglichst präzisen Überprüfung der heilpädagogischen Relevanz in Bezug auf die Lage der betroffenen Person. Die Theorie des Behinderungszustandes von E. Kobi zeigt sich hierfür als gut praktikabel und hilfreich.

Überlegungen und Versuche

1. *Wie ist es mit den Beeinträchtigungen in Grundbereichen Ihrer eigenen Existenz bestellt?*
   - *Wie läuft die Kommunikation mit Ihrer sozialen Umwelt ab – im privaten und im beruflichen Bereich? Gibt es da vielleicht in dem einen oder anderen „Hauptlebensfeld" (Liebe und Partnerschaft, Beruf und Arbeit, Freude und Gemeinschaft) andauernde Schwierigkeiten? Wenn ja, wo kommen sie her?*
   - *Was erleben Sie in Bezug auf die Erfüllung der unterschiedlichen sozialen Rollen, die Sie in Ihrem bisherigen Leben eingenommen haben? Gibt es vielleicht bei der einen oder anderen Rolle andauernde Schwierigkeiten? Wenn ja, wo kommen sie her?*
   - *Können Sie sagen, dass Sie in Bezug auf Ihr Äußeres oder Verhalten irgendwie „aus dem Rahmen" fallen? Wenn ja, worum geht es konkret? Wo kommt diese „Eigentümlichkeit" her und wie reagieren andere Menschen auf sie? Kann es sein, dass Ihnen deswegen eine „besondere Behandlung" zuteil wird (wie immer auch diese aussehen mag)?*
   - *Wie sieht es bei Ihnen mit der Alltagsbewältigung aus – sind Sie wirklich hundertprozentig eigenständig und unabhängig? In allen Belangen? Gibt es in Ihrem Leben Momente und Bereiche, in denen Sie sich vielleicht ausgeschlossen fühlen (z. B. nicht zugelassen, weggeschickt oder sonst verhindert, obwohl Sie „mit von der Partie" sein möchten)?*
2. *Schauen Sie sich nun die Ergebnisse dieser Selbstbestandsaufnahme an und machen Sie eine Schlussfolgerung:*

   in meinem Leben gibt es keine ← → in meinem Leben gibt es einige

   Beeinträchtigungen. Falls es welche geben sollte: wie gehen Sie mit ihnen um und was tun Sie, um sie zu überwinden?
3. *Machen Sie bei folgender Person in Anlehnung an Kobis Theorie des Behinderungszustandes eine Bestandsaufnahme der Beeinträchtigungen in den vier grundlegenden Bereichen der menschlichen Existenz (Interpersonalität, Gesellschaft, Normativität, Lebensbewältigung) (auch wenn dieses Kind offensichtlich nicht behindert ist, weist seine Lage einige Beeinträchtigungen aus):*

   Jens M. (Name geändert) ist elf Jahre alt. Seine Eltern haben sich getrennt, als Jens zweieinhalb Jahre alt war. Die Scheidung erfolgte erst nach fast vier Jahren. In der Zeit wurde er von den Großeltern mütterlicherseits versorgt. Seine Mutter hatte eine eigene Wohnung und war voll berufstätig. Nach der Arbeit kam sie in der Regel zu den Eltern, verbrachte den Vorabend mit Jens und brachte ihn auch ins Bett. Dann ging sie wieder in ihre Wohnung. Innerhalb von zwölf Monaten starben Großvater und Großmutter, als Jens vier Jahre alt war. Seither lebt er mit der Mutter und ihrem neuen Mann zusammen. Eine Zeit lang (ca. zwei Jahre) bestand ein Kontakt zum leiblichen Vater, dieser wurde aber dann eingestellt – der Vater hat inzwischen erneut geheiratet und hat kein Interesse an Jens mehr.

   Jens ist ein überdurchschnittlich intelligentes Kind (IQ 122), insbesondere was verbales Sprachverständnis und mathematisches Denkvermögen betrifft. In der Schule kommt er jedoch nicht klar – einerseits lässt er keine Gelegenheit aus, um seine Fähigkeiten zu zeigen, und andererseits ist er sehr zögerlich, was Gefühlsäußerungen betrifft, und insgesamt sehr verschlossen.

   Das auffällige und störende Verhalten zeigte Jens bereits im Kindergarten: Er hat die Regeln nicht eingehalten oder fand immer einen Weg, sie zu umgehen. In der Grundschule beschwerte sich die Lehrerin darüber, dass der Junge oft unter dem Tisch sitze, durch die Klasse hüpfe oder aus dem Fenster schaue, anstatt mitzuarbeiten. Im Gymnasium fällt Jens mit „Blödsinn machen" auf. Er streitet und prügelt sich mit anderen Kindern, mischt sich überall ein und wirft mit Gegenständen um sich. In der letzten Zeit macht er keine Hausaufgaben mehr, nimmt den Mitschülern ihre Sachen weg. Auch fasst er anderen Kindern in den Schritt und rennt vor dem Sportunterricht nackt durch die Umkleidekabine. Einige Lehrer halten ihn für untragbar. Die Noten von Jens liegen im Durchschnittsbereich, er wurde ohne Probleme in die sechste Klasse versetzt.

Das Verhältnis zur Mutter ist seit längerer Zeit sehr angespannt. Die beiden streiten viel, wobei Jens seine Mutter beschimpft, um gleich in Tränen auszubrechen und sich nach einigen Minuten wieder lieb zu verhalten. Er bestiehlt die Mutter, streitet das aber jedes Mal ab. Der Stiefvater fühlt sich bei diesen Streitigkeiten hilflos und sieht sich außerstande, etwas daran zu ändern. Jens akzeptiert ihn, sagt „Papa" zu ihm und spielt sehr gerne mit ihm Gesellschaftsspiele.

Bereits in der Grundschule besuchte Jens zwei Gruppentrainings beim „Institut für das begabte Kind" – eines zum Thema „Wie lerne ich zu lernen" und eines zum Aufbau sozialer Kompetenz. Die Mutter meint, Jens sei nicht gerne hingegangen. Außerdem stellte sie bei ihm keine Verbesserung fest.

Sie selbst nimmt seit zwei Monaten die Erziehungsberatung in Anspruch und Jens hat dort eine Spieltherapie angeboten bekommen, zu der er regelmäßig und gerne kommt. Jens genießt es, das Geschehen zu bestimmen. Auffallend oft schlägt er Spiele vor, wo es um Kräftemessen (auch mit Körperkontakt) geht. Dabei verändert er die Spielregeln oft so, dass er am Ende der Gewinner ist.

Wer mit wem?

Mit dieser Frage werden die beteiligten Personen mit ihren Motiven und Anliegen, Handlungsmöglichkeiten und -grenzen sowie den gegenseitigen Beziehungen erfasst. Die Heilpädagogin hat immer mit mehreren Personen zu tun. Sie arbeitet sowohl mit dem vom Behinderungszustand bedrohten Menschen mit Schädigung als auch mit seiner sozialen Umwelt (Familie, Nachbarschaft, Öffentlichkeit), aber auch mit anderen Fachpersonen, die entsprechende Hilfen leisten (Mediziner, Pädagogen, Psychologen, Therapeuten u. Ä.).

P. Moor formuliert den Grundsatz:
„Wir haben nie nur das entwicklungsgehemmte Kind als solches zu erziehen, sondern immer auch seine Umgebung."
(Moor, 1999, 17)

Damit wird die soziale Umwelt des betroffenen Menschen als ein bedeutsames Feld der heilpädagogischen Einflussnahme festgelegt. In der Tat entsteht das Phänomen des Behinderungszustandes unter anderem aus den Reaktionen der Umgebung auf die Existenz des behinderten Menschen.

Fazit

Auf die Frage „Wer arbeitet mit wem?" lässt sich mit Moor antworten: Die Heilpädagogin mit Personen, die durch den Behinderungszustand beeinträchtigt bzw. mit ihm konfrontiert sind.

Wozu?

Diese Frage erfasst das **Anliegen** des heilpädagogischen Handelns. Die Antwort besteht darin – in Anlehnung an den drohenden Behinderungszustand als Grund des Einsatzes –, dieser Bedrohung entgegenzuwirken, und stellt ein übergeordnetes Anliegen dar. Dieses wird durch Erfüllung von mehreren konkreten Aufgaben verfolgt, die sich aus der Überprüfung der Möglichkeiten und Grenzen der betroffenen Person ergeben. Im Wesentlichen handelt es sich um Entfaltung ihrer Potenziale und Ressourcen (Entwicklungs- und Persönlichkeitsförderung, aber auch Erlernen von Fertigkeiten) zwecks Förderung einer selbstständigeren und eigenständigeren Alltagsbewältigung.

Fazit

Die Antwort auf die Frage „Wozu"? hat zwei Ebenen – eine übergeordnete (Behinderungszustand aufheben) und eine auf konkrete Ziele und Aufgaben ausgerichtete (die Person XY zu diesem Zwecke unterstützen, fördern, behandeln usw.). Die erste Ebene gibt die grundsätzliche Ausrichtung des heilpädagogischen Handelns vor und die zweite konkretisiert das erforderliche Tun im Einzelfall.

Was? Wie? Auf welche Art?

Diese Fragen beziehen sich auf die **Umsetzung des heilpädagogischen Anliegens bei einer konkreten Person**, die sich im Behinderungszustand befindet bzw. von der Entstehung dieses Zustandes bedroht wird. Sie vermitteln Orientierung beim Herangehen an diverse Aufgaben.

Was zu tun und zu verwenden ist, fragt nach Schritten und Mitteln des Handelns. Allgemein gesehen verläuft die Tätigkeit eines Heilpädagogen in folgenden aufeinander aufbauenden Phasen:

- den Ist-Zustand erfassen,
- den Soll-Zustand erfassen,
- die Annäherung an den Soll-Zustand planen und vorbereiten,
- die Pläne umsetzen,
- das Getane und Erreichte reflektieren und auswerten.

Phasenmodell

Diese Schritte stellen tragende Säulen einer professionellen Vorgehensstrategie dar. Sie werden im folgenden **Phasenmodell** veranschaulicht und anschließend im Einzelnen erörtert.

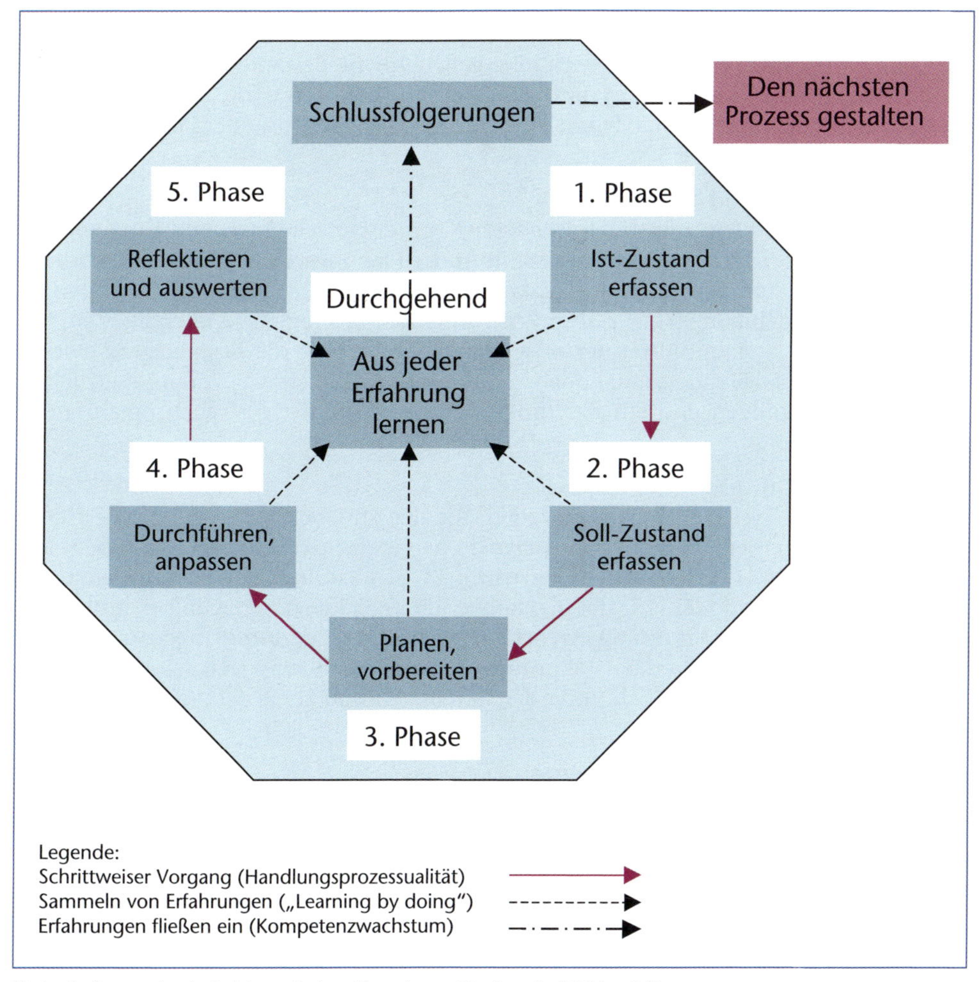

Verlaufsphasen des heilpädagogischen Vorgehens (Ondracek, 2004a, 34)

Erörterungen zu den einzelnen Elementen dieses Phasenmodells:

- 1. Phase: **Ist-Zustand erfassen**
  Es ist erforderlich, den Behinderungszustand im Kontext der Schädigung und Beeinträchtigung zu beschreiben (Formen, Ursachen, Zusammenhänge, Wirkung). Dabei sind die Vorgänge der Beobachtung und des *anamnestischen* Gesprächs sowie die *diagnostischen* Verfahren und Tests von wesentlicher Bedeutung.

- 2. Phase: **Soll-Zustand erfassen**
  Die bisher nur wenig bzw. noch nicht entfalteten Ressourcen müssen gesucht werden (nicht nur bei dem betroffenen Menschen mit Schädigung, sondern auch bei seiner sozialen Umwelt und im Bereich der technisch-organisatorischen Mittel und Maßnahmen). Hier stellen ebenfalls die Beobachtung und vor allem die heilpädagogische *Förderdiagnostik* das Hauptmittel dar.

  Die beiden ersten Phasen sind eng miteinander verknüpft: Aus den Ergebnissen der ersten ergeben sich unter anderem auch Hinweise auf das, was in der zweiten Phase besonders überprüft werden muss. Werden die Erkenntnisse über den Ist- und Soll-Zustand zusammengeführt, entsteht eine ganzheitliche Bestandsaufnahme der Lage im Sinne von Paul Moor: Nicht nur das Fehlerhafte bzw. Fehlende, sondern auch das Mögliche und zu Entfaltende wird sichtbar und kann folglich in der Planung berücksichtigt werden.

- 3. Phase: **Planen und Vorbereiten**
  Der Soll-Zustand kann nur durch Erledigung von entsprechenden und ganz konkreten Aufgaben erreicht werden. Diese sind in der Planungsphase zu formulieren, um sie dann nach Kompetenzen und Zuständigkeiten der zu beteiligenden Personen zu präzisieren und aufzuteilen. In Absprache unter den Beteiligten ist auch ein Zeitplan zu erstellen. Als Hauptmittel der Vorgehensweise ist hier die Besprechung zwecks interdisziplinärer Planung anzusehen. Erforderlich sind Kenntnisse der gesetzlichen Rahmenbedingungen und Finanzierungsgrundlagen, hilfreich ist auch organisatorisches Geschick.
- 4. Phase: **Durchführen und Anpassen**
  In dieser Phase werden Aufgaben erledigt, die der Annäherung an den Soll-Zustand dienen. Hier werden geplante heilpädagogische Tätigkeiten durchgeführt (üben, fördern, behandeln, beraten, assistieren usw.). Es ist allerdings auch erforderlich, die Flexibilität dabei zu wahren, denn manche anfänglichen Überlegungen und Pläne müssen aufgrund der Erfahrung aus der Umsetzung verändert und angepasst werden. Dem dient die durchgehende Überprüfung des Prozessablaufes und seiner Teilergebnisse. Regelmäßiger Austausch unter den Beteiligten und bei Bedarf auch Fallsupervision sind hier obligatorisch.
- 5. Phase: **Reflektieren und Auswerten**
  Sind die geplanten, veränderten oder zusätzlich formulierten Aufgaben erfüllt, ist zwar die Durchführungsphase beendet, jedoch noch nicht die ganze Arbeit getan. Es muss der gesamte Prozess reflektiert und ausgewertet werden. Zu diesem Zweck muss eine Bestandsaufnahme des Erreichten gemacht werden (Annäherung an den Soll-Zustand). Dabei sind immer auch die im Verlauf der Durchführungsphase aufgetauchten Hindernisse und Probleme zu erfassen. Vor dem Hintergrund dieser Evaluation können und sollen Schlussfolgerungen ausgearbeitet werden, die bei der nächsten Prozessgestaltung zu berücksichtigen sind.
- Durchgehende Aufgabe: **Aus jeder Erfahrung lernen**
  Heilpädagogisch zu handeln heißt, immer auch dazuzulernen. Dieser Verpflichtung dient das Hinterfragen von Prozessen, Personen (auch der Heilpädagogin), Situationen, Methoden, Techniken, Materialien und Theorien. Aus der Hinterfragung ergibt sich die Möglichkeit zu Wissenserweiterung (Bücher und Aufsätze), Präzisierung des methodischen Know-how, Vertiefung der Selbsterkenntnis und bewusster Selbststeuerung. Diese Chance zu nutzen, lässt sich durchaus als eine professionelle Pflicht des Heilpädagogen bezeichnen.

Beispiel
In ihrem Praktikumsbericht schildert Frau H., eine Heilpädagogin, die Erfahrung mit der Förderung eines Kindes. Sie hat sich an dem Phasenmodell orientiert, um mit der Aufgabe klarzukommen – sie sollte nach der Einarbeitung in einer Frühförderstelle eigenständig die Förderung eines Kindes übernehmen.

Angaben zum Kind: *E. ist ein fünfjähriger Junge, bei dem die Amtsärztin eine Entwicklungsverzögerung bei der Einschulungsuntersuchung diagnostiziert und der Familie die Inanspruchnahme heilpädagogischer Entwicklungsförderung empfohlen hat. E. ist ein stiller, zurückhaltender Junge, der sich wenig zutraut. Seit einem Jahr besucht er einen Kindergarten.*

Vorgehen der Heilpädagogin:

1. Phase: *Frau H. schreibt dazu Folgendes: „In der ersten Prozessetappe erfolgt die Analyse und Erfassung des Ist- und Soll-Zustandes bei E. Dazu wird nach dem Erstgespräch mit der Mutter ein Diagnostikverfahren durchgeführt […]" (Horn, 2003, 14).*

Konkret wurde ein Anamnesegespräch (bei der Familie zu Hause) durchgeführt. Die Eltern haben vorher einen Anamnesebogen ausgefüllt. Frau H. hat dadurch wichtige Erkenntnisse über die Entwicklungsgeschichte von E. erhalten, die allgemeine, soziale, biografische und familiäre Aspekte erfassen. Mit E. wurde ein Entwicklungstest durchgeführt (ET 6-6), mit dem die Entwicklungsbereiche Körpermotorik, Handmotorik, Gedächtnis, Handlungsstrategien, Kategorisieren, Körperbewusstsein, Ausdrucksfähigkeit, Interaktion mit Erwachsenen, Verhalten in der Gruppe, soziale Eigenständigkeit und emotionale Entwicklung erfasst werden.

Der erfasste ***Ist-Zustand:*** *E. ist das „Sorgenkind" der Familie – bedingt durch seine gesundheitlichen Probleme hat die Mutter starke Ängste um E. entwickelt und lässt ihn nicht alleine aus der Wohnung. Die Familie hat eine soziale Randstellung (Arbeitslosigkeit und Krankheit des Vaters), lebt zurückgezogen und fast ohne Kontakte zur Nachbarschaft. E. spielt gerne mit Karten und Büchern. Er ist nie Dreirad gefahren und kann noch nicht Rad fahren. Seine Hände benutzt E. nicht gerne, d.h., dass er kaum bastelt, schneidet oder malt und er traut sich kaum etwas zu. Im Kontakt mit größeren Kindern gibt er sich ängstlich. Der Test zeigt bis auf Gedächtnis, Kategorisieren und Expressivität in allen Entwicklungsbereichen einen Entwicklungsstand unterhalb der entsprechenden Altersnorm.*

2. Phase: *Die Förderschwerpunkte lassen sich am besten in Anlehnung an den Ist-Stand ableiten. Die Anamnese und der Entwicklungstest haben wichtige Hinweise auf noch nicht genutzte bzw. unterentwickelte Potenziale von E. gebracht. Im Gespräch mit ihm („Was wünschst du dir?") und den Eltern („Was halten Sie für erforderlich?") sucht, diskutiert und formuliert Frau H. schließlich die Förderungsziele.*

Der angestrebte ***Soll-Zustand:*** *Frau H. schreibt dazu Folgendes: „Die Förderung von E. soll in Absprache mit der Mutter auf das Ziel gerichtet sein, dass E. sicherer im Umgang mit anderen Kindern wird; neue, positive Erfahrungen [in Bezug auf Körper- und Handmotorik, A. d. V.] machen kann; Anregungen bekommt, wie er sich sprachlich mit anderen Menschen [Kindern, A. d. V.] auseinandersetzen kann" (Horn, 2003, 16).*

3. Phase: *In diesem Schritt wird ein Förderplan erstellt, der zur Annäherung an den Soll-Zustand führt. Bei E. hat Frau H. folgende Schwerpunkte ihres Einsatzes festgelegt (Horn, 2003, 17 ff.): Förderarbeit mit E. im Einzel- und Gruppenrahmen, Arbeit mit seiner sozialen Umwelt (Elterngespräche, Kooperation mit dem Kindergarten), regelmäßige Reflexion im Team, abschließende Bestandsaufnahme des Erreichten und Evaluation des Förderungsprozesses. Die Terminabsprache (in Anlehnung an die Raumverteilung) und die Einschätzung des gesamten Förderzeitrahmens (in Anlehnung an die Kostenzusage) sind ebenfalls geklärt. Die Inhalte und Formen der motorischen und sozialen Förderung stehen ebenfalls fest (Bewegung, Kleingruppenrahmen).*

4. Phase: *Das Geplante wird nun umgesetzt. Über die Arbeit mit E. schreibt Frau H. Folgendes: „In den ersten Förderstunden ist mir der Aufbau einer Beziehung zu E. sehr wichtig. […] Da E. im motorischen Bereich Erfahrungen fehlen, wähle ich einen Raum, der vielfältige*

Bewegungsmöglichkeiten bietet. [...] Die Ermutigung zum Kontakt mit anderen Menschen findet in Förderstunden statt, die gemeinsam mit einem gleichaltrigen Jungen ablaufen [...]" (Horn, 2003, 19f.).

Die Gespräche mit Eltern und im Kindergarten laufen regelmäßig. Sie fördern den Erfahrungsaustausch und führen zur „vereinigten" Unterstützung der Kindesentwicklung. In Teamgesprächen berichtet Frau H. über die Arbeit und reflektiert den Verlauf.

5. Phase: *Hier findet eine Rückschau auf Verlauf und Ergebnisse der durchgeführten Arbeit statt. Frau H. schreibt dazu Folgendes: „In dieser Prozessetappe [...] muss ich den erreichten Entwicklungsstand von E. mit dem Anfangszustand vergleichen. [...] Zum Ende der Förderung habe ich den Wiener Entwicklungstest eingesetzt, da ich den für kindgerechter, aber anspruchsvoller halte [...], erkennbar wird, dass E. im motorischen Bereich immer noch der Altersnorm nicht entspricht [...], im sozial-emotionalen Bereich zeigte sich [...] eine altersentsprechende Entwicklung [...], jedoch braucht er hier oft die Unterstützung durch einen Erwachsenen" (Horn, 2003, 25). Die eigene Vorgehensweise hat sie ebenfalls reflektiert: „In den Gesprächen mit der Mutter habe ich oft Ratschläge erteilt. Hier wünsche ich mir für die Zukunft, die Eltern stärker zu unterstützen, eigene Lösungen zu finden [...]" (Horn, 2003, 26). Die Zusammenarbeit mit dem Kindergarten hat zu Folgendem beigetragen: „[...] die Erzieherin konnte [...] anders auf E. eingehen und ihn in seiner sozial-emotionalen Entwicklung unterstützen [...]" (Horn, 2003, 27).*

Die Lehren aus der Erfahrung: *Neben der oben genannten Absicht, die Arbeit mit Eltern weniger mit Ratschlägen und mehr mit Suche nach deren eigenen Lösungsmöglichkeiten zu gestalten, hat Frau H. noch Folgendes festgestellt: „Die Frühförderarbeit mit E. verlangte von mir nicht nur Fachwissen und methodisches Know-how ab, sondern auch die Fähigkeit, Beziehung herzustellen, Engagement für das Kind zu zeigen und Organisationsfähigkeit. [...] Ein besonderes Feld meiner persönlichen Entwicklung war, die Kritikfähigkeit zu üben und meine Meinung vertreten zu lernen [...]" (Horn, 2003, 28).*

Fazit

An dieser Erfahrung wird deutlich, wie hilfreich es ist, eine Orientierungshilfe für die Praxis zu haben. Das Phasenmodell hat es der Heilpädagogin ermöglicht, ihre Vorgehensweise zu strukturieren und die gestellte Aufgabe zu erfüllen. Zwar ist das geplante „Soll" nicht vollständig erfüllt (die Motorik bei E. ist am Ende der Förderung noch nicht altersgemäß entfaltet), jedoch wird im Ganzen erkennbar, dass die Entwicklung des Kindes angeregt ist und dass das Kind auf diesem Gebiet Fortschritte macht.

Wie? fragt nach der **Vorgehensweise** bei konkreten Methoden und Ansätzen. Die Antwort lautet **methodisch kompetent** und bezieht sich auf die eher **allgemeinen Gesichtspunkte des Handelns:** orientiert, aufgabenbezogen, sachlich, korrekt und sicher, reflektierend und kritisch. Im Grunde genommen geht es darum, eine bestimmte Methode oder einen methodischen Ansatz **gekonnt durchzuführen**. Dies gelingt, wenn die situativen Bedingungen den Erfordernissen der Anwendung ausgewählter Vorgänge entsprechen, wenn das Handeln sich nach den entsprechenden Prinzipien richtet, wenn die einzelnen Schritte in der vorgegebenen Reihenfolge sowie präzise ausgeführt und wenn die erforderlichen Hilfsmittel korrekt eingesetzt werden.

Die Frage **„Auf welche Art?"** bringt die **Wichtigkeit der Beziehung** zwischen den beteiligten Personen zum Ausdruck. Sie ist deshalb wichtig, weil sie die **Wirksamkeit der**

eingesetzten Techniken und Interventionen wesentlich bedingt. Die Antwort lautet: „So, dass mein Gegenüber sich im Kontakt mit mir angenommen und wohl fühlt. Dann wird es eher bereit sein, das, was ich anbiete und mache, anzunehmen." Es ist deutlich, dass es hier um Faktoren geht, die das **Befinden** und das **Verhalten** beeinflussen: **Persönlichkeit, Einstellung und Selbstverständnis des Heilpädagogen**. Also darum, wie er ist, wie er sich im Kontakt mit dem behinderten Menschen gibt und wie er die Kommunikation, Interaktion und Beziehung mit ihm gestaltet.

Beispiel
Stellen wir uns vor, dass das Verhalten der Heilpädagogin XY dem Aufbau einer respektvollen und partnerschaftlichen Beziehung zu dem geistig behinderten Herrn AB im Wege steht – sie respektiert ihn nicht, weil er ihr zu fordernd vorkommt, und er mag sie nicht, weil er ihre ablehnende Haltung spürt.

In diesem Fall werden mit hoher Wahrscheinlichkeit die von der Heilpädagogin XY verwendeten Methoden bzw. Techniken und Interventionen nicht das bewirken, was sie bei einer guten Beziehung bewirken könnten. Denn eine menschlich annehmbare und fachlich korrekte Verhaltensart kann die Wirksamkeit der Methoden, Techniken und Interventionen durchaus verstärken. Von diesem Blickwinkel her betrachtet stellt sie einen persönlichen „methodischen Katalysator" dar.

Eine Antwort auf die Frage nach der Art und Weise kann hier nur im Sinne eines Hinweises auf die positive bzw. negative Wirkung von Haltung und Beziehung auf die Interaktion gegeben werden. Konkretes **Auftreten** bzw. **Verhalten** dem zu betreuenden Menschen gegenüber bleibt **immer eine persönliche** und folglich nicht von außen zu bestimmende Angelegenheit der Heilpädagogin. Zwei **Merkmale der positiv wirkenden Art** sind von grundlegender Bedeutung:

- **Offen und transparent** zu sein ermöglicht dem Kommunikations- und Interaktionspartner eine Orientierung in der Frage: „Wer bist du, mit wem habe ich es hier zu tun?" Die Einschätzbarkeit der Heilpädagogin ermutigt ihr Gegenüber zur Kontaktaufnahme, erzeugt ein sicheres Gefühl, ermöglicht positives Erleben der Interaktion und trägt unter anderem auch zu einer tragfähigen Beziehung bei.
- **Sicher, motivierend und überzeugend** wirkt ein Mensch dann, wenn er in sich selbst orientiert, annehmend, ehrlich, verbindlich und zuverlässig, fachlich orientiert sowie aufgaben- und sachbezogen, engagiert, belastbar und ausdauernd, kooperierend und ermutigend, reflektierend sowie kritisch bzw. selbstkritisch ist.

E. Kobi hält in Anlehnung an Martin Buber eine **Ich-Du-Beziehung** in der heilpädagogischen Arbeit für die wichtigste Voraussetzung der positiven Wirksamkeit. Deshalb betont er, dass das heilpädagogische Handeln nicht so viel auf bestimmte Tätigkeiten, sondern vor allem auf den Aufbau einer **fördernden Beziehung** ausgerichtet werden muss (vgl. Kobi, 1993, 73 ff.).

An dieser Stelle noch eine Anmerkung: Die heilpädagogische Arbeit soll immer **kommunikativ, dialogisch, beziehungsorientiert und ganzheitlich** ausgerichtet werden und auf der Basis der pädagogisch-therapeutischen Wirkung den zu betreuenden Menschen bei der Entwicklung von **Fertigkeiten zur Lösung von Problemen** unterstützen. Dabei ist das Wort „problemlösend" nicht auf die irreparable Schädigung bzw. Behinderung ausgerichtet. Vielmehr ist hier die beeinträchtigende Begleitproblematik gemeint: Verhalten, Interaktion, Alltagsbewältigung u. Ä. In diesem Sinne wirken sich neben der Förderung von Handlungsfertigkeiten auch

- das Erleben einer tragfähigen und belastbaren **Beziehung**,
- die Möglichkeit zur **Selbstbestimmung** und zur **Einflussnahme** auf das Geschehen im sozialen Umfeld,
- die Stabilisierung des **Selbstwertgefühls und -vertrauens** sowie
- die **Normalisierung** des Alltags aus.

Vom didaktischen Blickwinkel her lassen sich diese Aspekte als (Teil-)Ziele der heilpädagogischen Arbeit betrachten, obwohl sie methodisch gesehen zugleich **starke Wirkungsmittel** sind und als solche auch auf mannigfaltige Art und Weise eingesetzt werden. In der Gesamtheit tragen sie wesentlich zur **Steigerung der Lebensfreude und -zufriedenheit** von Menschen in beeinträchtigter Lage bei. Und gerade diese Tatsache trägt einer alten Wahrheit Rechnung: Wer ein Mehr an Zufriedenheit im Alltag erlebt, der hat und macht weniger Probleme, als wenn er mit sich, den anderen und der Welt unzufrieden wäre.

Fazit

Aus dieser Wirkung kann neben all den oben genannten Merkmalen ein einfaches Kriterium für die Überprüfung der positiven Wirksamkeit des heilpädagogischen Handelns abgeleitet werden: „Die Tatsache, dass bei den zu betreuenden Menschen Freude, gute Laune und Zufriedenheit herrschen, signalisiert bzw. beweist ein gutes Gelingen der heilpädagogischen Arbeit."

Überlegungen und Versuche

1. ***Inwieweit gestalten Sie Ihr Tun planmäßig? Vermutlich gehen Sie in Ihrer Arbeit überlegt vor – jeder Heilpädagoge müsste eigentlich für die alltägliche Arbeit ein eigenes System der Orientierung und Planung entwickeln, sonst kann er seine Aufgaben nicht zufriedenstellend erfüllen.***

   Lassen Sie also Ihren Einsatz in einem konkreten Fall Revue passieren und schreiben Sie die einzelnen Schritte Ihres Vorgehens auf. Vergleichen Sie dann Ihre Vorgehensweise mit dem oben genannten Phasenmodell. Notieren Sie Ihre Meinung zu folgenden Aspekten und begründen Sie diese:

   - ***Welche Schritte tun Sie bereits, welche tun Sie noch nicht?***
   - ***Beinhaltet Ihre Vorgehensweise Schritte/Etappen, die Sie im Phasenmodell nicht finden können?***
   - ***Was würden Sie aus dem Phasenmodell herausnehmen und was würden Sie in das Phasenmodell zusätzlich aufnehmen?***

2. ***Schätzen Sie ein, wie Ihre persönliche Art und Weise im Umgang mit behinderten Menschen ist. Wo würden Sie Ihr Auftreten/Verhalten auf der Achse „Hinderlich" – „Förderlich" für die Aufgabenerledigung bei einer konkreten Person aus Ihrem Berufsalltag einordnen? Das Hauptkriterium für die Einschätzung der Förderlichkeit ist die Kooperationsbereitschaft dieser Person z.B. bei der Körperhygiene. Die hinderliche Wirkung lässt sich dagegen an der Abwehr dieser Person gegen das Gewaschenwerden erkennen.***

Person: ....

Mein Verhalten dieser Person gegenüber wirkt sich auf ihre Kooperationsbereitschaft bei der Aufgabenerledigung eher

hinderlich 5 3 0 3 5 förderlich

aus. Die Zahl 5 bedeutet „stark", die Zahl 3 „mittel" und die Zahl 0 „weder – noch".

Sollte Ihnen etwas an Ihrer eigenen Art und Weise noch aufbauwürdig vorkommen, notieren Sie hier, was es ist und was Sie sich vornehmen.
Folgenden Aspekt meines Auftretens gegenüber dieser Person will ich gezielt entfalten (Beziehung erleben lassen; Selbstbestimmungs- und Einflussnahmemöglichkeit; Selbstwertgefühl und -vertrauen stärken; Alltag normalisieren):

....

....

....

5.3 Methodische Ansätze

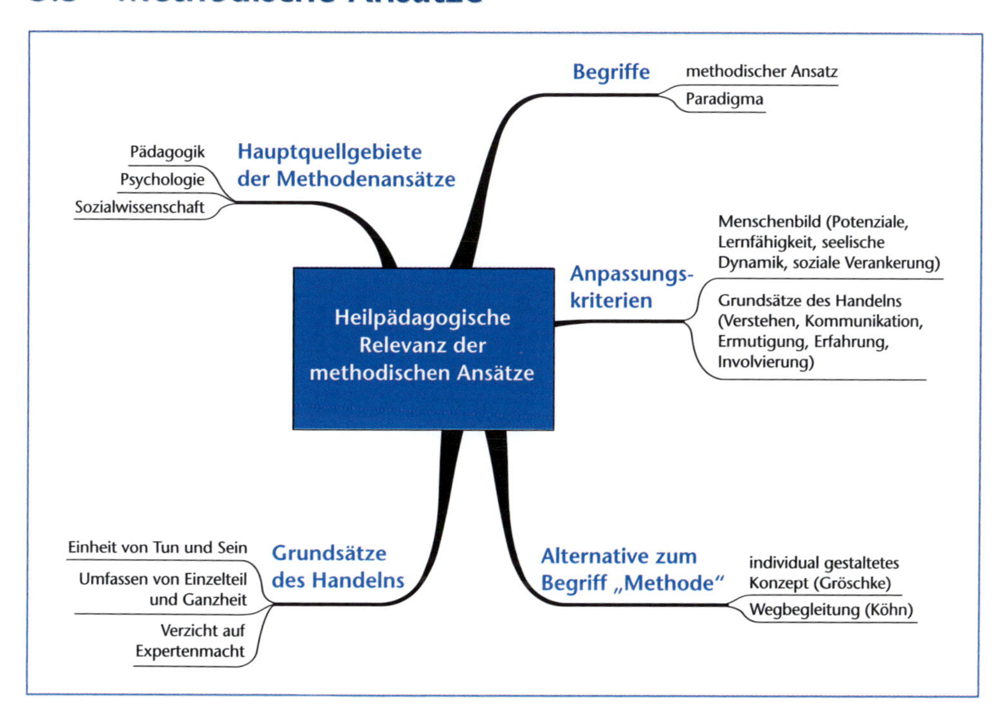

Wie schon im vorherigen Teil dargestellt, ist unter dem Begriff **Methodenansatz** die theoretische Grundlage für eine solche Betrachtungs-, Verstehens- und Vorgehensweise zu verstehen, die den Prinzipien eines bestimmten Paradigmas (z. B. einer psychologischen Ausrichtung) entspricht.

Als **Paradigma** wird in der Wissenschaftstheorie das verstanden, was einer Gemeinschaft von Fachleuten eines wissenschaftlichen Spezialgebiets gemeinsam ist:

- Grundbegrifflichkeit (erleichtert Kommunikation),
- Überzeugungen (ermöglicht Auswahl, Bewertung und Kritik an Fragestellungen, Methoden, Problemlösungsstrategien usw.),
- Absolutisierung eines bzw. mehrerer Aspekte der Wirklichkeit (schafft den Eindruck des Wissensmacht),
- Tendenz zu Verallgemeinerungen, gemeinsamen Werten und veranschaulichenden Musterbeispielen (erzeugt den Eindruck der Geschlossenheit).

Diese Elemente werden allerdings weder begrifflich noch theoretisch, instrumentell oder methodologisch reflektiert, sondern ungeprüft vorausgesetzt. Folglich stellt ein Paradigma keine objektive Realitätsbeschreibung, sondern ein die Wirklichkeit interpretierendes gedankliches Konstrukt dar.

In der Heilpädagogik werden methodische Ansätze insbesondere aus der **Pädagogik** und **Psychologie** als relevant angesehen und ihre Methoden (Erziehungsprinzipien, psychotherapeutische Schulen, Beratungsvorgänge usw.) dem heilpädagogischen Anliegen angepasst, um den beeinträchtigten Lebenslagen entgegenzuwirken. Es geht also nicht um eine bloße Übertragung von bekannten und auf dem jeweiligen Gebiet des Methodenansatzes bewährten Methoden bzw. Verfahren. Sie müssen durch heilpädagogisch relevante soziale und ethische Wert- und Sinnaspekte, aber auch um biologisch-medizinische Aspekte „angereichert" werden. Diese Anpassung ist erforderlich, da der Heilpädagoge über Methoden, Verfahrensweisen und Interventionen verfügen muss, die es ihm ermöglichen, unter erschwerten Bedingungen Lern-, Entwicklungs- und Alltagsbewältigungsprozesse in Gang zu bringen, die Integrität der Persönlichkeit des zu betreuenden Menschen zu stärken und unter Umständen auch eine Verbesserung seines Gesundheitszustandes zu bewirken (vgl. Hornáková, 2004, 110f.).

Die Suche nach heilpädagogisch relevanten methodischen Ansätzen gestaltet sich auch deshalb schwierig, weil es die eine Methode für eine bestimmte Problemlage nicht gibt. Meistens sind weder das Setting noch die Vorgehensweise, die – rein technologisch gesehen – in einer ganz bestimmten Reihenfolge von Schritten angewandt werden muss, ohne Weiteres im heilpädagogischen Alltag so einsetzbar, wie dies in deren Ursprungsfeld üblich ist. Eine wirksame Hilfe, die in dieser Angelegenheit die DMdHP zu leisten hat, besteht in der Formulierung von Kriterien, die den Methoden und Vorgehensweisen eine **Anpassungsfähigkeit** an die **heilpädagogischen Handlungserfordernisse** bescheinigen. Im Wesentlichen handelt es sich um folgende Aspekte:

- Die **Auffassung des Menschen** als ein Wesen, welches mit Potenzialen, Lernfähigkeit, seelischer Dynamik ausgestattet und ein untrennbarer Bestandteil seiner Umwelt ist.

- Dieser Auffassung entsprechende **Merkmale des heilpädagogischen Handelns:** verstehensorientiert, kommunikativ, ermutigend, Erfahrung fördernd, *involvierend.*

Von diesen Aspekten ausgehend, erscheinen weder die Methoden noch die Techniken für die Heilpädagogik als primär (gleichwohl sie auch wichtig sind, nur eben in der zweiten Reihe). Die „Entbeeinträchtigung" einer beeinträchtigten Lebenslage ist vor allem auf die interaktiven Begegnungen zwischen der Heilpädagogin, dem zu betreuenden Menschen und seiner sozialen Umwelt zurückzuführen.

D. Gröschke spricht z. B. nicht von Methoden, sondern von **heilpädagogischen Konzepten**. Darunter sind an konkrete Personen gebundene Komplexe aus Fachwissen, Werten, Normen, Haltungen, Orientierungen, Zielen, Interventionen und Tätigkeiten zu verstehen, die – je nach der Lage – aus methodischen Ansätzen, Methoden und Techniken dasjenige übernehmen, was für die angestrebte „Entbeeinträchtigung" der Lebenslage eines konkreten Menschen mit Behinderung erforderlich und hilfreich ist (vgl. Gröschke, 1989, 49 ff.).

Diese Auffassung ergibt schon deshalb einen Sinn, weil die Zielgruppen der Heilpädagogik sehr mannigfaltig sind – Kinder, Jugendliche, Erwachsene oder alte Menschen. Das, was sie verbindet, ist die beeinträchtigte Lebenslage. Diese Lage ist auch sehr mannigfaltig – organische Schädigung, chronische Erkrankung, Entwicklung blockierender Einfluss der sozialen Umwelt. Aus diesem Grund kann der Heilpädagoge nicht nur Methoden und Vorgänge der Erziehung bzw. nur die der Behandlung oder der Entwicklungsförderung verwenden. Ihre methodische Ausstattung muss auch mannigfaltig sein.

Der Grundton heilpädagogischer Tätigkeit lässt sich mit W. Köhn als **„Wegbegleitung"** bezeichnen. Die Heilpädagogin geht mit dem zu betreuenden Menschen ein Stück seines Lebensweges, indem sie ihn pflegt, erzieht, ermutigt, fördert, behandelt usw., aber vor allem ihm eine verlässliche und tragfähige Beziehung anbietet und um sein körperliches, seelisches, geistiges und soziales Wohlergehen sorgt. Im gemeinsamen Tun entwickelt sich ein „maßgeschneidertes", d. h. **auf den begleiteten Menschen bezogenes Unterstützungskonzept**, welches eine **gegenseitige persönliche Bezogenheit** der Beteiligten aufweist.

- Dieses Merkmal charakterisiert auch die psychotherapeutische Situation, in der eine Person (Therapeut) Einfluss auf eine andere Person (Klient) nimmt, um bei ihr Lern- und Erkenntnisprozesse sowie Einstellungs- und Verhaltensänderungen zu fördern. Folglich sind die **methodischen Ansätze der Psychotherapie** für eine Anpassung an die Erfordernisse der heilpädagogischen „Wegbegleitung" durchaus geeignet.
- Ebenfalls die Methoden der sogenannten **funktionellen Therapie** sind heilpädagogisch relevant, denn die Ertüchtigung von Organen und die Verbesserung von Funktionsabläufen stellen unter anderem auch eine wichtige Aufgabe der heilpädagogischen Entwicklungsförderung dar. Im Unterschied zur „rehabilitativ-fördermechanischen" Verwendung findet die Übungsarbeit in der Heilpädagogik immer im Rahmen des personalen Bezugs statt.
- Aus der Ebene des **pädagogischen Ansatzes** (Erziehung und Bildung) hat in der heilpädagogischen Praxis eine feste Position die Verwendung von **Spiel, Übung und Unterricht**. Es handelt sich um eine wichtige Form der heilpädagogischen Einflussnahme im Einzel- und/oder Gruppenkontext. Als pädagogische Methoden regen sie vor allem die Lern- und Entwicklungsprozesse an und halten sie in Gang, um die Ausbildung und Festigung von Fähigkeiten bzw. Fertigkeiten zur Alltags- und Lebensbewältigung zu fördern.

Einem wichtigen Kriterium müssen alle für die heilpädagogische Praxis angepassten Methoden, Vorgänge und Interventionen standhalten: Sie müssen das ermöglichen, was nur ein **Erleben des Seins im zwischenmenschlichen Bezug** geben kann: dass der Mensch in beeinträchtigter Lebenslage sich als ein Mitmensch erlebt und damit eine grundlegende Sinngebung seiner Existenz erfährt (vgl. Köhn, 1998, 561 ff.).

Die heilpädagogische Relevanz der anzupassenden methodischen Ansätze ist auch daran zu messen, ob in den Methoden, Techniken und Interventionen folgende **Grundsätze** gelten:

- **Untrennbarkeit von Tun und Sein:** Weder nur das pädagogisch-behandelnde Tun noch nur das handlungsfreie bejahende Sein alleine dürfen das Verhalten des Heilpädagogen bestimmen. Beides gekoppelt ist erforderlich – „Ich erkenne dich als Person an, bin bei dir (sein) und mache dies/jenes, um das zum Ausdruck zu bringen (tun)."
- **Untrennbarkeit von Einzelteil und Ganzheit:** Das Einzelne muss von der Heilpädagogin immer im Kontext umfassender Zusammenhänge gedacht, verstanden und gehandhabt werden – „Wie wird die organisch bedingte geistige Behinderung (Einzelteil) von dir, deiner Familie, den Nachbarn, der Gesellschaft erlebt und bewertet (Ganzheit)? Welche beeinträchtigende Folgen hat es für dich (Einzelteil)?
- **Absage an professionellen Herrschaftsanspruch:** Weder der Mensch in beeinträchtigter Lebenslage noch seine nahe soziale Umwelt dürfen Objekte der Wissens- und Machensmacht des Heilpädagogen werden. Er darf die subjektive Befindlichkeit und das Handeln der Betroffenen keineswegs als ein Beweis der nichtprofessionellen Inkompetenz betrachten – „Wie erlebst du die Beeinträchtigungen, wie gehst du mit ihnen um? Was ließe sich noch verändern? Lass uns das gemeinsam klären und daran arbeiten (vgl. Müller, 1991, 226ff.)."

Im Folgenden werden kurz einige ausgewählte methodische Ansätze dargestellt, die den oben dargestellten Auffassungen, Merkmalen und Grundsätzen heilpädagogischer Relevanz entsprechen und sich bereits in der heilpädagogischen Praxis als eine ergiebige Quelle für anpassungsfähige Methoden, Techniken und Interventionen bewährt haben. Als Hintergrund der Darstellung dient die Frage: „Welche Theorien und Modelle des pädagogischen bzw. psychologischen Ansatzes könnten für das heilpädagogische Handeln nützlich sein?"

5.3.1 Fachgebiet der Pädagogik

Als das Wesentliche des pädagogischen Ansatzes lässt sich mit H. Nohl die Beziehung zwischen dem Pädagogen und dem Kind betrachten (Klafki u.a., 1974, 58 ff.). Nohl spricht vom pädagogischen Verhältnis und versteht darunter eine zwischenmenschliche Beziehung eines reifen Menschen zu einem werdenden Menschen. Die Erziehung ist prozessualer Ausdruck eines pädagogischen Bezugs und weist besondere Merkmale auf:

Dienlichkeit
Erziehung geschieht um des zu Erziehenden willen (Dienlichkeit). Der erziehende erwachsene Mensch muss alles, was er tut (aber auch die Ansprüche der Gesellschaft, Schule, Berufsausbildungseinrichtungen, Kirche usw., die einen Einfluss auf den zu erziehenden Menschen haben), an diesem Kriterium messen: Dient das bzw. dienen die Ansprüche dem jungen Menschen, oder geht es hier nur um die eigenen Interessen bzw. Zwecke anderer Menschen, Gruppen bzw. Institutionen? Bei diesem Kriterium lässt sich auch von „pädagogischer Verantwortung" des Erziehenden sprechen.

Normen- und Wertewandel
Erziehung unterliegt dem Normen- und Wertewandel (Ziele werden stets neu definiert). Die Aufgabe, alles um des zu Erziehenden willen zu tun, lässt sich nur im Kontext der Entwicklung und des aktuellen Hintergrunds der pädagogischen Verantwortung lösen.

Diese unterliegt dem historischen Wandel und muss folglich von den Erziehenden immer wieder überprüft und neu diskutiert werden. Ein simples Beispiel: Die Art, wie die Heilpädagogin als Mutter und Fachfrau mit ihren eigenen Kindern und mit den zu betreuenden Menschen umgeht, unterscheidet sich von dem pädagogischen Stil ihrer Eltern und noch mehr von dem ihrer Großeltern.

Wechselwirkung
Pädagogisches Verhältnis hat einen Wechselwirkungscharakter (beidseitige Einflussnahme). Es geht um Interaktion. Der zu Erziehende ist kein nur reagierendes, aufnehmendes, zu beeinflussendes Objekt der pädagogischen Wirkung, sondern ein aktiver Mitgestalter der Situation – er wirkt auf den erziehenden Erwachsenen zurück. Gleichwohl ist die Wirkungsbedeutung eine unterschiedliche. Für den zu Erziehenden ist die Zuwendung des erziehenden Menschen eine notwendige Bedingung seiner Entwicklung in körperlicher, intellektueller, emotionaler und sozialer Hinsicht. Das Angenommen- und Anerkanntwerden, die Hilfen und Anregungen seitens der Pädagogin helfen ihm aufzuwachsen. Dazu muss der zu Erziehende auch bereit sein, sich auf diese Zuwendung einzulassen – also Vertrauen zu dem erziehenden Menschen entwickeln. Er kann das jedoch nur, wenn er von dem Pädagogen bejaht und mit Vertrauen in seine Potenziale und Entfaltungsmöglichkeiten zur Kooperation „eingeladen“ wird. Nur wenn dies gelingt, kann der Pädagoge seine Aufgabe erfüllen.

Natürlichkeit, Ergebnisoffenheit
Ein pädagogisches Verhältnis kann vom Erzieher nicht erzwungen werden (Natürlichkeit, Ergebnisoffenheit). Wie in jedem Verhältnis sind auch in der pädagogischen Beziehung irrationale Faktoren im Spiel, wie Sympathie und Antipathie, auf die nur sehr selten die Beteiligten einen direkten Zugriff haben. Dies wirkt sich auf die Interaktion und insbesondere auf den Prozess der Vertrauensbildung aus. So gesehen, steigt sowohl der zu Erziehende als auch die Pädagogin in das pädagogische Verhältnis ein, ohne zu wissen, ob es gelingt, eine tragende Basis für die oben genannte positive Wechselwirkung zu schaffen, und was ihre Beziehung am Ende hervorbringt. Nohl meint dazu, dass wenn der pädagogische Bezug nicht gelingt, die Pädagogin versuchen muss, den zu Erziehenden an jemand anderen zu binden, statt gekränkt zu sein oder sogar das Misslingen dem zu betreuenden Menschen anzulasten.

Zeitliche Begrenztheit
Ein pädagogisches Verhältnis ist vorläufig (zeitliche Begrenzung). Die professionelle Beziehung strebt nicht nach Verstärkung und Dauerhaftigkeit. Ihr Charakteristikum ist, sich überflüssig zu machen und zu lösen. Dies bedeutet eine eindeutige Ausrichtung auf die Stärkung der Eigenständigkeit und Unabhängigkeit des zu Erziehenden. Dies gelingt nur, wenn er in der Interaktion mit dem Pädagogen zunehmend stärker auf sich selbst gestellt wird und immer größere Mitbestimmungsmöglichkeiten sowie Entscheidungsspielräume bekommt. Somit wird dem Hauptanliegen des pädagogischen Verhältnisses Rechnung getragen – bei dem zu betreuenden Menschen schon von Anfang an die Entwicklung von Selbstständigkeit und Mündigkeit zu fördern.

Individueller Zugang
Im pädagogischen Verhältnis darf der junge Mensch so sein, wie er ist, und der Erzieher fördert ihn nach seinen Möglichkeiten (individueller Zugang). Dies bedeutet eine doppelte Orientierung des Handelns. Einmal steht der zu Erziehende so da, wie er hier und heute ist, d. h. mit dem, was er jetzt kann oder nicht kann, was ihn jetzt interessiert oder nicht interessiert, wie er sich tatsächlich verhält – also mit seiner gegenwärtigen Wirklichkeit. Andererseits bezieht sich das pädagogische Wirken immer auch auf seine

Zukunft, d.h. auf die noch nicht verwirklichten Möglichkeiten, auf das, was sein könnte, auf die Suche nach Potenzialen und auf deren Entfaltung. Die Pädagogin muss demnach sowohl mit dem zu betreuenden Menschen in seiner aktuellen Lage umgehen können wie auch mit seiner Entwicklung und Entfaltung (vgl. Klafki u.a., 1974, 58 ff.).

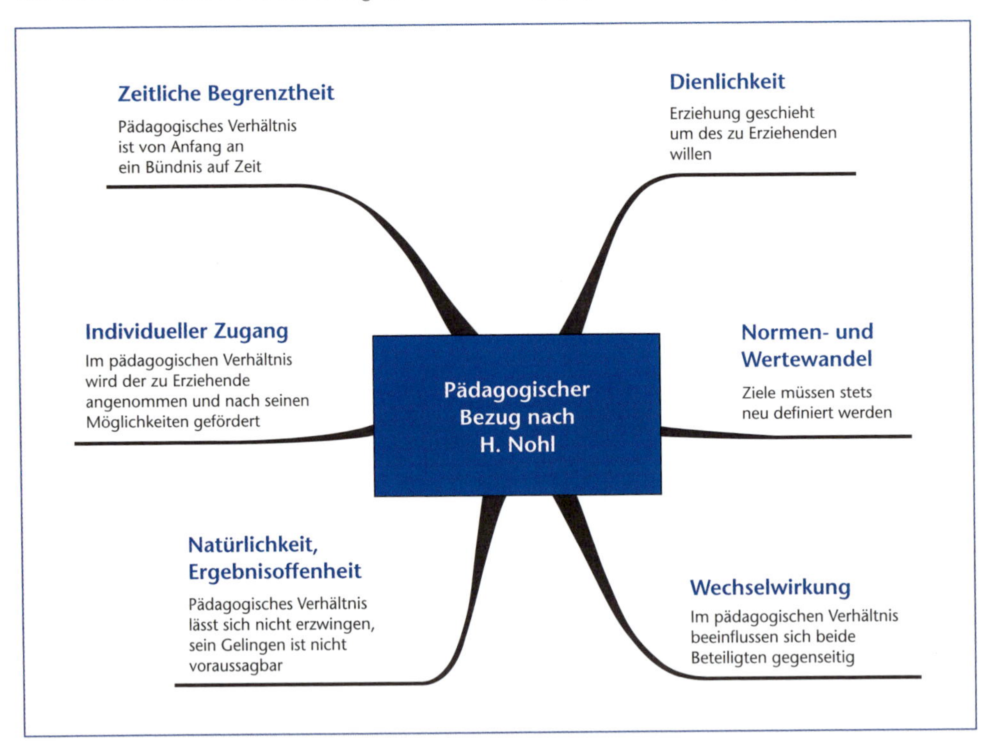

Insbesondere hinsichtlich der in der Heilpädagogik vordergründigen Beziehungsgestaltung erweisen sich diese Merkmale – trotz ihrer reformistisch-idealistischen Note – als durchaus nutzbar. Greving und Niehoff haben sie vom Blickwinkel der heutigen Erfordernisse durchgearbeitet und nach Anhaltspunkten einer gelungenen Beziehungsgestaltung in der Arbeit mit behinderten Menschen abgesucht. Die gefundenen Hinweise wurden dann mit gegenwärtigen Fachbegriffen bezeichnet und in einen heilpädagogischen Handlungszusammenhang gebracht. Es ist erstaunlich, wie aktuell die Ansichten von Nohl aus dem Jahre 1933 erscheinen, wenn sie auf diese Art und Weise in den heutigen heilpädagogischen Kontext gebracht werden (vgl. Greving/Niehoff, 2009b, 18f., hier bearbeitet und weiter präzisiert):

- **Respekt und Partnerschaftlichkeit**

  Nicht als Heimbewohnerin oder Behinderte, sondern grundsätzlich als Person muss der Mensch in beeinträchtigter Lebenslage von der Heilpädagogin angesehen und angesprochen werden. Dies äußert sich in der Form der Anrede und in der Art der Umgangsformen.

  Die alltäglichen Aufgaben dürfen nicht nach dem Motto „schnell und gekonnt", also ohne den zu betreuenden Menschen erledigt werden, sondern sind grundsätzlich in Zusammenarbeit mit ihm zu verrichten (gemeinsames Tun). Dabei unterstützt die Heilpädagogin ihn zwar tatkräftig, jedoch nur so weit, wie er es braucht und will.

- **Transparenz, Offenheit, Eindeutigkeit**

  Es geht darum, dass nicht nur die organisatorischen Regelungen, sondern auch die pädagogischen Absichten des Heilpädagogen für die zu betreuenden Menschen erkennbar, unmissverständlich und nachvollziehbar sein müssen. Deshalb ist es erforderlich, dass er entsprechend transparent auftritt und kommuniziert.

  Offenheit ist für die Beziehungsgestaltung wichtig. Diese gelingt eher, wenn der Heilpädagoge sich selbst als Person einbringt – ehrlich, unverstellt und eindeutig. Vorgespielte Fröhlichkeit wird von den zu betreuenden Menschen ziemlich schnell als Täuschung enttarnt, genauso wie ein Lippenbekenntnis im Sinne „Ich mag dich", hinter dem die entsprechende Haltung fehlt.

  Sich in der Interaktion offen und ehrlich zu geben bedeutet jedoch nicht, dass der Heilpädagoge sein Gegenüber mit „seelischem Harakiri" (tief gehende Selbstanalyse) belasten darf. Der Mensch in beeinträchtigter Lebenslage ist nicht sein Psychoanalytiker! Auch ist gut, zu wissen, dass in manchen Situationen professionelle Zurückhaltung erforderlich ist – insbesondere wenn es um das Loslassen und die Auflösung der Beziehung geht.

- **Gleichwertigkeit**

  Nimmt die Heilpädagogin den Menschen in beeinträchtigter Lebenslage als prinzipiell gleichwertige Person und gleichwürdiges Wesen wahr und an, kann sie ihn akzeptieren, mit ihm partnerschaftlich sowie kooperativ umgehen und nimmt sich selbst weniger wichtig. Die Folge: Das gemeinsame Tun gelingt besser, die Interaktion wird weniger durch Auseinandersetzungen belastet und die Verwendung von Machtmitteln erübrigt sich. Diese Auswirkung der gelebten Gleichwertigkeit erhöht deutlich die Chance, dass die gemeinsam verbrachte Zeit positiv erlebt wird.

- **Bescheidenheit**

  Genauso wenig, wie der Heilpädagoge eine Beziehung von dem zu betreuenden Menschen erzwingen kann, gelingt es ihm, dessen Überzeugungen und Verhalten nach seiner Vorstellung zu verändern. Deshalb ist hier in Bezug auf Ziele und Vorstellungen professionelle Bescheidenheit angesagt. Sie ist als der gesunde Gegenpol von der meistens in die Sackgasse des sogenannten „Ausbrennens" führenden Experten-Omnipotenz zu betrachten. Trotzdem kann und muss der Heilpädagoge Einfluss nehmen. Ausgehend von der oben genannten Auffassung der heilpädagogischen Tätigkeit als Wegbegleitung, ist er aufgefordert, solche Bedingungen zu schaffen, die es dem Menschen in beeinträchtigter Lebenslage ermöglichen, sich selbst und mit ihm als Begleiter auf den Weg zu machen. Dann wird er selbst danach streben, neue Erfahrungen zu sammeln, Problemlösungen zu suchen, Veränderungen anzustreben usw. Der Heilpädagoge bleibt also auf der Ebene des Machbaren, wenn er hilft, den Kontext zu verändern und neue Rahmenbedingungen zu schaffen, und zudem Entwicklungen individuell unterstützt.

  Eine sehr wichtige heilpädagogische Fähigkeit besteht darin, Fortschritte bzw. Prozesse und Reaktionen überhaupt zu erkennen. Gerade bei Menschen mit Behinderungen sind sie häufig sehr klein (z. B. ein kaum erkennbares Lächeln als Reaktion auf das Erscheinen einer vertrauten Person). Manchmal bewegt sich sogar eine lange Zeit überhaupt nichts. Dann ist es nur mit einer gehörigen Portion Bescheidenheit möglich, sich über Weniges zu freuen und damit auch den Berufsalltag als zufriedenstellend erleben zu können.

- **Vertrauen, Akzeptanz, Annahme**

Fast automatisch kommt beim Wort „Vertrauen“ die Beziehung in den Sinn – sei es zu sich selbst (Selbstvertrauen) oder zu anderen Menschen (sich mit ihnen sicher fühlen). Das ist zwar korrekt, jedoch bleibt damit ein wichtiger Zusammenhang unberücksichtigt. Die Heilpädagogin hat in der Tat die Aufgabe, eine vertrauensvolle Beziehung zu ihrem Gegenüber aufzubauen. Hierbei haben sich vor allem Annahme, Respekt, Nichtbewertung als Person, Partnerschaftlichkeit und Offenheit bewährt. Für die Stärkung des Selbstvertrauens ist es wichtig, dass der zu betreuende Mensch sich als lernfähig, Einfluss nehmend, Aufgaben erledigend und Probleme überwindend erlebt. Nur wird kaum etwas davon zustande kommen, wenn die Heilpädagogin nicht auch ein prinzipielles Vertrauen in seine Potenziale, Entwicklungskräfte und soziale Bezogenheit hat.

Vor allem auf diesem Vertrauen bauen Akzeptanz und Annahme. Das Erscheinungsbild bzw. Sympathie oder Antipathie sind für die wahrhafte Akzeptanz unwesentlich. Worauf soll die Beziehung aufgebaut werden, wenn z.B. eine störende Verhaltensweise oder ein unansehnliches Antlitz bei der Heilpädagogin Ablehnung oder Ekel wecken? Wenn sie bei dem zu betreuenden Menschen nicht auf die Existenz von Potenzialen vertraut und wenn sie keine Hoffnung hat, dass diese sich bei günstigen Bedingungen auch entfalten werden („‚Was tut man dafür?‘ – nämlich für das, was werden sollte und werden könnte“, siehe Moor, 1999, 17), dann kann sie beim besten Willen diesen Menschen weder akzeptieren noch annehmen. Bestenfalls kommt eine Duldung zustande.

- **Individualisierung, Entwicklungsorientierung**

Auch im Gruppengeschehen bleiben die Beteiligten Subjekte, die nicht nur ein Bedürfnis, sondern auch Recht auf persönlichen Zugang seitens des Heilpädagogen haben. Dies bedeutet vor allem, individuelle Wünsche und Bedürfnisse wahr- und ernst zu nehmen. Es gilt, sie zu erkennen und auf sie angemessen einzugehen. Die Individualisierung erfordert jedoch nicht, dass alle anderen Anwesenden stehen gelassen werden, weil der Heilpädagoge sich lange Zeit ausschließlich mit einem einzigen Menschen beschäftigt. Dies ist nur im Rahmen von Einzelarbeit machbar.

Im Alltagssetting kommt das Individuelle hauptsächlich in Form von kurzen und häufigen Aufmerksamkeitsmomenten zustande: persönliche Anrede, Blickkontakt, Interesse um Befindlichkeit, gemeinsames Tun, aber auch Berührung, persönliche Themen, kleine Alltagsrituale usw. sowie Fragen ob jetzt oder später, dies oder jenes, kalt oder warm u.Ä.

Das Handeln des Heilpädagogen geht vom oben genannten Vertrauen in die inneren Entfaltungskräfte des zu betreuenden Menschen (generell) und von seiner individuellen Befindens- und Bedürfnislage (speziell) aus. Das eine gilt als gegeben, das andere ändert sich im Zusammenhang mit Situationen und Personen. Folglich muss der Heilpädagoge sein Vorgehen und Handeln immer wieder neu einordnen. Trotz mancher Erforderlichkeit, erhoffte Ergebnisse zu korrigieren – insbesondere wenn sich zeigt, dass sie über die individuellen Möglichkeiten hinausgehen, ist die grundsätzliche Ausrichtung des Handelns „entwicklungsfreundlich“: auf den nächsten Schritt schauend, der aus dem aktuellen Entwicklungsstand zu tun möglich wäre (vom „Schon-Können“ zum „Noch-Nicht-Können“). Allerdings sollte dies ohne Zwang und Druck, dafür mit viel Zeit und Zuversicht geschehen.

- **Gelöste und angstfreie Atmosphäre**

  Das „atmosphärische Element“ spielt eine grundsätzliche Rolle hinsichtlich dessen, wie der Alltag erlebt wird. Hektische Betriebsamkeit, häufiger Wechsel, Versorgung nach Plan, übertriebene Leistungsorientierung, Angst vorm Versagen usw. – diese Merkmale der Situation sind Gift für das Wohlbefinden. Dies gilt sowohl für die zu betreuenden Menschen als auch für die Heilpädagogin. Unruhe, Aggressivität, Konflikte, Rückzugstendenzen, Unzufriedenheit u. Ä. sind die häufigsten Folgen. Deshalb lohnt es sich, das gemeinsame Tun mit Ruhe und Gelassenheit zu gestalten.

(vgl. Greving/Niehoff, 2009b, 18 f., hier bearbeitet und weiter präzisiert)

Diese Punkte können grafisch folgendermaßen dargestellt werden:

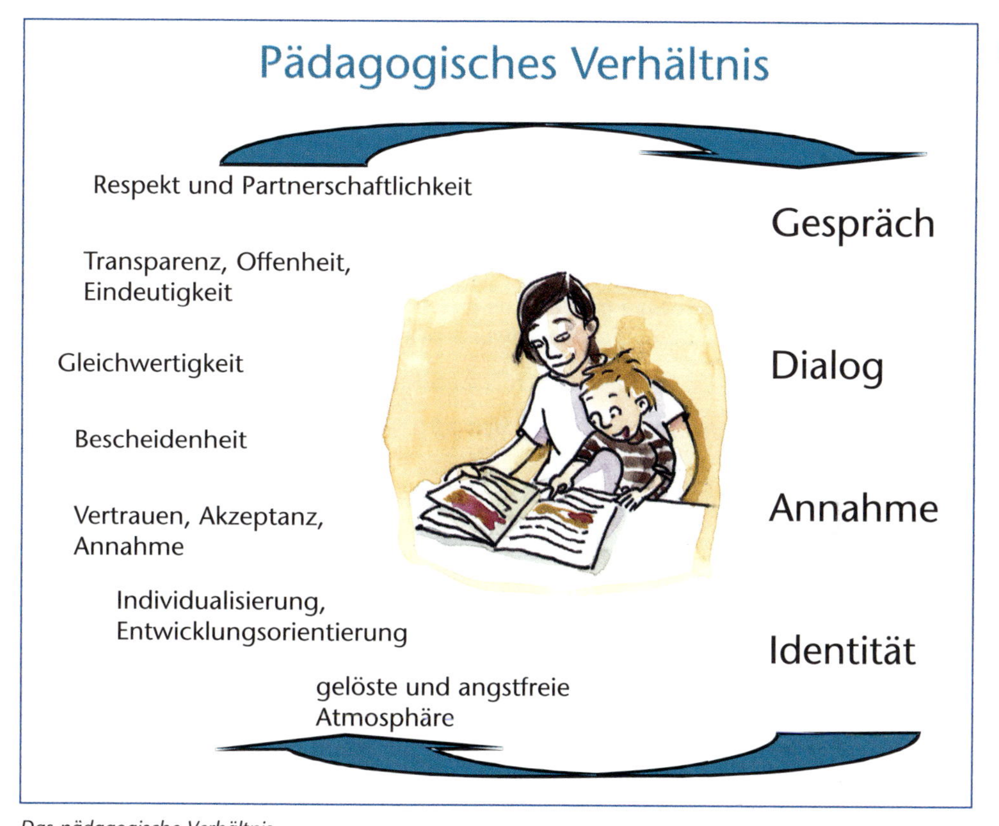

Das pädagogische Verhältnis

Fazit

Als genuin pädagogische Disziplin haben sich die heilpädagogische Theorie wie auch die Praxis vor allem an den Aussagen der allgemein-pädagogischen Ansätze zu orientieren. Sie bieten der Heilpädagogin z. B. mit dem Axiom der Erziehungs- und Entwicklungsbedürftigkeit des Menschen einen guten Hintergrund für ihre Tätigkeit als Wegbegleiterin und Unterstützerin der Entfaltung von Potenzialen an.
Die oben genannten Schlussfolgerungen für das heilpädagogische Handeln, die sich aus der Auffassung des pädagogischen Verhältnisses von dem Reformpädagogen Nohl erge-

ben, belegen deutlich, dass die DMdHP nicht unbedingt nur in den „Nachbarrevieren" der Psychologie und Medizin „wildern" muss. Um brauchbare praktische Impulse zu bekommen, lohnt es sich auch, das Gebiet der Pädagogik zu durchsuchen.

Überlegungen und Versuche

1. ***Wie ist für Sie der Gedanke, dass Sie als Heilpädagogin eine dem zu betreuenden Menschen dienliche Beziehung anbieten sollen:***
   - ***Sollen Sie etwa eine Dienerin sein?***
   - ***Lässt sich diese Forderung in Einklang mit der fachlichen Qualifikation von Heilpädagoginnen bringen?***
2. ***Was ist unter der Aussage von H. Nohl zu verstehen, dass das pädagogische Verhältnis sich nicht erzwingen lasse und sein Gelingen nicht voraussagbar sei:***
   - ***Eine freie Wahl existiert doch gar nicht – weder der zu betreuende Mensch kann sich nach eigenen Maßstäben den Heilpädagogen auswählen noch kann dieser selbst bestimmen, mit wem er arbeiten möchte und mit wem nicht.***
   - ***Wozu soll man also die Prinzipien der Beziehungsgestaltung befolgen, wenn es gar nicht sicher ist, dass die Beziehung gelingt? Lohnt es sich überhaupt, sich zu bemühen? Ist es nicht besser, sich auf die Aufgabenerledigung zu konzentrieren?***
3. ***Versuchen Sie, die Grenze Ihrer beruflichen Bescheidenheit zu erkennen:***
   - ***Stellen Sie sich eine konkrete Person mit Behinderung (aus Ihrem beruflichen Alltag oder Praktikum) möglichst lebhaft vor.***
   - ***Schreiben Sie auf, was diese Person schon kann und was sie noch nicht kann (Fähigkeiten, Fertigkeiten, Handlungen).***
   - ***Welchen Entwicklungsschritt würden Sie bei dieser Person (Fortschritt, Veränderung zu einem Mehr an Können) als Grund zur Freude und Bestätigung Ihrer heilpädagogischen Fachkompetenz betrachten?***
   - ***Ist dieser Entwicklungsschritt mehr Ihr Wunsch oder entspricht er den realen Möglichkeiten bzw. Potenzialen der Person?***

Je mehr Ihre Einschätzung von Entwicklungsschritten den realen Möglichkeiten des Menschen entspricht, der sie machen soll, desto bescheidener sind Sie hinsichtlich der Veränderungserwartungen.

5.3.2 Fachgebiet der Psychologie

Viele Situationen im Berufsalltag verlangen nach einer guten Orientierung in Verhalten, Beweggründen, Fähigkeiten, Persönlichkeitsmerkmalen usw. des zu betreuenden Menschen. Ohne seine Erlebens-, Denk- und Handlungsweise zu verstehen, kann der Heilpädagoge nur „blind" oder nach der Methode „Versuch – Irrtum" vorgehen. Auch wenn dies ab und zu unumgänglich ist (im seelischen Leben und im Verhalten lässt sich nicht alles restlos erklären), darf es nicht zur heilpädagogischen Handlungsgrundlage werden. Deshalb versucht DMdHP, die Ansichten der psychologischen Ansätze zu nutzen und ihre Methoden, Vorgänge und Interventionen auf die Erfordernisse des heilpädagogischen Handelns anzupassen.

Die Erkenntnisse psychologischer Theorie und Praxis sind deshalb dafür geeignet, weil sie sich – neben der Beschreibung normaler Entwicklung – auch mit Menschen in schwierigen psychoorganisch und psychosozial bedingten Zuständen befassen. Als besonders relevant haben sich folgende Ansätze erwiesen: Lernpsychologie, Tiefenpsychologie und humanistische Psychologie.

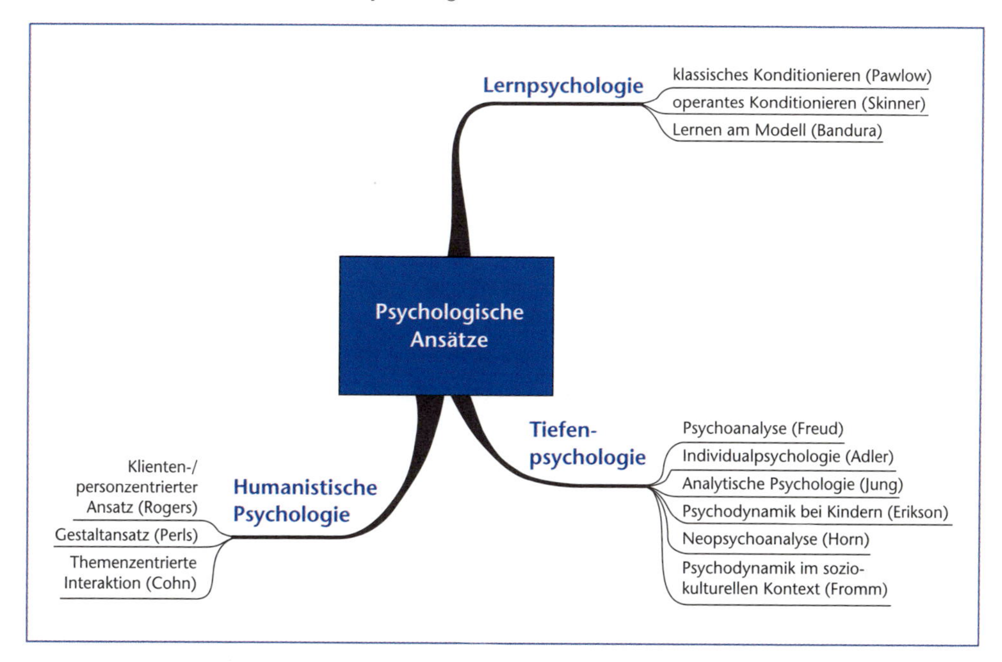

5.3.2.1 Lernpsychologische Ansätze

Das Lernen wird als die Aneignung von Kenntnissen und Fähigkeiten wie auch von Gefühlen und Verhaltensweisen definiert. Die Lernprozesse sind Gegenstand verschiedener Wissenschaftszweige, wie z.B. der psychologischen Lerntheorie, der Pädagogik und pädagogischen Psychologie sowie der Verhaltensforschung.

Im Unterschied zu Tieren, die mit einer – das Überleben sichernden – Instinktausstattung auf die Welt kommen, ist das neugeborene Kind instinktmäßig unterversorgt. Dafür besitzt es einen spezifischen Ausgleich: herausragende Lernfähigkeit. Somit ist das Kind imstande, sich im Wechselspiel mit der sozialen Umwelt die zum Überleben erforderlichen Verhaltensweisen und Fähigkeiten anzueignen (Mobilität, Sprache, kulturspezifische Fertigkeiten, soziales Verhalten usw.). Sein Leben lang ist der Mensch auf das Lernen angewiesen.

Das menschliche Lernen verläuft auf zwei Ebenen:

- Als **absichtliches Lernen**, das auf ein bestimmtes Lernziel hin entworfen und vom Lernerfolg kontrolliert wird. Ein Beispiel stellt das schulische Lernen dar, bei dem ein bestimmter Lernerfolg erzielt werden soll. Deshalb sind die einzelnen aufeinander folgenden Lernschritte programmatisch auf das Erreichen dieses Lernzieles zugeschnitten.

- Als **beiläufiges Lernen**, das von der Bedürfnislage im situativen Kontext ausgeht und ungeplant sowie weitgehend nicht bewusst zustande kommt. Ein Beispiel stellt der Spracherwerb des Kleinkinds in den ersten Lebensjahren dar. Es geht nicht planvoll vor, sondern versucht, sein Bedürfnis zu befriedigen – die Menschen um sich herum zu verstehen und sich ihnen mitzuteilen. Indem es dies tut, lernt und übt es das Sprechen.

  Auch im Erwachsenenalter ist beiläufiges Lernen sehr wichtig. Kontinuierlich und dennoch ungeplant vollziehen sich beispielsweise die Formen des Lernens im Kontext der privaten sowie beruflichen Alltagsbewältigung.

In unserem Kulturbereich impliziert das Wort „Lernen" fast automatisch den Zusammenhang „Schule". Dabei ist das Lernen weit mehr als nur eine schulische Angelegenheit – alle kurz oder länger überdauernden Erlebens-, Denk- und Verhaltensveränderungen des Individuums haben mit Lernprozessen zu tun. Sie beruhen auf Erfahrung, Beobachtung und Übung, sie können (müssen aber nicht) mit einer Leistung verbunden werden und kommen sowohl absichtlich als auch unbewusst zustande. Durch Lernprozesse wird nicht nur neues Verhalten eingeübt, sondern auch bereits vorhandenes Verhaltensrepertoire verändert.

Physiologisch gesehen, stellt das Lernen die Prozesse der **Ausbildung und Stärkung von neuralen Verbindungen** im zentralen Nervensystem dar. Diese Prozesse sind weder dem eigenen Bewusstsein noch der direkten Beobachtung zugänglich. Folglich offenbart sich das Lernen vor allem über die Ergebnisse, d.h. indirekt – durch beobachtbare Änderungen im Verhalten.

Beispiel
Der Grundschüler Fritz hatte gestern im Unterricht seine liebe Not mit der Dreier-Reihe vom Einmaleins. Am Nachmittag „untersuchte" er zu Hause gemeinsam mit seinem Vater, wie viele Dreier-Gruppen von Kaffeebohnen in die Kaffeemühle passen. Dabei zählte und notierte er auch, wie viele Bohnen insgesamt sich mit jeder weiteren Dreier-Gruppe in der Kaffeemühle befinden. Anschließend sagte Fritz der Reihe nach die „Zuwachszahlen" auf. Er hatte sichtlich Spaß an dieser „Forschung". Heute in der Schule stellte für ihn die Dreier-Reihe kein Problem dar.

Es ist zwar nicht direkt sichtbar, welche neuronalen Verbindungen sich bei Fritz durch die Beschäftigung mit den Kaffeebohnen ausgebildet haben. Nur anhand der Unterschiede zwischen seinem gestrigen und heutigen Verhalten in Bezug auf die Aufgabe „Sage die Dreier-Reihe des Einmaleins auf" lässt sich schlussfolgern, dass bei Fritz ein Lernprozess stattgefunden hat.

Psychologische Theorien, die sich mit den Lernprozessen befassen, werden als „Lerntheorien" bezeichnet. Je nach Blickwinkel unterscheidet man zwischen dem klassischen und dem operanten Konditionieren. Als dritte Auffassung gehört noch das Lernen am Modell dazu. Als wissenschaftlicher Hintergrund dieser Ansätze lässt sich der **Behaviorismus** betrachten – eine Forschungsausrichtung der amerikanischen Psychologie, in der mithilfe von experimentellen Vorgehensweisen beobachtbares Verhalten (Reaktionen) in Beziehung zur Umgebung (Reize) untersucht wird.

Das klassische Konditionieren

Diese Lernform erforschte der russische Wissenschaftler I. P. Pawlow. Er hat folgenden Zusammenhang des Lernens herausgefunden: Wenn eine natürliche physiologisch bedingte Reaktion auf einen spezifischen Reiz (z. B. eine Herabsenkung der Aktivität des zentralen Nervensystems zugunsten vom gesteigerten *Metabolismus* im Verdauungstrakt nach dem Mittagessen – bemerkbar durch Konzentrationsschwierigkeiten und Müdigkeit, vom Volksmund „Suppenkollaps" genannt) wiederholt von einem unspezifischen Signal begleitet wird (z. B. von einem bestimmten Musikstück), entsteht eine Koppelung der Reize. Das führt dazu, dass die physiologische Reaktion auch durch die Wirkung des unspezifischen Signals hervorgerufen werden kann (der so konditionierte Mensch braucht also nichts zu essen, um sich wie beim „Suppenkollaps" zu fühlen – es reicht, wenn er das bestimmte Musikstück hört).

Für das heilpädagogische Handeln ist das klassische Konditionieren insbesondere dann nützlich, wenn es um eine **Einflussnahme auf emotionale Zustände und Reaktionen** des zu betreuenden Menschen geht. Beispielsweise kann einer Person mit geistiger Behinderung, die mit Angst und Unruhe auf eine Fahrt im Auto reagiert, durch solche Reize geholfen werden, die bei ihr angenehme Gefühle hervorrufen – z. B. „ihre" Musik laufen lassen, bei der sie sich wohlfühlt.

Das operante Konditionieren

Diese Lernform erforschte der amerikanische Psychologe B. F. Skinner. Er hat folgenden Zusammenhang des Lernens herausgefunden: Wenn auf eine bestimmte Verhaltensweise eine bestimmte Konsequenz folgt, wird bei der nächsten Gelegenheit – je nachdem, wie die Folge ist – das Verhalten entweder wiederholt (bei Belohnung) oder aber unterlassen (bei Bestrafung). Wenn z. B. der im oben genannten Beispiel vorgestellte Grundschüler Fritz von der Lehrerin eine positive Rückmeldung bekommt („Du hast zu Hause geübt und jetzt kannst du die Dreier-Reihe gut aufsagen. Ich freue mich mit dir darüber und kann deine Arbeit mit einer guten Note bewerten. Weiter so!"), wird er mit hoher Wahrscheinlichkeit zu Hause weiterlernen. Der erreichte Erfolg motiviert ihn dazu. Skinner hat mehrere Elemente des operanten Lernens beschrieben – Verstärker, Strafreiz, negative Verstärkung, Sättigungs- und Deprivationseffekt, indirekte Bestrafung, Löschung usw.

Für das heilpädagogische Handeln ist das operante Konditionieren insbesondere dann nützlich, wenn es ums **Erlernen von erwünschten bzw. Umlernen von unerwünschten Verhaltensweisen** geht. Insbesondere die positive Bestätigung des erwünschten Verhaltens (nicht nur Lob und kleine Belohnungen, sondern vor allem Aufmerksamkeit und Anerkennung) wirkt sich ermutigend und verstärkend auf den zu betreuenden Menschen aus und erhöht die Chance auf Wiederholung der bestätigten Verhaltensweise. Die Heilpädagogin kann davon ausgehen, dass einem Menschen, mit dem sie in einem pädagogischen Verhältnis steht, ihre Zuwendung und persönliche Anerkennung viel mehr bedeuten als materielle Belohnung.

Wichtig ist auch zu wissen, dass Bestrafungen – sowohl direkte als auch indirekte – nur kurzfristig wirken. Das unerwünschte Verhalten wird durch Strafe nur unterdrückt, aber nicht verändert. Eine Bestrafung bringt eben kein erwünschtes Verhalten bei. In diesem Sinne können Strafreize und negative Verstärkungen insbesondere dann hilfreich sein, wenn ein bestimmtes unerwünschtes Verhalten aktuell verhindert werden soll.

Ein Beispiel für die Verwendung der Erkenntnisse aus dem Bereich des operanten Lernens stellen die sogenannten **Tokenprogramme** dar. Sie dienen der Verstärkung von erwünschten Verhaltensweisen auf dem indirekten Wege: z. B. ein Kind, welches sich im erwünschten Sinne verhält, wird nicht unmittelbar belohnt (z. B. mit einer Süßigkeit), sondern mit Punkten, Smilys oder speziellen Münzen (auf Englisch: Token). Diese werden erst später zu einem vorher vereinbarten Zeitpunkt, z. B. am Ende der Woche, in materielle, organisatorische oder ideelle Verstärker umgetauscht (Ausflug, Eis essen gehen, Taschengeldzulage u. Ä.). Die Tokenprogramme sind deshalb wirksam, weil

- die Aufmerksamkeit auf das erwünschte Verhalten gelenkt wird,
- eine Belohnungsform benutzt wird (Punkte, Token), die nicht physisch satt macht,
- die Erteilung von Verstärkern von der Einhaltung der geltenden Verhaltensregel, nicht aber von der Person abhängig ist und
- der Umtausch von eingesammelten Punkten, Token u. Ä. auf die Befriedigung von Bedürfnissen ausgerichtet ist.

Lernen am Modell

Diese Lernform erforschte der amerikanische Psychologe A. Bandura. Er fand heraus, dass Lernen unter Berücksichtigung einer Wahrnehmungs-, einer Speicherungs-, einer Reproduktions- und einer Motivierungsphase durch das „Lernen am Modell" erfolgen kann. Demnach wird der Lernprozess nicht nur durch Selbst- und Fremdverstärkung unterstützt, sondern vollzieht sich auch durch die stellvertretende Verstärkung eines vom Lernenden beobachteten sozialen Modells. Bandura spricht deshalb auch vom **Beobachtungslernen**. Während seiner Existenz im sozialen Feld lernt der Mensch, indem er beobachtet und erlebt, was ein anderer Mensch mit bestimmtem Verhalten in bestimmten Situationen bei bestimmten Personen/Lebewesen/Objekten bewirkt bzw. erreicht. Die beobachtete und imitierte Person dient als Lernmodell. Wichtig ist in dieser Hinsicht die Tatsache, dass nicht nur das beobachtbare Verhalten, sondern auch die mit ihm zusammenhängenden Einstellungen, Gefühle und Meinungen wahrgenommen und nachgeahmt werden.

Solche Modellwirkung besitzen allerdings auch einige in den Medien dargestellte Figuren oder Personen (in Büchern, Filmen, Zeitschriften). Sie hängt von mehreren Faktoren ab: soziale Macht, Ähnlichkeit, Attraktivität, Beziehung, Verhaltenserfolg usw.

Das heilpädagogische Handeln kann von der Theorie des Lernens am Modell vor allem folgende Erkenntnis nutzen: Der **Heilpädagoge erfüllt mehrere Voraussetzungen eines Lernmodells**. Er ist für den zu betreuenden Menschen von besonderer Wichtigkeit, verfügt über soziale Macht und ist zugleich ein Teil der institutionellen Macht, er ist die Bezugs- und Beziehungsperson usw. Deshalb ist sein Verhalten in der Interaktion mit den Menschen in beeinträchtigter Lebenslage immer bedeutungsvoll. Im beruflichen Alltag stellt er für viele von ihnen in der Tat etwas wie eine V. I. P. dar (aus dem Englischen: Very Important Person). Aus dieser Tatsache ergibt sich die besondere Verantwortung des heilpädagogisch Tätigen diesen Menschen gegenüber.

Überlegungen und Versuche

1. Wie ist es mit Ihrer eigenen Konditionierung bestellt:

- ***Gibt es unspezifische Reize (z. B. bestimmte Geräusche, Gerüche, Berührungen u. Ä.), die bei Ihnen eine physiologische Reaktion hervorrufen, die sonst über spezifische Reize gestartet wird (z. B. Übelkeit, Schwitzen, Herzrasen u. Ä.)?***

- ***Kennen Sie die Situationen, in denen diese Koppelung des unspezifischen Reizes mit der physiologischen Reaktion entstanden ist?***

2. ***Versuchen Sie, mithilfe der oben genannten lernpsychologischen Ansätze folgende Verhaltensweisen zu erklären und eine entsprechende Umgestaltung der Lernbedingungen zu entwerfen, die zur Veränderung dieser Verhaltensweisen führen würde:***

- ***Es ist auffällig, welchen Stellenwert das Rauchen und Kaffeetrinken für die Bewohnerinnen einer Wohngruppe im Heim für Menschen mit geistiger Behinderung haben. In vielen Teamgesprächen – gehüllt in Zigarettenrauch und umgeben vom Kaffeeduft – haben die Mitarbeiterinnen überlegt, wie diese ungesunde Gewohnheit den Bewohnerinnen abgewöhnt werden könnte. Was sie sich auch ausgedacht haben, nichts funktionierte. Die Bewohnerinnen scheinen geradezu nikotin- und kaffeesüchtig zu sein ...***
- ***Herr G. hat in der Arbeitsgruppe der Werkstatt für Behinderte den Ruf eines „gefährlichen Schlägers". Sobald er andere Mitbeschäftigte streng anschaut, gehen sie in Deckung, weil sie vor ihm Angst haben. In der Tat hat er vor einem Jahr, als er in die Arbeitsgruppe kam, ein paar Mal einen schmächtigen Arbeitskollegen wegen Nichtigkeiten geschlagen. Dieser ist zwar nicht mehr da, aber der böse Blick von Herrn G. macht anderen nach wie vor Angst.***

5.3.2.2 Tiefenpsychologische Ansätze

Als „Tiefenpsychologie" werden in der Psychologie diejenigen Ansätze bezeichnet, die das menschliche Erleben und Verhalten durch **unbewusst ablaufende Prozesse der Triebregulation oder Konfliktverarbeitung** erklären. Neben der Psychoanalyse von S. Freud gehören noch die Individualpsychologie von A. Adler sowie die analytische Psychologie von C. G. Jung dazu. Weitere Vertreter der Tiefenpsychologie sind K. Horney, E. Fromm und E. Erikson (vgl. Microsoft, 2004).

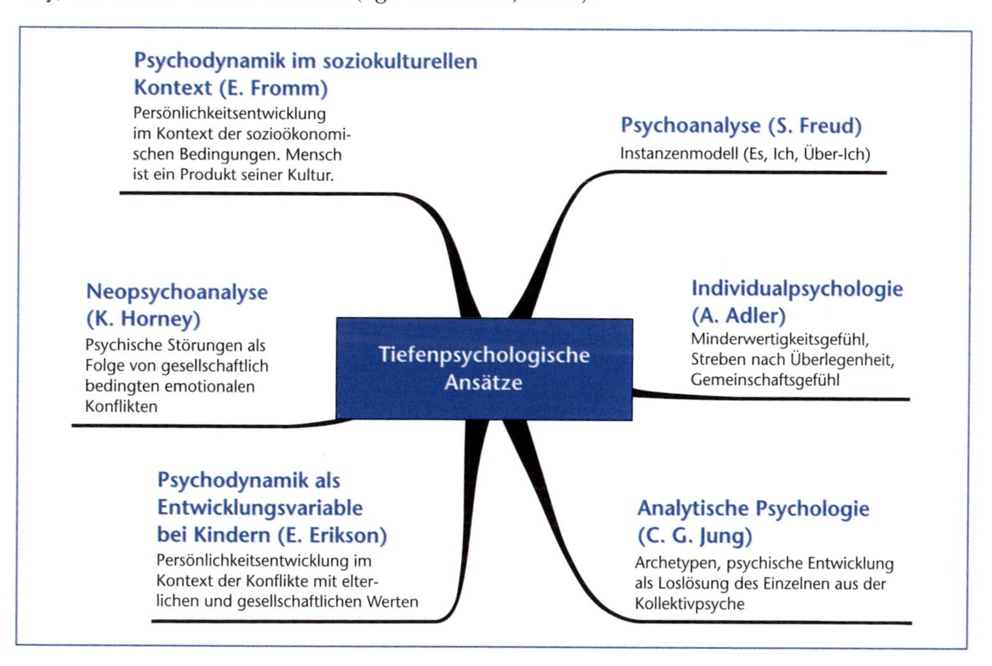

- Die **analytische Psychologie** bezieht sich auf den Begriff „Archetypen". Sie sind als jedem Menschen angeborene Erlebnisformen zu verstehen und als kulturübergreifende Erfahrung (kollektives Unbewusstes) anzusehen. Der Prozess der psychischen Entwicklung stellt nach Jung eine Loslösung des Einzelnen aus der Kollektivpsyche dar.
- Die sogenannte **neofreudianische Psychoanalyse** nach Horney basiert auf der Annahme, dass die meisten psychischen Störungen die Folge emotionaler Konflikte sind, die aus Kindheitserfahrungen und späteren Störungen der zwischenmenschlichen Beziehungen resultieren. Diese sind zum großen Teil durch die Gesellschaft bedingt, in der ein Mensch lebt, und nicht ausschließlich durch die Triebe, wie Freud behauptet hatte.
- Fromm ist bekannt durch die **Anwendung der psychoanalytischen Theorie auf soziale und kulturelle Probleme**. Er ordnet bestimmte Persönlichkeitstypen verschiedenen sozioökonomischen Mustern zu. Damit hat er die biologisch orientierte Sichtweise der freudschen Theorie verlassen – der Mensch wird als Produkt seiner Kultur betrachtet. Die biologische Verankerung des Menschen kommt allerdings auch zum Tragen: Es müssen Anstrengungen unternommen werden, um eine Harmonie zwischen den Trieben des Individuums und der aus Individuen bestehenden Gesellschaft herzustellen.
- Erikson spezialisierte sich auf die Erforschung der **Psychodynamik bei Kindern**. Im Mittelpunkt seines Interesses stand der Einfluss von Kultur und Gesellschaft auf die Entwicklung des Kindes, insbesondere die Abhängigkeit der Persönlichkeitsentwicklung von elterlichen bzw. gesellschaftlichen Wertvorstellungen. Bekannt und in der Heilpädagogik genutzt ist seine Auffassung von den Entwicklungsphasen des Kindes. Sie unterscheidet sich von der freudschen Sichtweise. Statt in Anlehnung an die Sexualentwicklung von einer oralen, analen, ödipalen, latenten usw. Phase zu sprechen, sieht Erikson die Ich-Entwicklung als durch Einwirkungen folgender Polaritäten in einzelnen Lebensphasen bedingt:

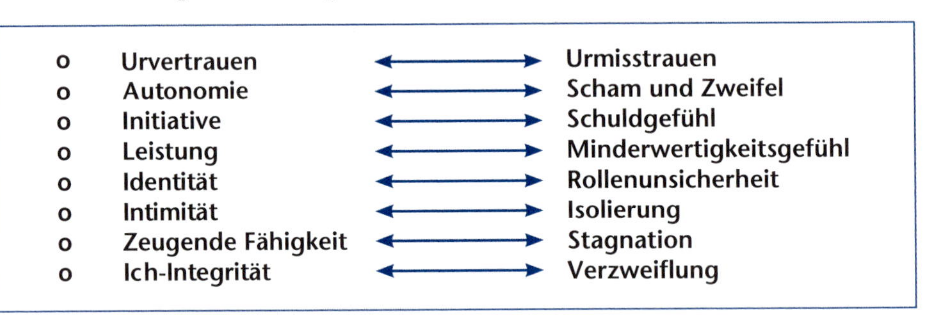

Ich-Entwicklung nach Erikson

In jeder Lebensphase tauchen im Kontext der dazugehörigen Polarität Probleme oder Konflikte in der Interaktion mit der sozialen Umwelt auf, die sich in der Ich-Entwicklung widerspiegeln – als Hintergrund der Ich-Stärke bzw. Ich-Schwäche.

Die Theorien von Jung, Horney und Fromm sind in der heilpädagogischen Theorie und Praxis kaum vertreten. Sie haben mehr Bedeutung in psycho- und soziokulturellen Arbeitsfeldern. Von Erikson wird in der Heilpädagogik vor allem die dezidiert erarbeitete Entwicklungslehre genutzt.

Die Individualpsychologie A. Adlers stellt dagegen einen wichtigen und durchaus heilpädagogisch relevanten tiefenpsychologischen Ansatz dar und spielt neben der Psychoanalyse S. Freuds eine wichtige Rolle als Quelle von sowohl theoretischen Orientierungshilfen als auch praktisch verwendbaren Vorgängen und Interventionen. Als Beispiel hierfür sei an dieser Stelle folgender Beitrag genannt: Bleidick: Individualpsychologie, Lernbehinderungen und Verhaltensstörungen. Berlin/Mahold, 1985.

Von dieser heilpädagogischen Verwendbarkeit ausgehend, werden im Folgenden diese beiden tiefenpsychologischen Ansätze kurz vorgestellt.

Psychoanalyse

Freud geht davon aus, dass vor allem die unbewussten Konflikte für alle Formen des normalen und auch gestörten Erlebens und Verhaltens von Menschen verantwortlich sind. Seiner Meinung nach wirken im seelischen Leben jedes Menschen drei psychische Kräfte oder Instanzen, die die Persönlichkeit formen und außerhalb des unmittelbaren Bewusstseins aktiv sind: das Es (instinktive Bedürfnisse), das Ich (rationales Denken) und das Über-Ich (moralische Maßstäbe). Sie bilden sich in der frühen Kindheit aus und beeinflussen sich gegenseitig. Dabei sind Konflikte zwischen ihnen unvermeidlich und folglich auch Anpassungen untereinander notwendig. Wenn diese Anpassungsprozesse erfolgreich sind, fördern sie die Reifung der Persönlichkeit. Psychische Störungen sind nach Freuds Ansicht Folgen eines innerpsychischen Konflikts zwischen den Kräften oder unbewusste Versuche, diese Konflikte zu lösen.

Die wesentlichen Aspekte der psychoanalytischen Betrachtung vom Menschen sind:

- Die Bedeutung der Psychodynamik für seelische Prozesse – Gefühle, Impulse, Träume, Handlungen u. Ä. Sie sind Folge des oben genannten inneren Kräftespiels zwischen biologisch verankerten Triebregungen, sozialen Normen und Anforderungen der äußeren Realität. Das Ich hat die Aufgabe, ein Gleichgewicht dieser Kräfte aufrechtzuerhalten bzw. immer wieder herzustellen.
- Die Bedeutung des Unbewussten für die Steuerung des Erlebens und Handelns: Was ein Mensch erlebt, tut und lässt, wird immer von diesem psychodynamischen Kräftespiel beeinflusst. Nur weiß der Erlebende und Handelnde davon wenig, weil das Kräftespiel sich nur schwer bewusst erfassen lässt: Einerseits geht es aus primär biologischen (also dem Bewusstsein nicht zugänglichen) Triebregungen und andererseits aus verdrängten (also dem Bewusstseinszugriff entzogenen) Erfahrungen und Zuständen hervor.
- Die Bedeutung der Art und Qualität von Mutter-Kind-Beziehung vom Lebensbeginn an für die Entwicklung: In diesem existentiellen Verhältnis geht es primär um Nehmen und Geben sowie um Ur-Vertrauen und Ur-Misstrauen. Diese Dimensionen des Begehrens werden in der Psychoanalyse als „frühkindliche Sexualität" bezeichnet und stellen eine entscheidende Entwicklungsdeterminante des psychischen Überlebens jedes Kindes dar.

Je nachdem, wie sich die Mutter-Kind-Beziehung gestaltet und wie das sich herausbildende Ich des Kindes ein Arrangement mit den unbewussten psychischen Prozessen sucht und findet, entwickelt sich die Fähigkeit zu einer mehr bzw. weniger erfolgreichen alltäglichen Auseinandersetzung mit den biologischen, seelischen und sozialen Anforderungen des Lebens. In diesem Kontext spielen noch die psychoanalytischen Konzepte der Abwehr, des Wiederholungszwangs und des Kontinuums zwischen Gesundheit und

Krankheit eine wichtige Rolle. Die Psychoanalyse beschäftigt sich in Theorie und Praxis mit Behandlung von Menschen, die unter psychischen Störungen leiden. Die Formen der Behandlung sind mannigfaltig – von einer Kurzzeittherapie bis zur Langzeitanalyse und dies sowohl im Einzel- als auch Gruppensetting.

Die Erkenntnisse der Psychoanalyse finden Anwendung in mehreren Disziplinen: Pädagogik, Soziologie, Philosophie, Kunst und Kulturwissenschaft. Für die Heilpädagogik ist vor allem die **Persönlichkeits- und Entwicklungslehre** der Psychoanalyse nützlich: Sie dient als **Erklärungsansatz zur Entstehung von Verhaltensstörungen** sowie anderen seelischen und psychosozialen Auffälligkeiten. Auch hilft sie, die psychischen **Prozesse im Umgang mit einer Behinderung** zu erörtern und zu beeinflussen. Die psychoanalytische Sichtweise erweist sich außerdem als nutzbar in Bezug auf die **Entwicklungsförderung** sowie Gestaltung der Einflussnahme im Kontext der **heilpädagogischen Diagnostik** und Behandlung (vgl. Ahrbeck, 2000, 127 ff.).

Individualpsychologie

Adler geht in seiner Theorie davon aus, dass Menschen, die unter dem Druck der Alltags- und Lebensaufgaben bereits während der frühkindlichen Entwicklung hemmende Selbstzweifel und Mutlosigkeit herausgebildet haben (Minderwertigkeitskomplex), den Egoismus und die Selbsterhöhung als Kompensationsmittel einsetzen. In Unterschied zur Psychoanalyse Freuds spielt bei Adler in der Erklärung individueller Entwicklung nicht primär die Triebhaftigkeit, sondern das Minderwertigkeitsgefühl die entscheidende Rolle – es ist die handlungssteuernde Kraft im menschlichen Leben. Demnach sind bewusste oder unbewusste Gefühle der Minderwertigkeit in Verbindung mit **fehlgeleiteten kompensatorischen Abwehr- und Schutzmechanismen** die grundlegenden Ursachen für das Probleme erzeugende Verhalten.

Die wesentlichen Aspekte der individualpsychologischen Betrachtung vom Menschen sind folgende:

- Der Wert, den der Mensch im Hinblick auf seine Person und seine körperliche sowie geistige Leistung empfindet, ist grundsätzlich subjektiv. Er orientiert sich an dem, was er als den allgemeinen Standard deutet. Dieser Standard hat seine Grundlage im Bemühen um die Überwindung des zur menschlichen Entwicklung gehörenden Minderwertigkeitsgefühls.
- Die Ursachen der Minderwertigkeit liegen im Erleben der Unterlegenheit des Kindes gegenüber den Lebensanforderungen und den anderen wichtigen Personen (Eltern, Geschwister). Jeder Mensch wird als Kind durch das Erleben dieser Mangelhaftigkeit stark beeindruckt. Dabei spielt es eine untergeordnete Rolle, ob die Eltern sich gegenüber dem Kind mehr oder weniger liebevoll verhalten.
- In seiner weiteren Entwicklung versucht das Kind, die seinem angeborenen Selbstbehauptungsstreben zuwiderlaufende Minderwertigkeit und das mit ihr verbundene negative Empfinden zu überwinden. Normalerweise gelingt dies durch das Herangehen und Bewältigen von Aufgaben, die das Leben (eigene Entwicklung) und der Alltag (alle üblichen Verrichtungen) dem Kind stellen. Dabei sind die Kooperation und das konstruktive Arrangement mit der sozialen Umwelt von wesentlicher Bedeutung – ein Mitmensch zu sein heißt, das Gemeinschaftsgefühl entwickelt zu haben, welches für die seelische Gesundheit unentbehrlich ist.

- Glaubt das Kind jedoch, dass es die Aufgaben nicht bewältigen kann (Minderwertigkeitskomplex), weicht es ihnen aus. Dann versucht es, sich durch fehlgeleitetes kompensatorisches Verhalten „zu retten“, d.h. Macht über andere auszuüben, sie im Erleben und Verhalten zu bestimmen und eigene Unfehlbarkeit zu beweisen. Aus seiner Mutlosigkeit den Lebensaufgaben gegenüber entwickelt es eine nicht bewusste Tendenz „oben zu sein“, die seine Erlebens-, Denk- und Handlungsweise maßgeblich bestimmt.
- Zu diesem Zwecke setzt es Verhaltensmerkmale der Aggressivität, Angeberei, Manipulation usw. gegen andere Menschen in der sozialen Umwelt ein. Im individualpsychologischen Sinne handelt es sich um soziale Fehlanpassungen, die aus der krankhaften Ich-Zentrierung des gesamten Verhaltens und Erlebens entstehen (vgl. Microsoft, 2004).

Ziel der individualpsychologischen Einflussnahme besteht in der **Aufklärung** darüber, dass persönliches Glück nie auf Kosten anderer, sondern nur in Kooperation mit der sozialen Umwelt zu erreichen ist. Des Weiteren ist es erforderlich, die Überzeugung über eigene Minderwertigkeit aufzudecken, sie rational zu erklären und den mit ihr verbundenen Willen zur Macht über andere aufzubrechen.

Eine wesentliche Rolle spielt dabei die **Ermutigung** zur Auseinandersetzung mit den Anforderungen des alltäglichen Lebens. Sie gilt als wesentliches Fördermittel für die Entwicklung eines gesunden Selbstwertgefühls. Die besondere Bedeutung eines den Aktivitäts- und Entdeckungsdrang des Kleinkindes unterstützenden und ermutigenden **Erziehungsstils** steht im Zentrum der pädagogischen Bedeutung der Individualpsychologie. Das Kind zur Bewältigung des Alltags zu ermutigen heißt, es zur Überwindung der Erfahrung seiner **Abhängigkeit und Minderwertigkeit** zu ermuntern.

In dieser Überwindung besteht laut Adler die wesentliche **Entwicklungsaufgabe** des Menschen. Zutrauen in die eigenen Fähigkeiten als Voraussetzung der Entwicklung eines gesunden **Selbstvertrauens** sowie die Entfaltung des **Gemeinschaftsgefühls** sind für das Kind nur unter der geduldigen und ermutigenden erzieherischen Unterstützung seiner Eltern und Pädagogen möglich. Die Erfüllung dieser beiden Entwicklungsaufgaben bedingt laut Adler die seelische Gesundheit des Individuums. In diesem Sinne ist die Individualpsychologie eine pädagogisch ausgerichtete und folglich ausgesprochen heilpädagogisch relevante Disziplin.

Neben der ursprünglichen Auffassung der Individualpsychologie als Psychotherapie lässt sie sich – von ihrem Selbstverständnis her – als eine Erziehungslehre betrachten. Die individualpsychologische Psychotherapie ist im Wesentlichen ein Prozess der Aufklärung über die Bedeutung der Kooperation mit der sozialen Umwelt sowie der Ermutigung zur Lebensbewältigung. Nicht nur diese Zielsetzung, sondern auch die Vorgänge und Interventionen weisen einen unverkennbaren erzieherischen Zusammenhang auf. Das macht sie für die Heilpädagogik sehr interessant. Insbesondere für die Verwendung in der Arbeit mit Menschen, die aufgrund ihres herausfordernden Verhaltens und/oder ihrer Lernleistungsprobleme in eine beeinträchtigte Lebenslage geraten.

Die Prinzipien der individualpsychologischen Vorgehensweise werden entlang folgender Zusammenhänge in die heilpädagogische Praxis übertragen:

Gemeinschaftsgefühl	⟷	**Gemeinschaftserziehung**
Unvollkommenheit	⟷	**Erziehung als Evolutionshilfe**
Minderwertigkeitsgefühl	⟷	**Erziehung als Kompensationshilfe**
Mutlosigkeit/Entmutigung	⟷	**Erziehung als Ermutigung**
harte/gleichgültige Erziehung	⟷	**Erziehung ohne Strafe/Vernachlässigung**
Ichhaftigkeit und Macht	⟷	**Erziehung als Umerziehung**

Individualpsychologische Prinzipien in der Praxis (vgl. Bleidick, 1985, 97 ff.)

Überlegungen und Versuche

1. *Wie ist es mit Ihrer eigenen Psychodynamik bestellt: Nehmen Sie z. B. Ihre eigene Aggressivität wahr? Wenn ja, wie gehen Sie mit ihr um?*

   - *Machen Sie es sich bewusst, dass Sie von negativen, zerstörerischen Gefühlen und entsprechenden Handlungstendenzen „gefüllt“ sind?*
   - *Geben Sie Ihre aggressive Befindlichkeit anderen zu erkennen? Agieren Sie diese Gefühle und Handlungstendenzen auf eine sozial akzeptable Art und Weise motorisch aus?*

   Wo, wann und durch wen haben Sie diesen Umgang erlernt?

   Wenn nein, wie kommt es?

   - *Unterdrücken Sie vielleicht die negativen Gefühle, weil sie als „unanständig“ gelten oder einfach nicht sein dürfen?*
   - *Oder glauben Sie, dass es für Sie persönlich generell keinen Grund für die Entstehung des aggressiven Befindens gebe?*

   Wo, wann und durch wen haben Sie diesen Umgang erlernt?

2. *Versuchen Sie, mithilfe des individualpsychologischen Ansatzes folgende Verhaltensweisen zu erklären:*

   - *Der Grundschüler Johann stört häufig im Unterricht: Er steht unerlaubt auf, läuft herum, zieht die Mitschülerinnen an den Haaren, gibt freche Antworten und weigert sich, auf seinen Platz zurückzukehren und ruhig zu sein. Der Lehrerin fällt auf, dass dieses Verhalten immer dann auftritt, wenn sie anfängt, die Hausaufgaben zu kontrollieren, das Gelernte abzufragen oder zu prüfen.*

     Frage: Welchen Grund hat Johann, sich in den genannten Situationen so zu verhalten? Was mag er von sich halten, wovor schützt er sich? Was bewirkt er mit diesem Verhalten? In welchem Sinne übt er Macht über andere aus (Lehrerin, Mitschüler)?

   - *Die fünfjährige Lisa traut sich überhaupt nichts zu. Wann immer sie auch etwas zu verrichten hat, sagt sie „Das kann ich nicht“ und ist nicht dazu zu bewegen, wenigstens einen Versuch zu machen. So muss die Kindergärtnerin fast alles für Lisa erledigen. Täte sie das nicht, würde das Kind zu nichts kommen: weder mit anderen nach draußen zum*

Spielen gehen noch mit sauberen Händen das Pausenbrot essen. Die Erzieherin ist zwar prinzipiell hilfsbereit, aber die offensichtliche Unfähigkeit von Lisa, die einfachsten Dinge des Alltags zu erledigen, nervt sie mittlerweile sehr.

Frage: Welchen Grund hat Lisa, sich bei den Alltagsverrichtungen so zu verhalten? Was mag sie von sich halten, wovor schützt sie sich? Was bewirkt sie mit diesem Verhalten? In welchem Sinne übt sie Macht über andere aus (Erzieherin, Kinder)?

5.3.2.3 Ansätze der humanistischen Psychologie

Die humanistische Psychologie ist in den 40er- bis 50er-Jahren des 20. Jahrhunderts in den USA entstanden. Der Hintergrund war die Auseinandersetzung ihrer Begründer mit den Lehren der Psychoanalyse und des Behaviorismus.

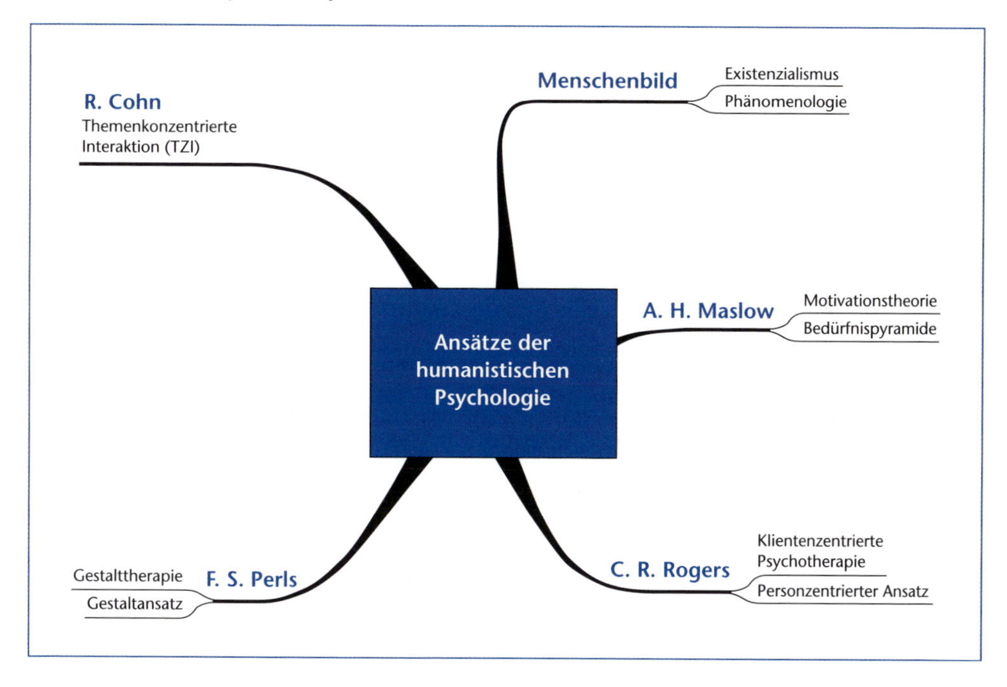

Abraham H. Maslow warf dem orthodoxen Behaviorismus vor, er sei zu theoretisch. Andererseits kritisierte er die Psychoanalyse, die sich seiner Meinung nach zu sehr mit Krankheiten beschäftige. Er entwickelte eine **Motivationstheorie**, in der er den Prozess beschrieb, den ein Individuum von der Erfüllung seiner Grundbedürfnisse, wie Essen, Trinken und Wohnen, bis hin zur Selbstverwirklichung (Verwirklichung des gesamten Potenzials einer Person) als höchstes Bedürfnis durchläuft. Da Maslow die menschlichen Bedürfnisse hierarchisch ordnete und sie in Pyramidenform darstellte, wird diese Hierarchie auch als **Maslowsche Bedürfnispyramide** bezeichnet. Laut Maslow soll die humanistische Psychologie solche Vorgänge und Interventionen bereitstellen, die individuelles Durchlaufen dieser Phasen unterstützen.

Carl R. Rogers begründete aus Unzufriedenheit mit dem psychoanalytischen bzw. behavioristischen Inventar an diagnostischen und therapeutischen Methoden die **klienten-**

zentrierte Psychotherapie. Das Wort „Klient“ soll verdeutlichen, dass die Behandlung weder manipulativ noch medizinisch verordnet ist. Wichtig ist die Beziehung zwischen dem Therapeuten und dem Klienten: Sie ermöglicht es dem Klienten, sich selbst zu erforschen und vor dem Hintergrund der erreichten Selbsterkenntnis die eigene Entwicklung zu steuern.

Das **Menschenbild der humanistischen Psychologie** geht vom Existentialismus und der Phänomenologie aus (S. Kirkegaard, M. Heidegger, M. Buber, K. Jaspers, J.-P. Sartre, E. Husserl).

- Als **Existenzphilosophie** werden die Strömungen der Philosophie bezeichnet, die sich mit Fragen menschlicher Existenz auseinandersetzen. Die französische Strömung der Existenzphilosophie aus der Zeit nach dem Zweiten Weltkrieg wird „Existentialismus“ genannt. Sie befasst sich mit der Frage nach der konkreten Existenz des Individuums und der sich daraus ergebenden Problematik der Seinsweise des Menschen. Im Mittelpunkt stehen also die menschliche Subjektivität und die Wahl und Verantwortung des Einzelnen sowie seine Grundbefindlichkeit, die zumeist als Erfahrung existentieller Angst erscheint.
- **Phänomenologie** (aus dem Griechischen: Lehre von den Erscheinungen) ist eine philosophische Bewegung des 20. Jahrhunderts, welche sich vor allem mit der Erfahrung befasst. Der Begründer der Phänomenologie, Husserl, untersuchte ihre verschiedenen Aspekte, darunter die Erinnerung, das Wünschen und die Wahrnehmung. Dabei entdeckte er, dass mit diesen Prozessen jeweils abstrakte Inhalte – genannt Bedeutungen – verbunden sind. Diese begründen das intentionale Handeln, welches als Folge der Verbindung Erfahrung – Bedeutung – Intention – Verhalten zu betrachten ist. Die Intentionalität stellt den Schlüssel zur Bewusstseinsstruktur dar (vgl. Microsoft, 2004).

Diese Ausgangspunkte des Menschenbildes verleihen ihm folgende Aspekte, die für die humanistische Psychologie charakteristisch sind:

- Polarität von **Angst und Freiheit** als grundlegender Rahmen der menschlichen Existenz,
- **Wahl, Entscheidung und Verantwortlichkeit** als Ausdrucksformen der Freiheit,
- **Hier und Jetzt** als Grundlage der Erfahrung, die als Voraussetzung für Wachstum und Selbstverwirklichung erforderlich ist (Entfaltung von Potenzialen),
- Polarität von **Aufrechterhaltung und Weiterentwicklung der Werte und Sinngebung** in der Lebenserfüllung,
- **Ganzheitlichkeit** in Form der Existenz als bio-psycho-soziale Einheit, die alle Trennungen aufhebt – zwischen Körper und Seele, Verstand und Gefühl, Ich und Du, Ich und Gruppe, Ich und Umwelt, aber auch von richtig und falsch, gut und böse usw.,
- **Selbstregulierung** mit dem Ziel der Selbsterhaltung mit der Intention, sich auf Werte und Ziele hin zu bewegen (vgl. Quitmann, 2000, 159 ff.).

Grundlegend für den humanistisch psychologischen Ansatz ist ein positives Menschenbild: Die Natur des Menschen ist weder böse noch neutral. Ausgestattet mit Potenzialen und einer diese Potenziale entfaltenden Kraft, tendiert jeder Mensch grundsätzlich zur konstruktiven Vorgehensweise bei der Auseinandersetzung mit dem Leben – ein zur Selbstverwirklichung strebendes Wesen. Zur vollen Entfaltung seiner Potenziale ist ein unverstelltes Selbstkonzept notwendig. Dieses wird entwickelt, wenn der Mensch durch selbstbewertete Erfahrungen lernen und die Annahme sowie Wertschätzung als Person in der Interaktion mit der sozialen Umwelt erleben kann.

Rogers geht davon aus, dass es dem Menschen, wie anderen lebenden Organismen, angeboren ist, **sich selbst zu erhalten und zu wachsen**. Das treibt ihn wiederum dazu, sich zu entwickeln und Reife zu erlangen. Auch ist er fähig, seine innere Erlebenswelt sowie das eigene Selbstkonzept zu erkennen und sich aufgrund dieser Erkenntnisse konstruktiv zu verhalten. Diese **hilfreiche Beziehung** kommt nur dann zustande, wenn der Klient sich auf den Therapeuten einlässt und dieser die erforderlichen Bedingungen schafft: den Klienten als Person akzeptiert, annimmt und sich ihm gegenüber unverstellt als ein einfühlender Mitmensch zeigt. Eine solche Einstellung des Therapeuten hat größere Bedeutung als seine fachliche Ausbildung oder seine Kenntnisse.

Ziel der klientenzentrierten Therapie ist es, die *Diskrepanz* zwischen idealem und realem Selbstbild des Klienten zu verringern und somit sein Selbstverstehen sowie die Selbststeuerung zu unterstützen. Es geht also nicht um eine bessere Anpassung an die Umwelt, sondern um die **Stärkung der Kraft zur Entfaltung seiner Potenziale**. Der Therapieverlauf wird als **Reifeprozess** aufgefasst, für den der Klient selbst verantwortlich ist. Im Hintergrund dieser Sichtweise steht die Überzeugung, dass ein (ausreichend motivierter) Mensch die ihn beeinträchtigenden Probleme selbst bewältigen kann, wenn es ihm gelingt, sich von der Furcht vor der klaren Erkenntnis des Problems und von der problemverschleiernden Selbsttäuschung zu befreien.

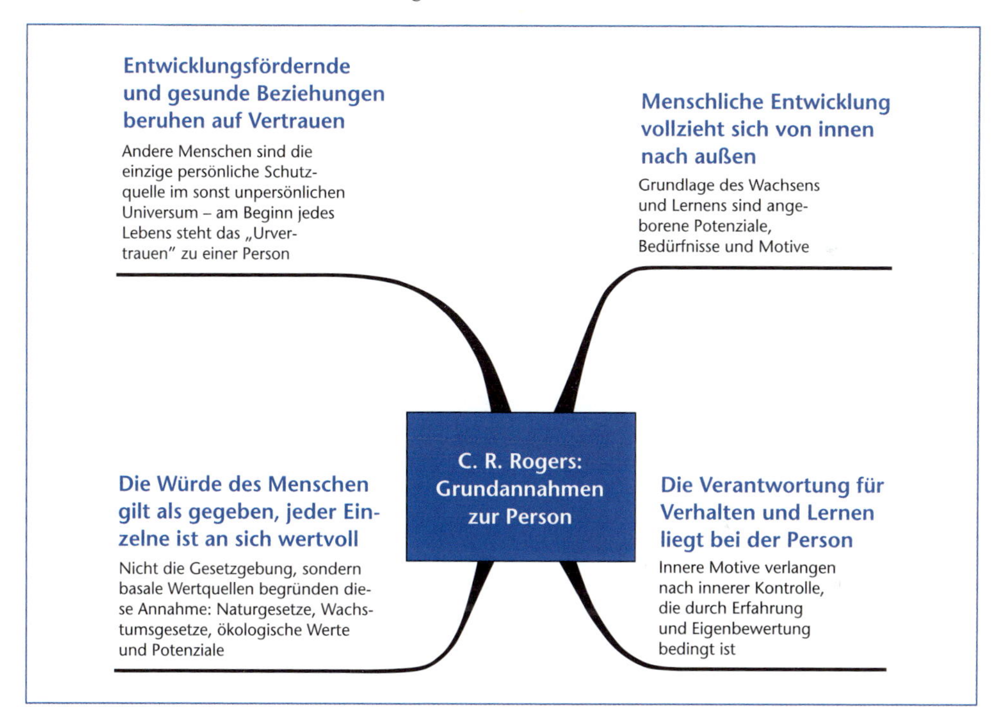

In seiner weiteren fachlichen Entwicklung hat Rogers die erforschten und als wirksam nachgewiesenen Prinzipien der klientenzentrierten Therapie in die **außertherapeutischen Arbeitsfelder** übertragen (Erziehung, Beratung, Bildung, Politik usw.). Weil es nicht mehr um das Verhältnis zwischen Klienten und Therapeuten, sondern um Begegnung von Person zu Person ging, sprach er vom **personzentrierten Ansatz**.

Eine Übertragung der Prinzipien des personzentrierten Ansatzes in die heilpädagogische Praxis verdeutlichen folgende Grundsätze:

- Ein förderliches Klima, erzeugt durch die Grundhaltung der Heilpädagogin, unterstützt bei dem zu betreuenden Menschen die Entfaltung seiner Potenziale.
- Befriedigung seiner grundlegenden, existentiellen Bedürfnisse fördert sein Wachstum in physischer wie psychischer Hinsicht.
- Ein Spielraum für seine innere Motivation, sein Entscheidung und Handeln im Rahmen der externen Realität ermöglicht sein subjektiv bedeutsames Lernen.
- Die Möglichkeit zur Eigenbewertung von Erfahrungen im Sinne der „Weisheit des Organismus“ unterstützt seine Orientierung und begründet konstruktive Verhaltensweisen.
- Ehrlichkeit und Echtheit der Heilpädagogin schaffen Transparenz, fördern Beziehungsklarheit und verhindern seine Verwirrung sowie Fehlanpassungen.

Von Frederick S. Perls wurde eine weitere humanistisch-psychologische Vorgehensweise entwickelt: die **Gestalttherapie**. Nach seiner Ansicht bringt die moderne Zivilisation unvermeidlich Erlebens- und Verhaltensprobleme hervor, weil sie den Menschen zwingt, natürliche Bedürfnisse zu unterdrücken, und damit verhindert, dass er seiner angeborenen Selbstverwirklichungstendenz folgt und sich biologisch und psychologisch der Umwelt anpasst. Die Folge sind **Selbstwahrnehmungsprobleme** und **Ängste**. Um einem Menschen zu helfen, muss man ihm seine **unbefriedigten Bedürfnisse wieder bewusst machen**. Mit der Ansicht, dass intellektuelle Einsicht keinen Menschen verändern könne, entfernte sich Perls von der psychoanalytischen Tradition. Er entwickelte Vorgänge, die das Bewusstsein eines Klienten sowohl für seine Emotionen, seinen körperlichen Zustand und seine unterdrückten Bedürfnisse als auch für die physischen und psychischen Reize der Umwelt schärfen.

Ruth Cohn entwickelte die **themenzentrierte Interaktion** (TZI): eine Methode der Gruppenarbeit, bei der von den Teilnehmern konzentriert eine **bestimmte Thematik bearbeitet** wird. Als solche eignet sie sich insbesondere für Selbsthilfe- und Selbsterfahrungsgruppen, die sich zur Bearbeitung bestimmter Themen zusammenfinden, wie z.B. Alkohol- oder Drogenabhängigkeit, Sexualität und Partnerprobleme. Der Begriff „themenzentriert“ soll deutlich machen, dass nicht nur die **Interaktionen**, d.h. die Beziehungen in der Gruppe, wichtig sind, sondern dass auch die **Themen**, um die es in der Arbeit geht, **wirklich ernst zu nehmen** sind. Ihre psychologisch-theoretischen Wurzeln hat TZI in der Psychoanalyse und der humanistischen Psychologie. Sie ist über den Bereich von Selbsthilfe- und therapeutischen Gruppen hinaus insbesondere auch in der Schulpädagogik aufgegriffen worden (vgl. Microsoft, 2004).

Die Sichtweise und Methodik der humanistisch-psychologischen Ansätze stehen sich sowohl hinsichtlich des Menschenbildes als auch des Anliegens der heilpädagogischen Sichtweise sehr nah. Folglich sind ihre Prinzipien und Vorgänge für die Übertragung und Anpassung an Erfordernisse und Bedingungen der heilpädagogischen Praxis gut geeignet. Hier einige Beispiele:

- Aus dem personzentrierten Ansatz
  - Spieltherapie für die pädagogisch-behandelnde Arbeit mit Kindern,
  - Gesprächsführung für die Kommunikation mit den zu betreuenden Menschen und ihren Angehörigen,

  - personzentrierte Arbeitsweise und Kontaktförderung in der alltäglichen Betreuung und Pflege.
- Aus dem Gestaltansatz
  - Wahrnehmungs- und Entwicklungsförderung bei Kindern mit Verhaltensproblemen,
  - alltägliche Kommunikation und Interaktion mit den zu betreuenden Menschen.
- Aus der themenzentrierten Interaktion
  - Moderation von Eltern- bzw. Angehörigengruppen,
  - Suche nach Lösung von Problemen im Rahmen des Mitarbeiterteams.

Diese Methoden, Verfahren und Interventionen haben sich in der heilpädagogischen Praxis bewährt und in ihrem methodischen Repertoire etabliert.

5.3.3 Fachgebiet der Sozialwissenschaften

Als „Sozialwissenschaften“ werden jene Disziplinen bezeichnet, die sich – in Abgrenzung zu den Naturwissenschaften – mit den Phänomenen des gesellschaftlichen Zusammenlebens der Menschen beschäftigen, indem sie es systematisch untersuchen und theoretisch erfassen (vgl. Microsoft, 2004).

Im deutschen Sprachgebrauch wird diese Bezeichnung auch als Sammelbegriff für alle Disziplinen der Geistes- und Kulturwissenschaften benutzt – z. B. Ethnologie, Archäologie, Soziologie, die Politikwissenschaften, Sprachwissenschaft, Volkswirtschaft, Geschichte und Geschichtswissenschaft, Jura.

Die Heilpädagogik sieht den Menschen als eine bio-psycho-soziale Einheit und deshalb darf sich ihre didaktisch-methodische Ausstattung nicht nur auf die Quellgebiete der Medizin, Pädagogik und Psychologie beschränken. Auch die Sozialforschung bringt wichtige und nutzbare Erkenntnisse insbesondere in Bezug auf die Fragen der Entstehensdynamik des Behinderungszustandes, seiner sozialpolitischen Zusammenhänge und auch der sozialen Faktoren der individuellen Entwicklung bei Menschen mit Behinderung.

Die Ökologie der menschlichen Entwicklung versucht, den Einzelnen als Bestandteil und Mitgestalter der alltäglichen Lebenswelten zu verstehen. Dies ist eine Disziplin, die in den 70er-Jahren des 20. Jahrhunderts vom amerikanischen Wissenschaftler U. Bronfenbrenner entwickelt wurde.

Der ökologische Ansatz

Ein zentrales Thema der ökologischen Auffassung menschlicher Existenz sind die Bedingungen, unter denen Kinder heute aufwachsen und Erwachsene ihr alltägliches Leben bewältigen. Bronfenbrenner hat alltägliche Lebenswelten systematisch beschrieben und in Zusammenhang mit der Entwicklung des Individuums gesetzt. Der Begriff „ökologisch“ bedeutet in diesem Kontext, dass die Entwicklung eines Individuums weder nur von inneren Kräften (Trieben) noch nur von der Bestimmungsmacht ihrer sozialen Umwelt bedingt ist. Vielmehr kann sie als ein stabiler Vorgang der Umgestaltung und Veränderung, wie ein Individuum, bzw. eine Person die Umwelt wahrnimmt, erfährt und sich auf diese bezieht, verstanden werden. (vgl. Bronfenbrenner, 1981)

Die Umwelt wird als ein System von miteinander verbundenen und aufeinander wirkenden Strukturen aufgefasst, von denen das sich entwickelnde Kind umgeben ist: Familie, Nachbarschaft, Schulklasse, Gesellschaft usw. Dies sind Lebensbereiche, in denen es existiert und von denen es selbst ein Teil ist. Wichtig ist nicht nur, dass diese Lebensbereiche da sind, sondern dass sie untereinander auch in Beziehung stehen. Die Entwicklung des Kindes wird demnach sowohl von der Beschaffenheit und den Ereignissen in einem bestimmten Lebensbereich beeinflusst (z. B. Familie) als auch von den Verbindungen zwischen diesem und anderen Strukturen (z. B. Schule).

Beispiel
Die Fähigkeit eines Kindes, das Rechnen zu erlernen, kann genauso von der Lehr- bzw. Lernmethode abhängig sein wie von der Beziehung zwischen dem Elternhaus und der Schule.

Außerdem gibt es noch Strukturen, die sich auf die Entwicklung des Kindes tief greifend auswirken, obwohl sie es nicht direkt beeinflussen. Dabei handelt es sich um die ökonomisch-sozialen und gesellschaftlichen Lebensbedingungen, von denen die Lebensbereiche Familie, Nachbarschaft, Schule usw. umgeben sind.

Beispiel
Die Berufsausübung der Eltern gehört mit zu den stärksten Einflüssen auf die Kindesentwicklung. Deutlich wird dies insbesondere in den letzten Jahren durch die offensichtlichen Zusammenhänge zwischen der Arbeitslosigkeit der Eltern und den Entwicklungs-, Selbstwert- und Handlungsproblemen der Kinder.

Die Bedeutung der Struktur und der Verknüpfungen zwischen den einzelnen Strukturelementen der Umwelt für die Entwicklung des Kindes wird auch in der Psychologie und Soziologie hervorgehoben. Im ökologischen Ansatz wird allerdings die **Umwelt** nicht in ihrer Objektivität gesehen, sondern als ein **subjektiv wahrgenommenes und gedeutetes Phänomen**. Ihr Einfluss entspricht also nicht einer objektiven Gegebenheit, sondern der subjektiven Bedeutung dessen, was der Mensch aus seiner Umwelt wahr- und aufnimmt. Demnach lässt sich menschliche Entwicklung im Sinne von Bronfenbrenner vor allem im Kontext der Fähigkeit des Individuums erfassen, eine Vorstellung über seine Umwelt und sein Verhältnis zu ihr auszubilden. Hierbei lernt es, die Eigenschaften der Umwelt genauso wie die eigenen zu entdecken, zu erhalten und ggf. auch zu ändern.

Mit dieser Auffassung beinhaltet der ökologische Ansatz deutlich die Elemente der Lehren von Lewin (hebt die enge und wechselseitige Verbindung der Strukturen von Person und Situation hervor) und Piaget (betrachtet die Fähigkeit des Kindes, sich in der Vorstellung eine eigene Welt zu schaffen, als einen Gradmesser seines psychischen Wachstums). Bronfenbrenner betrachtet den Menschen als **ein im Kontext der Umwelt stehendes Wesen**: Die subjektiv wahrgenommene Realität entsteht im Bewusstsein des Individuums nur im Kontext seiner aktiven Teilhabe an den Prozessen und Ereignissen der physischen und sozialen Umwelt.

Beispiel
*Einem **Säugling** werden zuerst die Ereignisse in seiner unmittelbaren Umgebung bewusst. Er richtet seine Aufmerksamkeit und seine Aktivität nur auf Objekte und Personen, die in einer direkten Beziehung zu ihm stehen.*

*Vom Säugling zum **Kleinkind** geworden, fängt es allmählich an, auch die Beziehungen zwischen den Objekten, Personen und Ereignissen in anderen Lebensbereichen zu erkennen, denen es angehört und in denen es agiert.*

Die Fähigkeit zu sprechen und die Existenz von anderen Lebensbereichen wahrzunehmen, die über die unmittelbare Umgebung hinausgehen, befähigt das Kind dazu, Ereignisse, Personen und Objekte in Strukturen wahrzunehmen, in denen es noch nicht aktiv beteiligt ist, z.B. Schule, bzw. in die es vielleicht nie eintreten wird, z.B. der Arbeitsplatz des Vaters oder die Kultur eines anderen Landes.

*Somit kann das sich entwickelnde Kind sich eine **Vorstellungswelt** schaffen, wie sie in Geschichten, Filmen, Theaterstücken, Büchern usw. dargestellt wird. Diese Vorstellungskraft offenbart sein psychisches Wachstum und seine aktive Kreativität. Die Vorstellung ist keine Reproduktion, sondern **eigene Konstruktion der Realität**. Nach und nach lernt der **heranwachsende Mensch** es, diese Konstruktion und die gegebene Realität aufeinander bezogen zu handhaben, indem er sowohl die Fantasie der Realität anpasst als auch die Umwelt im Sinne seiner Vorstellungen, Bedürfnisse und Wünsche beeinflusst. Damit erreicht er die höchste Entwicklungsstufe.*

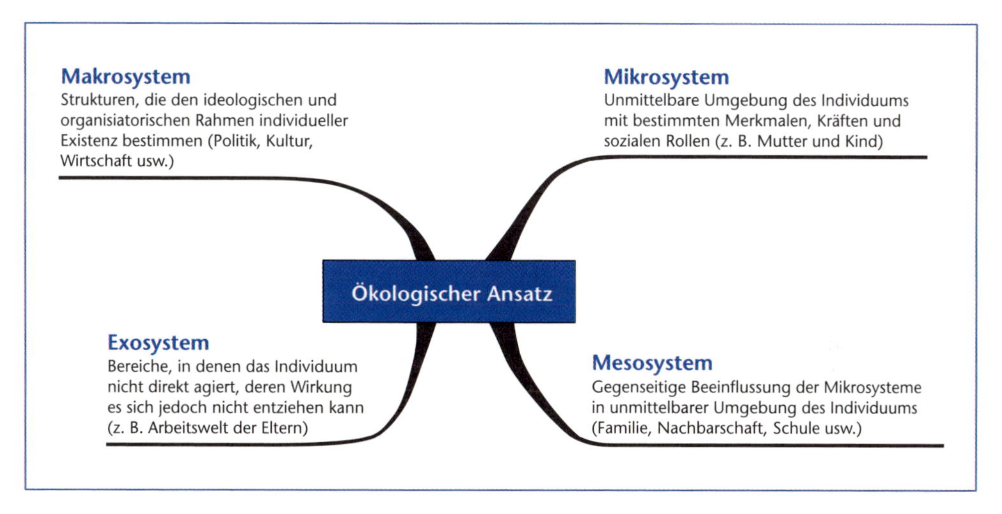

Die **Umweltstrukturen**, die er auch **Lebensfelder** nennt, bezeichnet Bronfenbrenner als Mikrosystem, Mesosystem, Exosystem und Makrosystem.

- Das **Mikrosystem** stellt die augenblicklichen, direkt auf den Menschen einwirkenden Situationen dar, die ihm Objekte anbieten, mit denen er hantiert, sowie Personen, mit denen er interagiert. Ebenfalls wirken hier die Verbindungen zwischen diesen Personen und die Art und Weise, wie sie gelebt werden. Konkret umfasst das Mikrosystem die unmittelbare Umgebung des Individuums mit bestimmten Merkmalen, Kräften und sozialen Rollen. Am Beispiel eines Kindes dargestellt: Mutter und Kind, Kind und seine Geschwisterkinder, Kind und Nachbarskind, Kind und Erzieherin usw.
- Das **Mesosystem** besteht aus der wechselseitigen Verbundenheit zwischen allen Lebensbereichen, denen das Individuum angehört. Konkret umfasst das Mesosystem die Beziehungen der Lebensfelder in der unmittelbaren Umgebung des Individuums und es wird durch die gegenseitige Beeinflussung mehrerer Mikrosysteme charakterisiert. Am Beispiel der Lebensfelder eines Kindes dargestellt: Familie, Nachbarschaft, Kindergartengruppe, Schule usw.

- Das **Exosystem** bilden wichtige Einflüsse aus den Bereichen, in denen das Individuum nicht direkt agiert, deren Wirkung es sich jedoch nicht entziehen kann. Es erweitert das Mesosystem. Am Beispiel der Bereiche dargestellt, deren Wirkung ein Kind immer mit tangiert: Arbeitswelt der Eltern, andere Klassen der Schule, Schulbehörde usw.
- Das **Makrosystem** wird vom Einfluss solcher gesellschaftlichen und kulturellen Strukturen gebildet, die den organisatorischen, institutionellen, kulturellen und ideologischen Rahmen der individuellen Existenz des Menschen bestimmen. Konkret umfasst das Makrosystem die übergeordneten institutionalen Bereiche des Lebens. Am Beispiel eines Kindes dargestellt: politisches bzw. soziales System, Wirtschaftssystem und Kultur eines Landes sowie Normen, Gesetze u. Ä. (vgl. Bronfenbrenner, 1981, 19–31).

Fazit

Mit dem begrifflichen Modell des ökologischen Ansatzes kann die Heilpädagogik sehr gut die Strukturen und Prozesse in der unmittelbaren und weiteren Umwelt des Menschen mit Behinderung erfassen. Diese Strukturen und Prozesse beeinflussen den Verlauf und Prozess der Entwicklung des Menschen mit Behinderung maßgeblich. Dies gilt auch hinsichtlich der Entstehung von beeinträchtigter Lebenslage im Sinne des Behinderungszustandes nach Kobi.

Die oben genannten Aspekte des ökologischen Ansatzes erscheinen in Bezug auf das verstehende und auf die individuelle Lebenslage des zu betreuenden Menschen bezogene Handlungsanliegen als heilpädagogisch relevant. Sie helfen, die Austauschprozesse zwischen ihm und seiner Umwelt zu untersuchen und die Bedeutung seiner subjektiven Wirklichkeitskonstruktion für seine Entwicklung zu erfassen und zu verstehen. Auf der Ebene der Einflussnahme begründen sie die Erforderlichkeit, die einzelnen Systeme, in denen er existiert und die seine Entwicklung beeinflussen, zu analysieren, zu beschreiben und in die heilpädagogischen Konzepte mit einzubeziehen.

Wesentlich ist also die Erkenntnis, dass immer der Heilpädagoge auf ein sich gegenseitig beeinflussendes Beziehungsgefüge einwirkt, das sich um den Menschen in beeinträchtigter Lebenslage gebildet hat. Damit ist es jedoch nicht genug – er selbst gehört auf Zeit diesem Gefüge an und muss folglich das eigene Handeln stets vom Blickwinkel der möglichen Beteiligung an der Entstehung seiner „behinderten Realitätsvorstellung" hinterfragen. In diesem Sinne ist der ökologische Ansatz eine gute Orientierungs- und Strategiehilfe.

Überlegungen und Versuche

1. ***In welchem Sinne haben Ihre Lebensfelder die Konstruktion Ihrer eigenen Vorstellung von der Welt geprägt:***
   - ***Welche Rollen haben Sie in Ihrer familiären Umwelt angeboten bekommen und welche davon haben Sie übernommen und verinnerlicht?***
   - ***Wie haben Sie die Beziehungen der Personen in Ihrem unmittelbaren Lebensfeld erlebt und welche Schlüsse haben Sie daraus gezogen in Bezug auf die Vorstellung, wie die Welt und die in ihr lebenden Menschen seien?***

- *Wie standen Ihre Eltern zu der Institution „Schule" und wie hat sich das ausgewirkt auf Ihre Einstellung zu den schulischen Belangen und auf Ihr Lernverhalten?*
- *Bei welchen Angelegenheiten erleben Sie den Machteinfluss der Gesellschaft, deren Teil sie als Bürger dieser Republik sind? Wie gehen Sie mit diesem Lebensfeld um?*

2. *Versuchen Sie auf ähnliche Weise, wie Sie vorher bei sich selbst den „Check der Öko-Einflüsse" durchgeführt haben, die Konstruktion der Welt bei einem Ihnen bekannten Menschen mit Behinderung zu machen.*

   Ein Hinweis: Die beste Möglichkeit dazu bietet das gemeinsame Tun, in dem die Ansichten, Erfahrungen, Bewertungen usw. in Bezug auf sich selbst, andere Menschen und die Welt zum Ausdruck kommen.

   Gehen Sie auch der kritischen Frage nach: Wozu soll die Orientierung in den „Öko-Einflüssen" gut sein – für den zu betreuenden Menschen und für mich als handelnde Heilpädagogin?

6 Spezifische Grundlagen des heilpädagogischen Handelns

Das Aufgabenfeld der Heilpädagogin ist heute sehr vielfältig – es gibt viel mehr Personen, die in einer beeinträchtigten Lage leben, als nur Menschen mit offensichtlichen organischen Schädigungen (z.B. Personen, die von einer seelischen Behinderung bedroht sind, alte Menschen mit Demenzerkrankung, Personen mit chronischer psychischer Erkrankung, Menschen mit Drogenabhängigkeit, HIV-positive Personen usw.). Auch wird heute die heilpädagogische Arbeit nicht nur im direkten Kontakt mit dem zu betreuenden Menschen durchgeführt, sondern besteht auch aus der Einflussnahme auf seine soziale Umwelt und die Gesellschaft. Das hat zur Folge, dass die heilpädagogische Praxis weniger nach sehr spezialisierten Fachleuten verlangt. Vielmehr ist die Qualität von „spezialisierten Generalisten" gefragt: spezialisiert auf beeinträchtigte Lebenslagen und befähigt, mit allen Personen zu arbeiten, die von einer solchen Lage belastet sind. Deshalb ist die Palette der konkreten heilpädagogisch relevanten Tätigkeiten ziemlich bunt.

Kobi nennt die praktische Anwendung heilpädagogischer Theorien „Heilerziehung". Auf die Frage nach dem heilerzieherischen Tun meint er, dass die wahre Erziehung keine bestimmte Tätigkeit, sondern **Ausdruck der erzieherischen Haltung** sei, welche insbesondere die Anforderungen des dialogischen Prinzips nach M. Buber aufweise. Darüber herrscht in der Fachwelt eine breite Übereinstimmung (vgl. Kobi, 2004).

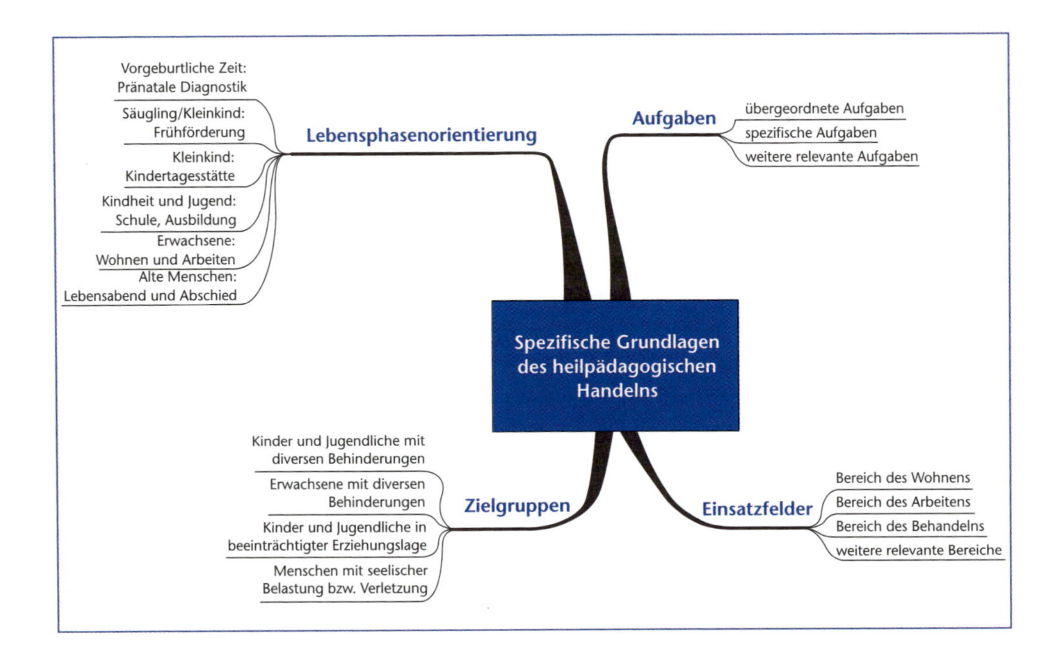

6.1 Aufgaben

In der heutigen Heilpädagogik trifft der Begriff „Pädagogik" im weiteren Sinne eher zu als der eng gefasste Begriff „Erziehung" – der Heilpädagoge arbeitet nicht nur erzieherisch mit Kindern und Jugendlichen, sondern auch mit erwachsenen und alten Menschen. Es wäre vermessen, diese Menschen erziehen zu wollen, deshalb gilt es vielmehr, sie zu unterstützen und zu begleiten. Allein mit der Verinnerlichung der erzieherischen Haltung im Sinne von Kobi ist allerdings die heilpädagogische Arbeit noch nicht getan, denn die Heilpädagogin muss nicht nur Haltung zeigen, sondern auch sehr viel machen. Sie agiert in unterschiedlichen Aufgabenbereichen. Im Wesentlichen handelt es sich um:

- **präventive** Aufgaben (Verhindern von Beeinträchtigungen bzw. Vermeidung von benachteiligenden Einflüssen im Leben eines Menschen),
- **habilitative** Aufgaben (Unterstützung und Begleitung eines Menschen mit Behinderung bei der Entwicklung seiner Potenziale),
- **fördernde** Aufgaben (Stärkung eines Menschen in beeinträchtigter Lage und seiner Bezugspersonen in der ganz individuellen Lebenswelt),
- **rehabilitative** Aufgaben (Unterstützung und Begleitung eines Menschen mit Behinderung bei seiner Eingliederung in das übliche, normale Alltagsleben) (vgl. Tietze-Fritz, 1995, 6).

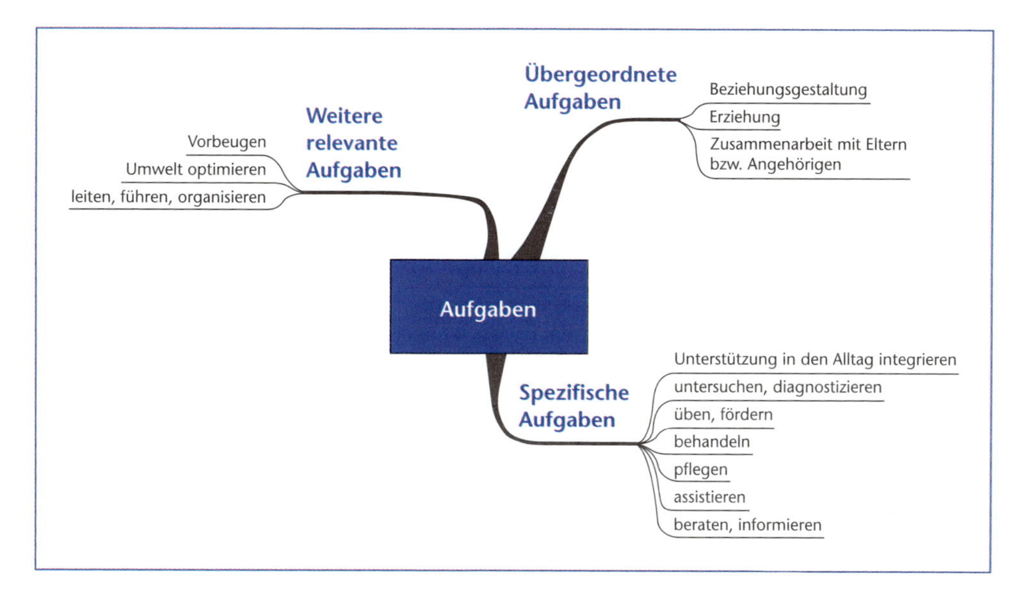

Diese Aufgaben lassen sich nur durch **Ausführung konkreter Tätigkeiten** erledigen. In der Heilpädagogik existiert eine ganze Reihe von relevanten Tätigkeiten, die jeweils nach Zielen, Bedingungen und beteiligten Personen ausgewählt werden müssen, um das fallbezogene Handlungskonzept umzusetzen. Die Handlungsrealität ist sehr komplex, sodass die Aufgaben sich manchmal überlappen bzw. unterschiedliche Priorität haben – je nachdem, in welcher Etappe der Umsetzungsprozess gerade steht. Deshalb hat die folgende Kurzdarstellung vor allem einen Orientierungszweck und sagt überhaupt nichts darüber aus, ob die eine Aufgabe etwa wichtiger wäre als die andere.

6.1.1 Übergeordnete Aufgaben

Als „übergeordnet" werden hier solche Aufgaben verstanden, die nicht nur einem einzigen Bereich zugeordnet werden können. Sie laufen häufig auch bei der Erledigung von anderen Aufgaben mit und sind manchmal ausschlaggebend für deren Gelingen bzw. Misslingen. Die wesentliche Aufgabe z. B. eines Lehrers ist die Wissensvermittlung und Unterstützung der Lern- und Entwicklungsprozesse bei Schülern. Dies gelingt besser, wenn er es schafft, eine positive Beziehung zu jedem einzelnen von ihnen aufzubauen. Es ist kein Geheimnis, dass die Motivation zum Lernen in einem Fach eng mit der Annahme und Ablehnung des Lehrers verknüpft ist.

Wenn die Beziehung zwischen Schüler und Lehrer schlecht ist, lassen häufig sowohl das Lernverhalten als auch die schulischen Leistungen des Schülers zu wünschen übrig. Die Aufgabe des Lehrers, Wissen zu vermitteln, gerät dadurch in Gefahr, nicht erfüllt zu werden.

Ist die Beziehung gut, lernt der Schüler in der Regel mehr und seine schulischen Leistungen entsprechen mehr seinen Möglichkeiten. Die Aufgabe der Wissensvermittlung wird in diesem Falle besser erfüllt.

In diesem Sinne ist die Beziehungsgestaltung für den Lehrer eine übergeordnete Aufgabe. Es lohnt sich, sie zu erfüllen, denn sie beeinflusst die Erledigung seiner anderen Aufgaben.

6.1.1.1 Beziehung gestalten

Vieles in der Lage der zu betreuenden Menschen ist nur wenig oder gar nicht veränderbar (z.B. organische Schädigung). Das muss von der Heilpädagogin akzeptiert werden (sagt die Theorie), dies ist aber schwierig (zeigt die Praxis). Denn das allgemein vorherrschende Menschenbild geht von der Entfaltung der Potenziale aus, die heutigen Werte heben das Vorankommen besonders hervor und die positive Bewertung der Entwicklung stellt sich fast automatisch ein. Das Planungsgeschehen in der Erziehungs- und Behindertenhilfe ist zum wesentlichen Teil auf die Unterstützung von Entwicklungen bei den zu betreuenden Menschen ausgerichtet.

Auch sehen sich einige Fachleute insbesondere dann als „erfolgreich", wenn der ihnen anvertraute Mensch mit Behinderung eine Entwicklung geschafft hat. Wehe aber, wenn die (geplante bzw. erhoffte) Entwicklung stockt oder nicht stattfindet! Betroffenheit, Unzufriedenheit, Verärgerung und Enttäuschung machen sich breit. Dabei liegt das Problem meistens in der Planung und Erwartung – es wurde nicht akzeptiert, dass manche Entwicklungsprozesse wegen der irreparablen organischen Schäden nicht möglich sind.

Was kann also die Mitarbeiter in der Behindertenhilfe im Berufsalltag zufrieden machen, was macht ihre Arbeit befriedigend? Aus Gesprächen mit ihnen zu diesem Thema ergibt sich der Hinweis, dass es **Interaktionen** sind, die vor dem Hintergrund einer **positiven Beziehung** ablaufen. Ebenfalls stellen sie den zu betreuenden Menschen zufrieden und stimmen ihn kooperativ im gemeinsamen Tun mit der Heilpädagogin. Dies ist deswegen verständlich, weil die Beziehung zwischen dem Kind und der Erzieherin, dem zu Betreuenden und der Betreuerin **existenzielle Züge** hat: Jeder Mensch (ob mit oder ohne Behinderung) ist von seinem sozialen Umfeld (d.h. von den ihm nahe stehenden Personen) geprägt und bei der Befriedigung seiner Grundbedürfnisse abhängig. Der Prozess und die Ergebnisse der heilpädagogischen Arbeit sind stark vom Gelingen und Misslingen der Beziehungsgestaltung bestimmt. In diesem Sinne hat die Heilpädagogin eine Grundaufgabe zu erfüllen – in Beziehung zu treten.

Heilpädagogen sind professionelle Fachpersonen und werden für die Erledigung von gestellten Aufgaben bezahlt. Eine dieser Aufgaben besteht darin, mit den zu betreuenden Menschen in Beziehung zu treten – nicht in irgendeine, sondern in **professionelle Beziehung**. Diese ist weder eine Liebes- noch eine Abhängigkeitsbeziehung. Grundsätzlich stellt sie ein **persönliches Verhältnis auf Zeit** dar, in dem nicht nur Verbundenheit, Nähe und Harmonie, sondern auch klare Grenzen, Distanz und Auseinandersetzungen eine wichtige Rolle spielen. Eine **professionelle Beziehungsgestaltung** in der heilpädagogischen Arbeit weist folgende Merkmale auf:

- Der Heilpädagoge soll den zu betreuenden Menschen **akzeptieren** und **annehmen**. Es geht darum, ihn mit allem, was ihn äußerlich (Erscheinungsbild) und innerlich (Charakter) und vom Verhalten her ausmacht, zu akzeptieren. Eine Person anzunehmen bedeutet, sie **nicht zu bewerten**. Dies ist insbesondere dann möglich, wenn sie vom Blickwinkel des Vertrauens in ihre **Potenziale** betrachtet wird (wo immer auch diese verborgen sein mögen).

- Die Heilpädagogin soll dem zu betreuenden Menschen als Person **Respekt zollen** und ihm gegenüber mit Würde auftreten – trotz bzw. gerade wegen der Schädigung und Beeinträchtigung, die sein Erscheinungsbild bzw. seine Verhaltensart prägen. Es geht darum, seine **Gefühle**, **Anliegen**, **Ansichten** und auch die **Lebenserfahrung** zu verstehen und **ernst zu nehmen** (manche behinderte Menschen sind älter und haben deutlich mehr Lebenserfahrung als die Betreuerinnen) sowie die Eigenart gelten und das **Gesicht wahren** zu lassen.

- **Eindeutigkeit** und **Einschätzbarkeit** des Heilpädagogen als Person sorgen für Klarheit und Orientierung in der Interaktion. Es geht darum, keine Maske zu tragen, ehrlich und offen zu sein, das eigene Befinden erkennen zu geben und eine klare Linie im Verhalten zu zeigen.
- **Vertrauen** und **Verlässlichkeit** sind als Hauptquellen der Sicherheit in der Beziehung zu betrachten – wer sich auf sein Gegenüber nicht verlassen kann, der kann ihm auch nicht vertrauen. Und wo kein Vertrauen ist, dort ist auch keine gute Beziehung. Es geht darum, den behinderten Menschen **positiv zu bestätigen**, sich ihm **freundlich zuzuwenden**, ihm den Spielraum für Entscheidungen, Beteiligung und Mitwirkung zu gewähren, zum Wort zu stehen, Absprachen einzuhalten und etwas wie sein **Gefährte** in der gemeinsamen Lebens- bzw. Arbeitswelt zu sein.
- Die Heilpädagogin soll durch **Bescheidenheit** und **Machtverzicht** verhindern, dass die Interaktion mit dem zu betreuenden Menschen diesen unter Druck setzt, überfordert und/oder verletzt. Es geht darum, in **kleinen Schritten** vorzugehen und sich über Weniges zu freuen statt Großes anzustreben, die **Absprachen** und **Kooperation** anzuleiten statt Zwang und Druck einzusetzen, aber auch, ihn vor der institutionellen Gewalt der Fremdbestimmung zu schützen.
- **Ruhe** und eine **angenehme Atmosphäre** werden in der Regel als angenehm erlebt – sowohl von dem behinderten Menschen als auch von der Heilpädagogin. Wenn Menschen sich miteinander wohlfühlen, stärkt das auch ihre Beziehung. Es geht vor allem darum, eine **überlegte**, **ruhige und strukturierte Vorgehensweise** zu praktizieren und nicht zu versuchen, die Aufgaben mit Betriebsamkeit und Aktionismus zu erledigen (vgl. Greving/Niehoff, 2009b, 22 f.).

Für die Beziehungsgestaltung ist es hilfreich, folgende **Kommunikationsmittel bewusst zu verwenden:**

- körperliche Zugewandtheit, Blickkontakt sowie entsprechende Mimik und Gestik (zulächeln, zunicken, zuzwinkern usw.),
- klare, ruhige und freundliche Stimme sowie eine einfache und verständliche Sprache,
- zuhören, aussprechen lassen, Verständnis für subjektive Bedeutungen und Gefühle (diese nicht bewerten!),
- unaufgeforderte Anerkennung von Bemühungen und Leistungen bzw. Beistand und Unterstützungsangebot bei Schwierigkeiten.

Es ist also einiges, was die professionelle Beziehungsgestaltung dem Heilpädagogen abverlangt. Wer sie wirklich erlernen will, kann sich die genannten Merkmale bewusst machen und eine Bestandsaufnahme der eigenen Art der Beziehungsgestaltung mit einem konkreten Menschen durchführen. Dadurch entsteht eine persönliche Grundlage für die Arbeit an der Stärkung der Merkmale, die in der Interaktion noch wenig vertreten sind, sowie für den Abbau von anderen vorhandenen Aspekten, die die Interaktion belasten.

Überlegungen und Versuche

1. ***Wie geben Sie einem Menschen mit schwerer mehrfacher Behinderung zu erkennen, dass Sie ihn akzeptieren und annehmen (ganz konkret: durch welches Verhalten in welchen Situationen)?***
2. ***Was müssten Sie konkret tun, um bei den Menschen aus ihrer beruflichen Umwelt als eine verlässliche und vertrauensvolle Person zu gelten?***
3. ***In welchen Situationen neigen Sie dazu, nervös zu sein und hektisch zu handeln? Angenommen, eine solche Situation trifft ein – was hilft Ihnen, wieder ruhiger zu werden?***
4. ***Versuchen Sie, eine Zeit lang (d.h. über mehrere Wochen) in den alltäglichen Interaktionen mit anderen Menschen prinzipiell durchschaubar zu sein – immer zu sagen, was Ihnen wichtig ist, wie Sie sich fühlen, was Sie gerne und was nicht so gerne machen usw.***

Bemerkung: Möglicherweise werden Sie feststellen, dass Sie im Laufe der Zeit von den Menschen in Ihrer Umgebung weniger „kumpelhaft-unverbindlich" behandelt werden und dass man Ihre Entscheidungen mehr respektiert.

6.1.1.2 Erziehen

Die Zielgruppe, für die sich Heilpädagogik zuständig fühlt, ist eine ziemlich heterogene Gruppe: Männer und Frauen, Kinder und Erwachsene, Säuglinge und Alte, von einer Behinderung erst bedrohte und bereits behinderte Menschen, organisch zwar *irreparabel* geschädigte, jedoch sonst gesunde Menschen und chronisch kranke Menschen ohne eine solche Schädigung. Die Anzahl der **Kinder und Heranwachsenden** in dieser „heilpädagogischen Population" ist hoch. Deshalb müssen die Heilpädagoginnen in der Arbeit mit ihnen die **Erziehungsaufgabe** als einen „roten Faden" ihrer Tätigkeit sehen. Kobi, der aus diesem Einsatzfeld kommt, bezeichnet die Praxis der Heilpädagogik als **Heilerziehung** (vgl. Kobi, 1993, 71 ff.).

Auch wenn in der Arbeit mit **erwachsenen Personen** von Erziehung nicht die Rede sein kann (wenn überhaupt, dann von Selbsterziehung), lassen sich die von ihm formulierten **Prinzipien** des pädagogischen Verhältnisses durchaus bei der „gemeinsamen Daseinsgestaltung" umsetzen. Die Intention ist keine erzieherische, die **Grundhaltung** und **Wirkungsmechanismen** der Beziehungsarbeit sind der heilerzieherischen ähnlich.

Der Mensch nutzt seine Lern-, Denk- und Handlungsfähigkeit dazu, **in der Welt zu existieren**, d.h. mit der dinglichen und sozialen Realität, aber auch mit sich selbst zurechtzukommen. Er hat die Chance und Aufgabe, seine **eigenen Existenzformen** zu gestalten – wenn er seine Potenziale entfaltet und lernt. In der ersten Lebensphase der Kindheit und des Heranwachsens muss er die Fähigkeit erlangen, Welt in Symbolsystemen zu **begreifen** (Sprache), zu **ordnen** (Denken) und zu **bearbeiten** (Handeln). Seine soziale Umgebung leistet ihm unterstützende Begleitung in Form der Erziehung. Folglich ist die **Erziehungsaufgabe** (mittels der Ausbildung von Sprache und Entwicklung des Denkens) auf die **Handlungsfähigkeit** des zu Erziehenden ausgerichtet. Anders gesagt, ist Erziehung ein **angeleiteter Lernprozess**, in welchem Minderjährige die erforderlichen Fähigkeiten und Fertigkeiten zur aktiven Bewältigung von aktuellen und zukünftigen **Lebensaufgaben** erlernen. Diese Aufgabenstellung gilt auch für die Heilpädagogik, nur hat sie es bei der Umsetzung mit den erschwerenden Umständen der beeinträchtigten Lage von behinderten Menschen zu tun.

Erziehung ist in der Pädagogik ein häufig diskutiertes Thema, zu dem keine allgemein geltende und überdauernde Erörterung existieren kann und auch nicht existieren wird, denn sie unterliegt dem historisch-kulturellen Normen- und Wertewandel. Trotzdem muss die Heilpädagogin ihre **erzieherische Aufgabe verstehen**, sonst bleibt ihr für das Handeln nur die „Versuch-Irrtum-Methode“ übrig, die sehr zeit- und kräfteraubend ist und keine Garantie auf positive Wirksamkeit gibt. Hilfreich sind einige in der Praxis bestätigte Aussagen der pädagogischen Theorie dazu, **worauf es in der erzieherischen Interaktion ankommt**, wenn sie eine positive Beziehung zwischen den Beteiligten hervorbringen und die Heilpädagogin diese für die unterstützende Begleitung des zu Erziehenden nutzen will.

Zum Thema Erziehung erarbeitete P. Moor die interessante Sichtweise vom **inneren und äußeren Halt** (vgl. Moor, 1951, 194ff.). Die Aufgabe der Heilpädagogik besteht laut Moor in der Erziehung und Bildung überall dort, wo die Mittel der „Alltagspädagogik“ nicht wirken. Dies sei in der **„Haltlosigkeit“** der zu Erziehenden begründet. Sie offenbare sich durch

- **Willensschwäche** im Sinne der **mangelnden Selbststeuerung** im Umgang mit eigenen Antrieben mit Folge einer Entscheidungslabilität und
- **Gefühlsarmut** im Sinne von **mangelnden emotionalen Bindungen** zu Personen, Dingen und Ideen mit Folge einer Unfähigkeit, sich für etwas zu erwärmen bzw. mit eigenen Gefühlen umzugehen.

Das Erziehungsanliegen bei den „haltschwachen“ Kindern und Jugendlichen besteht in deren **Unterstützung beim Aufbau des „inneren Halts“**. Dazu ist ein äußerer Halt erforderlich, der durch die Person Heilpädagogin (ihren eigenen inneren Halt) sowie die Erfüllung von Aufgaben der Willensförderung und Gemütsempfänglichkeit wirksam wird. Ausgehend von den genannten Quellen der Haltlosigkeit lassen sich zwei Grundlagen des inneren Halts bestimmen: die **Willensstärke** (der Halt im „tätigen Leben“) und die **Gemütstiefe** (der Halt im „empfangenden Leben“).

Die **Willensstärke** entwickelt sich aus dem Umgang mit den natürlichen Antrieben („das Gegebene“) im Kontext von Aufgabenerfüllung, d. h., wenn eine Aktivität auf ein bestimmtes Ziel ausgerichtet wird. Alle Antriebe, die das Erreichen des Zieles gefährden könnten, müssen zurückgestellt werden – auf ihre Befriedigung muss eine Zeit lang verzichtet werden. Willensstärke ermöglicht es dem Menschen, sich für Ziele einzusetzen, die in einer fernen Zukunft liegen. Ein Ziel entspringt immer der Unzufriedenheit. Wenn ein Mensch z. B. in seinem erlernten Beruf nicht die erhoffte Erfüllung findet und mit sich und der Welt immer unzufriedener wird, spürt er irgendwann den Wunsch, die Situation zu verändern. Dieser Wunsch stellt „das Aufgegebene“ dar (Begriff von P. Moor), weil daraus eine neue Aufgabe entspringt.

Eine Aufgabe zu übernehmen und zu erfüllen ist ein Wagnis, weil das Ende immer ungewiss ist. Dies erfordert:

- Konzentration auf eine Sache über eine längere Zeit,
- Abstellen der unmittelbaren Befriedigung der Antriebe,
- Selbstüberwindung, wenn die erste Euphorie verflogen ist und das Interesse an der Aufgabe schwindet.

Folglich spielt eine wichtige Rolle die Fähigkeit, sich selbst zu befehlen und sich selbst zu gehorchen (heute würden wir von „Selbststeuerungsfähigkeit“ sprechen). Sehr wichtig ist auch, dass es nach Vollendung der Aufgabe zur emotionalen Bereicherung kommt („das Verheißene"). Diese emotional „belohnte" Aufgabenerfüllung fördert die Willensstärke im besonderen Maße.

Die **Erziehung** hat die Aufgabe, diese **Willensförderung** anzuregen. Dies gelingt besonders dann, wenn dem Kind zwar seine Wünsche und Begierden erfüllt werden, jedoch nicht immer alles sofort, sondern in einer angemessenen Art, die es ihm erlaubt, Zufriedenheit zu spüren – nur aus ihr kann sich das Glücksgefühl entwickeln.

Der zweite Bereich, der den inneren Halt konstituiert, ist die **Gemütstiefe**. Ihr wichtigstes Merkmal ist die Fähigkeit, sich „für etwas erwärmen zu können", d. h., sich von etwas ergreifen zu lassen oder von etwas überwältigt zu sein.

Beispiel
Am Beispiel aus dem Kinderfilm „Pünktchen und Anton" kann dies veranschaulicht werden: In der letzten Szene steht Pünktchen auf einer Düne und sieht zu, wie ihre Mutter und die Mutter von Anton zusammen spazieren gehen und Anton mit ihrem Vater im Wasser herumtobt. Als der Vater sie ruft, steht sie da und sagt leise: „Ich kann gerade nicht, ich muss jetzt glücklich sein." Hier ist keine Spur von Neid oder Eifersucht, sondern sie wird vom Glücksgefühl ergriffen, als sie alle Menschen, die sie lieb hat, zusammen sieht und diese sich verstehen. Diese tiefe Freude lässt sich nicht durch Bemühungen erreichen – sie ist von der Empfänglichkeit des Gemütes bedingt.

Die **Erziehung** hat die Aufgabe, für diese **Empfänglichkeit** zu sorgen. Das gelingt besonders dann, wenn das Kind Ruhepunkte erlebt, in denen es keine Anforderungen zu erfüllen hat und auch von sich selbst nichts verlangt, um Besinnlichkeit und Gefühle zu spüren – nur dann wird es ihm möglich sein, sich von etwas ergreifen zu lassen.

Insbesondere bei **Kindern mit beeinträchtigter Entwicklung** zeigt sich deutlich, dass Erziehung enorm wichtig ist. Die natürliche Erziehungswirkung der Eltern basiert überwiegend auf Intuition, Gewohnheit und Zufälligkeit. Sie kann hier nur begrenzt die Erziehungsaufgabe erfüllen. Deshalb ist es sinnvoll, mit der Erziehung dieser Kinder und Jugendlichen **Fachleute zu beauftragen**, die für den Umgang mit erschwerten Bedingungen qualifiziert sind. Heilpädagogen haben in den letzten Jahrzehnten bewiesen, welche positive Wirkung die **professionelle Erziehung** unter der Berücksichtigung der Notwendigkeiten, Möglichkeiten und Grenzen des behinderten Kindes haben kann. Auch sind sie (anders als involvierte Eltern) imstande, an die Erziehungsaufgabe unter besonderer **Berücksichtigung der Entwicklung**, d. h. fördernd und fordernd, heranzugehen: Dies gelingt besser, wenn gleichzeitig das zu erziehende Kind angemessene Entwicklungsanregungen bzw. -anstöße erhält.

In seiner kritischen Auseinandersetzung mit den geläufigen Definitionen nimmt E. Kobi zum Begriff „Erziehung" (den er für einen Grundbegriff der Pädagogik und damit auch der Heilpädagogik hält) wie folgt Stellung. Seiner Meinung nach ist Erziehung

- eine **Haltung** und keine spezifische Tätigkeit,
- eine **gemeinsam vollzogene Interaktion** und nicht ein einseitiges Tun und Erleiden,
- ein **gegenseitiges Verhandeln** über Gestaltungsmöglichkeiten und keine einseitige Machtausübung,
- eine themenbezogene **konstruktive Auseinandersetzung** und keine Produktion von Dingen,

- ein **anbietend-stimulativer Vorgang** und keine Handlungsinstruktion (vgl. Kobi, 1993, 73 ff.).

Erziehung kann sich sowohl negativ (wenn ihre Prinzipien missachtet werden und wenn sie zu hart ist bzw. zu sehr verwöhnt oder vernachlässigt) als auch positiv auswirken. Die Einhaltung folgender drei **Grundsätze** erhöht die **Chance auf positive Wirkung**:

- Orientierung an den **Potenzialen** des Kindes – diese sind zu suchen, zu fördern und ihre Entfaltung ist positiv zu bestätigen.
- Klare, verständliche und erfüllbare **Regeln** mit Lob für deren Erfüllung bzw. angemessenen Folgen für die Nichterfüllung.
- Persönlich ausgerichtete **Anforderungen**, die sich an den Regeln orientieren und konsequente **Umsetzung** der Folgen (sowohl in positiver als auch in negativer Hinsicht) nach sich ziehen.

6.1.1.3 Mit Eltern bzw. Angehörigen zusammenarbeiten

Eltern behinderter Menschen gewährleisten ihren Kindern **Kontinuität, sozialen, emotionalen und materiellen Rückhalt**. Sie sind mit dem Verlauf der Behinderung eng vertraut und an dem Umgang mit der Situation umfassend selbst beteiligt (angefangen von häuslicher Betreuung bis zu Fahrdiensten, Antragstellung usw.). Deshalb ist eine gute Zusammenarbeit mit ihnen bzw. zuständigen Angehörigen des zu betreuenden Menschen sehr wichtig – entweder **unterstützen** sie die Arbeit der Heilpädagogin (wenn sie Vertrauen haben) oder aber sie funktionieren als **Hindernis und Störfaktor** (wenn das Vertrauen fehlt). Im gesamten Prozess der Betreuung lassen sich viele heilpädagogische Aufgaben und Ziele ohne die Eltern- bzw. Angehörigenunterstützung nur schwer erreichen. Allein deshalb, weil sie bei allen relevanten **Fragen und Entscheidungen einzubeziehen** sind. (Bemerkung: Wenn hier von Kindern gesprochen wird, handelt es sich nicht nur um Heranwachsende! Ein fünfzigjähriger Mann mit Behinderung ist für seine Eltern auch ihr Kind – also sind unter der Bezeichnung „Kind" Menschen jedes Alters zu verstehen, so lange sie unter Beteiligung ihrer Eltern betreut werden.)

Grundsätzlich orientieren sich behinderte Menschen in der Art, wie sie mit den Anforderungen des Lebens umgehen, vorrangig an ihren Eltern. Die **Einstellungen, Motivation und Leistungen** sind wesentlich mitbestimmt durch deren Einfluss. Eltern behinderter Kinder zeigen oft auch ein überbehütendes Verhalten, was mit einer Unter- oder Überschätzung der individuellen Fähigkeiten einhergehen kann. Dann ist es schwierig, Potenziale zu entfalten und mögliche Entwicklungen zu fördern, die den persönlichen Neigungen, Interessen und Fähigkeiten des unter- bzw. überforderten Menschen entsprechen. Denn dieser traut sich nicht oder möchte nichts verändern.

Bei vielen Eltern besteht eine **Skepsis gegenüber Institutionen**, in denen ihre Kinder leben – ob dort wirklich alles zum Wohl ihres Kindes getan wird? Falls Meinungsverschiedenheiten auftreten in Bezug auf die Frage, **was gut und was nicht gut für den behinderten Menschen sei**, und seine Eltern einen dominierenden Einfluss auf ihn nehmen, hilft es wenig, gegen sie zu kämpfen. Vielmehr sind ein **klärendes Gespräch** und die Suche nach **einvernehmlichen Lösungen** angesagt. Die letztliche Entscheidung trifft zwar der zu betreuende Mensch selbst, aber es ist für ihn einfacher, wenn er merkt, dass der Heilpädagoge und seine Eltern an einem Strang ziehen. Bei Minderjährigen ist zu allen Entscheidungen nicht nur das eigene Einverständnis, sondern auch das der

Erziehungsberechtigten erforderlich. In diesem Fall erstreckt sich jedoch auch die Mitwirkungspflicht bei allen Fördermaßnahmen auf die gesetzlichen Vertreter.

Es wäre wirklich schön, wenn Heilpädagogin und Eltern bzw. Angehörige im gegenseitigen Vertrauen zum Wohl des behinderten Menschen zusammenarbeiten würden. Die Realität ist leider eine andere. Beide Seiten wollen ihr Bestes tun, nur haben sie **unterschiedliche Auffassungen** davon, was das Beste ist. Aus dieser Tatsache ergeben sich **Kommunikations- und Übereinstimmungsprobleme**, die letztendlich auch für den zu betreuenden Menschen belastend sind – er steht manchmal zwischen den Fronten und weiß nicht, woran er bei wem ist. Dabei lässt sich die Schuld für solche Situationen nicht nur in der Befangenheit und Uneinsichtigkeit der Eltern suchen. Auch Heilpädagogen tragen zur **Problementstehung** bei. Insbesondere folgende **Haltungen** wirken sich in der Interaktion mit Eltern negativ aus:

- professionelle Ignoranz („Das soll ein Problem sein? Übertreiben Sie bitte nicht, damit lässt sich doch ganz gut leben!"),
- Geheimniskrämerei („Entschuldigen Sie, aber dazu werde ich Ihnen nichts sagen."),
- Unverständnis („Das kann ich nicht nachvollziehen! Ich verstehe nicht, was Sie haben."),
- Alles- und Besserwisserei („Kein Wunder, dass es schiefläuft. Hab ich Ihnen doch gleich gesagt ..."),
- Inkompetenz-Zuweisung („Also, bei uns macht Ihr Sohn solches Theater nicht."),
- Schuldzuweisung („Haben Sie sich schon gefragt, was Sie falsch machen?").

(vgl. Greving/Niehoff, 2009b, 262 f.)

Eine konstruktive Zusammenarbeit zwischen der Heilpädagogin und den Eltern weist folgende Merkmale auf: **Transparenz, Informationsoffenheit, Gesprächsbereitschaft**. Dann trägt sie auch zu einvernehmlichen Entscheidungen bei, was besonders dann von Vorteil ist, wenn **wichtige Themen** zu klären sind – z. B. Gesundheit, Sexualität, Wechsel der Wohnform, Besuche bei den Eltern, Therapie, Bekleidung, Ernährung Schule, Arbeit usw. (eigentlich gibt es nichts, was für die Eltern bzw. die zuständigen Angehörigen nicht wichtig sein könnte). Die Grundform des Kontaktes mit Eltern bzw. zuständigen Angehörigen ist das **Gespräch**.

Der Heilpädagoge tut also gut daran, sich entsprechend **vorzubereiten**. Zu empfehlen ist es, zuerst im Team, mit Fachkollegen, Bereichsleitern usw. das Verhältnis Eltern – Einrichtung und die Beziehung Eltern – Kind zu reflektieren und dann die wichtigen Eckpunkte des Gesprächs als Orientierungshilfe aufzuschreiben (Ausgangslage, Anlass, Anliegen, Erwartungen und Befürchtungen sowie Vorgehensweise in der Kommunikation). Im Gespräch selbst ist das **Grundprinzip** für alle Kontakte mit Eltern bzw. zuständigen Angehörigen anzuwenden – **Respekt zeigen und Gesicht wahren lassen**.

Folgende **Merkmale** sind erfahrungsgemäß in der **Kommunikation mit Eltern** sehr hilfreich:

- Wertschätzung des elterlichen Einsatzes für das Kind,
- Bemühung um das Verstehen dessen, was den Eltern in Bezug auf das Wohl ihres Kindes wichtig ist,
- Ehrlichkeit, Offenheit und Echtheit gegenüber den Eltern insbesondere im Hinblick auf emotionales „Mitschwingen" bezüglich der Lage des Kindes,

- Aktivität und Engagement im gemeinsamen Einsatz für das Kind,
- Verzicht auf Fachsprache und Verwendung einer verständlichen Ausdrucksweise.

Es gibt auch weitere Formen der Kontaktgestaltung mit Eltern der zu betreuenden Menschen: **Elternveranstaltungen** zu aktuellen oder gewünschten Themen, persönliches **Beratungsgespräch**, **Hausbesuch**, **gemeinsame Aktionen** mit Eltern und Kind (Freizeit) oder aber **Kurzgespräch** „zwischen Tür und Angel“.

Überlegungen und Versuche

1. ***Welche Erfahrungen haben Sie bisher in Kontakten mit Eltern und Angehörigen gemacht (falls Sie bereits heilpädagogisch tätig sind)?***
   - ***Wenn diese Erfahrung nicht gut ist – kann es sein, dass Sie dazu neigen, eine oder mehrere von den oben genannten negativ wirkenden Haltungen den Eltern gegenüber zu zeigen?***
   - ***Wenn Sie noch keine eigene Erfahrung aus Elternkontakten besitzen, sprechen Sie ihre Kolleginnen an und fragen Sie nach deren Haltung gegenüber den Eltern bzw. Angehörigen.***
2. ***Versuchen Sie, bei dem nächsten Gespräch mit Eltern bzw. Angehörigen von einem zu betreuenden Menschen mit Behinderung die Vorbereitung im oben genannten Sinne zu machen und in dem Gespräch dann auch das Grundprinzip „Respekt zeigen und Gesicht wahren lassen“ bewusst und konsequent umzusetzen.***

   Reflektieren Sie dann dieses Gespräch hinsichtlich des Verlaufs sowie der Ergebnisse und Ihrer Befindlichkeit und vergleichen Sie es mit Gesprächen, auf die Sie sich nicht so vorbereitet und eingestimmt haben.

6.1.2 Spezifische Aufgaben

Als „spezifisch“ werden hier solche Aufgaben verstanden, die der konkreten Aufgabenerledigung dienen. Damit stellen sie den Kernbereich der Tätigkeit von Heilpädagoginnen dar. Sie begründet und korrekt zu erfüllen, zu reflektieren und ein ganzes Repertoire von ihnen zu beherrschen, sichert der Heilpädagogin die Handlungsfähigkeit. Das Gebiet der spezifischen Aufgaben ist sehr unübersichtlich. Es ist nur begrenzt möglich, sie zu systematisieren, weil die Mannigfaltigkeit sowohl der Menschen in beeinträchtigten Lagen als auch der Einsatzfelder und Problemlagen jegliche Gliederungsstruktur sprengt.

Im Folgenden werden folgende Aufgaben kurz beschrieben: die Unterstützung in den Alltag integrieren; untersuchen und diagnostizieren; üben und fördern; behandeln und therapieren; pflegen und versorgen; assistieren, beraten und informieren.

6.1.2.1 Die Unterstützung in den Alltag integrieren

Heilpädagogen arbeiten häufig als **Gruppenmitarbeiter** in Einrichtungen „über Tag und Nacht“, d. h. **in den Heimen** der Behinderten und Erziehungshilfe. Allerdings ist absehbar, dass sie in der Zukunft auch in Altenheimen und gerontopsychiatrischen Stationen eingesetzt werden, weil die Demenzerkrankung auf ähnliche Art und Weise die Lebenslage von betroffenen Menschen beeinträchtigt wie die geistige Behinderung. Die Heime und stationären Maßnahmen sind einerseits der **Lebensort der Bewohner**, aber zugleich sind sie auch der **Arbeitsort der Betreuerinnen**. Aus dieser Kombination ergibt sich die **Hauptaufgabe** der Heilpädagoginnen dort: Sie besteht in der **Begleitung und Unterstützung** der zu betreuenden Menschen bei der **Alltagsbewältigung**. Das ist allerdings nicht alles, denn diese Aufgabe muss auf eine Art erledigt werden, die zur Überwindung der Beeinträchtigung beiträgt.

Dieses Einsatzfeld gehört zu den **wichtigsten**, in denen Heilpädagogen arbeiten. Die Aufgaben sind sehr mannigfaltig und müssen kompetent erledigt werden, auch wenn sie auf den ersten Blick nichts Besonderes sind (Alltagsrhythmus, Hygiene, Körperpflege, Verpflegung, Haushaltsarbeiten, Verbindung zur Umwelt, Freizeitgestaltung usw.). Die Wichtigkeit dieses Einsatzes besteht darin, dass das **Alltagsleben** in der Tat die wirksamste Grundlage für die **Beeinflussung des Behinderungszustandes** darstellt. Die spezialisierte Hilfe in Form von Therapie, Behandlung, Förderung, Beratung u. Ä. ist als das i-Tüpfelchen zu betrachten, mit dem der „Buchstabe ganzheitlicher Einflussnahme" erst die lesbare Form bekommt.

Anders gesagt, ohne eine **in die Alltagsbewältigung integrierte „Entbeeinträchtigung"** (z. B. verständliche Kommunikation, würdevolle Interaktion, individuell mögliche Eigenständigkeit und dadurch bedingte Unabhängigkeit, Beteiligung an Entscheidungsprozessen wie auch am gemeinsamen Tun und dadurch bedingtes Erleben von Einflussnahme und Dazugehörigkeit usw.) bewirken die spezialisierten Hilfeformen nur einen Teil von dem, was sie als Ergänzung des gut funktionierenden Alltagsmilieus bewirken könnten. Die Gestaltung des Alltagslebens im oben genannten Sinne weist folgende Merkmale auf:

- Überschaubarkeit, Nachvollziehbarkeit und Verlässlichkeit des Geschehens – selbstverständlich vom Blickwinkel der zu betreuenden Menschen;
- ein Minimum bzw. gänzliches Fehlen von Leistungen, welche die Abhängigkeit der Bewohner fördern (nach dem Montessori-Prinzip „Ich helfe dir, das selbst zu schaffen");
- Zugänglichkeit normaler Lebensbereiche (nicht eine zentrale Hausordnung bestimmt, wann welche Bereiche betreten und benutzt werden dürfen, z. B. wann wer duschen oder sich etwas zum Essen nehmen darf, sondern die Bedürfnisse und eigene Entscheidungen der Bewohnerinnen);
- neben der materiell-organisatorischen Sicherheit durch Versorgung auch die Offenheit der Mitarbeiterinnen für die spirituellen Bedürfnisse bzw. Gewohnheiten der Bewohnerinnen (beginnend mit persönlicher Begegnung auf der seelischen Ebene bis hin zum Raum für den Glauben, Gebet u. Ä.).

Im Alltag sind diese Merkmale dadurch zu erkennen, dass fördernde **Kommunikations- und Interaktionsabläufe** ganz selbstverständlich vorhanden sind (sie werden nicht als etwas Besonderes hervorgehoben):

- Selbstständigkeit, Selbstbestimmung und Verantwortlichkeit;
- soziale Wahrnehmung und Verträglichkeit;
- normaler „Tapetenwechsel" zwischen Wohnen und Arbeiten, Arbeit und Urlaub, Gruppe und Intimsphäre;
- normal strukturierter Tagesablauf mit individuell möglicher Flexibilität bei der Zeitgestaltung;

- alltägliches, natürliches und unterstütztes Lernen im Rahmen einer den individuellen Bedürfnissen und Möglichkeiten entsprechenden Mitbeteiligung;
- Ausleben von Religiosität/Spiritualität;
- Offenheit und Kontakte zum gesellschaftlichen Umfeld.

Bei **Menschen mit geistiger Behinderung** sind die Beeinträchtigungen im Bereich des **praktischen Handelns** (erschwerter Erwerb von kognitiv-motorischen Fähigkeiten) ausgeprägter als bei anderen Personengruppen. Deshalb soll die **Alltagsbewältigung immer auch zum Lernen** genutzt werden. Als Hauptbereiche dieser Aufgabenstellung gelten insbesondere

- das Erlernen von sensomotorischen Kompetenzen für das Zurechtkommen mit den Anforderungen alltäglichen Lebens (im Zusammenhang mit Essen, Trinken, Hygiene, Haushaltsarbeiten, Einkaufen, aber auch Spielen, Umgangsformen u. Ä.),
- das Vermitteln einer Orientierung im Lebensfeld (Wohnung und ihre Umgebung, Zeit und Raum, Personen, Nachbarschaft, Verkehr, Werkstatt/Arbeitsstätte, Einkaufsmöglichkeiten, Freizeitmöglichkeiten, Medien und Geräte u. Ä.),
- das Ausbilden von Gewohnheiten, Haltungen, Eigentümlichkeiten und Merkmalen als Zeichen der Individualität (Einstellung und Verhalten zu sich selbst, zu anderen und zu Dingen, Arbeitshaltung, Selbstbehauptung, Bereitschaft zur Beteiligung und zum Teilen, Umgang mit Nähe und Distanz, Kontakt und Umgang mit Unbekannten u. Ä.).

Das Lernen von Menschen mit geistiger Behinderung im alltäglichen Geschehen zu fördern heißt vor allem, die zu erlernende Fähigkeit/Fertigkeit **praktisch** zu verankern sowie **strukturiert** und **verständlich** zu vermitteln. Es gilt als hilfreich, dabei folgende Prinzipien zu beachten:

- Das Interesse und die Neigung des zu betreuenden Menschen erkennen und berücksichtigen (das stärkt seine Motivation).
- Reale Alltagssituationen als Lernfeld nutzen.
- Komplexe Tätigkeiten in Schritte aufteilen.
- Klar und eindeutig die Aufgaben, Hinweise und Anleitungen formulieren.
- Im Rahmen des gemeinsamen Tuns den Raum für eigenes Handeln und Ausprobieren gewähren.
- Ganz konkrete Hilfen leisten (sagen, zeigen, versuchen lassen, üben, wiederholen, nicht nur das Gelungene, sondern auch die Bemühung positiv bestätigen, sich allmählich zurücknehmen).

(vgl. Greving/Niehoff, 2009b, 219 f.)

Überlegungen und Versuche

1. ***Überlegen Sie, wie Sie im Rahmen des Alltagsgeschehens die Feinmotorik des fünfjährigen Johann fördern könnten: Er ist ziemlich ungeschickt im Hantieren mit Spielzeug und Alltagsgegenständen, wie Löffel oder Gabel, kann einen Malstift noch nicht mit dem „Schreib-Griff" halten u. Ä.).***

   Für eine in das Alltagsgeschehen integrierte, d. h. „unauffällige" Förderung können Sie die üblichen Situationen und Mittel einer integrativen Kindertagesstätte nutzen.

2. Versuchen Sie in Ihrem Praktikum bzw. Beruf einen Menschen zu finden, den Sie beim Lernen oder bei der Ausbildung von Fähigkeiten und Fertigkeiten „alltäglich" unterstützen können, d.h. so, dass er selbst nicht den Eindruck hat, eine ergotherapeutische Behandlung zu absolvieren.

6.1.2.2 Untersuchen und diagnostizieren

Diagnose

Diagnose *(griech.)* ist ein besonders in der Medizin gebräuchlicher Ausdruck, mit dem ein Untersuchungsverfahren zur Feststellung eines Zustandes oder zum Erkennen einer Krankheit bezeichnet wird, und zwar im Zusammenhang mit der Beschreibung der dafür charakteristischen Merkmale. Unter **Diagnostik** werden der Vorgang und die Lehre von der Feststellung bestimmter Zustände, Verhaltensweisen oder Krankheiten verstanden.

Die Diagnose ist ein Ergebnis von Untersuchungen bzw. Tests. Sie qualifiziert Störungen und Auffälligkeiten (Systematik) und quantifiziert ihren Ausprägungsgrad (Schwere). Dies ist nicht nur für eine Prognose (zukünftiger Entwicklungsverlauf einer Störung unter bestimmten Bedingungen) erforderlich, sondern dient auch als Ausgangspunkt einer spezifischen Therapie und ihrer Evaluation.

In der **Medizin** konzentriert sich die Diagnostik auf die Suche von Ursachen für Störungen im Individuum als lebendigem Organismus selbst. Demnach ist sie in der Regel auf die Feststellung von Fehlfunktionen und Normabweichungen ausgerichtet und kann als „statisch" (im Sinne der in diagnostischen Manualen festgeschriebenen „Wenn-dann-Normen") bezeichnet werden. In der diagnostischen Untersuchung werden *Symptome* einer bekannten, bereits erforschten und in Lehrbüchern beschriebenen Krankheit zugeordnet. Der Patient steht als der Kranke da, den es mit dem Ziel der **Besserung** und **Heilung** zu behandeln gilt. Dies steht im Einklang mit dem Selbstverständnis von Medizin als Heilberuf, der primär auf die Entdeckung und Beseitigung von gesundheitlichen Störungen ausgerichtet ist (vgl. Deutscher Verein für öffentliche und private Fürsorge, 1993).

Die **soziale Arbeit** und in ihrem Rahmen auch die Heilpädagogik haben nur sekundär mit Behandlung von Gesundheitsproblemen zu tun. Die beeinträchtigte Lebenslage ist ein komplexes Phänomen, welches vor allem psychosozial verankert ist (siehe die Bezeichnung „Behinderungszustand" von Kobi). Deshalb untersucht der Heilpädagoge die Auswirkungen von Schädigungen auf das Erleben, die Kommunikation und die Interaktion, die Bewertung und das Verhalten des betroffenen Menschen und seiner sozialen Umwelt. Damit gewinnt die heilpädagogische Untersuchung den Charakter einer **psychosozialen Diagnose**. Ein spezifisches Merkmal der heilpädagogischen Diagnostik besteht in ihrer Ausrichtung auf die Erforschung der beeinträchtigenden Auswirkung der vorhandenen Schädigung auf die **nicht geschädigten Bereiche**, um dort nach dem **Veränderbaren** zu suchen.

Dies kann nur bei einer **partnerschaftlichen Vorgehensweise** gelingen: Die Heilpädagogin und der Mensch mit Behinderung untersuchen gemeinsam die Beeinträchtigungen und schauen nach Möglichkeiten zu deren Verringerung. Dabei ergänzt sich die persönliche Erfahrung des betroffenen Menschen mit dem fachlichen Erklärungs- und Handlungswissen der Heilpädagogin zu einer gemeinsamen Arbeitsgrundlage. Als **Ziel** des diagnostischen Prozesses steht die Vorbereitung für **Mobilisierung vorhandener Kräfte, Entfaltung von Potenzialen** und **Förderung von entwicklungsfähigen Bereichen** (z. B. Motorik, Sprache oder aber Handlungsfähigkeit im sozialen Umfeld). Deshalb wird diese Art der heilpädagogischen Untersuchung der beeinträchtigten Lage als „Förderdiagnostik" bezeichnet.

Heilpädagogische Förderdiagnostik ist kein einmaliger, festschreibender Akt, sondern ein **prozessuales Geschehen**, das dem gesamten heilpädagogischen Erziehungs-, Förderungs- oder Begleitungsprozess innewohnt. Also eine flexible, variable, individuums- und damit bedürfnisorientierte Anwendung diagnostischer Verfahren zum Zwecke der Analyse und der Beeinflussung von Bedingungen, die sich beeinträchtigend auf die kognitive, emotionale und soziale Entwicklung bei Menschen mit Behinderung auswirken. Dabei gilt „je früher, desto besser", denn vom Blickwinkel der Vorbeugungsaufgabe her ist eine **Frühdiagnose** und damit die **Früherkennung** behindernder Bedingungen sehr wichtig (vgl. Bundschuh/Heimlich/Krawitz, 2002, 50 ff.).

Außerdem ist davon auszugehen, dass bereits während des diagnostischen Prozesses Veränderungen passieren, die durch Aufklärung (Selbsterkenntnis), Kommunikation und Interaktion (Beziehung) sowie Erfahrung von Möglichkeiten und Grenzen (unspezifische Förderung der Persönlichkeitsentwicklung) angeregt werden. In diesem Sinne ist die heilpädagogische Förderdiagnostik auch eine **Prozessdiagnostik**: Sie verfolgt über den gesamten Zeitraum der Arbeit mit dem behinderten Menschen den Einfluss von Maßnahmen, Behandlungen, Übungen und Entwicklungen auf seine beeinträchtigte Lage, um spezifische wie auch unspezifische Veränderungen zu erfassen.

Die Diagnostik in der heilpädagogischen Arbeit ergänzt und erweitert die herkömmliche medizinische und psychologische Diagnostik um pädagogisch-didaktische Inhalte, Ziele und Prozesse. Sie ist handlungs- und zukunftsorientiert und versucht, Förderungs-, Bildungs- und Alltagsweltperspektiven bzw. Lösungsstrategien für den zu betreuenden Menschen mit Behinderung und seine soziale Umwelt aufzuzeigen bzw. mit ihm gemeinsam zu erfassen.

Die **wichtigsten Methoden bzw. Vorgänge** der heilpädagogischen Diagnostik sind **Anamnese, Verhaltensbeobachtung und psychologische Tests**.

Anamnese

Die **Anamnese** (lat.) eruiert die Vorgeschichte eines Zustandes. Sie dient der Aufklärung und Erörterung der biografischen Daten und Informationen (vorgeburtliche Phase, Geburtsverlauf, nachgeburtliche Phase und Kleinkindentwicklung, Krankheiten, vorschulische und schulische Situation, Kind-Umfeld-Verhältnis). Mithilfe der Anamnese lassen sich mögliche Ursachen und Hintergründe der Entstehung von beeinträchtigten Lebenslagen erkennen, was für die einzuleitenden Förderungsprozesse unentbehrlich ist.

Es gibt die **Eigenanamnese**, die auf den Mitteilungen der betroffenen Person selbst basiert, und die **Fremdanamnese**, die biografische Informationen über diese Person von ihren Bezugspersonen sammelt (in der Regel Eltern, Pflegeeltern). Das Wesentliche des anamnestischen Gesprächs ist die **verstehende Problem*analyse*** mittels Fragen nach wichtigen und kritischen Lebensereignissen, Bewältigungsstrategien, Bedürfnissen, Beziehungen, Handlungskompetenzen und charakteristischen Verhaltensweisen. In diesem Sinne dient die Anamnese vor allem dem besseren Verstehen der vorliegenden Problematik (vgl. Bundschuh/Heimlich/Krawitz, 2002, 54).

Verhaltensbeobachtung

Verhaltensbeobachtung ist die bewusste Wahrnehmung einer oder mehrerer Personen. In der heilpädagogischen Praxis wird sie vor allem zur Erforschung von möglichen Zusammenhängen des beobachtbaren Verhaltens mit Bedürfnissen, Entwicklungszustand, Fähigkeiten, Kompetenzen, Beeinträchtigungen u. Ä. eingesetzt. Als Hauptanliegen der professionellen Beobachtung lässt sich ein umfassendes, genaues Bild von Person und Situation betrachten, das die verallgemeinernden, verzerrenden und irreleitenden Einschätzungen, Annahmen und Beurteilungen ersetzt. Damit trägt die Verhaltensbeobachtung zu einer besseren Orientierung bezüglich der Lage bei und ermöglicht zutreffende Entscheidungen über Hilfen und Fördermaßnahmen.

Zu beobachten scheint auf den ersten Blick einfach: Es reicht, nur aufmerksam zu schauen, das Gesehene zu notieren und fertig ist die Sache. Bei genauerem Hinsehen wird jedoch deutlich, dass die Aufgabe durchaus komplizierter ist, als man denkt. In der praktischen Anwendung existieren unterschiedliche Formen der Beobachtung, obwohl die Aufgabe an sich immer gleich bleibt – das Verhalten einer oder mehrerer Personen und/oder seine Zusammenhänge wahrzunehmen und festzuhalten. Die **Beobachtungsarten** werden nach folgenden Kriterien aufgeteilt:

- Anlass (Gelegenheits- oder standardisierte Beobachtung),
- Ausrichtung (Selbst- oder Fremdbeobachtung),
- Offenheit (offene oder verdeckte Beobachtung),
- Strukturiertheit (freie bzw. unstrukturierte oder gebundene bzw. strukturierte Beobachtung),
- Beteiligung (teilnehmende oder distanzierte Beobachtung),
- Ort (Feld- oder Laborbeobachtung),
- Zeit (zeitbegrenzte oder durchgehende Beobachtung).

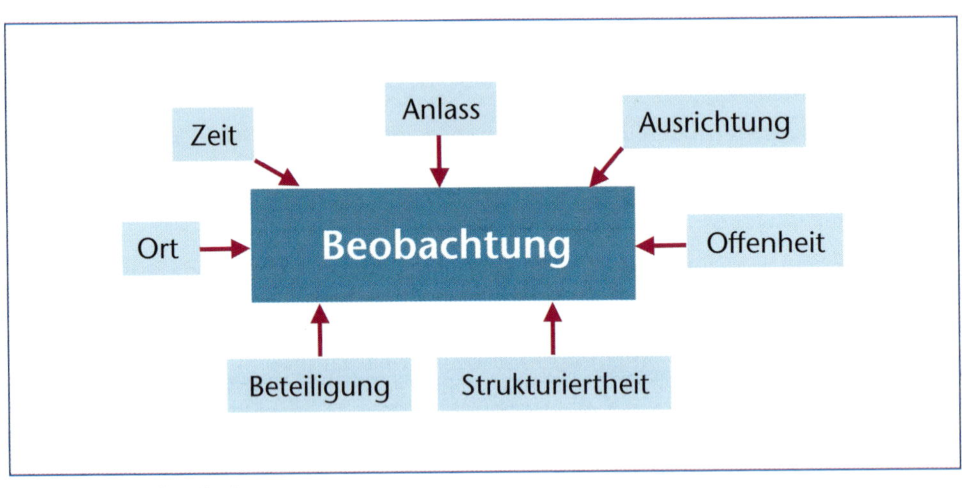

Beobachtung und Beobachtungsarten

Unstrukturierte Beobachtung und Gelegenheitsbeobachtung dienen der ersten Erforschung von Verhaltensarten und Situationen mit dem Ziel, Fragestellungen und *Hypothesen* herauszuarbeiten. Die strukturierte und systematische Verhaltensbeobachtung dient gezielter Informationssammlung zwecks Entscheidungsfindung (vgl. Bundschuh/Heimlich/Krawitz, 2002, 54 f.).

Der Heilpädagoge muss ein **guter Beobachter** sein. Diese professionelle Fähigkeit lässt sich trainieren. Wichtig dabei ist zu lernen, die Stolpersteine zu erkennen und zu vermeiden. Besonders bei unstrukturierten Beobachtungsformen besteht die Gefahr von **Verzerrungen**, wenn die beobachtende Person folgende Fehler macht:

- Der sogenannte **Halo-Effekt** (engl. „Hof" des Mondes) besteht in der Tendenz, von einem wahrgenommenen Verhaltensmerkmal auf das ganze Verhalten zu schließen („Wer schreit, ist aggressiv.").
- **Über- bzw. Unterbewertung** beobachteter Verhaltensmerkmale aufgrund eigener subjektiver *Präferenzen* oder aufgrund des Vergleichs mit eigenen Eigenschaften („Wer nicht wie ich auf Ordnung achtet, ist selbst nicht in Ordnung.").
- **Verallgemeinerung** weicht ab von einer genauen Beschreibung aller Aspekte der wahrgenommenen Gegebenheiten und flüchtet sich in eine verschwommene Gesamtbezeichnung, die von einem Eindruck oder Gefühl ausgeht („Ich habe den Eindruck, dass das Verhalten von Karl gestört ist.").
- **Sympathie-Antipathie-Bonus** bewirkt, dass bei der zu beobachtenden Person das Negative nicht wahrgenommen wird, wenn sie der Beobachterin sympathisch erscheint, und andersherum („Maria ist ein nett aussehendes Mädchen, ihr Verhalten ist völlig in Ordnung.").
- **Einseitige Konzentration** auf Personenaspekte führt zu einer Ausblendung situativer Faktoren, durch die das Verhalten immer auch bedingt wird: Unruhe, Streit, Anspannung bzw. Freude, Ausgelassenheit, Spiel, anwesende Personen usw. („Paul schreit herum und zeigt anderen gegenüber Drohgebärden. Offensichtlich ist er ein aggressiver Typ.").

(vgl. Greving/Niehoff, 2009b, 58 f.)

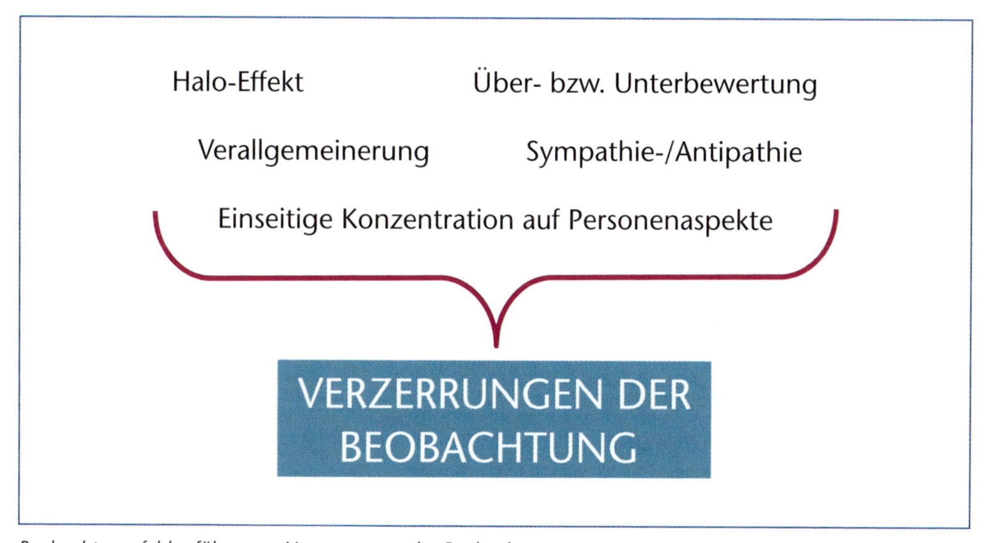

Beobachtungsfehler führen zu Verzerrungen der Beobachtung

Überlegungen und Versuche

1. *Wie sieht es mit Ihrer* **Beobachtungsfähigkeit** *aus? Haben Sie irgendwann irgendjemand oder irgendetwas gezielt beobachtet?*

   Wenn ja,

   - *war das eine spontane, unstrukturierte Beobachtung („Ach, das ist interessant! Das will ich mir jetzt eine Weile anschauen – was läuft hier eigentlich ab?") oder*
   - *war das eine geplante, systematische Beobachtung mit klarer Struktur der zu beobachtenden Merkmale (Beobachtungsbogen) und einer Auswertung?*

   Wenn nicht, wann wollen Sie es versuchen? Anlässe gibt es genug, um spontan-unsystematisch Personen und Situationen bewusst wahrzunehmen. Eine systematische Beobachtung (und sei es nur einmalig) muss geplant, überlegt, vorbereitet und ausgewertet werden.

2. *Versuchen Sie, bewusst wahrnehmend durch den Alltag zu gehen. Fangen Sie klein und bei sich selbst an. Die hier vorgeschlagene Beobachtungsform heißt Monitoring (Überwachung der Tätigkeiten und Abläufe).*

   - *Schauen Sie z.B. eine Woche lang, was Sie an den Arbeitstagen in der Zeit vom Aufwachen bis zum Verlassen Ihrer Wohnung machen.*
   - *Notieren Sie genau, was Sie machen und wie lange Sie das tun.*
   - *Stellen Sie Ihre alltäglichen Beobachtungen in einer Übersicht zusammen und arbeiten Sie einen für Sie typischen Morgenablauf heraus.*

Wozu soll das gut sein? An erster Stelle steht die Tatsache, dass Sie mithilfe von Monitoring Ihre Beobachtungsfähigkeit üben. Außerdem schaffen Sie sich eine Orientierung in Ihrem typischen Morgenablauf und damit auch eine Grundlage für eine eventuelle Umgestaltung dieser wichtigen Tageszeit – natürlich nur, wenn Sie ein Bedürfnis danach haben sollten.

Psychologische Testverfahren

Test (aus dem Englischen) heißt Probe, Versuch, Untersuchung, Stichprobe. In der psychologischen Terminologie handelt es sich um Methoden zur Ermittlung der individuellen Beschaffenheit eines Menschen insbesondere was seine Entwicklung, Begabung, Intelligenz, Leistung und Persönlichkeit betrifft.

Die Verwendung von psychologischen Tests zwecks Auswahl von speziellen Hilfemaßnahmen ist in der modernen Heilpädagogik umstritten. Es wird befürchtet, dass die diagnostizierten Defizite und Normabweichungen zu sehr in den Vordergrund getragen werden. Das reduziert die an sich unteilbare Ganzheit des Menschen mit Behinderung auf bestimmte Teil- bzw. Funktionsbereiche und richtet die Hilfemaßnahmen auf Defekte aus. Auch wird bemängelt, dass die standardisierten und normierten Tests nicht erfassen können, was die Lage der getesteten Person beeinträchtigt und von welchen Faktoren das Erleben und Verhalten dieser Person bestimmt werden. Andererseits gibt es auch Nützliches bei der Verwendung psychologischer Tests in der heilpädagogischen Praxis.

Trotz der oben angeführten Bedenken liefern Tests wichtige **Informationen** (es kommt immer darauf an, ob sie zur besseren Orientierung in der Lage, zur Selektion oder aber zur Vorurteilsbildung bzw. Stigmatisierung dienen – und das hängt immer von dem Anwender ab).

Mit ihrer Hilfe lassen sich auch diverse **Fähigkeiten** und **Kompetenzen** erkennen, die dann weiter gefördert werden können.

Ihre Ergebnisse tragen zur **Erörterung** von Schwierigkeiten und Problemen von Menschen mit Behinderung bei, insbesondere in den Bereichen Wahrnehmung, Motorik, Sprache und Emotionalität (hier sind die *Motodiagnostik* (lat.) zur Erfassung der Bewegungsfunktionen und gesteuerter Bewegungsvorgänge einer Person sowie das *sensomotorische* Prüfungsverfahren (lat.) zur Erfassung des Zusammenwirkens zwischen den Sinnesorganen und der Bewegungssteuerung besonders hilfreich) (vgl. Bundschuh/Heimlich/Krawitz, 2002, 55).

6.1.2.3 Üben und fördern

Dieser Aufgabenbereich ist sehr breit gefächert. Das ist verständlich, denn gerade die **Übung** ist eine **Grundform der Unterstützung von Entwicklung**. Die geläufigsten Vorgänge heilpädagogischer Entwicklungsförderung sind Frühförderung, heilpädagogische Übungsbehandlung, musikalisch-rhythmische Förderung und Bewegungsförderung. Auch andere spezialisierte Fachdisziplinen arbeiten nach dem Übungs- bzw. Förderkonzept, z. B. die Logopädie (Sprachanbahnung und -förderung) oder die Ergotherapie (lebenspraktische Förderung sowie Werken und Gestalten).

Übung

Die Übung ist die geläufigste Form spezifischer (auf bestimmte Bereiche ausgerichteter) Förderung. Übend sollen insbesondere die **Basisfunktionen** eines Menschen weiterentwickelt werden. Sie bilden die Grundlage, um die Fähigkeit zum Umgang mit sich selbst sowie der sozialen und dinglichen Umwelt, aber auch mit Raum und Zeit zu entfalten. Kobi unterscheidet folgende Basisfunktionen:

- *Perzeption* (Sinneswahrnehmung und deren Verarbeitung),
- *Psychomotorik* (bewusste Bewegungssteuerung),
- *Affektivität* (fühlen und sich einfühlen),
- *Kognition* (Erfassung und Verwertung von Zusammenhängen),
- *Sprache* (Symbole verstehen und sinnergebend benutzen),
- *Soziabilität* (Fremd- und Eigenbedürfnisse wahrnehmen und sich bewusst zu ihnen verhalten).

(vgl. Kobi, 1977, 19 f.)

Förderung

Als eine Bezeichnung für helfende Unterstützung zwecks Entwicklung von etwas oder jemand stellt der Ausdruck „Fördern" den Gegensatz zum „Hindern" dar. In der schulischen Pädagogik ist er häufig vertreten (siehe Begriffe wie z. B. Förderunterricht, Förderstufe, Förderprogramm) und auch in der Heilpädagogik ist er präsent (siehe Begriffe wie z. B. Förderbedarf, pädagogische Förderung behinderter und von Behinderung bedrohter Kinder und Jugendlicher, Entwicklungsförderung, Integration von Menschen mit Behinderung als Weg der Förderung).

Heilpädagogische Förderung umfasst mehr als die Unterstützung einer Person bei der Ausbildung von Fähigkeiten und Fertigkeiten. Sie ist ausgerichtet auf die **Überwindung von**

Beeinträchtigungen, d. h. auf den Umgang einer Person mit sich selbst und eigener Schädigung, mit anderen Menschen, beeinträchtigenden sozialen Prozessen, aber auch mit Sachen und der räumlich-materiellen Umwelt. Dabei spielen **assistierende Hilfen** und Dienstleistungsangebote eine zunehmend wichtigere Rolle.

Über den unmittelbaren **Kontakt** mit der zu fördernden Person hinaus ergreift die Heilpädagogin auch Partei für diese Person in ihrer Lebenswelt – mit dem Ziel, mehr **Selbstbestimmung** und soziale **Teilhabe** zu bewirken. Als vorwiegend sozialer Umgang weist die heilpädagogische Förderung folgende **Wirkungsmerkmale** auf: Sie ist

- akzeptierend und annehmend (beachtende Haltung),
- verstehend (empathische Kommunikation),
- dialogisch (beteiligende Partnerschaftlichkeit),
- sensoriell (leiblich-sinnlicher Zugang),
- assistierend (Angebotscharakter),
- integrierend (gesellschaftliche Teilhabe).

(vgl. Kobi, 1977, 84)

Heilpädagogische Förderung ist indiziert insbesondere bei Personen, deren Basisfunktionen aufgrund körperlicher, *sensorieller*, geistiger oder seelischer Schädigung eingeschränkt entwickelt sind und deren Möglichkeiten zur Spontanentwicklung der Basisfunktionen erheblich gemindert sind.

Um dieser Minderung entgegenzuwirken, bieten die Übungen und Fördermaßnahmen dem betroffenen Menschen allgemeine und spezifische Entwicklungsreize an. Allerdings handelt es sich dabei nicht um ein isoliertes Funktionstraining, sondern um einen Teil des auf die Gesamtentwicklung orientierten Anliegens. Übung als Hauptmedium der Einflussnahme auf die Entwicklung von Basisfunktionen wird insbesondere im Rahmen der Frühförderung eingesetzt:

Frühförderung

Als „Frühförderung“ wird eine Hilfe für behinderte und von Behinderung bedrohte Kinder bezeichnet. Sie bezieht sich auf Kinder im Alter von der Geburt bis zum Übergang in eine weitere, dem Kind angemessene Form der Förderung. Als ein interdisziplinäres System besteht sie aus Diagnostik, Früherkennung und Früherfassung, therapeutischen Maßnahmen, pädagogischer Förderung sowie der Beratung und Anleitung von Eltern. Das Anliegen der Frühförderung ist es, die Entwicklungsauffälligkeiten und Beeinträchtigungen möglichst früh zu erkennen, um das Auftreten von Behinderung zu verhindern bzw. die Folgen einer bestehenden Behinderung zu mildern oder zu beheben (vgl. Bundesministerium für Arbeit und Sozialordnung, 1999).

Das Grundprinzip der Frühförderung ist schon in dem Begriff erkennbar – möglichst früh die Auffälligkeiten und Abweichungen in der kindlichen Entwicklung zu erkennen, um auf sie vorbeugend und behebend wirken zu können. Als **Grundbereiche der Frühförderung** gelten Wahrnehmung, Bewegung, Sprache, Kommunikation und Interaktion. Weiter werden Kompensationstechniken vermittelt und lebenspraktische Fähigkeiten entwickelt. Auch die soziale Entwicklung stellt einen Förderungsbereich dar.

Die Frühförderung hat deshalb gute Einflusschancen, weil alle Anregungen und Erfahrungen im **frühen Alter** besondere **Wirksamkeit** auf das kindliche **Gehirn** und die in ihm entstehenden **neuronalen Vernetzungen** aufweisen. Auch sind die sensomotorischen Reize sehr wichtig für die Entwicklung von **kognitiven Funktionen und Sprache**. Die **sozial-emotionalen Beziehungen** des Kindes, die bei der Frühförderung entstehen, unterstützen wesentlich den Aufbau von Vertrauen und Selbstwertgefühl. Last but not least ist es eine wichtige Aufgabe der Frühförderung, bei bereits existenten Entwicklungsproblemen die **Funktionsreste** zu erhalten (z. B. im Bereich der Motorik).

Die **Zusammenarbeit mit den Eltern** des zu fördernden Kindes hat einen hohen Stellenwert. Eine Fördermaßnahme bewirkt ohne die **Elternunterstützung** weniger, als wenn die Eltern bei der Förderung ihres Kindes im Rahmen ihrer Möglichkeiten mitwirken. Sie sollen darin unterstützt werden, ihrem Kind trotz der Belastungen und Beeinträchtigungen die erforderliche **Sicherheit und Geborgenheit** zu gewähren. Dazu müssen die Eltern selbst zuerst ihre Befürchtungen überwinden und ihre Zuversicht stärken. Die wichtigsten Elemente der Elternarbeit in der Frühförderung sind:

- psychologische Beratung und Informationsvermittlung,
- praktische Unterstützung in organisatorischen und technischen Angelegenheiten,
- häusliche Pflege und Anleitung zum fördernden Umgang mit dem Kind.

6.1.2.4 Behandeln und therapieren

Eine wichtige Frage in der Heilpädagogik ist die nach den Unterschieden zwischen Therapie und Erziehung. P. Moor hat die Frage lapidar mit seiner hier bereits zitierten Aussage „Heilpädagogik ist Pädagogik und nichts anderes" beantwortet. Nur was heißt das im Endeffekt? Darf etwa der Heilpädagoge keine Behandlung im Sinne einer Therapie machen, weil er „nur" Pädagogik betreibt? Ist es richtig, dass die Heilpädagogin in die Überlegungen zum Soll-Zustand auch therapeutische Behandlung mit einbezieht, wenn sie eigentlich „nur" zu erziehen hat? Das Entscheidende ist, wie der heilpädagogisch Tätige sich versteht. Agiert er auf dem Gebiet der Pädagogik, dann ist es sein Hauptanliegen, in die Lage des beeinträchtigten Menschen mehr von dem, was sein könnte, zu bringen. Dies erfolgt durch Aufdeckung von Möglichkeiten zur Förderung, Erziehung, Bildung und zur Überwindung des Behinderungszustandes.

Der Heilpädagoge tut dies durch das „**Medium der Person**" (in Beziehung tretend), **interaktional** (auf einer gemeinsamen Kommunikationsebene) und **ganzheitlich** (den zu betreuenden Menschen auf sämtlichen Fähigkeitsbereichen ansprechend). Würde er auf dem Gebiet der Therapie agieren, dann wäre sein primäres Anliegen eine spezielle Behandlung, die auf **Linderung einer belastenden Symptomatik** abzielt, die in der Regel mit psychischen Störungen sowie Fehlentwicklungen und Defiziten im Persönlichkeitsbereich zusammenhängt.

„**Behandeln**" wird allgemein als ein **bestimmtes Verhalten** gegenüber Personen, Dingen oder Themen verstanden (z. B. einen Menschen gut, schlecht, ungerecht, wie ein kleines Kind behandeln). Im medizinischen Sinne bedeutet es, **jemandem** (Kranken oder Verletzten) als dafür **qualifizierte Fachkraft** (Arzt) **Hilfe zu geben** (ihn mittels Medikamenten bzw. Therapie zu heilen versuchen). In dem Falle wird davon gesprochen, dass die Fachkraft einen Patienten ambulant, stationär, homöopathisch, medikamentös oder aber eine Verletzung bzw. Krankheit mit bestimmten Mitteln behandelt (vgl. Microsoft, 2004).

In der heilpädagogischen Praxis bestimmen nicht die therapeutischen Maßnahmen primär das Geschehen. Vielmehr werden therapeutische Elemente verwendet, um **das pädagogische Agieren zu ergänzen**. Also nicht zu einer „Reparatur" von „Störungsherden", sondern als eine wirksame Unterstützung der Bemühung, den zu betreuenden Menschen aus der Beeinträchtigung durch die Behinderungsfaktoren so weit wie möglich herauszuführen. Einen Versuch des Auswegs aus dem **Therapie-Erziehung-Dilemma** stellt der Begriff **„Behandlung“** dar. Ob damit das Problem der Bezeichnung dessen, was die Heilpädagogin zu tun bzw. zu lassen hat, gelöst ist, sei dahingestellt. Das Wesentliche ist nämlich nicht so sehr die Bezeichnung, sondern ihr **Selbstverständnis, Anliegen und Tun**. Und es ist legal, alles zu nutzen, was die heilpädagogische Einflussnahme auf den Behinderungszustand unterstützt (vgl. Kobi, 1993, 342 ff.).

Behandlung bzw. die Verwendung von therapeutischen Elementen in der Heilpädagogik orientiert sich meistens an unterschiedlichen Ansätzen der **Psychotherapie**, die als heilpädagogisch relevant gelten, z. B.:
- verhaltenstherapeutischer Ansatz (umlernen, verstärken, abschwächen),
- humanistisch-psychologischer Ansatz (Spiel bzw. Gespräch),
- kreativ-gestalterischer Ansatz (werken, malen, basteln),
- tiefenpsychologischer Ansatz (Psychodynamik, nacherleben, erfahren),
- körper- bzw. bewegungsorientierter Ansatz (Rhythmik, Psychomotorik).

Diese Ansätze werden einfach oder miteinander kombiniert sowie als Einzel- oder Gruppenarbeit (jeweils nach Erfordernissen der Lage und methodischer Ausrichtung des Heilpädagogen) verwendet.

Nicht jeder psychotherapeutische Ansatz ist für die Verwendung in der Heilpädagogik geeignet. Die **Kriterien der heilpädagogischen Relevanz** gehen aus dem Menschenbild und Selbstverständnis der Heilpädagogik hervor. Im Einzelnen muss geprüft werden, inwieweit die Prinzipien und Vorgehensweisen des Ansatzes den folgenden fünf Aspekten entsprechen:

- **Der menschenbildliche Aspekt:** Der Mensch muss als eine Person mit ihrem hohen Wert als unteilbare Einheit betrachtet werden. Diese Auffassung begründet die ganzheitliche, humanistische und durch das Vertrauen in die Entwicklungskräfte geprägte Grundeinstellung dem Individuum gegenüber.

- **Der methodische Aspekt:** Die Beziehung muss als methodische Grundlage für die Umsetzung des Behandlungsanliegens betrachtet werden. In der Heilpädagogik hat der fördernde Dialog einen besonderen Stellenwert. Nur so kann die Heilpädagogin die subjektive Befindlichkeit der zu betreuenden Menschen als Wirksamkeitsbereich einer Behandlung bzw. Therapie nutzen, statt eine Störung oder etwaige organische, biologische und psychische Abweichungen von einer fiktiven Durchschnittsnorm zu behandeln.

- **Der Verstehensaspekt:** Das Bemühen ums Verstehen bzw. Begreifen der subjektiven Erlebens-, Denk- und Handlungsweise des Menschen mit Behinderung ist ein charakteristisches Merkmal der heilpädagogischen Methodik, denn das Verstehen gilt als eine Voraussetzung des heilpädagogischen Handelns. Ausdruck findet es in einem ehrlichen Interesse an der subjektiven Erlebniswelt der zu betreuenden Person.

- **Der kommunikativ-dialogische Aspekt:** Heilpädagogik agiert auf dem Gebiet der zwischenmenschlichen Kommunikation. Sie steht M. Buber sehr nah, der auf der philosophischen Ebene mit seinem „dialogischen Prinzip“ ihre methodischen Grundsätze beeinflusst hat. Das auf der Beziehungsebene basierende dialogische Element besteht im Wesentlichen in einer Interaktion, die es den Beteiligten ermöglicht, Interesse zu zeigen und zu empfangen, wahrzunehmen und sich zum Ausdruck bringen zu können, nicht zu bewerten, nicht bewertet zu werden und so-sein zu dürfen, zu verstehen und sich verstanden zu fühlen, zu akzeptieren und sich angenommen zu fühlen, ernst zu nehmen und ernst genommen zu werden usw.

- **Der Ermutigungsaspekt:** In der Heilpädagogik spielt das Konzept der Ermutigung eine wichtige Rolle. Wer längere Zeit als ein hilfloses und minderwertiges Wesen behandelt wird, findet nicht so leicht den Mut, über die engen Grenzen der Hilflosigkeit hinauszuschauen. Deshalb ist es ein wichtiger Bestandteil des heilpädagogischen Anliegens, den entmutigten Menschen im Rahmen des fördernden Dialogs seinen Wert erfahren zu lassen, sein Selbstvertrauen zu stärken und ihn zu einer seinen Möglichkeiten und Grenzen entsprechenden Autonomie, Sinnerfülltheit und Normalität in der Alltagsbewältigung zu ermutigen.

Die heilpädagogische Behandlung ist immer sehr **individuell** und hat einen **Einmaligkeitscharakter**. Heilpädagogisch zu behandeln heißt vor allem,

- eine möglichst intensive Anregung von Nachentwicklung zu geben und Entwicklungsfortschritte zu fördern,
- die Ich-Stärkung und den Persönlichkeitsaufbau anzuregen,
- zum Erlernen einer individuell und sozial akzeptableren Problemverarbeitung und Konfliktlösung beizutragen.

Dadurch werden folgende Ziele verfolgt: Minderung der störungsbedingten Belastung, Linderung des Leidensdrucks, Verringerung der Häufigkeit von Verhaltensauffälligkeiten, Anregung einer Entwicklung, die den Möglichkeiten des betroffenen Menschen entspricht.

In der Heilpädagogik existiert ein Grundsatz zur Einschränkung der beeinträchtigenden Wirkung von Hilfemaßnahmen: **„So viel wie erforderlich, so wenig wie möglich."** Es geht darum, dass viele Kinder mit Behinderung, statt wie andere Kinder die Welt zu erkunden, zu spielen, zu lernen usw., oft zu Therapie bzw. Behandlung oder Förderung gefahren werden. Dies verlagert die Normalität ihres Alltags vom **simplen Kindsein** zum **besonderen Sorgenkindsein** und wirkt sich negativ nicht nur auf das Selbstbild aus, sondern beeinträchtigt Tätigkeiten, Kontakte und Prozesse, die für unbefangenes „In-der-Welt-Sein" von wesentlicher Bedeutung sind. Das Problematische dabei ist nicht die Therapie oder Behandlung an sich. Kritisch zu betrachten ist vielmehr der irreführende Glauben: „Je mehr spezielle Hilfeleistung, desto besser für das Kind!"

Deshalb muss an dieser Stelle im Sinne des oben genannten Grundsatzes ein **vorsichtiger Umgang mit Therapie** (und überhaupt mit den gut gemeinten Hilfen) angemahnt werden. So wäre es z. B. wünschenswert, wenn eine Wahrnehmungsförderung in den „üblichen Kindesalltag" im Kindergarten bzw. in der Schule und zu Hause integriert wäre und möglichst unbemerkt verlaufen würde, statt sie über längere Zeit zweimal wöchentlich in einer heilpädagogischen Praxis durchzuführen.

Beispiel

Der „übertherapeutisierte" Alltag belastet auch Kinder, die keine Behinderung haben. Eine Untersuchung der Inanspruchnahme von Therapien hat ergeben, dass jedes vierte nichtbehinderte Kind (27 Prozent) bis zum neunten Lebensjahr mindestens eine Therapie bzw. Fördermaßnahme absolviert hat: gegen Wahrnehmungsprobleme eine Ergotherapie, gegen Sprachprobleme eine logopädische Behandlung und zur Abwendung der Gefahr, ins Abseits zu geraten, heilpädagogische Eingliederungshilfe. Dabei halten die Ärzte für tatsächlich therapiebedürftig nur 10 Prozent der Kinder.

Dieser „Therapieboom" ist auf den engagierten Einsatz der Eltern zurückzuführen, die ihren Kindern jede denk- und machbare Entwicklungshilfe zukommen lassen wollen. Dass daraus am Ende eine zusätzliche Belastung für die Kinder entstehen kann, wird bei der Entscheidung für eine Behandlung nicht berücksichtigt. Die therapeutisierten Kinder können nicht mehr unbefangen und in Ruhe groß werden, denn wenn sie so intensiv behandelt und „betherapiert" werden, kommt ihre eigenständige Entwicklung zu kurz. Außerdem bietet dem Kind jede spezielle Behandlung eine zweifelnde Interpretationsmöglichkeit an: „Ich bin nicht so wie andere." Dies kann zur Herausbildung eines negativen Selbstwertgefühls und mit ihm zusammenhängender Verhaltensproblematik beitragen (vgl. Szymaniak, in: Westdeutsche Allgemeine Zeitung, 29.07.2003, 1–2).

Auch wenn das Beispiel die Situation von nichtbehinderten Kindern darstellt, sind in der Untersuchung offensichtlich auch die von einer Behinderung bedrohten Kinder mit erfasst worden. Abgesehen davon, wirkt sich die Feststellung vom negativen Anderssein bei Kindern mit Behinderung auf die gleiche Art aus. Deshalb: heilpädagogische Behandlung ja, aber nur wohl dosiert und möglichst in den normalen Alltag unauffällig integriert. Auch wenn es nicht immer möglich ist, in diesem Sinne zu agieren, gehört die Berücksichtigung des oben genannten Grundsatzes zum **professionellen Umgang mit speziellen Hilfemaßnahmen**.

6.1.2.5 Pflegen und versorgen

Als **Pflege** wird all das bezeichnet, was jemand tut, der sich um das Wohlbefinden, die Gesundheit o. Ä. von einer Person handelnd kümmert. Zu pflegen heißt also, alles zu tun, was nötig ist, damit der zu pflegende Mensch gesund wird bzw. damit es ihm gut geht (vgl. Microsoft, 2004).

In diesem Sinne ist Pflege das Hauptinstrument für die Unterstützung seines Gedeihens, seiner Entwicklung und auch der Bewahrung vor Schädigung in körperlicher, seelischer und geistiger Hinsicht. Hier geht der Begriff weit darüber hinaus, was traditionell unter Krankenpflege bei der Versorgung eines kranken Menschen verstanden wird. Als ein Bestandteil des alltäglichen heilpädagogischen Handlungskonzepts ist also das **Pflegen als behütende Sorge um eine andere Person** zu verstehen, die zwar nicht krank sein muss, jedoch einer besonderen Aufmerksamkeit und Unterstützung bedarf. Tätige Sorge um andere Menschen ist in unserem christlichen Kulturkreis nichts Neues – als praktizierte Nächstenliebe existierte sie schon lange, bevor sich die professionelle Pflege im Zusammenhang mit den verschiedenen Heilberufen entwickelt hat.

Normalerweise pflegt sich der Mensch gewohnheitsmäßig selbst, ohne fremde Hilfe in Anspruch nehmen zu müssen. Auch die Heilpädagogin tut gut daran, wenn sie dem eigenen Körper und der Seele etwas Wohltuendes und Gesundes gönnt: einen Saunabesuch, entspannende Massage, duftendes Bad, ein Nickerchen im Liegestuhl auf der Terrasse usw. All dies stellt eine wichtige Quelle der Kraft dar, die für Überwindung alltäglicher Belastungen unentbehrlich ist.

Einen anderen Menschen zu pflegen heißt, sich zu seinem Wohl mit ihm aktiv und intensiv zu beschäftigen, d. h. fürsorglich, ernsthaft, zugewandt, abwechslungsreich und ohne Hektik sein körperliches und seelisches Befinden positiv zu beeinflussen. So gesehen ist die Pflege ein **Bestandteil des heilpädagogischen Handelns**. Sie geschieht auf der Ebene der Begegnung mit dem behinderten Menschen und berührt die emotionalen Schichten der Persönlichkeit – und zwar auf beiden Seiten. Dadurch bekommt sie eine pädagogische Verankerung, denn ohne Vertrauen, gemeinsames Tun und Wohlbefinden kann von Pflege nicht die Rede sein.

Pflege erscheint überall dort als notwendig, wo ein Mensch behinderungs- oder krankheitsbedingt seine **Bedürfnisse selbst nicht befriedigen kann**. Insbesondere die Beeinträchtigung bei Körperpflege, Ernährung und Mobilität begründet seine Pflegebedürftigkeit. Konkret vollzieht sie sich als tätige Unterstützung in den **Aktivitäten des täglichen Lebens**: Atmen, Nahrungsaufnahme, Ausscheidung, Sorgen für Sicherheit, Kontrolle der Körpertemperatur, Körperhygiene, An- und Auskleiden, Ruhe und Schlaf, Bewegung, Kontakt und Kommunikation, Sexualität u.Ä. Bedingt durch den ganzheitlichen Ansatz des heilpädagogischen Handelns geht es beim Pflegen nicht nur um manuelle Hilfeleistungen, sondern auch z.B. um ständige Überwachung und Versorgung von stark und mehrfach behinderten Personen (vgl. Greving/Niehoff, 2009a, 25f.).

Ab einem bestimmten Grad der Schädigung muss mit lebenslanger Pflegebedürftigkeit gerechnet werden – eine Tatsache, die alle Beteiligten belastet und eine Gefahr der „Verdinglichung" des geschädigten Menschen als Pflegeobjekt in sich birgt. Umso wichtiger ist es, darauf zu achten, dass im Prozess der pflegerischen Leistung seine **Individualität stets beachtet** wird. Nur so können die Möglichkeiten genutzt werden, die in der **Dialogik des gemeinsamen Tuns** verborgen sind:

- Noch vorhandene Ressourcen entdecken und aktivieren, um damit die persönliche Eigenständigkeit zu fördern.
- Lernprozesse anregen, um etwas Neues zu erlernen.
- Die Einflussnahme auf das Geschehen ermöglichen.

Durch gezielte Nutzung dieser Möglichkeiten kann die Pflege zur **Förderpflege** entwickelt werden. Gerade in der Förderpflege kommt die erziehungswissenschaftliche Perspektive zur Geltung. Sie trägt dazu bei, dass der Pflegeprozess als eine zwischenmenschliche **Interaktion mit therapeutischer Wirkung** verstanden wird. Der zu betreuende Mensch kann somit „persönlich reifen, um schließlich kreativer, produktiver und gemeinschaftsbezogener zu agieren" (Bundschuh/Heimlich/Krawitz, 2002, 221).

Demnach ist das Pflegen mehr ein **Medium der Beziehungsgestaltung und Entwicklungsförderung** als bloße praktische Durchführung bestimmter Tätigkeiten (wie z.B. nur das Essen reichen, Baden, Wunde versorgen u.Ä.).

Überlegungen und Versuche

1. Welche von den angegebenen alltäglichen Aktivitätenbereichen können Sie bei einem schwerbehinderten Menschen pflegerisch ohne Weiteres unterstützen und bei welchen würden Sie sich schwer tun:

- ***Nahrungsaufnahme,***
- ***Körperpflege,***
- ***Mobilität,***
- ***Ausscheidung,***
- ***Kontakt/Kommunikation,***
- ***Sexualität?***

2. Wie gehen Sie bei den Aufgaben vor, die Ihnen eher Widerwillen, Angst, Unsicherheit oder Ekel bereiten?

- *Bitten Sie eine Kollegin, sie zu erledigen?*
- *Lassen Sie sie unerledigt in der Hoffnung, dass Ihre Kollegin sie macht?*
- *Überwinden Sie sich und erledigen Sie die Aufgabe möglichst schnell und damit auch halbherzig?*
- *Fangen Sie damit an, sich selbst den unangenehmen Gefühlen gegenüber zu „desensibilisieren", um das Erforderliche gründlich zu verrichten?*
- *Sonstiges*

3. Sprechen Sie dieses sensible Thema in einer Gruppe bzw. im Team an und finden Sie im Gespräch mit den Kolleginnen heraus, wie sie die unterschiedlichen Aktivitätsbereiche erleben und wie sie mit den unangenehmen Begleitgefühlen umgehen.

Vielleicht können Ihnen diesbezügliche Erfahrungen anderer Menschen eine Quelle der Anregung für die Handhabung von unangenehmen Aufgaben sein.

6.1.2.6 Assistieren

Um eine den subjektiven Möglichkeiten von behinderten Menschen entsprechende **Selbstbestimmung** und **Unabhängigkeit** zu ermöglichen, wurde das **Assistenzkonzept** entwickelt. Vor allem Personen mit Sinnes- bzw. Körperbehinderung verlangen nach deutlich mehr Selbstbestimmung. Sie verstehen sich als Auftraggeber der fachlichen Unterstützung. Diese bezieht sich vor allem auf die Bereiche der Körperpflege, Haushaltshilfe, Krankenpflege, Gebärdenübersetzung, Vorlesedienste usw., die eine möglichst eigenständige Lebensführung in eigener Wohnung ermöglicht. Aber auch bei anderen Formen der Schädigung und Beeinträchtigung bei Menschen, die in Institutionen leben und arbeiten, ergibt die Unterstützung durch Assistenz einen Sinn – ist sie doch auf die Stärkung der Selbstständigkeit und Unabhängigkeit bei der Bewältigung von alltäglichen Verrichtungen und Lebensaufgaben ausgerichtet.

Aus den USA stammt der Begriff **Empowerment**, der in Europa synonymisch für die Assistenz verwendet wird. Er bedeutet „Selbst-Ermächtigung" und erfasst das Wesentliche – der Mensch mit Behinderung soll eine Unterstützung erhalten, die es ihm ermöglicht, eigene Kräfte zu entwickeln und Ressourcen zu nutzen, um mit dem eigenständigen Alltagsleben (möglichst außerhalb von Institutionen) zurechtzukommen.

Dieser Zielsetzung müssen auch das Selbstverständnis und das Handeln der assistierenden Fachleute entsprechen. Die Bevormundung, Therapeutisierung und bürokratische Verdinglichung der Person ist „out" und Parteinahme, fachliche Unterstützung nach dem Motto „So viel wie nötig, so wenig wie möglich", Kooperation und persönliche Assistenz sind „in". Der behinderte Mensch wird also nicht mehr als zu behandelndes Objekt, sondern als Subjekt der eigenen Lebensgestaltung gesehen und darin unterstützt (vgl. Kapitel 2.2.3). Die persönliche Assistenz durch andere wird von ihm selbst angeleitet, indem er Zeit, Ort und Ablauf der jeweiligen Hilfeleistung bestimmt (vgl. Eitle, 2003, 180 f.).

Im Arbeitsbereich existiert das Konzept der **Arbeitsassistenz**. Gemeint ist eine rehabilitative Maßnahme für Menschen mit schwerer geistiger Behinderung oder anderen Entwicklungseinschränkungen. Als solche verfolgt die Arbeitsassistenz folgende Anliegen:

- intensives Arbeitstraining in normaler Arbeitsumgebung,
- soziale Integration am Arbeitsplatz mit nicht behinderten Menschen,
- Aufbau und Verstärkung von arbeitsrelevanten Fähigkeiten und Fertigkeiten,
- die gleiche Bezahlung und Sozialleistungen wie bei nicht behinderten Angestellten im Betrieb.

Eine Schlüsselrolle hat dabei der Arbeitsassistent, der den gesamten Rehabilitationsprozes begleitet (vgl. Bundschuh/Heimlich/Krawitz, 2002, 20).

Die assistierende Unterstützung kann **unterschiedliche Formen** haben – eine Beratung bei Erstellung eines Einkaufszettels kann genauso unterstützend wirken wie die Beschaffung einer Seh- oder Gehhilfe. Auch die Assistenz im Rahmen der gestützten Kommunikation beim Schreiben am PC ermöglicht das Erleben und die Stärkung der Kommunikationsfähigkeit des Betroffenen. Wesentlich in dieser in die Alltagsbewältigung eingebauten Assistenz ist das Anliegen. Der unterstützende Heilpädagoge soll dem behinderten Menschen zu einer seinen Möglichkeiten und Grenzen entsprechenden Selbstständigkeit verhelfen, seine Selbstverwirklichung im Sinne des „Ich kann!“ fördern. Die Rolle des Heilpädagogen geht über das praktische Helfen hinaus, denn er ist auch eine Bezugsperson.

6.1.2.7 Beraten und informieren

Wann immer ein Mensch von einem anderen die Meinung zu einer persönlich schwierigen, unklaren, belastenden Situation hören will, betritt er das Gebiet der **Beratung** (manchmal ohne zu wissen, dass es um Beratung geht). Dies passiert in den heilpädagogischen Arbeitsfeldern häufiger, als man glaubt. Im Prinzip ist hier die beratende Tätigkeit in zwei Aspekte unterteilt: Die Heilpädagogin berät andere Menschen (zu betreuende Personen, Kollegen, Angehörige) oder aber sie wird von anderen Menschen beraten (Kollegen, Fachleute).

Beispiele

Bei einem Gespräch „zwischen Tür und Angel“ im Heim bittet die Mutter eines geistig behinderten Kindes um Tipps zum Umgang mit dem Essverhalten bei Wochenendbesuchen zu Hause. Sie ist mit der Essverweigerung ihres Sohnes überfordert. Die Heilpädagogin schildert ihr daraufhin die Prinzipien, nach welchen die Esssituationen in der Wohngruppe gestaltet werden.

Ein Kollege beklagt sich im Teamgespräch über seine Ohnmachtsgefühle bei selbstverletzendem Verhalten eines Werkstatt-Beschäftigten. Er weiß nicht, wie es unterbrochen bzw. gestoppt werden könnte. Das Team überlegt daraufhin gemeinsam, wie dieses Verhalten verstanden und eingeordnet werden kann und welche Handlungsmöglichkeiten es gibt.

Das gesamte Team einer Wohngruppe in einem Heim für Menschen mit geistiger Behinderung hat Schwierigkeiten mit dem gewalttätigen Verhalten eines Bewohners – nicht nur die Mitbewohner, sondern auch die Mitarbeiterinnen haben mittlerweile Angst vor ihm. Es wird eine Fallbesprechung initiiert, zu der auch eine Psychologin eingeladen wird, um mit ihrer Hilfe nach Ursachen und Wegen zur Verringerung seiner Aggressivität zu suchen.

Der Beratungsbegriff bezieht sich nicht nur auf die Erteilung von spezialisierten fachlichen Informationen, sondern schließt häufig auch Empfehlungen zum Know-how und

Handlungsanweisungen mit ein. Von diesem Blickwinkel her sind folgende zwei Aspekte der Beratung im heilpädagogischen Alltag wichtig:

- **Informationsvermittlung** und **Handlungsanweisung**: Auf konkrete Fragen wird weiterhelfende Antwort gesucht und gegeben. Sie erweist sich dann als beraterisch kompetent, wenn sie der Rat suchenden Person in ihrer Auseinandersetzung mit bestimmten Themen und Sachlagen hilft. Dieser Beratungsaspekt bezieht sich auf die Erfüllung der Aufgabe als eine Aufklärungs-, Anleitungs- und Lernhilfe.

- **Hilfe zur Selbsthilfe**: Insbesondere im heilpädagogischen Rahmen hat dieser Aspekt einen wesentlichen Stellenwert, denn das Hauptanliegen der Heilpädagogik besteht in der Hilfe zur Überwindung von beeinträchtigten und problematischen Lebenslagen. Deshalb muss die Beratungskommunikation dem Rat suchenden Menschen neben Vermittlung von Informationen und Handlungsanregungen auch das Erleben von Annahme, Aufmerksamkeit, Ermutigung und Orientierung ermöglichen. Dies stärkt sein Selbstwertgefühl, die soziale Sicherheit und erhöht indirekt die Fähigkeit zur eigenständigen Lösung von Problemen und Erschwernissen im Alltagsleben.

Um diesem Anspruch gerecht zu werden, müssen bei der Erfüllung der Beratungsaufgabe neben Fachwissen und methodischem Know-how auch folgende **Prinzipien** in der Kommunikation mit der Rat suchenden Person umgesetzt werden:

- Recht auf Entscheidungsfreiheit,
- Entfaltung von Potenzialen,
- Akzeptanz von Grenzen,
- Nutzung von Möglichkeiten,
- Kommunikationsmittel, die dem Entwicklungszustand gerecht werden,
- Berücksichtigung subjektiver Wirklichkeitsauffassung.

Beratung muss gelernt sein. Das ist vor allem in Weiterbildungskursen möglich. Die heilpädagogische Grundqualifikation beinhaltet keine ausgewiesene Beraterausbildung, sondern vermittelt eine grobe Orientierung in den Aspekten und Prinzipien der Beratungsarbeit und im Ablauf des Beratungsprozesses (vgl. Greving/Niehoff, 2009b, 348 f.).

Neben der oben genannten Beratung von Einzelpersonen hat der Heilpädagoge auch noch eine wichtige aufklärerische Aufgabe. Er wendet sich in Vorträgen an die **mittelbar betroffenen Personengruppen** (Nachbarschaft, Gemeinde, Öffentlichkeit). Er informiert, klärt auf und gibt **Hinweise zum Umgang** mit dem Phänomen Behinderung. Dabei verfolgt er folgende Ziele:

- **Orientierung** in Bezug auf Bedürfnisse und Probleme der Menschen mit Behinderung und deren Angehörigen,

- **Anregung** des Integrationsgedankens und Förderung der Integrationsbereitschaft,

- **Abbau** von Distanz- und Etikettierungsphänomenen.

Darüber hinaus bietet er für die **Bezugspersonen** von behinderten Menschen **Konsultationen, Schulungen und Kurse** mit Fachinformationen an. Diese beratend-informatorische Aufgabe verfolgt folgende Ziele:

- **Verständnis** für die Entwicklungsprozesse und die Lage von Menschen mit Behinderung zu wecken sowie die **Mitarbeit** bei und Unterstützung der heilpädagogischen Arbeit anzuregen.

- **Aufklärung** und **Anleitung** bezüglich der Erziehungsfragen, Hilfen im Erziehungsalltag und Vermeidung von Erziehungsfehlern sowie – falls erforderlich – eventuelle Erörterung und Aufarbeitung von eigenen Problemen und Konflikten bzw. Probleminterventionen.

Professionelle Qualifizierung für Beratung geschieht im Rahmen von Weiterbildung. Auch ist die Heilpädagogin als beratende Mitarbeiterin z.B. von Erziehungsberatungsstellen immer noch mehr eine Seltenheit als ein Regelfall. Es ist auch nicht die Aufgabe der heilpädagogischen Grundqualifizierung, die Beteiligten als Beraterinnen auszubilden. Deshalb wird ihnen nur eine grobe **Orientierung zum Verlauf und zu den Prinzipien des Beratungsprozesses** vermittelt, um die Wahrnehmung der informativ-orientierenden Beratungsaufgabe im Alltagsrahmen zu erleichtern. Zu diesem Zweck werden hier **Schritte einer als Orientierungshilfe aufgefassten Beratung** beschrieben, die eine Erforschung von möglichen Problemursachen nicht anstrebt – dies ist der professionellen Beratung mit Elementen der Psychotherapie vorbehalten.

- **1. Schritt:** Die Rat suchende Person (weiter als RS bezeichnet) beschreibt das Problem (Worum geht es?, Was belastet?, Wer ist beteiligt?, Wie ist das für RS?, Welches Anliegen hat RS?).
- **2. Schritt:** RS ändert die Perspektive der Problembetrachtung und schaut sich die Situation mit den Augen der anderen Beteiligten an. (Wie mag es für den anderen sein?, Was mag der andere denken?, Worum geht es ihm, was ist ihm wichtig?).
- **3. Schritt:** Die Heilpädagogin untersucht gemeinsam mit RS die problembedingten Interaktionen unter den Beteiligten auf ihre Wirkung, um den Sinn des Verhaltens zu erkennen (Wer tut was?, Wie reagiert wer darauf?, Wie läuft das Wechselspiel weiter?, Zu welchen Ende kommt die Interaktion – gibt es Sieger und Besiegte?).
- **4. Schritt:** RS benennt das, was sie an diesen Interaktionen persönlich belastet und stört, unzufrieden macht usw. (Es ist für mich nicht annehmbar, dass ... Dies ärgert mich besonders: ... Wenn dies oder jenes nicht wäre, gäbe es für mich kein Problem).
- **5. Schritt:** Aus der Beschreibung der Unzufriedenheit und Belastung ergibt sich für RS die Möglichkeit, einen erwünschten Zustand zu definieren, der zu einer Verringerung der Belastung führt (Was könnte die Belastung verringern?, Wie müsste die Interaktion verlaufen?, Was muss verändert werden?, Womit könnte ich mich abfinden?).
- **6. Schritt:** Ausgehend von der Tatsache, dass nur das veränderbar ist, worauf ein Mensch direkten Einfluss hat, ist es nun die Aufgabe des RS, die eigene Vorgehens- und Handlungsweise nach Änderungsmöglichkeiten abzusuchen. Dabei sollen keine Bewertungen der Ideen vorgenommen werden (Wie könnte ich zu der Veränderung der Lage beitragen?, Was müsste ich anders machen, um die Problemlage zu entschärfen?, Mit welchem Verhalten kann ich die Interaktion „entschärfen"?).
- **7. Schritt:** RS prüft und sortiert die eigenen Vorschläge nach dem Kriterium der Umsetzbarkeit (Was davon halte ich für machbar?, Was davon kann ich auch tun?, Wofür entscheide ich mich?).
- **8. Schritt:** RS macht eine konkrete Planung dessen, was wann getan bzw. unterlassen wird (keine Proklamationen und Lippenbekenntnisse abgeben, sondern konkrete Schritte auflisten, Aussagen formulieren und Handlungen beschreiben). In diesem Schritt sind auch die zu erwartenden Stolpersteine und Hindernisse auf dem Weg zur Umsetzung des Geplanten einzuschätzen, um nach einer Unterstützung suchen zu

können (Was oder wer könnte mir helfen, diese Aussage bzw. jene Handlung auch wirklich zu tun?).

- **9. Schritt:** Anschließende Terminabsprache zwecks gemeinsamer Reflexion der Umsetzung.

(vgl. Spiess, 1991, 52 f.; hier bearbeitet und ergänzt)

Es ist sehr hilfreich, wenn RS die in einzelnen Schritten erarbeiteten Feststellungen, Überlegungen, Ziele, Vorhaben, Handlungen usw. für sich **schriftlich fixiert**. In der Beratung gilt mehr als in sonstiger Kommunikation „Gedacht – gesagt – vergessen“. Steht die durch einzelne Schritte strukturierte Erarbeitung der **Problemlösung „schwarz auf weiß“**, dann hat RS eine Gedächtnisstütze und Umsetzungshilfe ständig parat.

6.1.3 Weitere relevante Aufgaben

Neben den bereits dargestellten und erörterten Aufgabenbereichen hat der Heilpädagoge auch noch weitere heilpädagogisch relevante Aufgaben zu erfüllen bzw. zumindest die Erfüllung dieser Aufgaben zu unterstützen. Es geht vor allem um die vorbeugende Wirkung, die Umweltoptimierung und auch um die Leitung und Führung von Gruppen, Bereichen und Institutionen.

Vorbeugen (Prävention)

Als **Prävention** wird das Zuvorkommen oder die Verhütung bzw. Vorbeugung verstanden, aber auch das Abschrecken durch negative Folgen (vgl. Microsoft, 2004). Die **Sozialmedizin** bezeichnet mit diesem Begriff Maßnahmen zur Erhaltung und Förderung von Gesundheit. Diese richten sich in der Regel mehr an Personengruppen (z. B. AIDS-Aufklärung) als an einzelne Personen. Allerdings können sie sowohl als Individualmaßnahme als auch in Form einer Gruppenaktion durchgeführt werden. Präventive Maßnahmen werden in folgende drei Bereiche unterteilt:

- **Primärprävention** (Maßnahmen, die eingesetzt werden, bevor die Auslöser einer Krankheit wirksam geworden sind, z. B. Informationen, Aufklärung oder Beratung).
- **Sekundärprävention** (Maßnahmen zur Früherkennung von Schädigungen und Krankheiten, noch bevor diese sich manifestieren können, z. B. Vorsorgeuntersuchungen).
- **Tertiärprävention** (Maßnahmen zur Aufhebung von beeinträchtigenden Folgen einer Krankheit bzw. Schädigung, z. B. Rehabilitation).

In der Heilpädagogik zielen die **präventiven Maßnahmen** darauf ab, eine Ausgliederung aus dem beruflichen und gesellschaftlichen Umfeld zu vermeiden. Sinn der Vorbeugung ist es also, den Behinderungszustand und abweichende Entwicklungen erst gar nicht entstehen zu lassen – es geht insbesondere darum, Entwicklungsstörungen zu verhindern, die als Folge von irreparablen Schädigungen der organischen, geistigen und seelischen Grundausstattung eines Menschen zu entstehen drohen. In diesem Sinne lässt sich von der Verhinderung negativer Folgeentwicklungen sprechen.

Prävention erstreckt sich auf vielfältige Bereiche. Neben der **Früherkennung** von Krankheiten, Suchtgefahren oder auch Lerndefiziten gehören in diesen Bereich auch die **Vorsorge** (z. B. Schwangerschaftsvorsorge) und die medizinische, therapeutische oder schulische Frühförderung. Ebenfalls lassen sich **Arbeits- und Gesundheitsschutz** sowie die **Arbeitssicherheit** als eine Aufgabe der Prävention bezeichnen (ausgerichtet z. B. auf die Frage, ob bestimmte Tätigkeiten oder situative Gegebenheiten eine Erkrankung oder Behinderung auslösen oder deren Entwicklung fördern können). Der Inhalt eines Präventionskonzepts muss darauf abzielen, Risikofaktoren zu begrenzen und die Dynamik der sich oftmals verstärkenden Wechselwirkungen einer Behinderung oder Mehrfachbehinderung abzumildern.

Als vorbeugende Tätigkeiten gelten neben der **Aufklärungs- und Bildungsarbeit** insbesondere **Früherfassung, -behandlung und -förderung** der von Behinderung bedrohten Personen mit dem Ziel, eine drohende Behinderung abzuwenden oder die Entwicklungsdynamik eines Behinderungszustandes präventiv einzugrenzen. Hier ist insbesondere die **Querverbindung zur Beratung** wichtig – eine Aufklärung bzw. Anleitung zum entwicklungsfördernden Umgang mit vom Behinderungszustand bedrohten Menschen trägt zur Erfüllung der Präventivaufgabe bei.

Umwelt optimieren

Die Umwelt zu optimieren heißt, sich auf **technisch-organisatorische Lebens- und Alltagserleichterung** für die Menschen mit Behinderungen zu konzentrieren. Diese Aufgabe birgt sehr viele konkrete Möglichkeiten, die Lage praktisch zu verbessern – beginnend mit Seh- oder Hörhilfe über Rollstuhl, speziellen Autoumbau oder Schuhwerk bis hin zur behindertengerechten Möblierung oder der Anschaffung eines Blindenhundes usw.

Weit gefasst gehört zur Umweltoptimierung auch die **politisch-organisatorische Einflussnahme** in der Gemeinde, die z. B. eine Erhöhung der Integrationsbereitschaft in der Nachbarschaft von Wohngruppen für behinderte Menschen anstrebt oder nach dem Abbau von Bewegungsbarrieren in öffentlichen Gebäuden verlangt.

Leiten, führen, organisieren

Es ist durchaus sinnvoll, dass die Heilpädagogin als Fachperson auch leitend tätig wird – z. B. als **Gruppen-, Abteilungs- oder als Institutionsleiterin**. In der letzten Zeit ist es im Zusammenhang mit dem Selbstverständnis von sozialer Arbeit als Dienstleistung möglich, dass Heilpädagogen **eigene Praxen** gründen. Hier müssen sie neben der fachspezifischen Arbeit auch mannigfaltige Leitungsaufgaben erfüllen.

Hierzu sind nicht nur entsprechende **Führungs- und Leitungsfähigkeiten**, sondern auch gute **Kenntnisse verwaltungsorganisatorischer Strukturen** und Prozesse erforderlich. Verhandlungsgeschick, sicheres Auftreten, Entscheidungsfreudigkeit und Stehvermögen ergänzen das Bild der notwendigen Voraussetzungen für die Wahrnehmung leitender Aufgaben. Auch die Bereitschaft und Fähigkeit zur interdisziplinären Kooperation sowie Geschick bei der Koordination beteiligter Fachleute dürfen nicht vergessen werden.

Überlegungen und Versuche

1. ***Welche der oben genannten Aufgaben „liegt" Ihnen persönlich und welche erledigen Sie nicht so gerne?***
   - ***Was macht für Sie die annehmbaren Aufgaben „attraktiv" und die nicht annehmbaren „unattraktiv"?***
   - ***Wie gehen Sie mit den „unattraktiven" Aufgaben um? Was könnte Ihnen helfen, die persönliche Abneigung zu überwinden?***

2. Versuchen Sie, eine Zeit lang (vielleicht einen Monat?) die für Sie persönlich „unattraktive" Aufgabe auszuüben und dabei gezielt nach etwas zu suchen, was für Sie positiv bzw. befriedigend ist.

Tipp: Lassen Sie sich von der Erfahrung Ihrer Kolleginnen inspirieren, denen diese Aufgabe „liegt".

6.2 Einsatzfelder

Offensichtliche Schädigungen rufen in der Regel beeinträchtigte Lebenslagen hervor. Die heilpädagogische „Versorgung" bei Menschen mit körperlicher, sensorieller und geistiger Behinderung in Deutschland ist gesetzlich geregelt und gesichert: abgesehen vom **spezialisierten Schul- und Bildungssystem** gilt auch das **System der Behindertenhilfe mit Wohn- und Werkstätten** als heilpädagogisches Einsatzfeld.

Menschen mit **Verhaltensweisen**, die in der sozialen Umwelt kaum akzeptiert werden, stellen eine weitere heilpädagogisch relevante Personengruppe dar. Sie werden im Rahmen von Einrichtungen und Maßnahmen der **Erziehungshilfe** bzw. **Kinder- und Jugendpsychiatrie** (Heranwachsende) oder aber der **Psychiatrie** (Erwachsene) betreut. Neben anderen Fachpersonen arbeiten hier auch Heilpädagogen.

Chronisch psychisch kranke Menschen, alte **Menschen mit Demenzerkrankung**, Menschen mit **Hirnverletzung** oder Menschen mit **Drogenabhängigkeit** befinden sich manchmal auch in einer beeinträchtigten Lebenslage. Auch für sie existieren Institutionen, die ihnen helfen und sie unterstützen: stationäre und ambulante **Maßnahmen**, **Reha-Kliniken**, **Altenheime**, **gerontopsychiatrische Abteilungen**. Hier können sich Heilpädagoginnen ebenfalls nützlich machen (auch wenn das noch nicht so üblich ist).

Die Einsatzfelder der Heilpädagogen sind heute weit über die ihnen traditionell zugewiesenen Bereiche der Arbeit mit (offensichtlich) behinderten Menschen gestreut.

Die Auffassung der Heilpädagogik als eine Behindertenpädagogik impliziert Aufgaben- und Tätigkeitsfelder, die ausschließlich mit der pädagogischen Arbeit bei Menschen mit Behinderungen zu tun haben. Dies stimmt heutzutage nur noch zum Teil. Selbstverständlich stellt dieses Arbeitsfeld den wesentlichen Schwerpunkt der heilpädagogischen Praxis dar. Auf der anderen Seite erweitert sich das Aufgabenfeld der Heilpädagoginnen. Dies lässt sich am Beispiel der Tatsache verdeutlichen, dass in die Rechtsprechung der Begriff „seelische Behinderung" eingeführt wurde (siehe den § 35a des Kinder- und Jugendhilfegesetzes). Hier werden als notwendige und geeignete Maßnahmen zur Umsetzung des Anspruchs auf Eingliederungshilfe für die Betroffenen in Anlehnung an § 39 Abs. 3 und § 40 sowie an die Verordnung nach § 47 des Bundessozialhilfegesetzes eindeutig heilpädagogische Maßnahmen genannt.

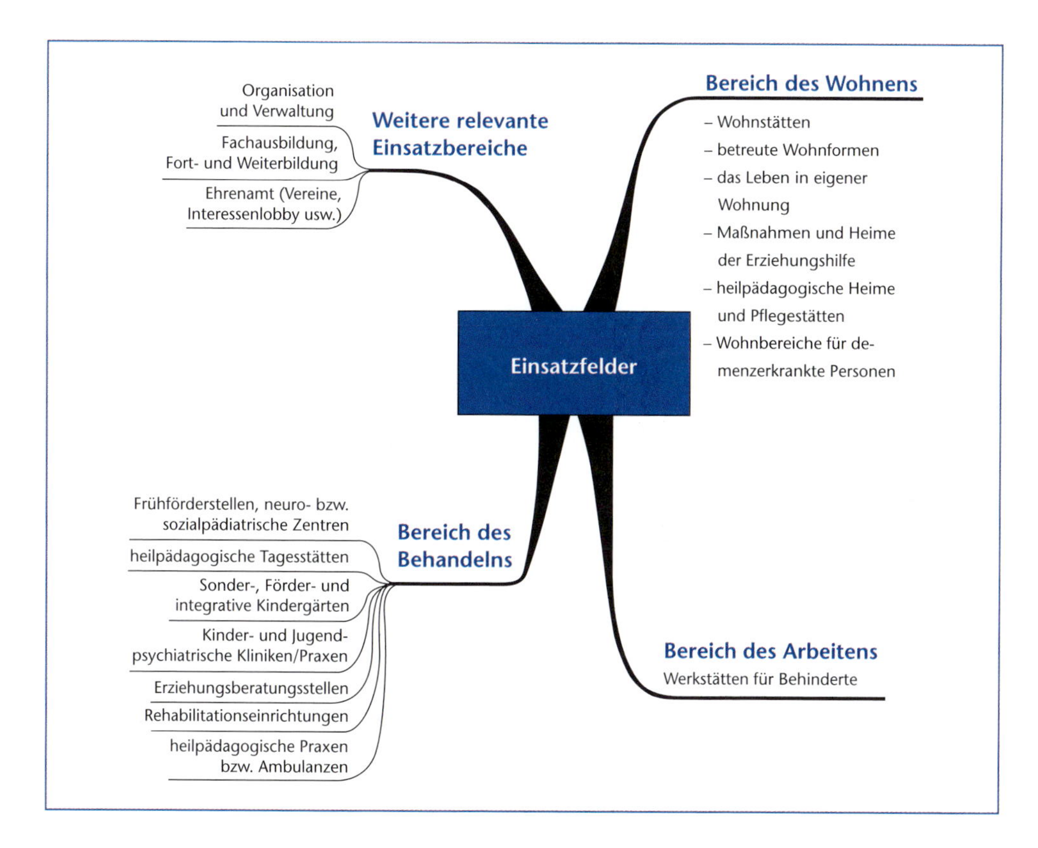

Im weiteren Text werden also nicht nur die Einrichtungen der Behindertenhilfe vorgestellt, sondern auch andere bisher für den Einsatz von Heilpädagoginnen nicht übliche Arbeitsfelder und Institutionen. Das wesentliche Prinzip der heilpädagogischen Relevanz unterschiedlicher Praxisfelder lautet:

Fazit

Überall dort, wo mit Menschen gearbeitet wird, deren Lebenssituation vom Behinderungszustand (im Sinne von Kobi) bedroht, tangiert oder sonst dauerhaft belastet wird, handelt es sich (auch) um ein heilpädagogisches Einsatzfeld.

Aus der Tatsache, dass es viele Möglichkeiten für den heilpädagogischen Einsatz gibt, entsteht folgendes **Problem** bei der Darstellung der Einsatzfelder: Nach welchen **Kriterien** sollen sie gegliedert werden, um eine gute **Übersicht** zu gewähren? Man kann unterschiedliche Gesichtspunkte verwenden, z. B. Alter der zu betreuenden Personen oder die Art der Schädigung u. Ä. Dies erweist sich allerdings in der Umsetzung als kompliziert, weil es nicht alle bestehenden Einsatzmöglichkeiten umfasst und außerdem ziemlich unübersichtlich ist. Deshalb werden im Weiteren die Arbeitsfelder und Einsatzorte nach den hauptsächlichen Gebieten der Einflussnahme von Heilpädagogen auf die beeinträchtigte Lage der zu betreuenden Menschen gegliedert und kurz dargestellt. Dies ist vorteilhaft, weil dabei Unterscheidungen nach Alter, Behinderungsart oder anderen Aspekten als eine zweite Gliederungsebene hinzugefügt werden können, ohne jedoch die Grundorientierung zu erschweren. Im Einzelnen handelt es sich um folgende heilpädagogisch relevante Einsatzfelder: Wohnen, Arbeiten, Behandeln und weitere Einsatzfelder (Organisieren und Verwalten, Ausbilden usw.).

6.2.1 Bereich des Wohnens

Wohnen heißt **„zu Hause sein"**. Die Wohnräume stellen für jeden Menschen den Ort seiner maximalen **Souveränität** dar – sie sind der wichtigste Ort seiner **Individuation** (Schutzraum, der eine Sphäre der Intimität schafft und sichert). Hier kann er mit sich und anderen ihm nahe stehenden Personen angstfrei seine **Intimität** ausleben. Die subjektiv erlebte Zufriedenheit im alltäglichen Leben hängt also wesentlich von den Bedingungen des Wohnens ab.

Pädagogisch gesehen muss das eigenständige Wohnen **erlernt** werden – im Normalfall werden diesbezügliche Erfahrungen im Rahmen der Sozialisation im Kindes- und Jugendalter gemacht. Insbesondere bei Menschen mit geistiger Behinderung fehlt manchmal diese Erfahrung. Sie leben entweder in Abhängigkeit von der familiären Wohngemeinschaft, in der sie keine eigenständigen Erfahrungen des Wohnens machen. Oder aber sie leben in einer Institution, in der sie in der Regel mit den Anforderungen des Verselbstständigungsprozesses nicht konfrontiert werden. Diese Tatsache birgt die Gefahr in sich, dass bei ihnen die wichtigen Bedürfnisse nach Unabhängigkeit und Eigenständigkeit nicht befriedigt werden. Es gibt aber auch familiäre Bedingungen, die das Erlernen des eigenständigen Wohnens nicht unterstützen und die Entwicklung der dort lebenden Kinder gefährden. Ist diese Gefährdung langfristig und intensiv, kann es u. U. dazu kommen, dass zum Schutz des Kindes die stationäre Unterbringung nach den Bestimmungen des Kinder- und Jugendhilfegesetzes eingeleitet wird.

In Deutschland existiert ein differenziertes **System von Wohnstätten** für Menschen, die von den Beeinträchtigungen eines Behinderungszustandes am eigenständigen und unabhängigen Wohnen gehindert sind. Neben anderen sozialen Berufsqualifikationen (Sozialarbeiter, Sozialpädagoginnen, Erzieher) sind in diesen Einrichtungen und Maßnahmen auch die Heilpädagoginnen tätig.

Wohnstätten

In Wohnstätten leben erwachsene Menschen, die – bedingt durch ihre Schädigung – nicht imstande sind, ohne Unterstützung eigenständig zu wohnen. Angeboten wird behindertengerechtes Wohnen in Gruppen oder kleinen Wohneinheiten mit entsprechender Betreuung: Neben den haushaltsmäßigen Hilfen gibt es auch Freizeit- und Förderangebote. Manchmal werden die Wohn- (Heim oder Wohngemeinschaft) und Arbeitsbereiche (Werkstatt) verbunden.

Betreute Wohnformen

Zu den betreuten Wohnformen gehören Wohngemeinschaften, d. h. Trainingsgruppen und Außenwohngruppen, die in der üblichen Wohnumgebung außerhalb des Geländes der Institution platziert sind (Ein- bzw. Mehrfamilienhäuser). Die Bewohner leben dort in kleinen Gruppen zusammen, d. h., ein Betreuer kommt nur zu festgelegten Zeiten. Das Zusammenleben läuft nach gemeinsam besprochenen und vereinbarten Regeln. Alle Versorgungen und Arbeiten werden nach Absprache aufgeteilt und im gemeinsamen Tun weitestgehend eigenständig erledigt. Unterstützung in Form der Assistenz kommt nur bei den Angelegenheiten zustande, die die Bewohner überfordern. Organisiert und betreut eine Institution mehrere solche betreute Wohngruppen, spricht man von einem „Verbundsystem".

Beispiel

Das Johannes-Busch-Haus, eine Einrichtung der Behindertenhilfe in Lüdenscheid, hält für das Wohnen ein vielfältiges Angebot bereit: das Wohnheim mit kleinen, überschaubaren Wohngruppen, wo jeder sein eigenes Zimmer hat, ein heilpädagogisches Wohnheim und Außenwohngruppen sowie das ambulant betreute Einzelwohnen. Seit November 2001 sind diese Wohnformen durch das Wohnen in Einzelapartmens mit individueller heilpädagogischer Begleitung erweitert. Zu dem Grund für diese Angebotserweiterung sagt U. Buhse, die das Projekt mit konzipiert hat, Folgendes:

„Immer wieder gibt es Menschen, die mit ihrem Leben in der Gruppe größte Schwierigkeiten haben. Um ihre Bedürfnisse deutlich zu machen und sich anderen gegenüber abzugrenzen, legen sie oft ein Verhalten an den Tag, das wir als ‚herausforderndes Verhalten' bezeichnen. Dieses Verhalten belastet die Wohngruppe und den Menschen, der sich so verhält, in gleichem Maße. Innerhalb des engen Gefüges einer Wohngruppe ist es dem pädagogischen Mitarbeiter kaum möglich, im Spannungsfeld von Gruppen- und Einzelinteressen adäquat zu reagieren. Insbesondere die räumlichen Bedingungen begrenzen seine Handlungsmöglichkeiten.

*In diesem traditionellen **Setting** kommt es immer wieder zu erheblichen Spannungen und schweren Konflikten. Das Wohnen in Einzelapartments inklusive Sanitär- und Kochbereich ermöglicht uns, neue Strukturen zu schaffen, die gegenüber einer traditionellen Wohngruppe mit ihren gemeinsam genutzten Wohnbereichen ein Mehr an Zuordnung, Klarheit und Abgrenzung ermöglicht. Gleichzeitig soll ein besonderes individualisiertes Betreuungs- und Beziehungsangebot durch die pädagogischen Mitarbeiter in diesem neuen Wohn- und Lebensbereich dafür sorgen, dass durch zunehmende Lebenszufriedenheit ‚herausforderndes Verhalten' überflüssig wird."*

(Buhse, 2002, 16 f.)

Dieses Beispiel zeigt, wie wichtig und sinnvoll es ist, Wohnformen im direkten Zusammenhang mit den Bedürfnissen der Bewohner, aber auch der Mitarbeiterinnen zu konzipieren. Gerade Menschen, die neben der geistigen Behinderung zusätzlich durch psychische Störungen belastet sind, geraten leicht in Konflikte mit dem unmittelbaren Lebensumfeld. Sie brauchen eine (eigentlich) normale Wohnform, um in einer weniger stressbelasteten Umgebung Kraft zu sammeln, Rückzugsmöglichkeiten zu finden, neue Wege der Konfliktbewältigung zu gehen und Menschen an ihrer Seite zu haben, die für sie erreichbar sind. Die Wirkung zeigt sich in der verringerten Häufigkeit der „herausfordernden Verhaltensweisen" und der Psychiatrieaufenthalte bei den zu betreuenden Menschen. Dies führt letztendlich zur Verbesserung der alltäglichen (Er-)Lebensqualität aller Beteiligten.

Das Leben in eigener Wohnung

Menschen mit Behinderung, die weniger beeinträchtigt sind, können allein in ihrer eigenen Wohnung leben, wenn sie für bestimmte Aufgaben und Verrichtungen des Alltags entsprechende Hilfen bekommen (insbesondere bei Körperpflege, Haushaltstätigkeiten und Einkaufen). Es sind vor allem Menschen mit Körperbehinderung, die von dieser Möglichkeit Gebrauch machen. Sie sind motorisch und mobilitätsmäßig auf manche Assistenz angewiesen, mental jedoch sind sie meistens in der Lage, das eigenständige Leben zu bewältigen.

Maßnahmen und Heime der Erziehungshilfe

Hier handelt es sich um eine „Mischklientel“ – die Heimpopulation weist neben einer Reihe von heilpädagogisch unauffälligen Heranwachsenden auch einen Anteil von Kindern und Jugendlichen mit Lernbehinderung auf. Ebenfalls ist hier das Verhalten außerhalb der Erwartungsnorm in einem beträchtlichen Ausmaß vertreten. Auch ist bei einigen Kindern und Jugendlichen eine unübersehbare Gefährdung durch seelische Behinderung vorhanden. Dies alles begründet die Notwendigkeit der heilpädagogischen Arbeit. Dieser Tatsache entspricht auch die Vielfalt der Ansätze und Fachausrichtungen, mit denen der äußerst komplizierten Aufgabenstellung der Entwicklungsförderung und -stabilisierung begegnet wird. Außer in den Kinder- und Jugendheimen (Heimerziehung) wird insbesondere in Tagesgruppen, in familienähnlichen oder zu Verselbstständigungszwecken eingerichteten Außenwohngruppen und in der intensiven Einzelbetreuung sozial- sowie heilpädagogisch und therapeutisch mit Betroffenen, ihren Familien und sonstigen Bezugspersonen gearbeitet.

Heilpädagogische Heime und Pflegestellen

Hier handelt es sich um Kleinsteinrichtungen meist familiärer Art, die fachlich entsprechend qualifiziert sind und anstelle der Herkunftsfamilie mittel- bis langfristig als Lebensort für Kinder und Jugendliche mit Behinderungen bzw. für diejenigen, die vom Behinderungszustand bedroht sind, fungieren.

Wohnbereiche für demenzerkrankte Personen

In Anbetracht der demografischen Entwicklung in Deutschland wird zukünftig auch die Gruppe von alten Menschen mit Demenz als heilpädagogisch relevant zu betrachten sein. Das Wesen der Demenz und die Reaktionen der Umwelt auf die mannigfaltigen Beeinträchtigungen im Bereich der Persönlichkeit und Kommunikation stellen die betroffenen alten Menschen in ein gesellschaftliches und gemeinschaftliches Abseits. Deshalb gehören auch Altenheime und gerontopsychiatrische Stationen als Lebensorte zu den Einsatzfeldern von Heilpädagoginnen.

Überlegungen und Versuche

1. ***Welche von den im vorherigen Kapitel aufgelisteten Aufgabenbereichen lassen sich für den Einsatzbereich „Wohnen“ als typisch bezeichnen? Begründen Sie Ihre Einschätzung.***
2. ***Versuchen Sie sich vorzustellen, dass Sie selbst die Aufgabe bekommen, sich in einer der oben genannten Maßnahmen bzw. Wohnformen als Heilpädagogin nützlich zu machen. Welche würden Sie bevorzugen und aus welchem Grund?***

6.2.2 Bereich des Arbeitens

Arbeit ist der Einsatz von körperlichen, seelischen und geistigen Kräften eines Menschen zum Zwecke der Befriedigung seiner materiellen, sozialen und idealen Bedürfnisse. Anders gesagt heißt Arbeit **bewusstes und gezieltes Handeln** im Zusammenhang mit der **Existenzsicherung**, also die Erwerbstätigkeit. Neben der Befriedigung materieller Bedürfnisse ist Arbeit eine wesentliche Quelle für die **Sinngebung des Daseins** – in der vollbrachten Arbeitsleistung (die nicht immer materiell belohnt werden muss, z.B. bei dem ehrenamtlichen Einsatz oder beim Verrichten von Arbeiten im eigenen Privatbereich, wie Haushalt, Erziehung von Kindern u. Ä.) erfährt das Individuum sich als **Einfluss** nehmendes Wesen, was eine wesentliche Aufgabe seiner Existenz ist.

Arbeit hat auch eine wichtige **strukturierende Wirkung** auf das Alltagsleben, und zwar sowohl in räumlicher wie auch in zeitlicher Hinsicht (zu Hause – am Arbeitsort, Arbeitszeit – freie Zeit). Dies fördert die **Verinnerlichung von Strukturen**, die für die Orientierung in Raum und Zeit unentbehrlich sind. Andere Wirkungen des Arbeitens bestehen in der Erweiterung von **Fähigkeiten** und **Handlungskompetenzen**, in der Stärkung des **Selbstwertgefühls** und der Anregung der **Persönlichkeitsentwicklung** sowie in der Ausweitung der **sozialen Kontakte** und Förderung der Fähigkeit zum kooperierend-konstruktiven **Umgang mit anderen Menschen**.

Bei **Menschen mit Behinderung** ist die Lage bezüglich der oben genannten Aspekte die gleiche wie bei Menschen ohne Behinderung – auch sie haben ein Bedürfnis nach Einflussnahme, auch sie brauchen eine Erfahrung der Sinngebung ihrer Existenz, auch sie sind auf orientierende Strukturen im Umgang mit Raum und Zeit angewiesen, auch sie können nur im Kontext der Aufgabenerfüllung ihre Handlungskompetenzen erweitern, ihre Persönlichkeit stärken und den Umgang mit anderen Menschen erlernen. Also – das Arbeiten gehört unweigerlich auch zu ihrem Alltagsleben. Auf die **Frage nach der Leistungsfähigkeit** der durch den Behinderungszustand beeinträchtigten Personen gibt Stadler folgende Antwort:

> „Wo keine Aufgabe ist, kann keine Leistung wachsen. Arbeit wäre insoweit Aktivität im Rahmen einer Aufgabenstellung. Jeder Mensch, der aktiv ist und Aufgaben zu meistern versucht, leistet nach diesem Verständnis eine Form von Arbeit."
> *(Stadler, 1998, 203)*

Werkstätten für behinderte Menschen (WfbM)

In Deutschland existiert für Menschen mit Behinderung eine umfassende gesetzlich verankerte Unterstützung ihrer arbeitsmäßigen Interessen. Neben der Verpflichtung von Betrieben zur Beschäftigung von behinderten Menschen sichern vor allem spezialisierte Arbeitsstätten die Möglichkeit, von der oben genannten Wirkung des Arbeitens zu profitieren: Der Hauptbeschäftigungsträger von behinderten Menschen hierzulande sind die **Werkstätten für Behinderte** (WfbM). Sie bieten den **erwachsenen Menschen** Arbeit an, die aufgrund ihrer Schädigung keine Anstellung auf dem offenen Arbeitsmarkt finden.

Beschäftigte mit geistigen Behinderungen bilden die größte Gruppe (etwa 80 Prozent). Beschäftigte mit Mehrfachbehinderungen und mit psychischen Behinderungen (Psychosen, Neurosen) nehmen in jüngster Zeit stark zu. In einer Reihe von Werkstätten ist eine Blindenwerkstatt integriert. Oft gibt es auch Zweigwerkstätten für Menschen mit psychischen Behinderungen, da die gemeinsame Beschäftigung mit geistig behinderten Menschen aus Gründen der Rehabilitation nicht sinnvoll ist (vgl. Bundesanstalt für Arbeit, 1997). Alle WfbM gelten als Einrichtungen der **beruflichen *Rehabilitation***. Sie haben die Aufgabe, Menschen mit Behinderungen **ins Arbeitsleben einzugliedern**, ihnen die Möglichkeit zu bieten, ihre Leistungsfähigkeit zu entwickeln, zu erhöhen oder wiederzugewinnen und ein dem Leistungsvermögen angemessenes Arbeitsentgelt zu erreichen.

Wenn es der Stand der Rehabilitation im Einzelfall erlaubt, wird die **Integration auf dem allgemeinen Arbeitsmarkt** angestrebt. Zurzeit liegt die Vermittlungsrate von

Werkstattbeschäftigten auf Arbeitsplätze in Betrieben oder im öffentlichen Dienst bei knapp einem Prozent (vgl. Bundesanstalt für Arbeit, 1997).

Die Beschäftigung in einer WfbM ist grundsätzlich **freiwillig**. Die beschäftigten Personen werden im Arbeitsalltag durch pädagogische, soziale, psychologische, medizinische, pflegerische und therapeutische **Fachdienste** kontinuierlich begleitet und gefördert. Die Erforderlichkeit der ständigen pflegerischen Betreuung (außerordentliches Pflegebedürfnis) steht allerdings einer arbeitsmäßigen Beschäftigung im Wege. Um die betroffenen Personen dennoch zu fördern, sind vielen WfbM eigene Einrichtungen für Schwerst- und Schwermehrfachbehinderte oder **Tagesförderstätten** angegliedert.

Durch die berufliche Förderung werden zugleich auch das **Selbstwertgefühl** des Beschäftigten (dafür ist mit entscheidend, dass er eine ökonomisch sinnvolle und effiziente Arbeit übernimmt) sowie die Entwicklung seines **Sozial- und Arbeitsverhaltens** gefördert. Auch wird eine möglichst **realistische Selbsteinschätzung** der individuellen Fähigkeiten angestrebt und die **lebenspraktischen Fertigkeiten** (Körperpflege, Gesundheitspflege, Kleidung, Essen und Trinken, Verkehrserziehung, Umgang mit Geld) werden trainiert, selbstgesteuerte **Lernprozesse** initiiert, **Schlüsselqualifikationen** vermittelt, **soziale Kompetenz** und Formen **kooperativen Handelns** entwickelt.

Überlegungen und Versuche

1. ***Welche der im vorherigen Kapitel (Kapitel 6.1) aufgelisteten Aufgaben sind für den Einsatzbereich „Arbeiten" relevant? Begründen Sie Ihre Einschätzung.***
2. ***Stellen sie sich vor, dass Sie selbst die Aufgabe bekommen, in einer Tagesförderstätte für schwerbehinderte Menschen in einer Werkstatt für Behinderte als Heilpädagoge zu arbeiten. Worauf würden Sie sich bei Ihrem Einsatz konzentrieren?***

6.2.3 Bereich des Behandelns

Einen behinderten bzw. von einer Behinderung bedrohten Menschen zu behandeln heißt, ihn zu fördern und zu unterstützen (menschlich durch persönliches Engagement sowie fachlich durch entsprechende Methoden und Mittel), damit er sich positiv (weiter) entwickelt im Sinne der Entfaltung seiner Potenziale. Damit ist das Hauptanliegen aller hier erwähnten Institutionen und Maßnahmen erfasst, die den Heilpädagoginnen eine Möglichkeit bieten, sich einzubringen und nützlich zu machen. Ein wichtiger Bestandteil der heilpädagogischen Arbeit in diesem Einsatzfeld ergibt sich durch die Tatsache, dass die positive Wirkung einer unterstützenden Behandlung erforderlich ist, um den Soll-Zustand zu erreichen, der dem zu betreuenden Menschen möglich ist.

Frühförderstellen, neuro- oder sozialpädiatrische Zentren

Der wesentliche Auftrag dieser Institutionen besteht darin, prophylaktisch (= vorbeugend) zu arbeiten, d. h., Schädigungen, körperliche, geistige und seelische Entwicklungsverzögerungen zu erfassen und ihnen durch geeignete Fördermaßnahmen entgegenzuwirken.

Heilpädagogische Tagesstätten

In diesen Einrichtungen werden tagsüber schwer geschädigte, pflegebedürftige und/oder seelisch behinderte Kinder betreut. Neben der Förderung der Entwicklung und Ausbildung von wichtigen lebenspraktischen Fähigkeiten und Fertigkeiten dieser Kinder werden auch deren Eltern und Geschwister entlastet.

Sonder-/Förder- und integrative Kindergärten

Sie haben den Auftrag, Kinder mit Schädigungen (bei Sonder-/Förderkindergärten) bzw. diese Kinder in Gemeinschaft mit Kindern ohne Schädigungen (bei integrativen Kindergärten) auf die Schule/Sonderschule vorzubereiten. Dies umfasst sowohl die Förderung von Basisfunktionen als auch von minimalen sozialen Leistungsfähigkeiten, die für den späteren Schulbesuch von Bedeutung sind.

Kinder- und jugendpsychiatrische Kliniken bzw. Praxen

Hier werden diejenigen Kinder und Jugendliche (und je nach dem Selbstverständnis der Grundkonzeption auch ihre Familien) medizinisch und heilpädagogisch betreut und therapiert, welche aufgrund einer psychischen Störung bzw. Erkrankung (meistens begleitet von dissozialer Entwicklung sowie diverser Abhängigkeits- bzw. Suchtproblematiken) als von seelischer Behinderung ernsthaft bedroht oder bereits als seelisch behindert gelten.

Erziehungs- und Familienberatungsstellen

Heute tragen viele Beratungsstellen durch die interdisziplinäre Arbeitsweise dem Ganzheitlichkeitsanspruch Rechnung: Nicht nur Eltern werden dort in der Auseinandersetzung mit dem auffälligen/belastenden Verhalten ihrer Kinder psychologisch und psychotherapeutisch begleitet, sondern es wird auch direkt mit den Kindern und Jugendlichen heilpädagogisch und therapeutisch gearbeitet. Deshalb werden dort nicht nur Psychotherapeuten und psychologische Berater, sondern zunehmend mehr auch Heilpädagogen eingesetzt.

Rehabilitationseinrichtungen

Die Überwindung bzw. Minderung des Behinderungszustandes, der durch eine während des Lebens durch Unfall oder Krankheit zustande gekommenen Schädigung entstanden ist, ist eine wichtige Aufgabe in den Reha-Kliniken und -Einrichtungen. Ihr Hauptanliegen ist die Wiedereingliederung der Betroffenen in den gesellschaftlichen und beruflichen Alltag. Außerdem existieren auch diverse Projekte und Einrichtungen, die vor allem ambulant mit chronisch psychisch kranken, aber auch mit alten und verwirrten Menschen arbeiten und versuchen, deren Teilhabe am Leben der Gemeinde/der Gesellschaft zu ermöglichen bzw. zu verbessern.

Heilpädagogische Ambulanzen und freie Praxen

Hier wird an dem Erreichen eines festgelegten Ziels über einen begrenzten Zeitraum regelmäßig mit einem Kind (sowie seinen Bezugspersonen) gearbeitet, das vom Behinderungszustand bedroht bzw. erfasst wird. Die Arbeit weist vorwiegend untersuchende, fördernde, therapeutische und beratende Merkmale auf.

Von der Grundausrichtung auf das Überwinden von erschwerenden Umständen bei Menschen in beeinträchtigter Lebenslage her sind Heilpädagoginnen prädestiniert auch für den Einsatz in Einrichtungen der Altenpflege und Gerontopsychiatrie. Es ist nur eine Frage der Zeit, wann sie sich zusammen mit Pflegekräften an dem alltäglichen Einsatz bei Menschen mit Demenz beteiligen.

Überlegungen und Versuche

1. ***Welche von den im vorherigen Kapitel (Kapitel 6.1) aufgelisteten Aufgaben sind für den Einsatzbereich „Behandeln" relevant? Begründen Sie Ihre Einschätzung.***
2. ***Stellen Sie sich vor, dass Sie selbst die Aufgabe bekommen, in einer der oben genannten Maßnahmen bzw. Institutionen als Heilpädagogin zu arbeiten. Welche würden Sie bevorzugen und aus welchem Grund?***

6.2.4 Weitere relevante Einsatzbereiche

In der **Organisation und Verwaltung** können sich Heilpädagogen als Sachbearbeiter und Referenten einbringen, um auf dieser Ebene auf die beeinträchtigende Situation von behinderten Menschen Einfluss zu nehmen. Als Beispiel können hier sozial- und bildungspolitische Organisationen und Ämter, Kinderschutzbund, berufliche Spitzen- und Fachverbände sowie auch Jugendämter und andere Verwaltungsstellen genannt werden.

Der Bereich der **Fachausbildung** sowie **Fort- und Weiterbildung** stellt ebenfalls ein wichtiges Einsatzfeld insbesondere für erfahrene Heilpädagoginnen dar. Hier geht es darum, das Fachwissen sowie das Know-how und die Erfahrungen an die angehenden Fachkollegen weiterzugeben. Als Beispiel können hier Ausbildungsstätten sowie Fort- und Weiterbildungsinstitutionen bzw. Fortbildungszentren genannt werden.

Nach dem Motto „Der Initiative sollen keine Grenzen gesetzt werden" liegt es manchmal in den Händen einzelner Heilpädagogen, auf welchem Gebiet sie sich nützlich machen. Hier wird allerdings mehr das **Ehrenamt** als die materielle Existenzsicherung angesprochen.

Da die Heilpädagogen sich unter anderem auch durch ihr Engagement für die beeinträchtigten und ausgegrenzten Menschen auszeichnen, wirken sie fachlich-organisatorisch-unterstützend in manchen **Selbsthilfegruppen** und in diversen **Projekten** mit (z. B. setzen sie sich für die Unterstützung von Strafvollzugsentlassenen ein) und sind ebenfalls in den **Gremien** der Öffentlichkeits- und sozialpolitischen Arbeit tätig.

Die konkreten Aufgaben in den genannten Einsatzfeldern entsprechen in der Regel folgenden Positionen in der jeweiligen Institutionsstruktur:

- als **Fachkraft** im interdisziplinären **Team** (als Gruppenmitarbeiter oder in der Gruppenleitung),
- als **Mitarbeiterin** oder in der Leitung eines begleitenden **heilpädagogischen Dienstes**,
- in der **Leitung** von Bereichen bzw. Einrichtungen der Jugend- bzw. Behindertenhilfe,

- als **Dozenten** bzw. **Lehrende** an Fachhochschulen, Fachschulen, Fachakademien und Weiterbildungseinrichtungen,
- als **Fachberaterinnen** oder **Fachreferenten** in Ämtern, Organisationen bzw. Berufsfach- und Spitzenverbänden,
- **freiberuflich** in eigener Praxis.

6.3 Zielgruppen

Es ist schwierig, an dieser Stelle eine Systematik der „Abnehmer“ heilpädagogischer Leistungen zu versuchen. An einer anderen Stelle dieses Textes steht doch die Aussage, dass überall dort, wo es Menschen in beeinträchtigter Lebenslage gibt, sich die Heilpädagogen für eine „Entbeeinträchtigung“ nützlich machen können (und von ihrem Selbstverständnis her auch müssen). Damit könnte die Zielgruppe durchaus charakterisiert werden. Allerdings hat dieses Kriterium der Zielgruppenbestimmung einen methodischen Nachteil: Es ist in Bezug auf die Frage des Handelns im Einzelfall unpräzis.

Die Mannigfaltigkeit der unterscheidenden Aspekte (Geschlecht, Alter, Schädigungsart, aktueller Zustand, Entwicklungspotenziale usw.) wirkt sich zwangsläufig auf die Tätigkeit der Heilpädagogin aus: Es ist nicht möglich, dieselbe Methode bei einem Kind mit belastender Verhaltensweise und bei einem unter Autoaggressivität leidenden 50-jährigen Bewohner eines Heimes für Menschen mit geistiger Behinderung zu verwenden. Der Heilpädagoge muss sich in dieser Hinsicht spezialisieren, auch wenn es ihm bei beiden um dasselbe geht – den Behinderungszustand zu verringern. Diese Tatsache erfordert und ermöglicht zugleich eine Unterteilung der Personen, auf die sich das heilpädagogische Handeln richtet.

Als Kriterium können Erfordernisse der fachlichen Auseinandersetzung mit der individuellen beeinträchtigten Lebenslage dienen. In der Tat sind unterschiedliche Methoden und Interventionen erforderlich, wenn die Heilpädagogin mit einem Kind oder mit einer erwachsenen Person, mit einem Menschen mit geistiger oder mit Körperbehinderung, mit einem entwicklungsverzögerten Säugling oder mit einem zwölfjährigen sexuell missbrauchten Mädchen arbeitet.

Erschwerend für eine Aufteilung kommt allerdings die Tatsache hinzu, dass es neben den Unterschieden noch eine übergreifende methodische Erforderlichkeit gibt – die Notwendigkeit eines persönlichen Bezugs. Dieser muss vom Heilpädagogen bei allen Menschen in beeinträchtigter Lebenslage angeboten und soweit wie möglich gewährleistet werden.

Es gibt also Argumente, die für eine Unterteilung der Zielgruppe sprechen. Zugleich existiert ein wichtiger Aspekt, der alle betroffenen Personen zu einer ungeteilten Personengruppe macht. Mit Berücksichtigung dieser Tatsache werden im weiteren Text Personengruppen dargestellt, die unterschiedliche Schwerpunktsetzungen hinsichtlich der methodischen „Ausstattung“ der Heilpädagogin erfordern. In die Aufteilung fließen die folgenden drei Aspekte ein: **Alter** (Kinder/Jugendliche, Erwachsene), **Beeinträchtigungshintergrund** (Behinderung, Erziehung, seelische Belastung bzw. Verletzung) und **Handlungsschwerpunkte** der Heilpädagogin (relevante Methoden und Institutionen).

- Erziehung, Förderung, Bildung und Integration behinderter Kinder und Jugendlicher;
- Begleitung von Wohnen, Arbeiten und Leben erwachsener (und alter) Menschen mit Behinderung; Empowerment;

- Unterstützung in Maßnahmen der ambulanten, teilstationären und stationären Erziehungshilfe;
- Begleitung und Förderung von Menschen mit seelischen Belastungen und Verletzungen;
- Prävention, Bildung und Förderung von Gesundheit.

Bemerkung: Der Schwerpunkt „Gesundheitsbildung" wird bei der Aufteilung nicht berücksichtigt – er ist einerseits spezifisch und hat andererseits eine übergreifende Gültigkeit.

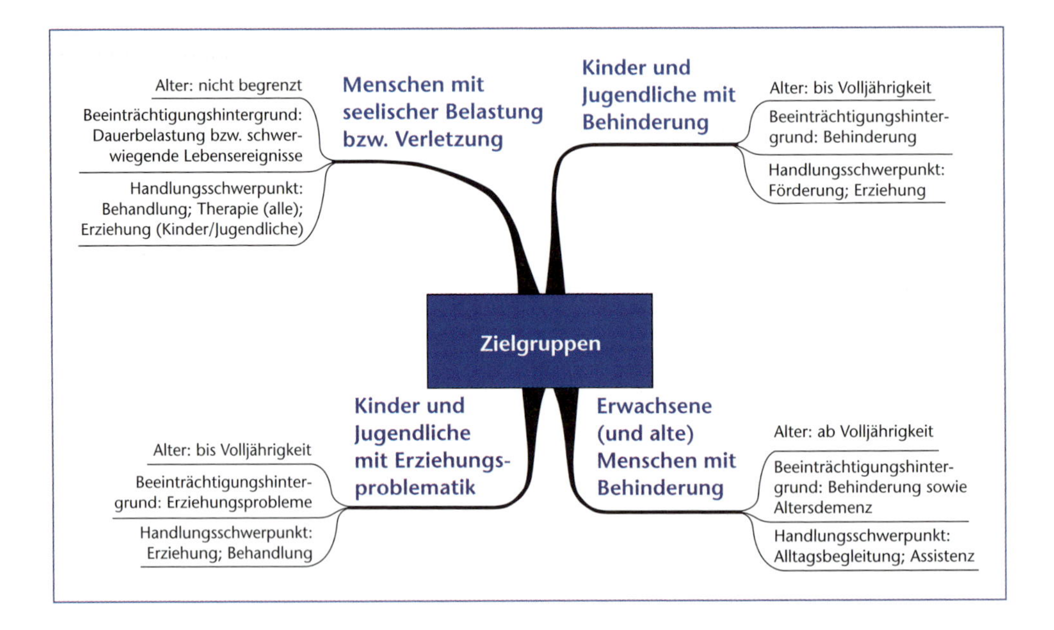

Im weiteren Text werden die in der Mind-Map genannten vier Gruppen von Menschen in beeinträchtigter Lebenslage als Zielgruppen des heilpädagogischen Handelns kurz dargestellt. Die Ausführungen umfassen folgende Aspekte:
- charakteristische Merkmale der Personen,
- Voraussetzungen für kompetentes heilpädagogisches Handeln,
- relevante Handlungsansätze,
- typische Einsatzorte für die Heilpädagogin.

6.3.1 Kinder und Jugendliche mit Behinderung

Hier stehen im Mittelpunkt der Handlung die Förderung, Erziehung und Bildung behinderter bzw. von Behinderung bedrohter Säuglinge, Kleinkinder, Schulkinder und Jugendlicher. Hierfür ist die Zusammenarbeit mit den Eltern und Lehrerinnen unerlässlich. Ursächlich für die Entstehung der Beeinträchtigungsprozesse sind vor allem organische Schädigungen und/oder Entwicklungsprobleme sowie die Reaktionen auf sie. Dies erfordert eine enge Zusammenarbeit mit Ärzten, die das Kind in beeinträchtigter Lebenslage behandeln. Diese Tatsache verlangt dem Heilpädagogen relevantes Wissen in Bezug auf medizinisch-neurologische und entwicklungspsychologische Erklärungsansätze ab.

Zur Klärung konkreter heilpädagogischer Fragen hinsichtlich der individuellen Entwicklungs- und Lernförderung muss zuerst eine entsprechende diagnostische Erkenntnis über die Möglichkeiten und Grenzen des Kindes/Jugendlichen gewonnen werden. Dann – von ihr ausgehend – muss eine Brücke zum Handeln in der Form eines individuellen Förderungs- und Unterstützungskonzeptes gebaut werden. Das erfordert von der Heilpädagogin sowohl heilpädagogisch-diagnostisches Wissen als auch Untersuchungs-Know-how. Die Fähigkeit zur Umsetzung der erkannten Zusammenhänge in dem individuellen Förderkonzept stellt ebenfalls eine notwendige Voraussetzung für kompetentes Handeln dar.

In der Arbeit mit dem behinderten bzw. von Behinderung bedrohten Kind oder Jugendlichen spielen vor allem die heilpädagogischen Förderkonzepte eine besondere Rolle. Sie beziehen sich vor allem auf

- Entwicklungsförderung,
- Sprachförderung,
- motorische Förderung,
- Wahrnehmungsförderung,
- emotionale Förderung,
- soziale Förderung.

Wichtig ist, dass die Förderungsarbeit mit ihren vordergründigen Erziehungs- und Bildungsgehalten möglichst in sinnvolle Alltagssituationen integriert werden soll. Erst wenn dies nicht möglich ist, kann sie in spezifischen Fördersituationen durchgeführt werden.

Als Einsatzorte, in denen der Heilpädagoge mit den behinderten bzw. von Behinderung bedrohten Kindern oder Jugendlichen arbeitet, lassen sich vor allem folgende Einrichtungen und Institutionen betrachten:

- Neonatalstationen,
- Frühförderstellen,
- Sonder- und integrative Kindergärten bzw. Tagesstätten,
- Sonder- und integrative Schulen,
- heilpädagogische Ambulanzen bzw. Praxen.

6.3.2 Erwachsene (und alte) Menschen mit Behinderung

Hier steht im Mittelpunkt die Unterstützung von erwachsenen Menschen mit Behinderung bei der Alltagsbewältigung im Kontext des Wohnens und Arbeitens sowie anderen alltäglichen Verrichtungen und Lebensaufgaben. Auch alte Menschen, die unter starker Altersgebrechlichkeit oder Demenzerkrankung leiden, gehören zu dieser Zielgruppe, wenn ihre Begleitung und Assistenz über das persönliche und nachbarschaftliche Netzwerk hinausgehend von ausgebildeten und bezahlten Fachpersonen geleistet werden muss. Ursächlich für die Beeinträchtigungen sind organische Schädigungen und/oder Krankheitszustände sowie Reaktionen auf sie. Dies erfordert von der Heilpädagogin enge Zusammenarbeit mit Verwandten bzw. gesetzlichen Betreuern. Hierfür sind Kenntnisse der Rechtsgrundlagen, aber auch das Gesprächsführungs-Know-how sehr hilfreich.

Wo Krankheit und organische Problematik im Spiel sind, da ist auch medizinische Versorgung notwendig. Diese Tatsache verlangt von dem Heilpädagogen entsprechende medizinische Kenntnisse – Symptombilder und Ursachen der diversen Behinderungsformen sowie der Altersdemenz sind genauso unverzichtbar wie die Orientierung in den Grundsätzen der Medikation.

Zur Klärung konkreter heilpädagogischer Fragen hinsichtlich der individuellen Unterstützung muss zuerst eine Bestandsaufnahme der Fähigkeiten, Fertigkeiten, aber auch der Möglichkeiten und Grenzen der eigenständigen Alltags- und Lebensbewältigung gemacht werden. Hierfür sind besondere diagnostische Instrumente hilfreich, wie z. B. „Hilfebedarf für Menschen mit Behinderung“ o. Ä. Das erfordert von der Heilpädagogin entsprechende Ausstattung mit spezifischen Erhebungsmitteln. Auch hier stellt die Fähigkeit zur Planung und Umsetzung von Unterstützungskonzepten eine wichtige Voraussetzung für kompetentes Handeln dar.

In der heilpädagogischen Arbeit mit erwachsenen und/oder alten Menschen mit Behinderung kann die individuelle Alltagsunterstützung folgende Formen haben:
- ersetzende Hilfe,
- Hilfe zur Selbsthilfe,
- Hilfe zur Durchsetzung eigener Bedürfnisse und Rechte.

Darüber hinaus unterstützt die Heilpädagogin auch die Prozesse der Selbstorganisierung der zu betreuenden Menschen – die häufigste Form sind Selbsthilfegruppen und Initiativen zur Durchsetzung von Anliegen.

Als Einsatzorte, in denen der Heilpädagoge mit den erwachsenen und/oder alten Menschen mit Behinderung bzw. Altersdemenz arbeitet, lassen sich vor allem folgende Einrichtungen und Institutionen betrachten:
- Wohnstätten für Menschen mit Behinderungen,
- Werkstatt für behinderte Menschen,
- Altenheime mit Wohnbereichen für Demenzerkrankte,
- gerontopsychiatrische Kliniken bzw. Abteilungen der Psychiatrie.

6.3.3 Kinder und Jugendliche mit Erziehungsproblematik

Hier steht im Mittelpunkt die Erziehung und heilpädagogische Behandlung von Kindern und Jugendlichen, die von ihrer sozialen Umwelt als schwer erreichbar für erzieherische Einflussnahme erlebt werden. Die Kommunikation und Interaktion im Erziehungsalltag werden dadurch beeinträchtigt, sodass Erziehungsprobleme entstehen, die eine Inanspruchnahme der Erziehungshilfe erforderlich machen. Die Ursachen für diese Lage sind vielfältig und lassen sich sowohl auf der individuellen (Kind, Eltern) als auch auf der sozialen (familiäre Interaktion, Interaktion Schüler – Lehrer) und gesellschaftlichen (Phänomene der Individualisierung, alleinerziehende Elternteile, Einzelkindfamilien, Arbeitslosigkeit, Bedeutung der Massenmedien) Ebene finden. Dies erfordert von der Heilpädagogin sehr gute Kenntnisse aus den Gebieten der Entwicklungs-, Persönlichkeits- und Sozialpsychologie, aber auch der Soziologie und Sozialpolitik.

Zur Klärung konkreter heilpädagogischer Fragen hinsichtlich der Erziehung und Behandlung des konkreten Kindes bzw. Jugendlichen muss zuerst eine Bestandsaufnahme der Zusammenhänge auf der individuellen, interaktiven und gesellschaftlichen Ebene gemacht werden. Hierfür sind die diagnostischen Kenntnisse, ein Repertoire von Tests- und förderdiagnostischen Mitteln sowie Know-how zur Durchführung und Auswertung unentbehrlich. Die Fähigkeit zur Planung und Umsetzung von Erziehungs- und Behandlungskonzepten spielt ebenfalls eine wesentliche Rolle. Eine weitere Voraussetzung für kompetentes heilpädagogisches Handeln bei dieser Zielgruppe ist die Offenheit für Zusammenarbeit mit den Eltern der Kinder bzw. Jugendlichen sowie die Kooperationsbereitschaft in Richtung anderer Beteiligter – Lehrer, Psychologinnen, Kinder- und Jugendpsychiater, Mitarbeiterinnen des Jugendamtes usw.

In der heilpädagogischen Arbeit bei Kindern bzw. Jugendlichen mit Erziehungsproblematik finden unterschiedliche Erziehungs- und Behandlungsansätze Verwendung. Dies ist nicht nur durch die vielen Zusammenhänge der erschwerten erzieherischen Ansprechbarkeit bedingt, sondern es ist in Bezug auf die individuelle Ausgestaltung der Erziehungs- bzw. Behandlungskonzepte erforderlich. Im Wesentlichen schöpft der Heilpädagoge dabei aus folgenden methodischen Quellen:

- reformpädagogische Prinzipien und Vorgänge,
- aus psychologischen Ansätzen abgeleitete Trainings- bzw. Interaktionsmodelle,
- kreatives Arbeiten,
- erlebnispädagogisch orientierte Angebote,
- allgemeine sowie spezifische Fördervorgänge.

Als Einsatzorte, in denen die Heilpädagogen mit Kindern bzw. Jugendlichen arbeiten, die im Kontext der Erziehungsproblematik von beeinträchtigter Lebenslage bedroht sind, lassen sich vor allem solche Institutionen und Einrichtungen betrachten, die folgende Maßnahmen im Sinne des Kinder- und Jugendhilfegesetzes anbieten:

- Erziehungsberatung,
- soziale Gruppenarbeit,
- Erziehungsbeistandschaft,
- sozialpsychologische Familienhilfe,
- Vermittlung in Pflegefamilie,
- Tagesgruppen,
- Heime,
- intensive sozialpädagogische Einzelbetreuung,
- Eingliederungshilfe für seelisch behinderte Kinder und Jugendliche.

6.3.4 Menschen mit seelischer Belastung bzw. Verletzung

Hier steht im Mittelpunkt die Behandlung und Erziehung von Menschen – Kindern und Jugendlichen sowie Erwachsenen, deren individuelle und soziale Entwicklung und damit auch das alltägliche Leben durch beeinträchtigende Folgen von lang andauernder seelischer Belastung bzw. von seelischer Verletzung gestört sind. Neben der seelischen Belastung als Begleitphänomen von organischen Schädigungen und Behinderungen wirken seelisch verletzend auch Traumata insbesondere bei Kindern und Jugendlichen. Folgende Erlebnisse, Erfahrungen und Zustände lassen sich als Quellen der seelischen Belastung bzw. Verletzung betrachten: Misshandlung, Missbrauch, Vernachlässigung, psychische Störung, eingeschränkte Kommunikationsfähigkeit bzw. -möglichkeit sowie körperlich-seelische Abbauprozesse mit Verwirrungs- und/oder Vereinsamungsfolge. Auch psychische Krankheiten werden häufig von seelischer Belastung begleitet, die zur Entstehung von heilpädagogisch relevanten Lebenslagen beitragen kann.

Von diesem Gesichtspunkt her ist diese Zielgruppe in allen bereits genannten Zielgruppen zum Teil vertreten – sowohl Kinder und Jugendliche als auch Erwachsene mit Behinderung weisen unter Umständen die Folgen seelischer Belastung bzw. Verletzung auf und in den Maßnahmen der Erziehungshilfe befinden sich auch seelisch belastete bzw.

verletzte Heranwachsende. Die meisten Menschen aus dieser Zielgruppe werden jedoch im Rahmen der Kinder- und Jugendpsychiatrie bzw. der Psychiatrie betreut, in der auch heilpädagogische Aufgaben zu erfüllen sind. Diese Tatsache ermöglicht es, sie als eine Zielgruppe auszuweisen.

Alle oben genannten Zusammenhänge beziehen sich nicht nur auf die direkt betroffenen Menschen, sondern auch auf ihre soziale Umwelt. Insbesondere durch fehlkompensierende Verhaltensweisen und eingeschränkte bzw. verhinderte Befriedigung von wichtigen Bedürfnissen kann eine Eigendynamik der seelischen Belastung entstehen, die nicht nur individuelle Entwicklungen, sondern auch die Kommunikation und Interaktion erheblich stört. Die Ursachen für diese Lage sind also vor allem auf der individuellen (Kind, Eltern) und der sozialen (familiäre Interaktion) Ebene zu finden. Dies erfordert von dem Heilpädagogen sehr gute Kenntnisse vor allem in den Gebieten der Psychologie (Quellen/Ursachen/Formen seelischer Belastung und ihre neurotisierende Auswirkung, menschliches Verhalten im Kontext seelischer Belastung bzw. Verletzung; Prinzipien der psychotherapeutischen Vorgehensweise) und sozialen Medizin (Krankheits- und Störungsformen infolge der seelischen Belastung bzw. Verletzung; diagnostische Kriterien; Epidemiologie, Prognose; Prinzipien medizinischer Vorgehensweise bei Behandlung).

Zur Klärung konkreter heilpädagogischer Fragen hinsichtlich der Behandlung des konkreten Menschen bzw. Behandlung und Erziehung eines Kindes bzw. Jugendlichen muss zuerst eine Ursachenerfassung auf der individuellen und interaktiven Ebene gemacht werden. Hierfür sind die diagnostischen Kenntnisse (Grundorientierung in diagnostischen Manualen seelischer Störungen DSM bzw. ICD) sowie ein Repertoire von Tests und förderdiagnostischen Mitteln (Beobachtung, Anamnese, Biografiearbeit, projektive Vorgänge, Spiel sowie auch Persönlichkeitstests und Fragebögen zur Erfassung von Verhaltensproblemen) und das Know-how zur Durchführung und Auswertung unentbehrlich. Auch die Fähigkeit zur Planung und Umsetzung von Erziehungs- und Behandlungskonzepten spielt eine wesentliche Rolle. Genauso wie im Einsatz bei Kindern und Jugendlichen mit Erziehungsproblematik ist es auch hier erforderlich, Eltern bzw. Verwandten der zu betreuenden Menschen eine Mitbeteiligung am Geschehen zu ermöglichen und mit anderen beteiligten Fachpersonen (insbesondere mit Ärzten, Psychologinnen und Mitarbeitern des Jugendamtes) konstruktiv zusammenzuarbeiten.

Der Planung und Durchführung des heilpädagogischen Handelns dienen die Methoden der Förderdiagnostik. Sie erforschen das individuelle Veränderungspotenzial sowie die Grenzen und Kompensationsmöglichkeiten (psychomotorische Tests, Erforschung des Lernpotenzials im gemeinsamen Tun bezüglich praktischer Verrichtungen, Selbststeuerung und sozialer Fertigkeiten, Überprüfung der Integrationsfähigkeit des betroffenen Menschen und seines sozialen Umfeldes).

In der Umsetzung der individuellen Behandlungs- bzw. Erziehungskonzepte stützt sich die Heilpädagogin vor allem auf folgende methodische Ansätze:
- Lerntheorie,
- Individualpsychologie,
- humanistische Psychologie.

Aus diesen Ansätzen werden insbesondere diejenigen Prinzipien, Vorgehensweisen und Interventionen verwendet, die folgende Wirkung aufweisen: Sie ermutigen, ermöglichen Selbsterkenntnis, lassen positive Erfahrung im gemeinsamen Tun und Interaktion erleben, stärken und stabilisieren das Selbstwertgefühl.

Als Einsatzorte, in denen der Heilpädagoge mit Menschen arbeitet, deren Lebenslage durch die Folgen seelischer Belastung bzw. Verletzung beeinträchtigt ist, lassen sich vor allem folgende Einrichtungen und Institutionen betrachten:

- Einrichtungen und Maßnahmen der Erziehungshilfe (insbesondere intensive Einzelbetreuung und Eingliederungshilfe für seelisch behinderte Kinder und Jugendliche),
- Kinder- und jugendpsychiatrische Einrichtungen (insbesondere Tageskliniken und Ambulanzen),
- sozialpsychiatrische ambulante Angebote (z.B. Kontaktstellen für chronisch psychisch kranke Menschen),
- Einrichtungen der Behindertenhilfe für Kinder und Jugendliche wie auch für Erwachsene (hier insbesondere Tagesgruppen, Fördergruppen und andere ergänzende Dienste),
- Altenheime und gerontopsychiatrische Stationen.

6.4 Lebensphasenorientierung

In ihrem Buch „Heilpädagogisches Denken und Handeln" stellen Greving und Ondracek in Anlehnung an den Verlauf des Lebens einen wichtigen Aspekt der heilpädagogischer Praxis dar: die Unterstützung von Menschen mit Behinderung bzw. mit Beeinträchtigung der Teilhabe im Kontext des Lebensverlaufs. Es geht um Etappen, in die das Leben eines jeden einzelnen Menschen unterteilt werden kann. Hier ist auch die Sichtweise des (zwar weit gefassten, aber immerhin nicht zu übersehenden) Normalisierungsprinzips erkennbar. Es geht um methodische Hinweise zum professionellen heilpädagogischen Handeln im Kontext ausgewählter Stationen aus dem Verlauf des menschlichen Lebens. Die Autoren stellen die wichtigsten Lebensetappen sowie die mit ihnen zusammenhängenden Aufgabenfelder vor (an dieser Stelle werden sie bearbeitet und komprimiert dargestellt), auf denen die heilpädagogisch Tätigen agieren:
- vorgeburtliche Zeit: pränatale Diagnostik,
- Säugling/Kleinkind: Frühförderung,
- Kleinkind: Kindertagesstätte,
- Kindheit und Jugend: Schule, Ausbildung,
- Erwachsene: Wohnen und Arbeiten,
- Alter: Lebensabend und Abschied.

(vgl. Greving/Ondracek, 2009a, 185 f.)

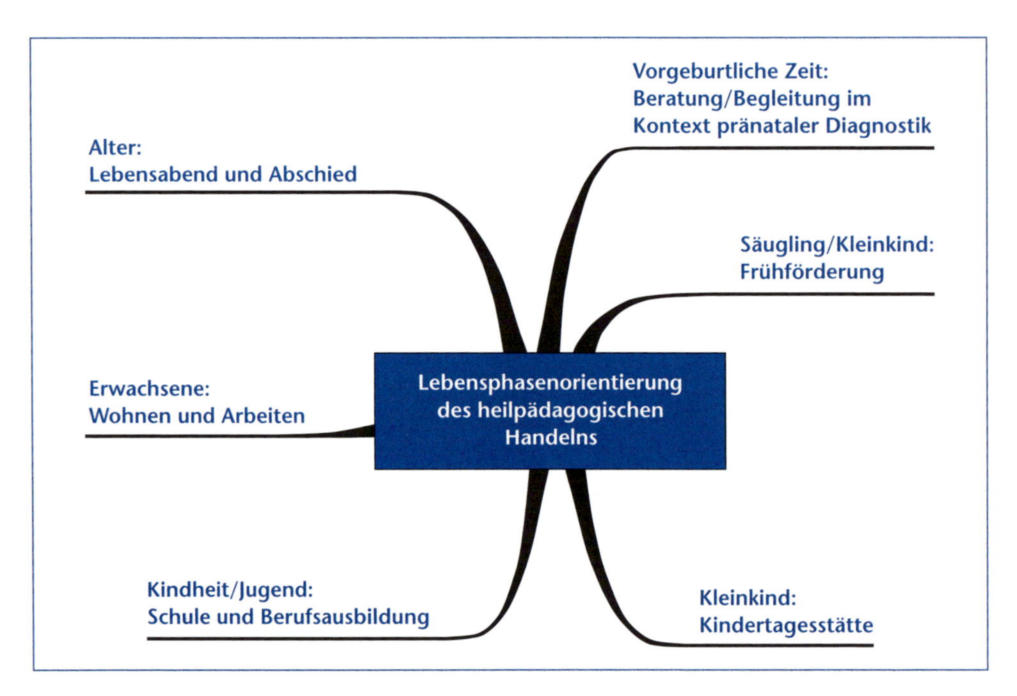

In jedem vorgestellten Lebensabschnitt wird das jeweilige Handlungsfeld beschrieben, so wie es sich aktuell gesellschaftlich präsentiert. Die Autoren weisen auch auf mögliche Konsequenzen für heilpädagogisches Handeln hin.

6.4.1 Vorgeburtliche Zeit: pränatale Diagnostik

Neben einer Ultraschalluntersuchung haben die werdenden Mütter heute die Möglichkeit, eine pränatale Diagnostik durchführen zu lassen. Das Hauptanliegen dieser Untersuchung ist die Klärung möglicher Verdachtsmomente hinsichtlich genetisch bedingter gesundheitlicher Probleme bzw. (vor allem) Behinderungen beim Kind nach der Geburt. Die Eltern sind aufgefordert, aus den Ereignissen der pränatalen Diagnostik Konsequenzen zu ziehen.

- In ca. 95 Prozent aller Fälle kommt es zu einem sogenannten Normalbefund. Dies beruhigt die werdenden Eltern, sie freuen sich auf ihr Kind und tun alles, um es zur Welt zu bringen.
- Bei einem Befund im Sinne einer „höchstwahrscheinlichen fetalen Fehlbildung" ist eine sehr differenzierte und ausführliche interdisziplinäre Beratung der Eltern unerlässlich (und auch vorgeschrieben). Oft wird ein Schwangerschaftsabbruch in Betracht gezogen und durchgeführt.

Hierzu folgende Betrachtung von Willenbring:

> „Die pränatale Diagnostik wird zum ethischen Problem, weil sich Krankheiten und Behinderungen diagnostizieren lassen, für die es jedoch noch keine Therapiemöglichkeiten gibt. Die einzige Möglichkeit, eine solche Krankheit oder Behinderung zu verhindern, ist die Tötung des sich entwickelnden menschlichen Lebens. Das ethische Dilemma tritt auf, weil es um die Frage geht, ab wann menschliches Leben unter dem Schutz des Menschenrechts steht und wann dieser Schutz erlischt."
> *(Willenbring, 2009, 40)*

Auch wenn es sich bei den Schwangerschaftsabbrüchen aufgrund der Pränataldiagnostik um eine zahlenmäßig nicht große Kohorte handelt, lässt sich hinter diesem Prozedere das Bild (und die damit verbundene utilitaristische Bewertung) erkennen, welches die Gesellschaft von Menschen mit Behinderung hat. Die Behinderung wird als ein Konstrukt des in letzter Konsequenz fachlich, finanziell und menschlich belastenden „Andersseins" betrachtet. Dies ruft eine Tendenz hervor, sie erst gar nicht entstehen zu lassen.

Ausgehend von den ethischen und anthropologischen Fundamenten der heilpädagogischen Sicht- und Handlungsweise stellt die pränatale Diagnostik ein Feld dar, auf dem die heilpädagogisch Tätigen schon im Vorfeld des Entstehens einer möglichen Behinderung bzw. einer möglichen „Andersheit" herausgefordert sind zu agieren. In der Beratung müssen den betroffenen Eltern und Familien die gesellschaftskulturellen, gesellschaftspolitischen und medizinischen Kontexte ihrer bevorstehenden Entscheidung (für oder gegen einen Schwangerschaftsabbruch) bewusst gemacht werden. Dabei geht es im Wesentlichen um folgende Elemente und Ebenen:

- die Rolle des Vaters und der Mutter in der gegenwärtigen Gesellschaft (Erwartungen, Ansprüche, Bedingungen, Bewertungen ...),
- das Bild von Menschen mit Behinderung und seine Veränderungen, sowohl in der gegenwärtigen und zukünftigen Gesellschaft als auch persönlich bei den werdenden Eltern,
- die Position/der Status einer Familie mit behindertem Kind in der Verwandtschaft, Nachbarschaft und Gesellschaft, jetzt sowie in der Zukunft,
- die psychosozialen Folgen und Einflüsse auf die persönliche Entfaltung von Eltern und Geschwistern, auf die berufliche Karriere der Eltern und die materielle Versorgung der Familie in Familien mit einem behinderten Kind,
- psychologische Aspekte der Verarbeitung der Ergebnisse der pränatalen Diagnostik hinsichtlich des Umgangs mit eigenen Erwartungen, Enttäuschungen, Ängsten, Sorgen, Ambivalenzgefühlen, Verunsicherungen usw., und zwar nicht nur bezogen auf den psychischen Anpassungsprozess der Eltern, sondern auch in Bezug auf die gesamte Familienstruktur.

(vgl. Greving/Ondracek, 2009a, 185 f.)

Die Ergebnisse der Diagnose, die Zeit bis zur Geburt, während der Geburt und nach der Geburt wie auch die medizinische Nachsorge und die heilpädagogische Unterstützung spielen hierbei eine zentrale Rolle. Der oder die heilpädagogisch Tätige muss bei einer Begleitung und Beratung im Kontext der Pränataldiagnostik eine Position beziehen, die sich auf ethische und anthropologische Sichtweisen stützt und den Eltern eine Orientierung in entscheidungsrelevanten Aspekten ermöglicht, eine persönliche Stütze ist und – neben der medizinischen Versorgung – ein Mehr an Entscheidungssicherheit schafft. Die heilpädagogisch Tätigen können die Eltern bei der Aufarbeitung von Ergebnissen der pränatalen Diagnostik z. B. im Rahmen des Eingebundenseins in einem Krankenhaus, in freier Praxis oder in Beratungsstellen unterstützen. Um dieser Aufgabe gerecht zu werden, benötigen die heilpädagogisch Tätigen eine innere (psychische) Stabilität, die sich in der Fähigkeit offenbart, Widersprüche zuzulassen und zum Teil unlösbare Problemlagen, belastende Kommunikationsmuster sowie Ängste und Verzweiflung aushalten zu können. Hilfreich dabei sind die von Janus Korczak begründeten Prämissen einer respektvollen pädagogischen Unterstützung des Kindes: das Recht des Kindes, so zu sein, wie es ist, sein Recht auf den heutigen Tag und auch das Recht des Kindes auf seinen eigenen Tod. Ebenfalls hilfreich sind die Anerkennung und der Respekt der Elternrechte (aber auch -pflichten) hinsichtlich der Entscheidungen bei Lösungen von komplizierten und belastenden Lebenslagen (vgl. Goll, 2005, 77–79).

6.4.2 Säugling/Kleinkind: Frühförderung

Vor dem Hintergrund sozialdemografischer Entwicklungen in Deutschland (und auch in Europa) nimmt die Anzahl von alleinerziehenden Eltern deutlich zu. Folglich müssen sich auch immer mehr Mütter allein um ihre behinderten Kinder kümmern und sie versorgen. Auch wohnen geistig behinderte Kinder heute länger bei ihren Eltern, als es früher der Fall war – oft bis ins Erwachsenenalter (vgl. Havemann, 2007, 13). Dabei sind die betroffenen Familien bzw. alleinerziehenden Elternteile im Hinblick auf die Versorgung, Entwicklungsförderung, Erziehung und Begleitung ihrer Kinder nicht nur auf informelle Aushilfe bei der Alltagsbewältigung, sondern auch auf professionelle unterstützende Dienste angewiesen. Denn sie sind manchmal über die Entwicklung ihres Säuglings/Kleinkindes beunruhigt, weil das Kind (die Angaben basieren auf Erfahrungswerten der Autoren – also auf sogenannten „klinischen Erfahrungen“)

- zu früh geboren ist,
- sich langsamer bzw. anders als Gleichaltrige entwickelt,
- auffällig ruhig oder aber unruhig ist,
- sich nichts zutraut oder schnell aufgibt,
- wenig Kontakt zu anderen Menschen (auch zu Eltern oder Geschwistern) aufnimmt,
- nicht richtig oder kaum spricht,
- unsicher in der Bewegung und beim Hantieren mit Sachen ist,
- von einer Behinderung bedroht oder mit einer organischen Schädigung geboren ist.

Eine solche Beunruhigung veranlasst die Eltern bzw. alleinerziehende Elternteile oft dazu, eine fachliche Unterstützung in Anspruch zu nehmen. Neben medizinischer Untersuchung, Aufklärung und indizierter Therapie bekommen sie in der Regel auch eine Empfehlung zur heilpädagogischen Frühförderung ihres Kindes.

Im „Sozialgesetzbuch IX – Rehabilitation und Teilhabe behinderter Menschen“ wird die Frühförderung als eine Komplexleistung beschrieben, die auf folgenden drei Grundelementen basiert:

- Interdisziplinarität (medizinische, sozialpädiatrische, psychologische, psychosoziale und sonder- bzw. heilpädagogische Fachpersonen – also Fachkräfte aus allen relevanten Bereichen – kooperieren in einem Team);

- Ganzheitlichkeit (nicht nur die Entwicklung des Kindes wird mit spezifischen Mitteln gefördert, sondern auch das Umfeld des Kindes wird aufgeklärt und in seiner natürlich-unspezifischen Förderwirkung unterstützt);

- Partnerschaft (die Entwicklung des Kindes zu fördern heißt, dass alle Beteiligten auf ein gemeinsames Ziel hinarbeiten, wofür ein partnerschaftliches Verhältnis und ein respektvoller Umgang miteinander unumgänglich sind).

Auf diesem Hintergrund ist Frühförderung als „transaktionaler Trialog“ (Leyendecker, 2008, 32) zu verstehen, in welchem alle Beteiligten eine Konzeptions- und Methodikentwicklung vornehmen müssen. Darin sollen Fachleute, Eltern und Kinder – über die einzelnen Disziplinen und Erfahrungen hinaus – ein gemeinsames Handeln planen, realisieren und evaluieren. Noch einmal: Nicht die Behandlung, sondern das gemeinsame Handeln steht im Fokus einer solchen interdisziplinären Frühförderung als

Komplexleistung. Ein solchermaßen verstandenes System von ganzheitlichen und interdisziplinären Hilfeansätzen umfasst im Rahmen der Frühförderung mindestens nachfolgende Angebote:

- Diagnostik,
- Therapie,
- pädagogische Förderung,
- Beratung, Anleitung und Unterstützung der Eltern.

(vgl. Sohns, 2000, 15)

Diese Angebote stellen einen wesentlichen Bestandteil der von Sohns aufgelisteten Grundprinzipien der Frühförderung dar:

- Frühförderung als Entwicklungsförderung des Kindes,
- die frühen Hilfen als Prozess der Kooperation mit den Eltern,
- Frühförderung als interdisziplinärer Austausch.

(vgl. Sohns, 2000, 21–26)

Ein wichtiges Prinzip stellt außerdem die Auffassung der Frühförderung als Interessenvertretung im gesellschaftlichen Umfeld dar. Es handelt sich um eine eher sozialpolitische Aufgabe: Es gilt, dem Kind und seiner Familie die Unterstützung zu geben, welche einer möglicherweise drohenden Stigmatisierung und Exkludierung entgegenwirkt. Dies bezieht sich vor allem auf die konkrete Situation innerhalb eines Familiensystems (z. B. können sich die einzelnen Familienmitglieder unter Umständen aus Scham oder Schuldgefühl von der sozialen Umwelt abkapseln). Aber auch die gesellschaftlichen Rahmenbedingungen, in denen die Familie existiert, müssen mit dem Ziel beeinflusst werden, die Stigmatisierungsprozesse zu verhindern. Die in der Frühförderung tätigen Heilpädagoginnen und Heilpädagogen müssen sich diesen politischen Aufgaben stellen. Sie sind aufgefordert, neben der spezifischen (= fördernden) Einflussnahme auf das Kind und seine Eltern immer wieder zu entscheiden, in welchen Punkten und auf welche Weise die Öffentlichkeit einbezogen werden kann, um die Interessen des unterstützten Kindes und seiner Familie im gesellschaftlichen Umfeld zu vertreten. Am effektivsten gestaltet sich die Interessenvertretung, wenn sie direkt von den Eltern umgesetzt wird. Folglich sollen die heilpädagogisch Tätigen nicht sofort selbst in die Bresche springen, sondern vielmehr die Familien und Eltern stark machen, die Belange ihrer Kinder eigenständig umzusetzen (vgl. Sohns, 2000, 25).

Der Wirkungsfokus von Frühförderung richtet sich auf die Orientierung und Unterstützung des Kindes und seiner sozialen Umwelt, insbesondere in medizinischer sowie heilpädagogischer Hinsicht. Konkrete Anlässe sind Verzögerungen und Erschwernisse seiner allgemeinen Entwicklung, der Wahrnehmung, Bewegung, Sprache, Selbstständigkeit und des Sozialverhaltens. Die Durchführung der heilpädagogischen Frühförderung umfasst mehrere Ebenen:

- Förderung im Einzelsetting (z. B. basale Stimulation, Baby-Massage, sensorische Integration, heilpädagogische Übungsbehandlung, rhythmisch-musikalische Erziehung, Sprachförderung bzw. -anbahnung, motorische Förderung, Spiel u. Ä.),
- Förderung im Gruppensetting (viele der genannten Vorgänge weisen neben der Einzelrelevanz auch eine Gruppenrelevanz auf),
- Elternbegleitung, -beratung, -anleitung hinsichtlich der eigenständigen Durchführung von Förderübungen, Eltern-Kind-Gruppen u. Ä.

Der Ablauf einer Frühförderung folgt der Struktur orientierter, begründeter, geplanter, gekonnt durchgeführter und reflektierter sowie evaluierter Einflussnahme. Van Nek listet folgende Phasen auf:

- die Orientierungsphase: Kontaktaufnahme, Erstgespräch, anamnetische Hinweise, Beobachtung, Elternerfahrungen mit dem Kind, ärztliche Berichte, bisherige Förderaktivitäten ...
- Prozessbegleitende Diagnostik und die Planung von Fördermaßnahmen: Erfassung von motorischen, kognitiven, sozio-emotionalen und weiteren Entwicklungsfeldern des Kindes – auch im Kontext der Familienstruktur – vor allem mithilfe von Verhaltensbeobachtung, Testdiagnostik, Videoanalyse, projektiven Verfahren, Gesprächen usw. Dabei ist das Kind der Ausgangs- und Bezugspunkt aller diagnostischen Prozesse.
- Durchführung der geplanten Förderung: Die Schwerpunktsetzung innerhalb der geplanten Förderung richtet sich nach der aktuellen Verfassung und der individuellen Bedürfnislage des Kindes und seiner Familie.
- Abschlussphase: Diese bezieht sich auf den Anlass der Beendigung der Frühförderung, der unterschiedlich sein kann – vom Übergang des Kindes in eine andere Form der Unterstützung über einen Abbruch der Zusammenarbeit seitens der Eltern, die Erreichung der Förderziele bis hin zum schlichten Umzug der Familie in eine andere Ortschaft. Der gemeinsame Nenner aller Anlässe ist der Abschied zwischen Frühförderin und Kind bzw. zwischen Frühförderin und Familie – dieser muss geplant und durchgeführt werden.

(vgl. Nek, 2006, 272–278)

Fazit

Die Tätigkeiten von heilpädagogisch Handelnden in der Frühförderung sind sehr vielfältig. Sie stellen ein individuelles Vorgehen dar, welches medizinische, psychologische und pädagogische Anteile im multiprofessionellen Wirkungskomplex beinhaltet. Auch das Planen und Arbeiten mit der jeweiligen Familie im Kontext ihrer Strukturen gehören dazu, genauso wie die Planung und Durchführung gesellschaftsrelevanter, d.h. öffentlichkeitswirksamer Maßnahmen. Die Beziehungsgestaltung zum Kind und seinen Eltern sowie kollegiale Kooperation mit anderen beteiligten Fachpersonen sind von ausschlaggebender Bedeutung. Und – last but not least – sind die Dokumentation und Evaluation der Förderung unumgänglich für die heute nicht mehr wegzudenkende Qualitätssicherung.

6.4.3 Kleinkind: Kindertagesstätte

Kindertagesstätten bieten für Kinder im Vorschulalter eine halb- oder ganztägige außerschulische Versorgungsmöglichkeit an. In Anlehnung an das Alter der Kinder lassen sich folgende Formen dieser Einrichtungen unterteilen:
- Krippen (für Kinder unter drei Jahren),
- Kindergärten (für Kinder zwischen drei und sechs Jahren),
- Horte (für Kinder im Schulalter bis 14 Jahren).

Einige Kindertagesstätten arbeiten integrativ – sie verstehen sich als ,,Kindergarten für alle" und unterstützen Kinder mit und ohne Behinderung. Andere spezialisieren sich auf die Arbeit mit behinderten (körperlich, geistig und/oder seelisch) oder von einer Behinderung bedrohten Kindern, die dort ihre Förderung im spezifischen, auf ihre Bedürfnisse „maßgeschneiderten" Rahmen erfahren. Zur näheren Bezeichnung setzen diese Institutionen – allerdings nicht immer – die Adjektive „integrativ" und „heilpädagogisch" (oder auch noch: „Sonder-") vor die Einrichtungsbezeichnung. Die Mehrheit der Kindertagesstätten arbeitet (noch) ohne expliziten Bezug zu Kindern mit Behinderung. In einer für die Bertelsmann Stiftung erstellten Studie mit dem Titel „Gemeinsam lernen, Inklusion leben" geht Klaus Klemm auf die aktuelle Situation in den Kindertageseinrichtungen ein (vgl. Klemm, 2010, 8 ff.). Er stellt einen Inklusionsanteil von 61,5 Prozent auf dem Feld der Kindertageseinrichtungen fest und bilanziert, dass ein weiterer Ausbau der inklusiven Kindertageseinrichtungen in Bezug auf den Ausbau eines inklusiven Bildungssystems dringend erforderlich sei. Des Weiteren verweist er auf die recht intensiv ausgeprägten Unterschiede zwischen den einzelnen Bundesländern. Dies macht deutlich, „[...] dass es den einen Weg zur inklusiven Kindertageseinrichtung nicht geben wird" (Heimlich, 2013, 18).

Auch im Rahmen der Erziehungshilfe (SGB VIII) und der Kinder- und Jugendpsychiatrie existieren Tagesstätten – die Heilpädagogischen Tagesgruppen bzw. Tageskliniken. Sie verstehen sich als Einrichtungen, die eine „heilpädagogische Gesamtmaßnahme" anbieten mit dem Ziel, einen Verbleib des Kindes in seiner Familie zu ermöglichen.

Es herrscht auf diesem Feld also Vielfalt und Mannigfaltigkeit vor. Das verbindende Element aller Kindertagesstätten stellt (unabhängig vom jeweiligen Einsatzschwerpunkt oder der zu betreuenden Personengruppe) die Ressourcenorientierung dar: Es wird nach den Potenzialen jedes Kindes geschaut, sodass alle dort unterstützten Kinder sich entsprechend ihren körperlichen und geistigen Fähigkeiten entwickeln können. Sie bekommen hier die Möglichkeit, über die Familie hinaus Kompetenzen zu entwickeln mit dem Ziel, Grundlagen für ihr weiteres Leben als autonome Personen in sozialer Bezogenheit herauszubilden. Anders gesagt wird das Kind nicht nur in seiner individuellen Entwicklung unterstützt, sondern lernt auch, den Übergang von einer vertrauten Lebensgemeinschaft (Familie) in eine fremde Alltagsgemeinschaft (Institution) zu bewältigen.

Kinder mit Behinderung sind in einer Kindertagesstätte mit vielen Anforderungen konfrontiert. Diese komplexe Unterstützung stellt eine vielschichtige Aufgabe für die pädagogischen Mitarbeiterinnen in den Kindertagesstätten dar. Aber auch die Eltern sind gefordert, denn das Kind braucht in diesem Alter insbesondere während der Eingewöhnung in einer institutionellen Alltagswelt, aber auch danach, die Unterstützung seiner Eltern (wobei die Mutter besonders wichtig ist). Das klingt einfacher, als es ist, denn gerade die Eltern von Kindern mit Behinderung haben oft auch einen Übergang zu bewältigen – von einer häuslichen Kindesversorgung und -förderung zu der Aufgabenteilung und Kooperation mit der institutionalisierten Pädagogik in der Kindertagesstätte. Folglich müssen die (Heil-)Pädagoginnen das Erleben, Verhalten und Handeln sowohl beim Kind als auch bei seinen Eltern feinfühlig wahrnehmen und ihr eigenes Handeln begründen, d. h. die Zielsetzungen ihres Handelns deklarieren, zielgerichtet durchführen und abschließend reflektieren. Damit tragen sie zu einer Klarheit hinsichtlich der jeweiligen (Heil-)Pädagogen- und Elternrolle bei, die dem Kind hilft, sich in seiner eigenen Rolle zu orientieren.

Aus den Beschreibungen der Ziele und der methodischen Schwerpunkte von mehreren integrativen und heilpädagogischen Kindertagesstätten (so, wie diese sie in ihren Konzeptionen darstellen) lassen sich folgende Anliegen der (heil-)pädagogischen Arbeit herausstellen:

- Mobilität, Kommunikationsfähigkeit, Selbständigkeit: Hilfe zur Selbsthilfe,
- Gruppenfähigkeit, Sozialverhalten, Kooperation mit anderen, Individualität: Förderung der psychosozialen Reife,
- Selbstvertrauen, Selbstbewusstsein: Stärkung des Selbstwertgefühls,
- Respekt, Nichtbewertung als Person, Zufriedenheit, Freude: Sicherung des Wohlbefindens,
- Kommunikation und Zusammenarbeit mit den Eltern: Entlastung des Elternhauses,
- Selbstwirksamkeit, Teamgeist, gegenseitige Unterstützung, Vorankommen: Wohlfühlen der Mitarbeiterinnen und Mitarbeiter.

Die Umsetzung dieser Anliegen verlangt nach unterschiedlichen Fachkompetenzen. Folglich arbeiten in den integrativen bzw. heilpädagogischen Kindertagesstätten in der Regel interdisziplinäre Teams, die ein qualitativ überzeugendes und vielfältiges Unterstützungsangebot sichern. Neben Erzieherinnen sind in einem solchen Team auch Heilpädagoginnen und Heilerziehungspflegerinnen unentbehrlich. Ebenfalls Vertreter anderer Fachrichtungen wie z. B. Logopädie, systemische Familientherapie, Physiotherapie, Motopädie, Ergotherapie usw. sollen je nach Bedarf für die Zusammenarbeit gewonnen werden. Im Wesentlichen agieren die Teammitglieder in drei methodischen Schwerpunktbereichen:

- Diagnostik (verstehendes Erfassen der individuellen Lebenslage und Lebenswelt des Kindes und dessen, was es braucht),
- Begleitung (des Kindes bzw. der Gruppe im Spiel, in Förderangeboten, in Konflikten, im alltäglichem Geschehen, in der Fest- und Feiergestaltung usw.),
- Beratung (der Kollegen, der Eltern und sonstiger Adressaten mit besonderer Fragestellung).

(vgl. Gröschke, 1997, 110–121)

Die in einer Kindertagesstätte tätigen Heilpädagoginnen haben es mit der erschwerenden Wirkung von Behinderungen/Beeinträchtigungen (vgl. Moor, 1999, 44) auf die Erziehungs-, Förderungs-, Kommunikations- und Interaktionsprozesse zu tun. Es gilt vor allem, diese Wirkung im Rahmen des Möglichen zu begrenzen (Förderung, Unterstützung) und dem Kind eine nicht bewertende und annehmende Präsenz zu zeigen (Begleitung: „Ich bin bei dir …“). Dies ist übrigens eine der schwierigsten Aufgaben in der Heilpädagogik. Die Kinder werden also nicht „heilpädagogisch behandelt“, sondern in ihrer Entwicklung und bei der Entfaltung ihrer Potenziale angeregt, ermutigt und begleitet. Konkret hat der oder die heilpädagogisch Tätige folgende Aufgaben zu erfüllen:

- schützen und versorgen (Befriedigung von Grundbedürfnissen),
- annehmen und wertschätzen (Personsein stärken),
- fördern (Ressourcen entfalten),
- fordern und ermutigen (verlangen, zutrauen, unterstützen, bestätigen),

- teilhaben lassen (Kooperation, Dazugehörigkeit und das Erleben von Beachtet-Sein ermöglichen),
- individualisieren (nicht allen das Gleiche, aber jedem das Seine zugestehen und geben),
- strukturieren (das eigene Handeln für das Kind überschaubar und einschätzbar gestalten),
- vorleben (Vorbild-Sein).

Last but not least ist es unabkömmlich, dass diese Aufgaben im Rahmen einer kollegialen Kooperation mit anderen Teammitgliedern und den Eltern verfolgt und umgesetzt werden.

Fazit

Wie in der Frühförderung ist das Tätigkeitsfeld von Heilpädagoginnen in Kindertagesstätten sehr komplex und ihre Aufgaben sind vielfältig. Sie umfassen ein individuelles Vorgehen im Gruppenrahmen, für das die Koordination sowohl im Team als auch mit den Eltern des zu unterstützenden Kindes sehr wichtig ist. Die Beziehungsgestaltung zum Kind und seinen Eltern ist von großer Bedeutung. Dies verlangt nach sehr gut fachlich ausgestatteten, engagierten und menschlich stabilen (Heil-)Pädagoginnen und -Pädagogen. Folglich muss die Grundausbildung qualitativ deutlich über das bisherige Niveau hinaus verbessert werden. Ebenfalls sind die Fort- und Weiterbildungsmaßnahmen sowohl inhaltlich als auch methodisch auf die Erweiterung und Vertiefung der relevanten Kompetenzen auszurichten. Denn die heilpädagogisch Tätigen in Kindertagesstätten müssen imstande sein, dem Kind zuverlässig und respektvoll, dialogisch und im gemeinsamen Tun begegnen zu können.

6.4.4 Kindheit und Jugend: Schule, Ausbildung

In der bisherigen Erziehungs- und Bildungspraxis gab es (und gibt es immer noch) eine strikte Trennung zwischen „schulisch" und „außerschulisch". In unserer Gesellschaft hat die Schule eine wichtige Funktion, nämlich bei allen Heranwachsenden die familiäre Erziehung auf folgenden drei Gebieten zu ergänzen:

- selektieren (je nach Eignung und Leistung auswählen und passende Bildungsgänge anbieten, die auf berufliche und soziale Karrieren vorbereiten),
- qualifizieren (auf die beruflichen und sozialen Anforderungen eines eigenständigen Erwachsenenlebens vorbereiten),
- integrieren (solche Einstellungen, Überzeugungen und Verhaltensweisen vermitteln, die für ein friedliches Zusammenleben mit anderen Menschen unentbehrlich sind).

(vgl. Fend, 1980, 12–58)

Die schulische Pädagogik versteht sich als die Berufswissenschaft der Lehrerschaft und besitzt einen eigenen Zuständigkeitsbereich in Theorie und Praxis (samt Qualifikations- und Befugnisbestimmungen), der sich gesellschaftspolitisch als das Schulwesen profiliert hat. Um die oben genannten komplexen Funktionen zu erfüllen, werden im Schulwesen zwei Strategien praktiziert: Es werden alters- und lernhomogenisierte Jahrgangsklassen gebildet und das unspezifische Alltagslernen wird durch organisierten Unterricht mit Wissensvermittlung und Fertigkeitsschulung ersetzt. In diesem Sinne kommen auch verschiedene separierte Bildungsgänge für erfolgreiche und weniger erfolgreiche Schülerinnen und Schüler zustande, was in letzter Konsequenz zum Entstehen des sogenannten Sonderschulwesens geführt hat. Hier dient die Sonderschulpädagogik als theoretisch-methodisches Fundament der erforderlichen Spezialisierung des Lehrpersonals.

Da die Heilpädagogik hauptsächlich im Kontext des alltäglichen Lebens und des dort stattfindenden funktionalen Lernens agiert, wird sie als außerschulische Pädagogik betrachtet. Folglich ist die Qualifikation „Heilpädagogin/Heilpädagoge“ im Schulwesen nicht vorgesehen. An dieser Stelle kann der Leserin und dem Leser dieses gesamte Unterkapitel als illusorisch vorkommen: Wieso über das Mitwirken von heilpädagogisch Tätigen in der Schule nachdenken, wenn diese im Schulwesen sowieso nicht vorgesehen sind? Aber:

Vor allem im Kontext der heutigen Forderung nach Inklusion gerät das Schulwesen und insbesondere das Sonderschulwesen unter starken Transformationsdruck: Die Öffnung hin zur „Schule für alle“ verlangt nach Erfüllung von Aufgaben, die von der (Sonderschul-)Lehrerschaft allein nicht erledigt werden können. Andere Qualifikationen und Berufe müssen zugelassen werden, um in einem multiprofessionellen Team unterstützend mitzuwirken. Dass dies möglich ist, belegen diverse Projekte, wie das Beispiel einer integrativ ausgerichteten offenen Ganztagsgrundschule in Bochum zeigt. In ihrem Bericht „Heilpädagogik in der offenen Ganztagsgrundschule“ beschreibt die Autorin, eine Diplom-Heilpädagogin, wie das Grundschulgeschehen interdisziplinär um die heilpädagogische Sicht- und Handlungsweise erweitert werden kann (vgl. Große-Bley, 2007, 61–87). Ein zentrales Anliegen besteht darin, die Verzahnung von Bildungs- und Erziehungsarbeit durch Implementierung multiprofessioneller Handlungskonzepte in das Grundschulgeschehen zu verstärken. Konkret handelt es sich (u. a.) um die Sicherung individueller Angebote und Fördermaßnahmen, die an den unterschiedlichen Bedarfen der Kinder und ihrer Familien ausgerichtet sind. Die heilpädagogisch Tätigen gestalten die Entwicklungs- und Lernprozesse von Kindern an Regelgrundschulen gemeinsam mit den Lehrkräften und anderen pädagogischen Ganztagsfachkräften nachhaltig mit. Dabei geht es nicht darum, die Kinder zu unterrichten (das ist und bleibt Aufgabe der Lehrer), sondern die heilpädagogischen Handlungsfelder Diagnostik, Förderung, Beratung und Netzwerkarbeit in der Schule zu implementieren. Eine zutreffende Bezeichnung hierfür scheint die *„vernetzte schulintegrierte Entwicklungsförderung von Kindern“* zu sein. Es handelt sich zwar (noch) um kein übliches Tätigkeitsfeld für Heilpädagogen und Heilpädagoginnen, aber schon jetzt lassen sich folgende Handlungsschwerpunkte auflisten:

- Elternbegleitung (vorschulische Info-Veranstaltungen, offene Elternsprechstunde an der Schule, Beratungsgespräche zu den von Eltern angesprochenen Themen, themenspezifische Elternabende, Begegnungsstätte „Elterncafé“ u. Ä.),
- Diagnostik (Förder- und Prozessdiagnostik in Form von Beobachtung, Anamnese, Testdiagnostik und Exploration; zu erfassen sind vor allem Informationen über die Kompetenzen, die sich offenbarenden Lernschwächen, aber auch die Stärken und Interessen des Kindes, seiner Familie und seines Umfeldes, die zur Erstellung eines Förderplans notwendig sind),
- Förderung (Wahrnehmung, Bewegung, Schriftsprache, Rechnen, soziale und emotionale Kompetenzen sowie auch grafomotorische, unterrichtsbezogene Entwicklungsförderung),

- Netzwerkarbeit (Kooperation mit Kindertageseinrichtungen im Stadtteil, mit Ärzten/Therapeuten sowie mit Schul-, Gesundheits-, Jugend-, Sozialamt und Erziehungsberatung; ebenfalls gehören dazu die Öffentlichkeitsarbeit und Koordination des Gesamtgeschehens).

Es wird noch Zeit brauchen, bis das Modellprojekt aus Bochum Verbreitung findet. So lange werden behinderte und von Behinderung bedrohte schulpflichtige Kinder und Jugendliche von Sonderschullehrern und -lehrerinnen schulisch unterstützt, sodass sie mit heilpädagogisch Tätigen vor allem außerhalb der Schule in Kontakt kommen. Entweder im Rahmen einer von den Eltern organisierten heilpädagogischen Förderung, einer Wohneinrichtung oder einer anderen Form der außerschulischen Unterstützung.

Das Tätigkeitsfeld „Heilpädagogik bei behinderten bzw. von einer Behinderung bedrohten Kindern und Jugendlichen" stellt immer noch das „Kernstück" der heilpädagogischen Praxis dar. Ob in Wohn- bzw. Tageseinrichtungen der Behinderten- oder der Erziehungshilfe, im stationären Bereich oder in Tagesgruppen im Rahmen der Kinder- und Jugendpsychiatrie, ob in der eigenen heilpädagogischen Praxis, in einer Beratungsstelle oder im Jugendamt – die Möglichkeiten für eine heilpädagogische Unterstützung von Heranwachsenden im Schulalter sind zahlreich und bunt. Das Handeln ist sehr mannigfaltig und folglich lassen sich kaum konkrete Hinweise auf seine Formen und Vorgehensweisen usw. formulieren. Es ist also die Aufgabe jeder einzelnen Heilpädagogin, das eigene Aufgabenfeld theoretisch zu untermauern und methodisch zu konkretisieren. Ein Tipp hierfür: Als gemeinsamer Nenner für die Ausgestaltung aller heilpädagogischen Handlungen lassen sich die Leitsätze von Paul Moor betrachten (vgl. Moor, 1999, 17 bzw. 70 f.).

Die gegenwärtige Arbeitswelt in Deutschland ist in den ersten und den zweiten Arbeitsmarkt aufgeteilt. Im ersten Arbeitsmarkt müssen die Arbeitnehmer qualifiziert sein und Leistungsanforderungen erfüllen. Wer (wodurch auch immer bedingt) diese Voraussetzungen nicht erfüllt, hat Anspruch auf berufseingliedernde Hilfen. Jugendliche mit Problemen beim Übergang von der Schule zum Beruf können einen berufsvorbereitenden Lehrgang absolvieren, bevor sie eine Lehre beginnen. Zeigt sich aber, dass auch ein solcher Lehrgang nicht helfen kann (z. B. bei sogenannter mittlerer und schwerer Behinderung), können die Betroffenen in einer WfbM (Werkstatt für Menschen mit Behinderung) eine an ihre Möglichkeiten und Grenzen angepasste Arbeitsbeschäftigung finden. Ursprünglich sollten die Werkstätten für Menschen mit Behinderung die Beschäftigten auf die Eingliederung im ersten Arbeitsmarkt vorbereiten. Dieses Anliegen besteht immer noch, nur zeigt die Praxis, dass ein Wechsel von einem geschützten Beschäftigungsverhältnis in einer WfbM in den ersten Arbeitsmarkt einen hohen Seltenheitswert hat. Immer noch gelingt dies nur knapp einem Prozent der Beschäftigten (s. u.).

Die Berufsvorbereitung für den ersten Arbeitsmarkt steht in der Verantwortung der ausbildenden Betriebe. Da es dort kaum Menschen mit Behinderung gibt, sind dort auch kaum heilpädagogisch Tätige zu finden. Sie wirken vor allem im Bereich des zweiten Arbeitsmarktes, insbesondere in den Werkstätten für Menschen mit Behinderung. Laut der BAG-WfbM (Bundesarbeitsgemeinschaft Werkstätten für Behinderte Menschen e.V.) waren zum 14.11.2013 insgesamt 684 Werkstätten als Mitglieder registriert, die insgesamt 301.093 Menschen mit Behinderungen beschäftigten. Eine geistige Behinderung besteht bei 78,98 Prozent der Beschäftigten, 17,44 Prozent weisen eine psychische Beeinträchtigung auf und ein relativ kleiner Anteil von 3,58 Prozent sind Menschen mit einer

Körperbehinderung. Von diesen Beschäftigten befanden sich 33.232 Personen im Eingangsverfahren und Berufsbildungsbereich, 252.415 Personen im Arbeitsbereich und 15.446 Personen im Förderbereich (vgl. BAG-WfbM, 2013, www.bagwfbm.de).

Die Heilpädagoginnen und Heilpädagogen sind weder im Produktionsbereich noch im Berufsbildungsbereich direkt involviert. Sie arbeiten in der Regel im Förderbereich, wo sie diejenigen Beschäftigten, die (noch) nicht imstande sind, am Produktionsgeschehen teilzunehmen, bei der Entfaltung ihrer Potenziale und Ressourcen unterstützen. Das Hauptanliegen dieser Förderung ist eine Steigerung der Chance zur Teilhabe an Arbeitsprozessen innerhalb der Werkstatt. Demnach sind als Schwerpunkte dieser heilpädagogischen Tätigkeit die (Förder-)Diagnostik sowie die Förderung und Stabilisierung der arbeitsrelevanten Fähigkeiten und Fertigkeiten zu betrachten. Es ist wichtig zu wissen, dass diese heilpädagogische Unterstützung keine Berufsausbildung ersetzen kann.

6.4.5 Erwachsene: Wohnen und Arbeiten

Ähnlich wie der Bereich der Frühförderung stellt auch das Handlungsfeld des Wohnens einen intensiven und permanent zunehmenden Schwerpunkt der heilpädagogischen Tätigkeiten dar. Der Bereich des Wohnens stellt einen wichtigen privaten und sozialen Intimraum des Lebensvollzuges dar (vgl. Beck, 2007, 334). Andererseits wohnt ein Mensch heute immer auch eingebunden in die jeweiligen Gesellschaftsstrukturen.

Folgende Wohnformen können das Handlungs- bzw. Begegnungsfeld in der Heilpädagogik umfassen:

- Wohnen in der Herkunftsfamilie,
- Wohnen in einer Einrichtung,
- ambulant betreutes/unterstütztes Wohnen, andere Wohnformen wie z. B. gemeinsames Zusammenleben von Menschen mit und Menschen ohne Behinderung oder das Leben in Pflegeheimen/Kliniken/Psychiatrien – wobei dies mit dem Begriff des eigentlichen Wohnens nur noch recht wenig gemeinsam hat.

Was bezeichnet Wohnen konkret? Neben den objektiven Kriterien wie z. B. der individuelle, von anderen Wohneinheiten getrennte Wohnraum mit einem Sanitär- und Küchenbereich ist auch die Kontaktmöglichkeit zum sozialen Umfeld (Nachbarschaft, Stadtteilgeschehen) ein wichtiges Indiz der subjektiven Wohnqualität. Wenn die heilpädagogisch Tätigen die Menschen mit Behinderung beim (soweit wie möglich) eigenständigen und selbstbestimmten Wohnen unterstützen, werden sie mit folgenden Aufgaben konfrontiert:

- einen individuellen Wohnraum für den zu unterstützenden Menschen gestalten,
- Unterstützung bei ganz konkreten Handlungen, Problemen/Krisen, aber auch Freuden, Beziehungsfragen usw. innerhalb des Wohnens anbieten,
- die Anliegen beachten, welche hinsichtlich des Wohnens von den Menschen mit Behinderung selbst formuliert worden sind: „Wir wollen ...
  - ... uns aussuchen können, wo wir wohnen und wie wir wohnen,
  - ... mehr gute Unterstützung,
  - ... ein Recht auf Unterstützung, auch in unserer eigenen Wohnung,

- ... in Wohneinrichtung selber bestimmen, was und wann wir etwas am Tag machen,
- ... in Wohneinrichtungen selber bestimmen, mit wem wir wohnen und wie unser Zimmer aussieht,
- ... kleinere Wohngruppen und keine großen Wohnheime" (Seifert, 2006b, 377).

Ein wichtiger Aspekt der Erfüllung dieser Aufgaben ist die Lebensqualität, die konsequent zu sichern ist. Im Wesentlichen wird sie im Kontext folgender Bereiche hergestellt: Wahrung der Beteiligungsrechte, Erleben befriedigender zwischenmenschlicher Beziehungen, Kommunikation und Interaktion, Selbstbestimmung, materielles, physisches, emotionales Wohlbefinden, persönliche Entwicklung, Teilhabe/Eingebundensein/soziale Inklusion (vgl. Seifert, 2006b, 382–391).

Neben dem Wohnen stellt die Arbeit einen zentralen Lebensmittelpunkt aller Menschen dar. Da das Thema „Arbeiten" bereits im vorherigen Abschnitt (Schule/Ausbildung) angeschnitten wurde, wird im Folgenden nur kurz die heilpädagogische Unterstützung von erwachsenen Menschen mit Behinderung in der Arbeitswelt angesprochen, denn der heilpädagogische Ansatz ist in beiden Bereichen sehr ähnlich.

Menschen vor allem mit einer (geistigen) Behinderung arbeiten in Deutschland zumeist in den Werkstätten für Menschen mit Behinderung. Hier haben sie einen Status als Arbeitnehmer – sie sind sozial versichert und können nach 20 Jahren Werkstattbeschäftigung eine Rente beantragen. Zu dem Werkstatt-Entgelt muss in der Regel zusätzlich eine Grundsicherung in Anspruch genommen werden, denn von dem Einkommen der Werkstattbeschäftigten lässt sich eine unabhängige Existenz nicht sichern (vgl. Heer, 2007, 54). Einerseits schaffen die Werkstätten für ihre Beschäftigten einen guten Arbeitsraum, andererseits aber erlangt die absolute Mehrheit der Menschen mit Behinderung nicht das eigentliche Ziel – sie kommen nicht in den ersten (freien) Arbeitsmarkt. Das gelingt seit Jahrzehnten nur ca. einem Prozent aller Menschen mit Behinderung. Offensichtlich besteht hier (noch) eine ziemlich unüberwindbare Grenze für die Umsetzung des Anspruchs nach Inklusion in der Arbeitswelt. Dennoch sind auch aktuelle Entwicklungen und Veränderungen anzuzeigen:

- Integrationsmodelle in der beruflichen Ausbildung für Menschen mit Behinderung, wo die Absolventen einer Integrationsklasse einen dualen Ausbildungsweg einschlagen, welcher aus einer betrieblichen und einer berufsschulischen Begleitung besteht;
- die berufliche Ausbildung an einem Berufsbildungswerk im Rahmen einer überbetrieblichen Ausbildung;
- Verbund von Abschlussstufen der Schulen für geistig behinderte Menschen und dem Berufsbildungsbereich einer Werkstatt für behinderte Menschen.

Als gemeinsamer Nenner dieser Modelle ist die Notwendigkeit zu nennen, eine auf die individuellen Möglichkeiten und Grenzen von Menschen mit Behinderung „maßgeschneiderte" spezifische Ausbildung zu generieren, welche dazu dient, ihnen die Beteiligung am ersten Arbeitsmarkt zu ermöglichen (vgl. Lindmeier, 2006, 395 f.). Bei dieser Stärkung des Anspruchs nach Inklusion in der heutigen und zukünftigen Arbeitswelt sind die heilpädagogisch Tätigen aufgefordert, begleitende und beratende Tätigkeiten wahrzunehmen. Darüber hinaus können sie z. B. auch in den Integrationsfachdiensten bzw. in der Wahrnehmung und Durchführung konkreter Integrationsprojekte mit Firmen und

Betrieben bzw. Abteilungen von größeren Arbeitsorganisationen mitwirken (vgl. Lindmeier, 2006, 401–404).

Fazit

Die Bereiche des Wohnens und des Arbeitens im Lebenslauf der Menschen mit Behinderung stellen zentrale Punkte für professionelles heilpädagogisches Handeln dar. Die heilpädagogisch Tätigen werden die Menschen mit Behinderung gegebenenfalls über Jahrzehnte hinaus in diesen Tätigkeitsfeldern begleiten und dabei unterschiedliche Formen des Handelns wahrnehmen. Das Hauptanliegen besteht darin, den Menschen mit Behinderung einerseits individuumsorientiert in subjektiv bedeutsamen Angelegenheiten zu unterstützen und andererseits zugleich seine Eingliederung in das Gesellschaftsganze zu fördern, also seine individuellen Interessen in Organisationen der Wohn- und Arbeitswelt geltend zu machen. Auf jeden Fall ist es eine umfassende Aufgabe, die sowohl das fachliche Know-how als auch die professionelle Mitmenschlichkeit und sozial- und bildungspolitisches Engagement erfordert.

6.4.6 Alte Menschen: Lebensabend und Abschied

Sterbeprozesse sind in den Einrichtungen der Behindertenhilfe bzw. in allen Organisationen, in denen Menschen mit Behinderung heilpädagogisch unterstützt werden (noch) tabubelastet. Das Abschiednehmen von Menschen und die Endgültigkeit des Lebens zu akzeptieren sind in der Tat nicht einfach. Denn: Die Mitarbeiterinnen und Mitarbeiter werden dadurch indirekt auch mit der eigenen Endlichkeit konfrontiert. Hiermit klar zu kommen ist die Voraussetzung für einen kompetenten Umgang mit der Aufgabe der Sterbebegleitung. Die Sterbebegleitung wird in den nächsten Jahren sehr wahrscheinlich immer häufiger zu erfüllen sein, da Menschen mit Behinderungen dank des medizinischen Fortschritts und guter Alltagsversorgung immer älter werden, wodurch die Anzahl der Sterbefälle in allen Wohneinrichtungen zunehmen wird. Folglich stehen diese Einrichtungen in der Pflicht, eine angemessene Kultur der Sterbebegleitung, des Umgangs mit Verstorbenen und des Trauerns zu entwickeln. „Dort, wo Menschen gemeinsam wohnen und leben, sollte auch das Sterben möglich sein" (Schlottbohm, 2007, 273). Bei der Gestaltung einer solchen Konzeption kann man sich von Erkenntnissen der Hospizbewegung bzw. der palliativen Medizin inspirieren lassen. Dort bemüht man sich im Kontext von Pflege erfolgreich um Bedingungen und Vorgänge, die ein menschenwürdiges Sterben ermöglichen. Wobei es nicht nur um erwachsene bzw. alte Menschen geht. Sterbebegleitung, Trauern und Abschied sind auch Bestandteil der heilpädagogischen Tätigkeit bei Kindern mit schweren Mehrfachbehinderungen. Auch die Gruppe der so betroffenen Kinder nimmt zahlenmäßig zu. Diese werden oft schon in einer sehr frühen Phase der Schwangerschaft geboren und die Eltern sind dann mit der Aufgabe konfrontiert, ihr Kind auf einem nur sehr kurzen Lebensweg zu begleiten.

Ob sich heilpädagogisch Tätige bei Kindern, Erwachsenen oder alten Menschen mit Behinderung engagieren – sie werden mit hoher Wahrscheinlichkeit irgendwann vor die Aufgabe der Sterbebegleitung, des Abschieds und des Trauerns gestellt. Folglich müssen sie während ihrer Ausbildung auf eine kompetente Erfüllung dieser Aufgabe vorbereitet sein. Nicht nur das relevante theoretische Fachwissen und methodische Know-how sind wichtig: Wie und wodurch die Phasen des Sterbeprozesses wahrgenommen werden, wie darauf reagiert werden kann, mit welchen Möglichkeiten dem Sterbenden ein Umfeld bereitet wird, in welchem der letzte Abschied möglich ist, sind weitere wichtige Lernziele. In jeder Organisation, in jedem Handlungsfeld und auch in jeder einzelnen individuellen Bezugnahme, in jedem Dialog sollen diese Phasen wahrgenommen, reflektiert und zur Basis eines Abschiedsprozesses werden. Auch bzw. vor allem die eigene Auseinandersetzung mit Prozessen des Abschiednehmens, mit Trauer, mit Trost und mit Weiterleben ist hierbei von wesentlicher Bedeutung. Denn das Mit-Menschliche wird in diesen Grenzbereichen deutlich: Sich menschlich auf den anderen einstellen, von ihm Abschied nehmen und um ihn trauern können, ist nur im konkreten Einzelfall erlebbar. Eine solche Erfahrung muss immer wieder neu, subjektiv und individuell gestaltet werden. Grund genug, die angehenden Heilpädagogen und Heilpädagoginnen bereits während ihrer Berufsausbildung vorzubereiten. Hier sind die Ausbildungsstätten gefordert, diesen Bereich in ihre Lehr- und Studienpläne aufzunehmen.

Überlegungen und Versuche

1. ***Stellen Sie an Ihnen bekannten Organisationen die spezifischen Entstehungsgeschichten, Aufgaben und Veränderungsprozesse dar, welche sich im Hinblick auf ihre heilpädagogische Orientierung ergeben haben.***
2. ***Welche konzeptionellen und methodischen Themen verändern sich im Verlauf des Lebens und Arbeitens in heilpädagogischen Organisationen? Begründen und belegen Sie Ihre Antworten möglichst ausführlich.***
3. ***Welche Themen könnten in der Zukunft auf die einzelnen lebenslaufbezogenen, heilpädagogischen Organisationen zukommen?***
4. ***Suchen Sie nach empirischen Aussagen zu den einzelnen Organisationen. Was fällt Ihnen im Vergleich der Daten auf? In welchem Verhältnis stehen die einzelnen Organisationen zum Beispiel zueinander?***

7 Methodenbeispiele

Die heilpädagogische Praxis ist sehr bunt, sodass es in einem Lehrbuch nicht möglich ist, alle geläufigen Vorgänge detailliert zu beschreiben und zu erörtern. Dies ist auch deshalb nicht sinnvoll, weil die Ausbildung in den einzelnen methodischen Ansätzen den praxisverankerten Handlungsrahmen nutzen muss: Nur in Situationen des „Learning by doing“ können vor dem Hintergrund theoretischen Wissens die Fähigkeiten und Fertigkeiten zum konkreten Tun wachsen.

Aus diesem Grund ist die hauptsächliche Vermittlungsebene der Methoden die Ebene von begleiteten Praktika, in denen das Know-how unter Anleitung und mithilfe von erfahrenen Fachleuten erlernt wird.

Im Folgenden werden einige ausgewählte Praxismethoden dargestellt. Drei Handlungsbereiche werden ausführlicher behandelt (Bewegungsförderung, Kontakt- und Beziehungsförderung, Verhaltensmodifikation) und drei weitere Praxismethoden dann nur kurz in ihren Grundsätzen beschrieben (basale Stimulation, heilpädagogische Übungsbehandlung, musikalisch-rhythmische Förderung). Die Auswahl wie auch Inhalte lehnen sich im Wesentlichen an die Darstellungen aus dem Studienbrief des Fernkurses Heilpädagogik an (vgl. Ondracek, 2004a, 118–144).

Damit ist diese Anlage vor allem als eine Orientierungshilfe zu verstehen, die für eine begründete Entscheidung für bzw. gegen das detaillierte Erlernen des einen oder anderen Ansatzes in Theorie und Praxis erforderlich ist. Näheres in Bezug auf Wissen und Know-how muss dann direkt von den Praktikern im Berufsalltag oder in einer qualifizierenden Fort- bzw. Weiterbildungsmaßnahme erfahren werden.

7.1 Psychomotorik

Die Bewegungsförderung ist ein auf den Bereich der Motorik ausgerichteter Ansatz. Hierzu gehört auch die sensomotorische Förderung. Beide können der Psychomotorik zugeordnet werden, die synonymisch auch als „psychomotorische Übungsbehandlung", „Motopädagogik" oder „Mototherapie" bezeichnet werden kann. Begründer der Psychomotorik in Deutschland ist E. J. Kiphard. Wissenschaftlich untermauerte Psychomotorik wurde von F. Schilling erarbeitet und hat sich als akademische Qualifikation Motologie etabliert. Die Psychomotorik hat sich ständig weiterentwickelt, sodass inzwischen einige Ansätze neben dem ursprünglichen Konzept von Kiphard in die moderne Psychomotorik integriert sind.

Als Beispiele seien hier zu nennen die kindzentrierte psychomotorische Entwicklungsförderung, wie sie R. Zimmer in ihrem Buch beschrieben hat (Zimmer, Handbuch der Psychomotorik, 1999b), oder das von M. Frostig erarbeitete Konzept der Bewegungserziehung (Frostig, 1999).

Allgemein gesehen lassen sich als „Psychomotorik" alle Bewegungen und Haltungen betrachten, die durch psychische Vorgänge reguliert werden. Psychomotorik geht davon aus, dass durch körperlich-motorische Abläufe die psychisch-geistigen Prozesse sichtbar werden und dass über Bewegung und Körperlichkeit ein Zugang zum Erleben und zur Persönlichkeit eines Menschen möglich ist. Seelische Abläufe (z. B. Stimmungen und Gefühle) drücken sich in Bewegung und Haltung aus, und motorische Abläufe spiegeln die seelischen Zustände und Vorgänge wider (z. B. Mimik, Gestik, Gang oder Sprechweise). Im Grunde genommen stellt die Bewegung eine Einheit von Erleben, Denken und Handeln dar – die ganze Person ist beteiligt.

Als pädagogisch-behandelndes Konzept nutzt Psychomotorik die Verbindung und Wechselwirkung zwischen dem Körperbereich und der Psyche, um alle grundlegenden Fähigkeitsbereiche des Individuums zu fördern: sensorische, motorische, geistige und soziale. Sie bietet erlebnisorientierte Bewegung in möglichst natürlicher Umgebung an, um den Lern- und Entwicklungsprozess zu fördern. Dabei ist nicht die Verbesserung der Bewegungsabläufe allein ein Ziel, sondern vielmehr der Persönlichkeitsaufbau und die Verbesserung des Selbstwertgefühls. Von diesem Gesichtspunkt her ist die Psychomotorik eine Methode, die das Medium der Bewegung spezifisch einsetzt, um eine ganzheitliche Wirkung auf weitere zusammenhängende Bereiche (bezeichnet auch als „unspezifische Wirkung") zu erreichen:

> „Psychomotorik ist [...] der Versuch einer alltäglichen, natürlichen, kindgerechten, entwicklungsorientierten und ganzheitlichen Erziehung durch Bewegung und Spiel zum gemeinsamen Handeln."
> *(Eggert/Kiphard, 1980, 8)*

Zu diesem Zweck bedient sich die Psychomotorik der Elemente aus mehreren Ansätzen der Bewegungs- und Entwicklungsförderung: Sport, Gymnastik, Bewegungserziehung, heilpädagogische Rhythmik und Sinnesschulung im Sinne von M. Montessori. Die positive Wirkung der psychomotorischen Förderung lässt sich insbesondere an folgenden Veränderungen erkennen:

- Verbesserung der Motorik allgemein und der einzelnen motorischen Funktionen speziell,
- Abbau von Ängsten,
- Steigerung des Selbstwertgefühls und positive Veränderung des Selbstbildes,
- Erhöhung der intellektuellen Leistungen bei geistig behinderten Kindern,
- Vergrößerung des Sprachumfangs und Steigerung der Sprachfreude,
- Stottern und Dysgrammatismus nehmen ab.

(vgl. Eitle, 2003, 162 ff.)

7.1.1 Ziele, Aufgaben und Inhalte der Psychomotorik

Kinder, die im sinnvollen Spiel und vielfältiger Bewegung sich selbst, andere und die Welt erleben und selbstbestimmt handeln, erfahren dadurch neben der Verbesserung ihrer motorischen Fähigkeiten und körperlichen Funktionen auch Hilfen zur Entfaltung individueller Handlungsmöglichkeiten sowie Befähigung zur Auseinandersetzung mit der Umwelt.

Das Grundanliegen einer psychomotorischen Entwicklungsförderung ist der Aufbau des positiven Selbstkonzeptes. Jeder Mensch hat eine Vorstellung von sich selbst, die sein Erleben, Denken und Handeln bestimmt. Von diesem Selbstbild hängt es z. B. ab, ob jemand Vertrauen in seine Fähigkeiten hat oder sich von anderen stetig beschuldigt fühlt oder ob er bei Aufgabenstellungen schnell aufgibt. Hier spielen alle Erfahrungen eine wichtige Rolle, die der Mensch im Umgang mit anderen und mit Dingen gemacht hat. Auch ist das Selbstbild von den Erwartungen abhängig, die von der sozialen Umwelt an ihn gestellt werden. Aus dieser „Quelle" schöpft er die persönlichen Annahmen und Überzeugungen, die dann seine Art und Weise des Vorgehens bei der Bewältigung von Lebenssituationen und -aufgaben bestimmen: das Selbstkonzept.

Das Selbstkonzept beeinflusst unter anderem die individuelle Handlungsfähigkeit. So wird z. B. eine übliche Schulsituation (z. B. eine Klassenarbeit schreiben) bei einem negativen Selbstkonzept als ein unüberwindbares Problem empfunden, dem ausgewichen werden muss. Die gleiche Situation wird bei einem positiven Selbstkonzept als eine Herausforderung gesehen und (vielleicht nicht mit großem Jubel, aber dafür mit Entschiedenheit) angegangen.

Konkrete Aufgabe der Psychomotorik auf dem Weg zur positiven Ausgestaltung des Selbstkonzeptes lautet, Erfahrungen und Erlebnisse zu vermitteln, die von sozialer, personaler und materieller Art sind. Im Unterschied zum Sportunterricht, bei dem es vorrangig um die Erziehung zur Bewegung bzw. um sportliche Technik und Leistung geht (Vormachen – Nachmachen – Korrigieren), bemüht sich Psychomotorik um Erziehung durch Bewegung zur handlungskompetenten Persönlichkeit: Die vielfältigen Körper-, Material- und Sozialerfahrungen dienen der Persönlichkeitsentwicklung. Diese drei Bewegungsaspekte werden als „psychomotorische Erfahrungsbereiche" bezeichnet.

Durch Körpererfahrung lernen die Kinder sich selbst kennen mit dem Ziel, sich im eigenen Körper zu Hause zu fühlen, ihn zu kontrollieren und in unterschiedlicher Weise zu nutzen. Auch sollen hier bestimmte Kenntnisse vermittelt und ein Vokabular erlernt werden, damit verbale Anweisungen verstanden und ausgeführt werden können. Dies wird unterstützt durch Aktivitäten in zwei (aufeinander bezogenen) Bereichen: Wahrnehmung und Bewegung.

Der Wahrnehmungsbereich schließt die optischen, akustischen, taktilen und kinästhetischen Sinneserfahrungen sowie Körper- und Raumorientierung ein. Gefördert wird die Fähigkeit, sich auf isolierte Sinnesreize (z.B. nur taktile oder nur visuelle) zu konzentrieren und dadurch die Sensibilität für die verschiedensten Sinneswahrnehmungen zu entwickeln. Auch lernt das Kind, der Situation entsprechend und schnell auf Wahrnehmungen zu reagieren, Raumgefühl durch motorischen Standortwechsel zu entwickeln, sich zeitlicher Unterschiede zwischen langsamer und schneller Bewegung bewusst zu werden und schließlich zwischen behutsam-langsamer und kräftig-schneller Bewegung zu unterscheiden.

Der Bewegungsbereich zielt auf Bewegungsmuster und Bewegungsfertigkeiten ab. Konkret geht es um Fähigkeiten der Koordination, Flexibilität, Geschwindigkeit, Geschicklichkeit, Kraft und Ausdauer sowie des Rhythmus und Gleichgewichts. Das Kind soll Grundmuster der Fortbewegung und Handgeschicklichkeit erlernen und zur Bewegungskontrolle befähigt werden (eigenen Körper in Haltung und Bewegung beherrschen). Auch lernen die Kinder, ihre Aufmerksamkeit für längere Zeit zielgerichtet aufrechtzuhalten, die Willenskraft und Ausdauer in der Aufgabenbewältigung zu mobilisieren und mit Erfolg bzw. Misserfolg umzugehen. Last but not least wird die Fähigkeit vermittelt, eigene Wege der Problemlösung bei handlungsmotorischen Aufgaben zu finden und Kreativität in der Einflussnahme auf die Situation zu entwickeln.

Bei der Materialerfahrung geht es darum, mit Dingen in der Umwelt umgehen zu lernen. Dies geschieht durch die Prozesse der tätigen Auseinandersetzung mit Objekten: sie erkunden (experimentelles Lernen mittels Wahrnehmen, Bewegen und Hantieren), ihre Eigenschaften kennen lernen und schließlich sie beherrschen, einsetzen und verändern. Ziel dieser Erfahrungen ist die Ausbildung der materialbezogenen Handlungskompetenz, die für eine erfolgreiche Alltagsbewältigung erforderlich ist. Ebenfalls werden hier dem Kind – wie im Bereich der Bewegungserfahrung – relevante Kenntnisse und ein Vokabular mit materialbezogenen Symbolen und Begriffen vermittelt.

Das Ziel der Sozialerfahrung ist es, den Umgang mit anderen Menschen zu erlernen: vom Wahrnehmen über schrittweises Annähern bis zum Erleben von Nebeneinander, Nacheinander und Miteinander. Dabei spielt die soziale Wahrnehmung eine zentrale Rolle. Das Kind lernt, für Bedürfnisse, Erwartungen, Wunschvorstellungen und Gefühle anderer Menschen sensibel zu sein *(Sensitivität)*. Auf der anderen Seite soll es auch eigener Wünsche, Bedürfnisse und Gefühle gewahr werden und lernen, sie verbal und motorisch auszudrücken (Expressivität). Damit geht die Fähigkeit einher, positive Beziehungen aufzubauen und sich einer Gruppe zugehörig zu fühlen. Dies erfordert, sich in der Schnittmenge eigener und fremder Bedürfnisse und Anliegen zu orientieren und sich mit diesbezüglichen Unterschiedlichkeiten konstruktiv zu arrangieren. Außerdem trägt die Sozialerfahrung während der Durchführung von Regelspielen bzw. in der Gestaltung von gemeinsamen Regeln dazu bei, dass Kinder lernen, mit Meinungsunterschieden und Konflikten gewaltlos umzugehen.

Zusammenfassend lässt sich sagen, dass der psychomotorische Ansatz das Kind in eine Lage versetzen will, in der es eine positive Einstellung zu seiner Körperlichkeit, zur Umwelt und zu seinem Gegenüber hat. Dies ermöglicht ein gutes Selbstwertgefühl, lebhafte jedoch ausgeglichene Interaktion mit anderen Menschen sowie Erfolgserlebnisse in der Einflussausübung auf sich selbst und die Umwelt: alles Quellen, aus denen das Kind sein positives Selbstkonzept entwickeln kann.

7.1.2 Materialien und Geräte in der psychomotorischen Praxis

Psychomotorik wurde zwar durch bestimmte Geräte und Materialien bekannt (Rollbrett, Schwungtuch), nur darf ihre materielle Ausstattung nicht auf diese reduziert werden. Es ist so, dass manchmal sogar überhaupt keine Materialien erforderlich sind, um eine psychomotorische Aktivität durchführen zu können. Die für Psychomotorik relevanten Geräte und Materialien lassen sich wie folgt aufzählen: Alltags- und Verpackungsmaterialien, Naturmaterialien, Fahrgeräte, Kleingeräte, Großgeräte, Materialien und Geräte zur Verwendung im Wasser, musikerzeugende Geräte. Viele der Fahr-, Klein- und Großgeräte werden auch als „psychomotorische Übungsgeräte" bezeichnet.

- Mit Alltags- und Verpackungsmaterialien sind z. B. Zeitungspapier, Bierdeckel, Schuhkartons, Bettlaken, Briefumschläge, Bürsten usw. gemeint. Sie werden auf sehr mannigfaltige Weise genutzt – getragen, verbaut, geworfen, gefaltet, ausgebreitet usw.
- Als „Naturmaterialien" werden Gegenstände bezeichnet, die in der freien Natur zu finden sind, z.B. Eicheln, Kastanien, Muscheln, Federn, Kieselsteine, Hölzer u.Ä. Man kann sie werfen, rollen, wälzen, an ihnen riechen oder sie als Markierungen benutzen und vieles mehr.
- Fahrgeräte sind Bewegungsmittel wie Rollbretter, Pedalos, Skateboards, Roller u.Ä. Sie haben eine positive Wirkung auf die Körperhaltung. Die hauptsächliche Nutzung besteht jedoch in ihrer Kombination mit anderen Materialien und Geräten sowie in der Verwendung sowohl in der Turnhalle als auch im Freien (unterschiedliche Böden befahren, über Hindernisse fahren, auf ihnen sitzend, stehend, liegend fahren, sie als Transportmittel für Gegenstände benutzen usw.).
- Sandsäckchen, Springseile, Schwungtuch, Heulrohre, Gymnastikreifen, Medizinball oder diverse Schläger sind Beispiele für Kleingeräte. Mit dem Schwungtuch lassen sich beispielsweise Wellen oder Wind erzeugen, auf einem Fallschirm kann ein Ball rollen, das Sandsäckchen kann geworfen und gefangen werden. Heulrohre dienen der Erzeugung von unterschiedlichen Tönen oder lassen sich als „Kommunikationsmittel" verwenden usw.
- Zu den Großgeräten zählen unter anderem Trampolin, Weichbodenmatten, Bänke, Balken, Barren u.Ä. Sie haben einen Aufforderungscharakter – sie ziehen die Kinder an und „verführen" sie zum Ausprobieren. Sie fordern dem Kind einiges ab, wenn es versucht, sich auf ihnen zu bewegen: Mut, Entschlossenheit, Kraft, Ideenreichtum, Gleichgewicht, Koordination und Selbstvertrauen sind erforderlich. Besonders werden die Grobmotorik und Kraft gefördert, aber auch die Kooperationsfähigkeit: durch gemeinsames Tun beim Auf- und Abbau der Großgeräte sowie durch die Unterstützung bzw. Sicherung anderer beim Turnen. Mit anderen Geräten kombiniert lassen sich Parcours bauen, die vielfältige Aufforderungen, Hindernisse und Erlebnisse anbieten, an denen sich Kinder ausprobieren und messen können.

Ein besonderes Gerät ist das Trampolin, denn es bewirkt vieles:
- der Muskeltonus erhöht sich,
- die Körperkontrolle und Koordination sowie
- das Körper- und Bewegungsgefühl verbessern sich,

- die Konzentration und Aufmerksamkeit werden gefördert und positive Emotionen werden geweckt,
- zusätzlich werden basale Wahrnehmungsbereiche, Tastsinn, Gleichgewichtssinn, Sehen und Hören stimuliert.

Wasser ist für die Psychomotorik ein wichtiges Fördermittel. Dem Abbau von Angst und Unsicherheit gegenüber Wasser dienen viele kleine Geräte und Materialien wie Schwimmbrett, Schwimmflosse, Rettungsring, Bälle, Schwämme, Schwimmbrille, Bottiche aus Kunststoff, große Schwimmreifen u. Ä. Das Anliegen der Psychomotorik im Wasser ist es, das Kind (ähnlich wie „an Land“) handlungsfähig im Umgang mit diesem Element zu machen. Es soll Erfahrungen am, im und unter Wasser sammeln, um mit unterschiedlichen Wassertiefen gefühlsmäßig zurechtzukommen, sich darin zu bewegen und mit Dingen zu hantieren.

Musik bzw. Rhythmus und Bewegung gehören unzertrennlich zusammen. Als musik- oder rhythmuserzeugende Gegenstände können die Stimme oder Körperteile eingesetzt werden: Summen, Sprechgesang, Stimmgeräusche, Lieder können genauso wie Klatschen, Stampfen, Trommeln u. Ä. die Bewegung begleiten. Ebenso können Instrumente wie Trommeln, Xylophone, Tamburin u. Ä. (zu empfehlen ist für diese Zwecke das Orffsche Instrumentarium) oder aus Alltagsmaterialien gebastelte Instrumente dienlich sein. Als weitere Medien stehen Geräte wie CD- oder MP3-Player zur Auswahl, um die Bewegung musikalisch zu begleiten oder die Entspannungsphasen zu untermalen.

Zusammenfassend lässt sich sagen, dass Wirkungsweise und Einsatzmöglichkeiten der einzelnen Materialien, Geräte und Medien sehr umfangreich sind. In der Kombination der oben genannten Gegenstände scheinen die Möglichkeiten zum Einsatz fast unerschöpflich – wobei es selbstverständlich auf die Kreativität der psychomotorisch arbeitenden Heilpädagogin und der jeweiligen Kinder ankommt.

Überlegungen und Versuche

1. ***Was hat Psychomotorik mit dem Selbstkonzept zu tun?***
   - ***Nehmen Sie z. B. die sechsjährige Frauke, die ein Problem mit dem Gleichgewicht hat: Sie vermag nicht einmal eine auf dem Boden gemalte Linie abzuschreiten, ohne „daneben“ zu treten. Nach einigen Wochen der psychomotorischen Förderung schafft sie das endlich. Dann traut sie es sich zu, über einen auf dem Boden liegenden Balken zu laufen – und sie tritt nicht daneben und fällt nicht herunter!***
   - ***Frage: Im welchen Sinne wirkt sich diese Erfahrung auf Fraukes Selbstkonzept aus?***
2. ***Versuchen Sie, eine ähnliche Erfahrung sozusagen „an der eigenen Haut“ zu machen.***
   - ***Üben Sie eine Zeit lang regelmäßig eine motorische Fertigkeit, die Sie noch nicht ganz gut schaffen (einen Bewegungsablauf wie z. B. Ball fangen, dribbeln, werfen oder jonglieren, Seilchen springen o. Ä.). Geben Sie sich dabei kleine und erfüllbare Teilziele vor und trainieren Sie die Fertigkeit konsequent.***
   - ***Reflektieren Sie Ihre Lernfortschritte und wie Sie diese erleben.***

7.2 Kontakt- und Beziehungsförderung

Die hier beschriebene Vorgehensweise basiert auf dem Gestaltansatz und der aus diesem Ansatz entwickelten integrativen Bewegungstherapie (vgl. Metzbacher, 1987). Die konkreten Übungsvorschläge sind dem Aufsatz von M. Rocholl entnommen (vgl. Rocholl, 1995, 13 ff.). Einführend werden hier zuerst die wichtigen Zusammenhänge und dann die konkreten Übungsmöglichkeiten dargestellt.

Kontaktfähigkeit und Entwicklung

Der erste Entwicklungsschritt auf dem Weg zum eigenständigen Individuum besteht in der Auflösung der „Personalunion Mutter-Kind“ durch die Trennung (Geburt) und Schaffung einer Distanz. Sie ist Voraussetzung für die Kontaktaufnahme des Kindes zu seiner Umwelt. Die Grundform der Kontaktaufnahme ist die Berührung. Mit dem Leib (insbesondere mit der Haut) macht das Kind seine ersten Erfahrungen mit Kontakten. Es berührt, wird berührt und grenzt sich ab. Aus dieser Körpererfahrung entwickelt das Kind die Fähigkeit, zwischen Innen und Außen zu unterscheiden und sich selbst als einen eigenständigen Organismus wahrzunehmen (Sensibilität). Diese Fähigkeit bedingt seine Ich-Entwicklung. Neben der Steigerung der Wahrnehmungssensibilität fördern die mannigfaltigen Kontakterfahrungen im Alltag auch die Ausbildung der Fähigkeit, das im Innen Wahrgenommene (Bedürfnisse und Gefühle) zum Ausdruck zu bringen (Expressivität). Das ermöglicht dem Kind, sein Kontaktverhalten im Sinne eines Wechselspiels zwischen der Kontaktaufnahme zu sich selbst und der Kontaktaufnahme zur Umwelt zu gestalten.

Für die Ich-Entwicklung des Kindes haben folgende zwei Kontaktformen besondere Bedeutung: Begegnung (kurzer, intensiver Kontakt, in dem das Kind für einen Augenblick sein Gegenüber erlebt und sich von ihm erlebt fühlt), Beziehung (ein längerfristiger, verbindlicher, von Verständnis und gegenseitiger Verantwortung getragener Kontakt mit anderen Menschen). Begegnungen und Beziehungen sind in der Regel mit Bewertungen verknüpft. Durch sie lernt das Kind, wie es von anderen Menschen gesehen wird, und entwickelt die Fähigkeit, sich mit „fremden Augen“ zu betrachten. Die damit verbundene Konfrontation von Selbst- und Fremdwahrnehmungen und Bewertungen trägt zur Bildung der Identität des Individuums bei (Selbstkonzept), die sein Erleben und Verhalten maßgebend beeinflusst.

Verhaltensprobleme als Ausdruck von Kontaktproblemen

Das auffällige bzw. störende Verhalten lässt sich als ein unangemessenes Kontaktverhalten infolge von beeinträchtigter Selbstwahrnehmung (mangelnde, übersteigerte oder nicht vorhandene Körperbewusstheit) betrachten. Oft ist eine Diskrepanz zwischen Selbstwahrnehmung und Ausdrucksverhalten zu beobachten. Beispielsweise kann ein hyperaktives Kind sich selbst durchaus als ruhig erleben, weil es die eigenen körperlichen Bewegungsabläufe nicht bzw. nur eingeschränkt wahrnimmt (obwohl sein Körper ständig in Bewegung ist).

Die beeinträchtigte Selbstwahrnehmung geht in der Regel mit mangelnder Fremdwahrnehmung einher. Nicht nur der eigene Körper mit seinen Bedürfnissen und Zuständen, sondern auch die anderen Menschen werden von dem Kind nur eingeschränkt oder verzerrt wahrgenommen. Damit sind Missverständnisse und negative Bewertungen in Kontakten mit anderen Menschen vorprogrammiert. Unter diesen Umständen ist die

Wahrscheinlichkeit der Ausbildung eines problembeladenen Selbstbildes und gestörter Ich-Identität ziemlich groß.

Förderung der Kontaktfähigkeit

Als Ziel der Förderung steht die Verbesserung der Selbst- und Fremdorientierung im Kontaktverhalten. Der Weg zum Ziel besteht in der Steigerung der Bewusstheit der Körperwahrnehmung und der Ausdrucksfähigkeit des Kindes. Konkret werden übend-spielerisch diverse Kontakt- und Beziehungserfahrungen vermittelt, wobei die Kinder ermutigt werden, das Erlebte in Gestik, Mimik, Sprache und Bewegung zu äußern. Die Übungssituation soll prinzipiell eine Gruppensituation sein. Sie ermöglicht im besonderen Maße mannigfaltige Kontakt- und Beziehungserfahrungen und macht die Kinder sensibler für sich, für die Belange anderer und für das Gruppengeschehen. Außerdem bietet sie das Konkurrieren und Kräftemessen in einer freundlichen und spaßhaften Weise an, was für die Entfaltung der Kontaktfähigkeit sehr wichtig ist.

Die im Weiteren angegebenen Übungen sind nicht als ein unveränderliches Übungsprogramm zu verstehen. Vielmehr sollen sie als Beispiele und Anregungen für die Gestaltung des eigenen Förderungsprogramms dienen. Sie sind als gut geeignet anzusehen, weil sie der kindlichen Erlebnis- und Ausdrucksweise entsprechen. Der Heilpädagoge soll bei der Erweiterung des Übungs- und Spielekatalogs die eigene Kreativität einsetzen und bei der Wahl konkreter Übungen die situative Flexibilität bewahren.

Sensitivitätsübung

Es gibt verschiedene Möglichkeiten, ein Kind sich selbst wahrnehmen zu lassen. Der Ausgangspunkt der Selbstwahrnehmung ist immer die konkrete leiblich-sinnhafte Wahrnehmung im gegenwärtigen Augenblick. Die Sensitivität wird durch Kontakte in den drei Grundbereichen der Lebensrealität gefördert – zu sich selbst, zur dinglichen Welt und zu anderen Personen.

Kontakt zu sich selbst

In diesen Übungen widmet das Kind die Aufmerksamkeit sich selbst. Dabei erspürt es die eigenen Gefühle deutlicher. Je mehr es lernt, sich selbst gegenüber mit Aufmerksamkeit zu begegnen, umso eher wird es in der Lage sein, Kontakt zu anderen mit Aufmerksamkeit aufzunehmen (Voraussetzung für die Herstellung von Beziehung).

„Lege dich auf den Boden und schließe die Augen. Spüre, wie dein Körper auf dem Boden liegt: deine Füße, deine Beine, dein Po, dein Rücken, dein Kopf, deine Arme, deine Hände. Spüre den Boden, versuche, ihn mit möglichst vielen Körperteilen zu berühren."

„Stell dir vor, du liegst im warmen Sand. Spüre, wie deine Füße, Beine, dein Po, Rücken und Kopf in den warmen Sand einsinken. Lege deine Hände auf den Bauch und spüre deinen Atem, wie er deinen Bauch hebt und senkt."

„Öffne die Augen und wecke deinen Körper: Klopfe ihn vorsichtig von unten nach oben ab, zupfe die Haut und dann streiche alle Körperteile aus. Nun stehe auf und laufe eine Weile lang ganz schnell durch den Raum oder hüpfe und spüre dein Herzklopfen und deinen Atem."

„Jetzt krieche wie eine Schlange, rolle wie ein Baumstamm, krabbele wie eine Maus, schleiche wie ein Fuchs und hüpfe wie ein Hase."

„Lege dich auf den Rücken und schließe die Augen. Ich werde mit meinem Finger ganz leicht unterschiedliche Stellen an deinem Körper berühren. Zeige und benenne die Stellen, wo ich dich berühre. Dann werde ich auf deine Stirn verschiedene Materialien legen (Papier, Steinchen, Holz, Geldstück, Feder u. Ä.). Rate, um welchen Gegenstand es sich handelt."

Kontakt zur Außenwelt

„Schließe die Augen und nimm die Geräusche um dich herum wahr, mit geschlossenen Augen. Was hörst du? Zeige dann die Richtung, aus der sie kommen, und benenne sie."

„Halte die Augen geschlossen. Jemand aus der Gruppe ruft deinen Namen. Aus welcher Richtung ruft man dich? Erkennst du der Stimme nach, wer dich ruft?"

„Öffne die Augen und sehe dir den Stein (Stoff, Muschel, Bild u. Ä.) genau an. Erkennst du ihn in der Menge anderer Gegenstände wieder?"

„Ich sehe etwas, was du nicht siehst, und das ist ..." (Ratespiel)

Kontakt zu anderen

Begrüßungsspiel:
„Geht durch den Raum und begrüßt einander wortlos mit Blick, Händen, Füßen, Pos, Rücken, Ohren, Nasen."

Klebriges Popcorn:
„Jedes Kind ist ein Maiskorn, das zur Musik im Topf (Raum) herumspringt. Setzt die Musik aus, ‚klebt' jedes Maiskorn mit einem anderen zusammen."

Po-Wandern:
„Setzt euch mit gestreckten Beinen, Rücken an Rücken mit einem anderen Kind auf dem Boden. Wandert so gemeinsam durch den Raum."

Eingefrorene Hände:
„Stellt euch vor, draußen ist es kalt. Setzt euch paarweise zusammen. Einer von beiden kam gerade von draußen ins Zimmer und hat eiskalte, halbgefrorene Hände. Der andere hilft mit einer Creme, die in die kalten Hände sorgfältig einmassiert werden muss."

Im Nebel:
„Bildet Zweier-Gruppen. Stellt euch vor, es ist ein dicker Nebel und ihr seid ganz alleine draußen. Einer von beiden kann gar nichts sehen (schließt die Augen), der andere kann etwas sehen (schließt ein Auge). Der etwas Sehende bringt den nicht Sehenden sicher durch den Nebel (an den im Wege stehenden Tischen und Stühlen vorbei) nach Hause (die gegenüberliegende Ecke des Raumes). Haltet euch fest an der Hand und versucht nicht loszulassen, damit der nicht Sehende im Nebel nicht verlorengeht."

Im Wald:
„Alle Kinder liegen als Baumstämme nebeneinander auf dem Bauch. Ein ‚Baumstamm' rollt sich von hinten über alle anderen ‚Baumstämme' und bleibt am Ende der Reihe liegen. Dies geht so mit anderen ‚Baumstämmen' von hinten weiter, bis der Boden überrollt und kein Platz mehr zum Rollen da ist."

Wetterfrosch:
„Bildet Zweier-Gruppen. Ein Kind liegt auf dem Bauch. Das andere spielt mit den Händen auf dem Rücken des liegenden Kindes Wetterfrosch (Sonnenschein = mit den Hand-

flächen über den Rücken streichen; Regen = Fingerspitzen tippeln über den Rücken; es gießt = Finger klopfen etwas fester; es schüttet = noch fester; Schneefall = Fingerspitzen berühren den Rücken nur ganz leicht)."

Expressivitätsübung

Die Expressivität zu üben heißt, zu lernen, eigene Gefühle nur mit dem Körper auszudrücken – wortlos eine bestimmte Befindlichkeit der sozialen Umwelt mitzuteilen (nonverbale Ausdrucksform).

Vielen Kindern mit Kontaktproblemen fällt es schwer, nicht nur ihre Gefühle wahrzunehmen, sondern sie auch zu bezeichnen. Eine wirksame Hilfe kann für sie sein, wenn ihr Verhalten von der sozialen Umwelt benannt wird, allerdings ohne es zu bewerten (z. B. „Jetzt freust du dich"; „Du guckst böse"; „Du siehst aus, als ob es dir langweilig wäre" u. Ä.). Das macht ihnen bewusst, was sie gerade erleben. Außerdem können sie dadurch auch einen verbalen Ausdruck für ihre Empfindungen lernen: Sie betrachten eine pantomimische Darstellung diverser Situationen (z. B. Essen eines Apfels, Zähne putzen, sich duschen usw.) und haben die Aufgabe, diese zu erraten und dann auch selbst durchzuführen.

Spiegelpantomime:
Zwei Kinder stehen sich gegenüber. Ein Kind tut so, als ob es sich im Spiegel anschaut, das andere stellt sein Spiegelbild dar.

Darstellung der Empfindungen:
Ein Kind hat die Aufgabe, sich in bestimmte Situationen einzufühlen, die eine körper- und gefühlsmäßige Reaktion hervorrufen, und diese Reaktion dann den anderen Kindern zu zeigen. Die anderen Gruppenmitglieder sollen erraten, um welche Befindlichkeiten es sich handelt. Die für den Alltag wichtigen Gefühle der Angst, Wut, Trauer und Freude werden öfter und intensiver geübt.

Wird die Situation in Kurzgeschichten eingebunden, erleichtert es dem Kind die Identifikation mit der jeweiligen situativen Befindlichkeit und die Darstellung der Gefühle. Beispielsweise: „Stell dir vor, du besuchst die Eskimos. Es ist fürchterlich kalt und du frierst schrecklich. Kannst du zittern und mit den Zähnen klappern? Versuche, dich warm zu machen, hüpfe auf der Stelle, puste Wärme in deine Hände und schlage mit den Armen an den Körper." Oder: „Du bist in Afrika. Hier ist es sehr heiß und du fängst an zu schwitzen. Wisch dir den Schweiß von der Stirn, stöhne vor Hitze, schütze dich vor Sonne." Oder direkter: „Wie kann man sehen, dass du starke Kopfschmerzen und Bauchschmerzen hast? Wie siehst du aus, wenn du lachst, dich freust, böse bist, Angst hast?"

Ganzheitliche Förderung: Bewegungsspiele

Sowohl improvisierte als auch Regelspiele tragen dazu bei, dass die Kinder neben ihrer Körperlichkeit auch die kognitiven, emotionalen und sozialen Aspekte des gemeinsamen Tuns mobilisieren und erleben. Die Bewegungsspiele sind bei Kindern häufig mit großer Lust verbunden, die in der Regel mit dem „Sich-selbst-Spüren", mit dem Erleben des körperlichen Abbaus von inneren Spannungen und mit der Freude aus dem gemeinschaftlichen Tun in Verbindung steht.

Insgesamt gesehen versucht die Kontakt- und Beziehungsförderung, im oben genannten Sinne auf die Gesamtheit des Kindes einzuwirken. Durch die Erfahrung von Kontakt zu sich und der Umwelt und durch die Erfahrung von Beziehungen im gemeinsamen Tun sollen Störungen abgebaut bzw. überwunden, Stärken bewahrt und stabilisiert und neue Verhaltensweisen ermöglicht werden.

7.3 Verhaltensmodifikation

Schwierigkeiten im Bereich des Erlernens von sozial erwünschtem Verhalten (was z.B. bei Kindern mit Aufmerksamkeits-Defizit-Syndrom häufig der Fall ist) erschweren nicht nur die Erziehung, sondern auch die Gesamtentwicklung des Kindes, weil seine Integration im sozialen Umfeld beeinträchtigt ist. Hier zeigt sich die Verhaltensmodifikation als hilfreich. Sie unterstützt wirksam den Prozess des Umlernens – das sozial belastende Verhalten wird verlernt und durch akzeptablere Verhaltensformen ersetzt. Die Wirksamkeit der Verhaltensmodifikation ist in der Lerntheorie begründet. Empirische Untersuchungen haben eindeutig ergeben, dass Verhaltensänderungen insbesondere dann zustande kommen, wenn

- die nicht erwünschten Verhaltensweisen entweder ignoriert oder mit subjektiv unangenehm empfundenen Folgen belegt werden. Dabei handelt es sich keineswegs um willkürliche Bestrafung, sondern um eine dem Kind bekannte Folge, die das unerwünschte Verhalten unterbricht und dem Kind die Möglichkeit zum erwünschten Verhalten gibt.
- die Verhaltensansätze des Kindes, im erwünschen Sinne zu handeln, positiv bestätigt und verstärkt werden – materiell (z.B. Bonbon, Keks, Spielzeug u.Ä.), sozial (Anerkennung, Zuwendung, Aufmerksamkeit, Berührung u.Ä.) und emotional (etwas tun, was viel Spaß macht, oder etwas subjektiv Wichtiges erleben).

Heilpädagogische Verhaltensmodifikation zeichnet sich dadurch aus, dass die Verhaltensänderung sich in folgenden Bereichen positiv auswirkt:

Das Kind selbst – es erlernt angemessenes Problemlösungsverhalten, stärkt damit seine Handlungskompetenz, und seine Daseinsgestaltung gewinnt an Effizienz und Qualität.

Die Interaktion des Kindes mit der sozialen Umwelt – es erlernt soziale Fähigkeiten, die es ihm ermöglichen, mit anderen Menschen Kontakt aufzunehmen, den Beziehungsaufbau in Gang zu setzen, an gemeinsamen Aktivitäten teilzunehmen und damit seine Zugehörigkeit zur Gemeinschaft zu sichern (vgl. Gröschke 1997, 298f.).

7.3.1 Token-System (Punktekarte)

Ein Modifikationsverfahren mit guter Wirksamkeit in der Verwendung insbesondere bei Kindern mit Problemen im Bereich der Konzentration, Impulsivität und des problematischen sozialen Verhaltens ist die Punktekarte. Sie fördert die Motivation des Kindes, wenn es ein Verhalten zu ändern, eine neue Fertigkeit zu üben oder eine festgelegte Aufgabe bis zu Ende durchzuführen hat. Als solche ist sie vor allem eine kurzfristige Strategie, die für wenige Wochen angewendet wird und dann ausklingt. Das Kind kann sich hierbei Punkte, Sterne, Smilys oder Aufkleber für erwünschtes Verhalten verdienen, die dann in einer Tabelle aufgeklebt werden. Dies zeigt dem Kind, dass seine Bemühungen anerkannt werden, und gibt ihm ein Gefühl des Erfolgs.

Das Prinzip der Verstärkung basiert hierbei auf regelmäßiger Überprüfung des Verhaltens und auf Erteilung von Punkten für erwünschtes Verhalten. Diese Rückmeldung an das Kind wird visualisiert mit Eintragungen der Punkte in die Karte, wobei auch eine „Zielprämie“ im Spiel ist. Die eingesammelten Punkte können am Ende der Lernphase (für das Kind überschaubare Zeit von ein bis vier Wochen, je nach Alter) für eine vereinbarte Belohnung eingetauscht werden. Sehr gute Belohnungen sind Aktivitäten, wie z. B. gemeinsam schwimmen gehen, zusammen einen Kuchen backen, ein Fahrradausflug oder ein Kinobesuch. Belohnungen können auch Süßigkeiten, ein neues Buch oder ein kleines Spielzeug sein. Sie sollen möglichst mit dem Kind gemeinsam bestimmt werden, indem es gefragt wird, auf welche Belohnung es gerne hinarbeiten würde (diese muss selbstverständlich innerhalb eines erfüllbaren und vernünftigen Rahmens bleiben, d. h. nicht zu teuer und nicht zu schwierig zu organisieren sein).

Alleine die Punkteerteilung stellt schon eine positive Bestätigung dar („Es wird gesehen und anerkannt, dass ich mich im erwünschten Sinne verhalte.“). Die „Zielprämie“ verstärkt noch zusätzlich die Verhaltensänderung („Es lohnt sich, das erwünschte Verhalten häufig zu zeigen.“). Bei dem Einsatz der Punktekarte müssen folgende Grundsätze beachtet werden:

Eine positiv formulierte und für alle Beteiligten geltende Verhaltensregel aufstellen (z. B. „Alle stellen ihre Schuhe in das Schuhregal.“), die zugleich das erwünschte Verhalten verständlich beschreibt.

Das regelwidrige Verhalten des Kindes genau benennen („Du lässt häufig deine Schuhe mitten im Flur stehen, sodass andere über sie stolpern.“), um das Kind darüber zu informieren, was es falsch macht.

Klare Bedingungen zur Erteilung eines Punktes für das Einhalten der Regel benennen („Für jeden Tag, an dem du deine Schuhe ins Regal stellst, kannst du ein Sternchen in die Punktekarte stempeln.“) und die Gesamtdauer des Lernens festlegen, z. B. eine Woche.

Die „Zielprämie“ aushandeln, die Anzahl der eingesammelten Punkte für ihre Erteilung festlegen und alles verbindlich machen, d. h. aufschreiben. („Was würdest du gerne bekommen, wenn du in einer Woche fünf Punkte einsammelst, d. h. an fünf Tagen deine Schuhe ins Regal stellst?“)

Auch die Konsequenz für das Brechen dieser Regel oder für das Nicht-Erreichen des Zieles muss klar und verständlich formuliert werden („Wenn du deine Schuhe im Flur stehen lässt, bekommst du für den Tag kein Sternchen. Und wenn das an drei Tagen in der Woche passiert, muss auch die Belohnung gestrichen werden.“).

Nicht vergessen – bevor es losgeht mit der bewussten Beachtung der Verhaltensregel, müssen alle benötigten Utensilien vorbereitet werden: die Tabelle zeichnen und Aufkleber, Smilys oder Sterne organisieren.

Wichtig: Wenn das Kind sich einen Punkt verdient hat, muss es positive Bestätigung durch Lob und Anerkennung bekommen. Die bereits verdienten Punkte dürfen ihm für das Brechen der Verhaltensregel nicht weggenommen werden! Ist das festgelegte Ziel erreicht, muss es auch die vereinbarte „Zielprämie“ erhalten.

Es ist für viele Heilpädagogen gewöhnungsbedürftig, so planmäßig und konsequent vorzugehen, wie das die Verhaltensmodifikation verlangt. Wird sie jedoch zutreffend eingesetzt (vor allem zum Erlernen des bewussten Handelns) und unter Berücksichtigung der oben genannten Aspekte durchgeführt, kann sie wirklich viel positiv verändern.

Beispiel

In ihrer Diplomarbeit beschreibt M. Pankauke eine beispielhafte Verwendung der Punktekarte aus dem Alltag eines integrativen Kindergartens.

Verhaltensbeschreibung:
Jonas (fünf Jahre alt) ist ein zu lebhafter Junge – er ist ständig in Bewegung. Im Stuhlkreis fällt es ihm aufgrund seiner verminderten Impulskontrolle schwer, sich zurückzuhalten und abzuwarten: Er redet dazwischen, antwortet für andere, spricht laut und wenn ihn die Erzieherin auffordert, zu warten, reagiert er mit Wutausbruch und Schreien. Andere Kinder reagieren auf sein Verhalten ausgrenzend – niemand will im Stuhlkreis neben ihn sitzen.

Erwünschte Verhaltensweise:
Die Erzieherin formuliert folgende für alle Kinder und Erwachsene im Stuhlkreis geltende Verhaltensregel: „Im Stuhlkreis hat jeder das Recht, das Angefangene zu Ende zu sprechen. Erst dann können die anderen sich melden und reden."

Angebot und Vereinbarungen (Punkteplan):
Zuerst wird Jonas gefragt, ob er die Regel verstanden hat (ja, das hat er). Dann bekommt er eine Hilfe beim Lernen des entsprechenden Verhaltens angeboten: Jedes Mal darf Jonas auf die dafür vorbereitete Punktekarte ein Rennautobild stempeln, wenn er die Erzieherin im Stuhlkreis ausreden lässt und nicht dazwischen redet. Verletzt er die Regel, wird dies in der Punktekarte mit einer dicken schwarzen Null vermerkt. Die Punktekarte wird auf das „schwarze Brett" im Gruppenraum platziert, wo sie Jonas jederzeit sehen kann. Die „Lernzeit" beträgt zuerst zwei Wochen.

Weiterhin einigen sich die beiden auf folgende „Zusatzbelohnung": Erreicht Jonas zwei Punkte, darf er sich eine Geschichte aussuchen, die bei nächster Gelegenheit im Stuhlkreis vorgelesen wird. Für vier Punkte hat er das Vorschlagsrecht für ein Spiel beim nächsten Stuhlkreis. Ob Jonas zwei Punkte für die kleine oder vier Punkte für die große „Prämie" einsammeln will, entscheidet er selbst.

Umsetzung:
In den nächsten zwei Wochen erinnert die Erzieherin Jonas immer zu Beginn des Stuhlkreises an den Punkteplan, formuliert die einzuhaltende Verhaltensregel und macht ihm Mut. Jedes Mal, wenn er sie zu Ende sprechen lässt, lobt sie ihn und bedankt sich dafür, dass sie ihre Gedanken in Ruhe äußern konnte. Nach Beendigung des Stuhlkreises gehen Jonas und sie gemeinsam zum „schwarzen Brett" und besprechen, ob er ein Rennautobild stempeln darf oder ob diesmal die Erzieherin eine dicke schwarze Null einträgt.

Da Jonas in der Tat auf sein Verhalten mehr achtet und es besser schafft, sich zurückzunehmen, kann er in der vereinbarten Zeit zweimal die kleine und einmal die große „Prämie" einlösen. In dem Fall informiert die Erzieherin die anderen Kinder, dass sich Jonas durch Einhalten der Regel diese Belohnung verdient hat (und dass auch jedes von ihnen auf diese Art und Weise beim Lernen unterstützt werden kann).

Wirkung:
Jonas hat zwar seine Unruhe nicht ganz abgelegt – in spontanen Spiel- und Kommunikationssituationen ist er weiterhin aufbrausend, ungeduldig und möchte gerne als Erster „drankommen". Allerdings hat er es gelernt, im Stuhlkreis und in der Interaktion mit der Erzieherin bewusst auf die Verhaltensregel zu achten. Seine „Redeunterbrechungsrate" hat sich deutlich verringert. Auch die anderen Kinder reagieren auf diese Veränderung positiv – es ist nun kein Problem mehr für sie, sich im Stuhlkreis neben ihn zu setzen. Jonas zeigt sich stolz darauf, dass er diese Lernaufgabe mit Erfolg lösen konnte. Die Erzieherin ist schließlich auch damit zufrieden, dass sie ihn nicht mehr maßregeln und mit ihm nicht mehr meckern muss.

Ausblick:
Die Erzieherin hat mit Jonas eine zweiwöchige Verlängerung der Lernzeit vereinbart. Sie sagte ihm, dass er dann keine spezielle Lernhilfe mehr braucht, weil er wirklich gute Fortschritte macht. Allerdings könnte er diese Lernhilfe bei Bedarf, d.h. in Bezug auf eine andere Verhaltensregel, erneut in Anspruch nehmen.
(vgl. Pankauke, 2003, 84 ff.; hier präzisiert und ergänzt)

7.3.2 Triple P (Positiv Parenting Program)

Es ist sehr sinnvoll, die erzieherische Kompetenz von Eltern zu stärken. Sie sind für ihr Kind „sehr wichtige Personen" (VIP – very important person) und folglich ist ihr Einfluss auf das Kind in der Regel viel größer, als sich die Heilpädagogin träumen lässt. Besitzt der Erziehungsalltag in der Familie positive Wirksamkeit, entlastet das sowohl das Kind selbst als auch Fachleute, die mit ihm arbeiten.

Von dieser Tatsache ausgehend werden Schulungen und Kurse für Eltern konzipiert, die darauf ausgerichtet sind, die Fähigkeit zur positiven Einflussnahme auf die Entwicklung und das Verhalten des Kindes zu stärken. Alle beinhalten im kleineren oder größeren Ausmaß die Elemente der Verhaltensmodifikation. In Deutschland macht gegenwärtig das aus Australien stammende und auf Anwendung hierzulande übertragene Elterntrainingsprogramm „Triple P" von sich reden. Da der Heilpädagoge „nicht nur das Kind, sondern auch seine Umgebung" zu erziehen hat (P. Moor), stellen die Aufklärung und Schulung von Eltern eine relevante (und interessante) heilpädagogische Aufgabe dar. Also Grund genug, um hier dieses Schulungsprogramm kurz vorzustellen.

Das Ziel des „positiven Erziehungsprogramms" ist es, Elternschaft etwas leichter und dadurch schöner zu machen. Es vermittelt den Eltern einige Anregungen für den Aufbau einer guten Beziehung zum Kind und für die Unterstützung seiner Entwicklung. Dabei überlässt es den Eltern, welche Werte, Fähigkeiten und Verhaltensweisen sie bei ihrem Kind fördern möchten und wie sie auf sein Verhalten reagieren. Die Elternhilfen erstrecken sich von Informationen und Aufklärung über das positiv wirksame Erziehungsverhalten für verschiedene Altersstufen (Säuglinge, Kleinkinder, Kindergartenkinder und Grundschulkinder), die sich jeweils auf spezielle Problembereiche (z.B. selbstständig essen, Aggressionen, Sprache) beziehen, über das Einüben dieses Verhaltens in Trainingskursen bis hin zur Beratung und eventueller Therapie bei Problemen, denen man mit Erziehungsmitteln nicht beikommt. Es handelt sich also um ein ganzheitliches Konzept, und das Elterntraining ist nur ein Teil davon.

Im Elterntraining werden im Rahmen der Gruppenarbeit (vier mal zwei Stunden) Informationen vermittelt, Verhaltensweisen eingeübt, Ziele für die Erziehungsinteraktion formuliert und die Anwendung des Gelernten während der Zwischenzeit reflektiert. Anschließend nehmen die Eltern noch vier individuelle Beratungsgespräche (per Telefon) in Anspruch, die sie in der positiven Gestaltung des Erziehungsalltags unterstützen. Am Anfang und am Ende füllen die Eltern Fragebögen zur Häufigkeit von belastenden bzw. störenden Verhaltensweisen ihres Kindes aus. Dadurch erhalten sie die Möglichkeit zur Überprüfung der Wirksamkeit ihrer neu erlernten Verhaltensweise, was (neben den Erfolgserlebnissen während der Trainingszeit) den Lerneffekt noch zusätzlich steigert.

Im Wesentlichen werden ausgewählte Aufklärungs- und Übungsbereiche durchgearbeitet, welche den Eltern helfen, sich im Verhalten des Kindes zu orientieren und das Erlernen von erwünschten Verhaltensweisen zu unterstützen. Neben einer Reihe konkreter Tipps und

Anweisungen zum Elternverhalten sind im Elternkurs folgende Themen von Bedeutung, die hier nur aufgelistet, jedoch nicht näher erörtert werden.

- Ursachen für Verhaltensprobleme (vgl. Markie-Dadds/Turner/Sanders, 1999, 5 ff.),
- Förderung der kindlichen Entwicklung (vgl. Markie-Dadds/Turner/Sanders, 1999, 25 ff.),
- Umgang mit Problemverhalten (vgl. Markie-Dadds/Turner/Sanders, 1999, 39 ff.),
- Umgang mit Risikosituationen (vgl. Markie-Dadds/Turner/Sanders, 1999, 59 ff.),
- Einsatz von Erziehungsroutinen (vgl. Markie-Dadds/Turner/Sanders, 1999, 73 ff.).

Überlegungen und Versuche

1. ***Wie wäre der oben beschriebene Einsatz der Punktekarte bei Jonas für Sie persönlich:***
   - ***Welche von den Prinzipien und Schritten könnten Sie in der Interaktion mit Jonas relativ problemlos umsetzen?***
   - ***Bei welchen Prinzipien und Schritten würde es Ihnen schwerfallen, die Arbeit mit der Punktekarte durchzuführen?***
2. ***Versuchen Sie, sofern Sie beruflich (aber auch privat) Erziehungsaufgaben zu erfüllen haben, den Einsatz der Punktekarte zur Unterstützung von Lernprozessen bei einem Kind (im Alter von ca. drei bis zwölf Jahren), ähnlich wie die Erzieherin in dem oben genannten Beispiel mit Jonas, vorzubereiten und durchzuführen.***

   Wichtig: Reflektieren Sie regelmäßig den Verlauf mit Kollegen.

7.4 Teilhabe- und Inklusionsförderung

Dass eine tatkräftige Förderung der Integration (für diejenigen, die bereits als eine Randgruppe außerhalb des gesellschaftlichen Geschehens stehen) bzw. Inklusion (für diejenigen, die noch keiner Randgruppe angehören, jedoch vom Randgruppendasein bedroht sind) auf allen Ebenen verlangt und auch politisch wie fachlich gewollt ist, belegen folgende Gesetze, Verordnungen und Empfehlungen (hier nur eine kleine Auswahl):

- Allgemeines Gleichstellungsgesetz (AGG),
- Wohn- und Teilhabegesetz Nordrhein-Westfalen (WTG),
- SGB IX – Sozialgesetzbuch zur Rehabilitation und Teilhabe behinderter Menschen,
- UN-Konvention über die Rechte von Menschen mit Behinderungen,
- ICF (Internationale Klassifikation der Funktionsfähigkeit, Behinderung und Gesundheit der WHO/Weltgesundheitsorganisation).

Wie schon im Kapitel 1.5.1 (Zum Inklusionsdiskurs in der Heilpädagogik) beschrieben, sind Integration und Inklusion als zukunftsweisende Anliegen des heilpädagogischen Handelns zu betrachten. Im Folgenden werden einige ausgewählte Aspekte der Teilhabeförderung als eine unumgängliche Aufgabe der heilpädagogisch Tätigen kurz dargestellt. Wichtig ist dabei, dass die heilpädagogisch Tätigen nicht unbedingt völlig neue Handlungen, Methoden, Techniken oder Vorgehensweisen erlernen und praktizieren müssen. Selbstverständlich kommt zu der bisherigen methodischen Kompetenz das eine oder andere Verfahren hinzu. Das liegt in der Natur der Entwicklung heilpädagogischer Theorie und Methodik. Die wichtigste Aufgabe im Kontext der gegenwärtigen und zukünftigen Ausrichtung der Heilpädagogik auf Integration, Inklusion und Teilhabe besteht allerdings darin, all die bestehenden Methoden, Techniken und Verfahren (siehe z.B. die weiteren Ausführungen und Beispiele im Kapitel 7) auf die Inklusion fördernden und unterstützenden Wirkungen zu überprüfen. Diejenigen, welche diese Überprüfung bestehen, gilt es dann mit weiteren bzw. neuen Vorgehensweisen zu ergänzen. Diese müssen allerdings noch explizit für die Teilhabeförderung von Menschen mit Behinderung bzw. Beeinträchtigung entwickelt werden.

Das ist aber noch nicht alles. Auch das Selbstverständnis der heilpädagogisch Tätigen als Fachperson und als professioneller Mitmensch bedarf entsprechender Erweiterung: Der bisherigen Sichtweise „Ich bin ein Unterstützer deiner Entwicklung und Überwindung von Behinderungsfolgen" muss dringend der Teilhabeaspekt hinzugefügt werden: „Ich beeinflusse dabei immer auch die Gesellschaft, Gemeinschaft und Nachbarschaft, dich selbstverständlich als dazugehörig zu betrachten." Hierdurch wird es möglich sein, die methodischen Ansätze der heilpädagogischen Entwicklungsförderung, die Steuerung von Lernprozessen hinsichtlich der Fähigkeiten, Fertigkeiten, Kompetenzen, Schlüsselqualifikationen u.Ä. sowie spezifische Unterstützungsformen von Menschen mit Beeinträchtigung bei der Alltagsbewältigung bewusst in den Dienst der Teilhabeförderung zu stellen.

Es wird zukünftig auch erforderlich sein, den Einsatz von heilpädagogisch Tätigen mit viel mehr Mobilität zu verbinden als es heute der Fall ist. Ein analoges Beispiel stellt die Entwicklung der Krankenpflege in den letzten Jahren dar. Dem Motto „Ambulant vor stationär" folgend, besteht heute eine klare und starke Tendenz, die kranken und pflegebedürftigen Menschen in ihrer häuslichen Welt zu betreuen und mit Fachleistungen zu versorgen; also sie nicht aus den familiären, nachbarschaftlichen, gemeinde- und ortsteilspezifischen Bezügen herauszureißen. Auch dieser Entwicklung muss sich die Heilpädagogik stellen. Sowohl hinsichtlich der Vermittlung des entsprechenden Fachwissens im Hinblick auf die Theorie und Methodik bei der Ausbildung von angehenden Heilpädagoginnen und Heilpädagogen als auch durch die Schaffung von entsprechenden institutionellen und organisatorischen Bedingungen in der Praxis.

Im Rahmen dieses kurzen Kapitels kann natürlich nicht auf alle Methoden inklusiver Abstammung eingegangen werden, zumal diese sich aktuell im hohen Maße auf schulische Arbeitsfelder beziehen. Auch ist es kaum möglich, Inklusionsmethoden im Rahmen der Erwachsenenbildung, des Wohnens und der Arbeitsprozesse umfassend darzustellen, sodass hier nur ein kurzer Hinweis auf Umfeldkonzepte gegeben wird, durch die personbezogene Hilfen teilhabeorientiert konkretisiert werden können (vgl. Franz/Lindmeier/Ling, 2011, 100–109).

Im Rahmen außerschulischer heilpädagogischer Maßnahmen begann ca. im Rahmen der 80er- Jahre des 20. Jahrhunderts die Notwendigkeit, Hilfebedarfe von betroffenen Menschen mittels individueller Hilfeplanung wahrzunehmen. Im Wesentlichen geht es dabei um folgende Schritte:

- Hilfebedarfsermittlung,
- Erstellung eines Hilfeplans,
- Planung der Hilfeleistung,
- Dokumentation und Bewertung und
- laufende Anpassung.

(vgl. Franz/Lindmeier/Ling, 2011, 101)

Die Hilfebedarfsermittlung wurde längere Zeit jedoch nicht in Bezug auf inklusive und netzwerkorientierte Maßnahmen gestaltet, sondern war noch sehr in einem deutlich exklusiven pädagogischen Planen und Tun verhaftet. Erst 1998 kam es durch die Erstellung des Gutachtens der Fachverbände der Behindertenhilfe dazu, Gruppen von Hilfeempfängern mit vergleichbarem Hilfebedarf zu bestimmen, um hierdurch die Entwicklungsplanung sowie die Qualitätsplanung für die Arbeit mit diesen Menschen zu konkretisieren. Auf dem Hintergrund dieses sogenannten „Metzler"-Verfahrens entwickelten sich weitere Hilfeplankonzepte. So z. B. das von Beck und Lübbe aus dem Jahr 2002, in dem eine deutlich stärkere Personenorientierung realisiert werden konnte. In den folgenden Jahren kam es zu einer weiteren Differenzierung der Selbstbestimmung sowie der Betonung der Nutzerkontrolle in Bezug auf diese Konzepte durch die betroffenen Menschen mit einer sogenannten Behinderung. Maßnahmen, welche sich hieraus entwickelten, waren zum Beispiel erste Ansätze zur Entwicklung eines persönlichen Budgets sowie die methodischen Ansätze zur persönlichen Zukunftsplanung mit Unterstützerkreisen (vgl. Franz/Lindmeier/Ling, 2011, 103).

> „Unter diesem Begriff wird eine Reihe von Methoden zusammengefasst, die die gemeinsame Suche und Bestimmung von Wünschen, Zielen und Lebensperspektiven für einen Menschen zum Ziel haben. Die Zukunftsplanung mit Unterstützerkreisen ist überall da sinnvoll, wo sich Betroffene allein nicht ausreichend artikulieren können, sich durch Peer Counseling (noch) nicht angemessen unterstützt fühlen oder sich in stark fremdbestimmten Lebenssituationen befinden. Die Unterstützerkreise sind Treffen mit zentralen Bezugspersonen, die von der Hauptperson eingeladen werden. Die Themen werden durch Wünsche und Träume der Hauptperson bestimmt und gemeinsam werden mögliche Realisierungsschritte abgesprochen [...]"
> *(Franz/Lindmeier/Ling, 2011, 103 f.)*

Durch diese Arbeit mit dem Unterstützerkreis findet eine erste deutliche aktive Einbeziehung des sozialen Netzwerkes in Bezug auf die Gestaltung von Unterstützungsleistungen statt. Somit können die Netzwerkförderung und die den sozialen Nahraum einbeziehenden Maßnahmen als deutliche Ergänzungen zu nur rein individuell bezogenen Hilfen betrachtet werden.

Weitere teilhabeorientierende Methoden beziehen sich folglich auf die Netzwerkförderung und auf die Nahraumorientierung:

> „Netzwerkförderung steht für die Erschließung, Förderung und Nutzen der Ressourcen aus dem sozialen Umfeld der Betroffenen, während sich Nahraumorientierung auf die Ausrichtung von Hilfen auf die Gemeinde bezieht. Soziale Gruppen [...] sind immer an räumliche Bezüge gebunden. So lebt z. B. jede Familie an einem konkreten Ort, der über eine bestimmte regionale Infrastruktur verfügt. Die Trennung zwischen Netzwerkförderung und Nahraumorientierung ist daher auf analytischer Ebene sinnvoll, da die Konzepte unterschiedliche Schwerpunkte betonen, in der Praxis professionellen pädagogischen Handelns können sie jedoch zusammenfallen."
> *(Franz/Lindmeier/Ling, 2011, 104)*

Im Rahmen der Teilhabeorientierung dieser heilpädagogischen Methoden ist somit auf soziologische und sozialepidemiologische Forschungen (Sozialepidemiologische Forschungen untersuchen die gesellschaftlichen Faktoren, wie z. B. Geschlecht, soziale Lage, Arbeit, Wohnen, Umwelt, soziales Netz. Sie verbinden hierzu u. a. sozialwissenschaftliche Theorien mit gesundheitswissenschaftlichen Fragestellungen. Zudem befasst sich diese Art der Forschung mit den Auswirkungen horizontaler und vertikaler sozialer

Ungleichheiten.) zurückgegriffen worden, sodass soziologische Grundlagen die Basis für eine Teilhabeorientierung, einer Netzwerkförderung und einer Nahraumorientierung im Bereich des sozialen Nahraumes bilden.

Ein interessanter teilhabeorientierter Ansatz bezieht sich auf die professionell unterstützte Gemeinweseneinbindung von erwachsenen Menschen mit einer geistigen Behinderung. Dieser Ansatz ist als Community Care bekannt. Im Folgenden werden hier seine wesentlichen Aspekte beschrieben (siehe Unterkapitel 7.4.1). Der nächste hier kurz dargestellte Ansatz kommt aus dem Bereich der Bildung, konkret geht es um die Teilhabeförderung in der Schule (siehe Unterkapitel 7.4.2). Beide Ansätze entstammen zwar einem nicht heilpädagogischen Gebiet, dennoch können sie auch für die heilpädagogisch Tätigen hilfreich sein – als eine Quelle der Inspiration für die konzeptionelle Ausgestaltung und praktische Umsetzung von Teilhabe fördernder Einflussnahme bei der Unterstützung von Menschen, die traditionell zur Klientel der Heilpädagogik gehören.

7.4.1 Community Care – ein Modell praktizierter Inklusion

Die Bezeichnung „Community Care" kommt aus dem Englischen (*Community* – Gemeinwesen und *Care* – Sorge, Fürsorge) und bezieht sich auf eine Gemeinschaft bzw. Gesellschaft innerhalb einer festgelegten geografischen Größe (Stadtteil, Quartier o. Ä.), die sich um ihre Mitglieder kümmert, ihnen Wahlmöglichkeiten für ihre Lebensgestaltung bietet und gleichberechtigte Teilhabe am gesellschaftlichen Leben sichert. Alle Menschen erfahren in ihrer Individualität Wertschätzung: Jede Person, also auch ein Mensch mit Beeinträchtigung, verfügt über Fähigkeiten und Stärken, von denen andere Gemeinschaftsmitglieder profitieren können. Niemand wird aus den Angeboten ausgeschlossen, welche die Gemeinschaft seinen Mitgliedern bietet: Kindertagesstätten, Schulen, Freizeit-, Kultur- Wohn- oder Arbeitsangebote usw. (vgl. Schablon, 2009, 154 f.).

Der Community-Care-Ansatz wurde Anfang der 80er- Jahre in den USA (auf Rhode Island) als Reaktion auf unbefriedigende Zustände in den Einrichtungen für Menschen mit Behinderung entwickelt. Hauptakteure dieses Ansatzes waren und sind ehrenamtlich engagierte Bürger, die den Menschen mit Behinderung eine nachbarschaftliche und personenbezogene Hilfeleistung in folgenden Angelegenheiten des Lebens anbieten:

- Präsenz im Gemeinwesen, Aufsuchen gemeinsamer Örtlichkeiten,
- Treffen von Entscheidungen,
- Entwicklung von Kompetenzen,
- „Entbeeinträchtigung" des sozialen Status (also Entwicklung eines positiven Rufes),
- Teilnahme an Gemeinwesen, Entwicklung von Beziehungen.

Die zentralisierten Einrichtungen wurden aufgelöst und durch ein dezentrales Versorgungssystem ersetzt (sogenannte lokale Unterstützungsnetzwerke), wo eine personenbezogene Hilfeleistung im Vordergrund stand bzw. steht. Die Aufgaben der Unterstützer bestehen darin, den Menschen mit Behinderung ein Leben im Gemeinwesen zu ermöglichen, an dem sie teilnehmen können. Es ist erkennbar, dass hier ein Bezug zum von Niels Erik Bank-Mikkelsen und Bengt Nirje in den 60er- Jahren ausgearbeiteten Normalisierungsprinzip genommen wurde. Dennoch gibt es zwischen beiden Ansätzen auch grundlegende Unterschiede:

- Bei der Umsetzung des Normalisierungsprinzips soll die professionelle Fachkraft nah am Klienten präsent sein, um diesen bei möglichen Schwierigkeiten zu unterstützen.
- Bei der Community Care steht als Hauptunterstützer das primäre Netzwerk (Familie, Freunde etc.) oder das lokale Unterstützungswerk im Mittelpunkt und die professionel-

len Unterstützer sind für spezifische Anliegen zuständig – also im Alltag nur im geringen Maße präsent. Dadurch sichern sie eine gleiche Lebenslage, wie sie auch Menschen ohne Behinderung haben (vgl. Schablon, 2012, 2 f., www.freiewohlfahrtspflege-nrw.de). So leben Menschen mit und ohne Behinderung wie auch mit verschiedenen kulturellen Hintergründen oder von der Norm abweichenden Lebensstilen (so lange sie Gesetze respektieren) zusammen. Jedes Mitglied, so auch ein Mensch mit Behinderung, erfährt außerdem bei Bedarf auch professionelle Unterstützung, wobei auf Schaffung von speziellen Institutionen und Lebenswelten mit exkludierender Wirkung verzichtet wird. Die professionellen Fachkräfte kommen erst dann zum Einsatz, wenn vorher die natürlichen und informellen Helfer (Familie und Freunde) und die regulären Strukturen (Behörden, Vereine etc.) ihre Unterstützungsmöglichkeiten ausgeschöpft haben. Demnach obliegt die Teilhabesicherung für alle Menschen in marginalisierten Positionen in erster Linie den Gemeinschaftsmitgliedern und -strukturen. In diesem Sinne stellt das Konzept des „Community Care" ein Modell zum Umgang der Gesellschaft mit ihren Mitgliedern dar.

> „Der theoretisch als philosophisch-politisches Leitbild, aber auch praktisch als Handlungsmodell und als Theorie mittlerer Reichweite benutzbare Begriff ‚Community Care' beschreibt primär den Wechselbezug einer Vielfaltsgemeinschaft innerhalb einer Quartiersnachbarschaft. Menschen (mit geistiger Behinderung) leben in der örtlichen Gesellschaft; wohnen, arbeiten und erholen sich dort und bekommen dabei von der örtlichen Gesellschaft die benötigte Unterstützung."
> *(Schablon, 2009, 295)*

Dieses Konzept ist somit gut nutzbar als Inspiration und Handlungsorientierung zur Förderung einer inklusiven Philosophie, welche das Ziel und die sozialpolitische Vorgabe der uneingeschränkten Teilhabe verfolgt (gemäß dem SGB IX § 4 bzw. der UN-Konvention Art. 19). Schablon beschreibt auch einige Beispiele erfolgreicher Umsetzungen des Konzeptes von Community Care in Deutschland (vgl. Schablon, 2012, 6 f., www.freiewohlfahrtspflege-nrw.de): So finden aufgrund ihres speziellen Fachwissens im Bereich Gartenpflege Menschen mit einer sogenannten geistigen Behinderung in einigen Städten eine Beschäftigung bei Arbeiten in öffentlichen Parks. In Münster bekommen behinderte Menschen z. B. die Möglichkeit, als Parkplatzwächter zu arbeiten. Sie nehmen die typischen Aufgaben dieses Berufes wahr (Kassieren von Parkgebühren) und werden somit zu einem mit Behördenmacht ausgestatteten Dienstleister. In Göttingen wiederum arbeiten Menschen mit einer sog. geistigen Behinderung in einer Bibliothek und kümmern sich um die Entgegennahme von ausgeliehenen Büchern. Der gemeinsame Nenner dieser Beispiele ist, dass nicht etwa der Unterstützungsbedarf des behinderten Menschen im Vordergrund steht, sondern der Mensch an sich in seiner Rolle als der Mitbeteiligte und Teilhabende am Arbeitsprozess im Gemeinwesen.

Es kann an dieser Stelle gefragt werden, wie ein heilpädagogisch Tätiger dazu beitragen kann, dass die Teilhabe von Menschen mit Behinderung sich verbessert und auch wie sich eine Teilhabe im alltäglichen Leben erkennen lässt. Eine Verbesserung der sozialen oder beruflichen Teilhabe ist nicht zwingend von etwaiger „Beseitigung" der Behinderung abhängig. Im Gegenteil – gerade bei der Irreversibilität von Behinderungen ist die Verbesserung sozialer und beruflicher Teilhabe erforderlich. Hierbei können sich die heilpädagogisch Tätigen ganz konkret durch die Unterstützung der betroffenen Menschen in den teilhaberelevanten Bereichen professionell nützlich machen: z. B. durch den Aufbau und die Stärkung von Selbstvertrauen, Selbständigkeit, Beziehungs-, Kommunikations- und Konfliktfähigkeit, die Fähigkeit zum konstruktiven Umgang mit

Spannungen und Frustrationen, zum Genuss, zur Erlebnisfähigkeit u. Ä. Die Vorgehensweise orientiert sich an einer gemeinsamen Erfassung der Unterstützung im Kontext von persönlichen Stärken, Fähigkeiten, Fertigkeiten, Potenzialen wie auch sozialen Ressourcen. Ebenfalls ist das, was noch nicht so gut funktioniert und folglich noch erlernt und ausgebaut werden kann, soll und muss, für die individuelle Konkretisierung der Teilhabeförderung wichtig. Eine subjektiv befriedigende Stabilisierung einer beeinträchtigten Lebenslage kann schon an sich eine wichtige Maßnahme zur Teilhabeverbesserung sein. Gerade bei Menschen mit Behinderung muss neben einer heilpädagogisch geförderten Teilhabebefähigung auch eine wirksame reale und nachhaltige Teilhabeverbesserung sozial- und berufspolitisch sowie auch organisatorisch unterstützt und somit auch abgesichert werden.

Genauso wichtig ist aber auch, die Menschen mit Behinderung zur Nutzung der geschaffenen Teilhabemöglichkeiten zu motivieren. Das Ziel einer Teilhabeverbesserung muss für den Betroffenen erstrebenswert, realistisch, glaubwürdig und auch in zeitnahen und spürbaren Teilschritten erreichbar sein. Dabei sind ein personzentriertes Vorgehen und die Berücksichtigung von individuellen Teilhabewünschen ein Muss, denn eine erzwungene Teilhabe ist keine echte Teilhabe und hat in der Regel eine eher negative Auswirkung. Folglich stellen der Wunsch des behinderten Menschen, seine Möglichkeiten zum selbstbestimmten Handeln und zur Teilhabe sowie sein Wohlergehen Grundkriterien dafür dar, in welcher Form er bei der Teilhabeverbesserung unterstützt und begleitet wird. Hierbei sind insbesondere die Ansätze der Beratung, des Empowerment und der individuell-variablen Vorgehensweise hilfreich. Die Vermeidung von Teilhabebeeinträchtigungen ist dabei genauso wichtig wie Angebote zur Teilhabeverbesserung. Deshalb dürfen die Hilfen und Maßnahmen der beteiligten (Fach-)Personen weder zeitlich noch strukturell den Alltag und das Leben des zu unterstützenden Menschen bestimmen und ihm dadurch die Teilhabe erschweren.

Die Teilhabe an der Gemeinschaft offenbart und realisiert sich z. B. in
- einem Mehr an und subjektiv als befriedigend erlebten sozialen Kontakten,
- sozialer Anbindung für Familienangehörige und Kinder,
- einer Erweiterung außerfamiliärer persönlicher Kontakte wie auch in
- der Reduktion professioneller psychosozialer Unterstützung.

Die Teilhabe in der Arbeitswelt offenbart und realisiert sich z. B. in

- der Befriedigung des individuellen Qualifizierungs- und Stabilisierungsbedarfs durch effiziente Nutzung von Fördermaßnahmen,
- sozialer (und gesundheitlicher) Stabilisierung durch Selbstwert fördernde Beschäftigungsformen wie auch in
- unmittelbarer und nachhaltiger (Re-)Integration in den regulären Arbeitsmarkt.

(vgl. Landratsamt Lörrach, 2013, 11 f., www.loerrach-landkreis.de)

7.4.2 Index für Inklusion – ein Instrument bewusster Dazugehörigkeitssicherung

Der „Index für Inklusion“ wurde 2002 von Booth und Ainscow im englischsprachigen Raum („Index for Inclusion“) als selbstevaluative Orientierungshilfe für Schulen entwickelt, die an ihrem Selbstverständnis als eine „Schulen für alle Kinder“ arbeiten wollen. Fokussiert werden genau die Bereiche, die für das Miteinander in den unterschiedlichen

Dimensionen von Heterogenität relevant sind. Die deutschsprachige Version wurde 2003 als „Index für Inklusion“ von Boban und Hinz ausgearbeitet (vgl. Boban/Hinz, 2003). Mittlerweile wurde dieser evaluative Vorgang auch auf den Bereich der Kindertagesstätten und Kommunen erweitert und entsprechende Materialien publiziert (siehe Booth/Ainscow u. a., 2006; Montag Stiftung Jugend und Gesellschaft, 2011). Diese Erweiterung der Verwendung des „Index für Inklusion“ untermauert seine Nützlichkeit über die Grenzen des Schulwesens hinaus. Also steht den heilpädagogisch Tätigen nichts im Wege, nicht nur die Philosophie, Struktur und Vorgehensweise, sondern auch die konkreten, bewusst machenden und veranschaulichenden Materialien aus den vorliegenden Indizes als Quelle der Inspiration zu betrachten. Anhand dieser Materialien wird es möglich sein, eigene Teilhabe und Inklusion fördernde Konzepte wie auch wirksame Umsetzungsinstrumente zu entwickeln und bei der Bemühung um ein Mehr an Teilhabe, Integration und Inklusion einzusetzen.

Im Hintergrund des „Index für Inklusion“ steht ein Verständnis für Inklusion, welches weit über den Rahmen des gemeinsamen Unterrichts mit behinderten und nicht behinderten Schülerinnen und Schülern hinausgeht, indem es alle Dimensionen von Heterogenität umfasst. Dimensionen von Heterogenität sind u. a. das Geschlecht, die ethnologische Herkunft, die Religionszugehörigkeit, aber auch die Interessen der Menschen, ihre Kompetenzen, ihr Leistungsvermögen. Ein weiteres Charakteristikum ist die Einbindung aller beteiligter Personen bzw. Personengruppen der Schule in den Entwicklungsprozess zu einer „Schule für alle Kinder“. Das bedeutet insbesondere die selbstverständliche Einbindung der Schülerinnen und Schüler (was auch für die Grundschule gilt). Nur so können sich alle am Lehr- und Lernprozess Beteiligten mit den relevanten „Lernfragen“ konkret auseinandersetzen. Zunächst arbeitet eine eingerichtete Koordinationsgruppe mit dem Kollegium, den schulischen Gremien, Schülerinnen/Schülern und den Eltern zusammen. Alle Aspekte der Schule werden von ihnen gemeinsam untersucht, Hindernisse für das Lernen und die Partizipation benannt, Prioritäten für die Entwicklung gesetzt und der Entwicklungsprozess reflektiert. Konkret werden detaillierte Indikatoren und Fragen gesammelt, um in Anlehnung an die Bestandsaufnahme der aktuellen Lage mit dem Fokus der Inklusion die Möglichkeiten einer weiter reichenden inklusiven Entwicklung planen zu können. Der Planung konkreter Schritte folgen weitere Phasen, wie z. B. die Umsetzung der Planung sowie die Überprüfung der Ergebnisse. An diese schließt dann die nächste Planung mit der nächsten Runde der Umsetzung und Evaluation an usw. Den Verlauf des Index-Geschehens zeichnen folglich Planmäßigkeit, Prozessualität und Reflektivität aus (vgl. Hinz, 2003, 14–16). Konkret regt der „Index für Inklusion“ folgende Prozesse, Schritte und Orientierungen an:

Der Rahmen für die Bestandsaufnahme und die Entwicklung von Zielperspektiven einer inklusiven Schule wird durch drei miteinander verbundene Dimensionen gebildet, mit denen das Schulleben erforscht wird. Sie werden in der Anwendung zwar getrennt, aber sie bedingen und überschneiden sich teilweise. Es gilt,

A inklusive Kulturen zu schaffen (Bilden von Gemeinschaften, die Vielfalt anerkennen),

B inklusive Strukturen zu etablieren (sichern dieses Selbstverständnis organisatorisch ab, indem sie eine „Schule für alle“ anstreben und Unterstützung für Vielfalt so organisieren, dass diese nicht diskriminierend, sondern inklusiv wirksam wird) und

C inklusive Praktiken zu entwickeln (sorgen dafür, dass Lernen und Unterricht aller Schülerinnen und Schüler ressourcenorientiert stattfinden kann).

Alle drei Dimensionen sind notwendig, um Inklusion in einer Schule zu entwickeln. Eine nach Zunahme an Inklusion strebende Schule muss jede Dimension in den Blick nehmen. Dabei stellt die Dimension des „Inklusiven-Kulturen-Schaffens“ das Fundament des inklusiven Geschehens dar. Denn eine inklusive Philosophie in der Schule ist ausschlaggebend für das Lehren und Lernen dort. Die Entwicklung gemeinsamer inklusiver Werte und kooperativer Beziehungen regt Veränderungen in den anderen beiden Dimensionen an. Es sind inklusive Schulkulturen, die Strukturen und Praktiken verändern und nachhaltig auch bei neuen Mitarbeiterinnen und Mitarbeitern, Schülerinnen und Schülern sowie Eltern wirken. Die oben aufgeführten Dimensionen können beispielhaft wie folgt skizziert werden:

Dimension A: inklusive KULTUREN schaffen

Bereich A.1: Gemeinschaft bilden

1. Jede und jeder fühlt sich willkommen.
2. Die Schüler und Schülerinnen helfen einander.
3. Die Mitarbeiter und Mitarbeiterinnen arbeiten zusammen.
4. Mitarbeiter und Mitarbeiterinnen und Schüler und Schülerinnen gehen respektvoll miteinander um.
5. Mitarbeiter und Mitarbeiterinnen und Eltern gehen partnerschaftlich miteinander um.
6. Mitarbeiter und Mitarbeiterinnen und schulische Gremien arbeiten gut zusammen.
7. Alle lokalen Gruppierungen sind in die Arbeit der Schule einbezogen.

Bereich A.2: inklusive Werte verankern

1. An alle Schüler und Schülerinnen werden hohe Erwartungen gestellt.
2. Mitarbeiter und Mitarbeiterinnen, Schüler und Schülerinnen, Eltern und Mitglieder schulischer Gremien haben eine gemeinsame Philosophie der Inklusion.
3. Alle Schüler und Schülerinnen werden in gleicher Weise wertgeschätzt.
4. Mitarbeiter und Mitarbeiterinnen und Schüler und Schülerinnen beachten einander als Mensch und als Rollenträger bzw. Rollenträgerin.
5. Die Mitarbeiter und Mitarbeiterinnen versuchen, Hindernisse für das Lernen und die Teilhabe in allen Bereichen der Schule zu beseitigen.
6. Die Schule bemüht sich, alle Formen von Diskriminierung auf ein Minimum zu reduzieren.

Diese Dimension zielt darauf ab, eine sichere, akzeptierende, zusammenarbeitende und anregende Gemeinschaft zu schaffen, in der jede und jeder geschätzt und respektiert wird – als Grundlage für die bestmöglichen Leistungen aller. Hier sollen gemeinsame inklusive Werte entwickelt und an alle neuen Kolleginnen und Kollegen, Schülerinnen und Schüler, Eltern und Mitglieder der schulischen Gremien vermittelt werden. Diese Prinzipien und Werte innerhalb inklusiver Schulkulturen sind leitend für alle Entscheidungen über Strukturen und Alltagspraktiken, sodass das Lernen aller durch einen kontinuierlichen Prozess der Schulentwicklung verbessert wird. Eine inklusive Schulkultur wird getragen von dem Vertrauen in die Entwicklungskräfte aller Beteiligten und dem Wunsch, niemanden je zu beschämen.

Dimension B: inklusive STRUKTUREN etablieren

Bereich B.1: eine Schule für alle entwickeln

1. Der Umgang mit Mitarbeitern und Mitarbeiterinnen in der Schule ist gerecht.
2. Neuen Mitarbeiter und Mitarbeiterinnen wird geholfen, sich in der Schule einzugewöhnen.
3. Die Schule nimmt alle Schüler und Schülerinnen ihrer Umgebung auf.
4. Die Schule macht ihre Gebäude für alle Menschen barrierefrei zugänglich.
5. Allen neuen Schüler und Schülerinnen wird geholfen, sich in der Schule einzugewöhnen.
6. Die Schule organisiert Lerngruppen so, dass alle Schüler und Schülerinnen wertgeschätzt werden.

Bereich B.2: Unterstützung für Vielfalt organisieren

1. Alle Formen der Unterstützung werden koordiniert.
2. Fortbildungsangebote helfen den Mitarbeitern und Mitarbeiterinnen, auf die Vielfalt der Schüler und Schülerinnen einzugehen.
3. Sonderpädagogische Strukturen werden inklusiv strukturiert.
4. Dem Gleichstellungsgebot wird durch den Abbau von Hindernissen für das Lernen und die Teilhabe aller Schüler und Schülerinnen entsprochen.
5. Die Unterstützung für Schüler und Schülerinnen in Deutsch als Zweitsprache wird mit der Lernunterstützung koordiniert.
6. Unterstützungssysteme bei psychischen und bei Verhaltensproblemen werden mit denen bei Lernproblemen und mit der inhaltlichen Planung des Unterrichts koordiniert.
7. Der Druck zu Ausschluss als Strafe wird vermindert.
8. Hindernisse für die Anwesenheit werden reduziert.
9. Mobbing und Gewalt werden abgebaut.

Diese Dimension soll absichern, dass Inklusion als Leitbild alle Strukturen einer Schule durchdringt. Die inklusiven Strukturen erhöhen die Teilhabe aller Schülerinnen und Schüler und Kolleginnen und Kollegen von dem Moment an, in dem sie in die Schule hineinkommen, sie begrüßen alle Schülerinnen und Schüler der Gegend und verringern Tendenzen zum Aussonderungsdruck – und damit bekommen alle weiteren Strukturen eine klare Richtung für Veränderungen. Dabei wirken alle Aktivitäten als Unterstützung, die zur Fähigkeit einer Schule beitragen, auf die Vielfalt der Schülerinnen und Schüler einzugehen. Alle Arten der Unterstützung werden auf inklusive Prinzipien bezogen und in diesen Bezugsrahmen gebracht.

Dimension C: inklusive PRAKTIKEN entwickeln

Bereich C.1: Lernarrangements organisieren

1. Der Unterricht wird auf die Vielfalt der Schüler und Schülerinnen hin geplant.
2. Der Unterricht stärkt die Teilhabe aller Schüler und Schülerinnen.
3. Der Unterricht entwickelt ein positives Verständnis von Unterschieden.
4. Die Schüler und Schülerinnen sind Subjekte ihres eigenen Lernens.
5. Die Schüler und Schülerinnen lernen miteinander.
6. Die Bewertung erfolgt für alle Schüler und Schülerinnen in leistungsförderlicher Form.
7. Die Disziplin in der Klasse basiert auf gegenseitigem Respekt.
8. Die Lehrer und Lehrerinnen planen, unterrichten und reflektieren im Team.
9. Die Erzieher und Erzieherinnen unterstützen das Lernen und die Teilhabe aller Schüler und Schülerinnen.
10. Die Hausaufgaben tragen zum Lernen aller Schüler und Schülerinnen bei.
11. Alle Schüler und Schülerinnen beteiligen sich an Aktivitäten außerhalb der Klasse.

Bereich C.2: Ressourcen mobilisieren

1. Die Unterschiedlichkeit der Schüler und Schülerinnen wird als Chance für das Lehren und Lernen genutzt.
2. Die Fachkenntnis der Mitarbeiter und Mitarbeiterinnen wird voll ausgeschöpft.
3. Das Kollegium entwickelt Ressourcen, um das Lernen und die Teilhabe zu unterstützen.
4. Die Ressourcen im Umfeld der Schule sind bekannt und werden genutzt.
5. Die Schulressourcen werden gerecht verteilt, um Inklusion zu verwirklichen.

Dieser Dimension zufolge gestaltet jede Schule ihre Praktiken so, dass sie die inklusiven Kulturen und Strukturen der Schule widerspiegeln. Unterricht entspricht der Vielfalt der Schülerinnen und Schüler. Sie werden dazu angeregt, aktiv auf alle Aspekte ihrer Bildung und Erziehung Einfluss zu nehmen; dabei wird auf ihren Stärken, ihrem Wissen und ihren außerschulischen Erfahrungen aufgebaut. Gemeinsam finden alle heraus, welche Ressourcen in den jeweils Beteiligten liegen – in Schülerinnen und Schülern, Eltern, Kolleginnen und Kollegen und örtlichen Gemeinden – und welche materiellen Ressourcen zudem noch mobilisiert werden können, um aktives Lernen und die Teilhabe für alle zu fördern.

Fazit

Eine gleichberechtigte Teilhabe von Menschen mit Behinderung am Geschehen in der Gesellschaft zu fördern, heißt, einen Prozess zu beginnen, der niemals endet. Denn die Vorstellung, dass einmal die Inklusion als gesamtgesellschaftliche Vision und Positionierung gelingt und niemand mehr von der Teilhabe ausgeschlossen wird, ist illusorisch.

Dafür sind die Menschen und ihre persönlichen Werte zu mannigfaltig. Abgesehen davon gibt es ab und zu bzw. sogar andauernde grundlegende persönliche Gründe, Lebenslagen und Zustände, in denen ein Mensch nicht nur die Teilhabe anderer am Geschehen in der Gesellschaft, der Gemeinschaft oder der Nachbarschaft verhindert, sondern auch die eigene Teilhabe verweigert. Das muss bei der Teilhabeförderung mitbedacht und einbezogen werden. Folglich bleiben die Teilhabeförderung und die Stärkung der Inklusion eine Daueraufgabe aller Menschen. Deshalb ist der „Index für Inklusion" mit seinen ganz konkreten Erhebungs- und Orientierungsmaterialien sowie seinen Merkmalen der Planmäßigkeit, Prozessualität und Reflektivität eine wirklich ergiebige Quelle der Inspiration für die Gestaltung von konkreten Vorgängen personbezogener Teilhabeförderung in der heilpädagogischen Praxis der Gegenwart und Zukunft.

Überlegungen und Versuche

1. *Haben Sie schon Ansätze der sozialen Netzwerkförderung bzw. des Community Care kennengelernt? Wenn ja, stellen Sie die Vor- und Nachteile dieser Ansätze an konkreten Beispielen dar.*
2. *Welche weiteren personenorientierten Hilfen, die teilhabeorientiert bzw. im Hinblick auf Inklusion realisiert werden können, kennen Sie?*
3. *Stellen Sie mögliche theoretische Probleme und Diskurse dar, die sich hinter diesen personenorientierten Hilfen bzw. hinter der Netzwerkförderung verbergen können. Vergleichen Sie ihre Ergebnisse miteinander. Was fällt Ihnen auf?*
4. *Realisieren Sie in der Kooperation mit einer Ihnen bekannten Einrichtung der sogenannten Behindertenhilfe personenorientierte Hilfen bzw. Umfeld-Konzepte. An welche Grenzen könnten Sie hierbei stoßen? Wie sind diese Grenzen zu überwinden?*
5. *Übertragen Sie den „Index für Inklusion" auf Ihre Schule/Hochschule. Wie inklusiv ist diese ausgerichtet? Welche Konsequenzen wären aus Ihren Ergebnissen zur Veränderung Ihrer Ausbildungseinrichtung zu ziehen?*
6. *Welche Inhalte müsste ein „Index für Inklusion" aufweisen, wenn sich dieser auf die Tätigkeit in Werkstätten oder auf Betriebe des ersten Arbeitsmarktes beziehen sollte?*
7. *Vergleichen Sie die Ansätze des Community Care mit denjenigen des „Index für Inklusion": Welche Unterschiede und welche Gemeinsamkeiten stellen Sie hierbei fest? Worin sind diese vielleicht jeweils begründet?*
8. *Welche Kritik könnte am „Index für Inklusion" geäußert werden? Begründen Sie Ihre Aussagen möglichst ausführlich. Beziehen Sie hierbei auch die unterschiedlichen theoretischen und methodologischen Ansätze zur Inklusion mit ein.*

7.5 Andere Ansätze

Es gibt eine ganze Menge von konkreten Handlungsformen, die für das Umsetzen des heilpädagogischen Anliegens hilfreich sind. Nur um einige von den in der Praxis geläufigen zu nennen:

- Wahrnehmungsförderung, sensorische Integrationsförderung,
- heilpädagogisches Spiel, spieltherapeutische Verfahren,
- Methoden der Gesprächsführung,
- gestaltende und kreative Verfahren,
- alltagspraktische Förderung und Begleitung,
- Gestaltung des heilpädagogischen Milieus usw.

Die meisten Ansätze wurden von ihren Autoren ausführlich in Monografien und Aufsätzen dargestellt, auf die hier verwiesen wird. Basale Stimulation, heilpädagogische Übungsbehandlung und musikalisch-rhythmische Förderung werden kurz beschrieben.

7.5.1 Wahrnehmungsförderung (Basale Stimulation)

Nur wer sich selbst und die Umwelt wahrnehmen kann, ist imstande, in Kontakt zu treten, zu denken und zu handeln sowie zwischenmenschliche Kontakte aufzunehmen. Alle diese Aktivitäten sind für das Ausbilden von Selbstbild und Selbstvertrauen ausschlaggebend. Demnach hängen die Persönlichkeitsentwicklung einer Person sowie das Gelingen bzw. Misslingen ihrer Lebensbewältigung in der dinglichen und sozialen Umwelt von der Wahrnehmung ab. Ist also das Sensorium eines Menschen gestört, dann beeinträchtigt dies existentiell wichtige Bereiche: Körperfunktionen, grundlegende Fähigkeiten (Motorik, Sprache, räumliche Orientierung u. Ä.), kulturbedingte Fähigkeiten (Lesen, Rechtschreiben, mathematisches Denken), Persönlichkeitsmerkmale (Selbstwertgefühl, Affektivität, Sozialverhalten).

Organische Zusammenhänge

Der Wahrnehmungsprozess besteht aus der Aufnahme von Reizen und Energien aus der inneren und äußeren Welt (Sinne) und aus deren Weiterleitung, Sortierung und Umwandlung der Reize in Empfindungen, die dann der Verhaltenssteuerung dienen (zentrales Nervensystem). Der Mensch verfügt über folgende Sinne:

- **Der taktile Sinn:** Diese Wahrnehmung verläuft über das Organ Haut, in dem die *Rezeptoren* für Tasten, Temperatur und Schmerz die entsprechenden Reize aufnehmen. Durch das Berühren und Spüren erfährt der Mensch, dass es nicht nur den eigenen Körper gibt, sondern auch Dinge und andere Körper in der Umwelt.

- **Der kinästhetische Sinn** dient der Aufnahme von Reizen, die sich auf Raum, Zeit, Kraft und Spannung beziehen und aus dem Inneren des Körpers kommen (Muskeln, Sehnen, Gelenke). Sie dienen der Eigenwahrnehmung und Ausbildung des Körperschemas: Es ermöglicht, den eigenen Körper kennenzulernen und seine Grenzen zu erfassen.

- **Der vestibuläre Sinn** hat seine Rezeptoren im inneren Ohr und dient der Positionierung des Körpers im Kontext der Schwerkraft (Gleichgewicht). Ein funktionierender sogenannter Gleichgewichtssinn ist unentbehrlich für die aufrechte Haltung und Bewegungssteuerung.

  Eine funktionierende taktile, kinästhetische und vestibuläre Wahrnehmung ist unentbehrlich für die Entwicklung der Fähigkeit, den eigenen Körper in der Welt zu kontrollieren und die Bewegungen zu steuern. Funktioniert sie nicht gut, kommt es zu diversen Problemen: von ablehnenden Reaktionen auf bestimmte Berührungsreize über Verletzungen aufgrund der Temperaturunempfindlichkeit bis hin zur Unfähigkeit, Dinge in die Hand zu nehmen und mit ihnen zu hantieren.

- **Der visuelle Sinn** mit dem Auge als Sinnesorgan dient der Orientierung in der Umwelt. Diese verbindet formale Aspekte des Sehens (physiologisch zu erfassende Qualität wie z. B. Farbe, Form, Größe, Bewegung, Raumverhältnisse u. Ä.) mit dem Aspekt der inhaltlichen Bedeutsamkeit (psychologisch zu erfassende Qualität wie z. B. Funktion von gesehenen Objekten, Personen, Bewegungen u. Ä.). In dieser Hinsicht ist der visuelle Sinn unentbehrlich für den Kontakt zur Umwelt.

  Eine funktionierende visuelle Wahrnehmung ist unentbehrlich für die Bewegungssteuerung (sogenannte Auge-Hand-Koordination), Einschätzung der Raumlage (in welcher Position befindet sich der eigene Körper), Orientierung im Raum (welche Gegenstände bzw. Personen sind im Raum), Zuordnung von Symbolen (das Gesehene benennen) usw. Die Einschränkungen der visuellen Wahrnehmung schränken die Bewegungsfreiheit ein, führen zu Vorstellungen, die der Realität nicht entsprechen, und beeinträchtigen die Begriffsbildung und das Symbolverständnis.

- **Der auditive Sinn:** Als Hauptorgan dieses Sinnes dient das Ohr, mit dem Töne, Geräusche und Klänge wahrgenommen und unterschieden werden. Es ist auch wichtig für die akustische Raumorientierung (die Einschätzung der Entfernung und Richtung von Geräuschquellen). Eine sehr wichtige Funktion des Gehörs liegt in der Tatsache, dass es die Voraussetzung für die Entwicklung von Sprache und verbaler Kommunikation ist. In diesem Sinne ist ein funktionierendes Gehör unentbehrlich für den Kontakt zu anderen Menschen.

  Ist die Funktion des auditiven Sinnes beeinträchtigt, kommt es zu Problemen bei der Aufnahme, Sinnerfassung und Abspeicherung von akustischen Informationen. Folglich sind auch die Kommunikation und das Verhalten betroffener Menschen in Bezug auf die „hörbare Realität der Hörenden" häufig inadäquat, was die Beziehungsebene belastet. Die Hörprobleme manifestieren sich mannigfaltig (Überempfindlichkeit auf Geräusche, verzögerte Sprachentwicklung, verbale Verständnisschwierigkeiten, Konzentrationsprobleme, auffälliges Sozialverhalten usw.).

- **Der olfaktorische Sinn:** Die Nase dient der Orientierung in der Geruchswelt. Ein Mensch kann ca. 10.000 verschiedene Gerüche unterscheiden und nach deren Ähnlichkeiten gruppieren. Bei der Geburt ist der Geruchssinn bereits gut ausgebildet (der Säugling erkennt die Mutter am Geruch). Die Bedeutung des olfaktorischen Sinnes für die Lebensbewältigung wird kaum diskutiert und scheint unterbewertet.

- **Der gustatorische Sinn** liegt sozusagen „auf der Zunge" – ein erwachsener Mensch hat auf der Zunge und in seiner Mundhöhle ca. 2.000 Geschmacksknospen. Mit ihrer Hilfe ist er imstande, zwischen vier Geschmacksreizen zu unterscheiden – salzig, sauer, süß und bitter.

Auch wenn es vielleicht schwer fällt, auf den ersten Blick die Bedeutung des funktionierenden Geruchs- bzw. Geschmackssinnes zu erkennen, ist sie im Bereich der physiologischen Grundbedürfnisse angesiedelt (Hunger, Durst, Atem). Die Befriedigung dieser Bedürfnisse ist von den beiden Wahrnehmungsbereichen immer mit beeinflusst. Außerdem beteiligen sie sich – je nach der Geschmacks- und Geruchslage von Nahrung bzw. Räumlichkeiten – an der alltäglichen (Er-)Lebensqualität jedes Menschen.

Soziale Zusammenhänge

Die Wahrnehmung ist auch sozial bedingt. Ob die nicht bewusste Selektion der Wahrnehmungsobjekte bzw. -inhalte oder die Interpretation von wahrgenommenen Dingen,

Situationen, Prozessen, Ereignissen u. Ä. – alles hängt mit dem sozialen Umfeld zusammen. In der Interaktion mit anderen Menschen entstehen Haltungen, Motive, Befindlichkeiten, die den Wahrnehmungsprozess beeinflussen. Schließlich sind Personen und ihre Interaktion, d. h. das soziale Umfeld selbst, Gegenstand der Wahrnehmung. Die allerwichtigste „soziale Wahrnehmung" für ein Kind und seine Entwicklung ist die Beziehung seiner Mutter zu ihm. Vermittelt diese Wahrnehmung den Eindruck „hier bist du sicher und versorgt", kann das Kind sich der Welt zuwenden und Außenreize aufnehmen.

Eine Eigentümlichkeit der Fähigkeit von Kindern, die soziale Umwelt wahrzunehmen, hat A. Adler (Begründer der Individualpsychologie) mit folgender Feststellung treffend erfasst: „Kinder sind sehr gute Beobachter, aber denkbar schlechte Interpreten." Anders gesagt, einem Kind entgeht kaum etwas von dem, was um es herum abläuft (z. B. dass die Mama schon einige Zeit in der Küche ist). Nur tendieren Kinder bei der Erklärung der wahrgenommenen Ereignisse bzw. Interaktionen dazu, sie auf sich selbst bezogen zu interpretieren (sie ist so lange in der Küche, weil sie mit mir nicht gerne spielt). Grundlage für die Interpretationen sind in der Regel die körpersprachlichen Signale von wichtigen Personen. Wenn z. B. Eltern eines behinderten Kindes unbewusst eine ablehnende Haltung ihm gegenüber zeigen (aus Enttäuschung, Schuldgefühl, Angst usw.) oder wenn dieses Kind ablehnendes Verhalten seitens der nahen Umwelt erlebt (Nachbarn, Bekannte), kann es ein negatives Selbstwertgefühl entwickeln. Auf diese Art und Weise kann unter Umständen solche „gedeutete Wahrnehmung" die soziale Entwicklung eines Kindes beeinträchtigen. Die Wahrnehmung steht im Hintergrund der Entwicklung aller lebenswichtigen Fähigkeiten und Aktivitäten eines Menschen. Deshalb ist es sinnvoll, bei einer Entwicklungsverzögerung und -beeinträchtigung (dies betrifft vor allem Menschen mit Behinderung) in jedem Fall die Wahrnehmungsförderung als eine (fast) universelle Hilfe anzubieten.

Als Beispiel einer Vorgehensweise, mit der die Wahrnehmung behinderter Kinder gefördert werden kann, wird hier die basale Stimulation kurz dargestellt. Sie wurde von A. Fröhlich entwickelt als eine Form der Förderung von Erleben und Erfahrung bei Menschen mit schwersten Behinderungsformen (vgl. Fröhlich, 1995). Die betroffenen Menschen sind nicht imstande, selbst für die Anregungen zu sorgen, welche für die eigene Entwicklung erforderlich sind. Deshalb bekommen sie elementare (basale) Wahrnehmungs- und Kontaktangebote, die anregend wirken (Stimulation). Als hauptsächliches „Kontaktgebiet" wird der Körper betrachtet.

Über diese Anregungen ist es dem behinderten Menschen möglich, Eindrücke aufzunehmen und Erfahrungen zu machen, die auf jeden Fall seine alltägliche (Er-)Lebensqualität steigern und ihn außerdem im Bereich der Wahrnehmung fördern können. Im Einzelnen geht es um: somatische Anregungen, wie sie z. B. die Massage vermittelt, vibratorische Anregungen, wie sie z. B. auf einem Wasserbett empfunden werden können, vestibuläre Anregungen, wie sie z. B. beim Schaukeln entstehen, Geruchsanregungen, die z. B. mit diversen Duftstoffen vermittelt werden können, auditive und visuelle Anregungen, wie z. B. Lichtspiel, Wassersäule, Musik, Klänge, und letztendlich auch kommunikative und sozial-emotionale Anregungen, die im direkten Kontakt durch Stimme, Gesichtsausdruck und Berührung zustande kommen (vgl. Eitle, 2003, 167 f.).

Dem zu fördernden Menschen werden einfache sensorische Stimulationen angeboten, die ihm helfen sollen, den eigenen Körper zu entdecken. Dies ist deshalb von Bedeutung, weil in der menschlichen Entwicklung die ersten Kontakte und Beziehungen zur dinglichen und sozialen Umwelt über die Sinne und durch den eigenen Körper aufgenommen werden. Dem entspricht das Anliegen der basalen Stimulation: die gesamte Wahrnehmung des zu fördernden Menschen anzuregen – um ihn für die Kontakte zu sensibilisieren und dadurch Erfahrungen zu ermöglichen, die ihm sonst nicht zugänglich sind.

Die Stimulation bezieht sich vor allem auf folgende drei Anregungsbereiche, die auf eine sehr elementare Art und Weise angesprochen werden und eine bis dato fehlende bzw. kaum vorhandene Primärerfahrung ermöglichen:

- **Vestibuläre Anregung:** Raumlageveränderungen, sanfte Schaukelbewegungen, rhythmisches Schwingen u. Ä. werden mittels Hängematte, Schaukel, Kunststofftonne oder auf einem Wasserbett durchgeführt. Kurze Auf- und Abbewegungen lassen sich auf einem Trampolin erzeugen (allerdings nur in sehr kleinem Ausschlag). Auch gewöhnliche Mittel wie Medizinball oder eine dicke Kunststoffrolle können eingesetzt werden – auf ihnen sitzend lassen sich leichte seitliche Schaukelbewegungen machen.
- **Somatische Anregung** hilft der Körperwahrnehmung und der Ausdifferenzierung des Körperschemas. Als Hauptbereich des Körpers wird dabei die Haut mit ihren Sensoren für Kontakt, Wärme und Kälte angesprochen – vor allem durch Massage und Berührungen. Die somatische Wahrnehmung kann auch durch die Verwendung von unterschiedlichen Materialien gefördert werden, z. B. durch Handschuhe aus Leder, Stoff oder mit kleinen Noppen. Auch ein Frotteetuch kann zur Berührung von ganzen Körperteilen eingesetzt werden (Hand, Arm, Fuß).
- **Vibratorische Anregung** ermöglicht die Wahrnehmung des Knochensystems und dadurch das Empfinden von Körperlage bzw. Körperumfang (Länge und Ausdehnung). Zu diesem Zwecke kann z. B. ein Massagekissen verwendet werden, welches an den Füßen nicht allzu starke Vibrationen produziert und entlang der langen Knochen Vibrationen bietet (die Schwingung breitet sich dabei von Gelenk zu Gelenk aus). Das Wasserbett kann zum Erleben von Vibrationen gut eingesetzt werden – auf einer weichen, nachgiebigen Unterlage übermittelt es unter anderem auch die Schwingung, die durch Musik oder Stimme verursacht wird. Musikinstrumente übertragen ebenfalls unmittelbar Schwingungen (insbesondere Trommeln).

(vgl. Greving/Niehoff, 2009b, 159 f.)

Die anderen Sinnesbereiche (Geruch, Gehör, Auge) gehören selbstverständlich ebenfalls dazu, nur stehen sie nicht im Vordergrund, sondern bilden einen möglichst angenehmen „atmosphärischen" Rahmen. Die soziale Wahrnehmung wird insbesondere durch die Anwesenheit der Heilpädagogin, aber auch durch das Zusammensein mit anderen zu fördernden Personen angeregt.

Heilpädagogische Übungsbehandlung

Die heilpädagogische Übungsbehandlung ist eine Methode, die von A. Sagi und C. M. von Oy in Freiburg/Br. entwickelt wurde. Sie zielt vor allem auf Kinder mit geistiger Behinderung ab, um ihre Entwicklung ganzheitlich zu unterstützen. Dabei werden in Spielsituationen bewährte Materialien eingesetzt (z. B. Montessori-Material), um die motorischen, sensomotorischen, emotionalen, kognitiven und sozialen Fähigkeiten übend zu fördern.

An dieser Stelle ist auf das Grundwerk von A. Sagi hinzuweisen, in dem alle Einzelheiten seiner Methode beschrieben und in Theorie und Praxis erörtert sind (vgl. Sagi, 1982).

Die Durchführung der heilpädagogischen Übungsbehandlung verläuft nach einem Übungsplan, der aufgrund der Ergebnisse von mehrdimensionaler Diagnostik zusammengestellt wird. Folgende Prinzipien der Übungsbehandlung bestimmen das Geschehen:
- Zugang finden und Beziehung aufbauen,
- Entwicklungszustand akzeptieren,
- unterschiedliche Spiel- und Beschäftigungsmöglichkeiten anbieten,
- das altersgemäße Spielverhalten als Orientierungshilfe nutzen,
- jede Übung soll Freude machen und erfolgreich gelingen,
- jeden Entwicklungsfortschritt positiv verstärken,
- auf den Wechsel von Spannung und Entspannung achten,
- die Methodenvielfalt flexibel nutzen.

(vgl. Eitle, 2003, 144)

7.5.2 Musikalisch-rhythmische Förderung

Musik hat einen starken Einfluss auf Menschen. In Russland sagt man, dass Musik direkt in die Seele fließt. Sie kann den Menschen zu Tränen rühren, kann ihn freudig und sanft oder aber energisch und angriffslustig stimmen. Es ist kein Geheimnis, dass Musik die Atmung, den Rhythmus des Herzschlags, die Gehirnaktivitäten und auch die Produktion von Hormonen beeinflusst. Begleitet sie Lernprozesse, verlaufen diese angenehmer und werden effektiver. Musik hilft dem Menschen, seinen Gefühlen Ausdruck zu verleihen. Deshalb hat sie eine feste Position in allen Bereichen der zwischenmenschlichen Kommunikation, die versuchen, Menschen zu beeinflussen (Kultur, Politik, Werbung, aber auch Psychotherapie und Pädagogik).

Der Einsatz von Musik in der Förderung von Menschen hat verschiedene Formen, die bekanntesten sind Musikpädagogik (Förderung der Beziehung von Menschen zur Musik), Musikerziehung (Förderung musikalischer Fähigkeiten und Fertigkeiten von Kindern) und Musiktherapie (Einsatz von Musik zur Wiederherstellung, Erhaltung und Förderung der Gesundheit von Menschen). Sowohl in der Musikerziehung als auch in der Musiktherapie (beide Bereiche überlappen und ergänzen sich) hat die Rhythmik eine wichtige Position.

Rhythmik ist eine Form der „musikalischen Einflussnahme“, die dem zu fördernden Menschen Musik und Bewegung, aber auch Sprache und Gestik mit Unterstützung durch das rhythmische Element vermittelt. Ein wesentliches Anliegen der Rhythmik ist die Anregung zum Selbstausdruck in musikalisch-bewegungsmäßiger Improvisation. Da die rhythmische Förderung in der Regel in einer Gruppe durchgeführt wird, bieten sich mannigfaltige Möglichkeiten für das gemeinsame Tun an (über Rhythmus jemanden „ansprechen“, auf die „Ansprache“ eines anderen „antworten“, über das Medium Ton und Rhythmus miteinander „reden“, sich in einem Rhythmus gemeinsam bewegen usw.).

Rhythmik ist ein Wirkungsmedium der pädagogischen Förderung, die auf die Entwicklung von wichtigen Fähigkeiten ausgerichtet ist – motorischen, emotionalen, kognitiven und sozialen. Als solche konzentriert sie sich vor allem auf die Sensibilisierung der Sinne, Entfaltung der Kreativität und auf soziales Lernen. Auf Musik und Rhythmus reagieren auch schwerstbehinderte Menschen. Deshalb gehört Rhythmik zu den heilpädagogischen Methoden – sie kann bei Menschen mit Behinderung nicht nur intensive emotionale Erfahrungen vermitteln, sondern auch schöpferische Kräfte wecken, die Gemütskraft stärken, Belastungen ausgleichen und damit auch die Persönlichkeitsentfaltung unterstützen.

Die heilpädagogische Rhythmik wurde von M. Scheiblauer als eine Weiterentwicklung der rhythmischen Gymnastik nach E. Jaques-Dalcroze erarbeitet. M. Scheiblauer hat mit der heilpädagogischen Rhythmik in die Arbeit mit verhaltensauffälligen und behinderten Kindern und Jugendlichen ein neues Wirkungselement eingeführt: Nach dem Motto „Bewegung ist aller Erziehung Anfang" wird die Rhythmik als dynamisches Element des Geschehens eingesetzt, weil sie den zu fördernden Menschen ganzheitlich beeinflusst – sowohl den Bewegungsablauf als auch das Erleben. Der Förderungsweg führt das Kind vom Erleben über Erkennen bis zum Benennen. Verständlich beschreibt diesen Vorgang Sagi:

> „Im Gegensatz zum üblichen Weg unserer Erziehung und Schulbildung, vom Benennen (‚Siehst du, das ist eine Kugel!') über das Erkennen (‚Such eine Kugel in der Schachtel') zum Erleben (‚Nimm die Kugel in die Hand!') zu gelangen, wählt die Rhythmik den umgekehrten Weg: Erst erleben (‚Was hast du in der Hand?'), dann erkennen (‚Such etwas Ähnliches in der Kiste!') und zum Schluss benennen: ‚Das ist eine Kugel'."
> *(Sagi, 1982, 124)*

Als Ziel der heilpädagogischen Rhythmik steht die Bildung der Gesamtpersönlichkeit, als Mittel dienen Bewegung (wesentliche Lebensäußerung des Kindes, Verbindung mit der Umwelt), Musik (insbesondere einfache, improvisierte Tonfolgen, die zur Unterstützung der Bewegung eingesetzt werden und erlebnissteigernd wirken) und Material (Quelle der Anreize zur Bewegung). Die heilpädagogische Rhythmik arbeitet mit:
- Ordnungsübungen, die auf Raumerfahrung ausgerichtet sind,
- Sinnesübungen,
- sozialen Übungen (z. B. ein Kind führt das andere durch den Raum),
- begriffsbildenden Übungen (über Bewegung den Inhalt von Begriffen „schnell" und „langsam" erleben) und
- Fantasieübungen (Ungewöhnliches versuchen, die gleiche Aufgabe anders machen).

Wichtig ist, dass während der Übungen das Kind die wichtigen Bewegungsprinzipien ausprobiert und lernt:

- Das Tun unterbrechen, um etwas anderes zu machen (z. B. das Gehen unterbrechen, um Geräusche genau zu hören).
- Von einer Art der Handlung zu einer anderen umschalten (z. B. sich vom Laufen auf Malen umzustellen).
- Beim Handeln Ausdauer zeigen und durchhalten (z. B. eine Aufgabe bis zum Ende erfüllen).

(vgl. Eitle, 2003, 145 f.)

Überlegungen und Versuche

1. ***Mit welchen von den oben dargestellten heilpädagogischen Methoden würden Sie selbst gerne arbeiten? Schauen Sie auch, welche Sie weniger interessieren.***

   Wie kommt das? Begründen Sie Ihre persönliche „Methodensympathie" und „-antipathie".
2. ***Finden Sie heraus, wo und unter welchen Bedingungen Sie in der Ihnen „sympathischen" Vorgehensweise eine gute Ausbildung absolvieren könnten.***

Glossar

Die hier angegebenen Definitionen und Erörterungen sind in Anlehnung an das Wörterbuch aus dem Lexikon Encarta 2004 Professional erarbeitet worden (vgl. Microsoft, 2004).

Absolutismus [Ab·so·lu'tis·mus]: Uneingeschränkte Herrschaft, Alleinherrschaft, uneingeschränkte Herrschaft eines Monarchen.

absolutistisch [ab·so·lu'tis·tisch]: Den Absolutismus betreffend, auf ihm beruhend.

ad hoc [ad ,hoc]: Aus der Situation heraus, sofort, auf der Stelle. Auch eigens zu einem Zweck, hierfür.

affektiv [af·fek'tiv]: Gefühlsmäßig, Gefühlen folgend, das Gefühlsleben, den Affekt betreffend, auf einen Affekt bezogen.

Affekt [Af'fekt]: Heftige Erregung, Gemütsbewegung unter Ausschaltung von Hemmungen.

Affektivität [Af·fek·ti·vi'tät]: Gefühlsansprechbarkeit; Gesamtheit des Gefühls- und Gemütslebens.

Aggression [Ag·gres·si'on]: Feindseliges Verhalten, Angriffsverhalten als Reaktion auf Bedrohung oder zum Zweck der Machtausübung. Feindselige Einstellung, ablehnende Haltung (j-m od. et. gegenüber), Angriffslust.

aggressiv [ag·gres'siv]: Angreifend, auf Angriff gerichtet; rücksichtslos, gefährdend, herausfordernd; streitsüchtig, angriffslustig.

Altruist [Al·tru'ist]: Selbstloser, uneigennütziger Mensch (Gegensatz Egoist).

altruistisch [al·tru'is·tisch]: Auf Altruismus beruhend, uneigennützig, selbstlos (Gegensatz egoistisch).

ambivalent [am·bi·va'lent]: Doppelwertig; von etwas gleichzeitig angezogen und abgestoßen; zwiespältig, doppeldeutig.

analog [ana'log]: Entsprechend, ähnlich, vergleichbar, gleichartig.

Analyse [Ana'ly·se]: Systematische Untersuchung eines Phänomens oder Gegenstands in allen Einzelheiten und Aspekten.

Anamnese [Ana'mne·se]: Krankheitsvorgeschichte nach Angaben des Kranken.

Anamnesis [Ana'mne·sis]: In der antiken griechischen Philosophie die Vorstellung von der Erkenntnis als Erinnerung der Seele an vor der Geburt gekannte Wahrheiten und Ideen.

Anatomie [Ana·to'mie]: (biol.) Wissenschaft vom Körperbau der Lebewesen, *(med.)* Wissenschaft vom Körperbau des Menschen.

Anthropologie [An·thro·po·lo'gie]: Wissenschaft vom Menschen und seiner Entwicklungsgeschichte.

anthropologisch [an·thro·po'lo·gisch]: Die Anthropologie betreffend, auf ihr beruhend.

Apperzeption [Ap·per·zep·ti'on]: Bewusste Wahrnehmung eines Sinneseindrucks, begrifflich urteilendes Erfassen. Gegensatz zu Perzeption.

Appetenz [Ap·pe'tenz]: Ungerichtete suchende Aktivität. Begehren, Trieb, Verlangen, Bedürfnis.

Appetenzverhalten [Ap·pe'tenz·ver·hal·ten]: Zweckgebundenes, suchendes Verhalten zur Trieb- (bei Tieren) bzw. Bedürfnisbefriedigung (bei Menschen).

archaisch [ar'cha·isch]: Altertümlich, veraltet, aus der Frühzeit stammend, frühzeitlich.

Aspekt [Aspekt]: Gesichtspunkt, Blickwinkel, Betrachtungsweise.

Assistenz [As·sis'tenz]: Hilfe, Mitarbeit, Unterstützung.

Atomismus [Ato'mis·mus]: Zergliedernde, ein Ganzes in isolierte Einzelteile zerlegende Betrachtungsweise.

Atomistik [Ato'mis·tik]: Antike Philosophie, nach der die Welt aus kleinsten, unteilbaren Teilchen (Atomen) aufgebaut sei.

Aufklärung [Auf·klä·rung]: Eine geistige Strömung des 18. Jahrhunderts in Europa, die sich mit Vernunft und naturwissenschaftlichem Denken gegen Aberglauben und Absolutismus wandte.

Axiom [Axi'om]: (willkürlich) festgelegter Grundsatz einer Theorie als gültig anerkannter Grundsatz, der nicht bewiesen werden muss.

Axiomatik [Axio'ma·tik]: Lehre vom Definieren und Beweisen mithilfe von Axiomen.

Charisma [Cha·ris·ma]: Besondere Ausstrahlungskraft einer Persönlichkeit. Auch göttliche Gnadengabe, Berufung.

charismatisch [cha·ris·ma·tisch]: Das Charisma betreffend, auf ihm beruhend, von ihm ausgehend, auch Charisma besitzend.

Coach [Coach]: Trainer, Betreuer eines Sportlers oder einer Mannschaft.

coachen [coa·chen]: Einen Sportler oder eine Mannschaft trainieren, betreuen.

Coaching [Coa·ching]: Betreuung eines Sportlers oder einer Mannschaft.

Code → Kode [Kode]: Auf Vereinbarungen beruhendes Zeichensystem, das zur Verständigung, Kommunikation, zur Informationsverarbeitung und Datenübertragung dient. Auch Verschlüsselungs- oder Übertragungssystem.

kodieren [ko'die·ren]: Verschlüsseln, in einen Kode übertragen, codieren. Gegensatz zu dekodieren, decodieren.

Contergan-geschädigtes Kind [Con·ter·gan]: Ein Mensch, dessen Arme/Beine nicht richtig gewachsen sind, weil seine Mutter in der Schwangerschaft das Medikament Contergan® eingenommen hatte.

Defekt [De'fekt]: Schaden, Beschädigung, Fehler; körperlicher Schaden, Gebrechen.

Defektivität [De·fek·ti·vi'tät]: Fehlerhaftigkeit, Mangelhaftigkeit.

Defizit ['De·fi·zit]: Mangel, Fehlbetrag, Verlust, Einbuße.

defizitär [de·fi·zi'tär]: Ein Defizit habend, ergebend. Zu einem Defizit führend.

Diagnose [Di'ag·no·se]: Feststellung, Ergebnis einer Untersuchung. *(med.)* Feststellung, Erkennung einer Krankheit anhand des Krankheitsbildes, der Krankheitssymptome.

diagnostizieren [di·ag·nos·ti'zie·ren]: Feststellen, durch Untersuchung erkennen, bestimmen.

diametral [dia·me'tral]: Auf gegenüberliegenden Seiten stehend, entgegengesetzt.

diffus [dif'fus]: Gestreut (Licht, Strahlung), unklar, ohne scharfe Abgrenzung, verschwommen.

Diffusion [Dif·fu·si'on]: Vermischung, gegenseitige Durchdringung von Gasen, Flüssigkeiten und Lösungen durch Eigenbewegung der Moleküle. Streuung (Licht, Strahlung). Verbreitung, Ausbreitung von Kulturelementen durch Übernahme und Wanderung.

Dilemma [Di'lem·ma]: Unangenehme Lage, zwischen zwei Übeln wählen zu müssen, Zwangslage, Zwickmühle.

Diskrepanz [Dis·kre'panz]: Abweichung, Unterschied; Missverhältnis, Widersprüchlichkeit; Unstimmigkeit, Zwiespalt.

Down-Syndrom [Down-Syn·drom]: *(med.)* Trisomie 21.

Drift [Drift]: Strömung, Treiben. Auch Temperaturgang eines Messgerätes.

driften [drif·ten]: Treiben; ist gedriftet, jemand/etwas driftet irgendwo(hin), jemand treibt in einem Boot auf dem Wasser.

effektiv [ef·fek'tiv]: tatsächlich, wirklich; wirksam, wirkungsvoll; sicher, ganz und gar, überhaupt.

effizient [ef·fi·zi'ent]: Wirkungsvoll, mit großem Wirkungsgrad.

Effizienz [Ef·fi·zi'enz]: Wirkende Beschaffenheit, Wirksamkeit.

eklektisch [ek'lek·tisch]: Auswählend, übernehmend, prüfend. Unschöpferisch, nachahmend, nicht eigenständig. Zusammengestückelt, uneinheitlich, unzusammenhängend.

Empathie [Em·pa'thie]: Einfühlungsvermögen, Fähigkeit, sich in Gefühle oder Einstellungen anderer Menschen hineinzuversetzen.

empirisch [em'pi·risch]: Auf Erfahrung beruhend, aus ihr gewonnen, aus Versuchen entnommen.

etabliert [eta'bliert]: Als fester Bestandteil einer Ordnung oder Gesellschaft anerkannt, nicht mehr wegzudenken.

etablieren [eta'blie·ren]: Etwas gründen, errichten, einführen; Anerkennung verschaffen, zum festen Bestandteil einer Ordnung machen.

Ethik ['Ethik]: Festgeschriebene sittliche und moralische Grundsätze, Normen und Werte in einer Gesellschaft. Lehre von den moralischen und sittlichen Grundlagen des Verhaltens der Menschen in einer Gesellschaft.

Eugenik [Eu'ge·nik]: Wissenschaft von der Erforschung und Verhinderung von Erbschädigungen und -krankheiten, Erbgesundheitslehre.

Euthanasie [Eu·tha·na'sie]: Leichter, schmerzloser Tod. Erleichterung des Sterbens, besonders durch Schmerzlinderung. Tötung unheilbar Kranker und Geisteskranker.

Evaluation [Eva·lua·ti'on]: Auswertung, Beurteilung, Bewertung.

Existentialismus ***oder*** **Existenzialismus** [E·xis·ten·ti·a·lis·mus *oder* E·xis·ten·zi·a·lis·mus]: Eine philosophische Theorie, die elementare Gefühle wie Angst, Hoffnung, Verzweiflung zum Zentrum aller Erfahrung erklärt. Als Bezeichnung für die Summe all jener Bewegungen oder Strömungen der Philosophie, die sich mit Fragen menschlicher Existenz auseinandersetzen, wurde der Begriff Existenzphilosophie von dem Philosophen und Geschichtswissenschaftler Fritz Heinemann 1929 in seinem Buch Neue Wege der Philosophie eingeführt. Die französische Strömung der Existenzphilosophie aus der Zeit nach dem Zweiten Weltkrieg wird Existentialismus genannt.

explizit [ex·pli'zit]: Ausdrücklich, nachdrücklich, deutlich. Gegensatz zu implizit.

Expressivität [Ex·pres·si·vi'tät]: Ausdrucksstärke.

expressiv [ex·pres'siv]: Ausdrucksstark, den Ausdruck betonend.

extrinsisch [ex'trin·sisch]: Von außen kommend. Gegensatz zu intrinsisch.

Feudalismus [Feu·da'lis·mus]: Herrschaftssystem, in dem der über den Grundbesitz verfügende Adel weitgehende Hoheitsrechte auf der Basis des Lehnswesens genießt.

feudalistisch [feu·da'lis·tisch]: Feudalismus betreffend, auf ihm beruhend, zu ihm gehörend.

Focussing [fo'ku·sing]: Von E. Gendlin entwickelter Ansatz, der mit körperlichen Empfindungen arbeitet, die als Begleitphänomen von Gefühlsreaktionen auf vergegenwärtigte Erfahrungen entstehen.

forcieren [for·cie·ren]: Etwas energisch vorantreiben, steigern. Auf die Spitze treiben, übertreiben. Etwas erzwingen, gewaltsam durchsetzen.

forciert [for'ciert]: Gezwungen, unnatürlich, erzwungen, verkrampft.

fördern [för·dern]: Jemanden/etwas so unterstützen (*z. B.* durch persönliches Engagement oder finanzielle Mittel), dass er/es sich gut (weiter)entwickelt. Verstärken.

Frustration [Frust·ra·ti'on]: Enttäuschung einer Erwartung, Erlebnis einer wirklichen oder eingebildeten Zurücksetzung.

frustrieren [frust'rie·ren]: Jemand enttäuschen (Erwartung), jemanden benachteiligen. Täuschen, vereiteln.

generieren [ge·ne'rie·ren]: Erzeugen, ableiten, bilden.

hellenisch [hel·'le·nisch]: Altgriechische Kultur betreffend.

heterogen [he·te·ro'gen]: uneinheitlich, ungleich zusammengesetzt, gemischt, ungleichartig. Gegensatz von **homogen** [ho·mo'gen]: gleichartig, gleichmäßig, einheitlich, aus Gleichartigem zusammengesetzt.

Hierarchie [Hier·ar'chie]: Rangordnung, Rangfolge von oben nach unten mit abnehmender Bedeutung und Kompetenz oder Macht, Unter- und Überordnungsgefüge in einer Organisationsstruktur.

Humanismus [Hu·ma'nis·mus]: Menschlichkeit und Achtung der Menschenwürde als Ausdruck der Bestrebungen nach Höherentwicklung und Vervollkommnung der Menschheit. Vorausgesetzt werden unbegrenzte Entwicklungs- und Bildungsfähigkeit des Menschen.

Humanwissenschaften [Hu'man·wis·sen·schaf·ten]: Geisteswissenschaften, die sich mit dem Menschen beschäftigen.

Hypothese [Hy·po'the·se]: Annahme, Vermutung, Unterstellung, unbewiesene Voraussetzung; ausformulierte Idee als Arbeitsgrundlage mit der Absicht, sie zu beweisen oder zu widerlegen.

Idealismus [Idea'lis·mus]: An Idealen orientierte Weltanschauung, an sittlichen Werten und nicht an materiellen Zielen orientierte Lebensführung. Gegensatz zu Materialismus. Auch Handeln um der Sache willen, Selbstlosigkeit, Streben nach Verwirklichung von Idealen.

Imagination [Ima·gi·na·ti'on]: Vergegenwärtigung, Einbildung, bildhafte Fantasie, Einbildungskraft.

imaginativ [ima·gi·na'tiv]: Eine Vorstellung weckend, auf Imagination beruhend, die Imagination betreffend.

implizit [im·pli'zit]: Mit enthalten, mit gemeint.

implizieren [im·pli'zie·ren]: Mit einbeziehen, einschließen. Zur Folge haben, mit sich bringen.

Inklusion [In·klu·si'on]: Einschluss, Einschließung. Enthaltensein einer Menge in einer anderen.

inklusive [in·klu'si·ve]: Eingeschlossen, enthalten, inbegriffen. inkludieren [in·klu'die·ren]: Einschließen.

Inkompetenz ['In·kom·pe·tenz]: Unfähigkeit, Unvermögen, Fehlen des Sachverstandes. Gegensatz zu Kompetenz. Auch Nichtzuständigkeit, Nichtbefugnis.

inkompetent ['in·kom·pe·tent]: Nicht kundig, nicht fähig, nicht über den notwendigen Sachverstand verfügend, um etwas zu beurteilen oder fachgerecht auszuführen. Auch nicht befugt, nicht zuständig.

Integration: [In·te·gra·ti'on]: Wiederherstellung eines Ganzen. Im allgemeinen Sprachgebrauch der Prozess des Zusammenschlusses von Teilen zu einer Einheit oder die Eingliederung in ein größeres Ganzes. In der Soziologie Bezeichnung für die im Wesentlichen harmonisch verlaufende bewusstseinsmäßige oder erzieherische Eingliederung von Bevölkerungsgruppen und Individuen in ein soziales Gebilde (Gemeinschaft, Gesellschaft, soziale Gruppe, Staat).

Intention [In·ten·ti'on]: Absicht, Bestreben, Vorhaben, Hinzielen. Zweck, Ziel. Zielgerichtetheit des Denkens.

intentional [in·ten·tio'nal]: zweckbestimmt, zweckgerichtet. Hinzielend. absichtlich, beabsichtigt.

Intentionalität [In·ten·tio·na·li'tät]: Zielgerichtetheit, Zielstrebigkeit.

Interaktion [In·ter·ak·ti'on]: Wechselseitige Beziehung, aufeinander bezogenes Handeln, gegenseitige Beeinflussung.

interdependent [in·ter·de·pen'dent]: Voneinander abhängend.

Interdependenz [In·ter·de·pen'denz]: Gegenseitige Abhängigkeit.

interdisziplinär [in·ter·dis·zi·pli'När]: Mehrere Disziplinen umfassend, fächerübergreifend. Die Zusammenarbeit zwischen verschiedenen Disziplinen betreffend.

Intervention [In·ter·ven·ti'on]: Dazwischentreten, Vermittlung, Einmischung, Eingreifen in ein Geschehen oder eine Auseinandersetzung.

intrapersonal ['In·tra·per·so·nal]: Nur dem einzelnen Individuum vorbehalten (Verstehen), innerhalb des einzelnen Subjekts bleibend. Gegensatz zu intersubjektiv.

intrinsisch [in'trin·sisch]: Von innen kommend, aus eigenem Antrieb. Gegensatz zu extrinsisch.

involvieren [in·vol'vie·ren]: einschließen, enthalten, nach sich ziehen.

irreparabel ['Ir·re·pa·ra·bel]: So beschädigt, dass es nicht zu reparieren ist, nicht wieder herzustellen, nicht wieder zu bereinigen, unersetzlich, unwiederbringlich, *(med.)* nicht heilbar, nicht wieder herstellbar.

Irreparabilität [Ir·re·pa·ra·bi·li'tät]: Irreparable Beschaffenheit.

Januskopf ['Ja·nus·kopf]: In der antiken Mythologie doppelgesichtiger Männerkopf. Heute das Sinnbild der Zwiespältigkeit.

Know-how [Know-how]: Wissen, Kenntnisse, Fertigkeit.

Kodex ['Ko·dex]: (rel.) Kirchliches Gesetzbuch, Gesetzessammlung. Berufskodex: Im übertragenen Sinne – eine Übereinkunft hervorragender Vertreter einer bestimmten Profession bezüglich der Prinzipien des beruflichen Handelns.

Kognition [Ko·gni·ti'on]: Erkennen, Wahrnehmen. Erkenntnis.

kognitiv [ko·gni'tiv]: Das Erkennen, das Wahrnehmen betreffend, auf ihm beruhend. Die Erkenntnis betreffend, auf ihr beruhend, erkenntnismäßig.

Kohäsion [Ko·hä·si'on]: Zusammenhangskraft der Moleküle eines Stoffes.

kohärieren [ko·hä'rie·ren]: Zusammenhängen, eine Beziehung aufweisen, der Kohäsion unterliegen.

Kompetenz [Kom·pe'tenz]: Sachverstand, Fähigkeit, Vermögen. Gegensatz zu Inkompetenz. Auch Zuständigkeit, Befugnis.

kompetent [kom·pe'tent]: Kundig, fähig, über den nötigen Sachverstand verfügend, um etwas zu beurteilen oder fachgerecht auszuführen. Auch befugt, zuständig.

komplementär [kom·ple·men'tär]: Einander ergänzend.

Konsens [Kon'sens]: Übereinstimmung, Einigung in strittigen Fragen, Zustimmung, Einwilligung, Genehmigung, Consensus, Konsensus. Übereinstimmung von Wille und Willensäußerung der Vertragspartner bei Abschluss eines Vertrages. Gegensatz zu Dissens.

Kontext ['Kon·text]: Zusammenhang, Umfeld. Der umgebende Text, der den semantischen Gehalt einer sprachlichen Einheit mitbestimmt. Inhaltlicher Sach- und Sinnzusammenhang.

Kontingenz [Kon·tin'genz]: Zufälligkeit, Möglichkeit. Auch Grad der Wahrscheinlichkeit des Auftretens bestimmter Merkmalskombinationen.

kontingent [kon·tin'gent]: Zufällig, auf Kontingenz beruhend.

Konzept [Kon'zept]: Plan, Programm; Entwurf, Skizze (z. B. einer Rede).

Kretinismus [Kre·ti'nis·mus]: Körperliche und geistige Zurückgebliebenheit.

Kretin [Kre·tin]: Derjenige, der an Kretinismus leidet.

liberal [li·be'ral]: Duldsam, freisinnig, großzügig.

liberalisieren [li·be·ra·li'sie·ren]: Freier, großzügiger oder offener gestalten, Einschränkungen beseitigen, Handelsbeschränkungen, Außenhandelskontingentierungen aufheben.

Majorität [Ma·jo·ri'tät]: Mehrheit, Stimmenmehrheit. Gegensatz zu Minorität.

meta... [me·ta...]: Meta... als Wortteil in Ausdrücken mit den Bedeutungen nach, später, hinter, zwischen, inmitten. Auch Umstellung, Wechsel, Veränderung, Verwandlung.

Metabolismus [me·ta·bo'lis·mus]: Stoffwechsel, Umwandlung.

Minorität [Mi·no·ri'tät]: Minderheit, geringere Anzahl der Stimmen in einer Abstimmung. Gesellschaftliche Gruppe, die in ethnischer, religiöser oder sprachlicher Hinsicht eine Minderheit in der Gesamtbevölkerung darstellt. Gegensatz zu Majorität.

Modus [Mo·dus]: (Mehrzahl: Modi) Art und Weise, Daseinsweise.

Mongolismus [Mon·go'lis·mus]: *(med.)* Angeborene Missbildungen (Lidfalte, Körperfunktionsstörungen) aufgrund von Down-Syndrom, Trisomie 21.

Monitor ['Mo·ni·tor]: *(tech.)* Bildschirm (vor allem von Datensichtgeräten oder Computern); Kontrollbildschirm von Fernsehredakteuren oder -sprechern; Überwachungsgerät.

Moralität [Mo·ra·li'tät]: Moralische Haltung, sittliches Empfinden und Verhalten, Sittlichkeit.

Morphologie [Mor·pho·lo'gie]: Wissenschaft von den Formen, Gestalten und Strukturen in einem Sachgebiet. (biol.) Lehre von der Form und der Organisation der Lebewesen.

Motorik [Mo'to·rik]: *(med.)* Gesamtheit der willkürlichen Muskelbewegungen.

Gegensatz **Motilität** [Mo·ti·li'tät]: *(med.)* Gesamtheit der unwillkürlichen Muskelbewegungen.

motorisch [mo'to·risch]: gleichförmig, automatisch ablaufend, die Motorik betreffend.

Mythos ['My·thos]: Überlieferte Sage oder Dichtung eines Volkes oder einer Epoche von der Entstehung und der Geschichte der Welt, der Götter und der Menschheit. Auch: zur Legende gewordenes Geschehen oder Person.

Orakel [Ora·kel]: Weissagung, Wahrsagung. Rätselhafter Ausspruch, mehrdeutige Auskunft. Kultstätte der Antike, an der Weissagungen verkündet wurden.

Paläodemographie [Pa·lä·o·de·mo·gra'phie]: Wissenschaft von der urzeitlichen Bevölkerung und ihrer Entwicklung.

Paläontologie [Pa·lä·on·to·lo'gie]: Wissenschaft vom Leben in vergangenen Erdzeitaltern.

Paläopathologie [Pa·lä·o·pa·tho·lo'gie]: Lehre von den Krankheiten in den Anfängen der Menschheitsgeschichte und der durch sie bewirkten körperlichen Veränderungen.

Paradigma [Pa·ra'dig·ma]: Regelsystem, Muster, Modell.

paradigmatisch [pa·ra·dig'ma·tisch]: Als Beispiel oder Muster dienend, beispielhaft. Ein Paradigma betreffend, ihm folgend.

Paradox [Pa·ra'dox]: Eine (scheinbar) widersinnige, widersprüchliche Behauptung, etwas der Vernunft zu widersprechen Scheinendes, Paradoxon.

Paradoxie [Pa·ra·do'xie]: Paradoxe Erscheinung, das Widersinnige.

Pauperismus [Pau·pe'ris·mus]: Verelendung, Verarmung breiter Bevölkerungsschichten, Massenarmut.

Pauperität [Pau·pe·ri'tät]: Armut, Dürftigkeit.

Perzeption [Per·zep·ti'on]: Reizaufnahme, Wahrnehmung durch Sinnesorgane; Erfassen, Wahrnehmen als erste Erkenntnisstufe.

Phänomen [Phä·no'men]: Erscheinung, Erscheinungsform, das sich den Sinnen Zeigende. Auch etwas oder jemand Außergewöhnliches, Ungewöhnliches.

Phänomenologie [Phä·no·me·no·lo'gie]: Teilgebiet einer wissenschaftlichen Disziplin, das sich mit der Beschreibung und Klassifikation der Gegenstände des Wissenschaftsgebietes befasst. Philosophische Lehre von den Erscheinungen der Dinge.

Physiologie [Phy·sio·lo'gie]: Wissenschaft von den normalen Lebensvorgängen des Organismus.

pointieren [poin·tie·ren]: Betonen, hervorheben, unterstreichen.

polyvalent [po·ly·va'lent]: Gegen verschiedene Krankheitserreger wirksam.

Postmoderne ['Post·mo·der·ne]: Strömung in der modernen Architektur, die eine Abkehr von der strengen Funktionalität vertritt. Vager Begriff einer gesellschaftlichen (und besonders literarischen) Strömung, die mit Formen und Stilmitteln der Moderne spielerisch umgeht und sie, ohne auf ihre historischen Bezüge zu achten, verwendet.

potentiell → **potenziell** [po·ten·zi'ell]: Möglich, denkbar. Gegensatz zu aktual.

prä... [prä...]: Prä... als Wortteil in Ausdrücken mit der Bedeutung vor..., Vor..., voraus..., Voraus..., vorher..., Vorher...

Prädestination [Prä·des·ti·na·ti'on]: Das Geeignetsein, das Vorbestimmtsein für bestimmte Tätigkeiten oder Funktionen durch Eigenschaften und Fähigkeiten.

prädestiniert [prä·des·ti'niert]: Vorherbestimmt, ideal geeignet, wie für etwas geschaffen.

Präferenz [Prä·fe'renz]: Erste Wahl, Vorzug, Vorrang.

präformieren [prä·for'mie·ren]: Im Embryo ausbilden.

Präformation [Prä·for·ma·ti'on]: Ausgestaltung aller Organe des erwachsenen Organismus im Embryo.

pragmatisch [prag'ma·tisch]: Mit Sinn für das Nützliche, Sinnvolle oder Machbare, sich auf das Naheliegendste beschränkend, realistisch. Aus der Analyse von Ursachen und Wirkungen der Geschehnisse Lehren für die Zukunft ziehend.

Prävention [Prä·ven·ti'on]: Das Zuvorkommen, Verhütung, Vorbeugung.

präventiv [prä·ven'tiv]: verhütend, vorbeugend.

professionalisieren [pro·fes·sio·na·li'sie·ren]: Professionell gestalten, umorganisieren, etwas zum Beruf machen.

professionell [pro·fes·sio'nell]: Fachmännisch, gekonnt, berufsmäßig.

pseudo... [pseu·do...]: Pseudo... als Wortteil mit der Bedeutung schein..., Schein..., falsch..., Falsch..., unecht..., Unecht..., vorgetäuscht.

Psychomotorik [Psy·cho·mo'to·rik]: Bewusst erlebte und willkürlich gesteuerte Bewegungsabläufe als Ausdruck des normalen oder gestörten Geisteszustandes einer Persönlichkeit.

Psychotherapie [Psy·cho·the·ra'pie]: Wissenschaft von der Behandlung psychischer und körperlicher Erkrankungen mithilfe systematischer Beeinflussung der Psyche.

qua [qua]: Als (in der Eigenschaft) gemäß, entsprechend. Auch mittels, durch.

Qualifikation [Qua·li·fi·ka·ti'on]: Berechtigung, Eignung, Befähigung; Erwerb oder Aneignung von Fähigkeiten oder Berechtigungen; Nachweis von Fähigkeiten.

Quo vadis [Kwo va'diss]: Wohin schreitest du? Wo gehst du hin? (lat.)

Rationalismus [Ra·tio·na'lis·mus]: Erkenntnistheoretische Richtung, die das rationale Denken als einzige Erkenntnisgrundlage anerkennt. Gegensatz zu Empirismus.

Rehabilitation [Re·ha·bi·li·ta·ti'on]: *(med.)* Wiederherstellung der körperlichen und geistigen Leistungsfähigkeit eines Kranken und seine Wiedereingliederung in soziale Zusammenhänge.

rehabilitieren [re·ha·bi·li'tie·ren]: die körperliche und geistige Leistungsfähigkeit eines Kranken im Verlauf des Heilungsprozesses wiederherstellen und ihn in soziale Zusammenhänge wiedereingliedern; jemanden in die Gesellschaft wiedereingliedern, sein soziales Ansehen wiederherstellen.

relational [re·la·tio'nal]: Die Relation betreffend, in Beziehung stehend.

relevant [re·le'vant]: Erheblich, bedeutsam, wichtig, wesentlich.

Relevanz [Re·le'vanz]: Wesentliche Beschaffenheit, Wichtigkeit, Bedeutsamkeit.

Residenz [Re·si'denz]: Amtssitz, Wohnsitz eines kirchlichen oder weltlichen Herrschers. Regierungssitz, Sitz eines Präsidenten. Hauptstadt.

Ressource [Res·sour·ce]: Natürliche oder gesellschaftliche Quelle der Grundlagen der Reproduktion (z. B. Bodenschätze, Arbeit). Auch Kraftquelle, Hilfsmittel, Hilfsquelle.

Restriktion [Rest·rik·ti'on]: Einschränkung, Beschränkung.

restriktiv [rest·rik'tiv]: Einschränkend, einengend, begrenzend; auf bestimmte Fälle einschränkend. Gegensatz zu extensiv.

Rezeptor [Re·zep·tor]: Sinneszelle, die bestimmte Reize aufnimmt.

Segregation [Se·gre·ga·ti'on]: Bewahrung, Absonderung (in Anstalten oder Lagern). Ausscheidung, Absonderung.

sekundär ['se·kun·där]: An zweiter Stelle stehend, zweitrangig, weniger wichtig, untergeordnet, nebensächlich; auch nachträglich hinzukommend (Gegensatz zu primär).

Selektion [Se·lek·ti'on]: Auswahl, Aussonderung. Phänomen der natürlichen Auslese von Organismen einer Art, die gegebenen Bedingungen durch das zufällige Besitzen bestimmter Eigenschaften am besten angepasst sind. Auslese, Zuchtwahl.

Semiotik [Se·mio·tik]: Allgemeine Theorie der sprachlichen und nichtsprachlichen Zeichensysteme.

Sensibilität [Sen·si·bi·li'tät]: Empfindlichkeit, Empfänglichkeit (Reize), Aufmerksamkeit, Aufnahmebereitschaft.

Sensitivität [Sen·si·ti·vi'tät]: Sensitives Wesen, Feinnervigkeit.

Sensomotorik ['Sen·so·mo·to·rik]: *(med.)* Gesamtheit des Zusammenwirkens des Nervensystems und des Organismus.

Sensomobilität [Sen·so·mo·bi·li'tät]: *(med.)* Koordination der sensorischen und motorischen Nerven zur Steuerung von Bewegungsabläufen.

sensoriell [sen·so·ri'ell]: Die Aufnahme von Reizen, die Sinneswahrnehmung betreffend, sensorisch.

Setting [Set·ting]: Umgebung, in der etwas stattfindet.

Skoliose [Sko·lio·se]: Seitliche Rückgratverkrümmung.

sozial [so·zi'al]: Gesellschaft, menschliche Gemeinschaft betreffend, auf ihr beruhend, zu ihr gehörend, durch sie bewirkt, gesellschaftlich, gemeinschaftlich. Gemeinnützig, dem Gemeinwohl dienend, wohltätig. Hilfsbereit, menschlich, die Belange des Einzelnen berücksichtigend, Rücksicht nehmend.

Soziabilität [So·zia·bi·li'tät]: Geselligkeit, Umgänglichkeit.

Soziologie [So·zio·lo'gie]: Wissenschaft von Struktur und Entwicklung der Gesellschaft.

Spastiker [Spas·ti·ker]: Jemand, der manche Teile des Körpers nicht kontrolliert bewegen kann, weil die Muskeln zusammengezogen sind.

spastisch [spas·tisch]: *(med.)* Krampfartig, mit erhöhtem Muskeltonus.

Stele ['Ste·le]: Frei stehende schlanke Säule oder Platte mit Relief.

Stigma ['Stig·ma]: (Wund-)Mal, Zeichen; Zeichen einer gesellschaftlichen oder sozialen Benachteiligung. Auch bleibendes Krankheitszeichen.

Strabismus [Stra'bis·mus]: *(med.)* Schielen.

stringent [strin'gent]: Bündig, zwingend, logisch folgend.

Stringenz [Strin'genz]: Bündigkeit, Schlüssigkeit, strenge Beweiskraft.

Suizid [Sui'zid]: Selbstmord.

suizidal [sui·zi'dal]: durch Selbstmord erfolgt, zum Selbstmord neigend.

Suizidalität [Sui·zi·da·li'tät]: Neigung, Selbstmord zu begehen.

Suizidant [Sui·zi'dant]: jemand, der Selbstmord verübt oder einen Selbstmordversuch unternimmt.

Symptom: [Symp·tom]: Anzeichen, Kennzeichen, Merkmal, aber auch Vorbote, Zeichen für eine kommende Entwicklung im Sinne der Veränderung im Zustand oder in der Funktion eines Organs oder im Aussehen eines Menschen oder anderen Lebewesens, die für eine bestimmte Krankheit typisch ist.

Symptomatik [Symp·to·ma·tik]: Die Gesamtheit von Symptomen.

symptomatisch [symp·to·ma·tisch]: Kennzeichnend, bezeichnend, hinweisend, aber auch nur auf die Symptome und nicht auf die Ursachen zielend.

Synonym [Syn·onym]: Bedeutungsgleiches oder -ähnliches Wort. Gegensatz zu Antonym.

synonym [syn·onym]: Gleichbedeutend, sinnverwandt, bedeutungsgleich.

synthetisch [syn'the·tisch]: Durch Synthese entstanden, auf ihr beruhend, künstlich, nicht natürlich entstanden. Gegensatz zu analytisch.

Teleologie [Te·leo·lo'gie]: Philosophische Lehre, nach der alle Entwicklung zweck- und zielgerichtet auf feststehende ideelle Ziele zustrebe.

Test [Test]: Überprüfung und Bewertung bestimmter Leistungen einer Person (ein psychologischer Test = jemanden einem Test unterziehen). Überprüfung oder Messung bestimmter Funktionen einer Maschine o. Ä.

Therapie [The·ra'pie]: *(med.)* Heilbehandlung, Krankenbehandlung, Behandlung psychischer Krankheiten.

therapieren [the·ra'pie·ren]: Therapie vornehmen, jemanden einer Therapie unterziehen.

Topologie [To·po·lo'gie]: Lehre von den stetigen Abbildungen, den räumlichen Strukturen und der Lage und Anordnung von geometrischen Gebilden im Raum. Beschreibung der Positionierung im Raum.

Toxoplasmose [To·xo·plas'mo·se]: Infektionskrankheit. Erreger ist der Mikroorganismus *Toxoplasma gondii*. Die Krankheit verläuft im Allgemeinen relativ harmlos. Zieht sich eine Frau jedoch während der Schwangerschaft eine Toxoplasmose zu, kann es beim Kind zu schweren Geburtsfehlern kommen.

Transfer [Trans'fer]: Übertragung, Umwandlung. Beförderung von etwas oder jemand zwischen zwei Orten.

Transzendenz [Tran·szen'denz]: Das jenseits der Erfahrung Liegende, das Übersinnliche, die Jenseitigkeit. Das Überschreiten der Grenzen der sinnlichen Erfahrungen. Gegensatz zu Immanenz.

transzendent [tran·szen'dent]: Die Grenzen der sinnlichen Erfahrung überschreitend, übersinnlich.

Trauma ['Trau·ma]: *(med.)* Schock, schwere seelische Erschütterung, durch äußere Einwirkung hervorgerufene Verletzung, Wunde.

Trisomie [Tri·so'mie]: *(med.)* Überzähligkeit eines Chromosoms im Chromosomensatz.

Utilitarismus [Uti·li·ta'ris·mus]: Lehre, die Handlungen und sittliche Werte in erster Linie nach ihrer gesellschaftlichen Nützlichkeit bewertet.

verbal [ver'bal]: mündlich, mit Worten.

voluntativ [vo·lun·ta'tiv]: Den Willen betreffend.

Literaturverzeichnis

Ahrbeck, Bernd: Tiefenpsychologische Ansätze, in: Handbuch der sonderpädagogischen Psychologie, hrsg. von Johann Borchert, Göttingen/Bern/Toronto/Seatle, Hogrefe, 2000.

Anken, Lars: Konstruktivismus und Inklusion im Dialog, Heidelberg, Carl Auer, 2010.

Arbeitsgemeinschaft für Erziehungshilfe AFET e. V. (Hrsg.): Herausforderung zum heilpädagogischen Handeln. Situation und Perspektiven heilpädagogischer Ausbildung und Praxis in der Bundesrepublik Deutschland, Hannover, AFET, 1991.

BAG-WfbM: Menschen in Werkstätten, 2013, unter: www.bagwfbm.de/page/25 [10.12.2013].

Beck, Iris: Wohnen, in: Kompendium der Heilpädagogik, hrsg. von Heinrich Greving, Bd. 2, Troisdorf, Bildungsverlag EINS, 2007, S. 334–345.

Beck, Iris: Normalisierung, in: Handbuch der Behindertenpädagogik, hrsg. von Georg Antor und Ulrich Bleidick, Stuttgart/Berlin/Köln, Kösel, 2001, S. 82–85.

Beck, Iris: Norm, Interaktion, Identität: Zur theoretischen Rekonstruktion und Begründung eines pädagogischen und sozialen Reformprozesses, in: Normalisierung. Behindertenpädagogische und sozialpolitische Perspektiven eines Reformkonzeptes, hrsg. von Iris Beck u. a., Heidelberg, Winter Programm Edition Schindele, 1996, S. 19–43.

Beck, Ulrich: Risikogesellschaft. Auf dem Weg in eine andere Moderne, Frankfurt am Main, Suhrkamp, 1986.

Becker, Klaus-Peter u. a.: Rehabilitationspädagogik, 2. Auflage, Berlin, Volk und Gesundheit, 1984.

Benner, Dietrich: Allgemeine Pädagogik. Eine systematisch-problemgeschichtliche Einführung in die Grundstruktur pädagogischen Denkens und Handelns, Weinheim, Juventa, 1987.

Bernath, Karin: An guter Lehr' trägt keiner schwer, in: VHN (Vierteljahresschrift für Heilpädagogik und ihre Nachbargebiete) 3/2001, hrsg. von: Heilpädagogisches Institut der Universität Freiburg, S. 249–255.

Berufsverband der Heilpädagogen (BHP) (Hrsg.): Berufsbild Heilpädagogin/Heilpädagoge, Diskussionsentwurf, Kiel, BHP, 2000a.

Berufsverband der Heilpädagogen (BHP) (Hrsg.): Methodensuche – Methodensucht in der Heilpädagogik? Eine Standortbestimmung. Bericht der Fachtagung des Berufsverbandes der Heilpädagogen vom 24. bis 26. November 1995 in Bad Lauterberg/Harz, 2. Auflage, Kiel, BHP, 2000b.

Berufsverband der Heilpädagogen (BHP) (Hrsg.): Heilpädagogen im Jahre 1991. Situations- und Arbeitsfeldanalyse, Büdelsdorf, BHP, 1991.

Bibliographisches Institut (Hrsg.): Meyers großes Handlexikon des gesamten Wissens, 11. Auflage, Mannheim/Wien/Zürich, Bibliographisches Institut, 1974.

Bibliographisches Institut (Hrsg.): Das große Duden-Lexikon in acht Bänden, Mannheim/Wien/Zürich, Bibliographisches Institut, 1969.

Binding, Karl/Hoche, Alfred: Die Freigabe der Vernichtung lebensunwerten Lebens. Ihr Maß und ihre Form, Leipzig, Meiner, 1920.

Bischoff-Wanner, Claudia: Empathie in der Pflege. Begriffsklärung und Entwicklung eines Rahmenmodells. Bern, Göttingen, Toronto, Seattle, Huber, 2002.

Blackert, Peter: Erziehen aus Verantwortung. Grundlagen der Heilpädagogik Paul Moors, Berlin, Marhold, 1983.

Bleidick, Ulrich: Nachdenken über die Heilpädagogik. Ein Plädoyer für Kontingenz, in: VHN (Vierteljahresschrift für Heilpädagogik und ihre Nachbargebiete) 1997/2, hrsg. von: Heilpädagogisches Institut der Universität Freiburg, S. 140–162.

Bleidick, Ulrich: Individualpsychologie, Lernbehinderungen und Verhaltensstörungen. Hilfen für Erziehung und Unterricht, Berlin, Marhold, 1985.

Bloch, Ernst: Das Prinzip Hoffnung, Frankfurt am Main, Suhrkamp, 1985.

Bloemers, Wolf: Inklusion: Gleichberechtigte Teilhabe aller Menschen an der Gesellschaft, in: Spezielle Heilpädagogik. Eine Einführung in die handlungsfeldorientierte Heilpädagogik, hrsg. von Heinrich Greving und Petr Ondracek, Stuttgart, Kohlhammer, 2009, S. 148–181.

Boban, Ines/Hinz, Andreas: Der Index für Inklusion. Lernen und Teilhabe in der Schule der Vielfalt entwickeln, in: Sozial Extra, 9/10, 2009, S. 12–16.

Boban, Ines/Hinz, Andreas (Hrsg.): Index für Inklusion. Lernen und Teilhabe in Schulen der Vielfalt entwickeln, übersetzte und adaptierte Fassung von: Inclusion. Developing Learning and Participation in Schools, London: Center for Studies on Inclusive Education, Halle/Saale, Martin-Luther-Universität Halle-Wittenberg, 2003.

Booth, Tony/Ainscow, Mel/Kingston Denise: Index für Inklusion (Tageseinrichtungen für Kinder). Lernen, Partizipation und Spiel in der inklusiven Kindertageseinrichtung entwickeln, Originalausgabe hrsg. von Centre for Studies on Inclusive Education (CSIE), Bristol, 2004, deutschsprachige Ausgabe hrsg. von der Gewerkschaft Erziehung und Wissenschaft (GEW), Frankfurt am Main, Verlag der Gewerkschaft für Erziehung und Wissenschaft, 2006.

Borchert, Johann (Hrsg.): Handbuch der Sonderpädagogischen Psychologie, Göttingen/Bern/Toronto/Seatle, Hogrefe, 2000.

Bourdieu, Pierre: Die feinen Unterschiede. Kritik der gesellschaftlichen Urteilskraft, 4. Auflage, übers. von Bernd Schwibs und Achim Russer, Frankfurt am Main, Suhrkamp, 1987.

Bradl, Christian: Dienstleistungen für gesundheitliches und psychosoziales Wohlbefinden, in: Gemeindeorientierte pädagogische Dienstleistungen, hrsg. von Iris Beck und Heinrich Greving, Bd. 6 des Enzyklopädischen Handbuches der Behindertenpädagogik: Behinderung, Bildung, Partizipation, Stuttgart, Kohlhammer 2011, S. 149–157.

Braum, Dagmar: Der Umgang mit Geisteskranken im Mittelalter und in der Neuzeit, in: Bild-Störung! Der lange Weg vom Tollhaus zur Werkstatt für Behinderte. Eine Ausstellung über die Geschichte des Umgangs mit behinderten Menschen. Katalog zur Ausstellung, hrsg. von Günther Mosen u. a., 2. Auflage, Frankfurt am Main, Bundesarbeitsgemeinschaft Werkstätten für Behinderte e. V., 2001.

Bronfenbrenner, Urie: Die Ökologie der menschlichen Entwicklung. Natürliche und geplante Experimente, übers. von Agnes von Cranach, hrsg. v. Kurt Lüscher, Stuttgart, Klett-Cotta, 1981.

Buber, Martin: Das dialogische Prinzip, 6. Auflage, Gerlingen, Schneider, 1992.

Buber, Martin: Das Problem des Menschen, 5. Auflage, Heidelberg, Schneider, 1982.

Buber, Martin: Urdistanz und Beziehung, 4. Auflage, Heidelberg, Schneider, 1978.

Buhse, U.: Das Apartmenthaus. Eine neue Wohnform entsteht, in: Der kleine Prinz, Hausperiodikum des Johannes-Busch-Haus Lüdenscheid, 2002, Lüdenscheid, Johannes-Busch-Haus, S. 12–17.

Bundesanstalt für Arbeit (Hrsg.): Berufliche Rehabilitation junger Menschen. Handbuch für Schule, Berufsberatung und Ausbildung (CD-ROM). Nürnberg, Bundesanstalt für Arbeit, 1997.

Bundesministerium für Arbeit und Sozialordnung (Hrsg.): Frühförderung. Einrichtungen und Stellen der Frühförderung in der Bundesrepublik Deutschland – ein Wegweiser, Bonn, Bundesministerium für Arbeit und Sozialordnung, 1999.

Bundschuh, Konrad: Heilpädagogische Psychologie, München/Basel, Reinhardt, 2002a.

Bundschuh, Konrad/Heimlich, Ulrich/Krawitz, Rudi (Hrsg.): Wörterbuch Heilpädagogik. Ein Nachschlagewerk für Studium und pädagogische Praxis, 2. Auflage, Bad Heilbrunn/Obb., Klinkhardt, 2002.

Bürli, Alois: Berufliche Identität und Professionalisierung in der Heilpädagogik, in: Aspekte 46, hrsg. von Edition der Schweizerischen Zentralstelle für Heilpädagogik (SZH) Luzern, Biel, SZH, 1993.

Buschmeier, Ulrike: Macht und Einfluss in Organisationen, Göttingen, Cuvillier, 1995.

Ciaramicoli, Arthur P./Ketcham, Katherine: Der Empathie-Faktor. Mitgefühl. Toleranz, Verständnis. Münchenn, DTV, 2002.

Combe, Arno/Helsper, Werner: Einleitung: Pädagogische Professionalität. Historische Hypotheken und aktuelle Entwicklungstendenzen, in: Pädagogische Professionalität.

Untersuchungen zum Typus pädagogischen Handelns, hrsg. von Arno Combe und Werner Helsper, Frankfurt am Main, Suhrkamp, S. 9–48.

Dahrendorf, Ralf: Lebenschancen. Anläufe zur sozialen und politischen Theorie, Frankfurt am Main, Suhrkamp, 1979.

Damasio, Antonio R.: Der Spinoza-Effekt. Wie Gefühle unser Leben bestimmen, übersetzt v. Hainer Kober, München, List, 2004.

Dannert, Maja: Ausgewählte Aspekte der Montessori-Pädagogik für die Heilpädagogik bei 3- bis 6-jährigen Kindern. Diplomarbeit im Studiengang Heilpädagogik, Bochum, Evangelische Fachhochschule RWL, 2003.

Darwin, Charles: Die Abstammung des Menschen, 4. Auflage, übersetzt von Heinrich Schmidt, mit einer Einführung von Christian Vogel, Stuttgart, Alfred Kröner Verlag, 1982.

Dederich, Markus: Behinderung als sozial- und kulturwissenschaftliche Kategorie, in: Behinderung und Anerkennung. Enzyklopädisches Handbuch der Behindertenpädagogik. Behinderung, Bildung, Partizipation. Bd. 2, hrsg. von Markus Dederich und Wolfgang Jantzen, Stuttgart, Kohlhammer, 2009, S. 15–39.

Dederich, Markus: Exklusion, in: Inklusion statt Integration? – Heilpädagogik als Kulturtechnik, hrsg. von Markus Dederich, Heinrich Greving, Christian Mürner und Peter Rödler,Gießen, Psychosozial-Verlag, 2006, S. 11–27.

Dederich, Markus: Behinderung, Körper und die kulturelle Produktion von Wissen. Impulse der amerikanischen Disability Studies für die Soziologie der Behinderten, in: Soziologie im Kontext von Behinderung. Theoriebildung, Theorieansätze und singuläre Phänomene, hrsg. von Rudolf Forster, Bad Heilbrunn, Klinkhardt, 2004, S. 175–196.

Deutscher Verein für öffentliche und private Fürsorge (Hrsg.): Fachlexikon der sozialen Arbeit, 3. Auflage, Frankfurt am Main, Deutscher Vereine für öffentliche und private Fürsorge, 1993.

Dewe, Bernd/Ferchhoff, Wilfried/Scherr, Albert/Stüwe, Gerd: Professionelles soziales Handeln. Soziale Arbeit im Spannungsfeld zwischen Theorie und Praxis, 2. Auflage, Weinheim/München, Juventa, 1995.

Dieckmann, Friedrich: Heilpädagogische Unterstützung von erwachsenen Menschen mit Behinderung, in: Spezielle Heilpädagogik. Eine Einführung in die handlungsfeldorientierte Heilpädagogik, hrsg. von Heinrich Greving und Petr Ondracek, Stuttgart, Kohlhammer, 2009, S. 34–82.

Dieckmann, Friedrich/Giovis, Christos/Schäper, Sabine/Schüller, Simone/Greving, Heinrich: Vorausschätzung der Altersentwicklung von Erwachsenen mit geistiger Behinderung in Westfalen-Lippe. Erster Zwischenbericht zum Forschungsprojekt „Lebensqualität inklusiv(e): Innovative Konzepte unterstützten Wohnens älter werdender Menschen mit Behinderung“ (LEQUI), Münster, LWL Münster, 2010.

Dupuis, Gregor/Kerkhoff, W. (Hrsg.): Enzyklopädie des Sonderpädagogik, der Heilpädagogik und ihrer Nachbargebiete, Berlin, Edition Marhold im Wissenschaftsverlag Spiess, 1992.

Dziellak, I.: Erfahrungsbericht zur Weiterbildungsmaßnahme „Personzentriertes Arbeiten nach C. R. Rogers mit Elementen der Prä-Therapie bei Menschen mit geistiger Behinderung und/oder Altersdemenz“, Herten, unveröffentlicht, 2001.

Eggert, Dietrich/Kiphard, Ernst J.: Die Bedeutung der Motorik für die Entwicklung normaler und behinderter Kinder, 4. Auflage, Schorndorf, Hofmann, 1980.

EKD/Evangelische Kirche in Deutschland (Hrsg.): „Niemand darf verloren gehen!“: evangelisches Plädoyer für mehr Bildungsgerechtigkeit. Lesebuch zum Schwerpunktthema der 3. Tagung der 11. Synode der Evangelischen Kirche in Deutschland (EKD) vom 7. bis 10. November 2010 in Hannover, Münster/Hannover, Comenius Institut, 2010.

Eitle, Werner: Basiswissen Heilpädagogik, Troisdorf, Bildungsverlag EINS, 2003.

Engels, Friedrich/Marx, Karl: Manifest der Kommunistischen Partei, hrsg. von Sálvio M. Soares, 31.10.2008, MetaLibri, unter: hwww.ibiblio.org/ml/libri/e/EngelsFMarxKH_ManifestKommunistischen_s.pdf [16.1.2014].

Erzmann, Tobias: Konstitutive Elemente einer allgemeinen (integrativen) Pädagogik und eines veränderten Verständnisses von Behinderung, Frankfurt am Main, Lang, 2003.

Evangelische Fachhochschule RWL (Hrsg.): Heilpädagogisches Selbstverständnis. Vortragsreihe des Fachbereiches Heilpädagogik an der Evangelischen Fachhochschule RWL, Bochum, EFH, 1996.

Farzin, Sina: Die Rhetorik der Exklusion. Zum Zusammenhang von Exklusionsthematik und Sozialtheorie, Weilerswist, Velbrück, 2011.

Fatzer, Gerhard: Ganzheitliches Lernen: Humanistische Pädagogik und Organisationsentwicklung. Ein Handbuch für Lehrer, Pädagogen, Erwachsenenbildner und Organisationsberater, Paderborn, Junfermann, 1987.

Felce, D./Perry, J.: Quality of life: the scope of the term and its breadth of measurement, in: Quality of life for people with disabilities. Models, research und practice, hrsg. von Roy Brown, Cheltenham, Stanley Thornes, 1997, S. 56–71.

Fend, Helmut: Theorie der Schule, München, Urban & Schwarzenberg, 1980.

Fernkorn, Christine: Menschen – Recht – Inklusion. Internationale Fachtagung vom 7.-8. Juni an der EFH R-W-L, in: EFH Aktuell. Nachrichten/Berichte/Meinungen, 18. Jg. , Nr. 2, Juli 2013, S. 4–5.

Feuser, Georg: Integration – eine conditio sine qua non im Sinne kultureller Notwendigkeit und ethischer Verpflichtung, in: Das Sisyphos-Prinzip. Gesellschaftsanalytische und gesellschaftskritische Dimensionen der Heilpädagogik, hrsg. von Heinrich Greving und Dieter Gröschke, Bad Heilbrunn, Klinkhardt, 2002, S. 221–236.

Feuser, Georg: Von der Integration zur Inclusion. „Allgemeine (integrative) Pädagogik" und Fragen der Lehrerbildung, Vortrag während der „6. Allgemeinpädagogischen Tagung: Von der Integration zur Inklusion – Wege einer allgemeinen, integrativen Pädagogik" der Pädagogischen Akademie des Bundes in Niederösterreich, Baden (bei Wien) und der Heilpädagogischen Gesellschaft Niederösterreichs, am 21.03.2002, Baden (bei Wien).

Feuser, Georg: Behinderte Kinder und Jugendliche zwischen Integration und Aussonderung, Darmstadt, Wissenschaftliche Buchgesellschaft, 1995.

Feuser, Georg: Vom Weltbild zum Menschenbild. Aspekte eines neuen Verständnisses von Behinderung und einer Ethik wider die „Neue Euthanasie", in: Behinderung – verhindertes Menschenbild, hrsg. von Hans-Peter Merz und Eugen X. Frei, Luzern, Ed. SZH, 1994, S. 93–174.

Fleischmann, Ulrike: Die Hände reden, die Augen hören. Verständigungsbrücke „Gebärdensprache", in: Das Journal für Menschen im Raum der Kirchen, 4/2003, S. 26–29.

Flosdorf, Peter: Heilpädagoge/Heilpädagogin, staatlich anerkannter Heilpädagoge/staatlich anerkannte Heilpädagogin, Diplom-Heilpädagoge/Diplom-Heilpädagogin (FH), in: Blätter zur Berufskunde, hrsg. von: Bundesanstalt für Arbeit, 5. Auflage, Bielefeld, Bertelsmann, 1994.

Forgas, Joseph P.: Soziale Interaktion und Kommunikation. Eine Einführung in die Sozialpsychologie, 2. Auflage, übers. von Dieter Frey, Weinheim, Beltz, 1994.

Forster, Rudolf (Hrsg.): Soziologie im Kontext von Behinderung. Theoriebildung, Theorieansätze und singuläre Phänomene, Bad Heilbrunn, Klinkhardt, 2004.

Foucault, Michel: Wahnsinn und Gesellschaft. Eine Geschichte des Wahns im Zeitalter der Vernunft, übers. von Ulrich Köppen, Frankfurt am Main, Suhrkamp, 1973.

Franz, Daniel/Lindmeier, Bettina/Ling, Karen: Personorientierte Hilfen, Soziale Netzwerkförderung, Umfeldkonzepte, in: Gemeindeorientierte pädagogische Dienstleistungen. Bd. des Enzyklopädischen Handbuches der Behindertenpädagogik: Behinderung, Bildung, Partizipation, hrsg. von Iris Beck und Heinrich Greving, Kohlhammer, Stuttgart, 2011, S. 100–109.

Frick, S.: Erfahrungsbericht der Teilnehmerin der Weiterbildungsmaßnahme „Personzentriertes Arbeiten mit Elementen der Prä-Therapie bei Menschen mit geistiger Behinderung und/oder Altersdemenz", Bonn, unveröffentlicht, 2004.

Friedberg, Erhard: Mikropolitik und organisationelles Lernen, übers. von Gisela Voss, in: Lernendes Unternehmen. Konzepte und Instrumente für eine zukunftsfähige Unternehmens- und Organisationsentwicklung, hrsg. von Helmut Brentel, H. Klemisch und H. Rohn, Wiesbaden, Westdeutscher Verlag, 2003, S. 97–108.

Fröhlich, Andreas: Basale Stimulation, 7. Auflage, Düsseldorf, Verlag Selbstbestimmtes Leben, 1995.

Frostig, Marianne: Bewegungserziehung. Neue Wege der Heilpädagogik, 6. Auflage, übers. von Margit Förster, München, Reinhardt, 1999.

Früchtel, Frank/Budde, Wolfgang: Bürgerinnen und Bürger statt Menschen mit Behinderungen, in: Teilhabe 49 (2), 2010, S. 54–61.

Fuchs, Peter: Behinderung von Kommunikation durch Behinderung, in: Behindert und verhaltensauffällig. Zur Wirkung von Systemen und Strukturen, hrsg. von Werner Strubel und Horst Weichselgartner, Freiburg, Lambertus, 1995, S. 9–18.

Gagné, Robert M.: Die Bedingungen des menschlichen Lernens, 4. Auflage, Hannover, Schroedel, 1980.

Gergen, Kenneth J.: Konstruierte Wirklichkeiten. Eine Hinführung zum sozialen Konstruktionismus, Stuttgart, Kohlhammer, 2002.

Gerhard, Ute/Link, Jürgen/Schulte-Holtey, Ernst: Einleitung, in: Infografiken, Medien, Normalisierung. Zur Kategorie politisch-sozialer Landschaften, hrsg. von Ute Gerhard, Jürgen Link und Ernst Schulte-Holtey, Heidelberg, Synchron, Wiss.-Verlag der Autoren, 2001.

Gerspach, Manfred: Die Entwicklung eines tiefenhermeneutischen Konzepts für die Heilpädagogik, in: Heilpädagogische Anthropologie, hrsg. von Dieter Mattner und Manfred Gerspach, Stuttgart/Berlin/Köln, Kohlhammer, 1997, S. 118–226.

Giesecke, Hermann: Die pädagogische Beziehung. Pädagogische Professionalität und die Emanzipation des Kindes, 2. Auflage, Weinheim/München, Juventa, 1997.

Goll, Harald: Kinder mit Anencephalie. Interdisziplinärer Stand der Forschung, ethische Positionen und Hilfestellungen für Eltern und Kind, in: Spätabbrüche der Schwangerschaft. Überlegungen zu einer umstrittenen Praxis, hrsg. von Josef Römelt, Leipzig, St. Benno, 2005, S. 45–82.

Graevenitz, Gerhart von/Marquard, Odo: Vorwort, in: Kontingenz, hrsg. von Gerhart von Graevenitz und Odo Marquard, Paderborn, Wilhelm Fink, 1998, S. XI–XVI.

Greving, Heinrich: Zur Kultur der Gerechtigkeit in der Heilpädagogik, in: Behinderung und Gerechtigkeit. Heilpädagogik als Kulturpolitik, hrsg. von M. Dederich, H.Greving, Chr. Mürner, P. Rödler, Gießen, 2013, Psychosozial Verlag, S. 229–245.

Greving, Heinrich: Was bedeutet Inklusion? Unterschiedliche Perspektiven im wissenschaftlichen Feld und Konsequenzen für Studium und Ausbildung, in: Heilpädagogik.de 3/2012, S. 6–10.

Greving, Heinrich: Heilpädagogische Professionalität. Eine Orientierung, Kohlhammer, Stuttgart, 2011.

Greving, Heinrich: Kann man Inklusion lernen? – Anfragen an eine didaktisch-methodische (Un-)Möglichkeit, in: Inklusion statt Integration? Heilpädagogik als Kulturtechnik, hrsg. von Markus Dederich, Heinrich Greving, Christian Mürner und Peter Rödler, Gießen, Psychosozial-Verlag, 2006, S. 73–85.

Greving, Heinrich: Zwischen Kapital, Macht und Assistenz: Heilpädagogische Organisationen im Spannungsfeld, in: Soziologie im Kontext von Behinderung. Theoriebildung, Theorieansätze und singuläre Phänomene, hrsg. von Rudolf Forster, Bad Heilbrunn, Klinkhardt, 2004, S. 278–301.

Greving, Heinrich: Heilpädagogische Organisationen. Eine Grundlegung, Freiburg, Lambertus, 2000.

Greving, Heinrich/Dieckmann, Friedrich/Schäper, Sabine/Grauman, Susanne: Evaluation von Wohn- und Unterstützungsarrangements für älter werdende Menschen mit geistiger Behinderung. Dritter Zwischenbericht zum Forschungsbericht „Lebensqualität inklusiv(e): Innovative Konzepte unterstützten Wohnens älter werdender Menschen mit Behinderung" (LEQUI), Münster, LWL Münster, 2012.

Greving, Heinrich/Gröschke, Dieter (Hrsg.): Das Sisyphos-Prinzip. Gesellschaftsanalytische und gesellschaftskritische Dimensionen der Heilpädagogik, Bad Heilbrunn, Klinkhardt, 2002.

Greving, Heinrich/Mürner, Christian/Rödler, Peter (Hrsg.): Zeichen und Gesten. Heilpädagogik als Kulturthema, Gießen, Psychosozial-Verlag, 2004.

Greving, Heinrich/Niehoff, Dieter (Hrsg.): Praxisorientierte Heilerziehungspflege. Bausteine der Didaktik und Methodik, 3. Auflage, Troisdorf, Bildungsverlag EINS, 2009a.

Greving, Heinrich/Niehoff, Dieter (Hrsg.): Praxisorientierte Heilerziehungspflege. Bausteine der Erziehungswissenschaften, 3. Auflage, Troisdorf, Bildungsverlag EINS, 2009b.

Greving, Heinrich/Ondracek, Petr: Heilpädagogisches Denken und Handeln. Eine Einführung in die Didaktik und Methodik der Heilpädagogik, Stuttgart, Kohlhammer, 2009a.

Greving, Heinrich/Ondracek, Petr (Hrsg.): Spezielle Heilpädagogik. Eine Einführung in eine handlungsfeldorientierte Heilpädagogik, Stuttgart, Kohlhammer, 2009b.

Groddeck, Norbert: Carl Rogers. Wegbereiter der modernen Psychotherapie, Darmstadt, Primus, 2002.

Gröschke, Dieter: Das Allgemeine im Speziellen: Heilpädagogik als spezielle Bildungswissenschaft der Lebensalter – ein Entwurf auf Zukunft, in: Spezielle Heilpädagogik, hrsg. von Heinrich Greving und Petr Ondracek, Stuttgart: Kohlhammer, 2009, S. 238–261.

Gröschke, Dieter: Heilpädagogisches Handeln. Eine Pragmatik der Heilpädagogik, Bad Heilbrunn, Klinkhardt, 2008.

Gröschke, Dieter: Normalität, Normalisierung, Normalismus. Ideologiekritische Aspekte des Projekts der Normalisierung und sozialen Integration, in: Das Sisyphos-Prinzip.

Gesellschaftsanalytische und gesellschaftskritische Dimensionen der Heilpädagogik, hrsg. von Heinrich Greving und Dieter Gröschke, Bad Heilbrunn, Klinkhardt, 2002a, S. 175–202.

Gröschke, Dieter: Für eine Heilpädagogik mit dem Gesicht zur Gesellschaft, in: Das Sisyphos-Prinzip. Gesellschaftsanalytische und gesellschaftskritische Dimensionen der Heilpädagogik, hrsg. von Heinrich Greving und Dieter Gröschke, Bad Heilbrunn, Klinkhardt, 2002b, S. 9–32.

Gröschke, Dieter: Praxiskonzepte der Heilpädagogik. Anthropologische, ethische und pragmatische Dimensionen, 2. Auflage, München/Basel, Klinkhardt, 1997.

Gröschke, Dieter: Praktische Ethik der Heilpädagogik. Individual- und sozialethische Reflexionen zu Grundfragen der Behindertenhilfe, Bad Heilbrunn, Klinkhardt, 1993.

Gröschke, Dieter: Praxiskonzepte der Heilpädagogik. Versuch einer Systematisierung und Grundlegung, München/Basel, Reinhardt, 1989.

Große-Bley, Christiane: Heilpädagogik in der Offenen Ganztagsgrundschule – theoretische Grundlegung und praktische Umsetzung eines Bildungskonzeptes zur individuellen Förderung in Bochum, in: Jahrbuch der Heilpädagogik 2007. Thema Bildung – ein Wegweiser zum Wesentlichen der Heilpädagogik, hrsg. von dem Fachbereichstag Heilpädagogik, Berlin, BHP-Verlag, 2007, S. 61–87.

Habermas, Jürgen: Die neue Unübersichtlichkeit, Frankfurt am Main, Suhrkamp, 1985.

Haeberlin, Urs: Grundlagen der Heilpädagogik. Einführung in eine wertgeleitete erziehungswissenschaftliche Disziplin. Bern: Haupt UTB, 2005.

Haeberlin, Urs: Heilpädagogik als wertgeleitete Wissenschaft, Bern/Stuttgart, Haupt, 1996.

Haeberlin, Urs: Die Verantwortung der Heilpädagogik als Wissenschaft, in: Zeitschrift für Heilpädagogik, 3/1993, S. 170–182.

Haeberlin, Urs (Hrsg.): Einführung in die Heilpädagogik, 3. Auflage, Beiheft zur VHN (Vierteljahresschrift für Heilpädagogik und ihre Nachbargebiete) Bd. 1, Bern/Stuttgart, Haupt, 1992.

Haeberlin, Urs: Allgemeine Heilpädagogik, Bern/Stuttgart, Haupt, 1985.

Hähner, Ulrich: Von der Verwahrung über die Förderung zur Selbstbestimmung. Fragmente zur geschichtlichen Entwicklung der Arbeit mit „geistig behinderten Menschen“ seit 1945, in: Vom Betreuer zum Begleiter. Eine Neuorientierung unter dem Paradigma der Selbstbestimmung, hrsg. von Ulrich Hähner u. a., 4. Auflage, Marburg, Lebenshilfe-Verlag, 2003, S. 25–53.

Hanselmann, Heinrich: Was ist Heilpädagogik?, Zürich, Heilpädagogisches Seminar, 1932.

Hartmann-Kreis, Stefan: Qualitätsentwicklung in der Betreuung Erwachsener mit geistiger Behinderung. Materialien zur Einführung, Luzern, Ed. SZH/SPC, 1996.

Havemann, Meindert: Wandel der Frühförderung, in: Entwicklung und Frühförderung von Kindern mit Down-Syndrom. Das Programm „Kleine Schritte", hrsg. von Meindert Havemann, Stuttgart, Kohlhammer, 2007, S. 54–66.

Hebenstreit, Sigurd: Klassiker der Pädagogik. Skriptum zur Lehrveranstaltung an der Evangelischen Fachhochschule RWL Bochum, Witten, unveröffentlicht, 1997.

Heer, Werner: Arbeit/arbeiten, in: Kompendium der Heilpädagogik, Bd. 1, hrsg. von Heinrich Greving, Bildungsverlag EINS, Troisdorf, 2007, S. 41–55.

Heimlich, Ulrich: Kinder mit Behinderung – Anforderungen an eine inklusive Frühpädagogik, München, Deutsches Jugendinstitut e. V., 2013.

Heitmeyer, Wilhelm (Hrsg.): Was treibt die Gesellschaft auseinander? Bundesrepublik Deutschland: Auf dem Weg von der Konsens- zur Konfliktgesellschaft, Bd. 1, Frankfurt am Main, Suhrkamp, 1997.

Heller, Theodor: Grundriß der Heilpädagogik, Leipzig, Wilhelm Engelmann, 2004.

Herder, Johann Gottfried: Werke in fünf Bänden, ausgewählt und eingeleitet von Wilhelm Dobbek, 4. Bd.: Ideen zur Philosophie der Geschichte der Menschheit, Weimar, Volksverlag, 1957.

Herriger, Norbert: Empowerment in der sozialen Arbeit. Eine Einführung, 2. Auflage, Stuttgart/Berlin/Köln, Kohlhammer, 2002.

Hinde, Robert: Auf dem Weg zu einer Wissenschaft zwischenmenschlicher Beziehungen, in: Zwischenmenschliche Beziehungen, hrsg. von Ann Elisabeth Auhagen und Maria von Salisch, Göttingen/Bern/Toronto/Seattle, Hogrefe, 1993, S. 7–36.

Hinz, Andreas: Inklusion – mehr als nur ein neues Wort?, in: Lernende Schule 6, Heft 23, 2003, S. 15–17.

Honneth, Axel: Das Andere der Gerechtigkeit. Aufsätze zur praktischen Philosophie, Frankfurt am Main, Suhrkamp, 2000.

Honneth, Axel: Kampf um Anerkennung. Zur moralischen Grammatik sozialer Konflikte, Frankfurt am Main, Suhrkamp, 1994.

Horn, Daniela: Wie fand die Frühförderung im Fall von Eduard ihre konkrete Umsetzung? Erste Erfahrungen der Förderung eines Kindes. Abschlussarbeit an der Evangelischen Fachhochschule RWL im Studiengang Heilpädagogik, Bochum, EFH, 2003.

Horňáková, Marta: Integrale Heilpädagogik, Bad Heilbrunn/Obb., Klinkhardt, 2004.

Horňáková, Marta: Liečebná pedagogika, Bratislava, Vydavatelstvo Perfekt, 1999.

Horster, Detlef/Hoyningen-Süess, Ursula/Liesen, Christian: Einleitung, in: Sonderpädagogische Professionalität. Beiträge zur Entwicklung der Sonderpädagogik als Disziplin und Profession, hrsg. von Detlef Horster, Ursula Hoyningen-Suess und Christian Liesen, Wiesbaden, VS-Verlag, 2005, S. 7–23.

Hübner, Ricarda: Die Rehabilitationspädagogik in der DDR. Zur Entwicklung einer Profession, Frankfurt am Main/Berlin/Bern/Brüssel/New York/Wien, Lang, 2000.

Jacobi, A.: Zur Geschichte des Berliner Instituts für Sonderschulwesen unter besonderer Berücksichtigung seiner Vorgeschichte und seiner Entwicklung bis zum Jahre 1958, unveröffentlichte Diplomarbeit, Humboldt-Universität, Berlin, 1968.

Jakobs, Hajo: Heilpädagogik zwischen Anthropologie und Ethik. Eine Grundlagenreflexion aus kritisch-theoretischer Sicht, Bern/Stuttgart/Wien, Haupt, 1997.

Jacobs, Claudia/Jansen, Nicole: All inclusive, in: Magazin Schule, Nr. 5 Oktober/November 2013, S. 48–59.

Jantzen, Wolfgang: Allgemeine Behindertenpädagogik Bd. 1 und 2, Berlin, Lehmanns Media, 2007.

Jantzen, Wolfgang: Sinn/sinnhaftes Handeln und der Aufbau der sozialen Welt, in: Behinderung und Anerkennung. Enzyklopädisches Handbuch der Behindertenpädagogik, Behinderung, Bildung, Partizipation. Bd. 2, hrsg. von Markus Dederich und Wolfgang Jantzen, Stuttgart, Kohlhammer, 2009, S. 41–57.

Jantzen, Wolfgang: Das Ganze muss verändert werden. Zum Verhältnis von Behinderung, Ethik und Gewalt, Berlin, Ed. Marhold im Wiss.-Verlag Spiess, 1993.

Jantzen, Wolfgang: Allgemeine Behindertenpädagogik, Bd. 2, Weinheim/Basel, Beltz, 1990.

Jantzen, Wolfgang: Allgemeine Behindertenpädagogik, Bd. 1, Weinheim/Basel, Beltz, 1987.

Jaspers, Karl: Einführung in die Philosophie, 2. Auflage, hrsg. v. Hans Saner, München, Piper, 1997.

Kant, Immanuel: Was ist Aufklärung?, in: Werke in zehn Bänden, Darmstadt, Wissenschaftliche Buchgesellschaft, 1983.

Kant, Immanuel: Kritik der reinen Vernunft, 2. Auflage, Königsberg, 1787.

Karmann, Gerhard: Humanistische Psychologie und Pädagogik. Psychotherapeutische und therapieverwandte Ansätze. Perspektiven für eine integrative Pädagogik, Bad Heilbrunn/Obb., Klinkhardt, 1987.

Kitwood, Tom: Demenz. Der personzentrierte Ansatz im Umgang mit verwirrten Menschen, übers. von Michael Herrmann, Bern/Göttingen/Toronto/Seattle, Huber, 2000.

Klafki, Wolfgang: Organisation und Interaktion in pädagogischen Feldern. Thesen und Argumentationsansätze zum Thema und zur Terminologie, in: Interaktion und Organisation in pädagogischen Feldern. Bericht über den 5. Kongress der deutschen Gesellschaft für Erziehungswissenschaft vom 29. bis 31.3.1976 in der Gesamtschule Duisburg, hrsg. von Herwig Bankertz, Weinheim/Basel, Beltz, 1977, S. 11–37.

Klafki, Wolfgang u.a.: Funkkolleg Erziehungswissenschaft. Eine Einführung in drei Bänden, Bd. 1, Frankfurt am Main, Fischer Taschenbuch Verlag, 1974.

Kleinbach, Karlheinz: Zur ethischen Begründung einer Praxis der Geistigbehindertenpädagogik, Bad Heilbrunn, Klinkhardt, 1994.

Klemm, Klaus: Gemeinsam lernen. Inklusion leben. Status Quo und Herausforderungen inklusiver Bildung in Deutschland, Gütersloh, Bertelsmann Stiftung, 2010.

Kleve, Heiko: Soziale Arbeit zwischen Inklusion und Exklusion, in: Neue Praxis, 27. Jg., 5/1997, S. 412–432.

Kobi, Emil E.: Grundfragen der Heilpädagogik. Eine Einführung in heilpädagogisches Denken, 6. Auflage, Bern, Haupt-Verlag, 2004.

Kobi, Emil E.: Zur heimlichen Unheimlichkeit von Heimen. Heilpädagogische Reflexionen zum System Subsidiärer Residenzen, Luzern, SZH, 1994.

Kobi, Emil E.: Grundfragen der Heilpädagogik. Eine Einführung in heilpädagogisches Denken, 5. Auflage, Bern/Stuttgart/Wien, Haupt, 1993.

Kobi, Emil E.: Heilpädagogische Daseinsgestaltung, Luzern, SZH, 1988.

Kobi, Emil E.: Heilpädagogik im Abriss, 3. Auflage, München u.a., Reinhardt, 1977.

Köhn, Wolfgang: Heilpädagogische Begleitung im Spiel. Ein Übungsbuch zur heilpädagogischen Erziehungshilfe und Entwicklungsförderung (HpE), Heidelberg, Winter, 2002.

Köhn, Wolfgang: Heilpädagogische Erziehungshilfe und Entwicklungsförderung (HpE): ein Handlungskonzept, Heidelberg, Edition Schindele im Univ.-Verl. Winter, 1998.

Kollbrunner, Jürg: Das Buch der humanistischen Psychologie. Eine ausführliche einführende Darstellung und Kritik des Fühlens und Handelns in der humanistischen Psychologie, 3. Auflage, Eschborn bei Frankfurt am Main, Verlag Dietmar Klotz, 1995.

Koring, Bernhard: Grundprobleme pädagogischer Berufstätigkeit. Eine Einführung für Studierende, Bad Heilbrunn/Obb., Klinkhardt, 1992.

Krawitz, Rudi: Pädagogik statt Therapie. Vom Sinn individualpädagogischen Sehens, Denkens und Handelns, 3. Auflage, Bad Heilbrunn/Obb., Klinkhardt, 1996.

Kulig, Wolfram: Soziologische Anmerkungen zum Inklusionsbegriff in der Heil- und Sonderpädagogik, in: Inklusion von Menschen mit geistiger Behinderung. Zeitgemäße

Wohnformen – Soziale Netze – Unterstützungsangebote, hrsg. von Georg Theunissen und Kerstin Schirbort, Stuttgart, Kohlhammer, 2006, S. 49–55.

Küpper, Willi/Felsch, Anke: Organisation, Macht und Ökonomie. Mikropolitik und die Konstitution organisationaler Handlungssysteme, Wiesbaden, Westdeutscher Verlag, 2000.

Landratsamt Lörrach (Hrsg.): Teilhabeplan. Sozialplanung für die Suchtprävention & Suchthilfe im Landkreis Lörrach, 23.7.2013, unter: www.loerrach-landkreis.de/servlet/PB/show/1646596/Teilhabeplan_Sucht_Endfassung-Aug13.pdf [2.1.2014].

Lehmann, Karl-Heinz: Geschlossene Heimunterbringung aus juristischer Sicht, in: heilpaedagogik.de, 1/2004, S. 3–6.

Leppla, H.-G.: Erfahrungsbericht des Teilnehmers der Weiterbildungsmaßnahme „Personzentriertes Arbeiten mit Elementen der Prä-Therapie bei Menschen mit geistiger Behinderung und/oder Altersdemenz“, Glanbrücken, unveröffentlicht, 2004.

Lévinas, Emmannuel: Die Spur des anderen. Untersuchungen zur Phänomenologie und Sozialphilosophie, übersetzt v. Wolfgang Nikolaus Krewani, Freiburg/München, Alber, 1983.

Lewin, Kurt: Field theory in social science, New York, Harper & Row, 1951.

Leyendecker, Christoph: Der Weg von der Behandlung zum gemeinsamen Handeln, in: Gemeinsam Handeln statt Behandeln. Aufgaben und Perspektiven der Komplexleistung Frühförderung, hrsg. von Christoph Leyendecker, München/Basel, Reinhardt, 2008, S. 22–33.

Lindmeier, Christian: Berufliche Bildung und Teilhabe geistig behinderter Menschen am Arbeitsleben, in: Pädagogik bei geistigen Behinderungen. Ein Handbuch für Studium und Praxis, hrsg. von Ernst Wüllenweber, Georg Theunissen und Heinz Mühl, Stuttgart, Kohlhammer,2006, S. 394–407.

Lindmeier, Bettina/Lindmeier, Christian: Dienstleistungen für das Wohnen und die soziale Teilhabe, in: Gemeindeorientierte pädagogische Dienstleistungen, Bd. 6 des Enzyklopädischen Handbuches der Behindertenpädagogik: Behinderung, Bildung, Partizipation, hrsg. von Iris Beck und Heinrich Greving, Stuttgart, Kohlhammer, 2011, S. 140–148.

Lingenauber, Sabine: Integration, Normalität und Behinderung. Eine normalismustheoretische Analyse der Werke (1970–2000) von Hans Eberwein und Georg Feuser, Opladen, Leske und Budrich, 2003.

Lingg, Albert/Theunissen, Georg: Psychische Störungen bei geistig Behinderten. Erscheinungsformen, Ursachen und Handlungsmöglichkeiten aus pädagogischer und psychiatrischer Sicht, Freiburg, Lambertus, 6. Aufl., 2013, S. 86–97.

Link, Jürgen: Versuch über den Normalismus. Wie Normalität produziert wird, 2. Auflage, Opladen/Wiesbaden, Westdeutscher Verlag, 1997.

Löser, Michael: Landesregierung spart an Inklusion, in: Trigonal. Veranstaltungen und Berichte von Einrichtungen auf anthroposophischer Grundlage in der Region Rhein-Ruhr, Juli 2013, Rüsselsheim, Thyrsos Verlagsgesellschaft mbH, 2013, S. 15–23.

Luhmann, Niklas: Die Gesellschaft der Gesellschaft, 2 Bände, Frankfurt am Main, Suhrkamp, 1997.

Luhmann, Niklas: Soziale Systeme. Grundriss einer allgemeinen Theorie, 6. Auflage, Frankfurt am Main, Suhrkamp, 1996.

Luhmann, Niklas: Macht, 2. Auflage, Stuttgart, Enke, 1988a.

Luhmann, Niklas/Schorr, Karl Eberhard: Reflexionsprobleme im Erziehungssystem, Frankfurt am Main, Suhrkamp, 1988b.

Lütkenhaus, J.: Erfahrungsbericht zur Weiterbildungsmaßnahme „Personzentriertes Arbeiten nach C. R. Rogers mit Elementen der Prä-Therapie bei Menschen mit geistiger Behinderung und/oder Altersdemenz“, Herten, unveröffentlicht, 2001.

Maas, Theodorus: Community Care in der Evangelischen Stiftung Alsterdorf, in: Inklusion von Menschen mit geistiger Behinderung. Zeitgemäße Wohnformen – Soziale Netze – Unterstützungsangebote, hrsg. von Georg Theunissen und Kerstin Schirbort, Stuttgart, Kohlhammer, 2006, S. 141–169.

Majewski, Andrzej: Fördern und Heilen durch Bewegung. Integrative pädagogischtherapeutische Entwicklungsförderung – dialogisch, individualisiert und interdisziplinär, Münster/Hamburg/London, LIT-Verlag, 2003.

Makson, M.: Erfahrungsbericht zur Weiterbildungsmaßnahme „Personzentriertes Arbeiten nach C. R. Rogers mit Elementen der Prä-Therapie bei Menschen mit geistiger Behinderung und/oder Altersdemenz“, Herne, unveröffentlicht, 2001.

Markie-Dadds, Carol/Turner, Karen M. T./Sanders, Matthew R.: Triple P – Elternarbeitsbuch. Der Ratgeber zur positiven Erziehung mit praktischen Übungen, hrsg. und übersetzt v. PAG Institut für Psychologie AG, Münster, Verlag für Psychologie, 1999.

Martin, Ernst: Didaktik der sozialpädagogischen Arbeit. Eine Einführung in die Probleme und Möglichkeiten sozialpädagogischen Handelns, 3. Auflage, Weinheim/München, Juventa, 1994.

Merkens, Luise: Einführung in die historische Entwicklung der Behindertenpädagogik in Deutschland unter integrativen Aspekten, München/Basel, Reinhardt, 1988.

Merker, Nicolao: Die Aufklärung in Deutschland, übersetzt v. Diane Doucet-Rosenstein, München, Beck, 1982.

Merten, R.: Inklusion/Exklusion und Soziale Arbeit. Überlegungen zur aktuellen Theoriedebatte zwischen Bestimmung und Destruktion, in: Zeitschrift für Erziehungswissenschaft, 2/2001, S. 173–190.

Metzbacher, B.: Integrative Bewegungstherapie in der Behandlung von Kindern und Jugendlichen, in: Schulen der Kinderpsychotherapie, hrsg. von Hilarion Petzold und Gabriele Ramin, Paderborn, Junfermann, 1987.

Metzinger, Thomas (Hrsg.): Bewusstsein. Beiträge aus der Gegenwartsphilosophie, Paderborn/München/Wien/Zürich, Schöningh, 1995.

Metzinger, Thomas: Subjekt und Selbstmodell. Die Perspektivität phänomenalen Bewusstseins vor dem Hintergrund einer naturalistischen Theorie mentaler Repräsentation, Paderborn/München/Wien/Zürich, Schöningh, 1993.

Metzler, H.: Integration und Besonderung von Menschen mit (geistigen) Behinderungen. Optionen individueller Lebensführung in und außerhalb von Einrichtungen, in: Menschen mit Behinderungen als Mitbürger, hrsg. von: Diozesan-Caritasverband für das Erzbistum Köln e. V., Köln, Diozesan-Caritasverband für das Erzbistum Köln e. V., 1999, S. 14–35.

Microsoft: Encarta 99 Enzyklopädie (CD-ROM), Microsoft Corporation, 1999.

Microsoft: Encarta Enzyklopädie Professional 2004 (CD-ROM), Microsoft Corporation, 2004.

Milewski, S.: Erfahrungsbericht zur Weiterbildungsmaßnahme „Personzentriertes Arbeiten nach C. R. Rogers mit Elementen der Prä-Therapie bei Menschen mit geistiger Behinderung und/oder Altersdemenz“, Witten, unveröffentlicht, 2001.

Möckel, Andreas: Geschichte der Heilpädagogik, Stuttgart, Klett-Cotta, 1988.

Möllers, Josef: Psychomotorik, 3. Auflage, Troisdorf, Bildungsverlag EINS, 2009.

Montag Stiftung Jugend und Gesellschaft (Hrsg.): Inklusion vor Ort. Der kommunale Index für Inklusion – ein Praxishandbuch, Freiburg, Lambertus, 2011.

Moock, A.: Erfahrungsbericht zur Weiterbildungsmaßnahme „Personzentriertes Arbeiten nach C. R. Rogers mit Elementen der Prä-Therapie bei Menschen mit geistiger Behinderung und/oder Altersdemenz“, Plettenberg, unveröffentlicht, 2001.

Moor, Paul: Heilpädagogik. Ein pädagogisches Lehrbuch. Studienausgabe, 2. Auflage, hrsg. von Thomas Hagmann, Bd. 7 der Schriftenreihe des Heilpädagogischen Seminars Zürich, Luzern, Ed. SZH, 1999.

Moor, Paul: Heilpädagogik. Ein pädagogisches Lehrbuch, Bern, Huber, 1965.

Moor, Paul: Heilpädagogische Psychologie. Grundtatsachen einer allgemeinen pädagogischen Psychologie, Bd. 1, Bern, Huber, 1951.

Mosen, Günter/Lohs, A./Hagemaier, R./Knapp, R./Sackarendt, B. (Hrsg.): Bild-Störung! Der lange Weg vom Tollhaus zur Werkstatt für Behinderte. Eine Ausstellung über die Geschichte des Umgangs mit behinderten Menschen. Katalog zur Ausstellung.

[veranst. von der Bundesarbeitsgemeinschaft Werkstätten für Behinderte e.V. Hrsg. Günter Mosen.Red., Texte und Bildausw.. Ulrich Scheibner] 2. Aufl ., Frankfurt a.M.: BAGWfB, 2001.

Moser, Vera: Konstruktion und Kritik. Sonderpädagogik als Disziplin, Opladen, Verlag für Sozialwissenschaften, 2003.

Moser, Vera: Die Ordnung des Schicksals. Zur ideengeschichtlichen Tradition der Sonderpädagogik, Butzbach-Griedel, AFRA-Verlag, 1995.

Mostert, S.: Erfahrungsbericht der Teilnehmerin der Weiterbildungsmaßnahme „Personzentriertes Arbeiten mit Elementen der Prä-Therapie bei Menschen mit geistiger Behinderung und/oder Altersdemenz", Leichlingen, unveröffentlicht, 2004.

Müller, Markus: Denkansätze in der Heilpädagogik. Eine systematische Darstellung heilpädagogischen Denkens und der Versuch einer Überwindung der „unreflektierten Paradigmenkonkurrenz", Heidelberg, HVA/Edition Schindele, 1991.

Mürner, Christian: Philosophische Bedrohungen. Kommentare zur Bewertung der Behinderung, Frankfurt am Main, Lang, 1996.

Mürner, Christian (Hrsg.): Ethik, Genetik, Behinderung. Kritische Beiträge aus der Schweiz, Luzern, SZH, 1991.

Nek, Sabine van: Frühförderung – erste Hilfen für Kind und Eltern, in Pädagogik bei geistigen Behinderungen. Ein Handbuch für Studium und Praxis, hrsg. von Ernst Wüllenweber, Georg Theunissen und Heinz Mühl, Stuttgart, Kohlhammer, 2006, S. 264–280.

News aktuell GmbH: 7,1 Millionen schwerbehinderte Menschen leben in Deutschland, 14.09.2010, unter: www.presseportal.de/pm/32102/1681110/7-1-millionen-schwerbehinderte-menschen-leben-in-deutschland [15.1.2014].

Niehaus, Mathilde/Bernhard, Dörte: Dienstleistungen für Ausbildung und Beruf, in: Gemeindeorientierte pädagogische Dienstleistungen, Bd. 6 des Enzyklopädischen Handbuches der Behindertenpädagogik: Behinderung, Bildung, Partizipation, Stuttgart, Kohlhammer, 2011, S. 132–139K.

Niehoff, Ulrich: Mainstreaming-Inclusion. Ein Beitrag zur Begriffserklärung, in: Fachdienst der Lebenshilfe, 3/2000, S. 10–12.

Niehoff, Ulrich: Selbstbestimmung, Assistenz, Begleitung. Professionelles Handeln unter neuen Paradigmen, in: Hilfe nach Maß?!, Hilfebedarf, individuelle Hilfeplanung, Assistenz, persönliches Budget. Tagungsbericht DHG-Fachtagung 5./6.12.2000, hrsg. von: Deutsche Heilpädagogische Gesellschaft e. V. (DHG), Mainz, DHG, 2001, S. 10–16.

Nirje, Bengt/Lebenshilfe Österreich: Das Normalisierungsprinzip – 25 Jahre danach, in: VHN (Vierteljahresschrift für Heilpädagogik und ihre Nachbargebiete) 1/1994, hrsg. von: Heilpädagogisches Institut der Universität Freiburg, S. 12–32.

Nohl, Hermann: Die Theorie der Bildung, in: Nohl, Hermann/Pallat, Ludwig: Handbuch der Pädagogik, Bd. 1, Langensalza, Beltz, 1933.

Noelle, Gernot: Ein ganz besonderer Praktikant, in: WAZ, Nr. 232 vom 05.10.2013, S. 8.

Ondracek, Petr: Didaktik-Methodik der Heilpädagogik. Studienbrief Fernkurs Heilpädagogik, Version 01/2004, unveröffentlicht, 2004a.

Ondracek, Petr: Personzentriertes Arbeiten und Kontaktförderung. Ansatz zur Wirksamkeitserfassung, in: Jahrbuch Heilpädagogik 2004. Aktuelle Entwicklungen und Tendenzen in der Heilpädagogik, hrsg. von: Fachbereichstag Heilpädagogik, Berlin, BHP-Verlag, 2004b, S. 75–124.

Ondracek, Petr: Personbezogenheit. Ein wichtiger Aspekt der Qualität heilpädagogischer Arbeit, in: BHP Info, Vierteljahresschrift des Berufsverbandes der Heilpädagogen, 2/2002, S. 3–12.

Ondracek, Petr/Trost, Alexander: Positionspapier zum Berufs- und Selbstverständnis von Diplom-Heilpädagogen (FH), in: Behindertenpädagogik, 3/1998, S. 262–273.

Opp, Günther: Reflexive Professionalität. Neue Professionalisierungstendenzen im Arbeitsfeld der Kinder- und Jugendhilfe, in: Zeitschrift für Heilpädagogik, 4/1998, S. 148–158.

Palmowski, Winfried: Konstruktivismus, in: Kompendium der Heilpädagogik, Bd. 2, hrsg. von Heinrich Greving, Troisdorf, Bildungsverlag EINS, 2007, S. 55–66.

Palmowski, Winfried/Heuwinkel, Matthias: Normal bin ich nicht behindert. Wirklichkeitskonstruktionen bei Menschen, die behindert werden – Unterschiede, die Welten machen, 2. Auflage, Dortmund, verlag modernens lernen borgman publishing, 2002.

Pander, N.: Erfahrungsbericht der Teilnehmerin der Weiterbildungsmaßnahme „Personzentriertes Arbeiten mit Elementen der Prä-Therapie bei Menschen mit geistiger Behinderung und/oder Altersdemenz“, Leichlingen, unveröffentlicht, 2004.

Pankauke, M.: Was soll ich tun? Aufklärung und Beratung von Erzieherinnen in Bezug auf Früherkennung und pädagogischen Umgang bei Kindern mit dem Aufmerksamkeit-Defizit-Syndrom im Vorschulalter, Diplomarbeit an der Evangelischen Fachhochschule RWL Bochum, EFH, 2003.

Pestalozzi, Johann Heinrich: Sämtliche Werke, Bd. 1, Berlin/Leipzig, de Gruyter, 1927.

Peters, Hans: Psychotherapeutische Zugänge zu Menschen mit geistiger Behinderung, übers. von Elisabeth Zinschitz, Stuttgart, Klett-Cotta, 2001.

Petzoldt, Veit: Kontinuitäten und Diskontinuitäten in der historischen Entwicklung der Heil- und Sonderpädagogik und ihre Zuspitzung in der Zeit des Nationalsozialismus, Regensburg, Roderer, 2001.

Pörtner, Marlis: Ernstnehmen – Zutrauen – Verstehen. Personzentrierte Haltung im Umgang mit geistig behinderten und pflegebedürftigen Menschen, Stuttgart, Klett-Cotta, 1996.

Prouty, Garry/Pörtner, Marlis/van Werde, Dion: Prä-Therapie, übers.von Marlis Pörtner, Stuttgart, Klett-Cotta, 1998.

Quitmann, Helmut: Humanistisch-psychologische Ansätze, in: Handbuch der sonderpädagogischen Psychologie, hrsg. von Johann Borchert, Göttingen/Bern/Toronto/Seattle, Hogrefe, 2000.

Quitmann, Helmut: Humanistische Psychologie. Psychologie, Philosophie, Organisationsentwicklung, 3. Auflage, Göttingen/Bern/Toronto/Seattle, Hogrefe, 1996.

Ratzek, Wolfgang: Selbstorganisation in komplexen Welten. Chaos als schöpferischer Impuls, Frankfurt am Main/Berlin/Bern/New York/Paris/Wien, Lang, 1992.

Reichelt, Katrin: Der gute Mensch von Bochum, in: mobil, 10/2004, S. 10–11.

Reifarth, Wilfried: Theorien menschlicher Interaktion und Kommunikation, Frankfurt am Main, Deutscher Verein für öffentliche und private Fürsorge, 1976.

Rocholl, M.: Integrative Bewegungstherapie (IBT) an der Schule für Lernbehinderte, in: Praxis der Psychomotorik, Jg. 20, 1/1995, S. 13–17.

Rogers, Carl R.: Eine Theorie der Psychotherapie, der Persönlichkeit und der zwischenmenschlichen Beziehung entwickelt im Rahmen des klientenzentrierten Ansatzes, übers. von Gerd Höhner und Rolf Brüsche, Köln, GwG, 1987.

Rogers, Carl R./Rosenberg, Rachel L.: Die Person als Mittelpunkt der Wirklichkeit, übers. von Elisabeth Görg, Stuttgart, Klett-Cotta, 1980.

Rogers, Carl R.: Die klientbezogene Gesprächstherapie, übersetzt v. Erika Nosbüsch, München, Kindler, 1973.

Rogers, Carl R.: Entwicklung der Persönlichkeit. Psychotherapie aus der Sicht eines Therapeuten, übersetzt v. Jacqueline Giere, Stuttgart, Klett, 1973.

Rosenstiel, Lutz von: Grundlagen der Organisationspsychologie. Basiswissen und Anwendungshinweise, 3. Auflage, Stuttgart, Schäffer-Poeschel, 1992.

Roth, Heinrich: Pädagogische Anthropologie, Bd. 2: Entwicklung und Erziehung. Grundlagen einer Entwicklungspädagogik, Hannover, Schroedel, 1971.

Sagi, Alexander: Verhaltensauffällige Kinder im Kindergarten. Ursachen und Wege zur Heilung, Freiburg/Basel/Wien, Herder, 1982.

Salewski, Christel: Räumliche Distanzen in Interaktionen, Münster/New York, Waxmann, 1993.

Schablon, Kai-Uwe: Community Care – Ein Handlungskonzept zur Sozialraumorientierung, 2012, unter: www.freiewohlfahrtspflege-nrw.de/cms/media//pdf/comunity_care_2012.pdf [19.12.2013].

Schablon, Kai-Uwe: Community Care. Professionell unterstützte Gemeinweseneinbindung erwachsener geistig behinderter Menschen. Analyse, Definition und theoretische Verortung struktureller und handlungsbezogener Determinanten, 2. Auflage, Marburg, Lebenshilfe Verlag, 2009.

Schädler, Johannes: Full citizenship – Anmerkungen zur Entwicklung der Bürgerrechte von Menschen mit Lernschwierigkeiten, in: Empowerment behinderter Menschen – Theorien, Konzepte, Best-Practice, hrsg. von Wolfram Kulig, Kerstin Schirbort und Michael Schubert, Stuttgart, Kohlhammer, 2011, S. 15–30.

Schäper, Sabine/Schüller, Simone/Dieckmann, Friedrich/Greving, Heinrich: Anforderungen an die Lebensgestaltung älter werdender Menschen mit geistiger Behinderung in unterstützten Wohnformen. Ergebnisse einer Literaturanalyse und Expertenbefragung. Zweiter Zwischenbericht zum Forschungsbericht „Lebensqualität inklusiv(e): Innovative Konzepte unterstützten Wohnens älter werdender Menschen mit Behinderung" (LEQUI), Münster, LWL Münser, 2010.

Schildmann, Ulrike: Zum Verhältnis von Selbstverständnis und Fremdverstehen, in: Selbstkritik der Sonderpädagogik? Stellvertretung und Selbstbestimmung, hrsg. von Christian Mürner und Susanne Schriber, Luzern, Ed. SZH, 1993, S. 13–25.

Schilling, Johannes: Didaktik, Methodik der Sozialpädagogik. Grundlagen und Konzepte, Neuwied/Berlin, Luchterhand, 1993.

Schlottbohm, Birgit-Maria: Sterbebegleitung, in:Kompendium der Heilpädagogik, Bd. 2, Troisdorf, Bildungsverlag EINS, 2007, S. 267–274.

Scott, William Richard: Grundlagen der Organisationstheorie, übers. von Hanne Herkommer, Frankfurt am Main/New York, Campus, 1986.

Seifert, Monika: Inklusion ist mehr als Wohnen in der Gemeinde, in: Inklusion statt Integration? – Heilpädagogik als Kulturtechnik, hrsg. von Markus Dederich, Heinrich Greving, Christian Mürner und Peter Rödler, Gießen, Psychosozial-Verlag, 2006a, S. 98–113.

Seifert, Monika: Pädagogik im Bereich des Wohnens, in: Pädagogik bei geistigen Behinderungen. Ein Handbuch für Studium und Praxis, hrsg. von Ernst Wüllenweber, Georg Theunissen und Heinz Mühl, Stuttgart, Kohlhammer, 2006b, S. 376–393.

Seifert, Monika: Menschen mit schwerer Behinderung in Heimen. Ergebnisse der Kölner Lebensqualität-Studie, in: Geistige Behinderung, 3/2002, S. 203–222.

Skiba, Alexander: Dienstleistungen für die Lebensführung im Alter, in: Gemeindeorientierte pädagogische Dienstleistungen, Bd. 6 des Enzyklopädischen Handbuches der Behindertenpädagogik: Behinderung, Bildung, Partizipation, hrsg. von Iris Beck und Heinrich Greving, Kohlhammer, Stuttgart, 2011, S. 158–166.

Simmen, René: Heimerziehung im Aufbruch. Alternativen zu Bürokratie und Spezialisierung im Heim, 2. Auflage, Bern/Stuttgart, Haupt, 1990.

Sohns, Armin: Frühförderung entwicklungsauffälliger Kinder in Deutschland, Weinheim/Basel, Beltz, 2000.

Somer, S.: Erfahrungsbericht der Teilnehmerin der Weiterbildungsmaßnahme „Personzentriertes Arbeiten mit Elementen der Prä-Therapie bei Menschen mit geistiger Behinderung und/oder Altersdemenz", Leichlingen, unveröffentlicht, 2004.

Speck, Otto: Schulische Inklusion aus heilpädagogischer Sicht. Rhetorik und Realität, München, Reinhardt, 2010.

Speck, Otto: System Heilpädagogik. Eine ökologisch reflexive Grundlegung, 6. Auflage, München/Basel, Reinhardt, 2008.

Speck, Otto: System Heilpädagogik. Eine ökologisch reflexive Grundlegung, 5. Auflage, München/Basel, Reinhardt, 2003.

Speck, Otto: Ein Jahrhundert Heilpädagogik unter normativem Einfluss, in: Heil- und Sonderpädagogik – auch im 21. Jahrhundert eine Herausforderung. Aktuelle Denkansätze in der Heilpädagogik und ihre historischen Wurzeln, hrsg. von Grit Wachtel und S. Dietze, Weinheim/Basel, Beltz, 2001, S. 24–37.

Speck, Otto: Menschen mit geistiger Behinderung und ihre Erziehung. Ein heilpädagogisches Lehrbuch, München/Basel, Reinhardt, 1999.

Speck, Otto: Menschen mit geistiger Behinderung und ihre Erziehung. Ein heilpädagogisches Lehrbuch, 7. Auflage, München, Reinhardt, 1993.

Spiess, Walter (Hrsg.): Gruppen- und Teamsupervision in der Heilpädagogik: Konzepte, Erfahrungen, Bern/Stuttgart, Haupt, 1991.

Stadler, Hans: Rehabilitation bei Körperbehinderung. Eine Einführung in schul-, berufs- und sozialpädagogische Aufgaben, Stuttgart/Berlin/Köln, Kohlhammer, 1998.

Stelzer, P.: Erfahrungsbericht der Teilnehmerin der Weiterbildungsmaßnahme „Personzentriertes Arbeiten mit Elementen der Prä-Therapie bei Menschen mit geistiger Behinderung und/oder Altersdemenz", Grefrath, unveröffentlicht, 2004.

Stichweh, Rudolf: Leitgesichtspunkte einer Soziologie der Inklusion und Exklusion, in: Inklusion und Exklusion: Analysen zur Sozialstruktur und sozialen Ungleichheit, hrsg. von Rudolf Stichweh und Paul Windolf, Wiesbaden, VS Verlag für Sozialwissenschaften, 2009, S. 29–42.

Stinkes, Ursula: Fragmente zum Körpergespräch – Annäherung an eine heteronome Erfahrung, in: VHN (Vierteljahresschrift für Heilpädagogik und ihre Nachbargebiete) 2/1996, hrsg. von: Heilpädagogisches Institut der Universität Freiburg, S. 133–142.

Störmer, Norbert: Bildung. In: Spezielle Heilpädagogik, hrsg. von Heinrich Greving und Petr Ondracek, Stuttgart: Kohlhammer, 2009, S. 183–200.

Störmer, Norbert: Zur Notwendigkeit einer „Bildungsdebatte" in der Heilpädagogik, in: Jahrbuch Heilpädagogik 2007. Thema Bildung – ein Wegweiser zum Wesentlichen der Heilpädagogik, hrsg. von: Fachbereichstag Heilpädagogik, Berlin: BHP-Verlag, 2007, S. 3.

Szymaniak, Peter: Kinderärzte warnen Eltern vor unnötigen Therapien. Jedes vierte Kind bis zum neunten Lebensjahr erhielt Behandlung, in: Westdeutsche Allgemeine Zeitung vom 29.07.2003, S. 1–2.

Thalhammer, Manfred: „Sinn-Grundlagen" einer modernen Heilpädagogik, in: Focus Heilpädagogik. Projekt Zukunft, hrsg. von Günther Opp, Günther und Franz Peterander, München/Basel, Ernst Reinhardt Verlag, 1996, S. 74–83.

Thesing, Theodor/Vogt, Michael: Pädagogik und Heilerziehungspflege. Ein Lehrbuch, Freiburg, Lambertus, 1996.

Theunissen, Georg: Inklusion – Schlagwort oder zukunftsweisende Perspektive?, in: Inklusion von Menschen mit geistiger Behinderung. Zeitgemäße Wohnformen – Soziale Netze – Unterstützungsangebote, hrsg. von Georg Theunissen und Kerstin Schirbort, Stuttgart, Kohlhammer, 2006, S. 13–40.

Theunissen, Georg: Mit der Entwicklung von Fähigkeiten psychische Störungen vermeiden. Betrachtungen aus der Empowerment-Perspektive, in: „HilfeSysteme" – Diagnose, Therapie, Förderung 2002, hrsg. von: Caritas Behindertenhilfe und Psychiatrie e. V., Freiburg, Caritas Behindertenhilfe und Psychiatrie e. V., 2003, S. 34–57.

Theunissen, Georg: Wege aus der Hospitalisierung. Empowerment in der Arbeit mit schwerstbehinderten Menschen, 2. Auflage, Bonn, Psychiatrie-Verlag, 2000.

Theunissen, Georg: Pädagogik bei geistiger Behinderung und Verhaltensauffälligkeiten. Ein Kompendium für die Praxis, 4. Auflage, Bad Heilbrunn/Obb., Klinkhardt, 1995, S. 117–122.

Theunissen, Georg: Empowerment und Heilpädagogik. Ein Lehrbuch. Freiburg, Lambertus, 1995.

Theunissen, Georg/Plante, Wolfgang: Handbuch Empowerment und Heilpädagogik, Freiburg, Lambertus, 2002.

Thimm, Walter: Normalisierung in der Bundesrepublik, in: Geistige Behinderung, 4/1992, S. 283–291.

Tietze-Fritz, Paula: Handbuch der heilpädagogischen Diagnostik. Konzepte zum Erkennen senso- und psychomotorischer Auffälligkeiten in der interdisziplinären Frühförderung, 3. Auflage, Dortmund, verlag modernes lernen, 1996.

Tietze-Fritz, Paula: Methodenvielfalt in der Heilpädagogik. Das Selbstverständnis heilpädagogischen Handelns – eine Standortbestimmung, in: Methodensuche – Methodensucht in der Heilpädagogik? Eine Standortbestimmung. Bericht der Fachtagung des Berufsverbandes der Heilpädagogen vom 24. bis 26. November 1995, hrsg. vom Berufsverband der Heilpädagogen (BHP), Kiel, BHP, 1995, S. 6–26.

Titzl, Boris: Postižený člověk ve společnosti, Praha: Universita Karlova v Praze – Pedagogická fakulta, 2000.

Türk, Klaus: Soziologie der Organisation, Stuttgart, Enke, 1978.

UN-BRK: Beauftragter der Bundesregierung für die Belange behinderter Menschen (Hrsg.): Die UN-Behindertenrechtskonvention. Übereinkommen der Vereinten Nationen über die Rechte von Menschen mit Behinderung, Berlin, 2010.

Vieweg, Barbara: Arbeit und Inklusion, in: Inklusion statt Integration? – Heilpädagogik als Kulturtechnik, hrsg. von Markus Dederich, Heinrich Greving, Christian Mürner und Peter Rödler, Gießen, Psychosozial-verlag, 2006, S. 114–124.

Wachtel, Grit: Dienstleistungen für Kinder und Jugendliche und ihre Familien, in: Gemeindeorientierte pädagogische Dienstleistungen, Bd. 6 des Enzyklopädischen Handbuches der Behindertenpädagogik: Behinderung, Bildung, Partizipation, hrsg. von Iris Beck und Heinrich Greving, Stuttgart, Kohlhammer, 2011, S. 121–131.

Wacker, Elisabeth: Inklusion von Menschen mit Behinderung im Alter – noch Zukunftsmusik für die Behindertenhilfe und ihre Fachkräfte?, in: VHN 80 (3) 2011, S. 235–241.

Wacker, Elisabeth/Metzler, Heidrun/Wetzler, Rainer: Wohnqualität zwischen Anspruch und Wirklichkeit, in: Wer bestimmt, was gut ist? Wohnformen in der Diskussion, hrsg. von der Evangelischen Fachschule für Heilerziehungspflege Schwäbisch Hall, Schwäbisch Hall, Evangelische Fachschule für Heilerziehungspflege, 1997, S. 35–66.

Waldschmidt, Anne: Disability Studies; in: Kompendium der Heilpädagogik, Band 1, A–H, hrsg. von Heinrich Greving, Bildungsverlag EINS, Troisdorf, 2007, 161–168.

Weck, S.: Erfahrungsbericht zur Weiterbildungsmaßnahme „Personzentriertes Arbeiten nach C. R. Rogers mit Elementen der Prä-Therapie bei Menschen mit geistiger Behinderung und/oder Altersdemenz", Recklinghausen, unveröffentlicht, 2001.

Weinert, Ansfried B.: Lehrbuch der Organisationspsychologie. Menschliches Verhalten in Organisationen, 3. Auflage, Weinheim, Beltz, 1992.

Weinschenk, Reinhold: Didaktik und Methodik für Sozialpädagogen, 2. Auflage, Bad Heilbrunn/Obb., Klinkhardt, 1981.

Wellhöfer, Peter R.: Schlüsselqualifikation Sozialkompetenz. Theorie und Trainingsbeispiele, Stuttgart, Lucius & Lucius, 2004.

Wember, Franz B.: Schule/Schulpädagogik. Kompendium der Heilpädagogik, Bd. 2 I-Z, hrsg. von Heinrich Greving, Troisdorf, Bildungsverlag EINS, 2007, S. 212–221.

Wendt, Wolf Rainer: Geschichte der Sozialen Arbeit: 2. Die Profession im Wandel ihrer Verhältnisse, 5. Auflage, Stuttgart, Lucius & Lucius, UTB, 2008.

Wenninger, Gerd (Hrsg.): Lexikon der Psychologie auf CD. Heidelberg, Spektrum Akademischer Verlag, 2002.

Willenbring, Monika: Pränatale Diagnostik und die Angst vor einem behinderten Kind. Ein psychosozialer Konflikt von Frauen aus systemischer Sicht, 2. Auflage, Heidelberg, Asanger, 2009.

Wurst, F.: Heilpädagogik, in: Balmer, Heinrich/Spiel, Walter (Hrsg.): Psychologie des 20. Jahrhunderts, Bd. 12, Zürich, Kindler, 1980.

Zentrum für Psychomotorik: Rahmenausbildungsplan für Frau S. Dortmund, unveröffentlicht, 2003.

Zilliken, Franziska: Beziehungskonstituierende Wirkungen des Sprechausdrucks. Eine empirische Untersuchung, Frankfurt am Main, Lang, 1991.

Zimmer, Renate: Handbuch der Bewegungserziehung. Didaktisch-methodische Grundlagen und Ideen für die Praxis, 9. Auflage, Freiburg u. a., Herder, 1999a.

Zimmer, Renate: Handbuch der Psychomotorik. Theorie und Praxis der psychomotorischen Förderung von Kindern, Freiburg, Herder, 1999b.

Zündorf, Lutz: Macht, Einfluss, Vertrauen und Verständigung. Zum Problem der Handlungskoordinierung in Arbeitsorganisationen, in: Organisation als soziales System. Kontrolle und Kommunikationstechnologie in Arbeitsorganisationen, hrsg. von Rüdiger Seltz, U. Mill und E. Hildebrandt, Wissenschaftszentrum Berlin für Sozialforschung, Berlin, Ed. Sigma, 1986.

Bildquellenverzeichnis

Fotolia Deutschland GmbH, Berlin: S. 141.1 (Eric Gevaert)

Cornelia Kurtz, Boppard am Rhein/ Bildungsverlag EINS GmbH, Köln: S. 63.1, 127.1-6, 238.1, 238.2, 244.1-4

ullsteinbild/imagestate: S. 46.1

Stichwortverzeichnis

W

Z